Mina Skogsfinnar

i Bergslagen, Hedmark och Nordvärmland

Bjarne Persson

Innehållsförteckning

© 2024 Bjarne Persson
Förlag: BoD · Books on Demand, Stockholm, Sverige
Tryck: Libri Plureos GmbH, Hamburg, Tyskland
ISBN: 978-91-8080-723-4

Inledning

Genom min släktforskning har jag fått klart för mig att mina farföräldrar hade väldigt mycket skogsfinska anor, det vill säga att de härstammade från de svedjebrukande skogsfinnar som invandrade till **Bergslagens, Norra Värmlands och Hedmarks finnskogar** under mitten av 1600-talet. De slog sig ner i våra obebodda skogsområden, ofta flera mil från den svenska eller norska befolkningen. De var alltså nybyggare och de grundade många mindre byar och orter på finnskogen.

Det visade sig att det var mina anfäder som uppodlade bland annat Aspberget i Norra Finnskoga, Avundsåsen, Bjurberget, Kindsjön, Älgsjön, Medskogen, Skallbäcken och Skråckarberget i Södra Finnskoga, Näsberget i Norra Ny, Rattsjöberg i Vitsand, Mulltjärn och Arnsjön i Östmark, Nain i Ekshärad, Sundsjön i Färnebo, Törberget, Galåsen och Lutnes i Trysil, Peistorpet i Åsnes, Rotberget i Hof, Vålberget i Grue, Flisberget i Elverum och Risberget i Våler. Allt detta var tidigare totalt okänt för mig, varför jag för några år sedan publicerade mina skogsfinneanor i boken **"Livet i Finnskogarna"**.

Jag har funnit att det finns en stor släktskap inom den nuvarande befolkningen i det som tidigare var Norra och Södra Finnskoga, liksom i angränsande områden i Norge. I min släktdatabas finns flera tusen personer med skogsfinska släktnamn angivna, alla är inte mina anor men besläktade med varandra. Jag tror också att många numera känner till sin släktskap med varandra, men däremot vet man inte alltid vilket släktnamn som man egentligen borde ha rätt att bära.

I denna bok publicerar jag de flesta av mina skogsfinneanor, nybyggarna på 1600-talet, och deras ättlingar, vanligen i tre generationer, i vissa fall upp till 5-6 generationer eller mer. Dessutom redogör jag för en del av de mer kända skogsfinnesläkterna (även de som inte är mina, men många andras anor) inom området Norra Värmland och angränsande delar av Hedmarks fylke i Norge.

Boken är på intet sätt heltäckande och gör inte anspråk på yrkesprofessionalitet. Jag är amatörforskare och väl medveten om att det kan finnas fel och brister, bland annat på grund av hur man läser och tolkar gammal skrift från äldre tider.

I min forskning har jag i huvudsak använt mig av kyrkböckernas husförhörslängder, födelse- och dödböcker och annan information som finns tillgänglig via datorn. En viktig men svårtolkad källa är det norska **"Finnemanntallet 1686"**. Dessutom har jag läst en hel del av den rikhaltiga litteratur som finns om skogsfinnarna. Här gäller det att sovra, och jag undviker att ta för stort intryck av den gammaldags, romantiserande bild av skogsfinnarna som många författare har gett uttryck för. Å andra sidan har jag inte alltid haft tid och möjlighet att källforska beträffande de äldsta anorna, utan jag har här förlitat mig på de uppgifter som publicerats av professionella släktforskare inom bland annat föreningarna Finnsam och Fennia.

Det är högst naturligt om det skulle förekomma fel på några årtalsuppgifter i antavlan, liksom det för övrigt förekommer i de gamla kyrkböckerna. Även professionella släktforskare redovisar ibland felaktiga slutsatser, fel släktnamn och fel årtal i såväl gammal som ny litteratur. Noggrannhet är viktigt, men trots det så finns det saker vi aldrig kan bevisa. Ingen källa är hundraprocent säker när det gäller släktforskning, utan man måste ibland göra en avvägning av motstridiga uppgifter eller ställa upp hypoteser.

DNA-testning är ju numera mycket populärt också inom skogsfinneforskningen. I denna bok berörs detta endast undantagsvis. Min mening är att DNA-testning är ett utmärkt komplement men att det inte kan ersätta vanlig "pappersforskning", däremot bestyrka vissa antaganden i antavlan.

Tack vare den finske studenten C. A. Gottlunds resor i våra finnbygder så har vi bland annat fått kunskap om de släktnamn som finnarna använde. Gottlund "intervjuade" den finska befolkningen och skrev helt sonika in de uppgivna släktnamnen i kyrkböckerna. Det hände dock att finnarna bytte släktnamn, man tog till exempel moderns släktnamn om man av någon anledning inte ville bära faderns. Jag bortser från detta och redovisar konsekvent även det "riktiga" släktnamnet, oavsett vad de kallade sig.

Gottlunds resor och avskrifter av husförhörslängderna gav upphov till **"Dagbok över mina vandringar på Wermlands och Solörs finnskogar 1821"**. Den boken kan sägas vara en levande tidsbild av hur ättlingar till nybyggarna framlevde sina liv på den tiden. Finnarna var mycket medvetna om sitt släktnamn, vilket ärvdes från far till son. Däremot använde i regel inte kyrkan, domstolarna eller andra myndigheter de finska släktnamnen, varför Gottlunds insatser är mycket värdefulla för släktforskarna.

Allmänt om invandringen

Många forskare och författare har under årens lopp framfört olika orsaker till inflyttningen av skogsfinnar till Sverige under 1500- och 1600-talen. I det följande håller jag mig helt till Rickard Brobergs forskning och åsikter, vilket han redovisar i sin bok "Finsk invandring till mellersta Sverige", utgiven 1988.

Från medeltiden och fram till och med 1600-talet har arbetsvandringar hela tiden i växlande omfattning skett av västfinnar som sökt sig till Stockholm och de omgivande lantbruksområdena men även till Bergslagen. De har arbetat som tjänstefolk, lantarbetare, bergsmän etc. De hade Gustav Vasas gillande, och han "rekvirerade" ibland folk till sina gods och gruvor.

Östfinnarna från Savolax var däremot svedjebrukare. Deras odlingsteknik krävde stort utrymme och man expanderade kraftigt i det inre av Finland. Till slut blev det för trångt, och detta i kombination med ofred, förtryck, nödår, farsoter med mera gjorde att man sökte sig till de orörda skogarna i Sverige. Hertig Karl fortsatte i sin fars anda att tillåta invandringen, men inte alls pådrivande såsom vissa forskare tidigare påstått. Däremot uppmuntrade han till nybyggnation av torpställen på kronans marker genom 5 brev utgivna åren 1579, 1581 och 1583. De fyra första av dessa gällde alla, alltså både svenskar och finnar. Det femte brevet är ett formulär att användas för att kunna formulera en torpsedel för en nybyggande finne. Inte heller Klubbekriget 1596-97 hade någon avgörande betydelse för utvandringen av östfinnar, eftersom den då hade pågått sedan 1570-talet.

Inflyttningen av östfinnar, d v s svedjefinnar eller skogsfinnar, startade alltså ca 1570 och ebbade ut i mitten av 1600-talet. Man kom över till Stockholm och Gävle i första hand och sökte sig snarast ut till obebyggda skogsområden, till en början i Sörmland, Östergötland och Närke, därefter Tiveden och Karlskogaområdet, Södra Norrland, Dalarna, Västmanland och Bergslagen innan 1600-talet tar sin början.

I början av 1600-talet fortsatte uppodlingen av svedjemarker i Bergslagen, men det blev svårigheter eftersom bergsbruken eftertraktade skogsråvara för sin kolframställning. En del skogsfinnar bröt därför upp och flyttade till de västliga och så småningom norra delarna av Värmland. Samtidigt skedde en inflyttning av andra generationens skogsfinnar från bland annat gränstrakterna av Dalarna och Hälsingland till Värmlands södra finnskog och på 1640-talet vidare upp mot eller direkt till Norra Värmlands och Hedmarks finnskogar. Förflyttningen avslutades på svenska sidan med Aspberget i Norra Finnskoga ca 1660 och med Törberget och Galåsen i Trysil ca 1670. Därefter skedde efterhand sekundärbosättningar på en mängd platser.

De svedjebrukande skogsfinnarna som bosatte sig i vårt område kom i regel inte direkt från Finland, utan de var andra eller tredje generationens invandrare. Det vill säga, de flesta var födda i Sverige av finskfödda föräldrar eller deras barn. De kom till våra trakter från bland annat Hälsingland, Nordöstra Dalarna (Ore, Orsa), Uppland, Bergslagen och från de södra finnskogarna i Värmland. De bosatte sig alltså i vårt område med början ca 1640 och man kan säga att den primära bosättningen var klar på 1670-talet när man nådde fram till fjällområdena i Trysil, vilket var en naturlig gräns för odling av svedjeråg. Därefter skedde sekundärbosättningar på många platser för att de invandrades barn skulle få plats med sina familjer.

De regler som gällde för upptagande av nybyggen framgår av hertig Karls tidigare nämnda fem öppna brev 1579-83. Däri framgår bland annat att fogden, häradshövdingen och tolv beskedlige män, i regel häradsnämnden skulle besikta platsen för nybygget, att nybygget inte skulle vara till men för bolbyarna men också förbud att förhindra nybyggen och förbud för bolbyarna att uppta mer skog och mark än de rimligen kunde bruka. Skogsfinnen fick därmed sin torpsedel och sex års skattefrihet utlovades. Barn och efterkommande hade "arvsrätt" eller i alla fall förtur att överta torpstället.

Under mitten av 1600-talet fördes krig mellan Danmark och Sverige, och för Värmlands del kom Hannibalsfejden 1643-45, Krabbefejden 1657-60 och Gyldenlövefejden 1675-79 att få förödande konsekvenser för finnskogarna och dess nybyggare utmed gränsen mot Norge. Fienden inföll och skövlade många byar och gårdar i Värmland samtidigt som Sverige gjorde samma slags infall i de norska gränstrakterna. På den svenska sidan skövlades och brändes bl. a. följande byar: Aspberget, Avundsåsen, Järpliden, Skråckarberget, Röjden, Viggen, Bjurberget, Röjdoset, Gransjön m fl.

Finnarna uppvisade stor duglighet i denna typ av gerillakrigföring. Det var ju skogsfinnarna som bodde utmed gränsen och som kom att bli en värdefull gränsvakt, varför fortsatta bosättningar uppmuntrades av den svenska regeringen.

Under **Hannibalsfejden** uppbådades i början av år 1644 ett par hundra finnar från Grythyttan, Hällefors, Hjulsjö och Ljusnarsberg jämte ett femtiotal finnar från Värmlands Bergslag, vilka förlades att bevaka gränsen mot Norge. Under den vistelsen fick de tillfälle att genomströva de stora obebyggda skogsområdena i de norra delarna av finnskogen. De såg att det fanns vidsträckta svedjemarker, fulla av villebråd och fiskrika sjöar. En efter en bröt de därför upp från sina bosättningar i Bergslagen, där det hade blivit trångt om utrymme, och man började uppodla nya bosättningar i ödebygderna i vårt område. På detta sätt kom förmodligen flera av mina anor till våra trakter, nämligen **Hecke Hindrik till Rattsjöberget, Kurck Hindrik till Mangen och Oluff Koo till Skallbäcken**. Dessa anges i Färnebo härads dombok som "bortdragna" från Rämmen och hade enligt Richard Broberg otvivelaktigt deltagit i 1644 års uppbåd av finnar vid norska gränsen. Man får räkna med att dessa händelser i hög utsträckning bidragit till den mycket kraftiga expansion som finnbebyggelsen uppvisar under 1640-talet på de västra fryksdals- och älvdalsskogarna.

8

Samtidigt, på 1640-talet, etablerades de första skogsfinska bosättningarna på norska sidan. Av mina anor kan nämnas **Pål Ratiche** som kom till Rotberget i Hof omkring 1640, **Henrik Henriksen Vappuinen** till Peistorpet, Åsnes och **Steffen Pålsson Mullikka** som kom till Vålberget, Grue ca 1646.

Under **Krabbefejden (1657-60)** gjorde en skara finnar (289 man) den 29 januari 1659 ett infall från trakten av Röjdåfors och plundrade 19 gårdar i Grue och 4 i Brandval. Detta gjordes på direkt order från regeringen under förmedling av landshövdingen i Närkes och Värmlands län, Abraham Leijonhufvud. Riksdrotsen Per Brahe skrev som morot "att de medh sine barn och effterkommande her i landet kunne framgent fåå boo i rolighett" och som piska, om ordern inte åtlyddes skulle man veta att "finna dem igen".

Finnarnas anförare var bonden Matz Oluffsson f ca 1622 i Kyrkebol, Jösse-Ny, men sedan bonde i Gränsjön, Älgå. Han var förmodligen svensk men gift med en finska, dotter till den förste bebyggaren i Gränsjön, Måns finne. Matz skrev en rapport om infallet i Norge, daterad i Bogen den 4 februari 1659 som lyder:

"Jagh kan icke låta eder okunigt vara, huruledes min resa är angången i Norie. Så haffua vij kommit i Norie och deres vacht haffuer varitt för starck både medh krigzfolck och bönder och haffue gräuett sigh neder i snöen. Sedan haffuer iagh gått på dem medh ett stormande och der bleff en aff våra skotin (= skjuten) i den ena foten, men aff deres haffuer några bleuett i lopett (ung. = blivit på stället, stupat). Sedan moste vij Ryterera oss till bakar öffuer Eluen, effter fienden lågh på en holma, som Eluen gick på både sider om, effter iagh befructade för ryterij skulle beränne oss på Eluen, effter vij voro på holmen ehopa medh fienden. Sedan hauffer iagh sköflatt tuenne sochnar der vtan före, och vij haffua kommit i 5 hopar. Och 3 hopar drogo söder (ut) och de Andra vett iagh intett, huartt de togo vägen, men som iagh menar, så drogo de norrer vtt. Och vij haffua sköfflatt och sedan lopett (= lupit, sprungit) ått stora skogen och sedan åtter fram igen och rappat igen (= angripit på nytt), effter fienden var så starck, effter de haffua bekommet kunskap både igenom skriffter och annat. Men sedan haffua vij den andra dagen varitt på ett bärg och der haffua vij seett dem ståndes i ordningh, effter dett haffuer varitt dett krigzfolkett som är kommitt i från Tråne hem (= Trondhjem). Men nu haffua Jösse härattz finerna dragett hem mäst, men iagh bliffuer i Gunerskogh sochn, så lenge (= tills) iagh får skriffuelse ifrån vällachtatt herr befalningzman til Mattz i Grötvåll."

Det var alltså en lyckad blixtraid som överstökades på två-tre dagar, varefter värmlandsfinnarna drog sig tillbaka på sina skidor i mycket djup snö.

I nästa kapitel kommer en berättelse av Matz Oluffsson, nedtecknad av prosten och värmlandsskildraren Erland Hofsten, som framför allt är en värdefull förstahandsskildring av hur finnarna levde på den tiden, särskilt under krigsförhållanden.

Några av mina äldsta anor bosatte sig i Bergslagen:

Först den sägenomspunne **Kristoffer Jönsson Honkainen "Lång-Kristoffer"** kallad, f 1593 i Nyslott, Rantasalmi, Finland, nybyggare i Sundsjögården, Färnebo 1619.

Därefter kom **Per Pålsson Hakkarainen "Per Hakkran"** som upptog Nain i Ekshärad ca 1630. Han var född ca 1600 vid Saimasjön i Rautalampi, Savolax och gift med Annika Olofsdotter Karjalainen f ca 1600 i Rautalampi, d i Nain, Ekshärad.

Den tredje av mina anor som fanns i Bergslagen var **Lars Larsson Karjalainen** som förmodligen var den som upptog Laggåsen i Ekshärad ca 1630.

Och andra flyttade från bl. a. Bergslagen till Nordvärmland och Hedmark:

Pål Henriksson Raatikainen "Pål Ratiche, Rattik, Radiche" med flera benämningar i finnemantall och tingböker, f 1605 i gränstrakterna mellan Hälsingland och Dalarna, röjde omkring 1640 ett hemman i Rotberget (Raatikala) i Hof finnskog. Han kom närmast från Nya Kopparberget (Ljusnarsberg) i Dalarnas bergslag, i närheten av Grangärde, där hustrun Gertrud Matiesdatter var född. Påls far torde ha hetat Henrik Raatikainen och varit en av de tidigaste till Sverige inflyttade skogsfinnarna.

Henrik Henriksen Vappuinen f 1614, d ca 1675 i Söregården, Peistorpet, Åsnes finnskog. Han var nybyggare i Peistorpet på 1640-talet. Han bodde först i Skattlösberg, Grangärde socken. Kom troligen från Ludvika till Midskogsberget finnetorp (Piestorpet Södergård) under 1640-talet.

Henrik Tomasson Häkkinen "Hecke Hindrik" f 1590 i Finland, d 1669 i Rattsjöberg, Vitsand, upptog Rattsjöberg 1645. Henrik kom närmast från Rämmen.

Henrik Kurki "Kurck Hindrik" vistades i Djuprämmen, Rämmen 1640-1653, i Lillskogshöjden, Östmark 1653 och I Kurkhöjden, Mangen, Vitsand 1661. Han nämns först i Rämmens folk- och boskapslängd 1640, och påträffas senare i Röjdoset, Östmark mantal 1650 och i Mangen, Vitsand tiondelängder 1664, 1667-68 och mantal 1671. Han hade en dotter Eli Henriksdotter Kurki f 1646, g med Henrik Pålsson Raatikainen, en son till Pål Ratiche.

Olof Matsson (Koo) Lehmoinen "Oluff Koo" upptog Skallbäcken 1645. Detta är det först upptagna finnhemmanet i S Finnskoga och i hela gamla Dalby socken. Olof kom närmast från Näsrämmen i Rämmen, där han var skriven 1642, 1644 och 1646, men anges vara "bortdragen" 1645-1646 (till Skallbäcken).

Steffen Pålsson Mullikka f i Mullkkamäki, Lauka sn, Finland, d ca 1650 i Vålberget, Grue finnskog, uppröjde Vålberget (Mullikkala) ca 1646. Kom först till Sandsjö, Orsa, där dottern Annika föddes 1641. Flyttade därefter till Vålberget.

10

I S Finnskoga gjordes många nedsättningar strax före 1650 och fortsatte till ca 1660, då även Aspberget i N Finnskoga upptogs, vilket var slutpunkten för den primära bosättningen på den svenska sidan.

I Hedmark fortsatte invandringen under 1650- och 1660-talen med bland andra Anders Mårtensson Liitiäinen, mer känd som **Anders Liten**, vilken upptog Gravberget i Våler ca 1660. **Lars Larsson** f 1624 i Bergslagen (släktnamnet är obekant), g med Eli Nilsdotter Vauhkoinen f 1636 i Hälsingland var född i Bergslagen av finska föräldrar, kom till Norge och Gravberget 1665 och röjde sedan Galåsen tillsammans med Henrik Henriksson Himainen ca 1670.

Invandringen avslutades i vårt område ca 1670 med **Anders Olsen Kuosmainen**, nybyggare i Törberget, Trysil 1670, och **Henrik Henriksson Himainen** vilken kom till Liitiäinensläktens nybygge Gravberget 1658 och senare röjde Galåsen i Trysil 1670.

Hur var livet i finnskogarna?

Det var i stort sett väglöst land när skogsfinnarna etablerade sig i Norra Värmland. Dock fanns en väg som sträckte sig från Västra Dalarna till Vingängs gränstullkammare och vidare till Medskogen vid norgegränsen. Denna väg hade länge använts vintertid men sommartid kunde den bara begagnas med rid- och klövjehästar. Det fanns ett antal bivägar till den, men de var ännu besvärligare än huvudvägen.

Ofta kom finnarna två och två (ibland bröder) för att rekognosera och påbörja nedsättningen. Jag föreställer mig att de tidigt på våren kom ridande och/eller till fots medförande klövjehästar, eftersom de säkert hade med sig en hel del redskap och verktyg för skogsavverkning och svedjebruk liksom vapen och fiskeredskap. Ibland kom hela familjer, men ofta lämnades de liksom eventuella kreatur hemma en tid tills man hunnit bygga den första riktiga bostaden. En enkel övernattningskoja byggdes och så påbörjades fällningen av skog för den första svedjan.

Det var naturligtvis ett slitsamt arbete att med enbart yxa fälla den grova barrskogen. Träden fälldes inåt mot svedjans mitt och fick ligga och torka tills nästa vår, eventuellt ytterligare ett år,då svedjan skulle antändas. Samtidigt togs timmer tillvara till kommande husbyggen och ved till bränsle. Ofta tog man hjälp av vandrande lösfinnar med fallhygget och med byggandet av den första rökstugan (bostaden) med sin speciella murade stenugn utan skorsten. Detta innebar att röken stannade kvar under taket och vädrades ut genom en lucka i taket. Rökens värme höll stugan varm, och det räckte att tända en brasa om dagen. Rökstugan var hela familjens sovrum, och vardagsrum, och matrum.

I regel lagade man inte mat i rökugnen utan för detta ändamål fanns ett särskilt kokhus. Övriga nödvändiga byggnader var ett torkhus (ria) med rökugn, där säden torkades, en rökbastu, fähus och lador samt härbre för matförvaring. Det kunde ofta finnas upp till ett tiotal hus utspridda på torpet så att det såg ut som en liten by. Det tog förstås tid och kraft att bygga upp alla dessa hus och samtidigt göra nya svedjefall och bränna av, så och skörda år efter år..

Det fanns en mängd olika tekniker för svedjandet, och jag antar att var och en, utan någon som helst vetenskaplig bedömning (den har tillkommit i vår tid), använde den metod man kände till och hade lärt sig hemifrån. Dessa skogsfinnar hade kanske inte den mest utvecklade metoden utan det kunde nog bli som det blev, ibland med bra resultat, ibland dåligt. I vilket fall, den speciella tuvråg som användes kunde i gynnsamma fall ge hundrafalt tillbaks, mycket beroende på kunskap, markbeskaffenhet, läge och att/om man kunde undvika frosten.

Sådden skedde direkt i den tjocka askan så snart den svalnat. Rågkornen petades ner ett och ett med ungefär två dm avstånd. Skördade gjorde man med skära, varefter tröskning utfördes, dels på plats på någon stenhäll, dels i ladan, varefter torkning skedde i rian.

När man skördat rågen 2-3 gånger var svedjan förbrukad, men användes därefter till bete för kreaturen och för sådd av rovor. Finnen var till en början inte intresserad av att att röja mark, bryta stubbar och flytta stenar. Så småningom, när rågskörden slog fel, fick han tänka om och sprida riskerna genom permanent odling av råg och så småningom även av andra sädesslag, och vid slutet av 1700-talet var även nyheten potatis allmänt utbredd och välsignad av finnbefolkningen. Boskapsskötseln gjorde att man kunde gödsla åkerlapparna och använda dem år efter år.

Mathållningen för finnarna var inte stort annorlunda än för svenska eller norska torpare. Man jagade förstås älg (olovligt), rådjur, tjäder, orre, järpe, ripa och hare och man fiskade gädda, abborre, röding och laxöring i skogssjöar, tjärnar och älvar. För pälsens skull jagades björn, varg, lo, räv, mård, iller, utter och bäver. Björn- och bäverkött var säkerligen en delikatess. Köttet kokades, aldrig stekt eller grillat. Därutöver åt man rågbröd och rovor. Det pratas numera mycket om att motti och fläsk var skogsfinnarnas livrätt, men jag är inte så säker på att det var så, i varje fall inte från början. Motti eller nävgröt (navgröt) kokas ju vanligtvis på skrädmjöl (havre) och skogsfinnarna odlade enbart råg till en början. Det är kanske möjligt att man använde rostat rågmjöl i mottin om man nu hade det? Stekt fläsk förekom inte, till mottin åts kokt fisk, med fördel abborre. Möjligen är det så att motti/navgröt var lika vanligt förekommande i svenskbygderna som på finnskogen? Potatis fanns definitivt inte, den kom 100 år senare. Mjölk drack man inte annat än i form av surmjölk eller någon slags tätmjölk (filmjölk eller långmjölk). Däremot kokade man mjölk, till och med i nävergrytor till hälften nedgrävda i marken, och i mjölken lade man fisk, ägg eller annat sovel som fanns till hands. Sill kunde man förmodligen handla i tunnor från Christiania (Oslo). Någon typ av ölbrygd och mäsk kunde man troligen göra själva men knappast sprit, hembränningen kom senare i dessa trakter. Helt klart är att man då som nu kunde berusa sig, det framgår av otaliga domboksprotokoll.

Vi vet mer om hur mathållningen såg ut 100 år senare. I avsaknad av skriftliga källor får fantasin ta över när det gäller 1600-talet. Som framgår i det följande så fanns det dock ett skriftligt dokument från 1659.

Det var nämligen Värmlandsskildraren Erland Hofsten som i "Beskrifning öfver Wermeland" har återgett vad Matz Oluffsson, härföraren vid infallet i Norge 1659, berättat för honom om blixtraiden beskriven i föregående kapitel. Vad som här är av särskilt intresse är hans kulturhistoriskt värdefulla skildring av bland annat finnarnas skicklighet på skidor, deras klädsel, näverskor, kärl av näver och kunnighet att koka mat i "nävergrytor".

"Nyligen hade wårt folck lagt sina wapn neder, strax måste the åter taga them up igen. Til hwilket orsak war, at fienden wiste wårt land wara af krigzmanskapet lättat, efften

nylig frid war sluten och således gräntsorna öpna, folket billigt säkra, fästningen ledig. Men si! Hwad oro blef nu strax igen och buller! Hwad löpande blef strax med folket som inte wäntat så snart krig! Huru ser man Warerna eller Witerna på bärgen antändas som med sin eld och rök för hela landet en bedröfwelig krigztidende gaf. Men, hwad wil man i nöden taga sig före! Hwilken understod sig at uphäfwa hufwudet och blifwa krigzhöfdinge i sådan hastighet som tå behöfdes! Si, hafwer fordom en Romersk Coriolan blifwit tagen vid dylickt tilfälle ifrån plog och harf at föra en krigzhär an, fächta och winna: huru war bonden sielf nu i wårt land tilredz wid thetta hastiga krigzärendet at upleta utur sin egen hoop en frimodig och försichtig man, hwilkom the gåfwo macht i händer at biuda och befalla, hwilken the och för sin höfdinge och anförare ärkiände. När nu Bonden blir Krigz Öfwerste, går han strax åstad, anförer folcket af samma willkor som han sielf war, slår fienden och kiörer honom öfwer gräntsen, plundrar nårske bygden, kommer hem igen med seger och godt byte. Then som thetta tåg anförde, (nemligen en bonde af Wäster syslet wid nampn Mathes Olufson i Gräsiötorp hwilken för twå år sedan dödde) hafwer i sin höga ålder sielf ofta berättat, huruledes han utwaldes til anförare för en Bondehär, merendels af finskt folck, hwilka förutan at thessas tienst befans nyttig i åtskilliga andra tilfällen at afdrifwa fientliga partier och wärja gräntzorne, blef likwäl wid thenna tiden särdeles theras flit bekant her af at, på thet Nårska Krigzfolcket icke skulle få gå af landet o. falla konung Carl den X på ryggen, tå han för Kiöpenhamn låg, och eljest annat krigzfolck war i wårt land eij stort at finna. Si! tå, säger iag, upreste sig ofwannämnde bondehär, tog wapen i hand giorde ordningar sin emellan, begynte, uti Januari månad gå ifrån Jösehärad up, bägge Frykzsiöerne ända långs effter, igenom Frykzända in uti norska landet, förökande allestädes sin häär, ther the framkommo, af thet folck som i bygden stod, in til thes the så mycket the hinna kunde, fiendens land öfwertäckte, och ther på fiendemacht öfwade. Mycken snö war thetta år fallen, och therföre war stort beswär at få wägar för sig til thenna resan: ty mansdiup snö betäckte marken och siöarna. Men ther emot har konsten nu som i fordna tider lärt thetta folck lättare öfwer diupaste snö och bratta bärgen fara, än med häst och släde öfwer stadig och jämn wäg. Skider hafwa af urgamla tider warit brukeliga för i Norden; sådana skider brukte thenne troppen wid thenna sin krigzresa, skider brukas ännu doch mest af finskt folck, hwilka äro tilredda af mycket tunn dock fast trä, uphögde framman til såsom en slädesmed, hwar mittpå the binda fast med en lätt konst fötterna, hafwandes kiäppar i hwarthera handen, ther med the på snön skiuta sig fram tämmelig fort igenom skogen öfwer bärg och backar, hafwandes sin jägaretyg på ryggen, them the under löpandet, när tilfälle så gifwer, bruka emot diur och foglar. Om winteren löpa the här på, säger man, när the i skog, öfwer bärg och marck antingen sökia biörn och warg, eller om the få tilstånd älg, råå, loo, biur, otter, mård och annat dylickt wildt som här i landet finnes, eller och kiäder, årer och andra flygande diur. Wapnen som the hade, bestod synnerlig uti Räflebyssor, hwar wid the af ungdomen wänjas mäst, tunna och stackota kläder på, liten mössa på hufwudet, söndriga skor på fötterna, bröst och hals öpet för wad wäder som komma kan; huus och säng gir hwart trä som the råka til när påtränger, ther af the sig Kåjor giöra med rijs och barr. Skal matredningen skie i skog och kiärr, thet är eij ondt effter eld för them, som aldrig äro utan eld i stål och flinta; snart tilreda the steken af biörn eller annat wildt, som the i skogen fånga. Skal thet kokas, lät wara grytan är eij

14

förhand, si the weta ther emot snart giöra sig grytor; ty the taga näfwer af biörck, ther af
giöra the en gryta, then nedergräfwa til hälfften i jorden, ther under lägga the wed och
eld, kokandes sedan uti sin näfwergryta, hwad som snart kokas kan, såsom miölck, fisk,
ägg etc. Är maten kokat, kan hända inga fat äro förhand, inga tallrikar then at upreda
uti, si, strax kunna the giöra af näfwer nödiga faat, nödiga talrikar, nödiga slefwar,
skedar och drickzkiärelle. Ia, iag lägger och här til, at emädan thetta folck hafwa
stundom brist på läder, och således ondt för them effter skor, är theras gemene bruk
jämwäl giöra sig skor af näfwer, then the först wäl ränsa, siuda och koka och sedan
binda samman til skor, ther uti the gå alla årstiderne; om eij för stark winter förhand är.
Et så utrustat krigzfolck, som nu sagt är, wiste wid thetta tilfälle sin plicht at tiena efter
sin förmågo, hugen leckte hos them at antingen dö eller winna. Man tycker sig höra huru
Bonden theras anförare hafwer nu ropat på sin här, såsom fordom ropades fältlösen:
fram fram Bonde-Män! När nu å lychtone thenna bondehär sina beställningar lyckeligen
hafwer fuländat, aftågade han igen, gåendes hwar hem til sitt, tå theras anförare strax
lade befalningzstafwen ned, upsade sit öfwerwälde, tackade sit följe, och gick sedan til
thet han för war wan, nemligen til plog och harf, til jagande, til skiutande, til fiskande."

Som framgår ovan gjorde man nävergrytor att koka mat i och man gjorde näverskor i brist på läder. Det verkar inte som att skogsfinnarna var slöjdare i likhet med t ex samerna, men man tillverkade det man hade behov av, förutom nämnda näverskor och grytor t ex knivslidor av näver och näverkontar att bära på ryggen. Dessutom tillverkade man skålar, fat, slevar, fiskesäckar, smörkärnor etc av trä eller näver. Näver användes även till taktäckning. Skogsfinnarna tog sådana mängder björknäver att man kunde sälja det som blev över. Bland annat berättar Gottlund att finnarna långt senare, på 1800-talet reste till Karlstad vid persmässotid med hela näverlass som avyttrades på Nävertorget, vilket låg vid Klarälven strax norr om nuvarande Stadshotellet. Näver var en så värdefull handelsvara att finnarna sov på näverlasset. På kvällarna roade man sig med dans i Hybelejens kvarn på andra sidan älven. Finnarna sades då vara mästare på dansgolvet.

Skogsfinnarna höll sig för sig själva och umgicks inte med Dalbyborna eller den övriga bofasta ursprungsbefolkningen. Däremot hade man ganska ofta gränsdragningstvister med dessa, vilka kom att avgöras vid tinget. Ofta var man instämda och fick böta för olaga svedjefall och tjuvjakt, men sällan för någon annan brottslighet. Därvidlag var Dalbyborna värre. Skogsfinnarna lät även sina interna mellanhavanden och tvistigheter gå till häradsrätten för avgörande.

Man umgicks med de andra nybyggarna i närheten, även på andra sidan gränsen. Detta ser man genom alla giftermål kors och tvärs mellan norska och svenska svedjefinnar. Så fortsatte det under lång tid, men så småningom kom man att mer och mer beblanda sig med den svenska och norska befolkningen.

Det var ofta långt avstånd till kyrkan, 3-4 mil på dåliga vägar för många. Detta gjorde att finnarna var ganska dåliga kyrkobesökare. Språket var ju också en bidragande orsak till

15

detta, man förstod inte svenska eller norska i början. Ibland hände det att man begravde de sina på hemorten och lade sten eller stockar i den tomma kistan när man kommit i närheten av kyrkan.

Finnarna var, i likhet med t ex Dalbyborna, mycket vidskepliga. De ansågs av den svenska befolkningen vara trollkunniga och använda svart magi, och man var rädda för att stöta sig med dem. Finnarna levde mycket nära naturen, som de med olika former av magi försökte kontrollera. Det kunde t ex vara besvärjelser, som ibland kunde riktas mot människor.

När det gäller sjukdomar sägs det att skogsfinnarna vara renare och friskare än andra bland annat på grund av sitt idoga bastubadande. Men det är klart att även de drabbades av de farsoter som härjade, och det blev inte bättre av att svält och undernäring var vanligt förekommande ända in i vår tid.

Skogsfinnarna har beskrivits som fredliga, stillsamma med ett drag av svårmod eller tankfullhet. De sades också vara starka, ihärdiga och kunna utstå strängt arbete och hård brist. De var också häftiga och snarstuckna men lät sig lätt försonas utan förställning och utan krus. Emot fiender har de alltid bevisat mod och tapperhet.

Maximiliam Axelsson beskrev finnen som "genomärlig, härdig, pålitlig, godmodig och framför allt gästfri – det sistnämnda kanske ofta nog öfver tillgångarne".

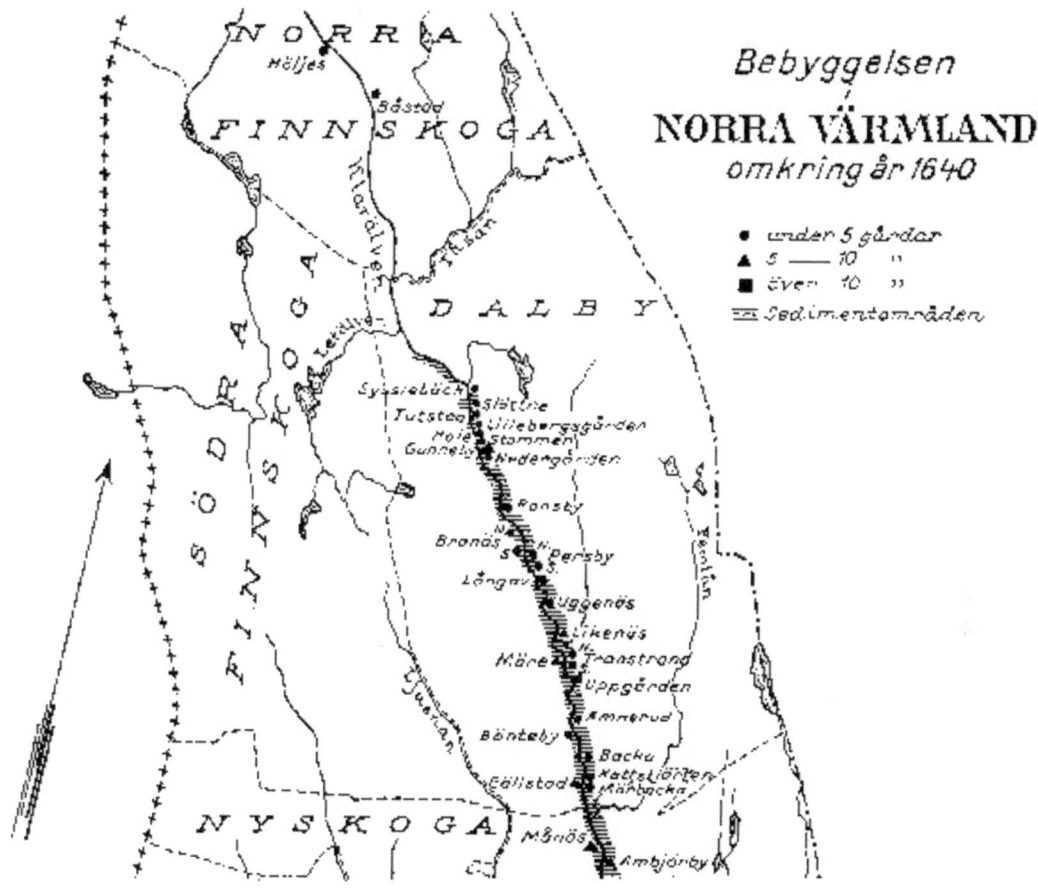

Som synes ingen bebyggelse i Norra och Södra Finnskoga 1640. Jämför med kartbilden på nästa sida, där det finns ett 50-tal rökar i detta område.

ANTALET RÖKAR
på
FINNBYGDEN
1730

Aspberget

Bringsåsen

Järpliden

Avensåsen

Medskogen

Bograngen med Djäkneliden

Skräckarberget

Kindsjön

Dalby

Röjden

Älgsjön

Bjurberget

Mackaretjärn

Svenshöjden

Kringsberget

Skallbäcken

Viggen

N.Flatåsen

Mangsliberg

Mellanflatåsen

Boviggen.

S.Flatåsen

Röjdoset

Multtjärn

Tjärnberget

Röjdåsen

N
S

Digerberget

Hollandstorp

Mången

Gransjön

Arnsjön

Tväråna

Rattsjöberget

Norra Ny

Näsberget

Rosatorp

Åskogsberget

Långsjöhöjden

FRYKSDALSBYGDEN

Brånberget

Vittjärn

Fäbacken

Stensgårds
utskog

Runnsjön

Kalvhöjden

Kart-
torp

N
S

Lekvattnet

Spättungen

Örttjärns-
höjden

Bredsjön

Mörbacken

Rösebacken

Rörkullen

Torsby

Klar älven

Ekshärad

0   10   20   30 km

Kartbild över nuvarande Hedmarks fylke. I denna bok finns finska nybyggare från
kommunerna Grue, Åsnes, Våler, Elverum och Trysil.

Gammal bebyggelse från Pekkala i Aspberget, Norra Finnskoga.

Gamla boningshuset på Larsgården, Aspberget.

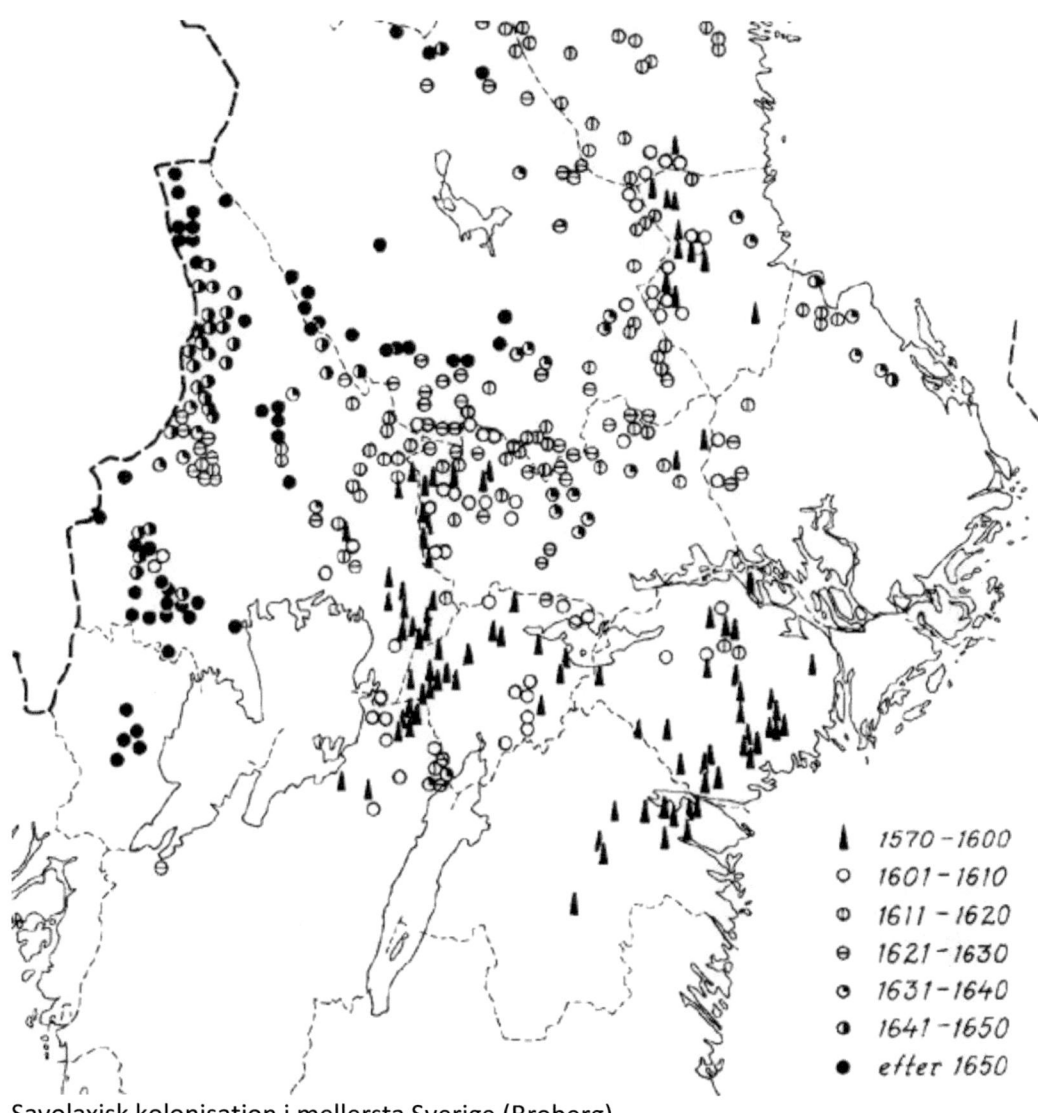

▲	1570 – 1600
○	1601 – 1610
⊕	1611 – 1620
⊖	1621 – 1630
◑	1631 – 1640
◑	1641 – 1650
●	efter 1650

Savolaxisk kolonisation i mellersta Sverige (Broberg).
De tidigast kända åren för bosättningar på Dalby finnskog är enligt Broberg:

Skallbäcken	1647
Kindsjön och Röjden	1649
Bjurberget, Älgsjön och Kringsberget	1650
Mackartjärn	1651
Medskogen	1652
Skråckarberget och Järpliden	1653
Avundsåsen	1658
Djäkneliden och Aspberget	1660

21

De närmsta anorna

Här kommer det mer familjära avsnittet i boken, men bara till en liten del. Jag redovisar den **första antavlan** med 3 generationer från min far Per Persson **(1)**, som alltså är så kallat proband. Antavlan omfattar perioden från nutid till början av 1800-talet. Av personerna i denna antavla har jag, förutom min far endast träffat min farmor Beate Persson **(3)** och mina farbröder och fastrar.

Eftersom boken i huvudsak ska handla om skogsfinneättlingar, så börjar jag redan i denna antavla att gallra bort de grenar som inte uppfyller kraven.

Det betyder att jag här stoppar redovisningen av anorna till nr 9, 14 och 15.

Resterande anor, d v s nr **8, 10, 11, 12 och 13** uppfyller kriterierna om skogsfinneanor, och det är **deras anor som resten av boken handlar om**.

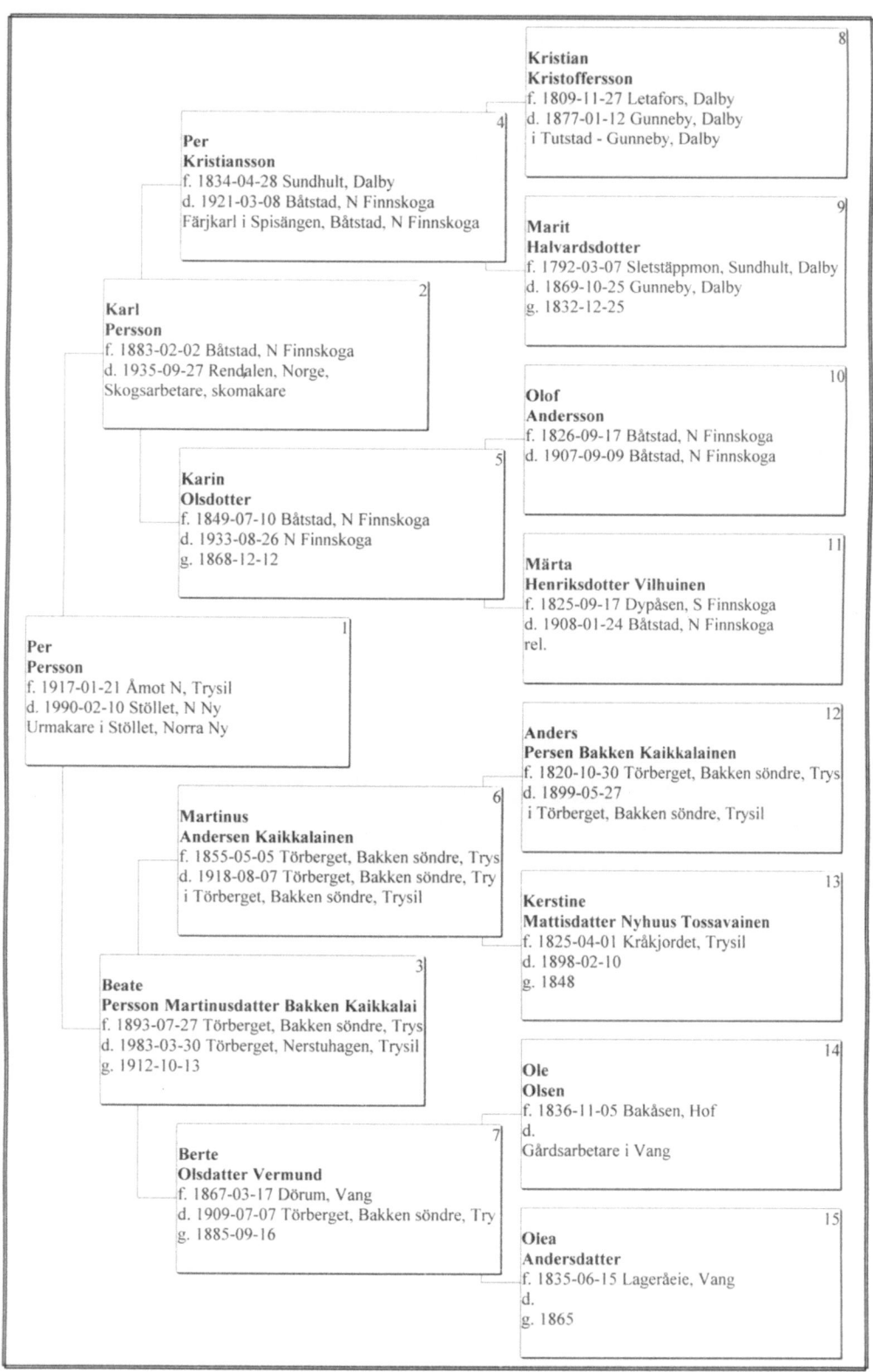

Kristian Kristoffersson 8
f. 1809-11-27 Letafors, Dalby
d. 1877-01-12 Gunneby, Dalby
i Tutstad - Gunneby, Dalby

Per Kristiansson 4
f. 1834-04-28 Sundhult, Dalby
d. 1921-03-08 Båtstad, N Finnskoga
Färjkarl i Spisängen, Båtstad, N Finnskoga

Marit Halvardsdotter 9
f. 1792-03-07 Sletstäppmon, Sundhult, Dalby
d. 1869-10-25 Gunneby, Dalby
g. 1832-12-25

Karl Persson 2
f. 1883-02-02 Båtstad, N Finnskoga
d. 1935-09-27 Rendalen, Norge,
Skogsarbetare, skomakare

Olof Andersson 10
f. 1826-09-17 Båtstad, N Finnskoga
d. 1907-09-09 Båtstad, N Finnskoga

Karin Olsdotter 5
f. 1849-07-10 Båtstad, N Finnskoga
d. 1933-08-26 N Finnskoga
g. 1868-12-12

Märta Henriksdotter Vilhuinen 11
f. 1825-09-17 Dypåsen, S Finnskoga
d. 1908-01-24 Båtstad, N Finnskoga
rel.

Per Persson 1
f. 1917-01-21 Åmot N, Trysil
d. 1990-02-10 Stöllet, N Ny
Urmakare i Stöllet, Norra Ny

Anders Persen Bakken Kaikkalainen 12
f. 1820-10-30 Törberget, Bakken söndre, Trys
d. 1899-05-27
i Törberget, Bakken söndre, Trysil

Martinus Andersen Kaikkalainen 6
f. 1855-05-05 Törberget, Bakken söndre, Trys
d. 1918-08-07 Törberget, Bakken söndre, Try
i Törberget, Bakken söndre, Trysil

Kerstine Mattisdatter Nyhuus Tossavainen 13
f. 1825-04-01 Kråkjordet, Trysil
d. 1898-02-10
g. 1848

Beate Persson Martinusdatter Bakken Kaikkalai 3
f. 1893-07-27 Törberget, Bakken söndre, Trys
d. 1983-03-30 Törberget, Nerstuhagen, Trysil
g. 1912-10-13

Ole Olsen 14
f. 1836-11-05 Bakåsen, Hof
d.
Gårdsarbetare i Vang

Berte Olsdatter Vermund 7
f. 1867-03-17 Dörum, Vang
d. 1909-07-07 Törberget, Bakken söndre, Try
g. 1885-09-16

Oiea Andersdatter 15
f. 1835-06-15 Lageråeie, Vang
d.
g. 1865

Per Persson (1) var son till **Karl Persson (2)** f i Båtstad, N Finnskoga och **Beate Martinusdatter Kaikkalainen (3)** f i Törberget, Trysil. Båda hade skogsfinska anor, som vi ska se i det följande. De gifte sig 1912 och fick sju barn mellan 1912 och 1924. Dessa barn har genererat en ganska stor eftersläkt i Norge och Sverige. De flyttade runt en del, bodde i Hemberget, Rödsbakken och Finnsvea. Karl och Beate separerade, och 1929 flyttade Beate hem till fäderneshemmet Bakken söndre i Törberget med sina barn. Hon fick därefter ensam bära ansvaret för barnens uppväxt. De kunde dock inte bo kvar på Bakken utan flyttlasset gick vidare till i tur och ordning Dyri, Kirkeby, Gleditsch, Varåhålla Plassen 1936, Törberget Strand 1942 och slutligen Törberget Nerstuhagen 1945.

Karl var skogsarbetare men även skomakare. Han föddes och växte upp i Spisängen, Båtstad. Min farfar Karl dog vid 52 års ålder 1935 i Rendalen.

Beate var en stark och arbetsam kvinna. Ensam med sju barn gick hon omkring på gårdarna i trakten och hjälpte till med olika arbetsuppgifter, till exempel höslåtter och slakt. Av fårben kokade hon ett fett som användes för tillverkning av vapenolja eller som kunde blandas med tjära och då blev till skofett. Hon var med och klippte fåren och fick då ull till garn. Hon vävde dreielsdukar, broderade hardangersöm och brickor av hedebosöm – som är ett danskt handarbete. Hon var med i sanitetsförening, kyrkoarbete och husmorsförening. Dessutom var hon en ivrig sångare och gitarrist. Musikaliteten gick i arv till alla barnen, i synnerhet till Bjarne, som var en mycket kompetent dragspelare.

Beate övertog Nerstuhagen (Nerhagen) 1947 och brukade den lilla gården till 1964. Egendomen var på 13 mål och man hade ett par kor, några får och getter, svin och höns. Beate var alltså min farmor och jag minns henne från barndomen som en snäll och gladlynt människa. Hon levde till 1983 och blev alltså nära nog 90 år.

Barnen var:

Björg Persson f 1912-05-06, d 1994-02-24, g 1945-03-07 med Alf Rugsveen f 1907-07-30, d 1992

Margit Persson f 1914-07-01, d 2001-07-02, g 1948-03-06 med kusinen Karl Andersson f 1912-01-21 i N Finnskoga, d 1970-05-24 i Hagfors,

Per Persson f 1917-01-21 **(1)**, d 1990-02-10,

Kolbjörn Persson f 1918-10-26, og, d 1995-06-12,

Rolf Persson f 1920-12-16, d 1978-11-18, g 1953-12-31 med Sigrun Tangen f 1929-10-24 i Törberget, Berg, Trysil, bosatt i Bålsta, Sverige,

Oddny Persson f 1922-10-05, d 2010-07- , g 1945 med Henry Solheim f 1922-01-07, d 2010,

Bjarne Persson f 1924-02-25, d 1991-03-09 i Oslo, g med Ingrid Kroken, f 1935-11-02.

Beate Persson med sina sju barn på Nerstuhagen sommaren 1953. Från vänster: Bjarne, Margit, Oddny, Kolbjörn, Björg, Per och Rolf.

Syskonen Martinusen Kaikkalainen på Bakken söndre ca 1955. Oline Slaaen, Beate Persson, Karine Bakken, Asbjörn Andersen, Anna Kristoffersen, Elfrid Bastberget och Kerstine Ensrud.

Säterliv i Törberget ca 1953

26

Beate och Karl Persson ca 1921 med barnen Rolf 1, Per 5 med felan, Kolbjörn 3, Björg 9 och Margit 7 år.

Per Persson (1) med trikkespillet.

Martinus Andersen Kaikkalainen (lutande) och hustrun Berte Olsdatter Vermund i mitten med en liten flicka mellan sig, kanske äldsta dottern Kerstine f 1885.

Martinus Andersen Kaikkalainen (6) föddes 1855-05-05 i Bakken söndre, Törberget, Trysil, g 1885-09-16 med **Berte Olsdatter Vermund (7)** f 1867-03-17 i Dörum, Vang. Hon har såvitt jag vet inga skogsfinska anor, varför vi inte följer henne längre. Martinus övertog Bakken söndre år 1884, han fick sin del i gården mot föderådskontrakt för sina föräldrar. Samtidigt började han resa runt och handla med skinn. Han registrerade sin handelsverksamhet som Firma Martinus Andersen, och han drev handel på gården fram till 1894, då verksamheten gick i konkurs. I bland annat folketellingen 1900 uppges Martinus vara gårdbrukare, forpakter, snickare och hustimmerman.

Berte inflyttade till Törberget tillsammans med föräldrarna 1874. Hon konfirmerades 1882, dog 1909-07-07 av "täring". Martinus hade dåligt hjärta och var giktisk, han dog 1918-08-07 av nervegift.

De fick 15 barn mellan 1885 och 1907, varav **Beate (3)** var nummer 5. Av dessa 15 barn uppnådde 9 barn vuxen ålder och bildade familjer. De åtta som levde längst hade en genomsnittsålder på 82 år, vilket får betecknas som anmärkningsvärt.

Barnen, alla födda på Bakken söndre, var:

Kerstine Martinusdatter Kaikkalainen f 1885-10-23, d 1970-04-04, g 1903-04-13 med Magnus Persen Ensrud f 1880-03-31, 1982-09-11,

Oline Martinusdatter Kaikkalainen f 1888-04-02, d 1965-07-12, g 1921-03-20 med Paul Johannesen Slaaen f 1885-06-22 i Slaaen, Heidal, d 1957-04-08,

Anna Andersen Kaikkalainen f 1889-11-12, d 1970 i Enoks, Gröndalen, g 1910-01-02 med Emil Kristoffersen Gröndalen f 1886-02-07 i Enoks, Gröndalen, d 1965, **Asbjörn** Olaf Andersen Kaikkalainen f 1891-09-06, d 1973-02-14, g 1922 med Magda Olsdatter Örneberg f 1903-04-24 i Törberget, d 1991-12-29 i Törberget,

Beate Martinusdatter Kaikkalainen (**3**) f 1893-07-27,

Oddmund Andersen Kaikkalainen f 1894-07-28, d 1926, g 1922-09-01 med Kelfrid Gudbjörg Magnusdatter Nyhuus f 1902-01-09 i Varåholla, Plassen, Trysil, d 1990-09-24,

Magnus Martinusen Kaikkalainen f 1895-11-02, d 1919-11-12,

Per Martinusen Kaikkalainen f 1897-02-18, d 1903-01-27,

Einar Andersen Kaikkalainen f 1898-03-04, d 1900,

Karine Martinusdatter Kaikkalainen f 1899-04-14, d 1978-06-09, g 1921 med Alf Olavsen Kaikkalainen, f 1899-01-28 i Trysil, d 1977 i Solvang,

Elfrid Martinusdatter Kaikkalainen f 1901-04-25, d 1993-06-14, g 1928-11-12 med Karl August Karlsen Bastberget f 1893-08-02 i Öiensjösveen nordre, Trysil, d 1978-05-15 i Törberget, Kjernet, Trysil,

Per Andersen Kaikkalainen f 1903-07-16, d 1973-07-12 i Heradsbygda, g 1942-02-07 med Nelli Lövli f 1910-12-22 i Heradsbygda, d 1990-10-17 i Heradsbygda,

Harald Martinusen Kaikkalainen f 1904-09-14, d 1916-08-08,

Lidvald Andersen Kaikkalainen f 1906-01-14, d 1906-10-20,

Lidvald Andersen Kaikkalainen f 1907-07-04, d 1908-03-26.

Martinus har till övervägande del skogsfinska anor med följande släktnamn förutom Kaikkalainen: **Himainen, Liitiäinen, Kuosmainen, Raatikainen, Siekkinen, Hakkarainen, Karjalainen, Suuroinen, Purainen, Vauhkoinen, Muhoinen, Tossavainen och Mullikka.**

Släktnamnet **Kaikkalainen kan spåras till Kindsjön och Kringsberget** i Södra Finnskoga på 1600-talet, **Olof Olofsson Kaikkalainen var Martinus Andersens ff ff ff.**

Per Kristiansson (4) var född 1834-04-28 i Sundhult, Dalby. Hans anor är nästan helt igenom svenska och består av genuina Dalbybor så långt jag kan se, till 1600-talet. Ett undantag finns dock, ett inslag av skogsfinska anor på 1700-talet, när släkterna Honkainen och Neuvoinen dyker upp, dock på kvinnolinjer, varför dessa släktnamn inte bärs vidare. Dessa inslag av finska släktnamn leder i sin tur till ett antal andra skogsfinska släkter, såsom Kukkoinen, Piesainen och Vappuinen. I Pers anor finns också ett påfallande stort inslag av svenska indelta soldater med tilldelade soldatnamn som Likman, Långman, Tutenfelt och Gunnerfält. Namnen hade de fått på grund av ortstillhörigheten i tur och ordning Likenäs, Långav, Tutstad och Gunneby.

Enligt husförhörslängden 1861-65 var Per dräng hos torparen Halvard Andersson i Gunneby och flyttade därefter till Kärrbackstrand 1869 tillsammans med pigan **Karin Olsdotter (5)** f 1849-07-10 i Båtstad. De hade gift sig 1868-12-12. Per blev därefter färjkarl och familjen bosatte sig i Spisängen, Båtstad. De fick 8 barn, varav 2 par tvillingar. Av dessa dog ett gossebarn i den första tvillingfödseln medan äldsta barnet Maria överlevde. Barnen var:

Maria Persson f 1870-03-31 i Gunneby, Dalby, d 1949-01-11 i N Finnskoga, g 1893-05-21 med Per Persson Liitiäinen (Korp Per Persson d.y.), f 1871-03-24 i Båtstad, d 1954-02-26 i Båtstad,

Anna Persson f 1872-03-18 i Gunneby, Dalby, d 1948-11-15 i Båtstad, g 1898-03-27 med Jakob Håkansson f 1874-07-01 i Tutstad, Dalby, d 1943-06-19 i Båtstad,

Kajsa Persson f 1874-11-11 i Båtstad, d 1955-11-10 i Karlstad, piga – syster – sömmerska, kallade sig Hagström vid giftermålet 1904-04-02 med skräddaren Gustaf Adolf Hultgren, f 1877-09-20 i Karlstad, Klara 2, d 1919-04-26 i Karlstad, **Olof** Persson, tvilling, f 1876-06-15 i Båtstad, d 1952-02-07, g 1901-04-08 med Maria Olofsdotter, f 1881-12-13 i Båtstad, d 1942-07-10, bosatta i Skrivarberget, N Finnskoga,

Halvard Persson, tvilling, f 1876-06-15 i Båtstad, d 1949-06-20, g 1903-05-29 med Maria Halvarsson, tvilling, f 1871-11-02 i Båtstad, d 1964-12-13,

Anders Persson f 1881-01-10 i Båtstad, d 1963-10-16 i Båtstad, g 1902-04-20 med Laura Borg Larsdotter f 1875-09-26 i Uggelheden, N Finnskoga, d 1941-01-24 i Båtstad (far Martinus Borg från Elverum, 10 syskon),

Karl Persson **(2)** f 1883-02-02.

Alla utom Kajsa och Karl var hela sitt liv bosatta i Båtstad.

Karin Olsdotter (5) "Spisängs-Kare" näst längst till höger.

Spisängen, Båtstad, N Finnskoga. Bilden tagen runt 1920. Spisängs-Kare, min farfarsmor, näst längst till höger.

Uppförstorad bild (tagen ca 1916-17) och personerna är (från höger):

Gerda Jakobsson född 1898 (18 år)

Karin Olsdotter f 1849 (68 år) (gift med Per Kristiansson f 1833)

Anna Persdotter f 1872 (45 år)

Jakob Håkansson f 1874 (43 år)

Karin Jakobsson f 1901 (16 år)

Henning Halvardsson f 1905 (12 år)

Villy Jakobsson f 1910 (7 år)

Maria Halvardsdotter f 1871 (56 år) (gift med Halvard Persson)

Linus Halvardsson f 1909 (8 år)

Johan Jakobsson f 1899 (17 år)

Notera att 8 barn från de bägge familjerna saknas på bilden.

Per Kristianssons (4) föräldrar var **Kristian Kristoffersson (8)** f 1809-11-27 i Letafors, Dalby, d 1877-01-12 i Gunneby, Dalby, g 1832-12-25 med **Marit Halvardsdotter (9)** f 1792-03-07 i Sletstäppmon, Sundhult, Dalby. De var bosatta i Tutstad – Gunneby i Dalby och fick barnen **Anders** Kristiansson f 1832-09-06 i Sundhult, Stommen, Dalby, d 1833-04-03, och **Per** Kristiansson **(4)**, f 1834-04-28. Marit hade i tidigare äktenskap med Anders Nilsson Stomberg 3 barn. Hon hade helsvenska föräldrar från Dalby, varför jag i detta sammanhang inte redovisar anorna.

Karin Olsdotters **(5)** mor var **Märta Henriksdotter Vilhuinen (11)** f 1825-09-17 i Dypåsen, S Finnskoga, d 1908-01-24 i Båtstad, N Finnskoga. Hon var ogift men **Olof Andersson (10)** f 1826-10-01 i Båtstad, d 1907-09-09 var far till barnen **Olof** Olofsson f 1846-05-31 i Galåsen, d 1846, och **Karin** Olsdotter **(5)** f 1849-07-10.

Anders Persen Bakken Kaikkalainen (1820-1899).

Martinus Andersen Kaikkalainen **(6)** var son till **Anders Persen Bakken Kaikkalainen (12)** f 1820-10-30 i Bakken söndre, Törberget, Trysil, d 1899-05-27, g 1848-12-26 med **Kerstine Mattisdatter Nyhuus Tossavainen (13)** f 1825-04-01 i Kråkjordet, V Nyhuus, Trysil, d 1898-02-10. Enligt folketellingen 1875 fanns på gården 4 nötkreatur och 14 får och getter. Det såddes 3/8 tunna korn och 2 tunnor potatis.

De fick 7 barn mellan 1849 och 1868, av vilka Martinus var nr 3.
Barnen var:
Per Andersen Kaikkalainen f 1849-02-04, sparebankkasserer och auktionsförrättare i Hamar, g1 med Oline Mikkelsdatter, g2 med Marie Pedersen, f 1856 i Vang ,
Oline Andersen Kaikkalainen f 1853-02-17, d 1907-09-18, g med Martinus Olsen Kvernen Kaikkalainen f 1851-01-24, d 1893, bosatta i Brenna,
Martinus Andersen Kaikkalainen **(6)** f 1855-05-05,
Kristian Andersen Kaikkalainen f 1858-04-05, d 1936 i Kjernmoen, Trysil, g 1890 med Mina Adolfsen f 1859-04-03 i Hoböl, Östfold, d 1938 i Kjernmoen,
Albert Andersen Bang Kaikkalainen f 1860-11-23, d 1923, militär i Hamar, varvid han tog namnet Bang, g 1888 med Mina Mikkelsen f 1864-03-03, d 1919,
Kersti Andersdatter Kaikkalainen f 1864-01-18, d 1933, g 1885 med Hans Eriksen Sveen f 1862-03-07, d 1948,
Ola Andersen Kaikkalainen f 1868-08-08, d 1957, g med Sofie Trangerud, f 1874-05-31, d 1965, bosatta i Öyer, Gudbrandsdalen.

Ole Olsen (14) från Bakåsen, Hof och **Olea Andersdatter (15)** från Lageråeie, Vang har såvitt jag vet inte skogsfinska anor.

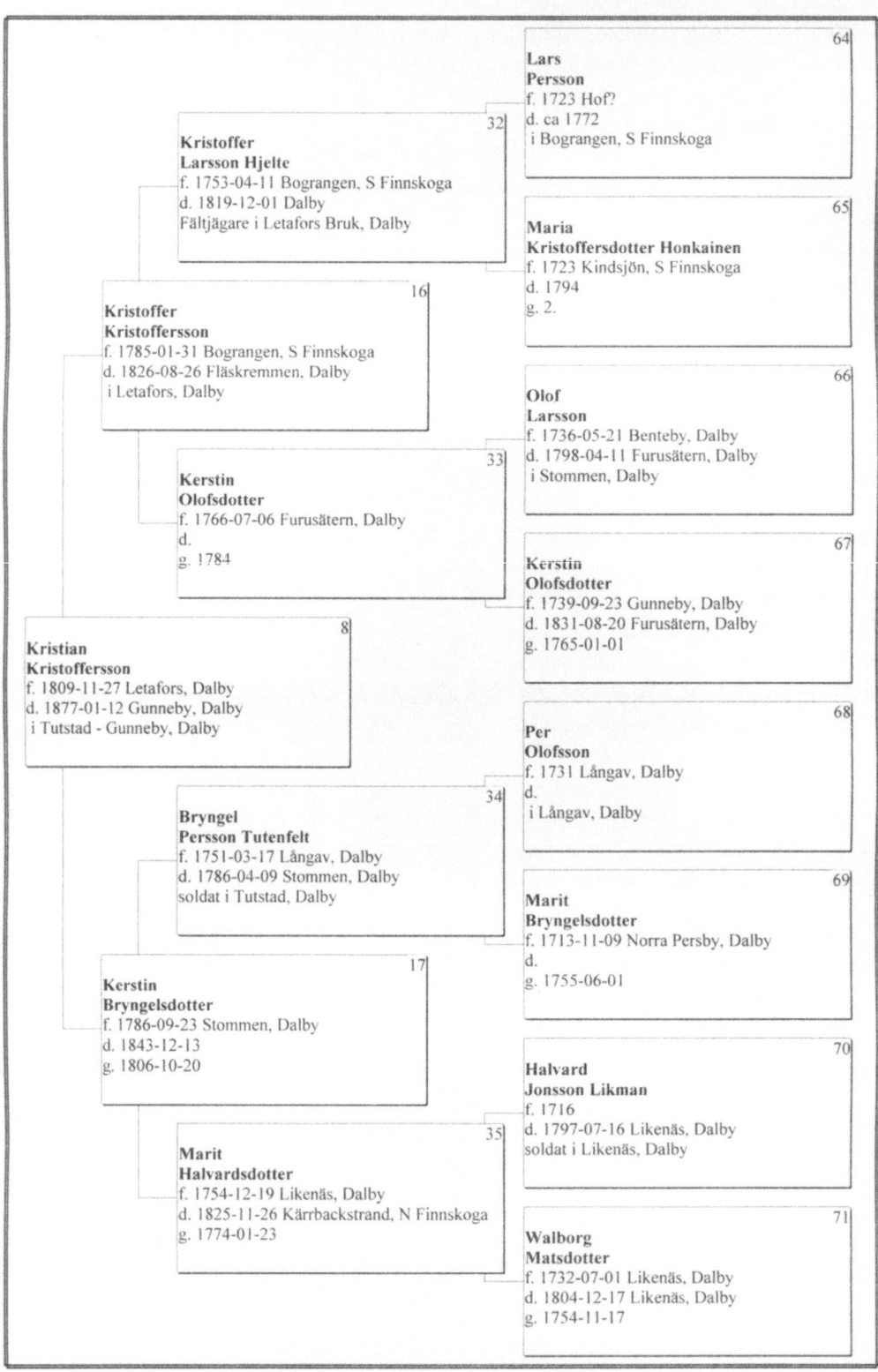

Kristoffer
Larsson Hjelte
f. 1753-04-11 Bograngen, S Finnskoga
d. 1819-12-01 Dalby
Fältjägare i Letafors Bruk, Dalby

32|

Lars
Persson
f. 1723 Hof?
d. ca 1772
i Bograngen, S Finnskoga

64|

Maria
Kristoffersdotter Honkainen
f. 1723 Kindsjön, S Finnskoga
d. 1794
g. 2.

65|

Kristoffer
Kristoffersson
f. 1785-01-31 Bograngen, S Finnskoga
d. 1826-08-26 Fläskremmen, Dalby
i Letafors, Dalby

16|

Kerstin
Olofsdotter
f. 1766-07-06 Furusätern, Dalby
d.
g. 1784

33|

Olof
Larsson
f. 1736-05-21 Benteby, Dalby
d. 1798-04-11 Furusätern, Dalby
i Stommen, Dalby

66|

Kerstin
Olofsdotter
f. 1739-09-23 Gunneby, Dalby
d. 1831-08-20 Furusätern, Dalby
g. 1765-01-01

67|

Kristian
Kristoffersson
f. 1809-11-27 Letafors, Dalby
d. 1877-01-12 Gunneby, Dalby
i Tutstad - Gunneby, Dalby

8|

Bryngel
Persson Tutenfelt
f. 1751-03-17 Långav, Dalby
d. 1786-04-09 Stommen, Dalby
soldat i Tutstad, Dalby

34|

Per
Olofsson
f. 1731 Långav, Dalby
d.
i Långav, Dalby

68|

Marit
Bryngelsdotter
f. 1713-11-09 Norra Persby, Dalby
d.
g. 1755-06-01

69|

Kerstin
Bryngelsdotter
f. 1786-09-23 Stommen, Dalby
d. 1843-12-13
g. 1806-10-20

17|

Marit
Halvardsdotter
f. 1754-12-19 Likenäs, Dalby
d. 1825-11-26 Kärrbackstrand, N Finnskoga
g. 1774-01-23

35|

Halvard
Jonsson Likman
f. 1716
d. 1797-07-16 Likenäs, Dalby
soldat i Likenäs, Dalby

70|

Walborg
Matsdotter
f. 1732-07-01 Likenäs, Dalby
d. 1804-12-17 Likenäs, Dalby
g. 1754-11-17

71|

Kristian Kristoffersson **(8)** var äldst av fyra barn till **Kristoffer Kristoffersson (16)** f 1785-01-31 i Bograngen, S Finnskoga, och **Kerstin Bryngelsdotter (17)** f 1786-09-23 i Stommen, Dalby. De gifte sig 1806-10-20 och var bosatta i Fläskremmen, Letafors och Tutstad, Dalby. Med Kristoffer fick hon barnen

Kristian Kristoffersson **(8)** f 1809-11-27,

Per Kristoffersson f 1812-09-30 i Tutstad, Dalby, d 1894-01-15 i Hedsta, Ljusdal (Per var gift 1839 med Anna Pålsdotter f 1810-02-04 i Aspberget, N Finnskoga, de flyttade till Ljusdal 1855, varpå Anna dog 1860-04-20 och Per gifte om sig 1861-12-22 med Karin Jönsdotter f 1839-06-26, med vilken han fick många barn och fortfarande har en stor eftersläkt där),

Marit Kristoffersdotter f 1816-02-10 i Fläskremmen, Dalby, samvetsäktenskap med Lars Larsson f 1817 i Båtstad, N Finnskoga,

Halvard Kristoffersson f 1821 i Fläskremmen, Dalby, d 1834.

Kristoffer dog "på lasarett" 1826-08-26 endast 41 år gammal. Kerstin bodde kvar på Fläskremmen "utfattig och ofärdig av veneriskt" till 1831, då hon flyttade till Per Olsson i Hole, med vilken hon gifte sig 1831-09-18. Kerstin Bryngelsdotter hade helsvenska föräldrar, hon avled 1843-12-13. Hennes anor redovisas inte här.

Föräldrar till Kristoffer Kristoffersson **(16)** var **Kristoffer Larsson Hjelte (32)** f 1753-04-11 i Bograngen, S Finnskoga, d 1819-12-01 av slag, och **Kerstin Olofsdotter (33)** f 1766-07-06 i Furusätern, Dalby. De gifte sig 1784. Kerstin hade helsvenska föräldrar i Dalby. Kristoffer var fältjägare, kanske därav tilläggsnamnet Hjelte? De bodde någon tid på Letafors bruk och kanske även på Galåsen-Nytorp? Kerstin kom till Slättne 1823. De fick barnen:

Kristoffer Kristoffersson **(16)** f 1785-01-31,

Marit (Maria) Kristoffersdotter f 1795-02-21 i Galåsen, S Finnskoga, d 1865-01-13 i Galåsen, g1 med Karl Erik Hamberg, f 1775 i Karlstad, g2 med Per Persson f 1788 i Holmberget, S Finnskoga, torpare i Mörttjärnsberg, S Finnskoga, d 1863-06-13 i Galåsen,

Anna Kristoffersdotter f 1797-04-22 i Nytorp, S Finnskoga,

Kajsa (Karin) Kristoffersdotter f 1799-05-08 i Nytorp, S Finnskoga, g med Anders Thunberg.

Föräldrar till Kristoffer Larsson Hjelte **(32)** var **Lars Persson (64)** f 1723, kanske i Hof, Norge (grundar sig på att han var bosatt i Hof när han tog ut lysning med sin första hustru) och **Maria Kristoffersdotter Honkainen (65)** f 1723. De bodde i Bograngen och fick sju barn. Lars var tidigare gift med Lisbet Knutsdotter Minkkinen, f ca 1721 i Bograngen, d 1748. Dessa hade 2 barn, Per Larsson f 1746 i Bograngen, d 1826-09-27 i Galåsen, S Finnskoga, och Maria Larsdotter f 1747. Per tog släktnamnet Minkkinen efter sin mor.

Lars och Marias barn var:

Karin Larsdotter f 1751-01-16 i Bograngen,

Johan Larsson f 1753 i Bograngen,

Kristoffer Larsson Hjelte **(32)** f 1753-04-11 i Bograngen, d 1819-12-01 i Dalby, **Britta** Larsdotter f 1755-03-28 i Bograngen, d ca 1821 i Galåsen, g med Lars Karlsson Lehmoinen f 1751-09-19 i Järpliden, d före 1811,

Erik Larsson f 1761 i Bograngen, dräng i Bograngen 1783,

Anna Larsdotter f 1764 i Bograngen, d 1814, g1 med Per Eriksson f 1778 i Bograngen, g2 med Mats Matsson Kymöinen f 1759 i Avundsåsen, d ca 1800, g3 med Olof Markusson från S Branäs,

Maria Larsdotter f 1767 i Bograngen, d 1806, bosatt i Järpliden, g 1789-12-26 med Mickel Karlsson Lehmoinen f 1762 i Järpliden, S Finnskoga.

Vem var Lars Persson?

Som tidigare framgått är min äldsta ana i rakt uppstigande led på manslinjen **Lars Persson (64)** född 1723, död ca 1772 i Bograngen, S Finnskoga. Han var i Hof socken, Norge när han tog ut lysning 1742 för sitt första äktenskap 1742-08-20 med **Lisbet Knutsdotter Minkkinen**, född ca 1721 i Bograngen, död i maj 1748 (begravd 1748-05-29). De fick barnen Per f 1746 och Maria f 1747. Trots mycket letande har jag inte kunnat få fram var Lars Persson är född. Mest troligt är att han kommer från Bograngens närområde på antingen svenska eller norska sidan. Jag hade förhoppningar om att han var av skogsfinskt ursprung, varför jag för något år sedan gjorde en DNA-testning. Den visade en s k haplogrupp **R1b1a2**, vilket inte var positivt i den bemärkelsen att alla ättlingar efter skogsfinnarna har haplogrupp som börjar med **I** eller **N**.

Minkkinen och Kuikka

I det sammanhanget kan det vara intressant att redovisa Lisbet Knutsdotter Minkkinens ursprung, även om det inte är mina anor. Hennes far hette **Knut Markusson Minkkinen** f 1681 i Norge, d 1741, g med **Lisbet Nilsdotter Kuikka** f 1682 i Bograngen, d 1742. Knuts far var **Markus Knutsson Minkkinen** f c1646 i Finland, d 1733-09- (begravd 1733-09-29) i Bograngen "av ålder". Han var då änkeman. Markus Knutsson Minkkinen var troligen en av de första bosättarna i Bograngen. Han återfinns i husförhörslängden Dalby 1716-17 under Lisselberget som bonde tillsammans med sonen Knut Markusson och dennes hustru Lisbet Nilsdotter Kuikka.

Prästens dödsnotis för Markus: "Född i Finland 4 år före kung Karl IX:s kröning. Förpassad från Finland 1673. Tog sitt gifte här på skogarna. Hade god syn, förstånd och krafter helt till slutet".

Markus finns med i det norska finnemantallet 1686 under Hadeland o Jevnakers prästegäld. Han uppges då vara runt 40 år, "är till Sverige för att hämta arv", är gift med en finsk kvinna, har varit i landet (Norge) i 14 år, arbetar "för vem han behöver" (lösfinne), har 3 små barn, 2 söner och 1 dotter, Dessa borde alltså vara födda omkring 1675-1685. Markus själv blev ca 86 år, inte 130 som prästen trodde.

Lisbet Nilsdotter Kuikka var dotter till **Nils Göransson Kuikka** f 1648, d 1699-02-27, vilken liksom Markus Knutsson Minkkinen var **nybyggare i Bograngen**. Far till Nils var **Örjan Kuikka**, f ca 1615.

.

Nybyggarna på 1600-talet

I denna bok beskrivs de allra flesta av mina äldsta skogsfinska anor, i vart fall de som jag har mer uppgifter om än enbart namnet. Dessutom finns en del andra kända skogsfinnesläkten med, vilka inte är mina men väl andras anor. Många av dessa gamla skogsfinnar är bekanta för släktforskarna och har beskrivits i finnskogslitteraturen under lång tid.

De flesta av dessa är **nybyggare** i Värmlands och Hedmarks på 1600-talet öde skogsbygder. En del av dem är mycket kända och har begåvats med **sägner**, vilka inte alltid är sanningsenliga. Vissa delar kan dock kontrolleras genom domboksprotokoll och andra urkunder, varför jag publicerar några av sägnerna.

Skogsfinnarna förekom ofta i domböckerna ifråga om olaga fallhygge, tjuvjakt, gränstvister, arvstvister med mera, men sällan när det gäller andra brott som stöld, misshandel, mord eller liknande. Dock har det bland mina anor förekommit några fall av dråp i hastigt mod i nära relationer. Sådant var mycket mindre förekommande än det är idag, men eftersom det finns domboksprotokoll så är dessa fall mycket intressanta att återge, vilket jag gör i anslutning till de berörda familjerna.

Boken är geografiskt indelad och startar med några de första nybyggarna i Bergslagen. Flera av dessa eller deras ättlingar vandrade vidare, dels till västra och norra Värmland, dels till Hedmark fylke i Norge.

Kapiteluppdelningen är i tur och ordning Bergslagen, Hedmark, Vitsand, Norra Ny, Södra Finnskoga och Norra Finnskoga.

Bergslagen

"Lång-Kristoffer" i Sundsjögården 1619

Först kommer vi till den sägenomspunne Kristoffer Jönsson Honkainen "Lång-Kristoffer" kallad, f ca 1593 i Nyslott, Rantasalmi, Finland, nybyggare i Sundsjögården, d 1663 i Sundsjögården, Motjärnshyttan. Kristoffer gifte sig första gången ca 1610, hustrun okänd till namnet, d ca 1640. De hade 8 - 10 barn. Sedan Kristoffer blivit änkling gifte han om sig 1641-02-03 med Maria Persdotter f ca 1598 i Rällen, Ljusnarsberg, d 1671 i Sundsjön, Färnebo sn. Dessa fick 4 eller 5 barn under åren ca 1640-47.

Mycket har skrivits om Lång-Kristoffer och hans familjs vedermödor vid bosättningen i Sundsjön. Alldeles för mycket har varit myter och förvanskningar som många forskare tagit fasta på. Inte ens släktnamnet Honkainen har stått klart för etablerade genealoger, man har helt enkelt förväxlat Lång-Kristoffer med den beryktade bonden "Vild-Havvunen", Kristoffer Tomasson Havuinen f 1648 i Kringsberget, S Finnskoga, d 1728-12-15 i Brunnberg, Ekshärad. Denne var son till Tomas Henriksson Havuinen, f 1610 i Imola, Finland, d 1693 i Kringsberget, S Finnskoga. Tomas köpte 1/3 av hemmanet Kringsberget år 1678 av Johan Bertilsson Kiempe (Kemppainen) för 79 rdlr.

Jan Myhrvold har med eftertryck slagit fast att släktnamnet är Honkainen, men trots detta fortsätter förväxlingen med Havuinen att spridas i böcker och på Internet. Arne Östman utgav 2002 en mycket bra och vederhäftig bok om "Lång-Kristoffer", men inte ens han var säker på släktnamnet, varför han inte alls angav något sådant. Han var dock medveten om att en förväxling kunde ha skett mellan Lång-Kristoffer och Vild-Havvunen, vilka båda var kända som driftiga men mycket hårdföra personer. Han uppger också att Lång-Kristoffers far Jöns hette Andersson (Honkainen) f 1560 i Rantasalmi, Finland, d efter 1620 i Rämmen. Detta är enligt släktforskaren Jan-Erik Björk ett felaktigt antagande, det finns inget belägg för Andersson.

Kristoffer kom troligen till Sverige som barn tillsammans med sina föräldrar omkring år 1600. Sannolikt tillbringade han sina ungdomsår hos släktingar i Kopparbergstrakten, för att som ung man söka sig egen utkomst i vildmarken i Värmlandsberg, dit han anlände med sin första hustru 1617 och blev nybyggare i Västra Sundsjön, Norra Råda (senare Gustaf Adolf). Enligt legenden ska han där ha skjutit 7 älgar på en dag och funnit platsen lämplig för bosättning och som förberedelse byggt en "bod".

I början av mars 1618 uppsökte Kristoffer kronofogden Jöns Bock på Kroppa kungsgård (nära Filipstad) och begärde tillåtelse att ta upp ett kronotorp norr om Nordmarks hytta i Värmlands bergslag. Jöns Bock hade inga invändningar mot detta utan skrev ett nedsättningsbrev för Kristoffer daterat 8 mars 1618. På grund av sen snösmältning 1619 blev uppmätningen av hemmanet aldrig av som planerat och kom aldrig senare heller att göras, detta skulle visa sig vara ett stort misstag.

Kristoffer och och hans allt större familj försörjde sig som andra skogsfinnar genom svedjebruk kompletterat med jakt och fiske och så småningom även bergsbruk. Välståndet och statusen ökade. Under några år var han finnelänsman, men skötte sig inte så bra, han uteblev från mantalsskrivning etc.

Han var en skicklig jägare och uppvisade vid Filipstads (Färnebo) häradsrätt 1648 till 1651 förutom vargskinn även 27 björnskinn. Han sköt också ett stort antal älgar enligt häradsrättens protokoll.

Enligt en av myterna om Kristoffer ska han ha haft en silvergruva i det närbelägna berget Gumklinten och även gjort egna silvermynt. Enligt myten ska han i ofredstid ha sänkt sin silverskatt i Sundsjön. Något silver har hittills inte påträffats i Gumklinten. År 1642 fick sonen Jöns stå till svars inför tinget anklagad för falskmynteri.

Lång-Kristoffer blir finnelänsman:
I protokollet från häradstinget i Filipstad 10-12 november 1645 står: *"Än sattes Christopher Jönsson i Sundzsiön till länsman på Daleskogen att i thet quarteret förrätta Cronones ärenden som ther förekomma"*.

Den 12 januari 1643 begärde Christopher och en annan "granne" och finne, Mats Filipsson i Älgsjön vid ting hos hos Värmlands Bergslags härad att anlägga en hytta vid de älvdrag som nu kallas Hyttälven och Finnhyttetjärn. Enligt traditionen användes först sjömalm från Sandsjön en halv mil SO om hyttan, men senare malm från Rämsberget ca en halvmil norrut. Malmen från Rämsberget lär ha klövjats och lastats av vid "Malmbackarna" norr om Sundsjön för att sedan köras till hyttan med släde på vinterföret. Hyttan tycks aldrig ha fungerat riktigt bra och driften låg tidvis nere flera år. Det finns fortfarande väl synliga lämningar av verksamheten.

Enligt Arne Östman bokfördes Sundsjöborna i Filipstad före 1672, då häradsgränsen ändrades efter klagan av Uve frälsegård/Uddeholmsbolaget, så att Sundsjön hamnade i Älvdals härad och Norra Råda sn. Finnarna hade ju inga papper på sin besittningsrätt och kunde inte i längden stå emot bolagets ifrågasättande av gränsdragningen. Domen föll 8 februari 1683 efter nästan 20 års processande. (Resultatet av gränstvisten kan ännu ses i form av det tydliga knä som gränsen mellan Filipstads och Hagfors kommuner gör strax väster om Motjärnshyttan och som gör att Sundsjön hamnar på Hagforssidan om gränsen.) Detta var katastrofalt för de av "Sundsjöfinnarna" som bodde på hemstället vid Sundsjön. Hela hemmanet förklarades olagligen byggt på Udeholmsbolagets mark. Sundsjöfinnarna dömdes dessutom att betala skadestånd för all den "skada" som deras verksamhet (svedjande, jordbruk, jakt) under de 50 åren åstadkommit bolaget. Beloppet blev svindlande och långt större än värdet av hela hemmanet, som därmed kunde lagligen konfiskeras av bolaget. Finnarna förbjöds dessutom att någonsin mera sätta sin fot på bolagets mark!

Vräkningen verkställdes 1683. Från välstånd, makt och status till djupaste misär genom ett domslut baserat på mygel och mutor och med ett helt oresonligt straff - flera svalt ihjäl trots hjälp från grannar och bekanta.

42

Barn i första äktenskapet:
Obs att födelseåren är ungefärligt uppskattade och därmed är också ordningsföljden osäker.

1. Karin Kristoffersdotter Honkainen f beräknat ca 1610, ev gift i Nya Kopparberg.

2. Hans Kristoffersson Honkainen f ca 1615 i Sundsjön, Färnebo, d 1679-02- , begravd 1679-02-16, g med Britta Matsdotter Puttoinen f 1626 i Sången, Hällefors, d 1678 i N Råda. Hennes föräldrar var Mats Simonsson Puttoinen och Anna Persdotter.

Hans utsågs 14-15/11 1661 av Färnebo häradsrätt att vara "pantekarl" (indrivningar av fordringar) på Dalskogen. Vid en eldsvåda natten till 29 december 1653 i "en stor byggnad med över- och undervåning" blev Hans själv svårt bränd. Förutom huset och alla ägodelar, kläder, hudar, hampa, lin, nät och fiskeredskap, silver, pengar och spannmål miste han sin ende son, som omkom i branden. Olyckan finns beskriven i det brandbevis som prosten Israel Canutius i Filipstad utfärdade för Hans Christophersson vid Sundsjön den 8 januari 1654. Hans fick bestående men av brandskadorna. En intressant notis är att huset var i två våningar. Det var alltså ingen rökstuga eller liknande av finsk modell utan mera troligt en "bergsmansgård" av den typ som användes i övriga bergslagen vid den tiden.

Barn:
2.1. Elisabet Hansdotter Honkainen f 1647, d 1725-02-24 i Lekeråsen, g med Samuel Matsson Purainen f 1637 i Skifsen, Säfsnäs, d 1711.
Deras barn var:
2.1.1. Samuel Samuelsson Purainen f 1680 i Lekaråsen, d 1764 i Lekaråsen, g med Kerstin Persdotter, d 1758.
Deras barn:
2.1.1.1. Per Samuelsson Purainen f 1723 i Lekaråsen, d 1780-01-16 i Rombohöjden, Hjulsjö, g med Anna Larsdotter f 1728 i Ekshärad.
Deras barn, alla födda i Lekaråsen, Gåsborn:
2.1.1.1.1. Stina Persdotter Purainen f 1747
2.1.1.1.2. Samuel Persson Purainen f 1749
2.1.1.1.3. Maria Persdotter Purainen f 1753
2.1.1.1.4. Katarina Persdotter Purainen f 1760
2.1.1.1.5. Lars Persson Purainen f 1763
2.1.1.1.6. Petter Persson Purainen f 1765
2.1.1.1.7. Anna Persdotter Purainen f 1767

3. Erik Kristoffersson Honkainen f ca 1618 i Sundsjön, Färnebo, d 1667-11-19 i Djuprämmen, Rämmen, g 1653 m Malin Sigfridsdotter f 1630 i Ljusnarsberg, d 1667-04-17 i Djuprämmen, dotter till Sigfrid Klemetsson och Maria Persdotter.

Erik Köpte gården Djuprämmen 1651.

Erik blev avrättad genom halshuggning för misshandel och mord på sin hustru Malin Sigfridsdotter.

Malin och Erik, som delvis växt upp tillsammans gifte sig och de fick tre barn tillsammans, Kristoffer, Sigfrid och Johan. Malin och Erik bosatte sig vid Djuprämmen inte långt från Sundsjön. De grälade ständigt och Erik utsatte Malin för misshandel vid flera tillfällen. En gång försökte Erik döda Malin genom att putta ned henne i en vak under vintern när hon tvättade kläder. När detta hände var hon gravid med ett barn och hon fick missfall. Vid ett par tillfällen hade han skadat Malin med kniv och han hade hotat att skjuta henne med bössan. Malin hade vid något tillfälle vänt sig till kyrkoherde Simon Skagge och beklagat att hon måste gå ifrån Erik för hans onda sinnes skull, men hon blev trugad att gå tillbaka. Påsken 1667 misshandlade Erik sin hustru för sista gången. Det började med att han tog henne i håret slog henne i marken för att hon förebrådde honom för att han förstört en tunna i fyllan och för att hon inte ville ge honom så mycket brännvin som han begärde. Erik slog henne helt blå med bössan, gav henne ett hål i pannan med en "bultstör" och till sist stack han kniven i ryggen på henne och hon blödde kraftigt från sitt sår. Efter detta levde hon inte många dagar och hon dog 17 april 1667.

Vid tinget i Färnebo 6 maj 1667 dömdes Erik Kristofersson till döden, en dom som fastställdes i Göta hovrätt den 19 november 1667, och avrättningen skedde genom halshuggning. Vid tingsrättsförhandlingarna var det Malin Sigfridsdotters mor Maria Persdotter i Sundsjön, Färnebo sn, och Malins syskon Margareta och Annika Sigfridsdöttrar samt Johan och Hindrik Sigfridssöner som förde talan mot Erik Kristofersson.

Domen i Göta Hovrätt:
Åtalad för hustrumord 1667-05-06 i Filipstad (S).
Anno 1667 den 19 november resolverades efterskrivne dom ifrån Värmland av... En rannsakning och dom ifrån Värmlands Bergslag över Erik Kristoffersson vid Djuprämmen som haver fört ett förargerligt leverne med sin hustru Malin Sigfridsdotter och ändeligt nästlidna tredjedag påsk slagit hela henne blå med en bössa och uti pannan med en båtstör (bultstör?) stött hål och sedan henne stungigt med en täljkniv under axelskuldran, igenom livet in mot bröstet och att blodet haver stått över allt stugo- och förstugogolvet, varav hon på åttonde dagen därefter är död befunnen, det berättas uti rannsakningen att hustrun Malin skall av sin mans hanterande hava fött ett dött barn. Tingsrätten dömde Erik Kristoffersson att mista livet sitt, efter Guds lag Genesis 9.6 Exodus 21.12 och dråp med vilje 2 kap 11, men om barnet ställs under Guds dom, som vidare av rannsakningen sändes är. RESOLUTION: Erik Kristofersson som haver utan någon skälig orsak och all kristerlig kärlek så gruvligen och överdödligen hanterat sin äkta hustru Malin Sigfridsdotter, den ena resan efter den andre, att hon där av ändeligen haver måst sätta livet till, varföre skall han sig till straff och andre slike överdådige till sky och varnagel utan uppskov halshuggas, parteras och steglas. Underskrivne dom 29 november anno 1667 Erland Cameen Elias Aleegren secret v fischal (Göta Hovrätt).

Barn:
3.1. Kristoffer Eriksson Honkainen f 1645.
3.2. Sigfrid Eriksson Honkainen f ca 1648, d 1747-01-02, begravd 1747-01-11, g med Kristina Larsdotter f 1656, d 1716-06-19.

Sigfrid Eriksson Honkainen, född ca 1648 i Sundsjön, bergsman och nämndeman, är också omnämnd vid tinget:
En tvist om två rågfall om två skäppland vardera på gränsen mellan Dalarna och Värmland var uppe i tingen både i Färnebo och Äppelbo. I Färnebotinget 1697 begärde bröderna Johan och Sigfrid, vilka hade huggit fallen redan 1693, en attest av rätten. Attesten, som beviljades innehöll en försäkran om att de inte betalat något tionde på fallen. Av Äppelbotinget framgår att flera Äppelbobönder gått in på fallen, skurit säden och hemfört den.
Sockenmännen i Äppelbo hade skickat Jöns Bark till Djuprämmen med bud om att inte skära säden förrän den exakta gränsen blivit bestämd och råmärkt. Kärandena (Djuprämmenbröderna) hade erbjudit Jöns och hans uppdragsgivare 12 daler och en tunna rovor för säden. Det budet godtogs inte.

Enl. J-E Björk "Tidiga finnbosättningar i Äppelbo" FFoN 2003:2):
"Blev (Sigfrid) 1712 tillsammans med de andra Gåsbornsfinnarna Samuel Samuelsson och Johan Håtack i Lekaråsen samt Arvid Jakobsson i Näsrämmen dömd för olaga svedjande. De blev däremot frikända för att ha orsakat 1711 års skogsbrand, som ansågs "vara utkommen af resande folck som passerar Bergslagerna och Dalarna emellan."

Barn:
3.2.1. Annika Sigfridsdotter Honkainen f 1680, d 1762-09-12, g med Nils Nilsson Pundan Puntiainen, f 1675, d 1742-12-19 i Skäfteshöjden, Gåsborn, son till Nils Nilsson Pundan.
Deras barn:
3.2.1.1. Johan Nilsson Puntiainen f 1709
3.2.1.2. Sigfrid Nilsson Puntiainen f 1711, d 1772
3.2.1.3. Maria Nilsdotter Puntiainen f 1713-05-27 i Skäfteshöjden, Gåsborn, d 1774-01-15
3.2.1.4. Elin Nilsdotter Puntiainen f 1715, d 1768
3.2.1.5. Nils Nilsson Puntiainen f 1717
3.2.1.6. Nils Nilsson Puntiainen f 1719
3.2.1.7. Christina Nilsdotter Puntiainen f 1721
3.2.1.8. Jonas Nilsson Puntiainen f 1722
3.2.1.9. Kristoffer Nilsson Puntiainen f 1724
3.2.1.10. Daniel Nilsson Puntiainen f 1725
3.2.1.11. Peder Nilsson Puntiainen f 1728
3.2.1.12. Anders Nilsson Puntiainen f 1730

3.2.2. Kristoffer Sigfridsson Honkainen f 1685, d 1741, bosatt i Djuprämmen, g med Maria Svensdotter.
Deras barn:

3.2.2.1. Kristoffer Kristoffersson Honkainen f 1723, d 1794

3.2.2.2. Lisa Kristoffersdotter Honkainen f 1726, d 1806

3.2.3. Ingeborg Sigfridsdotter Honkainen f 1687

3.2.4. Elin Sigfridsdotter Honkainen f 1687-02-20, d 1760, g med Mats Svensson f 1682, d 1733, son till Sven Matsson och Maria Jönsdotter.

Deras barn:

3.2.4.1. Maria Matsdotter f 1717 i Älgsjön, Nordmark

3.2.4.2. Margareta Matsdotter f 1726, d 1817

3.2.5. Malin Sigfridsdotter Honkainen f 1688

3.2.6. Karin Sigfridsdotter Honkainen f 1690

3.2.7. Per Sigfridsson Honkainen f 1693

3.2.8. Barbro Sigfridsdotter Honkainen f 1694 i Rämmen, d 1766 i Hån, Säfsnäs, g 1717 med Johan Larsson Nikkarainen, f 1694 i Hån, Säfsnäs, d 1740, son till Lars Hansson Nikkarainen och Maria Kristoffersdotter Honkainen

3.2.9. Maria Sigfridsdotter Honkaineng f 1695, d 1762, g 1712 med Lars Larsson Nikkarainen f 1692 i Hån, d 1749-01-04, son till Lars Hansson Nikkarainen och Maria Kristoffersdotter Honkainen

3.2.10. Jan (Johan) Sigfridsson Honkainen f 1699 i Rämmen, d 1775-05-13, begravd 1775-05-21 i Frösaråsen, Säfsen, g 1720 med Justina Larsdotter Nikkarainen, f 1701 i Hån, d 1742, dotter till Lars Hansson Nikkarainen och Maria Kristoffersdotter Honkainen. Jan (Johan) blev gift andra gången 1748 med Marit Eriksdotter f 1719, d 1792.

Barn i första giftet:

3.2.10.1. Kristoffer Johansson Honkainen f 1721 i Gåsborn, d 1793-03-28 i St Älgberget, Säfsnäs

3.2.10.2. Kristina Johansdotter Honkainen f 1723 i Frösaråsen, Säfsnäs, d 1794-06-14 i Heden, Nås

3.2.10.3. Jan Jansson Honkainen f 1724 i Frösaråsen, Säfsnäs, d 1786

3.2.10.4. Kristina Johansdotter Honkainen f 1732-12-01 i Frösaråsen, Säfsnäs, d 1796 i Valborgshöjden, Säfsnäs

3.2.10.5. Barbro Johansdotter Honkainen f 1736-06-06 i Frösaråsen, Säfsnäs, d 1814 i Lejen, Säfsnäs.

Barn i andra giftet:

3.2.10.6. Erik Jansson Honkainen f 1751, d efter 1817.

3.2.11. Daniel Sigfridsson Honkainen f 1705, bosatt i Djuprämmen.

3.3. Johan Eriksson Honkainen f ca 1649 i Djuprämmen, d 1740, g1 med Karin Hansdotter Nikkarainen f 1660 i Hån, Säfsnäs, d 1714, dotter till Hans Nilsson Nikkarainen och Marit Matsdotter. G2 med Margareta Falk, d 1741-01-08 i Filipstad. Bergsman. Levde och övertog ansvaret för gården Djuprämmen 1671.
Barn i första giftet:
3.3.1. Maria Johansdotter Honkainen f 1679, d 1710, g med Pål Johansson Turpoinen f 1670 i Säfsen, Säfsnäs, nämndeman, son till Johan Pålsson Turpoinen och Anna Larsdotter.
Deras barn:
3.3.1.1. Anna Pålsdotter Turpoinen, f 1701 i Säfsen, d 1773-06-18 i Säfsen,
3.3.1.2. Johan Pålsson Turpoinen f 1706, d 1763

3.3.2. Elisabet Johansdotter Honkainen f 1684, d 1710

3.3.3. Johan Johansson Honkainen f 1685, g med Anna Larsdotter d 1731-10-31 i Djuprämmen, Gåsborn.
Deras barn:
3.3.3.1. Maria Johansdotter Honkainen döpt 1708-01-13 i Djuprämmen
3.3.3.2. Karin Johansdotter Honkainen döpt 1711-09-10 i Djuprämmen
3.3.3.3. Johan Johansson Honkainen f 1713
3.3.3.4. Annika Johansdotter Honkainen döpt 1715-06-22 i Djuprämmen

3.3.4. Kristoffer Johansson Honkainen f 1689, d 1747.
Barn utan känd moder:
3.3.4.1. Maria Kristoffersdotter Honkainen f 1719, d 1765.

3.3.5. Hans Johansson Honkainen f 1692 i Djuprämmen

3.3.6. Sigfrid Johansson Honkainen f 1696 i Djuprämmen

4. Mickel Kristoffersson Honkainen f ca 1619 i Sundsjön, Färnebo, d 1661 i Järpliden, S Finnskoga. Mickel upptog Järpliden ca 1650. Han var gift med Anna Mickelsdotter f 1620, d 1717.
Barn:
4.1. Kristoffer Mickelsson Honkainen f 1645, d 1688, bosatt i Järpliden

4.2. nn Mickelsdotter Honkainen f 1650, g med Erik Karlsson Utriainen f 1640, d före 1708.
Barn:
4.2.1. Marit Mickelsdotter Utriainen f 1672 i Järpliden, d 1767-06-09, g 1710 i Norge med Mats Markusson Kananinen f 1681-03-20 i Filipstad, d 1740-06-07 i S Finnskoga, son till Markus Matsson Kanainen (Pyrk) och Katarina.
Deras barn:
4.2.1.1. Torsten Matsson Uppman Kanainen f 1712 i Järpliden, soldat, d ca 1757

4.2.1.2. Erik Matsson Kanainen f 1720 i Järpliden, d 1786-07-04

4.2.1.3. Gertrud Matsdotter Kanainen f 1723-09-01 i Järpliden

4.2.1.4. Henrik Matsson Kanainen f 1729-12-20 i Järpliden

4.2.1.5. Karin Matsdotter Kanainen f 1731-10-01 i Järpliden

4.2.2. Anna Eriksdotter Utriainen f 1675 i Järpliden, g med Mats Hansson f 1670.
Deras barn:

4.2.2.1. Lisbet Matsdotter f 1717-04-20, d 1718-06-16

4.2.2.2. Karin Matsdotter f 1718, d 1720-06-19

4.2.2.3. Erik Matsson f 1720

4.2.3. Karin Eriksdotter Utriainen f 1680 i Järpliden

4.2.4. Elin Eriksdotter Utriainen f 1685 i Järpliden

4.2.5. Erik Eriksson Utriainen f 1689 i Järpliden, d 1729-09-06, g med Karin Johansdotter
Veteläinen f 1700 i Medskogen, S Finnskoga, d 1730, dotter till Johan Danielsson
Veteläinen och Anna Matsdotter Kymöinen.
Deras barn:

4.2.5.1. Marit Eriksdotter Utriainen f 1729-02-19 i Järpliden, d 1804-01-19 i Järpliden

4.3. Pål Mickelsson Honkainen f ca 1657 i Kanala, Järpliden, d ca 1712 i Järpliden, g1
med okänd, g2 1697-02-02 med Britta Andersdotter Räisäinen f ca 1669 i Lövhaugen,
Grue Finnskog,Hedmark, d 1729-10-06 i Järpliden, dotter till Anders Persen Räisäinen
och Kari Larsdatter.

Från domböckerna i Hof:
*1690-07-04 – Mickel Thordsen, född i Sverige, beklagar sig att hans sedan 20 år brukade
husmanstomt Possåsen nu tagits i bruk av en svensk finne Pål Mickels från Järpliden.
Fogden frågade varför han gick med på detta och Mickel svarade att Pål kom med gevär
medan han var obeväpnad och ensam med sin kvinna.*

Barn i första giftet:
4.3.1. Pål Pålsson Honkainen f ca 1686 i Järpliden, d 1696 (begravd 1696-04-05) i
Järpliden

4.3.2. Mickel Pålsson Honkainen f ca 1690 i Järpliden, d efter 1740, g med Marte
Henriksdatter Piesainen f 1684 i Åsnes, Hedmark, dotter till Henrik Samuelsson
Piesainen och Marte Henriksdatter Vappuinen.
Deras barn:

4.3.2.1. Lars Mickelsson Honkainen f 1716-11-16 i Järpliden, d 1774

4.3.2.2. Henrik Mickelsson Honkainen f 1717 i Järpliden

4.3.2.3. Anna Mickelsdotter Honkainen f 1718-04-21 i Järpliden

4.3.2.4. Britta Mickelsdotter Honkainen f 1721-02-10 i Järpliden, d 1801

4.3.2.5. Pål Mickelsson Honkainen f 1723-02-11 i Järpliden

4.3.2.6. Sigfrid Mickelsson Honkainen f 1725-03-10 i Järpliden, d 1773-12-23 i Åsnes. Bosatt i Fallåsen, Åsnes.

4.3.2.7. Olof Mickelsson Honkainen f 1728-06-24 i Järpliden.

4.3.3. Marit Pålsdotter Honkainen f ca 1692 i Järpliden, g 1721-02-06 med Anders Pålsson Himainen f 1694 i Öjeberget, Nyskoga, son till Pål Pålsson Himainen och Marit Nilsdotter.
Deras barn:
4.3.3.1. Marit Andersdotter Himainen f 1721-11-30 i Öjeberget
4.3.3.2. Annika Andersdotter Himainen f 1724-02-21 i Öjeberget

4.3.4. Annika Pålsdotter Honkainen f ca 1693 i Järpliden, d 1743-01-11 i Järpliden, g med Henrik Olsson Tossavainen, f 1687 i Risberget, Våler, d 1729 i Järpliden, son till Olof Olofsson Tossavainen och Karin Pålsdotter.
Deras barn, alla födda i Järpliden:
4.3.4.1. Annika Henriksdotter Tossavainen f 1715-09-16
4.3.4.2. Marit Henriksdotter Tossavainen f 1717-03-03
4.3.4.3. Karin Henriksdotter Tossavainen f 1720
4.3.4.4. Olof Henriksson Tossavainen f 1722-04-14
4.3.4.5. Pål Henriksson Tossavainen f 1725-02-05, d 1780-12-26 i Juberget, Åsnes
4.3.4.6. Olof Henriksson Tossavainen f 1726-11-23
4.3.4.7. Anna Henriksdotter Tossavainen f 1728-04-01
4.3.4.8. Marit Henriksdotter Tossavainen f 1729-06-06, bosatt i Höljes, N Finnskoga, d i Höljes

4.3.5. Lisbet Pålsdotter Honkainen f ca 1695 i Järpliden, g med Hans Eriksson Kääriäinen, f 1658 i Kjärrbackstorpet, d 1729 (begravd 1729-05-27) "ihjälslagen av ett omkullbränt furuträ", son till Erik Kääriäinen.
Deras barn, alla födda i Järpliden:
4.3.5.1. Lisbet Hansdotter Kääriäinen f 1716-06-20
4.3.5.2. Karin Hansdotter Kääriäinen f 1717-03-25
4.3.5.3. Erik Hansson Kääriäinen f 1718, d 1720
4.3.5.4. Olof Hansson Kääriäinen f 1719-07-05
4.3.5.5. Mickel Hansson Kääriäinen f 1726-07-15

4.3.6. Pål Pålsson Honkainen f ca 1696 i Järpliden, d 1741-04-14, g 1728 med Gertrud Karlsdotter f 1702.
Deras barn, alla födda i Järpliden:
4.3.6.1. Karl Pålsson Honkainen f 1730-10-27
4.3.6.2. Elin Pålsdotter Honkainen f 1731-12-15, d ca 1734
4.3.6.3. Anna Pålsdotter Honkainen f 1734-10-27
4.3.6.4. Helga Pålsdotter Honkainen f 1737-04-05
4.3.6.5. Maria Pålsdotter Honkainen f 1739-01-14

Barn i andra giftet:

4.3.7. Anders Pålsson Honkainen f 1697-08-16 i Järpliden, d 1718-06-22 i Järpliden

4.3.8. Daniel Pålsson Honkainen f ca 1699 i Järpliden, g med Karin Andersdatter Räisäinen, d i Dalby, dotter till Anders Persen Räisäinen och Kari Larsdatter.
Deras barn, alla födda i Järpliden:
4.3.8.1. Pål Danielsson Honkainen f 1725-02-02
4.3.8.2. Karin Danielsdotter Honkainen f 1728-06-10, döpt 1725-07-14
4.3.8.3. Anna Danielsdotter Honkainen f 1730-06-09, d 1773-05-13
4.3.8.4. Daniel Danielsson Honkainen f 1736-10-26, d 1750, begravd 1750-09-02

4.3.9. Elin Pålsdotter Honkainen f ca 1702 i Järpliden, g med Johan Karlsson Lehmoinen f 1713-07-16 i Medskogen, S Finnskoga, d 1775-09-26 i Järpliden, son till Karl Karlsson Lehmoinen och Lisbet Pålsdotter Lehmoinen.
Deras barn:
4.3.9.1. Olof Johansson Lehmoinen f 1732 i Medskogen
4.3.9.2. Karl Johansson Lehmoinen f 1735-04-28 i Medskogen
4.3.9.3. Lisbet Johansdotter Lehmoinen f 1736-12-02, d ca 1814, bosatt i Järpliden
4.3.9.4. Erik Johansson Lehmoinen f 1737 i Järpliden
4.3.9.5. Olof Johansson Lehmoinen f 1738-09-17 i Medskogen
4.3.9.6. Mats Johansson Lehmoinen f 1740-06-07 i Järpliden
4.3.9.7. Britta Johansdotter Lehmoinen f 1742-01-25 i Järpliden
4.3.9.8. Johan Johansson Lehmoinen f 1742-01-25 i Järpliden, d 1742-02-09
4.3.9.9. Daniel Johansson Lehmoinen f 1744-03-10 i Järpliden, d före 1824
4.3.9.10. Anders Johansson Lehmoinen f 1747 i Järpliden

4.3.10. Henrik Pålsson Honkainen f ca 1703

4.3.11. Per Pålsson Honkainen f ca 1705 i Järpliden, g med Marit Johansdotter.
Barn:
4.3.11.1. Pål Persson Honkainen f 1726-06-17 i Järpliden

4.3.12. Annika Pålsdotter Honkainen f ca 1710 i Järpliden, g 1730-12-20 med Olof Olofsson Kaikkalainen f 1675, d 1748 i Kringsberget, S Finnskoga, husfinne i Kindsjön, S Finnskoga. Son till Olof Olofsson Kaikkalainen och Elin Olofsdotter.
Deras barn:
4.3.12.1. Anna (Annika) Olofsdotter Kaikkalainen f 1731-10-15 i Järpliden
4.3.12.2. Elin Olofsdotter Kaikkalainen f 1733
4.3.12.3. Karin Olofsdotter Kaikkalainen f 1736-11-29 i Järpliden
4.3.12.4. Maria Olofsdotter Kaikkalainen f 1739-04-16 i Djäkneliden
4.3.12.5. Erik Olofsson Kaikkalainen f 1739-04-16 i Djäkneliden, d 1739-06-09

5. Jöns Kristoffersson Honkainen f ca 1622 i Sundsjön, Färnebo, d 1676 i Sundsjön, g1 1655 med Margareta Jönsdotter, hon fick 10 barn, g2 med Britta Kristoffersdotter f 1622, d 1676.

Jöns var två gånger ställd inför Filipstads rådhusrätt anklagad för falskmynteri: 1662 efter att vittnen hört Jöns bröder Hans och Daniel kalla Jöns för "myntmästare" och 1665 efter att andra vittnen hör bröderna Sigfrid och Kristoffer yttra samma sak. Det är inte bekant hur upplösningen blev.

Barn i första giftet:

5.1. David Jönsson Honkainen

5.2. Anna Jönsdotter Honkainen

5.3. Agneta Jönsdotter Honkainen

5.4. Justina Jönsdotter Honkainen

5.5. Karin Jönsdotter Honkainen

5.6. Maria Jönsdotter Honkainen

5.7. Katrin Jönsdotter Honkainen f 1659

5.8. Kristoffer Jönsson Honkainen f 1660, d 1721

Dennes barn utan känd moder:

5.8.1. Karin Kristoffersdotter Honkainen f 1700, d 1743, g med Jöns Johansson Honkainen f 1703 i Basthöjden, Färnebo, d 1743, son till Johan Danielsson Honkainen och Karin Henriksdotter Kukkoinen.

Deras barn:

5.8.1.1. Kerstin Jönsdotter Honkainen f 1730, d 1807

5.9. Jöns Jönsson Honkainen f 1668

5.10. Kristin Jönsdotter Honkainen f 1672

Barn i andra giftet:

5.11. Anders Jönsson Honkainen

Barn utan känd moder:

5.11.1. Jöns Andersson Honkainen f 1714, d 1780, hammarsmed på Gustafsfors i Ekshärad, g med Britta Nilsdotter f 1719.

Deras barn:

5.11.1.1. Anders Jönsson Honkainen f 1758 i Blomsterberg, N Råda, d 1809-11-02

6. Sigfrid Kristoffersson Honkainen f ca 1623 i Sundsjön, Färnebo, d 1698, begravd 1698-04-10 i Basthöjden, Färnebo, g med Britta Larsdotter, med vilken han fick 7 barn, eventuellt finns fler i tidigare äktenskap.

Barnen är:

6.1. Johan Sigfridsson Honkainen

6.2. Maria Sigfridsdotter Honkainen f 1665

6.3. Marit Sigfridsdotter Honkainen f 1672

6.4. Kristoffer Sigfridsson Honkainen f 1677

6.5. Kristina Sigfridsdotter Honkainen f 1681

6.6. Britta Sigfridsdotter Honkainen f 1684

6.7. Sigfrid Sigfridsson Honkainen f 1685

7. Kristoffer Kristoffersson Honkainen f ca 1624 i Sundsjön, Färnebo, d 1684, begravd 1684-05-04 i Rämmen, g med Kerstin Larsdotter, d 1697, begravd 1697-07-18 i Rämmen.
Barn:

7.1. Kristoffer Kristoffersson Honkainen, begravd 1718-03-06 i Rämmen

7.2. Lars Kristoffersson Honkainen

7.3. Daniel Kristoffersson Honkainen

7.4. Sigfrid Kristoffersson Honkainen

7.5. Maria Kristoffersdotter Honkainen f 1655, döpt 1657-12-26 i Rämmen, d 1702 i Hån, Säfsnäs, g 1677 med Lars Hansson Nikkarainen f 1637 i Hån, Säfsnäs, d 1733. Finnelänsman, nämndeman. Son till Hans Nilsson Nikkarainen.
Deras barn:

7.5.1. Kerstin Larsdotter Nikkarainen f 1680

7.5.2. Hans Larsson Nikkarainen f 1682

7.5.3. Maria Larsdotter Nikkarainen f 1684

7.5.4. Annika Larsdotter Nikkarainen f 1688, d 1688

7.5.5. Katarina Larsdotter Nikkarainen f 1688

7.5.6. Lars Larsson Nikkarainen f 1692 i Hån, Säfsnäs, d 1749-01-04, g 1712 med Maria Sigfridsdotter Honkainen f 1695, d 1762, dotter till Sigfrid Eriksson Honkainen och Kristina Larsdotter

7.5.7. Johan Larsson Nikkarainen f 1694 i Hån, Säfsnäs, d 1740, g 1717 med Barbro Sigfridsdotter Honkainen f 1694 i Rämmen, d 1766 i Hån, Säfsnäs, dotter till Sigfrid Eriksson Honkainen och Kristina Larsdotter

7.5.8. Elisabet Larsdotter Nikkarainen f 1696 i Hån, Säfsnäs, d 1742 i Rönnberget, Grangärde, g med Pål Matsson f 1681 i Bringsjöberget, Grangärde.
Deras barn:

7.5.8.1. Marit Pålsdotter f 1708 i Bringsjöberget, Grangärde

7.5.9. Hans Larsson Nikkarainen f 1696

7.5.10. Margita Larsdotter Nikkarainen f 1699, döpt 1699-03-31

7.5.11. Justina Larsdotter Nikkarainen f 1701 i Hån, d 1742, g 1720 med Jan (Johan) Sigfridsson Honkainen f 1699 i Rämmen, d 1775-05-13, begravd 1775-05-21 i Frösaråsen, Säfsnäs, son till Sigfrid Eriksson Honkainen och Kristina Larsdotter.
Deras barn:

7.5.11.1. Kristoffer Johansson Honkainen f 1721 i Gåsborn, d 1793-03-28 i St Älgberget, Säfsnäs

7.5.11.2. Kristina Johansdotter Honkainen f 1723 i Frösaråsen, Säfsnäs, d 1794-06-14 i Heden, Nås

7.5.11.3. Jan Jansson Honkainen f 1724 i Frösaråsen, Säfsnäs, d 1786

7.5.11.4. Kristina Johansdotter Honkainen f 1732-12-01 i Frösaråsen, Säfsnäs, d 1796 i Valborgshöjden, Säfsnäs

7.5.11.5. Barbro Johansdotter Honkainen f 1736-06-06 i Frösaråsen, d 1814 i Lejen, Säfsnäs

7.6. Salomon Kristoffersson Honkainen f 1660 i Gustav Adolf fs.

(7. Kristoffer Kristoffersson) flyttade efter 1659 från Aspelunden, Hagfors till Rämmen. Han sålde sina arvslotter i Sundsjöhemmanet och hyttan till sin broder Hans och flyttade till Rämmen där han med tiden förvärvade en egen gård. **Denne Kristoffer var en mycket oregerlig man, som bröderna inte kunde komma till rätta med i samband med arvsskiftet efter Lång-Kristoffer, utan måste anmäla honom till myndigheterna. Han hade bland annat svårt misshandlat sin svägerska (broder Hans hustru).**

Kristoffer instämdes till Färnebo Häradsrätt 1670 av Per Jonsson i Näsrämmen för den "hemgång" som han gjort sig skyldig till hösten 1668 tillsammans med husfinnarna "knechte Johan", även kallad Johan Notan i Sundsjön och Johan Siffersson (Sigfridsson). Per Jonsson med hustru Brita Persdotter inställde sig, men av de svarande endast inhyseskarlen, finnen Johan Siffersson. Kristoffer dömdes skyldig. Husfinnarna hade ej deltagit, men Johan Notan bötade för att han uteblivit. Finnelänsman Jöns Kristoffersson deltog vid tinget, förmodligen som tolk.
(L O Herou "Ur de gamla domböckerna" FFoN 1999:2)

Dom 1670 av Göta hovrätt:
"skall finnen Christoffer Christoffersson på grund av hemfridsbrott . sin högra hand, som skall uppsättas på en påle vid rättarplatsen. Han skall betala för sveda och värk 30 dr smt och lön till barberaren, böte 20 mark för fullsår och 7 utslagna tänder, samt 12 mark för lytet och 20 mark för såramål." Hans egendom *"skall gå till skövling"*, det var ett så kallat Edsöresbrott. Hustrun får 1/3 av egendomen.

8. Daniel Kristoffersson Honkainen f ca 1630 i Sundsjön, Färnebo, d 1690 i V Basthöjden, Nordmark, g med Maria (Marit) Mikaelsdotter, f 1630, d 1690 i Sundsjön.
Barn:
8.1. Margareta Danielsdotter Honkainen

8.2. Elisabet (Lisken) Danielsdotter Honkainen f 1660, d 1740 i Trindtjärn, Gustav Adolf, g med Erik Eriksson Karttuinen f 1680, son till Erik Karttuinen.
Deras barn:
8.2.1. Nn Eriksdotter Karttuinen
8.2.2. Erik Eriksson Karttuinen f 1705, d 1773
8.2.3. Annika Eriksdotter Karttuinen f 1712 i Trindtjärn, Gustav Adolf, d 1782-04-01 i Kosamäck, Gustav Adolf, g 1734-09-28 i N Råda med Olof Persson f 1710, son till Per Persson och Katarina.
Deras barn:
8.2.3.1. Olof Olofsson f 1734
8.2.3.2. Katarina Olofsdotter f 1738, d 1793

8.2.3.3. Per Olofsson f 1740, d 1795

8.2.3.4. Erik Olofsson f 1742, d 1809

8.2.3.5. Lisa Olofsdotter f 1746-02-26 i Kosamäck, Gustav Adolf, d 1810-03-15 i Östervik, Rämmen

8.2.3.6. Annika Olofsdotter f 1748, d 1798

8.2.3.7. Anders Olofsson f 1751, d 1819

8.2.3.8. Valborg Olofsdotter f 1754

8.2.3.9. Maria Olofsdotter f 1756, d 1836

8.3. Johan Danielsson Honkainen f 1662, d 1706 i Basthöjden, Färnebo, g med Karin Henriksdotter Kukkoinen f 1667 i Näsberget, N Ny, dotter till Henrik Henriksson Kukkoinen.
Deras barn:
8.3.1. Maria Johansdotter Honkainen f 1691 i Basthöjden, Färnebo

8.3.2. Annika Johansdotter Honkainen f 1692 i Basthöjden, Färnebo, d 1722

8.3.3. Daniel Johansson Honkainen f 1694 i Basthöjden, Färnebo

8.3.4. Kristoffer Johansson Honkainen f 1697, döpt 1697-04-04 i Basthöjden, Färnebo, d 1777-07-23 i Bograngen, S Finnskoga, g med Britta Bertilsdotter Neuvoinen f 1702 i Peistorpet, Åsnes, d före 1766, dotter till Bertil Eriksson Neuvoinen och Anniken Henriksdotter Piesainen.
Deras barn:
8.3.4.1. Johan Kristoffersson Honkainen f 1722-04-07 i Skråckarberget, S Finnskoga

8.3.4.2. Maria Kristoffersdotter Honkainen f ca 1723 i Kindsjön, S Finnskoga, d ca 1794, bosatt i Bograngen, S Finnskoga

8.3.4.3. Mats Kristoffersson Honkainen f 1728-06-07 i Kindsjön

8.3.4.4. Sigfrid Kristoffersson Honkainen f 1730-01-10 i Kindsjön, d 1761-04-30 i Järpliden, S Finnskoga

8.3.4.5. Anna Kristoffersdotter Honkainen f 1731-09-20 i Kindsjön, d 1800-06-10

8.3.5. Jöns Johansson Honkainen f 1703 i Basthöjden, Färnebo, d 1743, g med Karin Kristoffersson Honkainen f 1700, d 1743, dotter till Kristoffer Jönsson Honkainen.
Deras barn:
8.3.5.1. Kerstin Jönsdotter Honkainen f 1730, d 1807

8.4. Marit Danielsdotter Honkainen f 1662, d 1726

8.5. Annika Danielsdotter Honkainen f 1664 i Sundsjön

8.6. Jöns Danielsson Honkainen f 1667, d 1742, g med Maria Eriksdotter Karttuinen, dotter till Erik Karttuinen.
Deras barn:
8.6.1. Daniel Jönsson Honkainen f 1705 i Sundsjön, g 1733-03-29 i N Råda med Britta Jonsdotter f 1710.
Deras barn:

8.6.1.1. Jöns Danielsson Honkainen f 1736 i Sundsjön, d 1779-07-31 i Avradsberg, Malung

8.7. Kristin Danielsdotter Honkainen f 1668 i Sundsjön

Lång-Kristoffers barn i andra äktenskapet:

9. Elisabet Kristoffersdotter Honkainen f 1640, g med Olof Jönsson f 1636, d 1706 i Asplunden, N Råda, torpare och skogvaktare. Son till Jöns Olofsson. De var bosatta i Asplunden, N Råda och fick 5 barn:
9.1. Johan Olofsson
9.2. Britta Olofsdotter
9.3. Maria Olofsdotter
9.4. Jöns Olofsson f ca 1658
9.5. Per Olofsson f 1681 i Asplunden, N Råda, d 1756-04-07, g 1700 med Karin Jonsdotter f 1681, d 1746, begravd 1746-06-20 i Asplunden
Deras barn:
9.5.1. Jon Persson f 1699 i Asplunden, d 1774-04-19 i Uvedshagen, N Råda, g med Britta Persdotter f 1703-11-08 i Örbäcken, N Råda.
Deras barn:
9.5.1.1. Per Jonsson f 1728, d 1785
9.5.1.2. Britta Jonsdotter f 1739-01-10

9.5.2. Karin Persdotter f 1703 i Upplunda, N Råda, d 1786-02-23.
Barn utan känd fader:
9.5.2.1. Jan Nilsson f 1786
9.5.2.2. Karin Nilsdotter f 1733, d 1817

10. Per Kristoffersson Honkainen "Pellegossen" f 1642 i Sundsjön, Färnebo, d 1698 i Basthöjden, Ekshärad, g med Elisabet Eliasdotter f 1642, d 1732-12-17 i Berga, Ekshärad. De fick 9 barn:
10.1. Per Bastman Persson Honkainen f 1669, d 1766, indelt soldat.

11. Karin Kristoffersdotter Honkainen f 1645 i Sundsjön, Färnebo.

12. Maria Kristoffersdotter Honkainen f 1647 i Sundsjön, Färnebo.

Sägner om Lång-Kristoffer

Det finns mängder av vandringssägner om Lång-Kristoffer, de flesta i flera olika varianter. Jag citerar en del av dem ur Segerstedts samling och Arne Östmans bok om Lång-Kristoffer:

"Då Lång-Kristoffer kom hit upp, vandrande genom skog och mark, och anlände till förutnämnda sjö (Sundsjön), lade han sig på en djup urholkad sten vid stranden att sova, och drömde att han här skulle bosätta sig. Han vaknade och fick så se sju älgar dricka vid sjön; en av dessa sköt han vid samma tillfälle. Hans beslut rörande den blivande bostaden var fattat. Då han närmare betraktade omgivningen, fann han trakten passande för de näringar, han förut idkat. Började han så bränna fall vitt omkring, och sådde fallråg, som han burit med sig uti en väska från sin hemort."

"Norr eller nordväst från Sundsjön ligger Gumhöjden. I denna höjd ägde Lång- Kristoffer en silvergruva, men ingen ibland nu levande kan anvisa platsen, var den funnits. En folksägen är, att ett par tvillingar slutligen skall finna henne. Det var ur denna gruva Lång-Kristoffer fick silver att slå mynt utav. Sägen förtäljer därom följande: Tidigt på morgonen var Lång-Kristoffer i smedjan, där han även hade en smälthärd, och slog mynt; kom han så in på morgonen, bärande skatten i huvudbonaden och visade, full av belåtenhet, sin hustru arbetet. Då framlade också hon i morgonstunden på spinnrocken utförda verk. Men Lång-Kristoffer glömde att en främmande fått vila över natten i hans bostad. Främlingen var ännu icke uppstigen, utan låtsades sova under tiden. Lång-Kristoffer beslöt nu döda honom, så att han ej skulle kunna omtala något; men en tjänsteflicka försäkrade, att den resande sovit under tiden, varför dråpet ej kom att utföras. Var och en avlägsnade sig till sina göromål, och främlingen begav sig bort från stället; när han kom i säkerhet, yppade han finnens penningtillverkning, och Lång-Kristoffer måste av denna anledning fly från platsen. De slagna mynten skola innan det bar av, blivit nedsänkta i sjön. Stället, där detta skedde, utmärktes på så sätt, att en hästskalle uppspikades mitt för i ett träd; ett annat påstående är att penningarne nedsänkts vid det ställe, där Lång-Kristoffer vilade, när han beslöt bosätta sig här."

På frågan varför Lång-Kristoffer nedsänkt silvermynten i sjön, ska han ha svarat: "Det skulle eljest blivit träta vid arvets delning".

Hakkarainen i Nain och Aspberget

Per Pålsson Hakkarainen, kallad **"Per Hakkran"** f ca 1600 vid Saimasjön i Rautalampi, Savolax, d i Nain, Ekshärad, g med **Annika Olofsdotter Karjalainen** f ca 1600 i Rautalampi, d i Nain, Ekshärad. Per Hakkran upptog Nain i Ekshärad ca 1630.

Släktnamnet finns belagt 1629 i Nås rullor: Per Hakkarainen dragit till Värmland. 1636 förekommer han i Naren (Nain) enl Göta hovrätts renovationer av Älvdals härads db-prot H t 1636. Enl häradsrätten hade han försuttit stämningar i 7 års tid, mellan 1633 och 1640.

Finnmarken förr och nu 2/2001, Jan-Erik Björk, Källby: Enl såväl Carl Axel Gottlund som Maximilian Axelson ska han tillsammans med sin familj ha flytt till Sverige i en fiskebåt. På sin vandring västerut hamnade han i Kvarnberget i dåvarande Nås finnmark. Enl Gottlund bodde han där 2 år innan han flyttade vidare till den plats som senare kom att heta Nain. Under sin tid i Kvarnberget högg han en så stor sved att platsen där den låg kom att uppkallas efter honom, nämligen Hakkrasberg. Utsädet som uppgick till ett lispund råg köpte han i Filipstad. Han och hustrun Annika stoppade ner kornen ett och ett för hand i sveden.

Jan-Erik Björk hittade de första spåren i dokumenten i utskrivningslängderna för Västmanland under åren 1628-1629 (Västerdalarnas socknar är nämligen under denna tid införda under detta län): Per Hakkarainen finns i längden för Nås socken 1628 bland driftekarlarna mellan Jöran Nilsson i Hån och Pål Pålsson i Drafsen (utan angivande av hemort). Dyker sedan upp 1640 i Älvdals härads dombok som bosatt i Nain.

Per och Annikas barn:
1. NN Persdotter Hakkarainen, g med Henrik Henriksson, Bogen, Gunnarskog,

2. Pål Persson Hakkarainen f 1617 i Nain, Ekshärad, d 1667 i Brunnberg, Ekshärad. Pål tog upp Brunnberg, 2 mil norr om Nain, 1646. G 1640 med Sofia Henriksdotter f 1617, d 1697, begravd 1697-01-10.
Barn:
2.1. Per Pålsson Hakkarainen f 1640, d 1670, bosatt i Brunnberg, Ekshärad.

2.2. Marit Pålsdotter Hakkarainen f 1642, d 1698-03-20 i Brunnberg, Ekshärad, g med Karl Månsson f 1648, d 1698-12-04 i Brunnberg.
Deras barn:
2.2.1. Britta Månsdotter (Karlsdotter?) f 1679-10-19 i Brunnberg, d 1736-10-29. Bosatt i Byn, Ekshärad.
2.2.2. Erik Månsson (Karlsson?) f 1682-05-25 i Brunnberg

2.3. Jacob Pålsson Hakkarainen f 1645, bosatt i Rud, Gräs, Sunnemo, g ca 1668 med Karin Simonsdotter, d 1697, begravd 1697-02-07, dotter till Simon Larsson.

Deras barn:

2.3.1. Karin Jacobsdotter Hakkarainen f 1670 i Brunnberg, d 1750-09-08. Bosatt i Norra Skoga.

2.3.2. Elisabet Jacobsdotter Hakkarainen f 1673-05-19

2.3.3. Hinrik Jacobsson Hakkarainen f 1677-12-26, d 1699-05-15, bosatt i Bergsäng, Ekshärad.

2.3.4. Jacob Jacobsson Hakkarainen f 1680-04-11, d 1698-05-29, bosatt i Brunnberg

2.3.5. Johan Jacobsson Hakkarainen f 1683-01-22

2.3.6. Marit Jacobsdotter Hakkarainen f 1688-04-04

2.4. Lisbet Pålsdotter Hakkarainen f 1650 i Brunnberg, bosatt i Grytsjöfjäll (Tönnetsfjäll), Ekshärad, g med Hindrik Månsson
Deras barn:

2.4.1. Pål Hindriksson

2.4.2. Maria Hindriksdotter g med Per Johansson f 1668, d 1705-01-25
Deras barn:

2.4.2.1. Karin Persdotter f 1690-07-27

2.4.2.2. Johan Persson f 1696, d 1698-05-22

2.4.2.3. Maria Persdotter f 1704-05-14

2.4.3. Hindrik Hindriksson f 1672-03-17

2.4.4. Erik Hindriksson f 1679-05-25

2.4.5. Hindrik Hindriksson f 1682-02-26

2.4.6. Johan Hindriksson f 1684-03-09

2.4.7. NN Hindriksson f 1689-06-10

2.4.8. Britta Hindriksson f 1693-10-10

2.5. Ellika Pålsdotter Hakkarainen f 1650 i Brunnberg, bosatt i Grytsjöfjäll (Tönnetsfjäll), Ekshärad, g med Erik Johansson Kääriäinen d ca 1692
Deras barn:

2.5.1. Karin Eriksdotter Kääriäinen f 1684-03-09

2.5.2. Päder Eriksson Kääriäinen f 1685-04-05

2.5.3. Erik Eriksson Kääriäinen f 1688-08-29

2.5.4. Marit Eriksdotter Kääriäinen f 1690-06-04

2.6. Erik Pålsson Hakkarainen f 1663 i Brunnberg, Ekshärad, d 1726-12-26 i Lövåna/Björnåsen, Ekshärad, g ca 1688 med Britta Larsdotter Karjalainen f 1670 i Laggåsen, N Råda, d 1718-04-14 i Brunnberg, Ekshärad, dotter till Lars Larsson Karjalainen och Elin Henriksdotter.
Deras barn:

2.6.1. Elisabet Eriksdotter Hakkarainen f 1686-06-11 i Ekshärad, d 1710-07-17, bosatt i Brunnberg

2.6.2. Karin Eriksdotter Hakkarainen f 1688-03-27 i Lövåna, Brunnberg, d 1772-10-02 i Brunnberg av ålderskrämpor och slag, g 1719-02-14 med Mats Kristoffersson Havuinen f 1680 i Kringsberget, S Finnskoga, d 1743-02-14 i Brunnberg. Son till Kristoffer Tomasson Havuinen och Marit Matsdotter Mojainen.
Deras barn:
2.6.2.1. Lars Matsson Havuinen f 1720-04-29 i Brunnberg
2.6.2.2. Valborg Matsdotter Havuinen f 1721 i Brunnberg, d 1797-02-20, bosatt i Nain, Ekshärad
2.6.2.3. Maria Matsdotter Havuinen f 1722 i Brunnberg, d 1806-12-10
2.6.2.4. Tomas Matsson Havuinen f 1724-11-09 i Brunnberg, d 1762-04-23
2.6.2.5. Kerstin Matsdotter Havuinen f 1727-03-16 i Brunnberg, d 1727-12-24
2.6.2.6. Gabriel Matsson Havuinen f 1727-03-16 i Brunnberg
2.6.2.7. Kerstin Matsdotter Havuinen f 1729-02-20 i Brunnberg, d 1767-07-08, bosatt i Barktorp, Äppelbo.

2.6.3. Sara Eriksdotter Hakkarainen f 1691-06-28

2.6.4. Maria Eriksdotter Hakkarainen f 1692 i Lövåna, Ekshärad, g med Anders Olofsson Tilkkinen f 1690 i Avradstjärn, Malung, d i Tillkråka, Malungs finnskog,
Deras barn:
2.6.4.1. Gustaf Andersson Tilkkinen f 1728-01-04 i Avradstjärn, d 1795-04-14 i Avradstjärn

2.6.5. Pål Eriksson Hakkarainen f 1692-08-04 i Lövåna, Ekshärad, g1 med Kerstin Persdotter, f före 1728 i Sillerö, Malung, g2 med Maria Eriksdotter f i Nybofjäll, Äppelbo

2.6.6. Erik Eriksson Hakkarainen f 1696-05-20
2.6.7. Hinrik Eriksson Hakkarainen f 1698-06-09
2.6.8. Olof Eriksson Hakkarainen f 1698-06-09
2.6.9. Hinrik Eriksson Hakkarainen f 1702-05-01
2.6.10. Lars Eriksson Hakkarainen f 1704-04-01
2.6.11. Gösta Eriksson Hakkarainen f 1707-07-14

3. Lars Persson Hakkarainen f 1620, d 1668 i Aspberget, N Finnskoga, g ca 1650 med Karin Olsdotter från Järna i Dalarna. Hon blev änka 1649 efter Carl Eskilsson Hare från Järna, som i samband med jakt blev mördad och nergrävd på en holme i Höljes.
Enligt Bo Hansson: "Ska vi tacka jaktbråket vid Höljes för att Aspberget blev bebyggt? I vilket fall kom Lars Persson Hakkarainen till Älvdalstinget 1652, då gift med den (1649) dödade Carl Eskilsson Hares änka, och krävde hennes rätt. Lars växte upp i Nain, Ekshärad och bodde då hos sin bror i Brunnberg, åtskilligt närmare Dala Järna där hon då bodde. Man kan anta att han varit till Höljes innan. Senast 3-4 år senare började han, brodern Josef och Mattes Mårtensson Tenhuinen från Kindsjön att bygga och bo på "Höljesskogen", som Aspberget först kallas."

Se även Lars Bäckvalls avskrift av domboken under rubriken **Mordön** sist i kapitlet om N Finnskoga i denna bok.

Lars Persson Hakkarainen upptog Aspberget 1660 tillsammans med brodern Josef och Mats Mårtensson Tenhuinen.
Barn:
3.1. Annika Larsdotter Hakkarainen, g med Samuel Staffansson Vauhkoinen f ca 1635 i Lövåsen, Fryksdalen, son till Staffan Vauhkoinen. Bosatta i Uggelheden, N Finnskoga.
Barn:
3.1.1. Anders Samuelsson Vauhkoinen, bosatt i Uggelheden
3.1.2. Olof Samuelsson Vauhkoinen, Uggelheden
3.1.3. NN Samuelsson Vauhkoinen, Uggelheden

3.2. Henrik Larsson Hakkarainen f 1648 i Nain, Ekshärad, g med Britta Mårtensdotter Haikoinen f 1652 i Bastvålen, Östmark, dotter till Mårten Larsson Haikoinen.
Barn:
3.2.1. Marit Henriksdotter Hakkarainen
3.2.2. Britta Henriksdotter Hakkarainen f 1680 i Aspberget, N Finnskoga, g 1706 i Norge med Per Jönsson, f 1688 i Båtstad, N Finnskoga, d 1751-04-28, son till Jöns Persson och Gulli Björnsdotter.
Deras barn:
3.2.2.1. Jöns Persson f 1706 i N Finnskoga, d före 1773
3.2.2.2. Henrik Persson f 1715 i Båtstad, N Finnskoga

3.3. Pål Larsson Hakkarainen f ca 1650 i Nain, Ekshärad, d 1699-04-10 i Aspberget, N Finnskoga, g med Marit Larsdotter, f 1667 i Gravberget, Hof, Norge, d efter 1732, dotter till Lars Larsson och Eli Nilsdotter Vauhkoinen.
Barn:
3.3.1. Annika Pålsdotter Hakkarainen f 1685 i Galåsen, Trysil, g med Lars Larsson Hakkarainen f i Aspberget, son till Lars Josefsson Hakkarainen och Annika Eliasdotter Karjalainen.
Deras barn:
3.3.1.1. Lars Larsson Hakkarainen f 1706 i Aspberget, N Finnskoga, d 1788-11-30
3.3.1.2. Karin Larsdotter Hakkarainen f 1711 i Larsgården, Aspberget, N Finnskoga

3.3.2. Lisbet Pålsdotter Hakkarainen f 1698-04-29 f 1698-04-29 i Järpliden, N Finnskoga, d 1766-12-16 (begravd 1767-01-01) av lungsot i Aspberget, N Finnskoga, g med Pål Danielsson Siekkinen f 1690 i Aspberget, d 1751-02-05 i Aspberget, son till Daniel Sigfridsson Siekkinen och Marit Henriksdotter Himainen.
Deras barn:
3.3.2.1. Daniel Pålsson Siekkinen f 1722-03-14 i Aspberget, d 1806
3.3.2.2. Pål Pålsson f 1723-09-28 i Aspberget
3.3.2.3. Ingeborg Pålsdotter Siekkinen f 1728-05-06 i Aspberget, d 1809. Bosatt i Fuglesand, Osen, Trysil.

3.3.2.4. Britta Pålsdotter Siekkinen f 1729 i Aspberget
3.3.2.5. Erik Pålsson Siekkinen f 1734 i Aspberget, d 1792. Bosatt i Storsvea, Trysil.
3.3.2.6. Mats Pålsson Siekkinen f 1738-02-13 i Aspberget
3.3.2.7. Sara Pålsdotter Siekkinen f 1740-06-25 i Aspberget

3.4. Karin Larsdotter Hakkarainen f 1652 i Nain, Ekshärad, g med Staffan Staffansson Vauhkoinen f 1631 i Lövåsen, Fryksdalen, d 1727-04-09 i Aspberget, son till Staffan Vauhkoinen.
Barn:
3.4.1. Mårten Staffansson Vauhkoinen f 1669 i Aspberget, d 1734-03-11, g med Annika Andersdotter.
Deras barn:
3.4.1.1. Staffan Mårtensson Vauhkoinen f 1690 i Aspberget, d 1751-05-07
3.4.1.2. Mårten Mårtensson Vauhkoinen f 1695 i Aspberget
3.4.1.3. Annika Mårtensdotter Vauhkoinen f 1697 i Aspberget
3.4.1.4. Henrik Mårtensson Vauhkoinen f 1700 i Aspberget
3.4.1.5. Mats Mårtensson Vauhkoinen f 1716 i Aspberget, d 1753-05-02
3.4.1.6. Olof Mårtensson Vauhkoinen f 1727-11-13 i Aspberget

3.4.2. Anders Staffansson Vauhkoinen f 1672 i Aspberget, g med Karin Adamsdotter f 1680.
Deras barn:
3.4.2.1. Staffan Andersson Vauhkoinen f 1716
3.4.2.2. Marit Andersdotter Vauhkoinen f 1716-09-21 i Aspberget, d 1795-05-14 i Grönoset, Trysil
3.4.2.3. Annika Andersdotter Vauhkoinen f 1717
3.4.2.4. Karin Andersdotter Vauhkoinen f 1724

3.4.3. Britta Staffansdotter Vauhkoinen f 1674 i Aspberget

3.4.4. Marit Staffansdotter Vauhkoinen f 1676 i Aspberget

3.4.5. Annika (Anna) Staffansdotter Vauhkoinen f 1678 i Aspberget

3.4.6. Staffan Staffansson Vauhkoinen f 1680 i Aspberget, g 1715-01-03 med Karin Persdotter

3.4.7. Mats Staffansson Vauhkoinen f 1682 i Aspberget

3.4.8. Daniel Staffansson Vauhkoinen f 1685 i Aspberget

3.5. Bengt Larsson Hakkarainen f 1655 i Aspberget
Barn utan känd moder:

3.5.1. Henrik Bengtsson Hakkarainen f 1690 f 1690 i Aspberget, g 1732-04-12 med Marit Matsdotter f 1701, d 1771.

Deras barn:

3.5.1.1. Britta Henriksdotter Hakkarainen f 1732-10-09 i Aspberget, bosatt i Långflon, N Finnskoga

3.5.1.2. Bengt Henriksson Hakkarainen f 1738-04-20 i Aspberget

3.5.1.3. Helga Henriksdotter Hakkarainen f 1741-07-24 i Aspberget

3.5.1.4. Mats Henriksson Hakkarainen f 1744-12-28 i Aspberget

4. Henrik Persson Hakkarainen f 1620 i Nain, Ekshärad, d 1696-04- . Bosatt i Nain, g med Kerstin Larsdotter Karjalainen f 1636 i Laggåsen, Ekshärad, d 1726, begravd 1726-02-09 i Nain, Ekshärad, dotter till Lars Larsson Karjalainen och Malin Tomasdotter. Levde kvar i Nain hela livet. Tog över brukningen av Nain mot att han tog hand om föräldrarna på deras ålderdom omkring 1665 i Nain.

Barn:

4.1. Erik Henriksson Hakkarainen, f i Nain, g med Karin Matsdotter f 1673 i Stakberg, d 1710

4.2. Henrik Henriksson Hakkarainen

4.3. Bengt Henriksson Hakkarainen f 1665 i Nain, d 1705, g med Ingeborg Jönsdotter Kukkoinen f 1667-03-20 i Ekshärad, d 1738-11-11, begravd 1738-11-19 i Nain, dotter till Jöns Henriksson Kukkoinen och Marit Larsdotter.

Deras barn:

4.3.1. Kerstin Bengtsdotter Hakkarainen f 1701 i Nain, d 1742, g 1729-06-01 i Ekshärad med Elias Larsson Karjalainen f 1704-11-08 i Laggåsen, d 1744-05-22 i Nain, son till Lars Eliasson Karjalainen och Ingeborg Henriksdotter Pulkkinen.

Deras barn:

4.3.1.1. Ingeborg Eliasdotter Karjalainen f 1730-05-11 i Nain, d 1773-06- .

4.3.1.2. Maria Eliasdotter Karjalainen f 1738 i Nain, d 1738

4.3.1.3. Kerstin Eliasdotter Karjalainen f 1738 i Nain, d 1738

4.3.1.4. Karin Eliasdotter Karjalainen f 1739 i Nain, d 1739

4.3.1.5. Maria Eliasdotter Karjalainen f 1740 i Nain, d 1767

4.3.2. Maria Bengtsdotter Hakkarainen f 1704 i Nain, d 1783, bosatt i Laggåsen, g 1728-06-10 med Daniel Larsson Karjalainen f 1702-03-13 i Laggåsen, d 1754-02-17, son till Lars Eliasson Karjalainen och Ingeborg Henriksdotter Pulkkinen.

Deras barn:

4.3.2.1. Annika Danielsdotter Karjalainen f 1729 i Laggåsen, d 1807, bosatt i Nain

4.3.2.2. Ingeborg Danielsdotter Karjalainen f 1730 i Laggåsen

4.3.2.3. Maria Danielsdotter Karjalainen f 1733 i Laggåsen

4.3.2.4. Kristina Danielsdotter Karjalainen f 1735 i Laggåsen, d 1805

4.3.2.5. Lars Danielsson Karjalainen f 1736-05-28 i Laggåsen, d 1800-12-03

4.3.2.6. Lisa Danielsdotter Karjalainen f 1739, d 1749

4.3.2.7. Bengt Danielsson Karjalainen f 1742, d 1743

4.3.2.8. Bengt Danielsson Karjalainen f 1745

4.3.2.9. Jan Danielsson Karjalainen f 1748 i Laggåsen, d 1826, bosatt i Nain

4.4. Britta Henriksdotter Hakkarainen f 1666, d 1711, bosatt i Nain

4.5. Olof Henriksson Hakkarainen f 1671 i Nain, d 1706 i Nain, g1 med Maria
Israelsdotter f 1669 i Näsberg, d 1699, g2 med Maria Kristoffersdotter f 1679, d 1748.
Barn i andra giftet:
4.5.1. Annika Olofsdotter Hakkarainen f 1696 i Nain, d 1720
4.5.2. Henrik Olofsson Hakkarainen f 1697 i Nain
4.5.3. Lena Olofsdotter Hakkarainen f 1702 i Nain
4.5.4. Henrik Olofsson Hakkarainen f 1705 i Nain

4.6. Lisbet Henriksdotter Hakkarainen f 1676 i Nain, d 1706, bosatt i Nain

4.7. Annika Henriksdotter Hakkarainen f 1677 i Nain, d 1752, g med Lars Nilsson f 1674 i
Halla, Ekshärad, d 1739, bosatta i Finnlarsgården, Halla, Ekshärad.
Deras barn:
4.7.1. Erik Larsson, f i Nain, g 1709 med Karin Matsdotter f 1673 i Stakberg, d 1710

4.8. Per Henriksson Hakkarainen f 1679 i Nain

4.9. Daniel Henriksson Hakkarainen f 1679 i Nain

4.10. Karin Henriksdotter Hakkarainen f 1683 i Nain, g med Pål Pålsson, bosatta i
Nybofjäll

4.11. Sara Henriksdotter Hakkarainen f 1687 i Nain, d 1773, g med Daniel Henriksson
Kukkoinen f 1693-09-25 i Näsberget, N Ny, son till Henrik Jönsson Kukkoinen och Lisbet
Matsdotter.
Deras barn:
4.11.1. Lisbet Danielsdotter Kukkoinen f 1720 i Nain, d 1797, g1 med Johan Persson f
1720, d 1751, bosatta i Norra Öjenäset. G2 med Hindrik Mårtensson f 1728, d 1796,
bosatta i Näsberg.
4.11.2. Kerstin Danielsdotter Kukkoinen f 1722 i Nain, bosatt i Näsberg
4.11.3. Hindrik Danielsson Kukkoinen f 1723 i Nain, d 1782, g med Anna Danielsdotter f
1729 i Laggåsen, d 1807, bosatta i Nain
4.11.4. Jöns Danielsson Kukkoinen f 1724 i Nain, d 1805, g 1755-02-11 i N Råda med
Ingeborg Eliasdotter Karjalainen f 1730-05-11 i Nain, d 1773-06- , bosatta i Nain. Dotter
till Elias Larsson Karjalainen och Kerstin Bengtdotter Hakkarainen.
Deras barn:
4.11.4.1. Hindrik Jönsson Kukkoinen f 1760 i Nain, d 1837, bosatt i Nain
4.11.4.2. Sara Jönsdotter Kukkoinen f 1762 i Nain, d 1844, bosatt i Nain
4.11.4.3. Kerstin Jönsdotter Kukkoinen f 1765 i Nain
4.11.4.4. Lisa Jönsdotter Kukkoinen f 1768 i Nain, d 1768

4.11.5. Olof Danielsson Kukkoinen f 1726 i Nain, bosatt i Näsberg

4.11.6. Per Danielsson Kukkoinen f 1728 i Nainsände, Ekshärad, d 1805, g med Britta Nilsdotter f 1741 i Emtbjörk, d 1791, bosatta i Nain.
Deras barn:
4.11.6.1. Sara Persdotter Kukkoinen f 1763
4.11.6.2. Lisa Persdotter Kukkoinen f 1766
4.11.6.3. Olof Persson Kukkoinen f 1768 i Nainsände, d 1768
4.11.6.4. Hindrik Persson Kukkoinen f 1770 i Nainsände, d 1826
4.11.6.5. Annika Persdotter Kukkoinen f 1774 i Nainsände
4.11.6.6. Britta Persdotter Kukkoinen f 1776 i Nainsände
4.11.6.7. Olof Persson Kukkoinen f 1777 i Nainsände
4.11.6.8. Ingeborg Persdotter Kukkoinen f 1778 i Nainsände
4.11.6.9. Per Persson Kukkoinen f 1781 i Nainsände

4.12. Lars Henriksson Hakkarainen f 1689-06-10 i Nain, d 1742-09-14 av vattusot, g1 1710-11-27 med Annika Matsdotter f 1687-08-14 i Stakberg, Ekshärad, d 1734, begravd 1734-01-20 i Ekshärad, dotter till Mats Larsson och Sigrid. Bosatta i Nain. G2 1740-05- med Karin Matsdotter f 1683 i Ekshärad. Bosatta i Nain.
Barn i första giftet:
4.12.1. Maria Larsdotter Hakkarainen f 1711 i Nain, d 1715
4.12.2. Henrik Larsson Hakkarainen f 1714 i Nain, d 1782, g1 med Marit Persdotter f 1712 i Halla, Ekshärad, bosatta i Nain, g2 med Kerstin Jönsdotter f 1733, d 1807.
Deras barn i första giftet:
4.12.2.1. Kerstin Hindriksdotter Hakkarainen f 1737 i Nain, d 1829, bosatt i St. Laggåsen.
4.12.2.2. Lars Henriksson Hakkarainen f 1740 i Nain, d 1831, bosatt i Nain
4.12.2.3. Maria Hindriksdotter Hakkarainen f 1743 i Nain, d 1753, bosatt i Nain
4.12.2.4. Per Hindriksson Hakkarainen f 1746 i Nain, d 1832, bosatt i Bredsjönäs
4.12.2.5. Hindrik Hindriksson Hakkarainen f 1749 i Nain, d 1808, bosatt i Milsjön
4.12.2.6. Annika Hindriksdotter Hakkarainen f 1752 i Nain, d 1832, bosatt i Nain
4.12.2.7. Maria Henriksdotter Hakkarainen f 1755 i Nain, d 1755
4.12.2.8. Olof Hindriksson Hakkarainen f 1756 i Nain, d 1836, bosatt i Nain/Stenbohöjden, Ekshärad

4.12.3. Kerstin Larsdotter Hakkarainen f 1717 i Nain, g med Lars Larsson, bosatta i Bredsjön

4.12.4. Mats Larsson Hakkarainen f 1719-07-01 i Nain, d 1792-05-12 i Nain, g1 med Lisbet Abrahamsdotter Karjalainen f 1719, d 1759, dotter till Abraham Abrahamsson Karjalainen. Bosatta i Nain. G2 med Sara Svensdotter Fägersten Hakkarainen, f 1736 i Gustavsfors, d 1793, bosatta i Nain.
Barn i första giftet, alla födda i Nain:
4.12.4.1. Lars Matsson Hakkarainen f 1741
4.12.4.2. Per Matsson Hakkarainen f 1743, d 1764

4.12.4.3. Lars Matsson Hakkarainen f 1745-06-25, d 1813, bosatt i Ö. Gåstjärnsberg

4.12.4.4. Bengt Matsson Hakkarainen f 1747, d 1773, bosatt i Nain

4.12.4.5. Annika Matsdotter Hakkarainen f 1749, d 1750

4.12.4.6. Johan (Jan) Matsson Hakkarainen f 1751-06-23, d 1801-06-10

4.12.4.7. Kerstin Matsdotter Hakkarainen f 1753-08-16, d 1826-11-19 , bosatt i Blomsterberg, Gustav Adolf.

4.12.4.8. Annika Matsdotter Hakkarainen f 1756, d ca 1792-95, bosatt i Nain

4.12.4.9. Maria Matsdotter Hakkarainen f 1757, d 1757

4.12.4.10. Elisabet (Lisa) Matsdotter Hakkarainen f 1758, d 1842, bosatt i Nain

Barn i andra giftet, alla födda i Nain:

4.12.4.11. Katarina Matsdotter Hakkarainen f 1761, bosatt i Karlstad

4.12.4.12. Sara Matsdotter Hakkarainen f 1762

4.12.4.13. Olof Matsson Hakkarainen f 1765, d 1773

4.12.4.14. Maria Matsdotter Hakkarainen f 1767, bosatt i Karlstad

4.12.4.15. Mats Matsson Hakkarainen f 1771, bosatt i Stockholm

4.12.4.16. Sven Matsson Hakkarainen f 1773

4.12.4.17. Anna Matsdotter Hakkarainen f 1775

4.12.4.18. Stina Matsdotter Hakkarainen f 1778, bosatt i Stockholm

4.12.4.19. Kerstin Matsdotter Hakkarainen f 1781

4.12.5. Per Larsson Hakkarainen f 1722-04-06 i Nain, d 1797, g med Valborg Matsdotter Havuinen f 1721 i Brunnberg, d 1797-02-20, dotter till Mats Kristoffersson Havuinen och Karin Eriksdotter Hakkarainen. Bosatta i Nain.

Barn, alla födda i Nain:

4.12.5.1. Petter Persson Hakkarainen f 1748, d 1849

4.12.5.2. Annika Persdotter Hakkarainen f 1750

4.12.5.3. Karl Persson Hakkarainen f 1752-02-18, d 1830-06-05 i Nain

4.12.5.4. Hindrik Persson Hakkarainen f 1754, d 1810, bosatt i Risåsen.

4.12.5.5. Maria Persdotter Hakkarainen f 1756

4.12.5.6. Katarina Persdotter Hakkarainen f 1759, d 1809, bosatt i Nain

4.12.5.7. Lars Persson Hakkarainen f 1761, d 1814, bosatt i Ö. Näsberg

4.12.5.8. Olof Persson Hakkarainen f 1764

4.12.6. Lars Larsson Hakkarainen f 1725 i Nain, g med Lisbet Olofsdotter, bosatta i Avradsberg.

4.12.7. Olof Larsson Hakkarainen f 1728 i Nain, d 1785, g med Maria Matsdotter f 1722, d 1806, bosatta i Brunnberg.

4.12.8. Anna Larsdotter Hakkarainen f 1734 i Nain, bosatt i Näsberg

Barn i andra giftet:

4.12.9. Sara Larsdotter Hakkarainen f 1742-09-15 i Nain, d 1818, bosatt i Nain

5. Annika Persdotter Hakkarainen f 1625 i Nain, Ekshärad, d 1715-01-05, bosatt i Nain.

6. Josef Persson Hakkarainen f 1625 i Nain, d 1690.

Josef Persson Hakkarainen upptog Aspberget 1660 tillsammans med brodern Lars och Mats Mårtensson Tenhuinen.

Enligt domstolsprotokoll Anno 1649 anklagades Josef Pedersson i Nain och Greger Olofsson i Äppelbo för olaga älgjakt på Ljusnäs skog i Ny socken.

Josef Persson Hakkarainens ättlingar, modern okänd:
6.1. Per Josefsson Hakkarainen f 1656, N Finnskoga, d 1696, begravd 1696-04-26, bosatt i Aspberget.
Barn utan känd moder:
6.1.1. Kerstin Persdotter Hakkarainen, f 1688

6.2. Olof Josefsson Hakkarainen f ca 1656 i Aspberget, g med Kari Andersdatter Liitiäinen, f ca 1660 i Gravberget, Våler finnskog, Norge, dotter till Anders Mårtensson Liitiäinen. Bosatta i Hakketorpet, Gravberget, Våler.

Han förekommer i domstolsarkiven i Hof, Norge enligt följande:
1682-10-31 – Engebret Barhoug tilltalade Anders Liden för en skuld på 44 rd. Anders mötte inte, men hans svåger **Olle Josefsson**, som godkände skulden. Anders blev dömd att betala.

1694-11-12 - Anders Liden och **Oluf Josefson** medger att de är skyldiga Tosten Pålsen på Harildskogen 250 tolfter sågtimmer, vilket de lovar leverera med hälften år 1695 och den andra halvparten 1696.

1698-07-05 – Anders Puranen stämmer **Josep Olle (Olle Josefsson?)** för att han förra året skulle ha bränt upp en rågbråte där Anders hade sått 2 tunnor råg. Bedöms vara värt 12 tunnor. Dessutom var Olle skyldig Anders 6 tunnor råg. Josef (Olle?) ville ha förlikning, och det blev så att han skulle betala 20 rd för skadan och betala den övriga skulden. Han fick 3 år på sig eftersom han var en fattig man. Men skulden skulle vara prioriterad framför andra. De tog hand på att hädanefter leva i fred med varandra.

1699-03-02 – Anders Lidens arvingar och **Olle Josepson** skyldiga 28-2-19 respektive 110 rd för resterande 250 tolfter sågtimmer efter utfästelse 1694. Olle säger att han huggit något som han inte fått fram p g a snöfallet.

Deras barn:
6.2.1. Marte Olsdatter Hakkarainen f 1681
6.2.2. Anders Olsen Hakkarainen f 1683, d 1686
6.2.3. Lisbet Olsdatter Hakkarainen f 1685

6.2.4. Ole Olsen Hakkarainen f beräknat 1687, d 1773
Barn utan känd moder:
6.2.4.1. Ole Olsen Hakkarainen f 1713, d 1778-12-14

6.3. Lars Josefsson Hakkarainen f 1660 i Aspberget, d 1712, g med Annika Eliasdotter Karjalainen f 1659 i Nain, Ekshärad, d 1731-01-25 i Aspberget, dotter till Elias Larsson Karjalainen och Karin Olofsdotter.
Deras barn:
6.3.1. Lars Larsson Hakkarainen f i Aspberget, g med Annika Pålsdotter Hakkarainen f 1685 i Galåsen, Trysil, dotter till Pål Larsson Hakkarainen och Marit Larsdotter.
Deras barn:
6.3.1.1. Lars Larsson Hakkarainen f 1706 i Aspberget, d 1788-11-30
6.3.1.2. Karin Larsdotter Hakkarainen f 1711 i Larsgården, Aspberget

6.3.2. Ablona Larsdotter Hakkarainen f 1690 i Aspberget, d 1718-03-24, g med Henrik Olsen Kuosmainen f 1685 i Larsgarden, Törberget söndre, Trysil, d 1743-01-13, son till Ole Andersen Kuosmainen och Kersti (Kirsten) Henriksdatter Himainen. Bosatta i Aspberget.
Deras barn:
6.3.2.1. Kerstin Henriksdotter Kuosmainen f 1710, d 1758-07-24, bosatt i Aspberget
6.3.2.2. Annika Henriksdotter Kuosmainen f 1715, d ca 1760
6.3.2.3. Ingeborg Henriksdotter Kuosmainen f 1718, d 1795-02-26 i Aspberget
6.3.2.4. Anne Henriksdotter Kuosmainen f 1718, d 1768-06-26

6.4. Marit Josefsdotter Hakkarainen f 1665 i Aspberget, d 1715-12- i Aspberget, g 1679 med Staffan Sigfridsson Siekkinen f 1656 i Aspberget, d 1735-05-03 i Aspberget, son till Sigfrid Matsson Siekkinen och okänd.
Deras barn:
6.4.1. Marte Staffansdotter Siekkinen f 1683 i Aspberget, d 1762-03-29, bosatt i Törberget, Trysil, g1 med Anders Andersen Ronkainren f 1656 i Orsa "Österdalarna Sverige", d före 1712, bosatt i Mattisgarden, Törberget, Trysil. G2 med Morten Olsen Kuosmainen f 1687 i Larsgarden, Törberget söndre, Trysil, d före 1757, bosatt i Varåholla, V. Nyhus, Trysil, son till Ole Andersen Kuosmainen och Kersti (Kirsten) Henriksdatter Himainen.
Barn i första giftet:
6.4.1.1. Mattis Andersen Ronkainen f 1699 och d 1769 i Mattisgarden, Törberget
Barn i andra giftet:
6.4.1.2. Marte Mortensdatter Kuosmainen f 1719 i V Nyhus, Trysil, d 1801, bosatt i Nordgarn, Galåsen, Trysil
6.4.1.3. Kersti Mortensdatter Kuosmainen f 1720 i Varåholla, Nyhus, Trysil, d 1802-08-08, bosatt i S Galåsen och Grönoneset, Trysil.
6.4.1.4. Ole Mortensen Kuosmainen f 1723 i V Nyhus, Trysil, d 1800-07-27
6.4.1.5. Morten Mortensen Kuosmainen f 1725 i V Nyhus, Trysil, d 1811-08-04 i V Nyhus

6.4.2. Britta Staffansdotter Siekkinen f 1683 i Aspberget, N Finnskoga, d 1765-01-04, bosatt i Larsgarden, Törberget söndre, Trysil, g1 med Ole Andersen Kuosmainen f ca 1700 i Andersgarden, Törberget nordre, Trysil, son till Anders Andersen Kuosmainen och Anniken Larsdatter, g2 med Per Olsen Kuosmainen f 1694 i Larsgarden, Törberget söndre, Trysil, d 1760-01-02, son till Ole Andersen Kuosmainen och Kersti (Kirsten) Henriksdatter Himainen.

Barn i andra giftet:

6.4.2.1. Kersti Persdatter Kuosmainen f 1714, d 1800-07-28, bosatt i Larsgarden

6.4.2.2. Marte Persdatter Kuosmainen f 1718, bosatt i Enberget

6.4.2.3. Berte Persdatter Kuosmainen f 1720, d 1787-07-15, bosatt i Andersgarden, Törberget N

6.4.2.4. Ingeborg Persdatter Kuosmainen f 1722, bosatt i Risberget, Våler

6.4.2.5. Anne Persdatter Kuosmainen f 1725, d 1746, bosatt i Flisberget, Elverum

6.4.3. Henrik Staffansson Siekkinen f 1685 i Aspberget, N Finnskoga, g med Elin Pålsdotter f 1690, bosatta i Aspberget.

Barn:

6.4.3.1. Britta Henriksdotter Siekkinen f 1715-04-06 i Aspberget

6.4.3.2. Henrik Henriksson Siekkinen f 1724-07-09, dop 1724-08-06 i Aspberget

6.4.4. Sigfrid Staffansson Siekkinen f 1686 i Aspberget, d 1714-04-17. Sigfrid var soldat, han sköt ihjäl sin granne Mats Mohall (Muhoinen) och avrättades genom halshuggning på Ulvheden, N Ny.

Barn utan känd moder:

6.4.4.1. Staffan Sigfridsson Siekkinen f 1711

6.4.5. Mats Staffansson Siekkinen f 1694 i Aspberget, d 1734, g med Gertrud Mickelsdotter Muhoinen f 1707, d 1774-04-11, dotter till Mickel Matsson Muhoinen och Helga Henriksdotter.

Barn:

6.4.5.1. Marit Matsdotter Siekkinen f 1730-03-04 i Aspberget

6.4.5.2. Helga Matsdotter Siekkinen f 1731-08-08 i Aspberget

6.4.6. Karin Staffansdotter Siekkinen f ca 1696 i Aspberget, d 1774-06-29, g med Anders Olsen Kuosmainen f 1686 i Larsgarden, Törberget söndre, Trysil, d 1756-09-26, son till Ole Andersen Kuosmainen och Kersti (Kirsten) Henriksdatter Himainen. Bosatta i Otteråsen nordre, Trysil.

Barn:

6.4.6.1. Kerstin Andersdatter Kuosmainen f 1712, d 1718 i Dalby

6.4.6.2. Marte Andersdatter Kuosmainen f 1715 i Otteråsen, Trysil, d 1789, bosatt i Otteråsen

6.4.6.3. Ole Andersen Kuosmainen f 1718 i Aspberget, d 1783-11-16

6.4.6.4. Anders Andersen Kuosmainen f 1720-03-18 i Aspberget, d 1785 i Åmot, bosatt i Rysjölia, Trysil.

6.4.6.5. Ingri Andersdatter Kuosmainen f 1723-02-11 i Aspberget, d 1797, bosatt i Ravnkleven, Söre Osen, Trysil

6.4.6.6. Kersti Andersdatter Kuosmainen f 1725 i Ryssjöberget, Trysil, d 1795 i Säterberget, S Finnskoga.

6.4.6.7. Steffen Andersen Kuosmainen f ca 1727 i Otteråsen nordre, Trysil, d ca 1773. Bosatt i Lövhaugen, Elverum.

6.4.6.8. Per Andersen Kuosmainen f 1731, döpt 1731-03-17, d 1732

6.4.6.9. Morten Andersen Kuosmainen f 1733 i Otteråsen nordre, Trysil

6.4.7. Anna Staffansdotter Siekkinen f 1708 i Aspberget, d 1718-04-06

6.5. Josef Josefsson Hakkarainen f 1669 i Aspberget, N Finnskoga, d 1732-12-22, g med Lisbet Johansdotter f 1665, d 1730-02-10, bosatta i Aspberget.

Deras barn:

6.5.1. Josef Josefsson Hakkarainen f 1706 i Aspberget, d 1766-03-11, g 1728-09-29 med Gertrud Matsdotter Muhoinen f 1710, d 1786-11-18 i Aspberget, dotter till Mats Matsson Muhoinen och Karin Eriksdotter Himainen.

Barn:

6.5.1.1. Lisbet Josefsdotter Hakkarainen f 1730-02-13 i Aspberget, d 1737-11-02

6.5.1.2. Lisbet Josefsdotter Hakkarainen f 1732 i Aspberget

6.5.1.3. Karin Josefsdotter Hakkarainen f 1732-04-13 i Aspberget, d 1737-06-05

6.5.1.4. Mats Josefsson Hakkarainen f 1734 i Larsgården, Aspberget, d ca 1790 i Långflon, N Finnskoga

6.5.1.5. Gertrud Josefsdotter Hakkarainen f 1736-05-24, d 1738-05-28

6.5.1.6. Olof Josefsson Hakkarainen f 1738 i Norge

6.5.1.7. Josef Josefsson Hakkarainen f 1739-03-29, d före 1742

6.5.1.8. Josef Josefsson Hakkarainen f 1742-03-25 i Aspberget

6.5.1.9. Henrik Josefsson Hakkarainen f 1744-12-21

6.5.1.10. Per Josefsson Hakkarainen f 1747-01- , d 1748, begravd 1748-10-01

6.5.1.11. Anna Josefsdotter Hakkarainen f 1750-10-21, d 1822-06-20

6.5.1.12. Erik Josefsson Hakkarainen f 1753

6.5.1.13. Per Josefsson Hakkarainen f 1756 i Aspberget, N Finnskoga

Sägner om Per Hakkran

Fritt hämtat från Segerstedts samling och Valter Bergs bok "Den svarta piskan":

Det sägs att Per Hakkran var född vid Saimasjön i Savolax och tjänat hos hövitsmanen Jakob Posse. Han rymde dock, ovisst av vilken orsak, över till Sverige och bosatte sig först i nuvarande Äppelbo, vid en öster om sjön Fjällrämmen liggande höjd, och högg där svedjefall, platsen kallas än idag Hakkransfallet. Där bodde han i två år. När han en gång var ute på jakt, kom han till sjön Nain, där han lade sig att sova. Han drömde då att någon kom till honom och sade: "Den som här bygger och hjälper folk över, skall bli en rik man". Som Hakkran tyckte om platsen, åtlydde han uppenbarelsen och flyttade till Nain, där han uppförde den första bostaden.

När Ekshäradsbönderna fick höra att de fått Hakkran till granne, gick de med länsman i spetsen till nybygget och brände upp det. Då drog Hakkran till Stockholm för att söka rätt på kungen. I Stockholm råkade han på sin gamla husbonde, som nu var blind men som kände igen finnen på rösten och klappade honom på ryggen sägande "Är du här din gamle skälm". Hakkran fick sitt ärende uträttat och fick med sig hem en dom som lydde: "Ekshäradsbönderna och deras länsman skola brännas å de stockar och bränder, som äro kvar efter Hakkrans stuga". Folket föll nu till föga och bad om nåd, vilket Hakkran beviljade mot att de byggde upp hans gård. Sedan tordes de inte anfalla honom.

Sundsjöfinnen (Lång-Kristoffer) som bodde 3-4 mil bort, tyckte dock att han hade fått fall för nära i grannskapet och ville därför göra sig av med Hakkran. Han överföll Hakkran när denne lagt sig ner vid en bäck för att dricka vatten, men Hakkran var oerhört stark och befriade sig från sin fiende. Sedermera ska de ha blivit försonade med varandra.
Enligt sägnen blev Per Hakkran 150 år, och de sista 20 åren gick han klädd endast i en skjorta. Sönerna skulle vid ett tillfälle lyfta en kvarnsten tillsammans, men då tog Hakkran stenen och bar bort den själv, sägandes: "Jag får väl ta ifrån er den här, så ni inte slår sönder honom".

Barnen flyttade till Aspberget i N Finnskoga (Lars och Josef), Påvel till Brunnberg två mil norrut och en dotter till Bogen i Gunnarskogs socken. Endast Henrik och Annika blev kvar i Nain. Hakkran kommenterade detta på följande sätt: "Nu bygger de så tätt att det blir stackare av dem allihop".

Karjalainen i Laggåsen 1630

Jag känner inte till släktskapet mellan Lauri och Olavi Karjalainen, kanske var de bröder.
Förmodligen var det Lars Larsson Karjalainen som upptog Laggåsen ca 1630.

Olavi Karjalainen.
Barn utan känd moder:
1. Annika Olofsdotter Karjalainen f ca 1600 i Rautalampi, d i Nain, Ekshärad, g med Per
Pålsson Hakkarainen "Per Hakkran" f ca 1600 vid Saimasjön i Rautalampi, Savolax, d i
Nain, Ekshärad.

**Annika Olofsdotter Karjalainen var gift med Per Pålsson Hakkarainen, och deras
ättlingar har redovisats i föregående avsnitt "Hakkarainen i Nain och Aspberget".**

Lauri Karjalainen f ca 1560, bosatt i Savolax, Finland.
Barn utan känd moder:
1. Lars Larsson Karjalainen f ca 1590 i Kalmari, Savolax, Finland, g med Malin
Tomasdotter.
Det var alltså Lars Larsson Karjalainen upptog Laggåsen ca 1630.
De hade följande barn:
1.1.Abraham Larsson Karjalainen f i Laggåsen, Ekshärad, d före 1675, bosatt i
Milsjön,Tyngsjö.

1.2. Dordi Larsdotter Karjalainen, d 1707, g med Pål Larsson Turpoinen f 1600 i
Tavastland, Finland, d 1654 i Säfsen, Säfsnäs, son till Lars Turpoinen.
Deras barn:
1.2.1. Pål Pålsson Turpoinen f 1620 och d 1676 i Säfsen, g 1650 i Säfsnäs med Valborg
Matsdotter f 1617 i Kyro, Finland, d 1712 i Säfsen, dotter till Mats Persson.
Deras barn:
1.2.1.1. Erik Pålsson Turpoinen f 1657 och d 1729 i Säfsen, g 1696 med Annika
Bertilsdotter Hyyryläinen f 1673 i Flaten, Nås, d 1743-10-09, dotter till Bertil Pålsson
Hyyryläinen och Annika.
Deras barn:
1.2.1.1.1. Jan Eriksson Turpoinen f 1702, d 1773.

1.2.2. Johan Pålsson Turpoinen f 1630 i Säfsen, d 1711 i Säfsen, g med Anna Larsdotter f
1630, d 1710.
Deras barn:
1.2.2.1. Lars Johansson Turpoinen f 1648, d 1734
1.2.2.2. Pål Johansson Turpoinen f 1670 och d 1707 i Säfsen, nämndeman, g med Maria
Johansdotter Honkainen f 1679, d 1710, dotter till Johan Eriksson Honkainen och Karin
Hansdotter Nikkarainen.
Deras barn:
1.2.2.2.1. Anna Pålsdotter Turpoinen f 1701 och d 1773-06-18 i Säfsen

1.2.2.2.2. Johan Pålsson Turpoinen f 1706, d 1763.

1.2.2.3. Henrik Johansson Turpoinen f 1670, d 1711, g med Maria Persdotter Kinnuinen f 1678, d 1711, dotter till Per Mårtensson Kinnuinen och Marit Pålsdotter Kinnuinen.
Deras barn:
1.2.2.3.1. Henrik Henriksson Turpoinen f 1704, d 1776.

1.2.3. Erik Pålsson Turpoinen f ca 1640

1.3. Elias Larsson Karjalainen f 1622, d 1704-03-07 i Laggåsen, Ekshärad, g med Karin Olofsdotter f 1609, d 1707-06-27.
Barn:
1.3.1. Lars Eliasson Karjalainen f 1658-02- , d 1713, begravd 1713-05-07 i St Laggåsen, g 1692-12-26 med Ingeborg Henriksdotter Pulkkinen f 1676 i Grangärde, dotter till Henrik Jönsson Pulkkinen och Kerstin Mickelsdotter Putkoinen.
Deras barn:
1.3.1.1. Karin Larsdotter Karjalainen f 1697, g med Jöns Andersson, bosatta i Blomsterberg
1.3.1.2. Annika Larsdotter Karjalainen f 1700
1.3.1.3. Daniel Larsson Karjalainen f 1702-03-13 i Laggåsen, Ekshärad, d 1754-02-17, g 1728-06-10 med Maria Bengtsdotter Hakkarainen f 1704 i Nain, d 1783, dotter till Bengt Hindriksson Hakkarainen och Ingeborg Jönsdotter Kukkoinen.
Barn:
1.3.1.3.1. Annika Danielsdotter Karjalainen f 1729 i Laggåsen, 3. 1807, bosatt i Nain
1.3.1.3.2. Ingeborg Danielsdotter Karjalainen f 1730 i Laggåsen
1.3.1.3.3. Maria Danielsdotter Karjalainen f 1733 i Laggåsen
1.3.1.3.4. Kristina Danielsdotter Karjalainen f 1735 i Laggåsen, d 1805
1.3.1.3.5. Lars Danielsson Karjalainen f 1736-05-28 i Laggåsen, d 1800-12-03
1.3.1.3.6. Lisa Danielsdotter Karjalainen f 1739, d 1749
1.3.1.3.7. Bengt Danielsson Karjalainen f 1742, d 1743
1.3.1.3.8. Bengt Danielsson Karjalainen f 1745
1.3.1.3.9. Jan Danielsson Karjalainen f 1748 i Laggåsen, d 1826, bosatt i Nain
1.3.1.4. Elias Larsson Karjalainen f 1704-11-08 i Laggåsen, d 1744-05-22 i Nain, g1 1729-06-01 med Kerstin Bengtsdotter Hakkarainen f 1701 i Nain, d 1742, dotter till Bengt Hindriksson Hakkarainen och Ingeborg Jönsdotter Kukkoinen. Bosatta i Nain. G2 1743-05-10 med Karin Kristoffersdotter Kukkoinen och Britta Persdotter
Barn i första giftet:
1.3.1.4.1. Ingeborg Eliasdotter Karjalainen f 1730-05-11 i Nain, d 1773-06- . Bosatt i Nain.
1.3.1.4.2. Maria Eliasdotter Karjalainen f 1738 i Nain, d 1738
1.3.1.4.3. Kerstin Eliasdotter Karjalainen f 1738 i Nain, d 1738
1.3.1.4.4. Karin Eliasdotter Karjalainen f 1739 i Nain, d 1739
1.3.1.4.5. Maria Eliasdotter Karjalainen f 1740 i Nain, d 1767
1.3.1.5. Lars Larsson Karjalainen f 1709, d 1719

1.3.1.6. Gösta Larsson Karjalainen f 1712, d 1725

1.3.2. Annika Eliasdotter Karjalainen f 1659 i Nain, d 1731-01-25 Aspberget, N Finnskoga, g med Lars Josefsson Hakkarainen f 1660 i Aspberget, d 1712, son till Josef Persson Hakkarainen.
Barn:
1.3.2.1. Lars Larsson Hakkarainen, f i Aspberget, g med Annika Pålsdotter Hakkarainen f 1685 I Galåsen, Trysil, dotter till Pål Larsson Hakkarainen och Marit Larsdotter.
Deras barn:
1.3.2.1.1. Lars Larsson Hakkarainen f 1706 i Aspberget, d 1788-11-30
1.3.2.1.2. Karin Larsdotter Hakkarainen f 1711 i Larsgården, Aspberget

1.3.2.2. Ablona Larsdotter Hakkarainen f 1690 i Dalby, d 1718-03-24, g med Henrik Olsen Kuosmainen f 1685 i Larsgarden, Törberget söndre, Trysil, d 1743-01-13, son till Ole Andersen Kuosmainen och Kersti (Kirsten) Henriksdatter Himainen. Bosatta i Aspberget.
Deras barn:
1.3.2.2.1. Kerstin Henriksdotter Kuosmainen f 1710, d 1758-07-24, bosatt i Aspberget
1.3.2.2.2. Annika Henriksdotter Kuosmainen f 1715, d ca 1760
1.3.2.2.3. Ingeborg Henriksdotter Kuosmainen f 1718 och d 1795-02-26 i Aspberget
1.3.2.2.4. Anne Henriksdotter Kuosmainen f 1718, d 1768-06-26

1.3.3. Daniel Eliasson Karjalainen f 1663 i Laggåsen, d 1718, g med Maria Pålsdotter, bosatta i Knappåsen, Ekshärad.

1.3.4. Maria Eliasdotter Karjalainen f 1665 f 1665 i Laggåsen, d 1722, g med Per Larsson Vinare

1.4. Kristoffer Larsson Karjalainen

1.5. Annika Larsdotter Karjalainen f 1629 i Laggåsen, Ekshärad, d 1710 i Lövåsen, Sunne, g med Olof Pålsson Liikanen/Suhoinen f 1621 i Joroinen, Mikkeli, d 1710 i Lövåsen, Sunne, son till Pål Olofsson Liikanen/Suhoinen och Elin Olofsdotter Mänkiläinen.
Barn:
1.5.1. Bertil Olofsson Suhoinen, g 1680 med Karin Persdotter

1.5.2. Lars Olofsson Suhoinen f 1646 i Lövåsen, Sunne, d 1736 i Lövåsen, g 1703-12-27 i Sunne med Elin Ivarsdotter f 1675 i Ivarsbjörke, Sunne, d 1743-05-01 i Lövåsen.
Barn med okänd:
1.5.2.1. Annika Larsdotter Suhoinen f 1697, d 1770
Barn i giftet:
1.5.2.2. Henrik Larsson Suhoinen f 1704, d 1762, g med Ingeborg Olofsdotter f 1704, d 1795.
Deras barn:
1.5.2.2.1. Ingeborg Henriksdotter Suhoinen f 1748, d 1828

1.5.2.3. Erik Larsson Suhoinen f 1707 i Lövåsen, d 1773-04-04 i Lövåsen, g 1743-12-26 i Sunne med Karin Persdotter f 1715, d 1773-04-07.
Deras barn:
1.5.2.3.1. Olof Eriksson Suhoinen f 1745, d 1818
1.5.2.3.2. Jon Eriksson Suhoinen f 1763, d 1837-12-02

1.5.3. Pål Olofsson Suhoinen f 1649, d 1749

1.5.4. Petter O Björkman Olofsson Suhoinen f 1650, d ca 1707, soldat

1.5.5. Erik O Löfwen Olofsson Suhoinen f ca 1652, d 1728, furir och kvartermästare

1.5.6. Daniel Olofsson Suhoinen f 1660, d 1741-07-24, g med Annika Larsdotter f i Ragvaldstjärn, Gräsmark. Bosatta i Lövåsen, Sunne.
Barn:
1.5.6.1. Lars Danielsson Suhoinen f 1706 i Ö Lövåsen, Sunne, d 1737-03-03 i Ö Lövåsen, g med Karin Olofsdotter f 1709 i Säter, Sunne, d 1781-02-15 i Ö Lövåsen.
Barn:
1.5.6.1.1. Olof Larsson Suhoinen

1.5.7. Gustaf (Giösta) Olofsson Suhoinen f 1672, d 1698 i Solberg, Ekshärad, g med Malin Larsdotter, bosatta i Solberg, Ekshärad.

1.5.8. Hindrik Olofsson Suhoinen f 1675 i Lövåsen, Sunne. Bosatt i Västra Kymmen, Sunne

1.6. Kerstin Larsdotter Karjalainen f 1636 i Laggåsen, Ekshärad, d 1726, begravd 1726-02-09 i Nain, Ekshärad, g med Henrik Persson Hakkarainen f 1620 i Nain, Ekshärad, d 1696-04- . Bosatta i Nain. Levde kvar i Nain hela livet. Tog över brukningen av Nain mot att han tog hand om föräldrarna på deras ålderdom omkring 1665 i Nain.
Barn:
1.6.1. Erik Henriksson Hakkarainen, f i Nain, g med Karin Matsdotter f 1673 i Stakberg, d 1710
1.6.2. Henrik Henriksson Hakkarainen
1.6.3. Bengt Henriksson Hakkarainen f 1665 i Nain, d 1705, g med Ingeborg Jönsdotter Kukkoinen f 1667-03-20 i Ekshärad, d 1738-11-11, begravd 1738-11-19 i Nain, dotter till Jöns Henriksson Kukkoinen och Marit Larsdotter.
Deras barn:
1.6.3.1. Kerstin Bengtsdotter Hakkarainen f 1701 i Nain, d 1742, g 1729-06-01 i Ekshärad med Elias Larsson Karjalainen f 1704-11-08 i Laggåsen, d 1744-05-22 i Nain, son till Lars Eliasson Karjalainen och Ingeborg Henriksdotter Pulkkinen.
Deras barn:
1.6.3.1.1. Ingeborg Eliasdotter Karjalainen f 1730-05-11 i Nain, d 1773-06- .
1.6.3.1.2. Maria Eliasdotter Karjalainen f 1738 i Nain, d 1738

1.6.3.1.3. Kerstin Eliasdotter Karjalainen f 1738 i Nain, d 1738
1.6.3.1.4. Karin Eliasdotter Karjalainen f 1739 i Nain, d 1739
1.6.3.1.5. Maria Eliasdotter Karjalainen f 1740 i Nain, d 1767

1.6.3.2. Maria Bengtsdotter Hakkarainen f 1704 i Nain, d 1783, bosatt i Laggåsen, g
1728-06-10 med Daniel Larsson Karjalainen f 1702-03-13 i Laggåsen, d 1754-02-17, son
till Lars Eliasson Karjalainen och Ingeborg Henriksdotter Pulkkinen.
Deras barn:
1.6.3.2.1. Annika Danielsdotter Karjalainen f 1729 i Laggåsen, d 1807, bosatt i Nain
1.6.3.2.2. Ingeborg Danielsdotter Karjalainen f 1730 i Laggåsen
1.6.3.2.3. Maria Danielsdotter Karjalainen f 1733 i Laggåsen
1.6.3.2.4. Kristina Danielsdotter Karjalainen f 1735 i Laggåsen, d 1805
1.6.3.2.5. Lars Danielsson Karjalainen f 1736-05-28 i Laggåsen, d 1800-12-03
1.6.3.2.6. Lisa Danielsdotter Karjalainen f 1739, d 1749
1.6.3.2.7. Bengt Danielsson Karjalainen f 1742, d 1743
1.6.3.2.8. Bengt Danielsson Karjalainen f 1745
1.6.3.2.9. Jan Danielsson Karjalainen f 1748 i Laggåsen, d 1826, bosatt i Nain

1.6.4. Britta Henriksdotter Hakkarainen f 1666, d 1711, bosatt i Nain

1.6.5. Olof Henriksson Hakkarainen f 1671 i Nain, d 1706 i Nain, g1 med Maria
Israelsdotter f 1669 i Näsberg, d 1699, g2 med Maria Kristoffersdotter f 1679, d 1748.
Barn i andra giftet:
1.6.5.1. Annika Olofsdotter Hakkarainen f 1696 i Nain, d 1720
1.6.5.2. Henrik Olofsson Hakkarainen f 1697 i Nain
1.6.5.3. Lena Olofsdotter Hakkarainen f 1702 i Nain
1.6.5.4. Henrik Olofsson Hakkarainen f 1705 i Nain

1.7. Lisbet Henriksdotter Hakkarainen f 1676 i Nain, d 1706, bosatt i Nain

1.8. Annika Henriksdotter Hakkarainen f 1677 i Nain, d 1752, g med Lars Nilsson f 1674 i
Halla, Ekshärad, d 1739, bosatta i Finnlarsgården, Halla, Ekshärad.
Deras barn:
1.8.1. Erik Larsson, f i Nain, g 1709 med Karin Matsdotter f 1673 i Stakberg, d 1710

1.9. Per Henriksson Hakkarainen f 1679 i Nain

1.10. Daniel Henriksson Hakkarainen f 1679 i Nain

1.11. Karin Henriksdotter Hakkarainen f 1683 i Nain, g med Pål Pålsson, bosatta i
Nybofjäll

1.12. Sara Henriksdotter Hakkarainen f 1687 i Nain, d 1773, g med Daniel Henriksson Kukkoinen f 1693-09-25 i Näsberget, N Ny, son till Henrik Jönsson Kukkoinen och Lisbet Matsdotter.

Deras barn:

1.12.1. Lisbet Danielsdotter Kukkoinen f 1720 i Nain, d 1797, g1 med Johan Persson f 1720, d 1751, bosatta i Norra Öjenäset. G2 med Hindrik Mårtensson f 1728, d 1796, bosatta i Näsberg.

1.12.2. Kerstin Danielsdotter Kukkoinen f 1722 i Nain, bosatt i Näsberg

1.12.3. Hindrik Danielsson Kukkoinen f 1723 i Nain, d 1782, g med Anna Danielsdotter f 1729 i Laggåsen, d 1807, bosatta i Nain

1.12.4. Jöns Danielsson Kukkoinen f 1724 i Nain, d 1805, g 1755-02-11 i N Råda med Ingeborg Eliasdotter Karjalainen f 1730-05-11 i Nain, d 1773-06- , bosatta i Nain. Dotter till Elias Larsson Karjalainen och Kerstin Bengtdotter Hakkarainen.

Deras barn:

1.12.4.1. Hindrik Jönsson Kukkoinen f 1760 i Nain, d 1837, bosatt i Nain

1.12.4.2. Sara Jönsdotter Kukkoinen f 1762 i Nain, d 1844, bosatt i Nain

1.12.4.3. Kerstin Jönsdotter Kukkoinen f 1765 i Nain

1.12.4.4. Lisa Jönsdotter Kukkoinen f 1768 i Nain, d 1768

1.12.5. Olof Danielsson Kukkoinen f 1726 i Nain, bosatt i Näsberg

1.12.6. Per Danielsson Kukkoinen f 1728 i Nainsände, Ekshärad, d 1805, g med Britta Nilsdotter f 1741 i Emtbjörk, d 1791, bosatta i Nain.

Deras barn:

1.12.6.1. Sara Persdotter Kukkoinen f 1763

1.12.6.2. Lisa Persdotter Kukkoinen f 1766

1.12.6.3. Olof Persson Kukkoinen f 1768 i Nainsände, d 1768

1.12.6.4. Hindrik Persson Kukkoinen f 1770 i Nainsände, d 1826

1.12.6.5. Annika Persdotter Kukkoinen f 1774 i Nainsände

1.12.6.6. Britta Persdotter Kukkoinen f 1776 i Nainsände

1.12.6.7. Olof Persson Kukkoinen f 1777 i Nainsände

1.12.6.8. Ingeborg Persdotter Kukkoinen f 1778 i Nainsände

1.12.6.9. Per Persson Kukkoinen f 1781 i Nainsände

1.13. Lars Henriksson Hakkarainen f 1689-06-10 i Nain, d 1742-09-14 av vattusot, g1 1710-11-27 med Annika Matsdotter f 1687-08-14 i Stakberg, Ekshärad, d 1734, begravd 1734-01-20 i Ekshärad, dotter till Mats Larsson och Sigrid. Bosatta i Nain. G2 1740-05- med Karin Matsdotter f 1683 i Ekshärad. Bosatta i Nain.

Barn i första giftet:

1.13.1. Maria Larsdotter Hakkarainen f 1711 i Nain, d 1715

1.13.2. Henrik Larsson Hakkarainen f 1714 i Nain, d 1782, g1 med Marit Persdotter f 1712 i Halla, Ekshärad, bosatta i Nain, g2 med Kerstin Jönsdotter f 1733, d 1807.

Barn i första giftet:

1.13.2.1. Kerstin Hindriksdotter Hakkarainen f 1737 i Nain, d 1829, bosatt i St. Laggåsen.

76

1.13.2.2. Lars Henriksson Hakkarainen f 1740 i Nain, d 1831, bosatt i Nain
1.13.2.3. Maria Hindriksdotter Hakkarainen f 1743 i Nain, d 1753, bosatt i Nain
1.13.2.4. Per Hindriksson Hakkarainen f 1746 i Nain, d 1832, bosatt i Bredsjönäs
1.13.2.5. Hindrik Hindriksson Hakkarainen f 1749 i Nain, d 1808, bosatt i Milsjön
1.13.2.6. Annika Hindriksdotter Hakkarainen f 1752 i Nain, d 1832, bosatt i Nain
1.13.2.7. Maria Henriksdotter Hakkarainen f 1755 i Nain, d 1755
1.13.2.8. Olof Hindriksson Hakkarainen f 1756 i Nain, d 1836, bosatt i
Nain/Stenbohöjden, Ekshärad

1.13.3. Kerstin Larsdotter Hakkarainen f 1717 i Nain, g med Lars Larsson, bosatta i
Bredsjön

1.13.4. Mats Larsson Hakkarainen f 1719-07-01 i Nain, d 1792-05-12 i Nain, g1 med
Lisbet Abrahamsdotter Karjalainen f 1719, d 1759, dotter till Abraham Abrahamsson
Karjalainen. Bosatta i Nain. G2 med Sara Svensdotter Fägersten Hakkarainen, f 1736 i
Gustavsfors, d 1793, bosatta i Nain.
Barn i första giftet, alla födda i Nain:
1.13.4.1. Lars Matsson Hakkarainen f 1741
1.13.4.2. Per Matsson Hakkarainen f 1743, d 1764
1.13.4.3. Lars Matsson Hakkarainen f 1745-06-25, d 1813, bosatt i Ö. Gåstjärnsberg
1.13.4.4. Bengt Matsson Hakkarainen f 1747, d 1773, bosatt i Nain
1.13.4.5. Annika Matsdotter Hakkarainen f 1749, d 1750
1.13.4.6. Johan (Jan) Matsson Hakkarainen f 1751-06-23, d 1801-06-10
1.13.4.7. Kerstin Matsdotter Hakkarainen f 1753-08-16, d 1826-11-19 , bosatt i
Blomsterberg, Gustav Adolf.
1.13.4.8. Annika Matsdotter Hakkarainen f 1756, d ca 1792-95, bosatt i Nain
1.13.4.9. Maria Matsdotter Hakkarainen f 1757, d 1757
1.13.4.10. Elisabet (Lisa) Matsdotter Hakkarainen f 1758, d 1842, bosatt i Nain

Barn i andra giftet, alla födda i Nain:
1.13.4.11. Katarina Matsdotter Hakkarainen f 1761, bosatt i Karlstad
1.13.4.12. Sara Matsdotter Hakkarainen f 1762
1.13.4.13. Olof Matsson Hakkarainen f 1765, d 1773
1.13.4.14. Maria Matsdotter Hakkarainen f 1767, bosatt i Karlstad
1.13.4.15. Mats Matsson Hakkarainen f 1771, bosatt i Stockholm
1.13.4.16. Sven Matsson Hakkarainen f 1773
1.13.4.17. Anna Matsdotter Hakkarainen f 1775
1.13.4.18. Stina Matsdotter Hakkarainen f 1778, bosatt i Stockholm
1.13.4.19. Kerstin Matsdotter Hakkarainen f 1781

1.13.5. Per Larsson Hakkarainen f 1722-04-06 i Nain, d 1797, g med Valborg Matsdotter
Havuinen f 1721 i Brunnberg, d 1797-02-20, dotter till Mats Kristoffersson Havuinen och
Karin Eriksdotter
Hakkarainen. Bosatta i Nain.

Barn, alla födda i Nain:

1.13.5.1. Petter Persson Hakkarainen f 1748, d 1849

1.13.5.2. Annika Persdotter Hakkarainen f 1750

1.13.5.3. Karl Persson Hakkarainen f 1752-02-18, d 1830-06-05 i Nain

1.13.5.4. Hindrik Persson Hakkarainen f 1754, d 1810, bosatt i Risåsen.

1.13.5.5. Maria Persdotter Hakkarainen f 1756

1.13.5.6. Katarina Persdotter Hakkarainen f 1759, d 1809, bosatt i Nain

1.13.5.7. Lars Persson Hakkarainen f 1761, d 1814, bosatt i Ö. Näsberg

1.13.5.8. Olof Persson Hakkarainen f 1764

1.13.6. Lars Larsson Hakkarainen f 1725 i Nain, g med Lisbet Olofsdotter, bosatta i Avradsberg.

1.13.7. Olof Larsson Hakkarainen f 1728 i Nain, d 1785, g med Maria Matsdotter f 1722, d 1806, bosatta i Brunnberg.

1.13.8. Anna Larsdotter Hakkarainen f 1734 i Nain, bosatt i Näsberg

Barn i andra giftet:

1.13.9. Sara Larsdotter Hakkarainen f 1742-09-15 i Nain, d 1818, bosatt i Nain

1.7. Lars Larsson Karjalainen f 1638, d 1719-12-18 i N Råda, g med Elin Henriksdotter f 1643 i Rämmen, d 1709, begravd 1709-07-18 i Laggåsen. Bosatta i Sörgården, Laggåsen.
Barn:
1.7.1. Abraham Larsson Karjalainen f 1660 i St Laggåsen, g med Ingeborg Ivarsdotter f 1660,. dotter till Ivar Larsson och Anna.
Barn:
1.7.1.1. Abraham Abrahamsson Karjalainen f 1685 i Milsjön, Malung
Barn utan känd moder:
1.7.1.1.1. Lisbet Abrahamsdotter Karjalainen f 1719, d 1759, bosatt i Nain

1.7.2. Britta Larsdotter Karjalainen f 1670 i Laggåsen, N Råda, d 1718-04-14 i Brunnberg, Ekshärad, g ca 1688 med Erik Pålsson Hakkarainen f 1663 i Brunnberg, son till Pål Persson Hakkarainen och Sofia Henriksdotter.
Barn:
1.7.2.1. Elisabet Eriksdotter Hakkarainen f 1686-06-11 i Ekshärad, d 1710-07-17, bosatt i Brunnberg, Ekshärad
1.7.2.2. Karin Eriksdotter Hakkarainen f 1688-03-27 i Lövåna, Brunnberg, d 1772-10-02 i Brunnberg, g 1719-02-14 med Mats Kristoffersson Havuinen f 1680 i Kringsberg, S Finnskoga, d 1743-02-14 i Brunnberg, son till Kristoffer Tomasson Havuinen och Marit Matsdotter Mojainen.
Barn:
1.7.2.2.1. Lars Matsson Havuinen f 1720-04-29 i Brunnberg
1.7.2.2.2. Valborg Matsdotter Havuinen f 1721 i Brunnberg, d 1797-02-20 i Nain

1.7.2.2.3. Maria Matsdotter Havuinen f 1722 i Brunnberg, d 1806-12-10
1.7.2.2.4. Tomas Matsson Havuinen f 1724-11-09, d 1762-04-23 i Brunnberg
1.7.2.2.5. Kerstin Matsdotter Havuinen f 1727-03-16 i Brunnberg, d 1727-12-24
1.7.2.2.6. Gabriel Matsson Havuinen f 1727-03-16 i Brunnberg
1.7.2.2.7. Kerstin Matsdotter Havuinen f 1729-02-20 i Brunnberg, d 1767-07-08. Bosatt i Barktorp, Äppelbo.

1.7.2.3. Sara Eriksdotter Hakkarainen f 1691-06-28
1.7.2.4. Maria Eriksdotter Hakkarainen f 1692 i Lövåna, Ekshärad, g med Anders Eriksson Tilkkinen f 1690 i Avradstjärn, Malung, d i Tillkråka, Malung.
Barn:
1.7.2.4.1. Gustaf Andersson Tilkkinen f 1728-01-04 i Avradstjärn, d 1795-04-14 i Avradstjärn
1.7.2.5. Pål Eriksson Hakkarainen f 1692-08-04 i Lövåna, Ekshärad, g1 med Kerstin Persdotter f i Sillerö, Malung, d före 1728. G2 med Maria Eriksdotter f i Nybofjäll, Äppelbo.
1.7.2.6. Erik Eriksson Hakkarainen f 1696-05-20
1.7.2.7. Hinrik Eriksson Hakkarainen f 1698-06-09
1.7.2.8. Olof Eriksson Hakkarainen f 1698-06-09
1.7.2.9. Hinrik Eriksson Hakkarainen f 1702-05-01
1.7.2.10. Lars Eriksson Hakkarainen f 1704-04-01
1.7.2.11. Gösta Eriksson Hakkarainen f 1707-07-14

1.7.3. Gustav Larsson Karjalainen f 1676, d 1764 i N Råda

1.8. Gustaf (Gösta) Larsson) Karjalainen f 1642 i Norrgården, Laggåsen

Hedmark

Räisäinen på Lövhaugen

Per Larsen Räisäinen räknas som den först bosatte skogsfinnen på norska finnskogen. Han slog sig ner på Lövhaugen i Grue finnskog på 1640-talet. Han var född ca 1600 i Finland och dog ca 1686 i Pekkola, Grue. Hans hustru hette Karin Olsdotter (Katarina Olofsdotter), f ca 1610 i Hälsingland, död ca 1686. Enligt finnemanntallet 1686 var hon 90 år, tveksamt eftersom barnen är födda mellan 1630 och 1662. Uppskattningsvis är hon född ca 1610 och var alltså ungefär 50 år när sista barnet föddes.

Barnen var:

1. Tomas Persen Räisäinen, f ca 1630, d ca 1692 i Lövhaugen, g med Sara Bertilsdotter Kemppainen, f 1646 i Dalby, d 1693 i Lövhaugen, dotter till Bertil Persson Kemppainen och Helga Knutsdotter. Det var Tomas som övertog gårdsbruket på Lövhaugen efter faderns död ca 1686.

Barn:

1.1. Annika Tomasdatter Räisäinen f 1664 i Lövhaugen, Grue finnskog, g med Steffen Steffensen Mullikka f ca 1662 i Lövhaugen, Grue finnskog, d 1743 i Vålberget, Grue, son till Steffen Steffensen Mullikka och Annika Persdotter Pennainen.

Deras barn:

1.1.1. Annika Steffensdatter Mullikka f 1683

1.1.2. Karin Steffensdatter Mullikka f 1685

1.1.3. Lisbet Steffensdatter Mullikka f 1692 i V Vålberget, Grue, d 1772 i Lystadskogen, Mengkroken, Brandval, g med Johan Johansen Nikkarainen f 1693 i Fensjöen, Brandval, son till Johan Mårtensson Nikkarainen och Kari Jensdatter Käiväräinen.

Deras barn:

1.1.3.1. Johan Johansen Nikkarainen, g med Anne Eriksdatter Porkka, Lystadberget, Brandval, dotter till Erik Olsen Porkka och Mari Olsdatter Solberg.

Deras barn:

1.1.3.1.1. Ole Johansen Nikkarainen, g med Lisbet Larsdatter Liukkoinen

1.1.4. Steffen Steffensen Mullikka f 1700, d 1784, g med Mari Pålsdatter Liukkoinen f 1705 i Fensjöen, Brandval finnskog, d 1758-02-11 i Grue, dotter till Pål Larsen Liukkoinen och Gjertrud Henriksdotter Luuainen.

Deras barn:

1.1.4.1. Ola Steffensen Mullikka

1.1.4.2. Pål Steffensen Mullikka, g med Eli Persdatter Räisäinen f 1738, dotter till Per Jensen Räisäinen och Kirsti Henriksdotter Manninen.

Deras barn:

1.1.4.2.1. Steffen Pålsen Mullikka f 1756

1.1.4.2.2. Peder Pålsen Mullikka f 1759

1.1.4.2.3. Mari Pålsdatter Mullikka f 1761, d 1774

1.1.4.2.4. Kirsti Pålsdatter Mullikka f 1763

1.1.4.2.5. Anne Pålsdatter Mullikka f 1766, d 1774

1.1.4.2.6. Henrik Pålsen Mullikka f 1768, d 1774

1.1.4.2.7. Ole Pålsen Mullikka f 1771, d 1774

1.1.4.2.8. Kari Pålsdatter Mullikka f 1774

1.1.4.2.9. Matis Pålsen Mullikka f 1776

1.1.4.2.10. Per Pålsen Mullikka f 1783, d 1787

1.1.4.3. Anne Steffensdatter Mullikka f 1726, d 1793, g med Henrik Karlsen Raatikainen f 1715-05-24 i Digerberget, Nyskoga, son till Karl Henriksson Raatikainen och Valborg Filipsdotter Neuvoinen.
Barn:
1.1.4.3.1. Mari Henriksdatter Raatikainen f 1757 i Kalneset, Grue, d 1840, g 1778-10-25 i Grue med Ole Johansen Karhinen f 1751-09-12 i Mangen, Fryksände, d 1823-11-24 i Furuberget, Grue, son till Johan Henriksson Karhinen och Karin Olofsdotter.

1.1.4.4. Kari Steffensdatter Mullikka f 1729, d 1805

1.1.4.5. Lisbet Steffensdatter Mullikka f 1731

1.1.4.6. Steffen Steffensen Mullikka f 1734, d 1758.

1.1.4.7. Ingrid Steffensdatter Mullikka f 1738, d 1773 i Grue, g 1770 med Jacob Arnesen, Östmark?
Deras barn:
1.1.4.7.1. Arne Jacobsen f 1768, d 1773

1.1.4.7.2. Stefan Jacobsen f 1770

1.1.4.8. Mari Steffensdatter Mullikka f 1740

1.1.4.9. Henrik Steffensen Mullikka f 1744

1.1.4.10. Marit Steffensdatter Mullikka f 1748

1.1.4.11. Elin Steffensdatter Mullikka f 1748, d 1823-02-03 i Svenshöjden, Östmark, g med Olof Olofsson Liimalainen f 1743, d 1818 i Svenshöjden, Östmark.
Barn:
1.1.4.11.1. Olof Olofsson Liimalainen f 1779

1.1.4.11.2. Elin Olofsdotter Liimalainen f 1781, d 1863

1.2. Karen Tomasdatter Räisäinen f 1665

1.3. Ole Tomasen Räisäinen f 1667, d 1725, g med Karin Danielsdotter Veteläinen f ca 1667 i Medskogen, S Finnskoga, dotter till Daniel Johansson Veteläinen och Karin Andersdotter Hämäläinen.
Deras barn:
1.3.1. Kari Olsdatter Räisäinen

1.3.2. Ingrid Olsdotter Räisäinen f 1705 i Pekkola, Grue, g 1724-02-09 i N Ny med Per Staffansson Navilainen f 1701 i Mulltjärn, Östmark, d 1748 i Rotneberget, Grue.
Barn:
1.3.2.1. Ingrid Persdatter Navilainen, g med Johan Steffensen Purkkainen, son till Staffan Pålsson Purkkainen och Maria Johansdotter.

Deras barn:
1.3.2.1.1. Johan Johansen Purkkainen

1.3.2.2. Anders Persen Navilainen
1.3.2.3. Anne Persdatter Navilainen
1.3.2.4. Berte Persdatter Navilainen
1.3.2.5. Daniel Persen Navilainen
1.3.2.6. Mari Persdatter Navilainen
1.3.2.7. Ole Persen Navilainen
1.3.2.8. Kari Persdatter Navilainen f 1724 i S Viggen, Nyskoga, d 1806 i Tvengsberget, Grue, g 1748 med Anders Persen Räisäinen f 1721 i Tvengsberget, Grue, d 1802 i Tvengsberget, son till Per Olsen Räisäinen och Ingeborg Olsdatter.
Barn:
1.3.2.8.1. Peder Andersen Räisäinen
1.3.2.8.2. Peder Andersen Räisäinen
1.3.2.8.3. Johan Andersen Räisäinen
1.3.2.8.4. Anders Andersen Räisäinen
1.3.2.8.5. Johan Andersen Räisäinen
1.3.2.8.6. Kari Andersdatter Räisäinen g med Henrik Andersen Piesainen f 1760, d 1797 Nordgarden, Peistorpet, Grue, son till Anders Henriksen Piesainen och Marit Danielsdotter Veteläinen, och även g med Ole Tomasson f 1766 i Fallåsen, Åsnes
1.3.2.8.7. Ingeborg Andersdatter Räisäinen f 1749 i Tvengsberget, Grue, d 1818-04-11 i Kalneset, Grue, g 1770 med Ole Henriksen Mullikka f 1750 och d 1801 i Kalneset, Grue, son till Henrik Matisen Mullikka och Anna (Annika) Karlsdotter Raatikainen.
Deras barn:
1.3.2.8.7.1. Henrik Olsen Mullikka f 1770, d 1825
1.3.2.8.7.2. Anders Olsen Mullikka f 1771
1.3.2.8.7.3. Kari Olsdatter Mullikka f 1774
1.3.2.8.7.4. Anne Olsdatter Mullikka f 1778

1.3.2.8.8. Tomas Andersen Räisäinen f 1762 i Tvengsberget, Grue
1.3.2.8.9. Ole Andersen Räisäinen f ca 1751 i Tvengsberget, d 1816 i Tvengsberget, g 1774-11-13 med Kari Henriksdatter Mullikka f 1754-08-04 i Kalneset, Grue, d 1814 i Tvengsberget, dotter till Henrik Matisen Mullikka och Anna (Annika) Karlsdotter Raatikainen.
Barn:
1.3.2.8.9.1. Peder Olsen Räisäinen
1.3.2.8.9.2. Anders Olsen Räisäinen f 1784, d 1818

1.3.2.9. Tomas Persen Navilainen f 1737, g 1758 med Berte Olsdatter Lövberget
Barn:
1.3.2.9.1. Kari Tomasdatter Navilainen

1.3.3. Daniel Olsen Räisäinen f 1713, d 1762, g med Lisbet Johansdotter Lehmoinen, f 1736-12-02 i Medskogen, S Finnskoga, d ca 1814 i Järpliden, S Finnskoga, dotter till Johan Karlsson Lehmoinen och Elin Pålsdotter Honkainen.

1.3.4. Ole Olsen Räisäinen f 1725, d 1769-11 i Nordgarden, Peistorpet, Grue, g 1745-10-24 med Helena Henriksdatter Piesainen f ca 1727, d 1807-10-02, dotter till Henrik Samuelsson Piesainen och Gertrud Tomasdotter Lehmoinen.
Barn:
1.3.4.1. Kari Olsdatter Räisäinen f 1746, g 1780-05-16 med soldaten i Peistorpet, Grue, Mattis Mattisen Suhoinen.
1.3.4.2. Henrik Olsen Räisäinen f 1750
1.3.4.3. Gertrud Olsdatter Räisäinen f 1751
1.3.4.4. Ingri Olsdatter Räisäinen f 1757
1.3.4.5. Olea Olsdatter Räisäinen f 1761
1.3.4.6. Anne Olsdatter Räisäinen f 1763
1.3.4.7. Mari Olsdatter Räisäinen f 1765

1.4. Helga (Helena) Tomasdatter Räisäinen, d 1674, g med Oluf Eriksson Suhoinen

1.5. Kirsten Tomasdatter Räisäinen f 1676

1.6. Britta Tomasdatter Räisäinen f 1678, g med Mats Eriksson Suhoinen, f 1664 i Tväråna, Östmark, d 1751, son till Erik Pålsson Liikanen/Suhoinen och n.n. Pålsdotter Karttuinen.
Barn:
1.6.1. Sara Matsdotter Suhoinen f 1705, d 1778, g med Sigfrid Eriksson Häkkinen, Mulltjärn, Östmark.
1.6.2. Bertil Matsson Suhoinen f 1708
1.6.3. Marit Matsdotter Suhoinen f 1711, d 1751, g med Henrik Mickelsson Sikainen f 1711-03-13 i S Röjdåsen, Östmark, d 1758, son till Mickel Persson Sikainen och Kerstin Larsdotter.
Deras barn:
1.6.3.1. Kerstin Henriksdotter Sikainen f 1732-12-14 i S Röjdåsen, g med Mats Tomasson Pennainen f 1715-07-22 i Rattsjöberg, Vitsand, son till Tomas Matsson Pennainen och Gertrud Matsdotter.
1.6.3.2. Mickel Henriksson Sikainen f 1736, d 1791, g med Maria Olofsdotter Oinoinen f 1734, d 1802, dotter till Olof Eriksson Oinoinen och Anna Mickelsdotter Sikainen.
Deras barn:
1.6.3.2.1. Marit Mickelsdotter Sikainen f 1760-02-10, g 1779-10-03 med Henrik Hansson Valkoinen f 1756-06-27, son till Hans Henriksson Valkoinen och Karin Johansdotter Häkkinen.
1.6.3.2.2. Olof Mickelsson Sikainen, "Rik-Ola", f 1762 i S Röjdåsen, Östmark, d 1837.
1.6.3.2.3. Britta Mickelsdotter Sikainen f 1765, g med Olof Stefansson Kiiskinen f 1762, d 1824.

1.6.4. Mårten Matsson Suhoinen f 1713 i Frysjöberg, Grue

1.6.5. Tomas Matsson Suhoinen f 1717, d 1783, g 1769-12-26 med Kerstin Nilsdotter f 1730, bosatta i Tväråna, Östmark.

2. Steffen Persen Räisäinen, f ca 1636, d 1716, g med Annika Persdotter Pennainen, f ca 1626 i Grafvaldskiärn, Gräsmark, d ca 1679 i Vålberget, Grue finnskog. Annika var tidgare gift med Steffen Steffensen Mullikka, f ca 1620 i Sandsjö, Nästgård, d 1678 i Vålberget, Grue finnskog. Dessa fick 8 barn, **se avsnittet om Mullikka.**

3. Mattis Persson Räisäinen, f ca 1641, d ca 1699 i Lövhaugen, Grue, g med Gunhild Eriksdotter Haljainen, f ca 1641 i Orsa.
Barn:
3.1. Pål Mattisen Räisäinen f 1672, g med Lisbet Henriksdotter Lehmoinen f 1678, dotter till Henrik Olofsson Lehmoinen.
Deras barn:
3.1.1. Tomas Pålsen Räisäinen g med Anne Pedersdatter Mjölnerud
Deras barn:
3.1.1.1. Lisbet Tomasdatter Räisäinen
3.1.1.2. Poul Tomassen Räisäinen g med Valborg Persdatter Räisäinen, dotter till Per Jensen Räisäinen och Kirsti Henriksdotter Manninen.
Barn:
3.1.1.2.1. Anne Pålsdatter Räisäinen f 1752

3.1.2. Peder Pålsen Räisäinen g med Karin Matsdotter Karttuinen
Barn:
3.1.2.1. Elisabet Persdotter Räisäinen g med Erik Jakobsen Valkoinen f 1733, från Seterberget, son till Jakob Sigfridsson Valkoinen och Karin Klemetsdotter Hämäläinen
Deras barn:
3.1.2.1.1. Jakob Eriksson Valkoinen g med Marte Olsdatter Valkoinen, dotter till Ola Sigfridsen Valkoinen

3.1.3. Ole Pålsen Räisäinen g 1744 med Gjertrud Larsdatter Pellinen, dotter till Lars Danielsen Pellinen och Lisbet Henriksdatter Himainen

3.1.4. Matis Pålsen Räisäinen g med Kari Larsdatter Pellinen, dotter till Lars Danielsen Pellinen och Lisbet Henriksdatter Himainen
Barn:
3.1.4.1. Kari Matisdatter Räisäinen g med Henrik Henriksen Nikkarainen
Deras barn:
3.1.4.1. Kari Henriksdatter Nikkarainen

3.1.5. Karin Pålsdatter Räisäinen f 1705 i Lövhaugen, Grue, g med Mats Henriksson Mullikka f 1705 i Kalneset, Grue, d 1773, son till Henrik Steffensen Mullikka och Elin Eriksdotter Suhoinen.

Barn:

3.1.5.1. Johan Matisen Mullikka g med Kjerstin Staffansdotter Sikainen

Barn:

3.1.5.1.1. Mattis Johansen Mullika g med Eli Olofsdotter Mullikka f 1770, dotter till Olof Matsson Mullikka och Ingrid Andersdotter Vilhuinen

3.1.5.2. Henrik Matisen Mulllika, g med Anna (Annika) Karlsdotter Raatikainen f 1720-04-12 i Digerberget, Nyskoga, dotter till Karl Henriksson Raatikainen och Valborg Filipsdotter Neuvoinen.

Barn:

3.1.5.2.1. Ole Henriksen Mullika f 1750 i Kalneset, Grue, d 1801, g 1770 med Ingeborg Andersdatter Räisäinen f 1749 i Tvengsberget, Grue, d 1818-04-11 i Kalneset, Grue, dotter till Anders Persen Räisäinen och Kari Persdatter Navilainen.

Barn:

3.1.5.2.1.1. Henrik Olsen Mullikka f 1770, d 1825
3.1.5.2.1.2. Anders Olsen Mullikka f 1771
3.1.5.2.1.3. Kari Olsdatter Mullikka f 1774
3.1.5.2.1.4. Anne Olsdatter Mullikka f 1778

3.1.5.2.2. Kari Henriksdatter Mullikka f 1754-08-04 i Kalneset, Grue, d 1814 i Tvengsberget, Grue, g med Ole Andersen Räisäinen f ca 1751 och d 1814 i Tvengsberget, Grue, son till Anders Persen Räisäinen och Kari Persdatter Navilainen.

Barn:

3.1.5.2.2.1. Peder Olsen Räisäinen
3.1.5.2.2.2. Anders Olsen Räisäinen f 1784 i Tvengsberget, Grue, d 1818 i Gammeltorpet, Grue, g 1803-06-23 med Kari Mortensdatter Nikkarainen f 1777 i Nedgarden, Rotneberget, Grue, d 1853 i Gammeltorpet, Grue.

Barn:

3.1.5.2.2.2.1. Ole Andersen Räisäinen

3.1.5.3. Eli Matisdatter Mullika d 1764 i Vermunden, Åsnes, g med Karl Karlsson Raatikainen f 1718-01-04 i Digerberget, Nyskoga, son till Karl Henriksson Raatikainen och Valborg Filipsdotter Neuvoinen.

Barn:

3.1.5.3.1. Henrik Karlsen Raatikainen f 1751 g med Eli Andersdatter Veteläinen f 1762, dotter till Anders Danielsson Veteläinen och Helene Samuelsdatter Piesainen
3.1.5.3.2. Kari Karlsdatter Raatikainen f 1753
3.1.5.3.3. Marit Karlsdatter Raatikainen f 1759
3.1.5.3.4. Mattis Karlsen Raatikainen 1764

3.1.5.4. Anne Matisdatter Mullika
3.1.5.5. Povel Matsen Mullika

3.1.5.6. Lisbet Matisdatter Mullikka

3.1.5.7. Olof Matsson Mullika f 1738 i Kalneset, Grue, d 1815-01-02, g1 1760 med Ingrid Andersdotter Vilhuinen, f 1740-02-20 och d 1793-04-16 i Skråckarberget, S Finnskoga, dotter till Anders Olofsson Vilhuinen och Elin Bertilsdotter Raatikainen. G2 med Gertrud Nilsdotter Häkkinen, f 1771, d 1843, dotter till Nils Nilsson Häkkinen och Karin Johansdotter Karjalainen.
Barn i första giftet, alla födda i Skråckarberget:
3.1.5.7.1. Karin Olofsdotter Mullikka f 1761, g med Anders Henriksson Tenhuinen f 1758 i Kindsjön, S Finnskoga, son till Henrik Andersson Tenhuinen och Elin Henriksdotter Lehmoinen.
Deras barn:
3.1.5.7.1.1. Henrik Andersson Tenhuinen f 1787
3.1.5.7.1.2. Olof Andersson Tenhuinen f 1789-08-14
3.1.5.7.1.3. Ingrid Andersdotter Tenhuinen f 1790-04-21
3.1.5.7.1.4. Olof Andersson Tenhuinen f 1793
3.1.5.7.1.5. Anders Andersson Tenhuinen f 1795
3.1.5.7.1.6. Ellen Andersdotter Tenhuinen f 1798, d ca 1800
3.1.5.7.1.7. Kajsa Andersdotter Tenhuinen f 1801

3.1.5.7.2. Eli Olofsdotter Mullika f 1770

3.1.5.7.3. Anders Olofsson Mullikka f 1773 i Skråckarberget, d 1846-02-23, g med Ingrid Henriksdotter Tenhuinen f 1767 i Kindsjön, dotter till Henrik Andersson Tenhuinen och Elin Henriksdotter Lehmoinen.
Deras barn:
3.1.5.7.3.1. Olof Andersson Mullikka f 1796, d 1888
3.1.5.7.3.2. Lisa Andersdotter Mullikka f 1804
3.1.5.7.3.3. Elin Andersdotter Mullikka f 1805
3.1.5.7.3.4. Elin Andersdotter Mullikka f 1806, d 1872
3.1.5.7.3.5. Anna Andersdotter Mullikka f 1809, d 1873

3.1.5.7.4. Anna Olofsdotter Mullikka f 1777

3.1.5.7.5. Ingrid Olofsdotter Mullikka f 1782

3.1.5.7.6. Johan Olofsson Mullikka f 1783 i Skråckarberget, g med Annika Olsdotter Kaikkalainen f 1771 i Kindsjön, dotter till Olof Olofsson Kaikkalainen och Marit Olofsdotter

Barn i andra giftet (Olof Matsson Mullikka och Gertrud Nilsdotter Häkkinen):
3.1.5.7.7. Ingrid Olofsdotter Mullikka f 1810-03-09 i Skråckarberget

3.2. Birte Mattisdatter Räisäinen f 1674

86

3.3. Karen Mattisdatter Räisäinen f 1676

3.4. Kristen Mattisdatter Räisäinen f 1677

3.5. Lisbet Mattisdatter Räisäinen f 1681

3.6. Erik Matsson Räisäinen f ca 1686 i Lövhaugen, Grue, d 1737 i Mackartjärn, S Finnskoga, g med Annika Eriksdotter Hyytiäinen, f 1697 i Mackartjärn, dotter till Erik Persson Hyytiäinen och Karin Hansdotter.

Barn:

3.6.1. Mats Eriksson Räisäinen f 1725-03-20, d 1796-08-31 i Mackartjärn, g med Valborg Nilsdotter f 1726, d 1809-06-28 i Mackartjärn,

Deras barn:

3.6.1.1. Erik Matsson Räisäinen f 1751-01-21

4. Anders Persen Räisäinen, f ca 1642 i Lövhaugen, d ca 1686 i Lövhaugen, g med Kari Larsdatter, f 1637, d efter 1686.

Barn:

4.1. Lars Andersen Räisäinen f 1664 i Lövhaugen, Grue

4.2 Tomas Andersen Räisäinen f 1667 i Lövhaugen, Grue

4.3. Britta Andersdotter Räisäinen f ca 1669 i Lövhaugen, Grue, d 1729-10-06 i Järpliden, S Finnskoga, g 1697-02-02 med Pål Mickelsson Honkainen f ca 1657 i Kanala, Järpliden, d ca 1712 i Järpliden.

Deras barn:

4.3.1. Anders Pålsson Honkainen f 1697, d 1718

4.3.2. Daniel Pålsson Honkainen f 1699 i Järpliden, g med Karin Andersdatter Räisäinen d 1743 i Dalby, dotter till Anders Persen Räisäinen och Kari Larsdatter.

Deras Barn:

4.3.2.1. Pål Danielsson Honkainen f 1725-02-02, g med Berte Andersdatter Kuosmainen f 1722 i Törberget, Trysil, d 1796 i Åsnes, Elverum, dotter till Anders Henriksen Kuosmainen och Kari Eliasdatter Muhoinen.

Deras barn:

4.3.2.1.1. Kristoffer Pålsson Honkainen f 1754, d 1810

4.3.2.2. Karin Danielsdotter Honkainen f 1728-06-10

4.3.2.3. Anna Danielsdotter Honkainen f 1730-06-09, d 1773-05-13, g med Olof Danielsson f 1720-07-10 i Röjden, S Finnskoga, d 1785-03-19, son till Daniel Johansson och Valborg Pålsdotter.

Deras barn:

4.3.2.3.1. Anna Olofsdotter d 1755

4.3.2.3.2. Valborg Olofsdotter f 1748, d 1757

4.3.2.3.3. Marit Olofsdotter f 1749, d 1752

4.3.2.3.4. Anders Olofsson f 1751

4.3.2.3.5. Daniel Olofsson f 1756
4.3.2.3.6. Olof Olofsson f 1759
4.3.2.3.7. Karin Olofsdotter f 1761

4.3.2.4. Daniel Danielsson Honkainen f 1736-10-26, d 1750, begravd 1750-09-02 i Järpliden.

4.3.3. Elin Pålsdotter Honkainen f ca 1702 I Järpliden, g med Johan Karlsson Lehmoinen, f 1713-07-16 i Medskogen, d 1775-09-26 son till Karl Karlsson Lehmoinen och Lisbet Pålsdotter Lehmoinen.
Barn:
4.3.3.1. Olof Johansson Lehmoinen f 1732 i Medskogen
4.3.3.2. Karl Johansson Lehmoinen f 1735-04-28 i Medskogen
4.3.3.3. Lisbet Johansdotter Lehmoinen f 1736-12-02 i Medskogen, d ca 1814
4.3.3.4. Erik Johansson Lehmoinen f 1737 i Järpliden
4.3.3.5. Olof Johansson Lehmoinen f 1738-09-17 i Medskogen, g med Lisbet Danielsdotter Veteläinen f 1735-04-19 och d 1812 i Medskogen, dotteer till Daniel Danielsson Veteläinen och Elin Jensdatter Räisäinen.
Deras barn:
4.3.3.5.1. Johan Olofsson Lehmoinen f 1762 i Järpliden
4.3.3.5.2. Daniel Olofsson Lehmoinen f 1766 i Järpliden
4.3.3.5.3. Kajsa Olsdotter Lehmoinen f 1768 i Järpliden
4.3.3.5.4. Elin Olofsdotter Lehmoinen f 1772 i Järpliden, g 1800-12-18 med Daniel Johansson Veteläinen f 1763 i Medskogen, d 1814, son till Johan Danielsson Veteläinen och Britta Henriksdotter Vilhuinen.
Deras barn, alla födda i Medskogen:
4.3.3.5.4.1. Britta Danielsdotter Veteläinen f 1801
4.3.3.5.4.2. Olof Danielsson Veteläinen f 1804-01-02
4.3.3.5.4.3. Jon Danielsson Veteläinen f 1806
4.3.3.5.4.4. Daniel Danielsson Veteläinen f 1808

4.3.3.5.5. Johan Olofsson Lehmoinen f 1776 i Medskogen, d 1839-05-03 i Järpliden, relation med Anna Persdotter Huuskoinen f 1785-01-16 i Järpliden, d 1839-05-26 i Kärrbackstrand, N Finnskoga, dotter till Per Jonsson Huuskoinen och Karin Karlsdotter Lehmoinen. Gift med Britta Klemetsdotter Hakkarainen f 1771 i Aspberget, d 1844-10-05 i Järpliden, dotter till Klemet Larsson Hakkarainen och Helena Persdotter Liitiäinen.
Barn i relationen:
4.3.3.5.5.1. Elin Johansdotter Lehmoinen f 1802, d 1866
Barn i giftet:
4.3.3.5.5.2. Lisa Johansdotter Lehmoinen f 1804
4.3.3.5.5.3. Olof Johansson Lehmoinen f 1807
4.3.3.5.5.4. Helena Johansdotter Lehmoinen f 1810, d 1901
4.3.3.5.5.4. Karin Johansdotter Lehmoinen f 1817, d 1826

4.3.3.5.6. Anna Olsdotter Lehmoinen f 1783 i Järpliden

4.3.3.6. Mats Johansson Lehmoinen f 1740-06-07 i Järpliden g med Anna Danielsdotter Veteläinen f 1739-04-20 i Medskogen, d 1840 i Norge, dotter till Daniel Danielsson Veteläinen och Elin Jensdatter Räisäinen.
Barn:
4.3.3.6.1. Kerstin Matsdotter Lehmoinen f ca 1753 i Järpliden
4.3.3.6.2. Elin Matsdotter Lehmoinen f 1766 i Järpliden
4.3.3.6.3. Lisbet Matsdotter Lehmoinen f 1775 i Norge, d 1858 i S Finnskoga, g med Mats Matsson Kanainen f 1778 i Järpliden, d 1862, son till Mats Torstensson Kanainen och Annika Johansdotter Hane.
Barn:
4.3.3.6.3.1. Johan Matsson Kanainen f 1803
4.3.3.6.3.2. Mats Matsson Kanainen f 1805, d 1897

4.3.3.7. Britta Johansdotter Lehmoinen f 1742-01-25 i Järpliden, född tvilling
4.3.3.8. Johan Johansson Lehmoinen f 1742-01-25, d 1742-02-09 i Järpliden
4.3.3.9. Daniel Johansson Lehmoinen f 1744-03-10 i Järpliden, d före 1824, g med Anna Andersdotter Vilhuinen f 1752-12-06 i Skråckarberget, d 1824-09-22 i Järpliden, dotter till Anders Olofsson Vilhuinen och Elin Bertilsdotter Raatikainen.
Barn:
4.3.3.9.1. Elin Danielsdotter Lehmoinen f 1775
4.3.3.9.2. Johan Danielsson Lehmoinen f 1783, d 1844
4.3.3.9.3. Bertil Danielsson Lehmoinen f 1787, d 1853

4.3.3.10. Anders Johansson Lehmoinen f 1747 i Järpliden

4.3.4. Henrik Pålsson Honkainen f 1703

4.3.5. Per Pålsson Honkainen f 1705 i Järpliden, g med Marit Johansdotter, Järpliden.
Barn:
4.3.5.1. Pål Persson Honkainen f 1726-06-17 i Järpliden.

4.3.6. Annika Pålsdotter Honkainen f ca 1710, g 1730-12-20 med Olof Olofsson Kaikkalainen, husfinne i Kindsjön, f 1675, d 1748 i Kringsberget, S Finnskoga, son till Olof Olofsson Kaikkalainen och Elin Larsdotter Rastoinen. Annika flyttade till Norge enl hfl 1751-56.
Barn:
4.3.6.1. Anna (Annika) Olofsdotter Kaikkalainen f 1731-10-15 i Järpliden, till Norge enl hfl 1751-56
4.3.6.2. Elin Olofsdotter Kaikkalainen f 1733
4.3.6.3. Karin Olofsdotter Kaikkalainen f 1736-11-29 i Järpliden, till Norge enl hfl 1751-56
4.3.6.4. Maria Olofsdotter Kaikkalainen f 1739-04-16 i Djäkneliden, tvilling,
4.3.6.5. Erik Olofsson Kaikkalainen f 1739-04--16, d 1739-06-09

5. Britta Persdotter Räisäinen, f ca 1643 i Lövhaugen, d 1725-01-17 i S. Röjdåsen, Östmark, g första gången med Per Henriksson Sikainen, f 1636-10-16 i Sörkhöjden, Ljusnarsberg, d 1686 i S. Röjdåsen, Östmark. Gift andra gången med Hans Hansson Valkoinen, f ca 1665, d 1717 i S. Röjdåsen, Östmark.

Barn i första giftet:

5.1. Tomas Persson Sikainen f 1670 i S Röjdåsen, Östmark, d 1722 i Kvarnberget, Säfsnäs, g 1690 med Margareta (Margita) Markusdotter Marci f 1670 i Gästrikland (eller vid norska gränsen), d 1690, dotter till Markus Matsson Kanainen (Pyrk) och Katarina

Barn:

5.1.1. Kerstin Tomasdotter Sikainen f 1690 i S Röjdåsen, Östmark, d 1747-02-14 i Gällinge, Nås, g med Lars Larsson f 1692, d 1742-02-18 i Dunderberget, Nås. De fick 12 barn.

5.1.2. Per Tomasson Sikainen f 1707, g med Maria Matsdotter f 1670, d 1756.

Barn:

5.1.2.1. Tomas Persson Sikainen f 1730, d 1780, g med Karin Larsdotter f 1733, d 1807.

Deras barn:

5.1.2.1.1. Per Tomasson Sikainen f 1756, d 1837, g med Anna Henriksdotter f 1762.

5.2. Mickel Persson Sikainen f 1671, d 1730-01-26, g med Kerstin Larsdotter f ca 1681, d 1744-04-29 i S Röjdåsen, Östmark.

Barn:

5.2.1. Britta Mickelsdotter Sikainen f 1705, g 1725-01-06 med Pål Olofsson

5.2.2. Marit Mickelsdotter Sikainen f 1707 i S Röjdåsen, Östmark d 1758-04-30, g med Mats Eriksson Oinoinen f 1707-03-19 i Mulltjärn, Östmark, son till Erik Eriksson Oinoinen och Annika Eriksdotter Suhoinen.

Barn:

5.2.2.1. Mickel Matsson Oinoinen f 1748-01-15 i Mulltjärn, g med Maria Stefansdotter Kiiskinen f 1755 i Hollandstorp, Fryksände, d 1842-12-14 i Lillskogshöjden, Östmark, dotter till Stefan Eriksson Kiiskinen och Anna Olofsdotter.

Barn:

5.2.2.1.1. Marit Mickelsdotter Oinoinen f 1777, d 1859

5.2.3. Anna Mickelsdotter Sikainen f 1709-01-04 i S Röjdåsen, Östmark, d 1761, g 1731-12-12 med Olof Eriksson Oinoinen f 1709-06-01 i Mulltjärn, Östmark, d 1738-12-08, son till Erik Eriksson Oinoinen och Annika Eriksdotter Suhoinen.

Barn:

5.2.3.1. Maria Olofsdotter Oinoinen f 1734, d 1802, g med Mickel Henriksson Sikainen f 1736, d 1791, son till Henrik Mickelsson Sikainen och Marit Matsdotter Suhoinen.

Barn:

5.2.3.1.1. Marit Mickelsdotter Sikainen f 1760-02-10 i S Röjdåsen, Östmark, g 1779-10-03 med Henrik Hansson Valkoinen f 1756-06-27, son till Hans Henriksson Valkoinen och Karin Johansdotter Häkkinen.

Deras barn:

5.2.3.1.1.1. Mickel Henriksson Valkoinen f 1780-12-28

5.2.3.1.2. Olof Mickelsson Sikainen "Rik-Ola" f 1762 i S Röjdåsen, Östmark, d 1837
Barn med okänd:
5.2.3.1.2.1. Maria Olsdotter Sikainen f 1793, d 1839

5.2.3.1.3. Britta Mickelsdotter Sikainen f 1765, g med Olof Stefansson Kiiskinen f 1762, d 1824

5.2.3.2. Olof Olofsson Oinoinen f 1737-03-07 i Mulltjärn, Östmark.

5.2.4. Henrik Mickelsson Sikainen f 1711-03-13 i S Röjdåsen, Östmark, d 1758, g med Marit Matsdotter Suhoinen f 1711, d 1751, dotter till Mats Eriksson Suhoinen och Britta Tomasdotter Räisäinen. Henrik gifte om sig 1753 med Karin Staffansdotter Manninen, dotter till Staffan Bengtsson Manninen och Ingeborg Markusdotter, inga barn noterade i det äktenskapet.
Barn i första giftet:
5.2.4.1. Kerstin Henriksdotter Sikainen f 1732-12-14 i Röjdåsen, Östmark, g med Mats Tomasson Pennainen f 1715-07-22 i Rattsjöberg, Vitsand, son till Tomas Matsson Pennainen och Gertrud Matsdotter.
5.2.4.2. Mickel Henriksson Sikainen f 1736, d 1791, g med Maria Olofsdotter Oinoinen f 1734, d 1802, dotter till Olof Eriksson Oinoinen och Anna Mickelsdotter Sikainen.
Deras barn:
5.2.4.2.1. Marit Mickelsdotter Sikainen f 1760-02-10, g 1779-10-03 med Henrik Hansson Valkoinen f 1756-06-27, son till Hans Henriksson Valkoinen och Karin Johansdotter Häkkinen
Son:
5.2.4.2.1.1. Mickel Henriksson Valkoinen f 1780

5.2.4.2.2. Olof Mickelsson Sikainen "Rik-Ola" f 1762, d 1837

5.2.4.2.3. Britta Mickelsdotter Sikainen f 1765, g med Olof Stefansson Kiiskinen f 1762, d 1824, son till Steffan Eriksson Kiiskinen och Anna Olofsdotter.

5.2.5. Staffan Mickelsson Sikainen f 1712-12-18 i S Röjdåsen, Östmark, d 1758-05-19, g 1734-12-26 med Maria (Marit) Göransdotter Ruuskoinen f 1715-04-23 i Röjdåsen, dotter till Göran Larsson Ruuskoinen och Kerstin Eriksdotter Haljainen.

5.2.6. Karin Mickelsdotter Sikainen f 1719-01-15 i S Röjdåsen, g med Staffan Staffansson Tarvainen f 1709-02-09 i Mången, Vitsand, son till Staffan Henriksson Tarvainen och Margareta Bengtsdotter Manninen.

5.3. Henrik Persson Sikainen f 1677 i S Röjdåsen, g med Karin Tomasdotter Vaissinen, dotter till Tomas Andersson Vaissinen och Annika Simonsdotter.
Barn:
5.3.1. Karin Henriksdotter Sikainen, g med Staffan Staffansson Tarvainen.

Deras barn:

5.3.1.1. Maria Steffensdatter Tarvainen

5.3.1.2. Steffen Steffensen Tarvainen

5.3.1.3. Henrik Steffensen Tarvainen

5.3.1.4. Kristine Steffensdatter Tarvainen

5.3.1.5. Kjersti Steffensdatter Tarvainen

5.3.1.6. Kari Steffensdatter Tarvainen

5.3.1.7. Henrik Steffensen Tarvainen

5.4. Staffan Persson Sikainen f 1682, d 1769, g med Karin Matsdotter Ronkainen f 1683, d 1759, dotter till Mats Olofsson Ronkainen och Anna Henriksdotter Sormuinen. Bosatta i Kvarnberget, Säfsen.

Barn:

5.4.1. Henrik Staffansson Sikainen f 1710, g med Kerstin Samuelsdotter f 1714, d 1759.

Deras barn:

5.4.1.1. Staffan Henriksson Sikainen, g med Anna Persdotter f 1745

5.4.1.2. Anders Henriksson Sikainen

5.4.1.3. Henrik Henriksson Sikainen f 1745, d 1817, g med Kerstin Henriksdotter f 1759

Barn:

5.4.1.3.1. Anna Henriksdotter Sikainen

5.4.1.3.2. Henrik Henriksson Sikainen f 1780, d 1860

5.4.2. Karin Staffansdotter Sikainen f 1713, d 1759, g med Mats Mårtensson Sikainen f 1707, d 1759, son till Mårten Johansson Sikainen och Annika Johansdotter Kemppainen.

Barn:

5.4.2.1. Mats Matsson Sikainen f 1746, d 1826

5.4.2.2. Maria Matsdotter Sikainen f 1756, d 1846

5.4.3. Mats Staffansson Sikainen f 1726

5.5. Per Persson Sikainen f ca 1685 och d 1738-01-06 i S Röjdåsen, g 1709-12-26 med Karin Eriksdotter Karttuinen, f ca 1675 i N Lekvattnet, Fryksände, d 1746-01-25 i S Röjdåsen, Östmark, dotter till Erik Persson Karttuinen och nn Matsdotter Liukkoinen.

Barn:

5.5.1. Tomas Persson Sikainen f 1710-10-04 i Lekvattnet, g med Karin Eriksdotter Häkkinen f 1703 i Mulltjärn, Östmark, dotter till Erik Abrahamsson Häkkinen och Annika Larsdotter.

Deras barn:

5.5.1.1. Anna Tomasdotter Sikainen f 1735-10-05 i S Röjdåsen

5.5.1.2. Erik Tomasson Sikainen f 1754 och d 1800 i S Röjdåsen, Östmark, g 1777 med Valborg Persdatter Karvainen f 1758 i Lövhaugen, Grue finnskog, d 1835-05-24 i S Röjdåsen, dotter till Per Eriksen Karvainen och Anne Persdatter Räisäinen.

Deras barn:

5.5.1.2.1. Karin Eriksdotter Sikainen f 1785-09-26 i S Röjdåsen, d 1861 i Hollandstorp, Östmark, g med Pål Henriksson f 1779-11-04 i Rattsjöberg, Vitsand.
Barn:
5.5.1.2.1.1. Kari Pålsdotter f 1804-02-03 i S Röjdåsen, d efter 1875 i Nordtorpet, Grue finnskog, g 1830-02-21 med Ole Andersen Räisäinen f 1804 i Gammeltorpet, Grue, d 1866 i Nordtorpet, Grue, son till Anders Olsen Räisäinen och Kari Mortensdatter Nikkarainen.

5.5.2. Olof Persson Sikainen f 1721-07-01 i S Röjdåsen, g 1744-02-19 med Kerstin Nilsdotter f 1722-07-01 i Östmark.
Barn:
5.5.2.1. Guro Olofsdotter Sikainen f 1758-01-02 i Fäbacken, Östmark, g med Jöns Eriksson Hähmä f 1750-10-12 i Rosastorp, Långerud, Östmark.
Deras dotter:
5.5.2.1.1. Kerstin Jönsdotter Hähmä f 1785

Britta Persdotter Räisäinens (5) barn med Hans Hansson Valkoinen i andra giftet:

5.6. Henrik Hansson Valkoinen f 1689 i Röjdoset, Östmark, d 1729-03-18, g 1727-01-26 med Annika Andersdotter Hotakka, dotter till Anders Andersson Hotakka och Gunilla (Gunno) Olofsdotter.
Deras son:
5.6.1. Hans Henriksson Valkoinen f 1725-09-18 i Arnsjön, Östmark,

6. Lars Persson Räisäinen, f ca 1646 i Lövhaugen, d 1711-03-01 i Östmark, g med Lisbet Mårtensdotter, f 1660 i Dalby.
Barn:
6.1. Karin Larsdotter Räisäinen f 1680 i Öjeren, g med Erik Eriksson Tenhuinen f ca 1640.
Deras barn:
6.1.1. Mats Eriksson Tenhuinen f 1705 i Rattsjöberg, Fryksände, d 1754, g 1738-08-01 med Kerstin Staffansdotter Purainen f 1716-05-12 i N Röjdåsen, Östmark, d 1783 i Eskilstorpet, N Röjdåsen, Östmark, dotter till Staffan Tomasson Purainen och Annika Eriksdotter Haljainen.

6.2. Per Larsen Räisäinen f 1682, g med Gertrud Jonsdotter f 1682, d 1762.
Deras barn:
6.2.1. Per Persen Räisäinen f 1702
6.2.2. Erik Persen Räisäinen f 1706, g med Marit Nilsdotter f 1708.
Deras barn:
6.2.2.1. Gertrud Eriksdotter Räisäinen
6.2.2.2. Kerstin Eriksdotter Räisäinen
6.2.2.3. Per Eriksson Räisäinen f 1732
6.2.2.4. Karin Eriksdotter Räisäinen f 1734
6.2.2.5. Marit Eriksdotter Räisäinen f 1737

6.2.2.6. Malin Eriksdotter Räisäinen f 1740

6.2.2.7. Erik Eriksson Räisäinen f 1742

6.2.3. Kerstin Persdotter Räisäinen f 1710, g med Klemet Jönsson Hämäläinen f 1714

6.3. Maren Larsdotter Räisäinen f 1684 i Öjeren, Grue.

7. Karen Persdatter Räisäinen, f ca 1652 i Pekkola, Lövhaugen, Grue, d 1735 i Öjeren, Brandval, Grue, g med Daniel Pedersen Pellinen, bosatt i Öjeren, Brandval, son till Peder Pellinen.
Deras barn:
7.1. Johan Danielsen Pellinen, g med Annika Andersdatter Hotakka, dotter till Anders Andersson Hotakka och Gunilla (Gunno) Olofsdotter.
Deras barn:
7.1.1. Johan Johansson Pellinen

7.2. Morten Danielsen Pellinen, bosatt i Öjeren, Grue, nämnd 1718 i skifte efter Gertrud Andersdatter Purainen.

7.3. Lars Danielsen Pellinen f 1681, d 1742, g med Lisbet Henriksdatter Himainen f ca 1693, d före 1718, dotter till Henrik Henriksson Himainen och Kari Olsdotter Tossavainen.
Deras barn:
7.3.1. Gjertrud Larsdatter Pellinen f före 1718, g med Per Eriksson Oinoinen f 1711-04-12 i Mulltjärn, Östmark, d 1742, son till Erik Eriksson Oinoinen och Annika Eriksdotter Suhoinen.
Deras barn:
7.3.1.1. Maria Persdatter Oinoinen, g med Erik Eriksen Neuvoinen, son till Erik Henriksson Neuvoinen och Lisbet Eriksdatter.
Deras barn:
7.3.1.1.1. Kari Eriksdatter Neuvoinen g med Matis Pedersen Karvainen
7.3.1.1.2. Erik Eriksen Neuvoinen g med Kari Henriksdatter Nikkarainen, dotter till Henrik Henriksen Nikkarainen och Kari Mathisdatter Räisäinen

7.3.2. Kari Larsdatter Pellinen f före 1718, g med Mathis Pålsen Räisäinen, son till Pål Mattisen Räisäinen och Lisbet Henriksdotter Lehmoinen
Deras barn:
7.3.2.1. Kari Mathisdatter Räisäinen g med Henrik Henriksen Nikkarainen.
Deras barn:
7.3.2.1.1. Kari Henriksdatter Nikkarainen g med Erik Eriksen Neuvoinen.

8. Ole Persen Räisäinen, f ca 1658 i Lövhaugen, Grue, d 1715 i Tvengsberget, Grue, g 1682 med Annika Steffensdatter Mullikka, f ca 1660 i Mullikkala, Vålberget, Grue, d 1726

i Tvengsberget, Grue, dotter till Steffen Steffensen Mullikka och Annika Persdotter Pennainen.
Deras barn:
8.1. Johan Olsen Räisäinen f 1683 och d 1727 i Tvengsberget, Grue
8.2. Per Olsen Räisäinen f 1685 i Lövhaugen, Grue, d 1743 i Tvengsberget, Grue, g 1713 med Ingeborg Olsdatter f ca 1684, d 1768 i Tvengsberget, Grue.
Deras barn:
8.2.1. Ole Persen Räisäinen f 1715 i Tvengsberget, Grue, g med Anna (Annika) Karlsdotter Raatikainen f 1720-04-12 i Digerberget, Nyskoga, dotter till Karl Henriksson Raatikainen och Valborg Filipsdotter Neuvoinen.
8.2.2. Lars Persen Räisäinen f 1717, d 1718
8.2.3. Johan Persen Räisäinen f 1719
8.2.4. Anders Persen Räisäinen f 1721 och d 1802 i Tvengsberget, Grue, g 1748 med Kari Persdotter Navilainen f 1724 i Södra Viggen, Nyskoga, d 1806 i Tvengsberget, Grue, dotter till Per Staffansson Navilainen och Ingrid Olsdotter Räisäinen.
Deras barn:
8.2.4.1. Peder Andersen Räisäinen
8.2.4.2. Peder Andersen Räisäinen
8.2.4.3. Johan Andersen Räisäinen
8.2.4.4. Anders Andersen Räisäinen
8.2.4.5. Johan Andersen Räisäinen
8.2.4.6. Kari Andersdatter Räisäinen, g med Henrik Andersen Piesainen f 1760, d 1797 i Nordgarden, Peistorpet, son till Anders Henriksen Piesainen och Marit Danielsdotter Veteläinen.
8.2.4.7. Ingeborg Andersdatter Räisäinen f 1749 i Tvengsberget, Grue, d 1818-04-11 i Kalneset, Grue, g 1770 med Ole Henriksen Mullikka f 1750 och d 1801 i Kalneset, son till Henrik Matisen Mullikka och Anna (Annika) Karlsdotter Raatikainen.
Deras barn:
8.2.4.7.1. Henrik Olsen Mullikka f 1770, d 1825
8.2.4.7.2. Anders Olsen Mullikka f 1771
8.2.4.7.3. Kari Olsdotter Mullikka f 1774
8.2.4.7.4. Anne Olsdatter Mullikka f 1778

8.2.4.8. Ole Andersen Räisäinen f ca 1751 och d 1816 i Tvengsberget, g 1774-11-13 med Kari Henriksdatter Mullikka f 1754-08-04 i Kalneset, d 1814 i Tvengsberget, dotter till Henrik Matisen Mullikka och Anna (Annika) Karlsdotter Raatikainen.
Deras barn:
8.2.4.8.1. Peder Olsen Räisäinen g med Marit Johansdotter
8.2.4.8.2. Anders Olsen Räisäinen f 1784 i Tvengsberget, d 1818 i Gammeltorpet, Grue, g 1803-06-23 med Kari Mortensdatter Nikkarainen f 1777 i Nedgarden, Rotneberget, Grue, d 1853 i Gammeltorpet, Grue.
Deras barn:

8.2.4.8.2.1. Ole Andersen Räisäinen f 1804 i Gammeltorpet, d 1866 i Nordtorpet, Grue, g 1830-02-21 med Kari (Cajsa) Pålsdotter f 1804-02-03 i S Röjdåsen, Östmark, d efter 1875 i Nordtorpet, Grue, dotter till Pål Henriksson och Karin Eriksdotter Sikainen.
Deras barn:
8.2.4.8.2.1.1. Johannes Olsen Räisäinen

8.2.4.9. Tomas Andersen Räisäinen f 1762 i Tvengsberget, Grue.

8.2.5. Anne Persdatter Räisäinen f 1723 i Tvengsberget, Grue, g med Daniel Olsson Räisäinen f ca 1710, d 1762, son till Ole Tomasson Räisäinen.
Barn:
8.2.5.1. Ole Danielsson Räisäinen f ca 1747, d 1811.
Barn med okänd moder:
8.2.5.1.1. Daniel Olsson Räisäinen f 1779, d 1852

8.3. Karin Olofsdotter Räisäinen f 1689 i Tvengsberget, g med Henrik Eriksson Suhoinen f 1684 i Tvåråna, Östmark, d 1757-09-10, son till Erik Pålsson Liikanen/Suhoinen och n.n. Pålsdotter Karttuinen.
Deras barn:
8.3.1. Johan Henriksson Suhoinen, Hollandstorp, Östmark.

8.4. Mari Olsdatter Räisäinen f 1694 i Tvengsberget, Grue, g m Erik Pedersen

8.5. Lisbet Olsdatter Räisäinen f 1698 och d 1718 i Tvengsberget, Grue.

8.6. Ole Olsen Räisäinen f 1701 i Tvengsberget, Grue.

9. Jens Persen Räisäinen, f ca 1660 i Lövhaugen, d 1713 i Anttila, Grue, g med Margareta Eriksdotter Suhoinen, f 1666 i Tvåråna, Östmark, d 1694 i Anttila, Grue, dotter till Erik Pålsson Liikanen/Suhoinen och n.n. Pålsdotter Karttuinen.
Deras barn:
9.1. Johan Jensen Räisäinen g med Kari Andersdatter f 1687, d 1747

9.2. Kari Jensdatter Räisäinen

9.3. Britta Jensdatter Räisäinen f 1692 i Lauvhaugen, Grue, d 1769 i Gransjön, Östmark, g med Olof Sigfridsson Valkoinen f 1691, d 1770, son till Sigfrid Andersson Valkoinen och Elisabet Eriksdotter Valkoinen.
Deras barn:
9.3.1. Sigfrid Olofsson Valkoinen f 1723, d 1776, g med Ellika Johansdotter Liukkoinen f 1721, d 1775, dotter till Johan Matsson Liukkoinen och Karin Andersdotter Moilainen.
Deras barn:
9.3.1.1. Johan Sigfridsson Valkoinen f 1753, g med Maria Eriksdotter Oinoinen f 1754, d 1823, dotter till Erik Eriksson Oinoinen och Annika Sigfridsdotter Kauppinen.

9.4. Per Jensen Räisäinen f 1695, d 1752, g med Kirsti Henriksdotter Manninen f ca 1707 i Rattsjöberg, Vitsand, d 1772 i Anttilla, Grue, dotter till Henrik Bengtsson Manninen och Valborg Kristoffersdotter Havuinen.

Deras barn:

9.4.1. Valborg Persdatter Räisäinen g med Poul Tomassen Räisäinen, son till Tomas Pålsen Räisäinen och Anne Pedersdatter Mjölnerud.

Deras barn:

9.4.1.1. Anne Pålsdatter Räisäinen f 1752

9.4.2. Anne Persdatter Räisäinen f 1726 i Anttilla, Grue, d efter 1801 i Anttilla, g med Per Eriksen Karvainen f 1732-02-07 i Södra Viggen, Nyskoga, d 1816-06-04 i Anttilla, Grue, far Erik Karvainen.

Barn:

9.4.2.1. Erik Persson Karvainen f 1751, d 1755

9.4.2.2. Peder Pedersen Karvainen f 1756, g med Kirsti Pålsdatter Räisäinen

9.4.2.3. Valborg Persdatter Karvainen f 1758 i Lövhaugen, Grue, d 1835-05-24 i S Röjdåsen, Östmark, g med Erik Tomasson Sikainen f 1754 och d 1800 i S Röjdåsen, Östmark, son till Tomas Eriksson Sikainen och Karin Eriksdotter Häkkinen.

Deras barn:

9.4.2.3.1. Karin Eriksdotter Sikainen f 1785-09-26 i S Röjdåsen, d 1861 i Hollandstorp, Östmark, g med Pål Henriksson f 1779-11-04 i Rattsjöberg, Vitsand.

Deras barn:

9.4.2.3.1.1. Kari (Cajsa) Pålsdotter f 1804-02-03 i S Röjdåsen, Östmark, d efter 1875 i Nordtorpet, Grue.

9.4.2.4. Matis Pedersen Karvainen f 1763, g med Kari Eriksdatter Neuvoinen, son till Erik Eriksen Neuvoinen och Maria Persdatter Oinoinen.

9.4.3. Maria Persdatter Räisäinen f 1730, d 1730

9.4.4. Ole Persen Räisäinen f 1730, d 1752

9.4.5. Kari Persdatter Räisäinen f 1731, d 1733

9.4.6. Eli Persdatter Räisäinen f 1738, g med Pål Steffensen Mullikka, son till Steffen Steffensen Mullikka och Mari Pålsdatter Liukkoinen.

Deras barn:

9.4.6.1. Steffen Pålsen Mullikka f 1756

9.4.6.2. Peder Pålsen Mullikka f 1759

9.4.6.3. Mari Pålsdatter Mullikka f 1761, d 1774

9.4.6.4. Kirsti Pålsdatter Mullikka f 1763

9.4.6.5. Anne Pålsdatter Mullikka f 1766, d 1774

9.4.6.6. Henrik Pålsen Mullikka f 1768, d 1774

9.4.6.7. Ole Pålsen Mullikka f 1771, d 1774

9.4.6.8. Kari Pålsdatter Mullikka f 1774

9.4.6.9. Matis Pålsen Mullikka f 1776

9.4.6.10. Per Pålsen Mullikka f 1783, d 1787

9.4.7. Maria Persdatter Räisäinen f 1741, d 1741

9.4.8. Ales Persdatter Räisäinen f 1742, d 1752

9.4.9. Kari Persdatter Räisäinen f 1745

9.4.10. Jens Persen Räisäinen f 1750, d 1760

9.5. Mats Jensen Räisäinen f ca 1698, g med Anna Matsdotter Kymöinen f ca 1680 i Avundsåsen, S Finnskoga, d ca 1741, dotter till Mats Matsson Kymöinen och Marit Matsdotter Rompainen.

Deras Barn:

9.5.1. Olof Matsson Räisäinen f 1723, g med Karin Olofsdotter f 1729, bosatta i Järpliden, S Finnskoga.

Deras barn, alla födda i Järpliden:

9.5.1.1. Anna Olofsdotter Räisäinen f 1755

9.5.1.2. Mats Olofsson Räiräinen f 1756, d 1756

9.5.1.3. Olof Olofsson Räisäinen f 1758, d 1758

9.5.1.4. Per Olofsson Räisäinen f 1763

9.5.1.5. Henrik Olofsson Räisäinen f 1765

9.5.2. Anna Matsdotter Räisäinen f 1726 i Avundsåsen, S Finnskoga

9.5.3. Marit Matsdotter Räisäinen f 1729 i Avundsåsen, S Finnskoga

9.5.4. Lisbet Matsdotter Räisäinen f 1730-11-15- i Avundsåsen, g 1755-12-26 med Sigfrid Mickelssson Honkainen f 1725-03-10 i Järpliden, d 1773-12-23 i Fallåsen, Åsnes. Son till Mickel Pålsson Honkainen och Marte Henriksdatter Piesainen.

Deras barn:

9.5.4.1. Britta Sigfridsdotter Honkainen f 1765-07-21 i Åsnes, d 1824-03-28

9.5.4.2. Mickel Sigfridsson Honkainen f 1770 i Fallåsen, Åsnes, bosatt i N Vermundsberget, Åsnes.

9.5.5. Per Matsson Räisäinen f 1731 i Avundsåsen, S Finnskoga

9.5.6. Henrik Matsson Räisäinen f 1734, g med Marit Torstensdotter Kanainen f 1744-03-10 i Järpliden, S Finnskoga, dotter till Torsten Matsson Uppman Kanainen och Karin Karlsdotter Lehmoinen.

Deras barn, alla födda i Avundsåsen, S Finnskoga:

9.5.6.1. Anna Henriksdotter Räisäinen f 1768, g med Jon Persson Huuskoinen f 1763, son till Per Jonsson Huuskoinen och Maria Torstensdotter Kanainen.

Deras barn:

9.5.6.1.1. Per Jonsson Huuskoinen f 1798

9.5.6.1.2. Henrik Jonsson Huuskoinen f 1804

9.5.6.1.3. Mattes Jonsson Huuskoinen f 1805

9.5.6.1.4. Karin Jonsdotter Huuskoinen f 1808
9.5.6.1.5. Olof Jonsson Huuskoinen f 1812-01-22 i Järpliden, g med Maria Henriksdotter Lehmoinen f 1820-03-27 i Avundsåsen, dotter till Henrik Karlsson Lehmoinen och Anna Eriksdotter.

9.5.6.2. Mats Henriksson Räisäinen f 1770
9.5.6.3. Henrik Henriksson Räisäinen f 1773 i Avundsåsen, g med Lisa Johansdotter Hane f 1776 i Bringsåsen, S Finnskoga, dotter till Johan Jonasson Hane och Anna Jonsdotter Huuskoinen.
Deras barn:
9.5.6.3.1. Marit Henriksdotter Räisäinen f 1805

9.5.6.4. Karl Henriksson Räisäinen f 1775
9.5.6.5. Karin Henriksdotter Räisäinen f 1776 i Avundsåsen, g med Hans Johansson Hane f 1769 i Bringsåsen, son till Johan Jonasson Hane och Anna Jonsdotter Huuskoinen.
Deras barn:
9.5.6.5.1. Kerstin Hansdotter Hane f 1808
9.5.6.5.2. Hans Hansson f 1812
9.5.6.5.3. Henrik Hansson f 1816

9.5.6.6. Lisa Henriksdotter Räisäinen f 1780
9.5.6.7. Torsten Henriksson Räisäinen f 1873

9.6. Ola Jensen Räisäinen f 1703, d före 1744, g med Kari Johannesdatter Veteläinen f 1709 i Midtskogsberget, Åsnes.

9.7. Elin Jensdatter Räisäinen f 1710 i Anttilla, Grue, d ca 1759 i Dalby, g 1730-06-21 med Daniel Danielsson Veteläinen f ca 1702 i Medskogen, S Finnskoga, d 1769-10-09 i Medskogen, S Finnskoga, son till Daniel Johansson Veteläinen och Lisbet Pålsdotter Lehmoinen.
Deras barn, alla födda i Medskogen, S Finnskoga:
9.7.1. Johan Danielsson Veteläinen f 1730-08-29, d 1770-02-16 i Medskogen, g 1753-10-14 med Britta Henriksdotter Vilhuinen f 1731-03-14 i Skråckarberget, d 1814-01-04 i Medskogen, dotter till Henrik Andersson Vilhuinen och Maria Henriksdotter Neuvoinen.
Deras barn:
9.7.1.1. Lisbet Johansdotter Veteläinen f 1751, d 1755-01-20
9.7.1.2. Daniel Johansson Veteläinen f 1755-03-31
9.7.1.3. Mats Johansson Veteläinen f 1756, d 1824-05-25
9.7.1.4. Elin Johansdotter Veteläinen f ca 1760, d 1850-01-21, g 1796-11-07 med Henrik Johansson Veteläinen f 1775 i Dobbala, Medskogen, d 1846-11-09, son till Johan Matsson Veteläinen och Karin Eriksdotter Hyytiäinen.
Deras barn:
9.7.1.4.1. Karin Henriksdotter Veteläinenf 1797, d 1800
9.7.1.4.2. Britta Henriksdotter Veteläinen f 1803, d 1883-11-23

9.7.1.5. Henrik Johansson Veteläinen f 1760

9.7.1.6. Daniel Johansson Veteläinen f 1763, d 1814, g 1800-12-18 med Elin Olofsdotter Lehmoinen f 1772 i Medskogen, dotter till Olof Johansson Lehmoinen och Lisbet Danielsdotter Veteläinen.
Deras barn:
9.7.1.6.1. Britta Danielsdotter Veteläinen f 1801
9.7.1.6.2. Olof Danielsson Veteläinen f 1804
9.7.1.6.3. Jon Danielsson Veteläinen f 1806
9.7.1.6.4. Daniel Danielsson Veteläinen f 1808

9.7.2. Mats Danielsson Veteläinen f 1733-02-16 i Medskogen, S Finnskoga, d 1757

9.7.3. Lisbet Danielsdotter Veteläinen f 1735-04-19 och d 1812 i Medskogen, g med Olof Johansson Lehmoinen f 1738-09-17 i Medskogen, son till Johan Karlsson Lehmoinen och Elin Pålsdotter Honkainen.
Deras barn, alla födda i Järpliden:
9.7.3.1. Johan Olofsson Lehmoinen f 1762
9.7.3.2. Daniel Olofsson Lehmoinen f 1766
9.7.3.3. Kajsa Olsdotter Lehmoinen f 1768
9.7.3.4. Elin Olofsdotter Lehmoinen f 1772, g 1800-12-18 med Daniel Johansson Veteläinen f 1763 i Medskogen, d 1814, son till Johan Danielsson Veteläinen och Britta Henriksdotter Vilhuinen.
Deras barn:
9.7.3.4.1. Britta Danielsdotter Veteläinen f 1801
9.7.3.4.2. Olof Danielsson Veteläinen f 1804
9.7.3.4.3. Jon Danielsson Veteläinen f 1806
9.7.3.4.4. Daniel Danielsson Veteläinen f 1808

9.7.3.5. Johan Olofsson Lehmoinen f 1776 i Medskogen, d 1839-05-03 i Järpliden, g1 med Anna Persdotter Huuskoinen f 1785-01-16 i Järpliden, d 1839-05-26 i Kärrbackstrand, N Finnskoga, dotter till Per Jonsson Huuskoinen och Karin Karlsdotter Lehmoinen. G2 med Britta Klemetsdotter Hakkarainen f 1771 i Aspberget, N Finnskoga, d 1844-10-05 i Järpliden, S Finnskoga, dotter till Klemet Larsson Hakkarainen och Helena Persdotter Liitiäinen.
Barn i första giftet:
9.7.3.5.1. Elin Johansdotter Lehmoinen f 1802, d 1866
Barn i andra giftet:
9.7.3.5.2. Lisa Johansdotter Lehmoinen f 1804
9.7.3.5.3. Olof Johansson Lehmoinen f 1807
9.7.3.5.4. Helena Johansdotter Lehmoinen f 1810, d 1901
9.7.3.5.5. Karin Johansdotter Lehmoinen f 1817, d 1826

9.7.3.6. Anna Olofsdotter Lehmoinen f 1783 i Järpliden, S Finnskoga

9.7.4. Per Danielsson Veteläinen f 1737-03-31 i Medskogen, S Finnskoga

9.7.5. Anna Danielsdotter Veteläinen f 1739-04-20 i Medskogen, d 1840 i Norge, g med Mats Johansson Lehmoinen f 1740-06-07 i Järpliden, son till Johan Karlsson Lehmoinen och Elin Pålsdotter Honkainen.
Barn:
9.7.5.1. Kerstin Matsdotter Lehmoinen f 1753 i Järpliden
9.7.5.2. Elin Matsdotter Lehmoinen f 1766 i Järpliden
9.7.5.3. Lisbet Matsdotter Lehmoinen f 1775 i Norge, d 1858 i S Finnskoga, g med Mats Matsson Kanainen f 1778 i Järpliden, d 1862 i Dalby, son till Mats Torstensson Kanainen och Annika Johansdotter Hane.
Deras barn:
9.7.5.3.1. Johan Matsson Kanainen f 1803
9.7.5.3.2. Mats Matsson Kanainen f 1805, d 1897

10. Anders Persen Räisäinen, f 1662 i Lövhaugen, d omkring 1690. Bodde i Galåsen från ca 1680 och var svärson (verson) till Lars Larsson enl Finnemanntallet 1686. Hustrun hette Kari Larsdatter f 1665 i Grue, d 1743-03-25 i Antilla, Grue, dotter till Lars Larsson och Eli Nilsdotter Vauhkoinen.
Deras barn:
10.1. Berte Andersdatter Räisäinen f 1685

10.2. Karen Andersdatter Räisäinen f 1689 i Galåsen söndre, Trysil, d 1743 i Dalby, g med Daniel Pålsson Honkainen f ca 1699 i Järpliden, S Finnskoga, son till Pål Mickelsson Honkainen och Britta Andersdotter Räisäinen.
Barn:
10.2.1. Pål Danielsson Honkainen f 1725-02-02 i Järpliden, S Finnskoga, g med Berte Andersdatter Kuosmainen f 1722 i Törberget, Trysil, d 1796 i Åsnes, dotter till Anders Henriksen Kuosmainen och Kari Eliasdatter Muhoinen.
Barn:
10.2.1.1. Kristoffer Pålsson Honkainen f 1754 i S Finnskoga, d före 1810 i Kringsberget, S Finnskoga, g med Britta Staffansdotter Havuinen f 1752 i Månglidsberg, S Finnskoga, d före 1810 i Kringsberget, S Finnskoga, dotter till Staffan Andersson Havuinen och Britta Eriksdotter.
Deras barn:
10.2.1.1.1. Marit Kristofferdotter Honkainen f 1776 i Månglidsberg, S Finnskoga
10.2.1.1.2. Olof Kristoffersson Honkainen f 1777 i Månglidsberg, S Finnskoga
10.2.1.1.3. Ingeborg Kristoffersdotter Honkainen f 1780-07-22 i Liden, S Finnskoga
10.2.1.1.4. Olof Kristoffersson Honkainen f 1782 i Månglidsberg, S Finnskoga
10.2.1.1.5. Anders Kristoffersson Honkainen f 1787-09-28 i Månglidsberg, S Finnskoga
10.2.1.1.6. Staffan Kristoffersson Honkainen f 1791-05-18 i Månglidsberg, S Finnskoga, d 1863, g med Britta Matsdotter Havuinen f 1796-09-25 i Igelsjöberget, N Ny, d 1871 i Nedre Venberget, Hof, dotter till Mattes Larsson Havuinen och Britta Henriksdotter Raatikainen. Hela familjen flyttade till Hof, Norge 1843.

Barn:

10.2.1.1.6.1. Britta Staffansdotter Honkainen f 1820-02-18 i Tolgraven, S Finnskoga, d 1832

10.2.1.1.6.2. Olof Staffansson Honkainen f 1822 i Röjden, S Finnskoga, d 1903, bosatt i Granlund, Våler.

10.2.1.1.6.3. Mats Staffansson Honkainen f 1824 i Röjden, S Finnskoga

10.2.1.1.6.4. Staffan Staffansson Honkainen f 1826-12-16 i Röjden, S Finnskoga, d 1897-01-14 i S Finnskoga, g med Kristina Andreasdatter f 1824 i Åsnes, d 1861-02-09 i Aspberget, N Finnskoga, dotter till Andreas NN och Helena Olsdatter.

10.2.2. Karin Danielsdotter Honkainen f 1728-16-10 i Järpliden, S Finnskoga

10.2.3. Anna Danielsdotter Honkainen f 1730-06-09 och d 1773-05-13 i Järpliden, S Finnskoga, , g med Olof Danielsson f 720-07-10 i Röjden, S Finnskoga, d 1785-03-19, son till Daniel Johansson och Valborg Pålsdotter.
Barn:

10.2.3.1. Anna Olofsdotter d 1755, begravd 1755-01-19

10.2.3.2. Valborg Olofsdotter f 1748-02-23, d 1757

10.2.3.3. Marit Olofsdotter f 1749-12-18, d 1752-01-26

10.2.3.4. Anders Olofsson f 1751-12-05 i Röjden, S Finnskoga

10.2.3.5. Daniel Olofsson f 1756, g med Marit Jönsdotter.
Deras barn:

10.2.3.5.1. Olof Danielsson f 1779

10.2.3.5.2. Annika Danielsdotter f 1780

10.2.3.6. Olof Olofsson f 1759

10.2.3.7. Karin Olofsdotter f 1761

10.2.4. Daniel Danielsson Honkainen f 1736-10-26 och d 1750 (begravd 1750-09-02) i Järpliden, S Finnskoga.

10.3. Anne Andersdatter Räisäinen f 1692, g med Johan Samuelsen Kauppinen f 1692 i Lutnes söndre, Trysil, son till Samuel Mortensen Kauppinen och Kari Henriksdotter Himainen.

10.4. NN Andersdatter Räisäinen f 1693, g med Jon Jonsen, musketer

Pål Ratiche röjde Rotberget 1640

Pål Ratiche, Rattik, Radiche med flera benämningar i finnemantall och tingböker, var född 1605, troligen i gränstrakterna mellan Hälsingland och Dalarna, d 1685 i Rotberget, Hof. Fadern torde ha hetat Henrik Raatikainen och varit en av de tidigaste till Sverige inflyttade skogsfinnarna.

Släkten ska ha kommit från Säminki (Savolinnaområdet) till gården Raatikala i Haapamäki by (Haapamäki betyder Aspberget) i dåvarande Rautalampi socken. Följande är dokumenterade i skattelängderna: Mikko 1552-60, Reko (Greger) 1560-80, Mauno 1580-1616 och Paavo (Pål) 1616-32. Gården har gått i arv i släkten fram till 1994, då Eero Raatikainen sålde den till en avlägsen släkting. Den idag moderna gården har bytt namn till Eljaksela.

En Pål Raatikainen utflyttade från Sääminki socken och Litlahti by, troligen till Sverige år 1601.

Pål Henriksson Raatikainen f 1605 i gränstrakterna mellan Hälsingland och Dalarna, d 1685 i Rotberget, Hof, g 1635 med Gertrud Matiesdotter f 1606 i Grangärde, Ludvika, d 1686 i Rotberget, Hof. Född omkring 1606 i Grangärde (W).
"....hans effterlatte Quinde giertrud Maties datter ved 80 Aar gamel, som er barne föd udj grinj i Suerig...." Källa: E: Opsahl , H. Winge:"Finnemanntallet" 1686. s.105.
Omkring 1640 röjde Pål ett hemman i Rotberget (Raatikala) i Hof finnskog.

Från domböckerna:
1671-11-18 – Poul Ratichen (Raatikainen) skyldig 1 fesling i landskyld för sitt torp Rotberget, inte närvarande. Gravbergets finnetorp också skyldig 1 fesling? Arne Torstensen menar att Gravberget hör ihop med Harildskogen under samma skuld. Poul Rattich i Rotberget och hans husfinnar Jens Andersen, Jörgen Jöransson, Erik Larsen, Steffen Olsen. Henrik Pålsen mötte icke, sägs vara skadad med kniv av en svensk finne. Mötte icke, skulle vittna om jakt. Olydnadsböter 1 ort silver.

Barnen var:
1. Henrik Pålsson Raatikainen f 1636 i Nya Kopparberget, Ljusnarsberg, d 1706 i Rotberget, Hof, g med Eli Henriksdotter Kurki f 1646 i Djuprämmen, Rämmen, d 1706 i Rotberget, Hof.

Enligt Finnemanntallet 1686 s.105:
"Hendrich Pouelsen ved 50 Aar föd i Suerig och med forælderen kommen til pladtzen hans hustru Ellj hendrichs datter Kurch barnföd utj varmeland af finsche forældre ved 34 Aar." Med tanke på att Henriks syster, Marte, var *"barnefödt Ved det Store KobberVerk J Suerig af findsche forældre"* är det sannolikt att även han är född på samma plats.

Från Prestens finnemanntall 1706 for det gamle Hof sogn. Avskrift av Jan Myhrvold presenterat på fennia.nu.:

"Rotberge Henrich Polsön 70 aar, qvinde Eli Henrichsd. 60 aar börn Cal Henrichs. 30 aar, qvinde Anichen Andersd., Bertel Henrichs. 29 aar, Jertru Henrichsd. 40 aar Huusfolk Matthis Jensön 60 aar, qvinde Anichen Olsd. 55 aar börn 2de Kari Matthisd. 16 aar, Eli Matthisd. 10 aar. Huusfolk side 510 Matthis Olsön 40 aar, qvinde Marte Henrikchsd. 38 aar börn 4: 1. Henrich Matthis. 8 aar, 2. Ole 6 aar, 3. Carl 3 aar, 4. Eli 1 aar."

Från domböckerna i Hof sn:

1663-05-22 – Fogden stämmer Henrik Pålsson finne (Raatikainen?) för lägersmål med Mali Jensdatter, och han hade betalt sikt för äktenskap. Men hon fick ont i halsen och dog. Fogden menar därför att Henrik ska betala full sikt. Om hon hade tillfrisknat skulle han äkta henne, annars inte! Henrik menade att hon blev bra igen i halsen, men dog av annan sjukdom, stingsot. Dessa skulle bevittna att Henrik hade förpliktat sig till äktenskap: Anders Olsen finne (Kuosmainen?), som skulle skaffa pass till nästa ting, Erik Jensen finne och kvinnfolkets far Jens Andersen.

1663-07-27 – Erik Jensen visade sitt pass från Sverige och vittnade att han vid Mikkelsmäss förra hösten var hos Pål finne (Raatikainen) och då gav Henrik Pålsson honom och Anders Olsen finne hand på att han skulle gifta sig med Mali. Det andra vittnet Anders Olsen hade huggit sig och mötte inte upp.

1663-10-10 – Nu var Anders Olsen Kuosmainen tillstädes och vittnade som Erik Jensen gjort tidigare. Även Hr Hans på Hoff vittnade att Henrik varit hos honom och begärt trolovning. Det ansågs därmed bevisat att Henrik hade betalat rätt sikt för äktenskap.

1671-11-18 - Poul Rattich i Rotberget och hans husfinnar Jens Andersen, Jörgen Jöransson, Erik Larsen, Steffen Olsen (Kuosmainen?). Henrik Pålsen mötte icke, sägs vara skadad med kniv av en svensk finne. Mötte icke, skulle vittna om jakt. Olydnadsböter 1 ort silver.

1681-04-12 – Arne Kjöllen och Henrik Poulsen Rotberig beklagar sig för att några svenska finnar, nämligen Henrik Kindsjöns drängar Lasse och Olle Moeholl (Muhoinen) tar sig in på deras skogar och gör rågbråtar. De säger att när de själva brukar på sina skogar så kommer svenska finnarna med bössor och gevär och tar deras råg. Arne Kjöllen berättar att Johan Udtran (Utriainen) och Olle Solberg från Järpliden tog från honom 12 (tunnor) råg förra hösten, och att de hade sått en stor svedja i hans skog. Henrik Poulsen Rotberig vittnar att de svenska finnarna Jörgen Andersen och Anders Andersen (Hämäläinen?) från Norra Röjdens finnetorp vid krigets början hade tagit från honom ca 100 tunnor råg och dessutom sått en rågbråte på norska sidan norr om norra Rögdensjön. Allmänheten klagar att de svenska finnarna strippet av allt på detta fogderis skogar och jagar på förbjuden tid och utfiskar deras fiskevatten.

Sockenprästen tilltalar Anders Liden och hans husfinnar, Henrik Poulsen Rotberig och hans husfinnar, för att de inte utfört det arbete de var skyldig prästen. Anders mötte icke, men Henrik sade att de inte hade blivit ombedda att utföra något arbete.

1699-06-30 – Fogden stämmer Henrik Rotberget för att inte förra hösten betalt hans tionde med råg, utan endast 3 skpd.

2. Marte Pålsdotter Raatikainen f 1638 i Nya Kopparberget, Ljusnarsberg, d 1675 i Törberget, Trysil, (Marte föddes "ved det store kobberverk" i Sverige (Kopparberg i Dalarna) av finska föräldrar 1638. Raatikainen skrevs ibland som "Ratkin". Marte var gift med Anders Olsen Kuosmainen f 1627 i Sefaståsen, Ore, d ca 1702 i Törberget nordre, Oppå bakken, Törberget, Trysil.
Deras ättlingar, **se kapitlet om Kuosmainen i Törberget 1670.**

3. Per Pålsson Raatikainen, f 1643 i Rotberget, Hof, d 1717, bosatt i Söre Osen, Söndre Östenheten, Trysil, g1 med okänd, g2 med Kari Henriksdotter f ca 1661 i Fryksdalen.

Från Finnemanntallet 1686:
"Peder poulßen Radkim. barnefødt udj Rodtberig udj hofsogen i Sollør udj Norge Af findsche forældre 43 Aar gamel. Hans quinde Karj hendrichß datter. Barne født utj frydtzdallen i Suerig, af Alder 25 Aar." Källa: E. Opsahl, H. Winge

Enl Bo Hansson:
Per Pålsson Raatikainen flyttade från Rotberget i Hof till Söre Osen och röjde gården Östenheden, han fick nedsättningsbrev 1679 och gården skattlades 1688. Bara 1 1/2 år senare kom Olof Olofsson Tossavainen från Risberget i Våler och tog över bruksrätten, varför vet vi inte ännu.

På följande sidor redovisas översiktligt först Henrik Pålsson Raatikainens ättlingar i minst tre generationer och sedan Per Pålsson Raatikainens ättlingar i minst tre generationer.

Henrik Pålsson Raatikainen's ättlingar.

1. Henrik Pålsson Raatikainen f 1636 i Nya Kopparberget, Ljusnarsberg, d 1706 i Rotberget, Hof, g med Eli Henriksdotter Kurki f 1646 i Djuprämmen, Rämmen, d 1706 i Rotberget, Hof. Dotter till Henrik Kurki och Marit Persdotter Pennainen.
Barn:
1.1. Samuel Henriksson Raatikainen f 1666 i Rotberget, Hof, g med Berte Mattisdatter Käiväräinen f 1665, dotter till Mattis Jensen Käiväräinen och Anne Oldatter Härköinen.
Deras barn:
1.1.1. Henrik Samuelsen Raatikainen f 1685, d före 1742, g med Anniken Matisdatter.
Barn:
1.1.1.1. Pål Henriksen Raatikainen f 1717, g med Karin Andersdotter.
Deras barn:
1.1.1.1.1. Anders Pålsen Raatikainen, g med Kari Eliasdatter

1.1.1.2. Berte Henriksdatter Raatikainen f 1720
1.1.1.3. Samuel Henriksen Raatikainen f 1723
1.1.1.4. Marte Henriksdatter Raatikainen f 1725
1.1.1.5. Ole Henriksen Raatikainen f 1728
1.1.1.6. Pål Henriksen Raatikainen f 1734
1.1.1.7. Marie Henriksdatter Raatikainen f 1738

1.1.2. Pål Samuelsen Raatikainen f efter 1686 i Gransjöberget, Hof, d 1742, g med Berte Danielsdatter d 1742.
1.1.3. Anne Samuelsdatter Raatikainen f efter 1686, g med Erik Johansen, Huseberget.
1.1.4. Eli Samuelsdatter Raatikainen f efter 1686, g med Matis Andersen, Gransjöberget.
1.1.5. Daniel Samuelsen Raatikainen f efter 1686, d före 1742, g med Berte Jonsdatter.
Deras barn:
1.1.5.1. Berte Danielsdatter Raatikainen f 1734
1.1.5.2. Jon Danielsen Raatikainen f 1737

1.1.6. Mattis Samuelsen Raatikainen f 1697 i Huseberget

1.2. Gertrud Henriksdotter Raatikainen f 1668 i Rotberget, Hof, d 1712,

1.3. Marte Henriksdatter Raatikainen f 1670 i Rotberget, Hof, d 1742, g med Mats Olofsson Lehmoinen f 1666 i Skallbäcken, S Finnskoga, d 1738 i Fall, Norge. Hans far var Olof Olofsson Lehmoinen.
Barn:
1.3.1. Henrik Matsson Lehmoinen f 1698 i Fall, g med Lisbet Johansdotter f 1695.
Deras barn:
1.3.1.1. Henrik Henriksson Lehmoinen f 1734 i Tolgraven, S Finnskoga, g med Karin Olsdotter f 1732, d ca 1799 i Tolgraven.
Deras barn:

1.3.1.1.1. Lisbet Henrikssotter Lehmoinen f 1755 i Tolgraven, S Finnskoga
1.3.1.1.2. Olof Henriksson Lehmoinen f 1761 i Tolgraven, g med Valborg Eriksdotter Havuinen f 1760 i Kringsberg, S Finnskoga.
Deras barn:
1.3.1.1.2.1. Henrik Olofsson Lehmoinen f 1785
1.3.1.1.2.2. Karin Olofsdotter Lehmoinen f 1787
1.3.1.1.2.3. Olof Olofsson Lehmoinen f 1792
1.3.1.1.2.4. Ingrid Olofsdotter Lehmoinen f 1795
1.3.1.1.2.5. Valborg Olofsdotter Lehmoinen f 1797
1.3.1.1.2.6. Johan Olofsson Lehmoinen f 1802

1.3.1.1.3. Henrik Henriksson Lehmoinen f 1767
1.3.1.1.4. Valborg Henriksdotter Lehmoinen f 1770
1.3.1.1.5. Erik Henriksson Lehmoinen f 1777

1.3.2. Olof Matsson Lehmoinen f 1699 i Falltorp, S Finnskoga, d ca 1773, g1 med Berte Sigfridsdatter f ca 1703, d 1748-01- i Fall, Norge, g2 med Lisbet Sigfridsdotter f 1713, d 1773.
Barn i första giftet:
1.3.2.1. Maria Olofsdotter Lehmoinen f 1730
1.3.2.2. Catrine Olofsdotter Lehmoinen f 1733, d 1733
1.3.2.3. Else Olofsdotter Lehmoinen f 1735
1.3.2.4. Marte Olofsdotter Lehmoinen f 1738
1.3.2.5. Karl Olofsson Lehmoinen f 1742, g med Valborg Filipsdotter Neuvoinen f 1752 i Bjurberget, S Finnskoga, dotter till Filip Tomasson Neuvoinen och Marit Danielsdotter.
Deras barn:
1.3.2.5.1. Britta Karlsdotter Lehmoinen f 1778 i Falltorp, S Finnskoga, g med Henrik Henriksson.
Deras barn:
1.3.2.5.1.1. Henrik Henriksson f 1801, g med Marit Pålsdotter f 1780 i Fallet, S Finnskoga.
Deras barn:
1.3.2.5.1.1.1. Britta Henriksdotter f 1829

1.3.2.5.2. Annika Karlsdotter Lehmoinen f 1780 i Falltorp, S Finnskoga
1.3.2.5.3. Olof Karlsson Lehmoinen f 1788 i Falltorp, S Finnskoga
1.3.2.6. Kari Olofsdotter Lehmoinen f 1746, d 1766

Barn i andra giftet:
1.3.2.7. Ingeborg Olofsdotter Lehmoinen f 1749, bosatt i Fall, Hof
1.3.2.8. Ole Olofsson Lehmoinen f 1750, bosatt i Fall, Hof
1.3.2.9. Elin Olofsdotter Lehmoinen f 1761

1.3.3. Karl Matsson Lehmoinen f 1701, ev 1703, g 1731-07-28 med Annika Nilsdotter Havuinen f 1712 i Kringsberg, S Finnskoga, dotter till Nils Tomasson Havuinen och Ingeborg Andersdotter Himainen.

Barn:

1.3.3.1. Olof Karlsson Lehmoinen f 1733 i Falltorp, S Finnskoga, g med Annika Henriksdotter f 1737 i Falltorp, S Finnskoga.

Barn:

1.3.3.1.1. Karl Olofsson Lehmoinen f 1761

1.3.3.1.2. Henrik Olofsson Lehmoinen f 1765

1.3.3.1.3. Annika Olofsdotter Lehmoinen f 1767

1.3.3.1.4. Olof Olofsson Lehmoinen f 1770, d före 1777

1.3.3.1.5. Nils Olofsson Lehmoinen f 1773

1.3.3.2. Matis Karlsson Lehmoinen f 1735

1.3.3.3. Nils Karlsen Lehmoinen f 1738, d 1738

1.3.3.4. Mari Karlsdotter Lehmoinen f 1739

1.3.3.5. Karl Karlsson Lehmoinen f 1742 i Falltorp, d 1817, g med Annika Henriksdotter f 1749 i Avundsåsen, S Finnskoga, d 1819, dotter till Henrik Matsson och Karin Henriksdotter.

Deras barn, alla födda i Avundsåsen:

1.3.3.5.1. Karin Karlsdotter Lehmoinen f 1772

1.3.3.5.2. Henrik Karlsson Lehmoinen f 1774

1.3.3.5.3. Karl Karlsson Lehmoinen f 1776

1.3.3.5.4. Maria Karlsdotter Lehmoinen f 1778

1.3.3.5.5. Anna Karlsdotter Lehmoinen f 1787

1.3.3.5.6. Ingeborg Karlsdotter Lehmoinen f 1791

1.3.3.6. Per Karlsson Lehmoinen f 1742, bosatt i N Viggen, Nyskoga

1.3.3.7. Nils Karlsson Lehmoinen f 1745

1.3.3.8. Henrik Karlsson Lehmoinen f 1745

1.3.3.9. Henrik Karlsson Lehmoinen f 1748

1.3.3.10. Peder Karlsson Lehmoinen f 1751, d 1751

1.3.3.11. Maria Karlsdotter Lehmoinen f 1752 i Falltorp, S Finnskoga , d 1817 i Röjden, S Finnskoga.

Barn med Anders:

1.3.3.11.1. Olof Andersson f 1777 i Röjden, S Finnskoga, g med Karin Olofsdotter Halinen f 1776 i Röjden, dotter till Olof Pålsson Halinen och Lisbet Hansdotter Hyytiäinen.

Deras barn:

1.3.3.11.1.1. Anders Olofsson f 1803

1.3.3.11.1.2. Lisa Olofsdotter f 1808

1.3.4. Elin Matsdotter Lehmoinen f 1705 i Fallet, Hof, d 1773 i Norge, g 1729-08-29 med Daniel Andersson Veteläinen f 1705, d 1773 i Gransjöberget, Kilpola, Hof, son till Anders Danielsson Veteläinen och Karin Mickelsdotter.

Deras barn:
1.3.4.1. Anders Danielsson Veteläinen f 1730-12-27 i Röjden, g 1749-10-19 med Helene
Samuelsdatter Piesainen f 1729 i Sögarden, Peistorpet, Åsnes, d 1823, dotter till Samuel
Samuelsson Piesainen och Gjertrud Olsdatter Toverud.
Deras barn:
1.3.4.1.1. Daniel Andersen Veteläinen f 1750, d 1829
1.3.4.1.2. Anders Andersen Veteläinen f 1753
1.3.4.1.3. Gjertrud Andersdatter Veteläinen f 1756, d 1830
1.3.4.1.4. Ole Andersen Veteläinen f 1759, d 1824
1.3.4.1.5. Eli Andersdatter Veteläinen f 1762
1.3.4.1.6. Sören Andersen Veteläinen f 1765
1.3.4.1.7. Henrik Andersen Veteläinen f 1768, d 1768
1.3.4.1.8. Henrik Andersen Veteläinen f 1771

1.3.4.2. Marit Danielsdotter Veteläinen f 1731, g 1756 med Anders Henriksen Piesainen f
ca 1734, bosatta i Tomta, Östgarden, Peistorpet. Hans föräldrar var Henrik Samuelsson
Piesainen och Gertrud Tomasdotter Lehmoinen.
Deras barn:
1.3.4.2.1. Henrik Andersen Piesainen f 1760, d 1797, g med Kari Andersdatter Räisäinen,
dotter till Anders Persen Räisäinen och Kari Persdatter Navilainen.

1.3.4.3. Eli Danielsdotter Veteläinen f 1735
1.3.4.4. Daniel Danielsson Veteläinen f 1749

1.4. Henrik Henriksson Raatikainen f 1671, d 1715 i Rotberget, Hof

1.5. Pål Henriksson Raatikainen f 1674, d 1736-11-16 i Skallbäcken, S Finnskoga, g1
1701-02-02 med Lisbet Olsdotter Tossavainen f 1671 i Risberget, Våler, d 1714 i
Skallbäcken, dotter till Olof Olofsson Tossavainen och Annika Steffensdatter Mullikka.
G2 1715 med Malin Filipsdotter Neuvoinen f 1683 i Bjurberget, S Finnskoga, dotter till
Filip Filipsson Neuvoinen och Marit Tomasdotter Havuinen.
Barn i första äktenskapet:
1.5.1. Henrik Pålsson Raatikainen f ca 1700, d 1742-02-17 i Skallbäcken, g med Lisbet
Nilsdotter f ca 1704, d 1742-02-15
1.5.2. Pål Pålsson Raatikainen f 1700 i Skallbäcken, g med Britta Nilsdotter Moijainen f
1709 i Öjeberget, Nyskoga, dotter till Nils Henriksson Moijainen och Kerstin Eskilsdotter
Rämäinen.
Deras barn:
1.5.2.1. Lisa Pålsdotter Raatikainen f 1728
1.5.2.2. Kerstin Pålsdotter Raatikainen f 1730-08-22 i Öjeberget, Nyskoga, d 1801-03-15 i
Snipa, Vitsand, g med Per Persson Rämäinen f 1735-01-02 i Digerberget, Rämälä,
Nyskoga, d 1795-07-31 i Snipa, Vitsand. Son till Per Persson Rämäinen och Karin
Eriksdotter Ruaaskoinen.
Deras barn:

1.5.2.2.1. Henrik Persson Rämäinen f 1760, g med Valborg Danielsdotter Hämäläinen f 1761 i Öjeberget, Nyskoga, d 1807-03-01 i Snipa, Vitsand.
1.5.2.2.2. Per Persson Rämäinen f 1762
1.5.2.2.3. Elllika Persdotter Rämäinen f 1765
1.5.2.2.4. Kerstin Persdotter Rämäinen f 1769
1.5.2.2.5. Britta Persdotter Rämäinen f 1771
1.5.2.2.6. Pål Persson Rämäinen f 1776

1.5.2.3. Henrik Pålsson Raatikainen f 1733
1.5.2.4. Annika Pålsdotter Raatikainen f 1736
1.5.2.5. Elin Pålsdotter Raatikainen f 1739
1.5.2.6. Karin Pålsdotter Raatikainen f 1744
1.5.2.7. Pål Pålsson Raatikainen f 1747
1.5.2.8. Karl Pålsson Raatikainen f 1751

1.5.3. Helena Pålsdotter Raatikainen f 1703-12-13 i Skallbäcken, S Finnskoga
1.5.4. Annika Pålsdotter Raatikainen f 1709 i Skallbäcken, d 1769-04-14 i Flatåsen, Nyskoga, g med Pål Henriksson Saastainen f 1714-05-25 i Öjeberget, Nyskoga, d 1757-02-08 i Nyskoga, föräldrar Henrik Karlsson Saastainen och Malin Henriksdotter.
Barn:
1.5.4.1. Henrik Pålsson Saastainen f 1739, d 1809
1.5.4.2. Pål Pålsson Saastainen f 1744
1.5.4.3. Olof Pålsson Saastainen f 1746, d 1810
1.5.4.4. Anders Pålsson Saastainen f 1748, d 1817
1.5.4.5. Erik Pålsson Saastainen f 1748
1.5.4.6. Karl Pålsson Saastainen f 1751
1.5.4.7. Tomas Pålsson Saastainen f 1755

Pål Henriksson Raatikainens f 1674,
barn i andra äktenskapet med Malin Filipsdotter Neuvoinen:
1.5.5. Filip Pålsson Raatikainen f 1716-04-26 i Skallbäcken, g med Annika Eriksdotter f 1700.
Barn:
1.5.5.1. Pål Filipsson Raatikainen f 1759
1.5.6. Lisbet Pålsdotter Raatikainen f 1721-05-14 i Skallbäcken, g med Anders Andersson Veteläinen f 1719-11-30 i Medskogen, S Finnskoga, son till Anders Danielsson Veteläinen och Karin Mickelsdotter.
Barn:
1.5.6.1. Karin Andersdotter Veteläinen f 1745
1.5.6.2. Anna Andersdotter Veteläinen f 1746
1.5.6.3. Daniel Andersson Veteläinen f 1749-06-30 i Medskogen, g med Anna Henriksdotter Vilhuinen f ca 1736 i Skråckarberget, N Finnskoga, dotter till Henrik Andersson Vilhuinen och Maria Henriksdotter Neuvoinen.
Deras barn:

1.5.6.3.1. Daniel Danielsson Veteläinen f 1774
1.5.6.4. Maria Andersdotter Veteläinen f 1752-04-18 i Medskogen
1.5.6.5. Mats Andersson Veteläinen f 1754-02-22, d 1759
1.5.6.6. Lisbet Andersdotter Veteläinen f 1756

1.5.7. Malin Pålsdotter Raatikainen f 1723-03-29 i Bjurberget, d 1810-04-27 i Båtstad, N Finnskoga, g med Jon Mickelsson f 1719-11-07 i Båtstad, son till Mickel Haraldsson och Britta Olofsdotter.
Barn:
1.5.7.1. Britta Jonsdotter f 1751, d 1823

1.5.8. Olof Pålsson Raatikainen f 1725
1.5.9. Valborg Pålsdotter Raatikainen f 1728 i Skallbäcken, g 1754-12-25 med Anders Andersson Vaissinen f 1732 i Bjurberget, S Finnskoga, son till Anders Mattisen Vaissinen och Lisbet Eriksdotter.
Deras barn:
1.5.9.1. Britta Andersdotter Vaissinen f 1755, d 1756
1.5.9.2. Malin Andersdotter Vaissinen f 1757
1.5.9.3. Lisbet Andersdotter Vaissinen f 1762

1.6. Karl Henriksson Raatikainen f 1676 i Rotberget, Hof, d 1742 i Digerberget, Nyskoga, g 1715-05-22 med Valborg Filipsdotter Neuvoinen, f 1684 i Bjurberget, S Finnskoga, d 1735-04-28 i Digerberget, Nyskoga, dotter till Filip Filipsson Neuvoinen och Marit Tomasdotter Havuinen.
Deras barn:
1.6.1. Henrik Karlsen Raatikainen f 1715-07-24 i Digerberget, Nyskoga, g med Anne Steffensdatter Mullikka f 1726, d 1793, dotter till Steffen Steffensen Mullikka och Mari Pålsdatter Liukkoinen.
Deras barn:
1.6.1.1. Mari Henriksdatter Raatikainen f 1757, d 1840

1.6.2. Karl Karlsson Raatikainen f 1718-01-04 i Digerberget, Nyskoga, g med Eli Mathisdatter Mullikka, d 1764 i Vermunden, Åsnes, dotter till Mats Henriksson Mullikka och Karin Pålsdotter Räisäinen.
Deras barn:
1.6.2.1. Henrik Karlsen Raatikainen f 1751 i Norge, g med Eli Andersdatter Veteläinen f 1762, dotter till Anders Danielsson Veteläinen och Helene Samuelsdatter Piesainen.
Deras barn:
1.6.2.1.1. Karl Henriksen Raatikainen f 1792

1.6.2.2. Kari Karlsdatter Raatikainen f 1753
1.6.2.3. Marit Karlsdatter Raatikainen f 1759
1.6.2.4. Mattis Karlsen Raatikainen f 1764

1.6.3. Anna (Annika) Karlsdotter Raatikainen f 1720-04-12 i Digerberget, Nyskoga, g med Henrik Matisen Mullikka, son till Mats Henriksson Mullikka och Karin Pålsdotter Räisäinen.
Deras barn:
1.6.3.1. Ole Henriksen Mullikka f 1750, d 1801
1.6.3.2. Kari Henriksdatter Mullikka f 1754, d 1814

1.6.4. Ellika Karlsdotter Raatikainen f 1722-03-22 i Digerberget, Nyskoga
1.6.5. Henrik Karlsson Raatikainen f 1724-04 i Digerberget, Nyskoga

1.7. Arne Henriksson Raatikainen f 1677 i Rotberget, Hof

1.8. Bertil Henriksson Raatikainen f 1681 i Rotberget, Hof, d 1735 i Grue, g 1718 med Anne Olsdatter Räisäinen f 1691, d 1759, dotter till Ole Tomasson Räisäinen.
Deras barn:
1.8.1. Lisbet Bertelsdatter Raatikainen
1.8.2. Anders Bertelsen Raatikainen
1.8.3. Ole Bertelsen Raatikainen f 1719, bosatt i Rotberget, Hof
1.8.4. Henrik Bertilsson Raatikainen f 1724, d 1793
Barn med okänd:
1.8.4.1. Anne Henriksdotter Raatikainen f 1747, d 1836
1.8.5. Ingrid Bertelsdatter Raatikainen f 1727
Barn med okänd:
1.8.6. Pål Bertelsen Raatikainen

Barn med Britta Henriksdotter f ca 1698 i Dalby
1.8.7. Elin Bertilsdotter Raatikainen f 1716, d 1800-10-01 i Skråckarberget, g 1738 med Anders Olofsson Vilhuinen f 1717-04-01 och d 1787-03-18 i Skråckarberget, son till Olof Andersson Vilhuinen och Ingrid Henriksdotter Himainen.
Deras barn:
1.8.7.1. Ingrid Andersdotter Vilhuinen f 1740-02-20 i Skråckarberget, d 1793-04-16, g 1760 med Olof Matsson Mullikka f 1738 i Kalneset, Grue, d 1815-01-02, son till Mats Henriksson Mullikka och Karin Pålsdotter Räisäinen.
Deras barn:
1.8.7.1.1. Karin Olofsdotter Mullikka f 1761
1.8.7.1.2. Eli Olofsdotter Mullikka f 1770
1.8.7.1.3. Anders Olofsson Mullikka f 1773, d 1846
1.8.7.1.4. Anna Olofsdotter Mullikka f 1777
1.8.7.1.5. Ingrid Olofsdotter Mullikka f 1782
1.8.7.1.6.Johan Olofsson Mullikka f 1783

1.8.7.2. Anders Andersson Vilhuinen f 1745

1.8.7.3. Anna Andersdotter Vilhuinen f 1752-12-06 i Skråckarberget, d 1824-09-22 i Järpliden, S Finnskoga, g med Daniel Johansson Lehmoinen f 1744-03-10 i Järpliden, d före 1824, son till Johan Karlsson Lehmoinen och Elin Pålsdotter Honkainen.
Deras barn:
1.8.7.3.1. Elin Danielsdotter Lehmoinen f 1775
1.8.7.3.2. Johan Danielsson Lehmoinen f 1783, d 1844
1.8.7.3.3. Bertil Danielsson Lehmoinen f 1787, d 1853

Per Pålsson Raatikainen´s ättlingar.

3. Per Pålsson Raatikainen f 1643 i Rotberget, Hof, d 1717, d i Söre Osen, Östenheden, Trysil, g med Kari Henriksdatter f ca 1661 i Fryksdalen. Född omkring 1643 i Rotberget, Hof, Hedmark, Norge.

"Peder poulßen Radkim. barnefødt udj Rodtberig udj hofsogen i Sollør udj Norge Af findsche forældre 43 Aar gamel. Hans quinde Karj hendrichß datter. Barne født utj frydtzdallen i Suerig, af Alder 25 Aar." Källa: E. Opsahl, H. Winge, "Finnemanntallet 1686".

Enl Bo Hansson:
Per Pålsson Raatikainen flyttade från Rotberget i Hof till Söre Osen och röjde gården Östenheden, han fick nedsättningsbrev 1679 och gården skattlades 1688. Bara 1 1/2 år senare kom Olof Olofsson Tossavainen från Risberget i Våler och tog över bruksrätten, varför vet vi inte ännu.

Barn:
3.1. Anne (Anniken) Persdatter Raatikainen f 1674 i Söre Osen, Trysil, d efter 1741, g med Ole Olsen Tossavainen f 1685 i Risberget, Våler, d 1736 i Söre Osen, Söndre Östenheden, Trysil, son till Olof Olofsson Tossavainen och Karin Pålsdotter.
Barn:
3.1.1. Helje Olsdatter Tossavainen f 1696 i Östenheden, Söre Osen, g med Daniel Danielsson Siekkinen f 1695 i N Lutnes, Trysil, son till Daniel Sigfridsson Siekkinen och Marit Henriksdotter Himainen.
Deras barn:
3.1.1.1. Daniel Danielsen Siekkinen f 1723, d 1752, g med Marte Mattisdatter f 1725, d 1808-06-19.
Barn:
3.1.1.1.1. Helje Danielsdatter Siekkinen f 1750 i Nordre Lutnes, Trysil, d 1824-05-26, g 1769 med Daniel Eriksen Siekkinen f 1744 i Östenheden, Söre Osen, Trysil, d 1819-03-21, son till Erik Danielsen Siekkinen och Kari Olsdatter Tossavainen.
Barn:
3.1.1.1.1.1. Erik Danielsen Siekkinen f 1774, d 1830
3.1.1.1.1.2. Anne Danielsdatter Siekkinen f 1781, d 1827

3.1.1.1.2. Anne Danielsdatter Siekkinen f 1752 i Nordre Lutnes, Trysil, d 1810-12-23, g 1775 med Pål Persen Raatikainen f 1739 i Grönoset, Trysil, d 1800-03-22, son till Per Pålsen Raatikainen och Marit Andersdotter Vauhkoinen.
Barn:
3.1.1.1.2.1. Per Pålsen Raatikainen f 1778, d 1829

3.1.1.2. Ole Danielsen Siekkinen f 1725 i Nordre Lutnes, Trysil, d 1790, g 1758 med Berte Gregersdatter Raatikainen f 1725 i Söre Osen, Nordre Ifarneset, Trysil, d före 1800, son till Gregers Pedersen Raatikainen och Kari Johansdatter Käiväräinen.
Deras barn:
3.1.1.2.1. Helje Olsdatter Siekkinen g med Ola Olsen, son till Ola Persen och Kersti Torgalsdatter.
Deras barn:
3.1.1.2.1.1. Berte Olsdatter

3.1.1.2.2. Daniel Olsen Siekkinen f 1761-09-27, d 1804-12-06.
Barn utan känd moder:
3.1.1.2.2.1. Ole Danielsen Siekkinen f 1785-12-06 i Ö Lutnes, Trysil, d 1838-04-26

3.1.1.3. Per Danielsen Siekkinen f 1729, bosatt i Rotberget, Hof

3.1.1.4. Morten Danielsen Siekkinen f 1731 i Styggberget, Elverum, g 1760 med Marte Gregersdatter Raatikainen f 1732 i Söre Osen, Ifarneset, Trysil, dotter till Gregers Pedersen Raatikainen och Kari Johansdatter Käiväräinen.
Barn:
3.1.1.4.1. Gertrud Mortensdatter Siekkinen, Styggberget, Elverum, g med Lars Andersen.
Deras barn:
3.1.1.4.1.1. Marte Larsdatter f 1796
3.1.1.4.1.2. Morten Larsen Styggberget f 1799. D 1877

3.1.1.5. Marte Danielsdatter Siekkinen f 1736, d 1815-06-08, g 1754 med Morten Mortensen Kuosmainen f 1725 i Nyhus Vestre, Trysil, d 1811-08-04, son till Morten Olsen Kuosmainen och
Marte Staffansdotter Siekkinen.
Deras barn:
3.1.1.5.1. Gertrud Mortensdatter Kuosmainen f 1758, d 1835
3.1.1.5.2. Daniel Mortensen Kuosmainen f 1760
3.1.1.5.3. Helene Mortensdatter Kuosmainen f 1767, 1801
3.1.1.5.4. Per Mortensen Kuosmainen f 1772

3.1.1.6. Erik Danielsson Siekkinen f 1741-07-02 i Nordre Lutnes, Trysil, d 1814-11-05 i Långflon, N Finnskoga, g 1772 med Karin Andersdotter Tossavainen f 1753-03-18 i S Lutnes, Trysil, d 1832-07-28 i Långflon, N Finnskoga, dotter till Anders Mattisen Tossavainen och Lisbet Henriksdotter Mammoinen.
Deras barn:
3.1.1.6.1. Helena Eriksdotter Siekkinen f 1773
3.1.1.6.2. Daniel Eriksson Siekkinen f 1774 i N Lutnes, Trysil, dop 1775-01-01, d 1843-12-12 i Långflonäset, N Finnskoga, g 1811-10-20 med Gertrud Matsdotter Hakkarainen f 1782-07-18 i V Näset, Långflon, N Finnskoga, d 1847-01-22 i Långflonäset, dotter till Mats Josefsson Hakkarainen och Karin Olofsdotter.

3.1.1.6.3. Anders Eriksson Siekkinen f 1777

3.1.1.6.4. Olof Eriksson Siekkinen f 1778

3.1.1.6.5. Henrik Eriksson Siekkinen f 1781 i Ö Näset, Långflon, N Finnskoga, d 1853, g med Berta Olofsdotter f 1787 i Norge, d 1885.

3.1.1.6.6. Mårten Eriksson Siekkinen f 1782

3.1.1.6.7. Karin Eriksdotter Siekkinen f 1785

3.1.1.6.8. Mattes Eriksson Siekkinen f 1788

3.1.1.6.9. Lisa Eriksdatter Siekkinen f 1790-09-28 i Långflon, d 1852-12-06, g1 med Mats Klemetsson Muhoinen f 1776 i Uggelheden, N Finnskoga, son till Klemet Matsson Muhoinen och Karin Eriksdotter. G2 1816 med Petter Olsen Grönneset f 1791-05-22 i Plassen, Grönneset, Trysil, d 1871-10-16, son till Ola Torgalsen och Ingeborg Himainen.

3.1.1.6.10. Elias Eriksson Siekkinen f ca 1795 i Ö Näset, Långflon, N Finnskoga, d 1863 i Törberget nordre, Andersgarden (Elias), Trysil, g 1824 med Marte Persdatter Hegg f 1798-07-09 i Engemoen, Trysil, d 1879.

3.1.2. Kari Olsdatter Tossavainen f 1705, d 1785, g 1730 med Erik Danielsen Siekkinen f 1703 i Lutnes nordre, Trysil, d 1751 i Söre Osen, Söndre Östenheden, Trysil, son till Daniel Sigfridsson Siekkinen och Marit Henriksdotter Himainen.

Barn:

3.1.2.1. Kari Eriksdatter Siekkinen

3.1.2.2. Marte Eriksdatter Siekkinen f 1732

3.1.2.3. Anne Eriksdatter Siekkinen f 1734 i Söre Osen, Östenheden söndre, Trysil, d 1756, g 1753 med Morten Andersen Kuosmainen f 1724 i Törberget nordre, Andersgarden, Trysil, d 1805-06-24 i Söre Osen, Bråten, Trysil, son till Anders Andersen Kuosmainen och Helje Eriksdatter Purainen.

Deras barn:

3.1.2.3.1. Anders Mortensen Kuosmainen f 1754

3.1.2.3.2. Anne Mortensdatter Kuosmainen f 1756, d 1756

3.1.2.4. Ole Eriksen Siekkinen f 1738 i Söre Osen, Östenheden, Trysil, d 1784, g med Marte Paulsdatter Raatikainen f 1741-01-01 i Galåsen söndre, Trysil, son till Pål Pålsen Raatikainen och Kersti Mortensdatter Kuosmainen.

3.1.2.5. Daniel Eriksen Siekkinen f 1744 i Söre Osen, Östenheden, Trysil, d 1819-03-21, g 1769 med Helje Danielsdatter Siekkinen, f 1750 i Nordre Lutnes, Trysil, d 1824-05-26 i Söre Osen, Söndre Östenheden, Trysil, dotter till Daniel Danielsen Siekkinen och Marte Mattisdatter.

3.1.2.6. Ingeborg Eriksdatter Siekkinen f 1745

3.1.2.7. Gertrud Eriksdatter Siekkinen f 1749

3.1.2.8. Maren Eriksdatter Siekkinen f 1750

3.1.3. Anne Olsdatter Tossavainen f 1716 g med Otter Torstensen Hoff f 1721 i Hof

3.2. Pål Persen Raatikainen f 1677 i Söre Osen, Söndre Östenheden, Trysil, g med Kari Larsdatter f 1665 i Grue, d 1743-03-25 i Anttila, Grue, dotter till Lars Larsson och Eli Nilsdotter Vauhkoinen.

Barn:

3.2.1. Per Pålsen Raatikainen f 1695 i S Galåsen, Trysil, d 1762-07-01 i Grönoset, Trysil, g 1738-09-03 i Dalby med Marit Andersdotter Vauhkoinen f 1716-09-21 i Aspberget, N Finnskoga, d 1795-05-14 i Grönoset, Trysil, dotter till Anders Staffansson Vauhkoinen och Karin Adamsdotter.

Deras barn:

3.2.1.1. Pål Persen Raatikainen f 1739 i Grönoset, Trysil, d 1800-03-22, g 1775 med Anne Danielsdatter Siekkinen f 1752 i N Lutnes, Trysil, d 1810-12-23, dotter till Daniel Danielsen Siekkinen och Marit Mattisdatter Räisäinen.

Deras barn:

3.2.1.1.1. Per Pålsen Raatikainen f 1778-01-01 i Grönoset, Trysil, d 1829-10-03, g 1804 med Kari Eriksdatter Långflon.

3.2.1.1.2. Marte Pålsdatter Raatikainen f 1784, d 1853, g med Olof Olofsson f 1779, d 1835, bosatta i Lima.

3.2.1.2. Marte Persdatter Raatikainen f 1747-06-24 (dop) i Lutnes, Trysil, d 1811, g 1784 med Morten Andersen Kuosmainen f 1724 i Törberget nordre, Andersgarden, Trysil, d 1805-06-24 i Söre Osen, Bråten, Trysil, son till Anders Andersen Kuosmainen och Helje Eriksdatter Purainen.

Barn:

3.2.1.2.1. Anders Mortensen Kuosmainen f 1784, d 1785

3.2.1.3. Gjertrud Persdatter Raatikainen f 1749, d 1831, g med Anders Knudsen f 1758, d 1830

3.2.1.4. Kersti Persdatter Raatikainen f 1754, g med Simen Gundersen, Horndalen, Elverum

3.2.1.5. Anne Persdatter Raatikainen f 1758, d 1818, g1 med Per Ersson f 1748, d 1808 i Sälen, Lima, g2 med Anders Olsen f 1758, d 1833 i Lutnes söndre, Trysil.

3.2.2. Marit Pålsdatter Raatikainen f 1701 och d 1739-03-18 i Galåsen, Trysil, g 1738-06-07 med Olof Bengtsson f 1715 i Höljes, N Finnskoga, d 1795-08-09 i Uggelheden, Sörgården, N Finnskoga, son till Bengt Halvardsson och Karin Olofsdotter. Bengts-Ola, trollkarl. Ägde 1742 en stor gård i Höljes, men sålde 1750 och startade om i Uggelheden, där han blev förste ägare och brukare av Sörgården. Gifte sig senare med Gertrud Henriksdotter Kuosmainen och fick med henne 10 barn.

3.2.3. Pål Pålsen Raatikainen f ca 1709 och d ca 1754 i S Galåsen, Trysil, g 1738 med Kersti Mortensdatter Kuosmainen f 1720 i V Nyhus, Varaholla, Trysil, d 1802-08-08 i S

Galåsen, Trysil, dotter till Morten Olsen Kuosmainen och Marte Staffansdotter Siekkinen.

Deras barn:

3.2.3.1. Marte Paulsdatter Raatikainen f 1741-01-01 i Galåsen söndre, Trysil, d 1822, g med Ole Eriksen Siekkinen f 1738 i Söre Osen, Östenheden, Trysil, d 1807, son till Erik Danielsen Siekkinen och Kari Olsdatter Tossavainen.

Deras barn:

3.2.3.1.1. Kari Olsdatter Siekkinen f 1764 i Söre Osen, nordre Östenheden, Trysil, d 1813-01-01, g med Gregers Olsen f 1764-03-18 i Lutnes nordre, Trysil, d 1829-02-15.

3.2.3.2. Kari Paulsdatter Raatikainen f 1744, d 1820-03-25, g 1762 med Per Persson f 1739, d 1836-11-04 i Ö Sätre, Trysil, son till Per Jensen och Kari Hansdatter.

Deras barn:

3.2.3.2.1. Siri Pedersdatter Grambo f 1771-01-04 i Östby, Grambolia, Grambo, Trysil, g med Enok Jensen Grönland f 1769-09-22 i Östby, Grönland, Trysil, d 1851-03-15, son till Jens Evensen Grönland och Siri E Finstad.

3.2.3.3. Paul Paulsen Raatikainen f 1747-02-02 i S Galåsen, Trysil, d 1817-01-10, g 1768 med Gertrud Persdatter Tossavainen f ca 1747 i Osen, Röbuknappen, Trysil, d 1810-07-15 i S Galåsen, Trysil, son till Per Andersen Tossavainen och Siri Larsdatter.

Deras barn:

3.2.3.3.1. Kersti Paulsdatter Raatikainen f 1769-06-24, d 1854-03-05, g1 1803 med Ola Torgalsen f 1750-09-25, d 1805-10-21 i Ö Sätre, Trysil, son till Torgal Torgalsen Sätre och Ingri Persdatter. G2 1807 med Ole Danielsen Siekkinen f 1785-12-06 i Ö Lutnes, Trysil, d 1838-04-26, son till Daniel Olsen Siekkinen och Anna Olofsdotter Räisäinen.

Barn i andra giftet:

3.2.3.3.1.1. Anne Olsdatter Siekkinen f 1813-05-19, d 1894-10-25, g 1839 med Ola Olsen Tossavinen f 1790-01-17, d 1873-04-16, son till Ola Andersen Tossavainen och Kersti Olsdatter Nyhuus Kuosmainen.

3.2.3.3.2. Paul Paulsen Raatikainen f ca 1771, d 1824, g med Marte Olsdotter Grönneset, f efter 1824

3.2.3.3.3. Kari Paulsdatter Raatikainen f 1793-10-06 i S Galåsen, Sögarn, Trysil, g 1820 med Hovel Hansen Ziener f 1780-11-04 i Kongsberg, d 1860-08-18 i Lutnes, Trysil, son till Hans Simon Torkildsen och Abel Maria Hovelsdatter.

3.2.3.4. Morten Paulsen Raatikainen f 1749, d 1818-09-06, g 1781 med Gjertrud Mortensdatter Nyhus f 1755-06-26, d 1835-06-10

3.2.3.5. Per Paulsen Raatikainen f 1751, d 1796, g med Kari Jonasdatter f 1750, bosatta i Rörbäcksnäs, Lima

3.2.3.6. Ole Paulsen Raatikainen f 1753, d 1755

3.2.4. Gjertrud Pålsdatter Raatikainen f 1714, d 1745, g med Henrik Mattisen Tossavainen f 1717 i S Skjärberget, Trysil, d 1790-05-24, son till Mattis Olsen Tossavainen och Ingeborg Olsdatter Kuosmainen.

3.3. Ole Pedersen Raatikainen f 1678
3.4. Mari Persdatter Raatikainen f 1681
3.5. Gregers (Fredrik) Pedersen Raatikainen f 1683 i Söre Osen, nordre Ifarneset, Trysil, d 1751, g med Kari Johansdatter Käiväräinen f 1700, d 1775.
Barn:
3.5.1. Per Gregersen Raatikainen f 1723, g 1755 med Anne Olsdatter Överby.
Deras barn:
3.5.1.1. Margrete Persdatter Raatikainen f ca 1750, d 1786
3.5.1.2. Ole Persen Raatikainen f 1756, d 1818

3.5.2. Kari Gregersdatter Raatikainen f 1725, d 1810, g med Morten Mattisen Tossavainen, f ca 1721, son till Mattis Olsen Tossavainen och Ingeborg Olsdatter Kuosmainen.

3.5.3. Berte Gregersdatter Raatikainen f 1725, d före 1800, g 1758 med Ole Danielsen Siekkinen f 1725 i Lutnes nordre, Trysil, d 1790, son till Daniel Danielsson Siekkinen och Helje Olsdatter Tossavainen.
Deras barn:
3.5.3.1. Helje Olsdatter Siekkinen g med Ola Olsen, son till Ola Persen och Kersti Torgalsdatter.
Deras barn:
3.5.3.1.1. Berte Olsdatter

3.5.3.2. Daniel Olsen Siekkinen f 1761, d 1804.
Barn utan känd moder:
3.5.3.2.1. Ole Danielsen Siekkinen f 1785, d 1838

3.5.4. Marte Gregersdatter Raatikainen f 1732 i Söre Osen, Ifarneset, Trysil, g 1760 med Morten Danielsen Siekkinen f 1731, son till Daniel Danielsson Siekkinen och Helje Olsdatter Tossavainen. Bosatta i Styggberget, Elverum.
Barn:
3.5.4.1. Gertrud Mortensdatter Siekkinen, g med Lars Andersen.
Deras barn:
3.5.4.1.1. Marte Larsdatter f 1796
3.5.4.1.2. Morten Larsen Styggberget f 1799, d 1877

3.6. Gjertrud Persdatter Raatikainen f 1685 i Söre Osen, Söndre Östenheden, Trysil, d 1771-11-20, g ca 1726 med Anders Olsen Tossavainen f 1685 i Risberget, Våler, d 1744-07- i Röbuknappen, Trysil, son till Olof Olofsson Tossavainen och Karin Pålsdotter.
Barn:

3.6.1. Per Andersen Tossavainen f 1723 i Röbuknappen, d 1797-07-11, g 1748 med Siri Larsdatter f 1725 i Grötting, Elverum, d 1815-02-11.
Deras barn:
3.6.1.1. Gertrud Persdatter Tossavainen f 1747, d 1810
3.6.1.2. Kirsti Pedersdatter Tossavainen f 1751, d 1752
3.6.1.3. Kirsti Pedersdatter Tossavainen f 1753, d 1762
3.6.1.4. Anne Pedersdatter Tossavainen f 1756, d 1828
3.6.1.5. Anders Pedersen Tossavainen f 1758, d 1848
3.6.1.6. Helene Pedersdatter Tossavainen f 1761, d 1841
3.6.1.7. Peder Pedersen Tossavainen f 1762
3.6.1.8. Lars Pedersen Tossavainen f 1764, d 1850
3.6.1.9. Kari Pedersdatter Tossavainen f 1769, d 1773
3.6.1.10. Ole Pedersen Tossavainen f 1770

3.6.2. Kari Andersdotter Tossavainen f 1726, d ca 1792, g med Ole Larsen

Vappuinen i Peistorpet på 1640-talet

Henrik Henriksen Vappuinen f 1614, d ca 1675 i Söregården, Peistorpet, Åsnes finnskog. Han var nybyggare i Peistorpet på 1640-talet. Han bodde först i Skattlösberg, Grangärde socken. Kom troligen från Ludvika till Midskogsberget finnetorp (Piestorpet Södergård) under 1640-talet. Under Gyldenlövefejden blev gården öde eller utbränd. Henriks hustru är okänd till namnet. Hon avled före 1675.

Från domböckerna:
1671 – Henrik Huop finne (Vappuinen) tilltalad för lägersmål med Peder Henriksens dotter Lisbet. I rätten säger han att det är lögn. Utan vidare upplysningar kan det inte dömas.
Trond Trangsrud stämmer Henrik Henriksen Huop finne för att han både i fjol och i år har slått hans slåttermyrar vid Tyskeberget, som Trond avser att skatta för. Myrarna är hyrda av Oluff Torstensen, som köpt av K.M. Henrik döms att betala 2 ort silver och omkostnader.

1681-10-20 - Fogden frågade också vem Maties Waps far Henrik Henriksen Wap hade bygslet finnetorpet Midskogsberget av, eftersom salig Olle Tostensen d e, från Kristiania ska ha köpt samma plats av K.M. Allmänheten svarade att hade skett i förra fogden Jens Bangs tid.

Följande barn är kända:
1. Mats Henriksen Vappuinen, vilken flyttade till Djäkneliden, S Finnskoga, och efter några år till Ekshärad.
Från domböckerna i Hof sn:
Fogden frågade bygdelensmannen Arne Arneberg hur hans befallningar efterlevts angående den rågbråte som Maties Wap finne har på svensksidan. Han skulle också ha något fall på norska sidan. Länsmannen hade tillsammans med utvalda landbönder gått till rågbråten, men där var svenska finnar med gevär, så de kunde inte komma nära. Fogden frågade allmänheten var Maties Henriksen Wap nu höll till, och svaret var två mil inne i Sverige i ett finnetorp som hette Dögenlien (Djäkneliden?), hos hans vermor. Han hade varit där under de senaste krigsåren fram till förra vintern, då han reste längre in i Sverige.
2. Henrik Henriksen Vappuinen,
3. Mari Henriksdatter Vappuinen, barn med Anders: Anne Andersdatter, f ca 1703,
4. Marte Henriksdatter Vappuinen f 1646 i Midskogsberget (=Peistorpet), Åsnes finnskog, d 1684, g med Henrik (Samuelsson?) Piesainen, "Besen" kallad, f 1634 i Piesaskylä, Petäjavest, Finland, d efter 1710. Henrik kom till Peistorpet senast 1661 från Karelen. Han patronymikon är troligen Samuelsson. Jag känner till sex barn födda mellan 1662 och 1684, och dessa är:
4.1. Malli (Marit) Henriksdatter Piesainen f 1662, d 1734, blind,

4.2. Samuel Henriksen Piesainen f 1667, d 1739 i Peistorpet, Åsnes finnskog, g med Eli Matsdotter Hyytiäinen f 1664 i Mackartjärn, S Finnskoga (även hennes systrar Agneta och Karin kom till Peistorpet),

4.3. Henrik Henriksen Piesainen f 1670, d 1710,

4.4. Anniken Henriksdatter Piesainen f 1676 i Peistorpet, d 1745 i Bakken, Åsnes, g 1698 med Bertil Eriksson Neuvoinen, f 1678 i Bjurberget (ev Mackartjärn), S Finnskoga. "Gift i 42 år, aflat 8 barn, gl 62 år." Bodde några år som husfinne hos svärföräldrarna i Peistorpet, flyttade sedan som husfinnar till bl, a, Skråckarberget, Lisselberget och Kindsjön,

4.5. Peder Henriksen Piesainen f 1683,

4.6. Marte Henriksdatter Piesainen f 1684 i Åsnes, g med Mickel Pålsson Honkainen f ca 1690 i Järpliden, S Finnskoga, bosatta i Järpliden. Mantal för Järpliden 1713-1740.

Henrik Henriksen Vappuinens ättlingar i minst tre generationer redovisas översiktligt här:

1. Henrik Henriksen Vappuinen f 1614, d ca 1675 i Söregården, Peistorpet, Åsnes finnskog, hustrun okänd till namnet, var död före 1675.
Barn:
1.1. Mats Henriksen Vappuinen flyttade till Djäkneliden under kriget (Gyldenlövefejden 1675-79 och efter några år (1680) till Ekshärad.

1.2. Henrik Henriksen Vappuinen

1.3. Mari Henriksdatter Vappuinen,
barn med Anders:
1.3.1. Anne Andersdatter, f ca 1703

1.4. Marte Henriksdatter Vappuinen f 1646 i Midtskogberget, Åsnes finneskog, d 1684, g med Henrik Samuelsson Piesainen f 1634 i Piesaskylä, Petäjavest, Finland, d efter 1710 i Peistorpet, Åsnes.
Deras barn:
1.4.1. Malli Henriksdatter Piesainen f 1662, d 1734, var blind
1.4.2. Samuel Henriksen Piesainen f 1667 och d 1739 i Peistorpet, g med Eli Matsdotter Hyytiäinen f 1664 i Mackartjärn, S Finnskoga, dotter till Mats Larsson Hyytiäinen och Lisbet Larsdotter.
Deras barn:
1.4.2.1. Henrik Samuelsson Piesainen f 1694, d 1742, fick bygselrett på Nordgarden, Peistorpet 1720-06-27, g med Gertrud Tomasdotter Lehmoinen f 1699-07- i Skallbäcken, S Finnskoga, son till Tomas Pålsson Lehmoinen och Lisbet Davidsdotter Pöntinen.

Deras barn:

1.4.2.1.1. Samuel Henriksen Piesainen f 1723

1.4.2.1.2. Samuel d y Henriksen Piesainen f 1725

1.4.2.1.3. Helena Henriksdatter Piesainen f 1727, d 1807-10-02, g 1745-10-24 med Ole Olsen Räisäinen f 1725, d 1769-11- i Nordgarden, Peistorpet, son till Ole Tomasen Räisäinen och Karin Danielsdotter Veteläinen.
Deras barn:

1.4.2.1.3.1. Kari Olsdatter Räisäinen f 1746, g 1780-05-16 med Mattis Mattisen Suhoinen, "Mattisen Ram Suhoinen", soldat i Peistorpet, Grue. Mattis kom närmast från Frysjöberget, släkten från Östmark.

1.4.2.1.3.2. Henrik Olsen Räisäinen f 1750

1.4.2.1.3.3. Gertrud Olsdatter Räisäinen f 1751

1.4.2.1.3.4. Ingri Olsdatter Räisäinen f 1757

1.4.2.1.3.5. Olea Olsdatter Räisäinen f 1761

1.4.2.1.3.6. Anne Olsdatter Räisäinen f 1763

1.4.2.1.3.7. Mari Olsdatter Räisäinen f 1765

1.4.2.1.4. Lisbet Henriksdatter Piesainen f 1733

1.4.2.1.5. Anders Henriksen Piesainen f 1734, bosatt på Tomta, Östgarden, Peistorpet, g 1756 med Marit Danielsdotter Veteläinen f 1731, dotter till Daniel Andersson Veteläinen och Elin Matsdotter Lehmoinen.
Deras barn:

1.4.2.1.5.1. Henrik Andersen Piesainen f 1760, d 1797, bosatt i Nordgarden, Peistorpet, g med Kari Andersdatter Räisäinen, dotter till Anders Persen Räisäinen och Kari Persdatter Navilainen.

1.4.2.1.6. Gertrud Henriksdatter Piesainen f 1740

1.4.2.2. Anders Samuelsson Piesainen f 1696

1.4.2.3. Samuel Samuelsson Piesainen f 1701, d 1762, g med Gjertrud Olsdotter Toverud. Samuel blev 1744 dömd till livsvarigt slaveri på Kongsvingers fästning tillsammans med Lars Larsen och Tosten Olsen, alla från Peistorpet, liksom svågern Per Larsson Porkka (Borke-Per), gift med Samuels syster Agneta.
Deras barn:

1.4.2.3.1. Helene Samuelsdatter Piesainen f 1729 och d 1823 i Sögarden, Peistorpet, Åsnes finneskog, g 1749-10-19 med Anders Danielsson Veteläinen f 1730-12-27 i Röjden, S Finnskoga, son till Daniel Andersson Veteläinen och Elin Matsdotter Lehmoinen.
Deras barn:

1.4.2.3.1.1. Daniel Andersen Veteläinen f 1750, d 1829 i Bakken, Åsnes, g med Marte (Marie) Eriksdatter Neuvoinen f 1754, d 1813, dotter till Erik Bertilsson Neuvoinen och Kari Pedersdatter Paalainen.
Deras barn:

1.4.2.3.1.1.1. Anna Danielsdotter Veteläinen f 1792, d 1879

1.4.2.3.1.2. Anders Andersen Veteläinen f 1753
1.4.2.3.1.3. Gjertrud Andersdatter Veteläinen f 1756, d 1830
1.4.2.3.1.4. Ole Andersen Veteläinen f 1759, d 1824-09-20
1.4.2.3.1.5. Eli Andersdatter Veteläinen f 1762, g med Henrik Karlsen Raatikainen f 1751, son till Karl Karlsson Raatikainen och Eli Mathisdatter Mullikka.
Barn:
1.4.2.3.1.5.1. Karl Henriksen Raatikainen f 1792

1.4.2.3.1.6. Sören Andersen Veteläinen f 1765
1.4.2.3.1.7. Henrik Andersen Veteläinen f 1768, d 1768
1.4.2.3.1.8. Henrik Andersen Veteläinen f 1771

1.4.2.4. Berte Samuelsdotter Piesainen f 1702, d 1769-12-22

1.4.2.5. Agneta Samuelsdatter Piesainen f 1704, g 1734-10-03 med Per Larsson Porkka "Borke-Per" f 1700 i Grue. Borke-Per blev 1744 dömd till livsvarigt slaveri på Kongsvingers fästning tillsammans med Lars Larsen och Tosten Olsen, alla från Peistorpet, liksom svågern Samuel, bror till Agneta (1.4.2.3.)

1.4.2.6. Lisbet Samuelsdatter Piesainen f 1706

1.4.2.7. Erik Samuelsen Piesainen f 1708

1.4.3. Henrik Henriksen Piesainen f 1670, d 1710

1.4.4. Anniken Henriksdotter Piesainen f 1676 i Peistorpet, Åsnes, d 1745 i Bakken, Åsnes, g 1698 med Bertil Eriksson Neuvoinen f 1678 i Bjurberget, S Finnskoga, d 1698, son till Erik Filipsson Neuvoinen och Karin Henriksdotter.
Deras barn:
1.4.4.1. Anna Bertilsdotter Neuvoinen

1.4.4.2. Olof Bertilsson Neuvoinen f ca 1698, d ca 1717, g med Maria (Marit) Nilsdotter f 1690 i Kindsjön, S Finnskoga.
Deras barn:
1.4.4.2.1. Mårten Olofsson Neuvoinen f 1717

1.4.4.3. Henrik Bertilsson Neuvoinen f 1702 i Norge, d 1778 i Östmark, g med Maria Nilsdotter Moijainen f 1704 i Norra Ny, d 1768 i Östmark.
Deras barn:
1.4.4.3.1. Nils Henriksson Neuvoinen f 1738, d 1769, g med Karin Nilsdotter f 1742 i Östmark, d 1825 i Östmark.
Deras barn:

1.4.4.3.1.1. Maria Nilsdotter Neuvoinen f 1764, d 1840

1.4.4.4. Britta Bertilsdotter Neuvoinen f 1702 i Peistorpet, Åsnes, d före 1766, g med Kristoffer Johansson Honkainen f 1697 i Basthöjden, Färnebo, d 1777-07-23 i Bograngen, S Finnskoga, son till Johan Danielsson Honkainen och Karin Henriksson Kukkoinen.
Deras barn:
1.4.4.4.1. Johan Kristoffersson Honkainen f 1722-04-07 i Skråckarberget, S Finnskoga
1.4.4.4.2. Maria Kristoffersdotter Honkainen, f ca 1723 i Kindsjön, S Finnskoga, d ca 1794, g ca 1750 med Lars Persson f ca 1723, d ca 1772 i Bograngen, S Finnskoga.
Deras barn:
1.4.4.4.2.1. Karin Larsdotter f 1751
1.4.4.4.2.2. Johan Larsson f 1753
1.4.4.4.2.3. Kristoffer Larsson Hjelte f 1753, d 1819 (författarens ff ff ff)
1.4.4.4.2.4. Britta Larsdotter f 1755, d 1821
1.4.4.4.2.5. Erik Larsson f 1761, d 1782
1.4.4.4.2.6. Anna Larsdotter f 1764, d 1814
1.4.4.4.2.7. Maria Larsdotter f 1767, d 1809

1.4.4.4.3. Mats Kristoffersson Honkainen f 1728-06-07 i Kindsjön, S Finnskoga

1.4.4.4.4. Sigfrid Kristoffersson Honkainen f 1730-01-10 i Kindsjön, S Finnskoga, d 1761-04-30 i Järpliden, S Finnskoga, g 1753-11-10 med Marit Eriksdotter Utriainen f 1729-02-19 och d 1804-01-19 i Järpliden, dotter till Erik Eriksson Utriainen och Karin Johansdotter Veteläinen.
Deras barn:
1.4.4.4.4.1. Kristoffer Sigfridsson Honkainen f 1754, d 1822
1.4.4.4.4.2. Britta Sigfridsdotter Honkainen f 1758, d 1824

1.4.4.4.5. Anna Kristoffersdotter Honkainen f 1731-09-20 i Kindsjön, S Finnskoga, d 1800-06-10 i Dalby, g 1754-12-25 med Per Karlsson Lehmoinen f 1728-06-11 i Medskogen, S Finnskoga, d ca 1802, son till Karl Karlsson Lehmoinen och Lisbet Pålsdotter Lehmoinen.
Deras barn:
1.4.4.4.5.1. Lisbet Persdotter Lehmoinen f 1755
1.4.4.4.5.2. Karl Persson Lehmoinen f 1757, d 1830
1.4.4.4.5.3. Britta Persdotter Lehmoinen f 1761
1.4.4.4.5.4. Anna Persdotter Lehmoinen f 1764, d 1818
1.4.4.4.5.5. Elin Persdotter Lehmoinen f 1766
1.4.4.4.5.6. Marit Persdotter Lehmoinen f 1769, d 1847
1.4.4.4.5.7. Gertrud Persdotter Lehmoinen f 1771, d 1834
1.4.4.5. Marit Bertilsdotter Neuvoinen f 1704 i Peistorpet, Åsnes, d 1726 i Medskogen, S Finnskoga, g med Lars Olofsson Kaikkalainen f ca 1678 i Kindsjön, S Finnskoga, son till Olof Olofsson Kaikkalainen och Elin Olofsdotter.
Deras barn:

1.4.4.5.1. Anna Larsdotter Kaikkalainen f 1726

1.4.4.6. Erik Bertilsson Neuvoinen f ca 1712 i Peistorpet, Åsnes, d 1778-02-28 i Bakken, Åsnes, g 1747 med Kari Pedersdatter Paalainen f 1725 i Tysketorpet, Grue finnskog, d ca 1801, dotter till Per Eriksen Paalainen och Marte Johansdatter Nikkarainen.
Deras barn:
1.4.4.6.1. Bertil Eriksson Neuvoinen f 1750, d 1821
1.4.4.6.2. Anders Eriksson Neuvoinen f 1752
1.4.4.6.3. Marte (Marie) Eriksdatter Neuvoinen f 1754, d 1813
1.4.4.6.4. Kari Eriksdatter Neuvoinen f 1760

1.4.4.7. Lisbet Bertilsdotter Neuvoinen f 1713-12-02 i Kindsjön, S Finnskoga, d 1768-06-17 i Juberger, Åsnes, g med Pål Henriksson Tossavainen f 1725-02-05 i Järpliden, S Finnskoga, d 1780-12-26 i Juberget, Åsnes, son till Henrik Olsson Tossavainen och Annika Pålsdotter Honkainen.
Deras barn:
1.4.4.7.1. Henrik Pålsson Tossavainen f 1746
1.4.4.7.2. Olof Pålsson Tossavainen f 1748
1.4.4.7.3. Anna Pålsdotter Tossavainen f 1752, d 1812
1.4.4.7.4. Bertil Pålsson Tossavainen f 1756, d 1826
1.4.4.7.5. Maria Pålsdotter Tossavainen f 1757

1.4.5. Peder Henriksen Piesainen f 1683

1.4.6. Marte Henriksdatter Piesainen f 1684, f med Mickel Pålsson Honkainen f ca 1690 i Järpliden, S Finnskoga, d efter 1740, son till Pål Mickelsson Honkainen och okänd.
Deras barn:
1.4.6.1. Lars Mickelsson Honkainen f 1716-11-16 i Järpliden S Finnskoga, d 1774, g 1752 med Lisbet Josefsdotter Hakkarainen f 1732 i Aspberget, S Finnskoga, till Josef Josefsson Hakkarainen och Gertrud Matsdotter Muhoinen.
Barn:
1.4.6.1.1. Berte Larsdotter Honkainen f 1761

1.4.6.2. Henrik Mickelsson Honkainen f 1717
1.4.6.3. Anna Mickelsdotter Honkainen f 1718-04-21
1.4.6.4. Britta Mickelsdotter Honkainen f 1721-02-10, d 1801, g med Karl Karlsson Lehmoinen f ca 1711 i Medskogen, S Finnskoga, son till Karl Karlsson Lehmoinen och Lisbet Pålsdotter Lehmoinen.
Barn:
1.4.6.4.1. Lisbet Karlsdotter Lehmoinen f 1744
1.4.6.4.2. Olof Karlsson Lehmoinen f 1745 i Järpliden, S Finnskoga, d 1812-06-22, g med Britta Andersdotter Neuvoinen f 1746 i Bjurberget, S Finnskoga, d 1810-06-14, dotter till Anders Henriksson Neuvoinen och Anna (Annika) Henriksdotter.
Deras barn:

1.4.6.4.2.1. Anna Olofsdotter Lehmoinen f 1778, d 1857

1.4.6.4.3. Karin Karlsdotter Lehmoinen f 1747-02-06 i Järpliden, d 1800-05- , g med Per Jonsson Huuskoinen, se mer i kapitlet om "Huske-Per i Husketorpet".

1.4.6.4.4. Karl Karlsson Lehmoinen f 1750 i Järpliden, g med Karin Torstensdotter Kanainen f 1751, dotter till Torsten Matsson Uppman Kanainen och Karin Karlsdotterr Lehmoinen.
Deras barn:
1.4.6.4.4.1. Britta Karlsdotter Lehmoinen f 1776, d 1859
1.4.6.4.4.2. Karl Karlsson Lehmoinen f 1778
1.4.6.4.4.3. Torsten Karlsson Lehmoinen f 1781
1.4.6.4.4.4. Marit Karlsdotter Lehmoinen f 1788
1.4.6.4.4.5. Daniel Karlsson Lehmoinen f 1791
1.4.6.4.4.6. Johan Karlsson Lehmoinen f 1795

1.4.6.4.5. Lars Karlsson Lehmoinen f 1751-09-15 i Järpliden, d före 1811, g med Britta Larsdotter f 1755-03-28 i Bograngen, S Finnskoga, d ca 1821, dotter till Lars Persson och Maria Kristoffersdotter Honkainen.
1.4.6.4.6. Daniel Karlsson Lehmoinen f 1754
1.4.6.4.7. Johan Karlsson Lehmoinen f 1755, d 1794
1.4.6.4.8. Maria Karlsdotter Lehmoinen f 1756
1.4.6.4.9. Anna Karlsdotter Lehmoinen f 1757
1.4.6.4.10. Elin Karlsdotter Lehmoinen f 1759
1.4.6.4.11. Britta Karlsdotter Lehmoinen f 1761
1.4.6.4.12. Olof Karlsson Lehmoinen f 1761
1.4.6.4.13. Mickel Karlsson Lehmoinen f 1762, d 1830

1.4.6.5. Pål Mickelsson Honkainen f 1723-02-11 i Järpliden, g med Helga Larsdotter f 1702
1.4.6.6. Sigfrid Mickelsson Honkainen f 1725-03-10 i Järpliden, d 1773-12-23 i Åsnes, g 1755-12-26 med Lisbet Matsdotter Räisäinen f 1730-11-15 i Avundsåsen, S Finnskoga, dotter till Mats Jensen Räisäinen och Anna Matsdotter Kymöinen. Sigfrid var en av nybyggarna i Fallåsen, Åsnes.
Barn:
1.4.6.6.1. Britta Sigfridsdotter Honkainen f 1765-07-21 i Åsnes, d 1824-03-28
1.4.6.6.2. Mickel Sigfridsson Honkainen f 1770 i Fallåsen, Åsnes, bosatt i N Vermundsberget, Åsnes finneskog.
1.4.6.7. Olof Mickelsson Honkainen f 1728-06-24 i Järpliden, S Finnskoga

Mullikka röjde Vålberget 1646

Pål Mullikka f före 1554 i Mullkkamäki, Lauka, Finland.
Barn utan känd moder:
Steffen Pålsson Mullikka, född ca 1600.

Steffen Pålsson Mullikka f ca 1600 i Mullkkamäki, Lauka sn, Finland, d ca 1650 i
Vålberget, Grue finnskog, Uppröjde Vålberget (Mullikkala) ca 1646. Kom först till
Sandsjö, Orsa, där dottern Annika föddes 1641. Flyttade därefter till Vålberget.

Noteringar från Orsa enl Magne Ivar Mellem:
Dombok 1636-12-13, Staffan Pålson i Sandsiö, född i Lauka sochn i Mulkamäki. Hade
intet pass, utan sade sigh Riks Cancell. Welb. Axel Oxenstierna tagit hans pass han hade
ifrå Finland, när han det H. Nåde presenterade. När länsmannen Hans Olofsson för
första gången 1638 ger en förteckning över Orsas skattade finnar antecknas Staffan
Pålsson i Sandsjö för 5 personer. I Kvarntullslängden (mtl) 1636 upptas under Sandsjö
Staffan och hu. Helga (sannolikt Henr(!) ik Homuinen´s änka).
1638 upptas Staffan Paulsson och Homo Hindrich.
1645 upptas Staffan Pålsson (8 personer) och Olof Andersson (2 personer).
1650 upptas Anders Staffansson (7 personer). Troligen en son till Staffan Pålsson.
1655 upptas under Tandsjö (!) Anders Staffansson (5 personer), bonde, hustru och tre
inhyses.

Enl Jan Myhrvold:
Jeg har tidligere nevnt at vi ikke ser hverken patronym eller gårdsnavn i de eldste
skattelistene.
Etter 1651 finner vi navnene Steffen finne og lille Steffen samtidig i 1652 og 1653. I
1654, 1655, 1656 og 1658 står bare unge Steffen oppført. Ved kvegskatten i 1657 brukes
patronymet Steffensen på Steffen. I 1660 står kun unge Steffen i kontribusjons- og
jordebokslistene. Unge Steffen og lille Steffen ser ut til å ha vært samme person, og
sannsynligvis betyr adjektivene «lille» og «unge» at han var sønnen til den andre
Steffen. Det er likevel verdt å merke seg at det i 1669 både er angitt en Steffen
Steffensen og en unge Steffen Steffensen. Skriverne brukte her tilleggsnavn for å skille
to med like navn og så seint som 1694 ble den ene av brukerne i Vålberget kalt lille
Steffen i ei skatteliste.

Første gang vi finner gården Vålberget nevnt i skattelistene, er så seint som i 1678 da
Steffen Persen står i fogderegnskapene for Vålberget. I Finnemanntallet fra 1686 er
gården delt i to bruk. Steffen Persen, som hadde giftet seg med enka i Vålberget, bodde
på det ene bruket, mens stesønnen hans, Steffen Steffensen, bebodde det andre bruket.
Steffen Persen var sønn av Per Larsen Räisäinen som ryddet Lauvhaugen på Grue
Finnskog. Vi kan ikke se når generasjonsskiftene var i Vålberget fordi det bare står
Steffen i skattelistene over en lang periode. Sannsynligvis døde den eldste Steffen på

1650-tallet, mens Steffen den andre (Steffen Steffensen) trolig forlot denne verden rundt 1678.

Den eldste Steffen Mulikkas patronym var Pålsen, et navn som aldri kommer fram i norske kilder. Derimot omtales han i 1636 da alle finner som oppholdt seg på Orsa Finnmark ble registrert i en svensk «ransakning». Staffan Pålsson i Sandsjö oppga da at han var «född i Lauka Sochn i Mulkamäki». Han betalte tiendeskatt for Sandsjö i perioden 1638-43 (listene for 1635, 1636, 1644, 1642 og 1646 er sperret på grunn av skader). I 1647 er han ikke lenger med i listene. Ved Fågelsjö, ikke langt fra Sandsjö, ligger det ei myr som heter Mulikka.

Steffen Pålsen var sannsynligvis født ca. 1600 på gården Mulikka i Pääjärvi i Saarijärvi kommune nord for Jyväskylä. Saarijärvi kommune er en del av det gamle Laukaa sogn. Steffen Pålsson Mullikka hade en hustru som hette Helga.

Barnen var:

1. Anders Staffansson Mullikka, nämnd i kvarntulllängden från 1650 i Tandsjö, Orsa,
2. NN Steffensdatter Mullikka, gift med Tomas Pålsson Lehmoinen, f 1665 i Skallbäcken, S Finnskoga, bosatt i Vermundsjön (Gretviken).
3. Pål Staffansson Mullikka, född ca 1620 i Sandsjö, Orsa.

tjänade hos Per Larsson Pennainen i Mangen, Vitsand.

"Pål Steffensen kan ha vært født rundt 1620 og tjente hos Per Larsson Pennainen i Mangen på Vitsands Finnskog. Han, Mats Lukasson og Per Persson Pennainen fant på vinteren 1648 året et elgspor da de skulle hente høy i Mosshöjden. De fulgte sporet og skjøt elgen i Södra Finnskoga. Da de hadde slått leir for kvelden, kom det noen svensker på besøk. Etter at de hadde sovnet angrep svenskene. Per Persson Pennainen ble drept. Mats Lukasson ble så skadd at han forfrøs beina og måtte amputere ved knærne. Karl Lehmoinen i Bograngen fortalte samme historie til Gottlund i 1821. Han kalte en av jegerne Mulikka. Vi kjenner ingen sikre barn etter Pål. Det er ukjent hvor det ble av ham, men en Pål Steffensen holdt i 1686 til ved «Mangenstrand» i Nes på grensen mot Aurskog. Hans sønn opplyste at faren var oppvokst hos sine foreldre «her i riket», noe som tyder på tidlig ankomst. Kanskje kan også Mollidalen i de tidlige finneområdene i Aurskog ha sin rot i Mulikka?" /enligt Jan Myhrvold.

Se även Dramat i Slaktardalen 1648, sist i avsnittet om S Finnskoga i denna bok.
Tre domboksavskrifter gjorda av Lars Bäckvall. De inblandade finnarna var Pål Staffansson Mullikka, Per Persson Pennainen och Lukas Matsson, alla tjänade hos Lekare-Per i Mangen.

4. Steffen Steffensen Mullikka f ca 1620 i Sandsjö, Orsa, d 1678 i Vålberget, Grue finnskog, g med Annika Pedersdatter Pennainen f ca 1626 i "GrafaldsKiern", Gräsmark, enl Jan Myhrvold:
"Steffen Steffensen kan ha overtatt Vålberget så tidlig som 1650, men det er vanskelig å vite sikkert ettersom alle brukerne (minst 4) over en 30-40 årsperiode het Steffen. Han var sannsynligvis også født på 1620-tallet. Steffen var gift med Annika Persdatter Pennainen som var datter av ovennevnte Per Larsson Pennainen i Mangen. Steffen døde

ca. 1678. Annika Persdatter giftet seg deretter med en ny Steffen: Steffen Persen Räisäinen fra Lauvhaugen. Samtidig ble gården delt slik at hennes sønn i første ekteskap, Steffen Steffensen d.y. tok over den vestre delen. Kjente barn: Anders 165(0) g.m. Karin Pålsdotter Liukkoinen fra Borrsjön i Gräsmark, datter uten kjent navn 165(2) gift med Bengt Jönsson Rintainen, Berte g.m. Anders Andersson Hämäläinen fra Röjden i Södra Finnskoga, Annika 165(5) g.m. Ola Persen Räisäinen fra Lauvhaugen (Räisälä) – til Tvengsberget, Steffen 1662 g.m. Annika Tomasdatter Räisäinen fra Lauvhaugen, Mattis g.m. Arvidsdotter i Västra Ämtervik- til Västra Berga der og Henrik 1673 g. m. Elin Eriksdotter (Suhoinen) til Kalneset på Grue Finnskog. I tillegg kan Margrete Steffensdatter som døde i Karlstorpet i 1725 ha vært datter her".

5. Henrik Steffensen Mullikka f ca 1630, bosatt i Röjdoset, Östmark,
Fryksdals dombok VT1682/45: Anders Olofsson i Långerud uteblir i mål mot Henrik Mulik i Röjdoset.
enligt Jan Myhrvold:
"Henrik Steffensen
Henrik Mulik i Röjdoset ble innstevnet til tinget i Fryksdals härad på vårtinget i 1682. Röjdoset ligger rundt to kilometer i luftlinje fra Vålberget i Östmark på svensk side. I 1707 ble Henrik Mullich nevnt på et ting i Grue, uten stedsangivelse, i følge tingboka for Solør og Østerdalen. Det kan også dreie seg om en brorsønn, ettersom broren Steffen (se over) hadde en sønn Henrik på riktig alder. Denne Henrik ble omtrent på denne tida bruker av Kalneset noen kilometer vest for Vålberget. Det er sannsynlig at Gjertrud Henriksdatter, gift med Pål Henriksen Paalainen, var datter av Henrik. I følge finnemanntallet fra 1686 var hun født i Vålberget, 28 år gammel og dermed født ca. 1656".

6. Erik Steffensen Mullikka f ca 1635, g 1662 med Ingrid Matsdotter f i V Berga, Fryksände,
Nämnd i Fryksände tingbok Ht 1662/29. Ingrid Matsdotter i V Berga bötar 10 mk för lönskaläge med Erik Steffansson i Rygden (Norge). Denne ämnar gifta sig med henne.
enl Jan Myhrvold:
"Erik Steffensen
På høsttinget til Fryksdals härad i 1662 ble «Erich Stephanson i Rygden i Norigie» dømt for lönskaläge (leiermål) med Ingrid Matsdotter fra Västra Berga i Lysvik sogn. Det er mest sannsynlig at Erik var sønn av Steffen Pålsen. I 1662 var det ikke andre gårder på norsk side ved Røgden enn Vålberget. Videre skjebne ikke undersøkt".

7. Annika Steffensdatter Mullikka f 1641 i Sandsjö, Orsa, d 1695 i Risberget, Våler. Hon var först gift med Olof Olofsson Tossavainen f 1635 i Tandsjö, Orsa, d 1671 i Risberget, Våler. Olof var Risbergets första bebyggare tillsammans med Morten Mortensen Liitiäinen omkring år 1668.
Hon växte upp i Vålberget, Grue finnskog, endast några kilometer från Röjdoset i Östmark, där make nr 2 Anders Eriksen Purainen bodde.
Olof och Annikas barn:

130

7.1. Olof Olofsson Tossavainen f 1660,

7.2. Berte Olsdatter Tossavainen f 1664,

7.3. Lisabet Olsdatter Tossavainen f 1667, d före 1693 i Risberget, Våler, g med Henrik Henriksen Himainen f 1665 i Gravberget, Våler, d 1735 i Risberget.Henrik övertog sin morbror Morten Mortensen Liitiäinens andel i Risberget 1692, 1712 övertog han hela byn, redan 1700 ägde han Galåsen, men 1704 sålde han hälften, Sögarn, till Pål Persson Hakkarainen från Aspberget.

7.4. Lisbet Olsdotter Tossavainen f 1671 i Risberget, d 1714 i Skallbäcken, S Finnskoga.

Efter Olofs död 1671 gifte Annika om sig med Anders Eriksen Purainen.

De fick dessa barn:

7.5. Gertrud Andersdotter Purainen f 1677,

7.6. Kari Andersdotter Purainen, f 1680 i Risberget, Våler, g 1695 med Johan Danielsson Veteläinen f 1666 i Gammelgården, Medskogen, S Finnskoga, d 1720-03-16 i Medskogen.

enl Jan Myhrvold:

"Annika Steffensdatter

I Finnemanntallet fra 1686 finner vi under Risberget på Våler Finnskog «Annichen Stephens datter Mulig» 45 år gammel og født av finske foreldre i «Oersøe» (Orsa) sogn i Sverige. Annika hadde først vært gift med Ola Olsen Tossavainen som var en av rydningsmennene i Risberget. Han døde i 1671 og hun ble raskt gift på nytt med en tidligere nabo. Den nye ektemannen, Anders Eriksson Purainen, var vokst opp i Röjdoset (Purala) på svenskesida ved Røgden et par kilometer fra Vålberget, så de hadde nok kjent hverandre i mange år. Annika hadde seks kjente barn og mange slektsforskere kan føre sine aner tilbake til henne. Med Ola Tossavainen: Ola 1660 g.m. Karin Pålsdotter f. i Fryksdalen, Berte 1664 g.m. Anders Henriksen Himainen fra Galåsen i Trysil, Kari 1667, Lisbet 1671 g.m. Henrik Tomasson Havuinen fra Kringsberget. Med Anders Eriksen Purainen: Gjertrud 1677 g.m. Henrik Henriksen Himainen fra Galåsen i Trysil og Kari 1680 g.m. Johan Danielsson Veteläinen fra Medskogen i Södra Finnskoga".

8. Nn Steffensdatter Mullikka f 16?? I Sandsjö, Orsa, d före 1690, g med Erik Klementsson Porkka f ca 1615, d 16?? I Brandval finnskog. Bosatta i Mulltjärn, Östmark och Öjern, Brandval finnskog.

Steffen Pålsson Mullikkas ättlingar i tre generationer redovisas översiktligt på följande sidor.

1. Steffen Pålsson Mullikka f ca 1600 i Mullkkamäki, Lauka sn, Finland, d ca 1650 i Vålberget, Grue finnskog, Uppröjde Vålberget (Mullikkala) ca 1646. Kom först till Sandsjö, Orsa, där dottern Annika föddes 1641. Flyttade därefter till Vålberget. Hustrun hette förmodligen Helga.

Barn:

1.1. Anders Staffansson Mullikka, återfinns i kvarntullslängden från 1650 i Tandsjö, Orsa.

1.2. N.N. Staffansdotter Mullikka g med Tomas Pålsson Lehmoinen f 1665 i Skallbäcken, S Finnskoga, bosatta i Vermundsön (Gretviken), Åsnes, son till Pål Olofsson Lehmoinen och nn Pålsdotter Mullikka.

1.3. Pål Staffansson Mullikka f ca 1620 i Sandsjö, Orsa, tjänade hos Per Larsson Pennainen i Mangen, Vitsand. Hustrun okänd.

Barn:

1.3.1. N.N. Pålsdotter Mullikka, g med Pål Olofsson Lehmoinen f 1633, son till Olof Matsson Lehmoinen och Karin Matsdotter.

Deras barn:

1.3.1.1. Tomas Pålsson Lehmoinen f 1665 i Skallbäcken, g med Lisbet Davidsdotter Pöntinen f ca 1670 i Hälsingland, d 1740 hos dottern Gjertrud i Vermundsjön (Gretviken), Åsnes.

Barn:

1.3.1.1.1. Gertrud Tomasdotter Lehmoinen f 1699-07- i Skallbäcken, S Finnskoga, g med Henrik Samuelsson Piesainen f 1694, d 1742, son till Samuel Henriksen Piesainen och Eli Matsdotter Hyytiäinen. Gertrud och Henrik var bosatta i Nordgarden, Peistorpet, Åsnes.

Deras barn:

1.3.1.1.1.1. Samuel Henriksen Piesainen f 1723

1.3.1.1.1.2. Samuel d y Henriksen Piesainen f 1725

1.3.1.1.1.3. Helena Henriksdatter Piesainen f 1727, d 1807-1 f 1725, g 1745-10-24 med Ole Olsen Räisäinen f 1725, d 1769-11- i Nordgarden, Peistorpet, hans föräldrar var Ole Tomasen Räisäinen och Karin Danielsdotter.

Deras barn:

1.3.1.1.1.3.1. Kari Olsdatter Räisäinen f 1746 var gift 1780-05-16 med Mattis Mattisen Suhoinen, soldat i Peistorpet, Grue.

1.3.1.1.1.3.2. Henrik Olsen Räisäinen f 1750

1.3.1.1.1.3.3. Gertrud Olsdatter Räisäinen f 1751

1.3.1.1.1.3.4. Ingri Olsdatter Räisäinen f 1757

1.3.1.1.1.3.5. Olea Olsdatter Räisäinen f 1761

1.3.1.1.1.3.6. Anne Olsdatter Räisäinen f 1763

1.3.1.1.1.3.7. Mari Olsdatter Räisäinen f 1765

1.3.1.1.1.4. Lisbet Henriksdatter Piesainen f 1733

1.3.1.1.1.5. Anders Henriksen Piesainen f 1734, g 1756 med Marit Danielsdotter Veteläinen f 1731, dotter till Daniel Andersson Veteläinen och Elin Matsdotter Lehmoinen. Anders och Marit var bosatta i Tomta, Östgardeen, Peistorpet.

Deras barn:

1.3.1.1.1.5.1. Henrik Andersen Piesainen f 1760, d 1797, g med Kari Andersdatter Räisäinen, dotter till Anders Persen Räisäinen och Kari Persdatter Navilainen.

1.3.1.1.1.6. Gertrud Henriksdatter Piesainen f 1740

1.4. Steffen Steffensen Mullikka f 1620 i Sandsjö, Nästgård, Orsa, d 1678 i Vålberget, Grue finnskog, g med Annika Persdotter Pennainen, f ca 1626 i "GrafaldsKiern", Gräsmark, d ca 1679 i Vålberget, Grue finnskog, dotter till Per Larsson Pennainen och Marit Andersdotter Tarvainen.
Deras barn:
1.4.1. Mats Steffensen Mullikka f i Mullikkala, Vålberget, Grue finnskog, g med n.n. Arvidsdotter i Berga, V Ämtervik.
Deras barn:
1.4.1.1. Staffan Matsson Mullikka
1.4.1.2. Per Matsson Mullikka

1.4.2. Anders Steffensen Mullikka f 1650 i Mullikkala, Vålberget, Grue finnskog, g 1673-11-28 med Karin Pålsdotter Liukkoinen från Borrsjön, Gräsmark, dotter till Pål Larsen Liukkoinen och Gjertrud Henriksdotter Luaainen.
1.4.3. Lisbet Steffensdatter Mullikka f 1652 i Mullikkala, Vålberget, Grue finnskog, g med Bengt Jönsson Rintainen, son till Jöns Rintainen. Lisbet och Bengt var bosatta i Tvengsberget, Grue.
1.4.4. Annika Steffensdatter Mullikka f 1660 i Mullikkala, Vålberget, Grue finnskog, d 1726 i Tvengsberget, Grue, g 1682 med Ole Persen Räisäinen f ca 1658 i Lövhaugen, Grue finnskog, d 1715 i Tvengsberget, Grue finnskog, son till Per Larsen Räisäinen och Karin Olsdotter.
Barn:
1.4.4.1. Johan Olsen Räisäinen f 1683 och d 1727 i Tvengsberget, Grue
1.4.4.2. Per Olsen Räisäinen f 1685 i Lövhaugen, Grue, d 1743 i Tvengsberget, Grue, g 1713 med Ingeborg Olsdatter f ca 1684, d 1768 i Tvengsberget, Grue.
Deras barn:
1.4.4.2.1. Ole Persen Räisäinen f 1715 i Tvengsberget, Grue, g med Anna (Annika) Karlsdotter Raatikainen f 1720-04-12 i Digerberget, Nyskoga, dotter till Karl Henriksson Raatikainen och Valborg Filipsdotter Neuvoinen.
1.4.4.2.2. Lars Persen Räisäinen f 1717, d 1718 i Tvengsberget, Grue
1.4.4.2.3. Johan Persen Räisäinen f 1719 i Tvengsberget, Grue
1.4.4.2.4. Anders Persen Räisäinen f 1721 och d 1802 i Tvengsberget, Grue, g 1748 med Kari Persdatter Navilainen f 1724 i S Viggen, Nyskoga, d 1806 i Tvengsberget, Grue, dotter till Per Staffansson Navilainen och Ingrid Olsdotter Räisäinen.
Barn:
1.4.4.2.4.1. Peder Andersen Räisäinen
1.4.4.2.4.2. Peder Andersen Räisäinen
1.4.4.2.4.3. Johan Andersen Räisäinen
1.4.4.2.4.4. Anders Andersen Räisäinen

1.4.4.2.4.5. Johan Andersen Räisäinen

1.4.4.2.4.6. Kari Andersdatter Räisäinen, g1 med Henrik Andersen Piesainen f 1760, d 1797 i Nordgarden, Peistorpet, Åsnes, son till Anders Henriksen Piesainen och Marit Danielsdotter Veteläinen. G2 med Ole Tomasson f 1766 i Fallåsen, Åsnes. Bosatta i Nordgarden, Peistorpet.

1.4.4.2.4.7. Ingeborg Andersdatter Räisäinen f 1749 i Tvengsberget, Grue, d 1818-04-11 i Kalneset, Grue, g 1770 med Ole Henriksen Mullikka f 1750 och d 1801 i Kalneset, Grue, son till Henrik Matisen Mullikka och Anna (Annika) Karlsdotter Raatikainen.
Barn:
1.4.4.2.4.7.1. Henrik Olsen Mullikka f 1770, d 1825
1.4.4.2.4.7.2. Anders Olsen Mullikka f 1771
1.4.4.2.4.7.3. Kari Olsdatter Mullikka f 1774
1.4.4.2.4.7.4. Anne Olsdatter Mullikka f 1778

1.4.4.2.4.8. Ole Andersen Räisäinen f 1751 och d 1816 i Tvengsberget, Grue, g 1774-11-13 med Kari Henriksdatter Mullikka f 1754-08-04 i Kalneset, Grue, d 1814 i Tvengsberget, Grue, dotter till Henrik Matisen Mullikka och Anna (Annika) Karlsdotter Raatikainen.
Deras barn:
1.4.4.2.4.8.1. Peder Olsen Räisäinen
1.4.4.2.4.8.2. Anders Olsen Räisäinen f 1784 i Tvengsberget, Grue, d 1818 i Gammeltorpet, Grue, g 1803-06-23 med Kari Mortensdatter Nikkarainen f 1777 i Nedgarden, Rotneberget, Grue, d 1853 i Gammeltorpet, Grue.

1.4.4.2.4.9. Tomas Andersen Räisäinen f 1762 i Tvengsberget, Grue

1.4.4.2.5. Anne Persdatter Räisäinen f 1723 i Tvengsberget, Grue, g med Daniel Olsson Räisäinen f ca 1710, d 1762, son till Ole Tomasson Räisäinen.
Deras barn:
1.4.4.2.5.1. Ole Danielsson Räisäinen f 1747, d 1811.
Barn utan känd moder:
1.4.4.2.5.1.1. Daniel Olsson Räisäinen f 1779, d 1852

1.4.4.3. Karin Olofsdotter Räisäinen f 1689 i Tvengsberget, Grue, g med Henrik Eriksson Suhoinen f 1684 i Tväråna, Östmark, d 1757-09-10, son till Erik Pålsson Liikanen/Suhoinen och NN Pålsdotter Karttuinen.
Deras barn:
1.4.4.3.1. Johan Henriksson Suhoinen, bosatt i Hollandstorp, Östmark

1.4.4.4. Mari Olsdatter Räisäinen f 1694 i Tvengsberget, Grue
1.4.4.5. Lisbet Olsdatter Räisäinen f 1698 och d 1718 i Tvengsberget, Grue
1.4.4.6. Ole Olsen Räisäinen f 1701 i Tvengsberget, Grue

1.4.5. Steffen Steffensen Mullikka f 1662 i Lövhaugen, Grue, d 1743 i Vålberget, Grue, g med Annika Tomasdatter Räisäinen f 1664 i Lövhaugen, Grue, dotter till Tomas Persen Räisäinen och Sara Bertilsdotter Kemppainen.
Barn:
1.4.5.1. Annika Steffensdatter Mullikka f 1683
1.4.5.2. Karin Steffensdatter Mullikka f 1685
1.4.5.3. Lisbet Steffensdatter Mullikka f 1692 i Västra Vålberget, Grue, d 1772 i Lystadskogen, Mengkroken, Brandval, g med Johan Johansen Nikkarainen f 1693 i Fensjöen, Brandval, son till Johan Mårtensson Nikkarainen och Kari Jensdatter Käiväräinen.
Deras barn:
1.4.5.3.1. Johan Johansen Nikkarainen, g med Anne Eriksdatter Porkka, Lystadberget, Brandval, dotter till Erik Olsen Porkka och Mari Olsdatter Solberg.

1.4.5.4. Steffen Steffensen Mullikka f 1700 i Vålberget, Grue, d 1784, g med Mari Pålsdatter Liukkoinen f 1705 i Fensjön, Brandval finnskog, d 1758-02-11 i Grue, dotter till Pål Larsen Liukkoinen och Gjertrud Henriksdotter Luaainen.
Barn:
1.4.5.4.1. Ola Steffensen Mullikka
1.4.5.4.2. Pål Steffensen Mullika g med Eli Persdatter Räisäinen f 1738, dotter till Per Jensen Räisäinen och Kirsti Henriksdotter Manninen.
Deras barn:
1.4.5.4.2.1. Steffen Pålsen Mullikka f 1756
1.4.5.4.2.2. Peder Pålsen Mullikka f 1759
1.4.5.4.2.3. Mari Pålsdatter Mullikka f 1761, d 1774
1.4.5.4.2.4. Kirsti Pålsdatter Mullikka f 1763
1.4.5.4.2.5. Anne Pålsdatter Mullikka f 1766, d 1774
1.4.5.4.2.6. Henrik Pålsen Mullikka f 1768, d 1774
1.4.5.4.2.7. Ole Pålsen Mullikka f 1771, d 1774
1.4.5.4.2.8. Kari Pålsdatter Mullikka f 1774
1.4.5.4.2.9. Matis Pålsen Mullikka f 1776
1.4.5.4.2.10. Per Pålsen Mullikka f 1783, d 1787

1.4.5.4.3. Anne Steffensdatter Mullika f 1726, d 1793, g med Henrik Karlsen Raatikainen f 1715-07-24 i Digerberget, Nyskoga, son till Karl Henriksson Raatikainen och Valborg Filipsdotter Neovoinen.
Barn:
1.4.5.4.3.1. Mari Henriksdatter Raatikainen f 1757 i Kalneset, Grue, d 1840, g 1778-10-25 med Ole Johansen Karhinen f 1751-09-12 i Mangen, Fryksände, d 1823-11-24 i Furuberget, Grue, son till Johan Henriksson Karhinen och Karin Olofsdotter.

1.4.5.4.4. Kari Steffensdatter Mullikka f 1729 i Vestre Vålberget, Grue, d 1805
1.4.5.4.5. Lisbet Steffensdatter Mullikka f 1731
1.4.5.4.6. Steffen Steffensen Mullikka f 1734, d 1758

1.4.5.4.7. Ingrid Steffensdatter Mullikka f 1738, d 1773 i Grue, g 1770 med Jacob Arnesen, Östmark.
Deras barn:
1.4.5.4.7.1. Arne Jacobsen f 1768, d 1773
1.4.5.4.7.2. Stefan Jacobsen f 1770

1.4.5.4.8. Mari Steffensdatter Mullikka f 1740
1.4.5.4.9. Henrik Steffensen Mullikka f 1744
1.4.5.4.10. Marit Steffensdatter Mullikka f 1748
1.4.5.4.11. Elin Steffensdatter Mullikka f 1748, d 1823-03-02 i Svenshöjden, Östmark, g med Olof Olofsson Liimalainen f 1743, d 1818 i Svenshöjden, Östmark.
Barn:
1.4.5.4.11.1. Olof Olofsson Liimalainen f 1779-05-19
1.4.5.4.11.2. Elin Olofsdotter Liimalainen f 1781,03,01 i Käppanstorp, S Röjdåsen, Östmark, d 1863-12-29 i Arvetorpet, Brandval, g med Arve Eriksen Arvetorpet f 1774 och d 1857-06-07 i Arvetorpet, Brandval.

1.4.6. Britta Staffansdotter Mullikka f ca 1667, d 1728-05-09 i Röjden, S Finnskoga, g med Anders Andersson Hämäläinen f ca 1650, d 1709 i Röjden, S Finnskoga, son till Anders Hämäläinen och Anna Johansdotter.
Barn:
1.4.6.1. Daniel Andersson Hämäläinen f ca 1693, d 1752-05-16 i Röjden, S Finnskoga, g med Marit Henriksdotter f 1696 i Röjden, S Finnskoga, d 1762-02-14.
Deras barn:
1.4.6.1.1. Lisbet Danielsdotter Hämäläinen f 1721-04-24 i Röjden, S Finnskoga
1.4.6.1.2. Anders Danielsson Hämäläinen f 1730-12-27 i Röjden, S Finnskoga, d 1782-03-27, g 1753-10-22 med Anna Olofsdotter f ca 1729 i Lövberget, Norge, d 1786-06-27.
Deras barn, alla födda i Röjden, S Finnskoga:
1.4.6.1.2.1. Daniel Andersson Hämäläinen f 1754-07-15, g med Lisbet Henriksdotter f 1755.
Deras barn:
1.4.6.1.2.1.1. Anna Danielsdotter Hämäläinen f 1780
1.4.6.1.2.1.2. Karin Danielsdotter Hämäläinen f 1782

1.4.6.1.2.2. Olof Andersson Hämäläinen f 1756 i Röjden, S Finnskoga, g med Ingrid Olofsdotter Kaikkalainen f 1755, dotter till Olof Olofsson Kaikkalainen och Annika (Anna) Andersdotter.
1.4.6.1.2.3. Henrik Andersson Hämäläinen f 1758
1.4.6.1.2.4. Anna Andersdotter Hämäläinen f 1760
1.4.6.1.2.5. Marit Andersdotter Hämäläinen f 1760
1.4.6.1.2.6. Karin Andersdotter Hämäläinen f 1762
1.4.6.1.2.7. Kerstin Andersdotter Hämäläinen f 1763
1.4.6.1.2.8. Anna Andersdotter Hämäläinen f 1768
1.4.6.1.2.9. Johan Andersson Hämäläinen f 1770

1.4.6.1.2.10. Per Andersson Hämäläinen f 1775
1.4.6.1.2.11. Mats Andersson Hämäläinen f 1780

1.4.6.1.3. Marie Danielsdotter Hämäläinen f 1731
1.4.6.1.4. Henrik Danielsson Hämäläinen f 1733, d 1736
1.4.6.1.5. Karin Danielsdotter Hämäläinen f 1736

1.4.7. Margarete Steffensdatter Mullikka f 1668 i Mullikkala, Vålberget, Grue finnskog, d 1725 i Karlstorpet.

1.4.8. Henrik Steffensen Mullikka f 1673 i Mullikkala, Vålberget, Grue, upptog Kalneset i Grue, d 1725 i Kalneset, Grue, g 1701 med Elin Eriksdotter Suhoinen f 1679 i Tväråna, Östmark, d 1749 i Kalneset, Grue, dotter till Erik Pålsson Liikanen/Suhoinen och n.n. Pålsdotter Karttuinen.
Barnen, alla födda i Kalneset, Grue:
1.4.8.1. Kerstin Henriksdotter Mullikka g med Erik Olofsson Lehmoinen f 1670 i Skallbäcken, S Finnskoga, son till Olof Olofsson Lehmoinen.
Barn:
1.4.8.1.1. Erik Eriksen Lehmoinen f 1733-03-18 i Skallbäcken, S Finnskoga

1.4.8.2. Kari Henriksdatter Mullikka g med Peder Eriksson Hotakka, son till Erik Sigfridsson Hotakka och Gertrud Jonsdotter.
1.4.8.3. Steffen Henriksen Mullikka
1.4.8.4. Annika Henriksdatter Mullikka
1.4.8.5. Mari Henriksdatter Mullikka
1.4.8.6. Lisbet Henriksdatter Mullikka g med Ola Persen Karttuinen.
Deras barn:
1.4.8.6.1. Katrine Olsdatter Karttuinen
1.4.8.6.2. Eli Olsdatter Karttuinen
1.4.8.6.3. Ola Olsen Karttuinen

1.4.8.7. Marte Henriksdatter Mullikka g med Pål Pålsen Paalainen f ca 1687 i Tysketorpet, Grud, d 1773 i Askosberget, Grue, son till Pål Henriksen Paalainen och Gjertrud Henriksdatter Mullikka.
Deras barn:
1.4.8.7.1. Eli Pålsdatter Paalainen g med Morten Mattisen Hähmä.
Deras barn:
1.4.8.7.1.1. Pål Mortensen Hähmä, g med Eli Olofsdotteer Mullikka f 1770, dotter till Olof Matsson Mullikka och Ingrid Andersdotter Vilhuinen.

1.4.8.7.2. Maria Pålsdatter Paalainen
1.4.8.7.3. Henrik Pålsen Paalainen g med Lisbet Nilsdatter Pentikäinen.
Deras barn:
1.4.8.7.3.1. Pål Henriksen Paalainen

1.4.8.7.4. Mats Pålsen Paalainen g med Anne Pedersdatter Kurkki
Deras barn:
1.4.8.7.4.1. Pål Mattisen Paalainen g med Berte Kristiansdatterr Liukkoinen
1.4.8.7.4.2. Per Mattisen Paalainen g med Anne Olsdatter Mullikka
1.4.8.7.4.3. Mattis Mattisen Paalainen
1.4.8.7.4.4. Anne Mattisdatter Paalainen
1.4.8.7.4.5. Ola Mattisen Paalainen g med Anne Larsdatter Liukkoinen.
Deras barn:
1.4.8.7.4.5.1. Mattis Olsen Paalainen

1.4.8.8. Anne Henriksdatter Mullikka g med Johan Johansen Pentikäinen
1.4.8.9. Catrine Henriksdatter Mullikka g med Erik Pålsen Häkkinen
1.4.8.10. Ingri Henriksdatter Mullikka g med Peder Pålsen Vaissinen, son till Pål
Andersson Vaissinen och Anne Larsdotter.
Deras barn:
1.4.8.10.1. Johan Pedersen Vaissinen g med Kari Larsdatter Liukkoinen

1.4.8.11. Mats Henriksson Mullikka f 1705 i Kalneset, Grue, d 1773, g med Karin
Pålsdotter Räisäinen, dotter till Pål Mattisen Räisäinen och Lisbet Henriksdotter
Lehmoinen.
Barn:
1.4.8.11.1. Johan Matisen Mullikka g med Kjerstin Staffansdotter Sikainen.

1.4.8.11.2. Henrik Matisen Mullikka g med Anna (Annika) Karlsdotter Raatikainen f 1720-
04-112 i Digerberget, Nyskoga, dotter till Karl Henriksson Raatikainen och Valborg
Filipsdotter Neuvoinen.
Deras barn:
1.4.8.11.2.1. Ole Henriksen Mullikka f 1750 och d 1801 i Kalneset, Grue, g 1770 med
Ingeborg Andersdatter Räisäinen f 1749 i Tvengsberget, Grue, d 1818-04-11 i Kalneset,
Grue.

1.4.8.11.2.2. Kari Henriksdatter Mullikka f 1754-08-04 i Kalneset, Grue, d 1814 i
Tvengsberget, Grue, g 1774-11-13 med Ole Andersen Räisäinen f ca 1751 och d 1816 i
Tvengsberget, Grue, son till Anders Persen Räisäinen och Kari Persdatter Navilainen.

1.4.8.11.3. Eli Matisdatter Mullikka d 1764 i Vermunden, Åsnes, g med Karl Karlsson
Raatikainen f 1718-01-04 i Digerberget, Nyskoga, don till Karl Henriksson Raatikainen
och Valborg Filipsdotter Neuvoinen.
Deras barn:
1.4.8.11.3.1. Henrik Karlsen Raatikainen f 1751, g med Eli Andersdatter Veteläinen f
1762, dotter till Anders Danielsson Veteläinen och Helene Samuelsdatter Piesainen.
1.4.8.11.3.2. Kari Karlsdatter Raatikainen f 1753
1.4.8.11.3.3. Marit Karlsdatter Raatikainen f 1759
1.4.8.11.3.4. Mattis Karlsen Raatikainen f 1764

1.4.8.11.4. Anne Matisdatter Mullikka
1.4.8.11.5. Povel Matisen Mullikka
1.4.8.11.6. Lisbet Matisdatter Mullikka

1.4.8.11.7. Olof Matsson Mullikka f 1738 i Kalneset, Grue, d 1815-01-02, g 1760 med
Ingrid Andersdotter Vilhuinen f 1740-02-20 i Skråckarberget, S Finnskoga, d 1793-04-16,
dotter till Anders Olofsson Vilhuinen och Elin Bertilsdotter Raatikainen.
Deras barn:
1.4.8.11.7.1. Karin Olofsdotter Mullikka f 1761 i Skråckarberget, S Finnskoga, g med
Anders Henriksson Tenhuinen f 1758 i Kindsjön, S Finnskoga, son till Henrik Andersson
Tenhuinen och Elin Henriksdotter Lehmoinen.

1.4.8.11.7.2. Eli Olofsdotter Mullikka f 1770, g1 med Pål Mortensen Hähmä, g2 med
Mattis Johansen Mullikka

1.4.8.11.7.3. Anders Olofssson Mullikka f 1773 i Skråckarberget, S Finnskoga, d 1846-02-
23, g med Ingrid Henriksdotter Tenhuinen f 1767 i Kindsjön, S Finnskoga, dotter till
Henrik Andersson Tenhuinen och Elin Henriksdotter Lehmoinen.
1.4.8.11.7.4. Anna Olofsdotter Mullikka f 1777 i Skråckarberget, S Finnskoga
1.4.8.11.7.5. Ingrid Olofsdotter Mullikka f 1782 i Skråckarberget, S Finnskoga

1.4.8.11.7.6. Johan Olofsson Mullikka f 1783 i Skråckarberget, S Finnskoga, g med Annika
Olsdotter Kaikkalainen f 1771 i Kindsjön, S Finnskoga, dotter till Olof Olofsson
Kaikkalainen och Marit Olofsdotter.

1.5. Henrik Steffensen Mullikka f 1630, bosatt i Röjdoset, Östmark.
Barn med okänd moder:
1.5.1. Gjertrud Henriksdatter Mullikka f ca 1657 i Vålberget, Grue, d 1723, g med Pål
Henriksen Paalainen f 1647 i Äppelbo, d 1715 i Akershus festning, Kristiania, son till
Henrik Paalainen.
Barn:
1.5.1.1. Ingrid Pålsdatter Paalainen f 1681 i Tysketorpet, Grue
1.5.1.2. Henrik Pålsson Paalainen f 1683 i Tysketorpet, Grue, d 1759-04-04 i S Viggen, N
Ny, g med Karin Olofsdotter f 1687.
Deras barn:
1.5.1.2.1. Anders Henriksson Paalainen f 1723-11-05 i N Viggen, N Ny, d 1789-07-28 i
Tysktorp, N Ny, g med Marit Persdotter Karvainen f 1731-12-13 i S Viggen, N Ny, d 1827-
04-08 i N Viggen, N Ny.
1.5.1.2.2. Mats Henriksson Paalainen f 1729, d 1817, g 1753-01-06 med Annika
Johansdotter Tarvainen f 1733-04-16 i Mången, Vitsand, dotter till Johan Henriksson
Tarvainen och Karin Pålsdotter Puttoinen.
Barn:
1.5.1.2.2.1. Maria Matsdotter Paalainen f 1777

1.5.1.3. Berte Pålsdatter Paalainen f 1684 i Tysketorpet, Grue

1.5.1.4. Pål Pålsen Paalainen f 1687 i Tysketorpet, Grue, d 1773 i Askosberget, Grue, g med Marte Henriksdatter Mullikka, dotter till Henrik Steffensen Mullikka och Elin Eriksdotter Suhoinen.
Deras barn:
1.5.1.4.1. Eli Pålsdatter Paalainen, f i Askosberget, Grue, g med Morten Mattisen Hähmä.
Deras barn:
1.5.1.4.1.1. Pål Mortensen Hähmä g med Eli Olofsdotter Mullikka f 1770, dotter till Olof Matsson Mullikka och Ingrid Andersdotter Vilhuinen.

1.5.1.4.2. Maria Pålsdatter Paalainen
1.5.1.4.3. Henrik Pålsen Paalainen g med Lisbet Nilsdatter Pentikäinen
1.5.1.4.4. Mats Pålsen Paalainen i Askosberget, Grue, g med Anne Pedersdatter Kurki.
Deras barn:
1.5.1.4.4.1. Pål Mattisen Paalainen
1.5.1.4.4.2. Per Mattisen Paalainen
1.5.1.4.4.3. Mattis Mattisen Paalainen
1.5.1.4.4.4. Anne Mattisdatter Paalainen
1.5.1.4.4.5. Ola Mattisen Paalainen

1.5.1.5. Marit Pålsdotter Paalainen f 1690 i Tysketorpet, Grue, d efter 1753, g 1706-10-14 i Nyskoga med Mats Pålsson Vaissinen f 1673 i N Viggen, Nyskoga, son till Pål Andersson Vaissinen.
Barn:
1.5.1.5.1. Anders Mattisen Vaissinen f 1707, g med Lisbet Eriksdatter, Pissut, Vinger.
Deras barn:
1.5.1.5.1.1. Anders Andersson Vaissinen f 1732 i Bjurberget, S Finnskoga, flyttat till Vinger 1757-1766, g 1754-12-25 med Valborg Pålsdotter Raatikainen f 1728 i Skallbäcken, S Finnskoga, dotter till Pål Henriksson Raatikainen och Malin Filipsdotter Neuvoinen.

1.5.1.5.2. Erik Mattisen Vaissinen f 1709
1.5.1.5.3. Gertrud Matsdotter Vaissinen f 1719-02-08 i Vaissila, N Viggen, Nyskoga, d 1785-04-20 i Fagerberget/Snipberget, Fryksände, g 1745-12-26 i Fryksände med Per Eriksson Rämäinen f 1716-10-08 i Fagerberget, Fryksände, d 1766-05-07 i Fagerberget, Fryksände, son till Erik Staffansson Rämäinen och Kerstin Persdotterr Hakkarainen.
Deras barn:
1.5.1.5.3.1. Mats Persson Rämäinen f 1752-03-19 i Fagerberget, Fryksände, d 1835-11-25 i Snipa, Vitsand, g med Marit Larsdotter Lappalainen f 1761-10-28 i Kälkeruds utskog, N Lekvattnet, d 1828-02-16 i Ö Sandsjöberg, Östmark, dotter till Lars Gabrielsson Lappalainen och Karin Nilsdotter.

1.6. Erik Steffensen Mullikka f 1635 i Orsa, g 1662 (?) med Ingrid Matsdotter, V Berga, Fryksände.

1.7. Annika Steffensdatter Mullikka f 1641 i Sandsjö, Orsa, d 1695 i Risberget, Våler, g1 med Olof Olofsson Tossavainen f ca 1635 i Tandsjö, Orsa, d 1671 i Risberget, Våler, son till Olof Markusson Tossavainen. G2 med Anders Eriksen Purainen f 1642 i Gävleborgs län, d 1716 i Risberget, Våler, son till Erik Eriksson Purainen.

Barn i första äktenskapet:

1.7.1. Olof Olofsson Tossavainen f 1660 i Vålberget, Grue, d 1694 i Söre Osen, Östenheden, Trysil, g 1680 med Karin Pålsdotter f 1665 i Fryksdalen.

Deras barn:

1.7.1.1. Ole Olsen Tossavainen f 1682 i Risberget, Våler, d 1736 i Söre Osen, Söndre Östenheden, Trysil, g med Anne (Anniken) Persdatter Raatikainen f 1674 i Söre Osen, Söndre Östenheden, Trysil, d efter 1741, dotter till Per Pålsson Raatikainen och Kari Henriksdatter.

Deras barn:

1.7.1.1.1. Helje Olsdatter Tossavainen f 1696 i Söre Osen, Östenheden, Trysil, g med Daniel Danielsson Siekkinen f 1695 i N Lutnes, Trysil, d 1776, son till Daniel Sigfridsson Siekkinen och Marit Henriksdotter Himainen.

Deras barn:

1.7.1.1.1.1. Daniel Danielsen Siekkinen f 1723, d 1752, g med Marte Mattisdatter f 1725, d 1808-06-19.

1.7.1.1.1.2. Ole Danielsen Siekkinen f 1725 Lutnes nordre, Trysil, d 1790, g 1758 med Berte Gregersdatter Raatikainen f 1725 i Söre Osen, nordre Ifarneset, Trysil, dotter till Gregers Pedersen Raatikainen och Kari Johansdatter Käiväräinen.

1.7.1.1.1.3. Per Danielsen Siekkinen f 1729, bosatt i Rotberget, Hof

1.7.1.1.1.4. Morten Danielsen Siekkinen f 1731, g 1760 med Marte Gregersdatter Raatikainen, f 1732 i Söre Osen, Ifarneset, Trysil, son till Gregers Pedersen Raatikainen och Kari Johansdatter Käiväräinen. Bosatta i Styggberget, Elverum.

Barn:

1.7.1.1.1.4.1. Gertrud Mortensdatter Siekkinen, g med Lars Andersen.

1.7.1.1.1.5. Marte Danielsdatter Siekkinen f 1736, d 1815-06-08, g 1754 med Morten Mortensen Kuosmainen f 1725 i Nyhuus vestre, Trysil, d 1811-08-04, son till Morten Olsen Kuosmainen och Marte Staffansdotter Siekkinen.

1.7.1.1.1.6. Erik Danielsson Siekkinen f 1741-07-02 i Nordre Lutnes, Trysil, d 1814-11-05 i Långflon, N Finnskoga, g 1772 med Karin Andersdotter Tossavainen f 1753-03-18 i S Lutnes, Trysil, d 1832-07-28 i Långflon, N Finnskoga, dotter till Anders Mattisen Tossavainen och Lisbet Henriksdotter Mammoinen.

1.7.1.1.2. Kari Olsdatter Tossavainen f 1705, d 1785, g 1730 med Erik Danielsen Siekkinen f 1703 i Lutnes nordre, Trysil, d 1751, bosatta i Söre Osen, Östenheden, Trysil. Erik var son till Daniel Sigfridsson Siekkinen och Marit Henriksdotter Himainen. Deras barn:

1.7.1.1.2.1. Kari Eriksdatter Siekkinen g med Ole Hansen Svanåsen

1.7.1.1.2.2. Marte Eriksdatter Siekkinen f 1732 g med Erik Persen Hvarstad, Hernes, Graf, Elverum

1.7.1.1.2.3. Anne Eriksdatter Siekkinen f 1734 i Söre Osen, Östenheden söndre, Trysil, d 1756, g 1753 med Morten Andersen Kuosmainen f 1724 i Törberget nordre, Andersgarden, Trysil, d 1805-06-24 i Söre Osen, Bråten, Trysil, son till Anders Andersen Kuosmainen och Helje Eriksdatter Purainen.

1.7.1.1.2.4. Ole Eriksen Siekkinen f 1738 i Söre Osen, Östenheden, Trysil, d 1784, g med Marte Paulsdatter Raatikainen f 1741-01-01 i Galåsen söndre, Trysil, dotter till Pål Pålsen Raatikainen och Kersti Mortensdatter Kuosmainen.

1.7.1.1.2.5. Daniel Eriksen Siekkinen f 1744 i Söre Osen, Östenheden, Trysil, d 1819-03-21, g 1769 med Helje Danielsdatter Siekkinen f 1750 i Nordre Lutnes, Trysil, d 1824-05-26 i Söre Osen, Söndre Östenheden, Trysil, dotter till Daniel Danielsen Siekkinen och Marte Mattisdatter.

1.7.1.1.2.6. Ingeborg Eriksdatter Siekkinen f 1745

1.7.1.1.2.7. Gertrud Eriksdatter Siekkinen f 1749

1.7.1.1.2.8. Maren Eriksdatter Siekkinen f 1750

1.7.1.1.3. Anne Olsdatter Tossavainen f 1716, g med Otter Torstensen Hoff

1.7.1.2. Anders Olsen Tossavainen f 1685 i Risberget, Våler, d 1744-07 , g före 1726 med Gjertrud Persdatter Raatikainen f 1685 i Söre Osen, Söndre Östenheden, Trysil, d 1771-11-20 i Söre Osen, Röbuknappen, Trysil, dotter till Per Pålsson Raatikainen och Kari Henriksdatter.
Barn:
1.7.1.2.1. Per Andersen Tossavainen f 1723 i Röbuknappen, Osen, Trysil, d 1797-07-11, g 1748 med Siri Larsdatter f 1725 i Grötting, Elverum, d 1815-02-11. De fick 10 barn.

1.7.1.2.2. Kari Andersdotter Tossavainen f 1726, d 1792, g med Ole Larsen.

1.7.1.3. Henrik Olsson Tossavainen f 1687 i Risberget, Våler, d 1729 i Järpliden, S Finnskoga, g med Annika Pålsdotter Honkainen f ca 1693 och d 1743-01-11 i Järpliden, S Finnskoga, dotter till Pål Mickelsson Honkainen.
Barn, alla födda i Järpliden:
1.7.1.3.1. Annika Henriksdotter Tossavainen f 1715-09-16
1.7.1.3.2. Marit Henriksdotter Tossavainen f 1717-03-03

142

1.7.1.3.3. Karin Henriksdotter Tossavainen f 1720

1.7.1.3.4. Olof Henriksson Tossavainen f 1722-04-14

1.7.1.3.5. Pål Henriksson Tossavainen f 1725-02-05, d 1780-12-26 i Juberget, Åsnes, g1 med Lisbet Bertilsdotter Neuvoinen f 1713-12-02 i Kindsjön, S Finnskoga, d 1768-06-17 i Juberget, Åsnes, dotter till Bertil Eriksson Neuvoinen och Anniken Henriksdotter Piesainen. G2 med Marie Kristensdatter.

Barn i första giftet, alla födda i Järpliden, S Finnskoga:

1.7.1.3.5.1. Henrik Pålsson Tossavainen f 1746

1.7.1.3.5.2. Olof Pålsson Tossavainen f 1748

1.7.1.3.5.3. Anna Pålsdotter Tossavainen f 1752, d 1812-3-25 i Järpliden, S Finnskoga, g 1776-12-26 i Dalby med Kristoffer Sigfridsson Honkainen f 1754-11-30 och d 1822 i Järpliden, S Finnskoga, son till Sigfrid Kristoffersson Honkainen och Marit Eriksdotter Utriainen.

1.7.1.3.5.4. Bertil Pålsson Tossavainen f 1756, d 1826

1.7.1.3.5.5. Maria Pålsdotter Tossavainen f 1757

1.7.1.3.5. Pål Henriksson Tossavainen f 1725-02-05 **barn i andra giftet:**

1.7.1.3.5.6. Anna Maria Pålsdatter Tossavainen f 1769 i Juberget, Åsnes

1.7.1.3.5.7. Kari Pålsdatter Tossavainen f 1775 i Juberget, Åsnes

1.7.1.3.5.8. Ole Pålsen Tossavainen f 1778 i Juberget, Åsnes

1.7.1.3.6. Olof Henriksson Tossavainen f 1726-11-23 i Järpliden, S Finnskoga

1.7.1.3.7. Anna Henriksdotter Tossavainen f 1728-04-01 i Järpliden, S Finnskoga

1.7.1.3.8. Marit Henriksdotter Tossavainen f 1729-06-06 i Järpliden, S Finnskoga

1.7.1.4. Mattis Olsen Tossavainen f 1688, d 1735

1.7.1.5. Kirsti Olsdatter Tossavainen f 1696, d 1788

1.7.2. Berte Olsdatter Tossavainen f 1664

1.7.3. Kari Olsdotter Tossavainen f 1667, d 1693

1.7.4. Lisbet Olsdotter Tossavainen f 1671, d 1714

(1.7.) Annika Steffensdatter Mullikka f 1641 i Sandsjö, Orsa, **barn i andra äktenskapet** med Anders Eriksen Purainen f 1642 i Gävleborgs län, d 1716 i Risberget, Våler,

1.7.5. Gertrud Andersdotter Purainen f 1677 i Risberget, Våler, d 1718 i Risberget, Våler, g med Henrik Henriksson Himainen f 1665 i Gravberget, Våler, d 1735 i Risberget, Våler, son till Henrik Henriksson Himainen och Ingeborg Matsdotter Liitiäinen.

Deras barn:

1.7.5.1. Marte Henriksdatter Himainen d 1718

1.7.5.2. Anders Henriksen Himainen f 1695, gift i Risberget, Våler, bor där 1718

1.7.5.3. Ingrid Henriksdotter Himainen f ca 1698 i Risberget, Våler, d 1733-07-07 i Skråckarberget, S Finnskoga, g 1715-12-26 med Olof Andersson Vilhuinen "Skarpe-Olof" f ca 1686 i Skråckarberget, S Finnskoga, d 1760-06-01 i Skråckarberget, S Finnskoga, son till Anders Olofsson Vilhuinen och Britta Andersdotter Tenhuinen.
Barn:
1.7.5.3.1. Anders Olofsson Vilhuinen f 1717-04-01 i Skråckarberget, S Finnskoga, d 1787-03-18 i Skråckarberget, S Finnskoga, g 1738 med Elin Bertilsdotter Raatikainen f 1716 i Norge, d 1800-10-01 i Skråckarberget, S Finnskoga, dotter till Bertil Henriksson Raatikainen och Britta Henriksdotter.
Deras barn, alla födda i Skråckarberget, S Finnskoga:
1.7.5.3.1.1. Ingrid Andersdotter Vilhuinen f 1740-02-20, d 1793-04-16, g 1760 med Olof Matsson Mullikka f 1738 i Kalneset, Grue, d 1815-01-02, son till Mats Henriksson Mullikka och Karin Pålsdotter Räisäinen.

1.7.5.3.1.2. Anders Andersson Vilhuinen f 1745-05-20 i Skråckarberget, S Finnskoga

1.7.5.3.1.3. Anna Andersdotter Vilhuinen f 1752-12-06 i Skråckarberget, d 1824-09-22 i Järpliden, S Finnskoga, g med Daniel Johansson Lehmoinen f 1744-03-10 och d före 1824 i Järpliden, S Finnskoga, son till Johan Karlsson Lehmoinen och Elin Pålsdotter.

1.7.5.3.2. Henrik Olofsson Vilhuinen f 1728-05-19 i Skråckarberget, S Finnskoga, d 1784-06-21, g med Lisbet Henriksdotter Lehmoinen f 1731-04-15 i Skallbäcken, S Finnskoga, d 1751-08-04 i Skråckarberget, S Finnskoga, dotter till Henrik Pålsson Lehmoinen och Lisbet Nilsdotter Havuinen.
Deras barn:
1.7.5.3.2.1. Olof Henriksson Vilhuinen f 1750, d 1751.
Henrik gifte om sig 1751-10-11 med Gertrud Matsdotter Kymöinen f 1726-11-23 och d 1786 i Avundsåsen, S Finnskoga, dotter till Mats Matsson Kymöinen och Annika Pålsdotter.
1.7.5.3.2.2. Anders Henriksson Vilhuinen f 1752 och d 1846-12-31 i Skråckarberget, g med Gertrud Persdotter Lehmoinen f 1771 i Järpliden (ev Bograngen), S Finnskoga, d 1834-04-18 i Skråckarberget, S Finnskoga, dotter till Per Karlsson Lehmoinen och Anna Kristoffersdotter Honkainen.
1.7.5.3.2.3. Olof Henriksson Vilhuinen f 1754-02-11 och d 1806 i Skråckarberget, S Finnskoga, g med Kajsa Henriksdotter Vilhuinen f 1759 i Skråckarberget, dotter till Henrik Henriksson Vilhuinen och Gertrud Eriksdotter Lehmoinen. Dessa fick 7 barn.
1.7.5.3.2.4. Henrik Henriksson Vilhuinen f 1756, d 1756
1.7.5.3.2.5. Mats Henriksson Vilhuinen f 1758
1.7.5.3.2.6. Marit Henriksdotter Vilhuinen f 1761 och d 1819-01-17 i Skråckarberget, g 1781-10-14 med Erik Henriksson Vilhuinen f 1753-04-17 och d 1826-09-10 i Skråckarberget, son till Henrik Henriksson Vilhuinen och Gertrud Eriksdotter Lehmoinen. De fick 6 barn.
1.7.5.3.2.7. Henrik Henriksson Vilhuinen f 1763

1.7.5.3.2.8. Britta Henriksdotter Vilhuinen f 1765 i Skråckarberget, g med Karl Olsson Lehmoinen f 1762 i Järpliden, S Finnskoga, son till Olof Karlsson Lehmoinen och Karin Persdotter. De fick 8 barn.

1.7.5.3.2.9. Gertrud Henriksdotter Vilhuinen f 1767 i Skråckarberget, S Finnskoga, g med Olof Olesen, Järpliden, S Finnskoga. De fick en dotter:

1.7.5.3.3. Gertrud Olofsdotter Vilhuinen f 1729-11-15 i Skråckarberget, S Finnskoga

1.7.5.4. Gjertrud Henriksdatter Himainen f 1700, d 1776-04-03, g med Per Andersen Liitiäinen f 1704 i Risberget, Våler, son till Anders Mortensen Liitiäinen.
Barn:
1.7.5.4.1. Henrik Persen Liitiäinen f 1730, g med Marte Olsdatter Graaberget
1.7.5.1.2. Marte Persdatter Liitiäinen f 1733-08-09 i Nedstua, Risberget, Våler, d 1812, g med Mattis Olsen Suuroinen f 1727 i Sörskogsbygda, Flisberget, Elverum, d 1804-02-2 , son till Ola Mattisen Suuroinen och Marit Andersdatter Räisäinen.
Deras barn:
1.7.5.1.2.1. Ole Mattisen Suuroinen
1.7.5.1.2.2. Gjertrud Mattisdatter Suuroinen
1.7.5.1.2.3. Per Mattisson Suuroinen f 1756, d 1837
1.7.5.1.2.4. Maria Mattisdotter Suuroinen f 1764, d 1840
1.7.5.1.2.5. Ola Mattisen Suuroinen f 1769, d 1851

1.7.5.1.3. Anne Persdatter Liitiäinen f 1744
1.7.5.1.4. Helena Persdotter Liitiäinen f 1748, d 1806

1.7.6. Kari Andersdotter Purainen f 1680 i Risberget, Våler, d ca 1697, g ca 1695 med Johan Danielsson Veteläinen f ca 1666 i Gammelgården, Medskogen, S Finnskoga, d 1720-03-16, son till Daniel Johansson Veteläinen och Karin Andersdotter Hämäläinen.
Barn:
1.7.6.1. Anders Johansson Veteläinen f 1697-05-10 i Medskogen, S Finnskoga

1.8. N.N. Steffensdatter Mullikka f 16?? I Sandsjö, Orsa, d före 1690, g med Erik Klemetsson Porkka f ca 1615, d troligen i Brandval finnskog, bosatt i Mulltjärn, Östmark och Öjern, Brandval, son till Klemet Persson Porkka och Karin Örjansdotter.
Deras barn:
1.8.1. Olof Eriksson Porkka
1.8.2. Anders Eriksson Porkka
1.8.3. Erik Eriksson Porkka
1.8.4. Lars Eriksson Porkka
1.8.5. Gertrud Eriksdotter Porkka
1.8.6. Marit Eriksdotter Porkka f ca 1637, d 1722-11-28 i Vittjärn, Lekvattnet, g med Johan Sigfridsson Hämäläinen f ca 1641 och d 1717-03-21 i Vittjärn, Lekvattnet, son till Sigfrid Josefsson Hämäläinen och Marit Örjansdotter,
Deras barn:

1.8.6.1. Klemet Johansson Hämäläinen f 1665 och d 1725 i Lekvattnet, g med Karin Persdotter Karttuinen f ca 1669, d 1740 i Lekvattnet, dotter till Per Eriksson Karttuinen och Annika Larsdotter.
Deras barn:
1.8.6.1.1. Johan Klemetsson Hämäläinen
1.8.6.1.2. Karin Klemetsdotter Hämäläinen f ca 1695, g med Jakob Sigfridsson Valkoinen (Hotakka) f 1700, d 1758, son till Sigfrid Andersson Valkoinen och Elisabet Eriksdotter Haljainen.

1.8.6.1.3. Marit Klemetsdotter Hämäläinen f 1697 i Lekvattnet, g med Erik Eriksson Oinoinen f ca 1697 i Fryksände, son till Erik Eriksson Oinoinen och Annika Eriksdotter Suhoinnen.
Deras barn:
1.8.6.1.3.1. Anna Eriksdotter Oinoinen, f 1723 i Tväråna, Fryksände, d 18?? I Östmark, g med Anders Olsson Moilainen f 1716 i Fryksände, d ca 1780 i Östmark, son till Olof Andersson Moilainen och Annika Henriksdotter.
1.8.6.1.3.2. Erik Eriksson Oinoinen f 1726-01-17 i Tväråna, Östmark, g 1752 med Annika Sigfridsdotter Kauppinen.

1.8.6.1.4. Erik Klemetsson Hämäläinen f 1707-05-20 i Vittjärn, Lekvattnet, g med Karin Sigfridsdotter Hämäläinen f ca 1710, dotter till Sigfrid Johansson Hämäläinen och Karin Matsdotter Liukkoinen.

1.8.6.2. Sigfrid Johansson Hämäläinen f 1680 i Vittjärn, Lekvattnet, d 1741-02-08 i Långsjöhöjden, Lekvattnet, g med Karin Matsdotter Liukkoinen f ca 1676 i Lekvattnet.
Deras barn:
1.8.6.2.1. Marit Sigfridsdotter Hämäläinen f 1707-06-02 i Vittjärn, Lekvattnet, d 1741-12-27 i Arnsjön, Östmark, g med Johan Matsson Karjainen f 1712-06-17 och d 1741-12-31 i Arnsjön, Östmark, son till Mats Olofsson Karjainen och Annika Olofsdotter.
Deras barn:
1.8.6.2.1.1. Karin Johansdotter Karjainen f 1734, d 1812

1.8.6.2.2. Karin Sigfridsdotter Hämäläinen f ca 1710, g med Erik Klemetsson Hämäläinen f 1707-05-20 i Vittjärn, Lekvattnet, dotter till Klemet Johansson Hämäläinen och Karin Persdotter Karttuinen.

1.8.6.2.3. Mats Sigfridsson Hämäläinen f 1712-03-09 i Vittjärn, Östmark, g med Annika Matsdotter Karhinen f 1716-02-13 i Arnsjön, Östmark, dotter till Mattes Olofsson Karhinen och Annika Olofsdotter Karttuinen.
Deras barn:
1.8.6.2.3.1. Johan Matsson Hämäläinen f 1747-11-16 i Vittjärn, Östmark, d 1794 i Röberg, Östmark, g 1770-04-16 med Britta Henriksdotter Moilainen f 1744 i Runnsjön, Östmark, d 1777 i Runnsjötorp, Östmark, dotter till Henrik Olofsson Moilainen och Britta Persdotter Kähköinen.

1.8.6.2.4. Olof Sigfridsson Hämäläinen f 1720-04-04 i Vittjärn, Lekvattnet, g med Anna Persdotter Kähköinen f 1725, dotter till Per Mikkelsen Kähköinen och Annika Jakobsdotter Soikkainen.

1.8.6.3. Johan Johansson Hämäläinen f ca 1682 och d 1733-03-01 i Långsjöhöjden, Lekvattnet, g 1710-06-24 med Anne Mattisdatter Soikkainen f 1683 i Varelen, Norge, dotter till Mattis Johansen Soikkainen och Marte Grellsdotter Kavalainen.
Barn:
1.8.6.3.1. Lisbet Johansdotter Hämäläinen, g med Johan Abrahamsen Abrahamstorpet.
Deras barn:
1.8.6.3.1.1. Mattis Johansen Abrahamstorpet, g med Johanne Amundsdatter Tangen, dotter till Amund Torbjörnsen Tangen och Berte Syversdatter Åstebol.

1.8.6.3.2. Anders Johansson Hämäläinen f 1710-12-14, g1 med Karin Pålsdotter f ca 1715, d 1742-05-16, g2 med Marina Olofsdotter, f ca 1715 i Runnsjön, Östmark, bosatt i Långsjöhöjden, Lekvattnet.
Barn i första giftet:
1.8.6.3.2.1. Pål Andersson Hämäläinen
1.8.6.3.2.2. Johan Andersson Hämäläinen f 1738, d 1749, g med Lisbet Eriksdotter Hämäläinen.

1.8.6.3.3. Annika Johansdotter Hämäläinen f ca 1715, d ca 1789, g med Johan Eriksson Oinoinen f 1713-04-11, d ca 1790, son till Erik Eriksson Oinoinen och Annika Eriksdotter Suhoinen.
Barn:
1.8.6.3.3.1. Marit Johansdotter Oinoinen f 1751-06-17 i Mulltjärn, Östmark, g med Mathis Mathisson Kuikka.

1.8.7. Gjertrud Eriksdatter Porkka f 1640, d 1741 i Söndre Aronstorpet, Varaldskogen, Vinger, g med Samuel Henriksson Orainen d 1729.
Barn:
1.8.7.1. Marte Samuelsdatter Orainen, g med Morten Johansen Nikkarainen f 1680 i Fensjön finnetorp, Grue.

1.8.8. Henrik Eriksson Porkka f ca 1640, d 1730-12-14 i Arnsjön, Östmark, g med Maggeli (Malin) Mårtensdotter Pennainen, f i Mangen, Vitsand, dotter till Mårten Persson Pennainen och Kerstin Göransdotter.

1.8.9. Steffen Eriksson Porkka f 1657, d 1732 i Öjeren, Brandval finnskog, även bosatt i Vittjärn, Lekvattnet.

Purainen i Röjdoset 1653 och Risberget 1668

1. Erik Eriksson Purainen f ca 1615, mantal i Röjdoset (Purala), Östmark från 1653. Sålde hemmanet 1679 till Björn Nilsson och flyttade till Gravberget, Norge.
Barn utan känd moder:
1.1. Henrik Eriksen Purainen, g med Kari Johansdotter,
Deras barn:
1.1.1. Erik Henriksen Purainen

1.2. Anders Eriksen Purainen f 1642 av finska föräldrar i Gävleborgs län, d 1716 i Risberget, Våler. Bodde först i Röjdoset, Fryksdalen (Östmark). Kom till Risberget 1668. Han bodde på Lauvhaugen, Grue finnskog 1673. Ägde Nordgarn i Galåsen, Trysil 1709. Gift första gången med **Helga Örjansdotter Haljainen** f ca 1640. Gift andra gången med **Annika Steffensdatter Mullikka** f 1641 i Sandsjö, Orsa, d 1695 i Risberget, Våler. Hon växte upp i Vålberget, Grue finnskog, endast några kilometer från Röjdoset i Östmark, där maken Anders bodde. Annika hade tidigare varit gift med Olof Olofsson Tossavainen f 1635.

Från domböckerna:
1675-10-07 – Anders Liden tilltalad för olovlig älgjakt. Bland vittnena finns Morten och Jakob Liden samt Anders Eriksen Purainen. Morten och Jakob sade att Anders hade skjutit 3 älgar. Anders nekade inte, men sade sig ha haft lov av K.M. fogde Knud Reyem att skjuta älg på förbjudna tider. Böter 8 örtugar 13 ort silver för varje djur, hudarna förbrukade, samt 2 rd för stämning och domspengar. Han måste och ställa borgen för sina åtaganden eller sättas i arrest hos bondelänsmannen tills han kunde betala. Anders Eriksen Purainen och Morten Liden ska svara för Anders Lidens böter om han skulle rymma till Sverige.
1682 – Engebret Lauritzen Barhoug stämmer Olle Andersen Andset, Anders Puran i Risberget och Anders Liden i Gravberget för skulder. Anders Puran mötte, han hade gått i borgen för en svensk Jens Bendtzen för 6 ½ dlr. Anders skulle också leverera 8 hö-liar för varje daler, d v s 52 liar till Barhoug.
1695 – Henrik Thomes Risberget på sin kvinna Lisabett Olsdatters vägnar, och Johan Danielson Midtskog (Veteläinen) på sin kvinna Karen Andersdatters vägnar, ger attest till deras far Anders Puranen, att de inte pretenterar något arv efter deras mor Annika Steffensdtr (Mullikka). Anders har gjort skifte mellan sig och barn och styvbarn men undantagit de som bor i Sverige. Hans gård Risberget ska övertas av versonen Henrik Henriksen (Himainen).
1698-07-05 – Anders Puranen stämmer Josep Olle (Olle Josefsson?) för att han förra året skulle ha bränt upp en rågbråte där Anders hade sått 2 tunnor råg. Bedöms vara värt 12 tunnor. Dessutom var Olle skyldig Anders 6 tunnor råg. Josef (Olle?) ville ha förlikning, och det blev så att han skulle betala 20 rd för skadan och betala den övriga skulden. Han fick 3 år på sig eftersom han var en fattig man. Men skulden skulle vara prioriterad framför andra. De tog hand på att hädanefter leva i fred med varandra.

Barn i första giftet:

1.2.1. Erik Andersson Purainen, f ca 1660 i Röjdoset. Erik kom till Gravberget i sin ungdom och senare till Risberget, där han tjänade hos sin far i 4-5 års tid, innan han blev gift och kom till Gråberget ca 1700. Levde 1734 när han vittnade i en rättssak. Erik blev gift ca 1704 med Karin Jakobsdotter Liitiäinen, d 1745 i Håberget, dotter till Jakob Mårtensson Liitiäinen och Marte (Marit) Eriksdotter Karttuinen.

Kuriosa:

"Jeg også er av den oppfattningen av at Sølvfinnen var av slekten Purainen, men som vi vet så betegner C A Gottlund denne familien i Risberget som den finske familien Muhoinen.

Sølvfinnens anntatte tippoldefar Erik Andersen Purainen var en gang på slutten av 1680-tallet interesert i å kjøpe land i Aspberget i Norra Finnskoga, og på den tiden kunne han vanskelig ha kunnet det om han ikke hadde vært gift med ei som var arveberettiget i bygda. Vi tror i dag at Erik da hadde vært gift med ei jente som var av slekten Muhoinen, og at deres sønn Mattis Eriksen ble født i Aspberget ca. 1687, og at Eriks kone døde rett før 1690, og at sønnen da vokste opp i Aspberget hos besteforeldrene. På denne måten kan dette Muhoinen navnet kommet inn i historia til familien på Nyborg i Risberget. Her er det mye som ikke kan bevises siden dette er før kirkebøkenes tid.

/Morten Nasch Sandvold"

Deras barn:

1.2.1.1. Mats Eriksson Purainen

1.2.1.2. Helje Eriksdatter Purainen f 1686 i Gråberget, Elverum, d 1756-09-29, g med Anders Andersen Kuosmainen f 1687 och d 1726 i Törberget nordre, Andersgarden, Trysil, son till Anders Andersen Kuosmainen och Anniken Larsdatter.
De fick 6 barn, vilkas ättlingar redovisas i denna bok i kapitlet "Kuosmainen i Törberget 1670".

Barn i andra giftet:

1.2.2. Gertrud Andersdotter Purainen f 1677 i Risberget, Våler, d 1718 i Risberget, gift med Henrik Henriksson Himainen, f 1665 i Gravberget, Våler, d 1735 i Risberget, Våler. Henrik var tidigare gift med Kari Olsdotter Tossavainen, f 1667, d ca 1693.

Henrik övertog 1692 sin morbror Morten Mortensen Liitiäinens andel i Risberget. Enligt domboksprotokoll från 1695 skulle han överta Risberget (del av?) från sin svärfar Anders Eriksen Purainen. 1712 övertog han hela byn. Redan 1700 ägde han Galåsen, men 1704-12-08 sålde han hälften, Sögarn, till Pål Persson Hakkarainen från Aspberget.

Deras barn:

1.2.2.1. Marte Henriksdatter Himainen d före 1718 (ej nämnd i skiftet efter modern 1718)

1.2.2.2. Anders Henriksen Himainen f 1695, g i Risberget, bor där 1718

1.2.2.3. Ingrid Henriksdatter Himainen f ca 1698 i Risberget, Våler, d 1733-07-07 i Skråckarberget, S Finnskoga, g 1715-12-26 med Olof Andersson Vilhuinen f ca 1686 och d 1760-06-01 i Skråckarberget, S Finnskoga, son till Anders Olofsson Vilhuinen och Britta Andersdotter Tenhuinen.

Deras barn:

1.2.2.3.1. Anders Olofsson Vilhuinen f 1717-04-01 och d 1787-03-18 i Skråckarberget, S Finnskoga, g 1738 med Elin Bertilsdotter Raatikainen f 1716 i Norge, d 1800-10-01 i Skråckarberget, S Finnskoga, dotter till Bertil Henriksson Raatikainen och Britta Henriksdotter.

1.2.2.3.2. Henrik Olofsson Vilhuinen f 1728-05-19 i Skråckarberget, S Finnskoga, d 1784-06-21. G1 med Lisbet Henriksdotter Lehmoinen f 1731-04-15 i Skallbäcken, S Finnskoga, d 1751-08-04 i Skråckarberget, S Finnskoga, dotter till Henrik Pålsson Lehmoinen och Lisbet Nilsdotter Havuinen. G2 1751-10-11 med Gertrud Matsdotter Kymöinen f 1726-11-23 och d 1786 i Avundsåsen, S Finnskoga.

Barn i första giftet:

1.2.2.3.2.1. Olof Henriksson Vilhuinen f 1750, d 1751

Barn i andra giftet:

1.2.2.3.2.2. Anders Henriksson Vilhuinen f 1752, d 1846

1.2.2.3.2.3. Olof Henriksson Vilhuinen f 1754, d 1806

1.2.2.3.2.4. Henrik Henriksson Vilhuinen f 1756, d 1756

1.2.2.3.2.5. Mats Henriksson Vilhuinen f 1758

1.2.2.3.2.6. Marit Henriksdotter Vilhuinen f 1761, d 1819

1.2.2.3.2.7. Henrik Henriksson Vilhuinen f 1763

1.2.2.3.2.8. Britta Henriksdotter Vilhuinen f 1765

1.2.2.3.2.9. Gertrud Henriksdotter Vilhuinen f 1767

1.2.2.3.3. Gertrud Olofsdotter Vilhuinen f 1729-11-15 i Skråckarberget, S Finnskoga

1.2.2.4. Gjertrud Henriksdatter Himainen f ca 1700, d 1776-04-03, g med Per Andersen Liitiäinen f 1704, "Peder Andersen Nedstua", kallas **Käiväräinen** av Jan Myhrvold

Deras barn:

1.2.2.4.1. Henrik Persen Liitiäinen f 1730, g med Marte Olsdatter Graaberget

1.2.2.4.2. Marte Persdatter Liitiäinen f 1733-08-09 i Risberget, Nedstua, Risberget, Våler, d 1812, g med Mattis Olsen Suuroinen f 1727 i Sörskogbygda, Flisberget, Elverum, d 1804-02-2 i Kynberget, Elverum, son till Ole Mattisen Suuroinen och Marit Pålsdotter Hakkarainen.

Deras barn:

1.2.2.4.2.1. Gjertrud Mattisdatter Suuroinen

1.2.2.4.2.2. Per Mattisen Suuroinen f 1756 (dop 1756-05-09), d 1837-06-13

1.2.2.4.2.3. Maria Matsdatter Suuroinen f 1764-06-11, d 1840

1.2.2.4.2.4. Ole Mattisen Suuroinen f 1769 (dop 1769-06-11), d 1851-05-09

Ättlingarna redovisas utförligare i kapitlet "Suuroinen byggde Flisberget" i denna bok.

1.2.2.4.3. Anne Persdatter Liitiäinen f 1744, g med Erik Henriksen Liitiäinen f 1735 i Juberget, Våler, son till Henrik Mortensen Liitiäinen och Kari Mattisdatter.
De fick 10 barn, vilka redovisas närmare i kapitlet "Liitiäinen-släkten" i denna bok.

1.2.2.4.4. Helena Persdatter Liitiäinen f 1748 i Risberget, Våler, bosatt i Aspberget, N Finnskoga, d före 1806, g med Klemet Larsson Hakkarainen f 1741-01-30 i Aspberget, N Finnskoga, son till Lars Larsson Hakkarainen och Britta Klemetsdotter Muhoinen.

1.2.2.5. Kirsten Henriksdatter Himainen f 1709
1.2.2.6. Anne Henriksdatter Himainen f 1714

1.2.3. Kari Andersdotter Purainen, f 1680 i Risberget, Våler, g 1695 med Johan Danielsson Veteläinen f 1666 i Gammelgården, Medskogen, S Finnskoga, d 1720-03-16 i Medskogen.

Från domböckerna i Hof:
1695 – Henrik Thomes Risberget (Havuinen) på sin kvinna Lisabett Olsdatters vägnar, och Johan Danielson Midtskog (Veteläinen) på sin kvinna Karen Andersdatters vägnar, ger attest till deras far Anders Puranen, att de inte pretenterar något arv efter deras mor Annika Steffensdtr (Mullikka). Anders har gjort skifte mellan sig och barn och styvbarn men undantagit de som bor i Sverige. Hans gård Risberget ska övertas av versonen Henrik Henriksen (Himainen).

Barn:
1.2.3.1. Anders Johansson Veteläinen f 1697, dop 1697-05-10 i Medskogen, S Finnskoga.

Anders Eriksen Purainens och Annika Steffensdatter Mullikkas ättlingar redovisas i denna bok under kapitlet "Mullikka röjde Vålberget 1646".

1.3. Kari Eriksdatter Purainen f 1646, d i Risberget, Våler, g med **Mårten Mårtensson Liitiäinen** f 1626 i Gästrikland, d i Risberget, Våler.

Mårten röjde Risberget, deras ättlingar se kapitlet om Liitiäinen-släkten.

Liitiäinen-släkten

Släkten Liitiäinen eller Lyytikäinen går att spåra till nuvarande Suomenniemi och Mäntyharju socknar söder om Mikkeli. I den förstnämnda som tidigare tillhörde Pellosniemi ligger "Lyttikäinen talo", som nu är ett gårdsmuseum. Där har släkten varit talrik alltsedan 1548.

Jakob Liitiäinen.
Barn utan känd moder:
1. Mårten Jakobsson Liitiäinen f ca 1600.
2. Bertil Jakobsson Liitiäinen f före 1600, d 1682 hos Anders Olsen Kuosmainen i Törberget, Trysil. Bosatt i Medskogsheden (Heden), Ockelbo. Omtalas i saköreslängden 1617 och i roteringslängden 1621 i Ovansjö socken, men flyttade senare till Medskogsheden i Ockelbo. År 1674 finns han med på en lista över utfattiga. Han kallades allmänt för "Bertil på Heden".

Utdrag ur sonen Nils bekännelse för prosten Gustavus Elvius (1618-93) i Rättvik efter att bröderna Nils och Olof blivit fasttagna efter en stöldturné sommaren 1675:
"Fadern Bertil Jakobsson var ryttare när han kom till Sverige, men fick dimission (entledigande) i Stockholm, begav sig till Ovansjö och lät leja sig till soldat./.../ Nu fjärde gången i äktenskap, med denna sista hustrun 10 barn, 5 leva. Med de andra hustrurna 12 barn, alltså 22 barn. Fadern är åldrig (nu 104 år!)./.../Men morfadern, sista hustruns fader, är fänrik, fängslad och död i krig/.../".

Anders Olsen Kuosmainen blev 1682 tillsammans med Anders Mortensen Liitiäinen **"Anders Liten"** från Gravberget anklagad för stöld av pengar från Anders Litens farbror Bertil Jakobsson Liitiäinen från Medskogsheden, Ockelbo, vilken vistades hos Anders Olsen Kuosmainen en tid men blev sjuk och dog i Törberget 1682. Anders Olsen Kuosmainen försvarade sig med att pengarna behövdes för nödiga omkostnader för Bertils sjukdomstid, begravning, transport till kyrkan i Trysil, mat och öl med mera, och att Bertil hade medgivit detta. Fallet lades ner.

Bertil hade som ovan nämnts en son vid namn
2.1. Nils Bertilson Liitiäinen, f 1649, d 1676, soldat i Medskogsheden, Ockelbo.
Nils berättar efter att han och brodern Olof fasttagits för stöldturnéen 1675 att han har en halvsyster och eventuellt några halvbröder i Värmlands finnmark samt ett syskonbarn (kusin) på Tolvmilaskogen som heter Anders Liten.

I domboken 1671 anges att Nils Bertilsson redan då var soldat i Gammelboning. Han blev dömd för att ha slagit Kristofer Bertilsson och Erik Mårtensson i Kalltjärn (alldeles intill Medskogsheden men i Järbo sn). Möjligen var Kristofer en (halv)bror och Erik Mårtensson en kusin, men ytterligare uppgifter saknas.

Anders Liten blev 1676 instämd till tinget för att han den 15 oktober 1675 hade huserat en tjuv vid namn Niels Bertelsen. Anders mötte upp och nekade inte till att ha huserat Niels Bertelsen i 14 dagars tid, men han visste inte att han var en tjuv, eftersom han hade ett riktigt pass att visa fram. Detta kunde inte Anders Liten bevisa, inte heller vem som hade utgett detta pass. Anders sa att Niels hade blivit UPPHÄNGD i Sverige. Anders fick böta 2 rd. Anders "glömde" berätta att han och Nils var kusiner.

1. Mårten Jakobsson Liitiäinen f ca 1600, bosatt i Järbo (dåvarande Ovansjö socken), Gästrikland, g med Berte Larsdotter f 1605. Mårten syns första gången i tiondelängden 1618, sedan i boskapslängden 1620 för byn Nordanrå. Därefter tycks han vara bosatt i byn Botjärn. Han finns med i roteringslängder 1621-40 och i mantalslängder 1635-45. I Botjärn nämns också sonen Sigfrid, f omkring 1625. Även Olof Mårtensson nämns i domboken 1636, troligen en son till Mårten.

Mårtens och Bertes barn var:

1.1. Staffan Mårtensson Liitiäinen, född i Gästrikland, bosatt i Aspberget, N Finnskoga. Staffan finns i Norra Röjdåsen, Östmark år 1664. Han återfinns senare i kvarntullslängden för 1681 i Aspberget med ett hushåll om tre personer.

1.2. Erik Mårtensson Liitiäinen, bosatt i Kalltjärn, Järbo.

1.3. Olof Mårtensson Liitiäinen, f ca 1618. Olof Mårtensson nämns i domboken 1636, och han är troligen son till Mårten Jakobsson Liitiäinen.

1.4. Anders Mårtensson Liitiäinen, f ca 1620 i Gästrikland, d 1698. **Upptog Gravberget, Våler på 1660-talet.** Mer känd som **Anders Liten (Liden)**. Han anges i längderna för Mulltjärn i Östmark år 1655, tillsammans med brodern Mats 1658. Anders slår sig ner i Gravberget ca 1660 tillsammans med tre bröder Mårten, Johan och Jakob samt systern Ingeborg. Ingeborg gifter sig med Henrik Henriksson Himainen och blir nyröjare i Galåsen, Trysil.

Anders blev 1682 tillsammans med Anders Olsen Kuosmainen från Törberget i Trysil anklagad för stöld av pengar från Anders Litens farbror Bertil Jakobsson Liitiäinen från Medskogsheden, Ockelbo, vilken vistades hos Anders Olsen Kuosmainen en tid men blev sjuk och dog i Törberget 1682. Anders Olsen försvarade sig med att pengarna behövdes för nödiga omkostnader för Bertils sjukdomstid, begravning, transport till kyrkan i Trysil, mat och öl med mera, och att Bertil hade medgivit detta. Fallet lades ner.

Från domböckerna:

1671-11-18 - Anders Liden stämd för att han skulle ha veidet Elantzdjur i förbjuden tid. Till vittnen instämda hans bröder Mats, Johan och Jakob samt Steffen Bertelsen och Jörgen Jensen. Anders Liden och hans husmän mötte, men ej de andra. För sin olydnad får de böta 1 ort silver.

Följande var instämda att vittna mot Anders Lidens djurskott i föregående mål: Henrik Henriksen Huop med hans husfinnar Mats Mortensen (Liitiäinen?) och Peder Knuds. Peder Knuds mötte icke – 1 ort silver i böter. Eftersom inte alla mötte upp får saken bero.

Knud Saure, Ingebret Trondgaarden och Brynnild Korsgarden instämda av fogden för att ha tagit emot 20 tunnor råg av Anders Liden från något bråteland och bruk, som fogden menar är beviljat i kungens allmänning. Dessutom är Anders Liden instämd, som saken skulle angå.

Oluff Strete stämmer Anders Liden för att han skulle ha slått hans Kiölan Myrslaaer, som ligger vid hans gård Straete. Anders Liden mötte och sa att det icke med hans bästa vilja var slått de 2 hestegulv som tillkommer Oluff. Oklart vad som kommer ut av saken, men det verkar som att Oluff ska få sin halvdel mot att han ger slåtterfolket mat och dryck.

1672 – Fogden stämmer Anders Liden för att ha skjutit några älgar i förbjuden tid. Vittnen Stephen Bertelsen, Jörgen Jensen samt Anders bröder Johan, Morten och Jakob, som alla tre inte förstår norska. Anders kunde inte neka till att han var med Mårten Aspbergets son Matias (Mats Mårtensson Tenhuinen) och hans husfinne Ole Lars efter älg vid svenskgränsen före Marimesse. De fick en vuxen älg på svenska sidan och en kalv på norska sidan, och det hade de lov till sa Anders. Han tog nästan inte mer av köttet än det han åt upp i skogen, men huden bekänner han att han tog. Han sa också att svenska finnar sköt djur i den norska skogen, men han tordes inte säga deras namn för då skulle han inte få behålla livet. Fogden säger att vid samma tid skulle ha funnits 6-7 älghudar i Anders hus. Anders påstår att han kunde ha köpt hudarna för Arne Torstensens pengar, med det har inget att göra med honom eller hans folk. Anders dömdes att böta 8 örtugor 13 ort silver för djuret som blev fällt på norsk sida. Han skulle också betala för huden och köttet till den som ägde marken, norr om Aspberget på Trysilskogen.
Anders Liden stäms för Maren Snarvolls häst. Mötte icke, böter 1 ort silver för olydnad.

1673 – Disets besittare stämmer Anders Liden för att han med bössa och hund har jagat efter djur. Anders medger att han påträffats i Disetskogen i Åmot när jag jagade björn 2 mil från sig, och löjtnanten köpte skinnet för 1 rd. Som det var så kom hundarna på ett älgspår, men Anders bedyrade att han inte sköt något djur. Disetkarlarna tog bössan ifrån Anders. Anders Lidens son Anders var också med, men utan bössa sade han.
Anders Liden har många gånger tidigare jagat olovligen i främmande skogar och han får nu böta 4 ort silver och bössan är förbrukad till K.M.
Arne Arneberg stämmer Anders Liden och hans son samt husfinnar för att Mari Snarvolls häst i hans skydd har blivit fördriven till skogs i 8 dagar och svårt misshandlats av någon. Anders Liden och hans son Anders mötte, Morten Sifrisson sägs ligga sjuk, inte heller Peder Knuds mötte. Anders svarade för dem alla.

Anders Liden stämd för att han förra året – 1672 den 15 oktober har huserat en tjuv av de svenska finnar som hade rymt från Sverige, vid namn Niels Bertelsen. Anders mötte och nekade inte till att ha huserat Niels Bertelsen i 14 dagars tid, men han visste inte att han var en tjuv, eftersom han hade ett riktigt pass att visa fram. Detta kunde Anders inte bevisa, inte heller vem som hade utgett passet. Anders sa att Niels hade blivit upphängd i Sverige. Anders fick böta 2 rd. (Men han "glömde" berätta att Nils var hans kusin Nils Bertilsson Liitiäinen).

154

1675-10-07 – Anders Liden tilltalad för olovlig älgjakt. Bland vittnena finns Morten och Jakob Liden samt Anders Eriksen Purainen. Morten och Jakob sade att Anders hade skjutit 3 älgar. Anders nekade inte, men sade sig ha haft lov av K.M. fogde Knud Reyem att skjuta älg på förbjudna tider. Böter 8 örtugar 13 ort silver för varje djur, hudarna förbrukade, samt 2 rd för stämning och domspengar. Han måste och ställa borgen för sina åtaganden eller sättas i arrest hos bondelänsmannen tills han kunde betala. Anders Eriksen Purainen och Morten Liden ska svara för Anders Lidens böter om han skulle rymma till Sverige.

1681-04-12 – Arne Kjöllen och Henrik Poulsen Rotberig beklagar sig för att några svenska finnar, nämligen Henrik Kindsjöns drängar Lasse och Olle Moeholl (Muhoinen) tar sig in på deras skogar och gör rågbråtar. De säger att när de själva brukar på sina skogar så kommer svenska finnarna med bössor och gevär och tar deras råg. Arne Kjöllen berättar att Johan Udtran (Utriainen) och Olle Solberg från Järpliden tog från honom 12 råg förra hösten, och att de hade sått en stor svedja i hans skog. Henrik Poulsen Rotberig (Raatikainen) vittnar att de svenska finnarna Jörgen Andersen och Anders Andersen från Norra Röjdens finnetorp vid krigets början hade tagit från honom ca 100 tunnor råg och dessutom sått en rågbråte på norska sidan norr om norra Rögdensjön. Allmänheten klagar att de svenska finnarna strippet av allt på detta fogderis skogar och jagar på förbjuden tid och utfiskar deras fiskevatten.

Sockenprästen tilltalar Anders Liden och hans husfinnar, Henrik Poulsen Rotberig och hans husfinnar, för att de inte utfört det arbete de var skyldig prästen. Anders mötte icke, men Henrik sade att de inte hade blivit ombedda att utföra något arbete.

Anders Liden stämd för att ha skjutit en älg på skaren i Flisaskogen. Huden fanns hos Anders sa fogden, men Anders påstår att han köpt huden av Mats Avundsåsen (Kymöinen). Målet utsatt.

1682 - Engebret Lauritzen Barhoug stämmer Olle Andersen Andset, Anders Puran i Risberget och Anders Liden i Gravberget för skulder. Anders Puran mötte, han hade gått i borgen för en svensk Jens Bendtzen för 6 ½ dlr. Anders skulle också leverera 8 hö-liar för varje daler, d v s 52 liar till Barhoug.

1682-10-31 – Engebret Barhoug tilltalade Anders Liden för en skuld på 44 rd. Anders mötte inte, men hans svåger Olle Josefsson, som godkände skulden. Anders blev dömd att betala.

1684-07-14 – Krav ställs till många bönder efter Knut Röyems död, bl a: Nordre Setter – Jakob, är död, har inga efterlåtna medel, Gravberget – Anders Liden krävs på 7 rdl 18 örtugar, även för Harildskogen 7 rdl 1 ort 19 örtugar. Anders menar att han inte ska betala eftersom han då var kunnskapsmann till Sverige och har hans Höge Excellens Gyldenlöves order och bevis för det. – Hiullberget – Maties finne 1 ort 10 örtugar.

Upplyses att nämnde Maties blev fråntagen sin boeslodd och sänd till Akershus där han dog. Possås- Mikel finne 2 ort 10 örtugar.

1690-07-04 - Fogden frågar Anders Liden om kvinnfolket Anne Josefsdatter, som har besovits av Morten Andersen. Han undrade när hon skulle komma tillbaka från Sverige, så han kunde få hennes sikt. Anders hade fått bud från henne att hon aldrig mer kommer hit.

1693-08-03 – Anders Liden stämd för att bevisa att han beskyllt Anne Josefsdatter för trolldom. Anders mötte icke.

1694-11-12 - Anders Liden och Oluf Josefson medger att de är skyldiga Tosten Pålsen på Harildskogen 250 tolfter sågtimmer, vilket de lovar leverera med hälften år 1695 och den andra halvparten 1696.

1694-11-13 – Anders Liden stäms av Throems Elsett för att ha huggit upp hans timmerfall. Anders mötte inte.

1699-03-02 – Anders Lidens arvingar och Olle Josepson skyldiga 28-2-19 respektive 110 rd för resterande 250 tolfter sågtimmer efter utfästelse 1694. Olle säger att han huggit något som han inte fått fram p g a snöfallet.

1.5. Mats Mårtensson Liitiäinen, född ca 1622 i Gästrikland, bosatt i Mulltjärn, Östmark. Han återfinns i längderna för Mulltjärn tillsammans med brodern Anders år 1658. Nämnd även under Juvberget på Åsnes Finnskog. Dog ca 1684 på Akershus fästning, se domboksnotering nedan.
Från domböckerna:
Anders Liden stämd för att han skulle ha veidet Elantzdjur i förbjuden tid. Till vittnen instämda hans bröder Mats, Johan och Jakob samt Steffen Bertelsen och Jörgen Jensen. Anders Liden och hans husmän mötte, men ej de andra. För sin olydnad får de böta 1 ort silver.
Följande var instämda att vittna mot Anders Lidens djurskott i föregående mål: Henrik Henriksen Huop med hans husfinnar Mats Mortensen (Liitiäinen?) och Peder Knuds. Peder Knuds mötte icke – 1 ort silver i böter. Eftersom inte alla mötte upp får saken bero.

1684-07-14 – Krav ställs till många bönder efter Knut Röyems död, bl a: Nordre Setter – Jakob, är död, har inga efterlåtna medel, Gravberget – Anders Liden krävs på 7 rdl 18 örtugar, även för Harildskogen 7 rdl 1 ort 19 örtugar. Anders menar att han inte ska betala eftersom han då var kunnskapsman till Sverige och har hans Höge Excellens Gyldenlöves order och bevis för det. – Hiullberget – Maties finne 1 ort 10 örtugar. Upplyses att nämnde Maties blev fråntagen sin boeslodd och sänd till Akershus där han dog. Possås- Mikel finne 2 ort 10 örtugar.

1.6. Mårten Mårtensson Liitiäinen f 1626 i Gästrikland, död i Risberget, Våler. Finns med i 1668 års mantalslängd för Röjdoset. Upptog Risberget, Våler finnskog tillsammans med Ola Olsen Tossavainen ca 1668. Han överlät sin andel av Risberget 1692 till systersonen Henrik Henriksson Himainen. Mårten var gift med Kari Eriksdotter Purainen f 1646, död i Risberget, Våler.

Från domböckerna:
1671-07-11 – Fogden klagar över att finnarna inte betalar sina skatter och inte möter upp till tinget. I våras skulle de ha strippet skogarna efter älg. Allmänheten menade att finnarna hade ruinerat skogarna på djur. Fogden frågade om finnarna är till förfång för allmänheten på annat sätt. Olof Toresen Lundby klagar över att Oluff Taars (Tossavainen) och Morten Liden (Liitiäinen) bosatt sig i deras fäbod och byggt på sätervallen. Haavold Wåler klagar över att samma finnar brukar och hugger deras skogar, fastän de hade fogdens beviljningssedel. Olof och Morten var instämda men mötte inte. Knud Saure och hela allmänheten säger att när en finne bygsler ett bruk så hugger de 2 eller 3. Han klagar över Anders Liden (Liitiäinen) att han fick dem emellan en dom om ägodelar i Lindberget, där Anders blev fråndömd dess bruk, men fick beviljning av fogden igen. Då hade han vållagt hela bråten och höstet (skördat) den. Trots att förbudssedeln blev uppläst för honom, så tröskade han rågen och tog hem den. Peder Straete klagade över att Anders Liden hade slagit hans ängsslåtter som han skattat för alltsedan kommissarierna var här. Even Ulsböll klagade över att Oluff Taars kreatur hade både i år och i fjol nedbetat hans myrslåtter. Fogden frågade vad slags tjänster dessa finnar gör i ofredstider. Allmänheten kände inte till att de gör någon tjänst, varken med vakt eller annat. Men svarade att de som bor på den östra sidan av älven nu bär stark fruktan för sitt liv och törs inte gå till sätern eller annorstädes.

1675-10-07 – Anders Liden tilltalad för olovlig älgjakt. Bland vittnena finns Morten och Jakob Liden samt Anders Eriksen Purainen. Morten och Jakob sade att Anders hade skjutit 3 älgar. Anders nekade inte, men sade sig ha haft lov av K.M. fogde Knud Reyem att skjuta älg på förbjudna tider. Böter 8 örtugar 13 ort silver för varje djur, hudarna förbrukade, samt 2 rd för stämning och domspengar. Han måste och ställa borgen för sina åtaganden eller sättas i arrest hos bondelänsmannen tills han kunde betala. Anders Eriksen Purainen och Morten Liden ska svara för Anders Lidens böter om han skulle rymma till Sverige.

1.7. Sigfrid Mårtensson Liitiäinen, f 1625 i Järbro, Gästrikland. Enligt uppgift var det Sigfrid Liitiäinen som upptäckte Gravberget, där han befann sig en vinter runt 1650, av vilken anledning är oklart. Kanske deltog han i den svenska hären under Hannibalsfejden 1643-45 och av den anledningen upptäckte de utmärkta svedjemarkerna i Gravberget. När han kom hem berättade han om detta och fick sina bröder intresserade att flytta dit.

1.8. Johan Mårtensson Liitiäinen f ca 1626 i Gästrikland, bosatt i Gravberget, Våler. Kom till Gravberget runt 1660 tillsammans med bröderna Anders och Jakob.
Från domböckerna:

Anders Liden stämd för att han skulle ha veidet Elantzdjur i förbjuden tid. Till vittnen instämda hans bröder Mats, Johan och Jakob samt Steffen Bertelsen och Jörgen Jensen. Anders Liden och hans husmän mötte, men ej de andra. För sin olydnad får de böta 1 ort silver.

Följande var instämda att vittna mot Anders Lidens djurskott i föregående mål: Henrik Henriksen Huop med hans husfinnar Mats Mortensen (Liitiäinen?) och Peder Knuds. Peder Knuds mötte icke – 1 ort silver i böter. Eftersom inte alla mötte upp får saken bero.

1.9. Jakob Mårtensson Liitiäinen f 1636 i Gästrikland, bosatt i Gravberget, Våler, g med Marte (Marit) Eriksdotter Karttuinen, dotter till Erik Karttuinen, S Röjdåsens nybyggare. Kom till Gravberget runt 1660-65 tillsammans med bröderna Anders och Johan.

Från domböckerna:
1671-11-18 - Anders Liden stämd för att han skulle ha veidet Elantzdjur i förbjuden tid. Till vittnen instämda hans bröder Mats, Johan och Jakob samt Steffen Bertelsen och Jörgen Jensen. Anders Liden och hans husmän mötte, men ej de andra. För sin olydnad får de böta 1 ort silver.

Följande var instämda att vittna mot Anders Lidens djurskott i föregående mål: Henrik Henriksen Huop med hans husfinnar Mats Mortensen (Liitiäinen?) och Peder Knuds. Peder Knuds mötte icke – 1 ort silver i böter. Eftersom inte alla mötte upp får saken bero.

1675-10-07-07 – Anders Liden tilltalad för olovlig älgjakt. Bland vittnena finns Morten och Jakob Liden samt Anders Eriksen Purainen. Morten och Jakob sade att Anders hade skjutit 3 älgar. Anders nekade inte, men sade sig ha haft lov av K.M. fogde Knud Reyem att skjuta älg på förbjudna tider. Böter 8 örtugar 13 ort silver för varje djur, hudarna förbrukade, samt 2 rd för stämning och domspengar. Han måste och ställa borgen för sina åtaganden eller sättas i arrest hos bondelänsmannen tills han kunde betala. Anders Eriksen Purainen och Morten Liden ska svara för Anders Lidens böter om han skulle rymma till Sverige.

1.10 Ingeborg Mårtensdotter Liitiäinen f 1641 i Botjärn, Gästrikland, g med Henrik Henriksson Himainen f 1626 i Rosentorp, Orsa finnmark, d efter 1690 i Galåsen, Trysil. Röjde Galåsen i Trysil 1670.

Mårten Jakobsson Liitiäinens ättlingar redovisas översiktligt på följande sidor.

1. Mårten Jakobsson Liitiäinen f ca 1600, bosatt i Järbo (dåvarande Ovansjö socken) i Gästrikland, g med Berte Larsdotter f ca 1600.

Deras barn:

1.1. Staffan Mårtensson Liitiäinen f i Gästrikland. Staffan finns i Norra Röjdåsen, Östmark år 1664. Återfinns senare i Kvarntullslängden för 1681 i Aspberget, N Finnskoga med ett hushåll på tre personer.

1.2. Erik Mårtensson Liitiäinen, bosatt i Kalltjärn, Järbo

1.3. Olof Mårtensson Liitiäinen f 1618, nämns i domboken 1636, och han är troligen son till Mårten Jakobsson Liitiäinen.

1.4. Anders Mårtensson Liitiäinen f 1620 i Gästrikland, d 1698, bosatt i Gravbergsmoen, Gravberget, Våler finnskog. Kallades **Anders Liten (Liden)**. Han förekommer i längderna för Mulltjärn i Östmark år 1655. 1658 tillsammans med brodern Mats. Slår sig ner i Gravberget ca 1660 med tre bröder Mårten, Johan och Jacob. G1 med kvinna okänd till namnet, g2 med Britta Larsdotter Hokkainen f ca 1662 i Dalby, dotter till Lars Hokkainen och Valborg Purainen.

Barn i första giftet:

1.4.1. Anders Andersen Liitiäinen f ca 1650, var med sin far på tjuvjakt, se domboksprotokoll från 1673

1.4.2. Kari Andersdatter Liitiäinen f ca 1660 i Gravberget, Våler finnskog, g med Olof Josefsson Hakkarainen f ca 1656 i Dalby, son till Josef Persson Hakkarainen. Bosatta i Gravberget, Hakketorpet, Våler.

Deras barn:

1.4.2.1. Marte Olsdatter Hakkarainen f 1681

1.4.2.2. Anders Olsen Hakkarainen f 1683, d 1686

1.4.2.3. Lisbet Olsdatter Hakkarainen f 1685

1.4.2.4. Ole Olsen Hakkarainen f ca 1687, d 1773

Barn med okänd kvinna:

1.4.2.4.1. Ole Olsen Hakkarainen f 1713, d 1778-12-14, g med Ragnhild Olsdatter Våler.

Deras barn:

1.4.2.4.1.1. Ole Olsen Hakkarainen f 1737 i Gravbergsmoen, Gravberget, Våler, d 1782, g med Berte Mortensdatter Liitiäinen från Enberget, Våler, d 1773-12-06 i Harildskogen, dotter till Morten Mortensen Liitiäinen och Marte Persdatter Kuosmainen.

1.4.2.4.1.2. Henrik Olsen Hakkarainen f 1744, g 1770 med Berte Andersdatter Kuosmainen f 1747 (dop 1747-03-17) i Törberget nordre, Andersgarden, Trysil, dotter till Anders Andersen Kuosmainen och Berte Persdatter Kuosmainen.

1.4.2.4.1.3. Anne Olsdatter Hakkarainen f 1746, g 1766-01-08 med Morten Syversen Sjurstuen

1.4.2.4.1.4. Morten Olsen Hakkarainen f 1748, g 1776-11-07 med Berte Trondsdatter Moldberget.

1.4.2.4.1.5. Mattis Olsen Hakkarainen f 1752, g 1793-10-18 med Helene Olsdatter Arntstuen f 1756, d 1837-11-27 i Mathisstua

1.4.2.4.1.6. Kari Olsdatter Hakkarainen f 1754.

1.4.3. Anniken Andersdatter Liitiäinen f 1665, g med Henrik Henriksen Viitainen f ca 1661 i Hälsingland, bosatta i Gravberget, Hof.
Deras barn:
1.4.3.1. Kari Henriksdatter Viitainen f 1681
1.4.3.2. Anne Henriksdatter Viitainen f 1682
1.4.3.3. Anders Henriksen Viitainen f 1684

1.4.4. Morten Andersen Liitiäinen f 1670 i Gravberget, Våler.
Barn med okänd kvinna:
1.4.4.1. Annika Mortensdatter Liitiäinen, g1 1719-02-19 med Henrik Andersen Liitiäinen f ca 1691 i Gravberget, Våler, d 1732. G2 1733-10-04 med Ole Gudmundsen f ca 1705, d 1754 i Gravberger, Våler.
Barn i första giftet:
1.4.4.1.1. Morten Henriksen Liitiäinen f 1717 och d 1720 i Gravberget, Våler
1.4.4.1.2. Ingeborg Henriksdatter Liitiäinen f 1720 (dop 1720-06-16) i Gravberget, Våler, (hon med Ingeborgssteinen). Relation med Henrik Mortensen Liitiäinen f ca 1703 i Risberget, Våler, bosatt i Enberget, Våler, son till Morten Andersen Liitiäinen. Ingeborg fick barn i ytterligare 3 relationer.
Ingeborg och Henriks barn:
1.4.4.1.2.1. Daniel Henriksen Liitiäinen f 1741 (dop 1741-09-03) i Bråten, Elverum, bosatt i Danila (på norska sidan), Rådelsbråten, troligen förste bebyggare där, g 1779-10-30 med Marte Mortensdatter Liitiäinen f ca 1754 i Enberget, Våler, dotter till Morten Mortensen Liitiäinen och Marte Persdatter Kuosmainen.
1.4.4.1.2.1.2. Per Danielsen Liitiäinen f 1781
1.4.4.1.2.1.3. Helene Danielsdatter Liitiäinen f 1784
1.4.4.1.2.1.4. Ole Danielsen Liitiäinen f 1786
1.4.4.1.2.1.5. Daniel Danielsen Liitiäinen f 1790
1.4.4.1.2.1.6. Marte Danielsdatter Liitiäinen f 1793, d 1793
1.4.4.1.2.1.7. Marte Danielsdatter Liitiäinen f 1795
1.4.4.1.2.1.8. Andreas Danielsen Liitiäinen f 1798

1.4.4.1.2.2. Erik Henriksen Liitiäinen "**Lidjans-Erik**" f 1750, d 1837 i Rådelsbråten, N Finnskoga, g med Karin Henriksdotter Muhoinen f 1751-04-14 i Aspberget, N Finnskoga, d 1830-02-06 i Rådelsbråten, N Finnskoga, dotter till Henrik Matsson Muhoinen och Lisbet Pålsdotter Siekkinen.

1.4.4.1.3. Anne Henriksdatter Liitiäinen f 1722 i Gravberget, Våler
1.4.4.1.4. Morten Henriksen Liitiäinen f 1730 i Gravberget, Våler,
Barn utan känd moder:
1.4.4.1.4.1. Ole Mortensen Himainen f 1767 Lindberget

1.4.4.1.5. Gertrud Henriksdatter Liitiäinen f 1731 i Gravberget, Våler

Barn i andra giftet:

1.4.4.1.6. Ola Olsen f 1734, d 1787
1.4.4.1.7. Sigrid Olsdatter f 1736
1.4.4.1.8. Kari Olsdatter f 1738
1.4.4.1.9. Anne Olsdatter f 1741

1.4.4.2. Henrik Mortensen Liitiäinen f 1703 i Risberget, Våler
1.4.4.3. Jakob Mortensen Liitiäinen f 1704
1.4.4.4. Jertru Mortensdatter Liitiäinen f 1705
1.4.4.5. Morten Mortensen Liitiäinen f 1710
1.4.4.6. Johan Mortensen Liitiäinen f 1712
1.4.4.7. Syver Mortensen Liitiäinen f 1713, d 1786-01-16 i Åsnes, g1 1740-11-20 i Hof
med Sigri Olsdatter f ca 1716 i Mörkhagen, Elverum, d 1774-07-01 i Gravberget, Våler,
dotter till Ola Amundsen Berger och Anne Olsdatter Mörkhagen. G2 med Lisbet
Torstensdotter Kanainen f 1740 i Järpliden, S Finnskoga, dotter till Torsten Matsson
Uppman Kanainen och Karin Karlsdotter Lehmoinen.
Barn i första giftet:
1.4.4.7.1. Morten Syversen Liitiäinen f 1741 (dop 1741-12-27), d 1800-04-15 i
Gravberget, Våler, g med Anne Olsdatter Gravberget, d 1802-03-11 i Gravberget, Våler.
Deras barn:
1.4.4.7.1.1. Syver Mortensen Liitiäinen f 1768
1.4.4.7.1.2. Anders Mortensen Liitiäinen f 1769
1.4.4.7.1.3. Morten Mortensen Liitiäinen f 1771
1.4.4.7.1.4. Oliana Mortensdatter Liitiäinen f 1774
1.4.4.7.1.5. Ole Mortensen Liitiäinen f 1777
1.4.4.7.1.6. Ragnhild Mortensdatter Liitiäinen f 1779
1.4.4.7.1.7. Sigrid Mortensdatter Liitiäinen f 1783
1.4.4.7.1.8. Birte Mortensdatter Liitiäinen f 1787
1.4.4.7.1.9. Kristian Mortensen Liitiäinen f 1789

1.4.4.7.2. Berte Syversdatter Liitiäinen f 1743, bosatt i Juberget
1.4.4.7.3. Anne Syversdatter Liitiäinen f 1749, d 1750

Barn i andra giftet:
1.4.4.7.4. Syver Syversen Liitiäinen f 1776-07-21
1.4.4.7.5. Kari Syversdatter Liitiäinen f 1779

1.4.5. Holand Andersen Liitiäinen f 1678 i Gravberget, Våler finnskog

Barn i andra giftet:
1.4.6. Sigfrid Andersen Liitiäinen f ca 1682 i Gravberget, Våler finnskog, d 1721, g 1705
med Marit Bertilsdotter f 1680 i Juberget, d 1757-03-25 i Järna.
Barn:
1.4.6.1. Britta Sigfridsdotter Liitiäinen f 1700-05- i Lenhöjden , d 1756, g 1716 i Åsnes
med Mattis Andersen Ronkainen f 1690 i Törberget, Mattisgarden, Trysil, d 1760-04-29 i

Järna, son till Anders Andersen Ronkainen och Marte Andersdatter Kuosmainen. De fick 2 söner och 3 döttrar, I son och 1 dotter levde 1756.

1.4.6.2. Bertil Sigfridsson Liitiäinen f 1704-05- i Gravberget, Hof, fanns i Värmland 1721-24, Järna finnmark 1724-31, d 1764-05-04 i Järna, g 1731 med Anna Kristoffersdotter. De fick 5 söner och 2 döttrar, 4 söner levde 1764.

1.4.7. Ingeborg Andersdatter Liitiäinen f 1683 i Gravberget, Våler
1.4.8. Anniken Andersdatter Liitiäinen f 1685 i Gravberget, Våler

1.5. Mats Mårtensson Liitiäinen "Mattis Liden" f ca 1622 i Gästrikland, bosatt i Juvberget, Åsnes, d 1684 på Akershus fästning. Återfinns i längderna för Mulltjärn i Östmark tillsammans med brodern Anders år 1658. Nämnd under Juvberget på Åsnes Finnskog.

1.6. Mårten Mårtensson Liitiäinen f ca 1623 i Gästrikland, d i Risberget, Våler, finns med i 1668 års mantalslängd i Röjdoset, Östmark. Upptog Risberget, Våler finnskog, tillsammans med Ola Olsen Tossavainen ca 1668. Överlät sin andel av Risberget år 1692 till systersonen Henrik Henriksson Himainen. G med Kari Eriksdotter Purainen f 1646 i Risberget, Våler, dotter till Erik Eriksson Purainen.
Deras barn:
1.6.1. Ingeborg Mortensdatter Liitiäinen f 1666, g med Pål Danielsson Vaissinen f ca 1646 i Hälsingland.
Deras barn:
1.6.1.1. Anders Pålsson Vaissinen f 1685

1.6.2. Morten Mortensen Liitiäinen f 1668
Barn utan känd moder:
1.6.2.1. Morten Mortensen Liitiäinen f 1702, d 1793, g med Marte Persdatter Kuosmainen f 1718 i Törberget, Trysil, dotter till Per Olsen Kuosmainen och Britta Staffansdotter Siekkinen. Skifte i livet mellan makarna 1782
Deras barn:
1.6.2.1.1. Berte Mortensdatter Liitiäinen, f i Enberget, Våler, d 1773-12-06 i Harildskogen, g med Ole Olsen Hakkarainen f 1737 i Gravbergsmoen, d ca 1782, son till Ole Olsen Hakkarainen och Ragnhild Olsdatter Våler.
Barn:
1.6.2.1.1.1. Ragnhild Olsdatter Hakkarainen f 1767
1.6.2.1.1.2. Ole Olsen Hakkarainen f 1769
1.6.2.1.1.3. Morten Olsen Hakkarainen f 1771
1.6.2.1.1.4. Per Olsen Hakkarainen f 1773
1.6.2.1.1.5. Berte Olofsdotter Hakkarainen f 1776, d 1844-02-11 i Aspberget, N Finnskoga, g1 med Ole Joensen Ranum f 1765 i Norge, g2 med Olof Olofsson f 1752 i Norge, d 1825 i Aspberget, N Finnskoga.

1.6.2.1.2. Anders Mortensen Liitiäinen f 1744 i Enberget, Våler, g med Anne
Mathisdatter
Barn:
1.6.2.1.2.1. Maren Andersdatter Liitiäinen f 1777 i Övre Moa, Gravberget, g 1806 med
Ole Mortensen Liitiäinen f 1779 i Törberget nordre, Trysil, d 1806, son till Morten
Mortensen Liitiäinen och Berte Henriksdatter Kuosmainen.

1.6.2.1.3. Anne Mortensdatter Liitiäinen f 1746, g med Jon Olsen, Gravberget, Våler

1.6.2.1.4. Morten Mortensen Liitiäinen f 1750 i Enberget, Våler, d 1792-10-04, g med
Berte Henriksdatter Kuosmainen f 1750 (dop 1750-03-13), d 1817-12-18 i Törberget
nordre, Trysil.
Deras barn:
1.6.2.1.4.1. Helene Mortensdatter Liitiäinen f 1777, d 1852
1.6.2.1.4.2. Kirsti Mortensdatter Liitiäinen f 1777
1.6.2.1.4.3. Ole Mortensen Liitiäinen f 1779
1.6.2.1.4.4. Morten Mortensen Liitiäinen f 1782, d 1867
1.6.2.1.4.5. Marte Mortensdatter Liitiäinen f 1784, d 1858

1.6.2.1.5. Ole Mortensen Liitiäinen f 1752 i Enberget, Våler, g med Anne Olsdatter f 1755
i Gravberget, Våler.

1.6.2.1.6. Marte Mortensdatter Liitiäinen f 1754 i Enberget, Våler, g 1779-10-30 med
Daniel Henriksen Liitiäinen f 1741 i Bråten, Elverum, son till Henrik Mortensen Liitiäinen
och Ingeborg Henriksdatter Liitiäinen. **Ättlingar se 1.4.4.1.2.1. ovan**

1.6.2.1.7. Kirsti Mortensdatter Liitiäinen f 1757 i Enberget, Våler, g 1781-09-12 med Erik
Olsen Kuosmainen f 1754 i Gråberget, Elverum, d 1821-05-23 i Rådelsbråten, N
Finnskoga, son till Ole Andersen Kuosmainen och Berte Hansdatter Storbekk.
Deras barn:
1.6.2.1.7.1. Morten Eriksen Kuosmainen f 1781 i Enberget, Våler, d 1864, g med Helene
Henriksdatter Nordgarda Liitiäinen f 1787-12- i Gravberget, Våler, dotter till Henrik
Henriksen Liitiäinen och Sigrid Matsdatter.

1.6.2.1.8. Helene Mortensdatter Liitiäinen f 1760 i Enberget, Våler, ogift, bor hos
föräldrarna 1782.

1.6.3. Anders Mortensen Liitiäinen f 1671 i Risberget, Våler.
Barn med okänd kvinna:
1.6.3.1. Per Andersen Liitiäinen f 1704 i Risberget, Våler, g med Gjertrud Henriksdatter
Himainen f ca 1700, d 1776-04-03 i Risberget, Våler, dotter till Henrik Henriksson
Himainen och Gertrud Andersdotter Purainen.
Deras barn:
1.6.3.1.1. Henrik Persen Liitiäinen f ca 1730, g med Marte Olsdatter Graaberget

1.6.3.1.2. Marte Persdatter Liitiäinen f 1733-08-09 i Nedstua, Risberget, Våler, d 1812, g med Mattis Olsen Suuroinen f 1727 i Sörskogsbygda, Flisberget, Elverum, d 1804-02-2 i Kynberget, Elverum, son till Ola Mattisen Suuroinen och Marit Pålsdotter Hakkarainen.

1.6.3.1.3. Anne Persdatter Liitiäinen f 1744, g med Erik Henriksen Liitiäinen f 1735 i Juberget, Våler, son till Henrik Mortensen Liitiäinen och Kari Mattisdatter.
Deras barn:
1.6.3.1.3.1. Henrik Eriksen Siljuberget Liitiäinen f 1757, d 1757
1.6.3.1.3.2. Peder Eriksen Siljuberget Liitiäinen f 1758
1.6.3.1.3.3. Kari Eriksdatter Siljuberget Liitiäinen f 1761
1.6.3.1.3.4. Erik Eriksen Siljuberget Liitiäinen f 1764
1.6.3.1.3.5. Anders Eriksen Siljuberget Liitiäinen f 1765
1.6.3.1.3.6. Gjertrud Eriksdatter Siljuberget Liitiäinen f 1768
1.6.3.1.3.7. Morten Eriksen Siljuberget Liitiäinen f 1771, d 1808
1.6.3.1.3.8. Embret Eriksen Siljuberget Liitiäinen f 1775, d 1855
1.6.3.1.3.9. Halvor Eriksen Siljuberget Liitiäinen f 1777, d 1856-10-16, g med Karen Hansdatter Ljömo.
1.6.3.1.3.10. Ole Eriksen Siljuberget Liitiäinen f 1784

1.6.3.1.4. Helena Persdotter Liitiäinen f 1748, d före 1806, g med Klemet Larsson Hakkarainen f 1741-01-30 i Aspberget, N Finnskoga, son till Lars Larsson Hakkarainen och Britta Klemetsdotter Muhoinen.
Barn:
1.6.3.1.4.1. Lars Klemetsson Hakkarainen f 1768, d 1843
1.6.3.1.4.2. Britta Klemetsdotter Hakkarainen f 1771, d 1844
1.6.3.1.4.3. Kristian Klemetsson Hakkarainen f 1774
1.6.3.1.4.4. Andreas Klemetsson Hakkarainen f 1777, d 1806
1.6.3.1.4.5. Olof Klemetsson Hakkarainen f 1781, d 1820
1.6.3.1.4.6. Karin Klemetsdotter Hakkarainen f 1783

I övrigt redovisas Hakkarainens ättlingar under kapitlet "Hakkarainen i Nain och Aspberget" i denna bok

1.6.4. Kari Mortensdatter Liitiäinen f 1677 i Risberget, Våler
1.6.5. Johan Mortensen Liitiäinen f 1681 i Risberget, Våler
1.6.6. Marte Mortensdatter Liitiäinen f 1685 i Risberget, Våler

1.7. Sigfrid Mårtensson Liitiäinen f 1625 i Järbo, Gästrikland.
Enligt uppgift var det Sigfrid Liitiäinen som upptäckte Gravberget, där han befann sig en vinter runt 1650, av vilken anledning är oklart. Kanske deltog han i den svenska hären under Hannibalsfejden 1643-45 och av den anledningen upptäckte de utmärkta svedjemarkerna i Gravberget. När han kom hem berättade han om detta och fick sina bröder intresserade att flytta dit.

1.8. Johan Mårtensson Liitiäinen f 1626 i Gästrikland. Kom till Gravberget runt 1660 tillsammans med bröderna Anders och Jakob.Bosatt i Gravberget, Sjurstuen, Våler, g1 med okänd, g2 med Anne Matisdatter, f ca 1646 i Grue.

Barn i första giftet:

1.8.1. Anders Johansson Liitiäinen f ca 1656 i Fryksdalen, g med Anne Davidsdotter f ca 1657 i Hälsingland.

Deras barn:

1.8.1.1. Anders Andersen Liitiäinen f 1676

1.8.1.2. Johan Andersen Liitiäinen f 1678

1.8.1.3. Gertrud Andersdatter Liitiäinen f 1681

1.8.1.4. Kari Andersdatter Liitiäinen f 1683

Barn i andra giftet:

1.8.2. Anne Johansdatter Liitiäinen f 1676

1.8.3. Kari Johansdatter Liitiäinen f 1677

1.8.4. Berte Johansdatter Liitiäinen f 1678

1.8.5. Siver Johansen Liitiäinen f 1683

1.9. Jakob Mårtensson Liitiäinen f 1636 i Gästrikland. Kom till Gravberget runt 1660-65 tillsammans med bröderna Anders och Johan. G med Marte (Marit) Eriksdotter Karttuinen, f ca 1646 i Fryksdalen, dotter till Erik Karttuinen.

Barn:

1.9.1. Karin Jakobsdotter Liitiäinen, d 1745 hos sonen Mattis i Håberget. Hon var g ca 1704 med Erik Andersson Purainen f ca 1660 i Röjdoset, Fryksdalen, d efter 1734 i Gråberget, Elverum, son till Anders Eriksen Purainen och Helga Örjansdotter Haljainen.

Deras barn:

1.9.1.1. Mats Eriksson Purainen, bosatt i Håberget

1.9.1.2. Helje Eriksdatter Purainen f 1686 i Gråberget, Elverum, d 1756-09-29, g med Anders Andersen Kuosmainen f 1687 i Törberget nordre, Andersgarden, Trysil, d 1726, bosatta i Törberget nordre, Andersgarden, Trysil. Hans föräldrar var Anders Andersen Kuosmainen och Anniken Larsdatter.

Deras ättlingar redovisas under kapitlet "Kuosmainen i Törberget 1670" i denna bok.

1.9.2. Morten Jakobsen Liitiäinen f 1666

1.9.3. Marit Jakobsdatter Liitiäinen f 1674

1.9.4. Anniken Jakobsdatter Liitiäinen f 1676

1.9.5. Ingeborg Jakobsdatter Liitiäinen f 1681

1.10 Ingeborg Mårtensdotter Liitiäinen f 1641 i Botjärn, Gästrikland, g med Henrik Henriksson Himainen f 1626 i Rosentorp, Orsa finnmark, d efter 1690 i Galåsen, Trysil. Röjde Galåsen i Trysil 1670.

Deras ättlingar redovisas i denna bok i kapitlet "Himainen röjde Galåsen 1670".

Tossavainen i Risberget 1668

Markku Suutari född uppskattningsvis ca 1560, d 1633. Bosatt i Markkula gård, Lievestuore by, Laukka sn, Finland.

Släkten härstammar från Tossavalansaari (Tossavainens ö) i sjön Syvänsi strax söder om Jäppilä. Härifrån flyttade en Olof Tossavainen år 1601. Idag förknippas släkten främst med Tossavanlahti (Tossavainens vik) nära Sulkajärvi i Keitele sn. Släkten finns dokumenterad där sedan 1571 och bor fortfarande kvar.

Barn utan känd moder:

1. Mats Markusson Tossavainen f 1579, g med Anna,

2. Olof Markusson Tossavainen f ca 1585 i Markkula gård, Lievestuore by, Laukka sn, d i Tandsjö, Orsa. Kom från Finland i början av 1600-talet. Han fick tillsammans med en annan finne i november 1622 skriftligt löfte från Gustaf II Adolf att slå sig ner i östra Dalarna och ta öde jord, där han sådan kunde finna.

2. Olof Markusson Tossavainen hade följande barn utan känd moder:

2.1. Markus Olofsson Tossavainen f 1605 i Rautalampi, Lievestuore, d 1675-12-26 i Tandsjö, Orsa,

2.2. Olof Olofsson Tossavainen f 1635,

2.3. Henrik Olofsson Tossavainen f 1650, d före 1686.

2.2. Olof Olofsson Tossavainen f 1635 i Tandsjö, Orsa, d 1671 i Risberget, Våler. Olof var **Risbergets förste bebyggare tillsammans med Morten Mortensen Liitiäinen omkring år 1668.**

Från domböckerna:

1671-07-11 – Fogden klagar över att finnarna inte betalar sina skatter och inte möter upp till tinget. I våras skulle de ha strippet skogarna efter älg. Allmänheten menade att finnarna hade ruinerat skogarna på djur. Fogden frågade om finnarna är till förfång för allmänheten på annat sätt. Olof Toresen Lundby klagar över att **Oluff Taars (Tossavainen) och Morten Liden (Liitiäinen)** bosatt sig i deras fäbod och byggt på sätervallen. Haavold Wåler klagar över att samma finnar brukar och hugger deras skogar, fastän de hade fogdens beviljningssedel. Olof och Morten var instämda men mötte inte. Knud Saure och hela allmänheten säger att när en finne bygsler ett bruk så hugger de 2 eller 3. Han klagar över Anders Liden (Liitiäinen) att han fick dem emellan en dom om ägodelar i Lindberget, där Anders blev frändömd dess bruk, men fick beviljning av fogden igen. Då hade han vållagt hela bråten och höstet (skördat) den. Trots att förbudssedeln blev uppläst för honom, så tröskade han rågen och tog hem den. Peder Straete klagade över att Anders Liden hade slagit hans ängsslätter som han skattat för alltsedan kommissarierna var här. Even Ulsböll klagade över att Oluff Taars kreatur hade både i år och i fjol nedbetat hans myrslåtter. Fogden frågade vad slags tjänster dessa finnar gör i ofredstider. Allmänheten kände inte till att de gör någon tjänst, varken med vakt eller annat. Men svarade att de som bor på den östra sidan av älven nu bär stark fruktan för sitt liv och törs inte gå till sätern eller annorstädes.

Olofs hustru var **Annika Steffensdatter Mullikka** f 1641 i Sandsjö, Orsa, d 1695 i Risberget, Våler. Hon växte upp i Vålberget på Grue finnskog endast några kilometer från Röjdoset i Östmark, där Anders Eriksson Purainen bodde. Annika och Anders gifte sig någon tid efter Olofs död 1671.

enl Jan Myhrvold:
"Annika Steffensdatter
I Finnemanntallet fra 1686 finner vi under Risberget på Våler Finnskog «Annichen Stephens datter Mulig» 45 år gammel og født av finske foreldre i «Oersøe» (Orsa) sogn i Sverige. Annika hadde først vært gift med Ola Olsen Tossavainen som var en av rydningsmennene i Risberget. Han døde i 1671 og hun ble raskt gift på nytt med en tidligere nabo. Den nye ektemannen, Anders Eriksson Purainen, var vokst opp i Röjdoset (Purala) på svenskesida ved Røgden et par kilometer fra Vålberget, så de hadde nok kjent hverandre i mange år. Annika hadde seks kjente barn og mange slektsforskere kan føre sine aner tilbake til henne. Med Ola Tossavainen: Ola 1660 g.m. Karin Pålsdotter f. i Fryksdalen, Berte 1664 g.m. Anders Henriksen Himainen fra Galåsen i Trysil, Kari 1667, Lisbet 1671 g.m. Henrik Tomasson Havuinen fra Kringsberget. Med Anders Eriksen Purainen: Gjertrud 1677 g.m. Henrik Henriksen Himainen fra Galåsen i Trysil og Kari 1680 g.m. Johan Danielsson Veteläinen fra Medskogen i Södra Finnskoga".

Olof och Annika fick barnen:
2.2.1. Olof Olofsson Tossavainen f 1660, d 1694 i Söre Osen, Östenheden, Trysil.
Enl Bo Hansson:
Per Pålsson Raatikainen flyttade från Rotberget i Hof till Söre Osen och röjde gården Östenheden, han fick nedsättningsbrev 1679 och gården skattlades 1688. Bara 1 1/2 år senare kom Olof Olofsson Tossavainen från Risberget i Våler och tog över bruksrätten, varför vet vi inte ännu.
2.2.2. Berte Olsdatter Tossavainen f 1664, bosatt i Risberget, Våler.
2.2.3. Kari Olsdatter Tossavainen f 1667, d före 1693 i Risberget, Våler, g med Henrik Henriksen Himainen f 1665 i Gravberget, Våler, d 1735 i Risberget (Henrik Henriksen Himainen övertog 1692 sin morbror Morten Mortensen Liitiäinens andel i Risberget, 1712 övertog han hela byn. Redan 1700 ägde han Galåsen, men 1704 sålde han hälften, Sögarn, till Pål Persson Hakkarainen från Aspberget).
2.2.4. Lisbet Olsdotter Tossavainen f 1671 i Risberget, d 1714 i Skallbäcken, S Finnskoga, g1 med Henrik Tomasson Havuinen, f 1621, d 1699 i Kringsberg, S Finnskoga, g 1701-02-02 med Pål Henriksson Raatikainen, f 1674 i Rotberget, Hof, d 1736-11-16 i Skallbäcken, S Finnskoga.

Fra Tingbok Solør og Østerdalen 1695:

Hendrich Thomes Risberget på sin kvinne Lisabett Olsdaatters vegne, og Johan Danielsøn Medschoug på sin kvinne Karen Andersdaatters vegne, gir attest til deres far (SiC! Stefar) Anders Puranen, at de ikke pretenderer noen arv etter deres mor som ellers skulle avgå Boslod? penge fordi de bor i Sverige, og som de ingen arv pretenderer, er de også for samme penger forskånet. * Anders Purannen stilte seg fram for retten og sa at ettersom det hadde behaget den aller høyeste Gud fra den syndige verden å hedenkalle hans hustru Anniche Stefensdsd, så har han gjort minnelig skifte og dele mellom seg og barna og stebarn som alle er myndige, men de fra Sverige har ikke pretendert noen arv. Han er blitt bedaget og for gammel til å befatte seg med gardsbruk på plassen sin Risberget, og har derfor overlatt til hans versønn Hendrich Hendrichsøn å drive plassen med landherrens konsens. Videre har han inngitt seg til ham for framfødsel med de midler han kan være eiende. /Från Jan Myhrvold.

Lisbeth Olsdotter var tidigare gift med Henrik Tomasson. De bodde i Skallbäcken, Dalby (S). När Henrik dog gifte hon om sej med Pål Henriksson 1701. Källa: Jan Myhrvold.

Olof Markusson Tossavainens ättlingar redovisas översiktligt på följande sidor.

1. Olof Markusson Tossavainen f 1585

Barn utan känd moder:

1.1. Markus Olofsson Tossavainen f 1605 i Rautalambi Lievestuore, Finland, d 1675-76 i Tandsjö, Orsa.

Barn utan känd moder:

1.1.1. Olof Markusson Tossavainen f 1633 i Tandsjö, Orsa

1.1.2. Sigfrid Markusson Tossavainen f 1635 i Tandsjö, Orsa, d 1705 i Mora, g med Anna Mårtensdotter, d 1680 i Fågelsjö, Orsa.

Deras barn:

1.1.2.1. Mårten Sigfridsson Tossavainen f 1657 i Tandsjö, Orsa, d 1737

1.1.2.2. Olof Sigfridsson Tossavainen f 1665 i Tandsjö, Orsa, d 1745

1.1.2.3. Sigfrid Sigfridsson Tossavainen f 1666 i Tandsjö, Orsa

1.1.2.4. Anna Sigfridsdotter Tossavainen f 1670 i Tandsjö, Orsa, d 1741-08-02 i Näckådalen, Orsa

1.1.2.5. Karin Sigfridsdotter Tossavainen f 1672 i Tandsjö, Orsa, d 1732-04-08 i Kvarnberg, Orsa

1.1.2.6. Gertrud Sigfridsdotter Tossavainen f 1676 och d 1758-12-23 i Myggsjö, Orsa, g 1708-03-26 med Henrik Olofsson Hänninen f 1681 i Myggsjö, Orsa, d 1753-06-20 i Myggsjö, Orsa, son till Olof Henriksson Hänninen och Britta Göransdotter Makkoinen.

Deras barn:

1.1.2.6.1. Olof Henriksson Hänninen f 1712 och d 1797 i Myggsjö, Orsa, g 1731 med Karin Andersdotter f 1707-01-25 i Norrbärke, d 1773-04-21 i Myggsjö, Orsa, dotter till Anders Nilsson Rask och Karin Danielsdotter.

Barn:

1.1.2.6.1.1. Olof Olofsson Hänninen g med Karin Olofsdotter, dotter till Olof Stefansson och Anna Mickelsdotter.

Deras barn:

1.1.2.6.1.1.1. Backa Olof Olofsson Hänninen g med Margareta Eriksdotter, dotter till Erik Hansson och Karin Persdotter.

Deras barn:

1.1.2.6.1.1.1.1. Greta Olofsdotter Hänninen g med Per Olofsson Nyröinen, son till Olof Olofsson Nyröinen och Anna Henriksdotter.

1.1.2.6.1.2. Karin Olofsdotter Hänninen f 1740-09-03 i Myggsjö, Orsa, d 1811-09-18 i Neckådalen, Orsa.

1.1.3. Erik Markusson Tossavainen f 1644 i Tandsjö, Orsa, d 1727 i Myggsjö, Orsa, g med Britta Henriksdotter Hänninen f 1656 i Myggsjö, Orsa, d 1724 i Orsa, dotter till Henrik Andersson Hänninen och Britta Staffansdotter.

Barn:

1.1.3.1. Markus Eriksson Tossavainen f 1680 i Orsa, g med Anna Persdotter Jämsä f 1689 i Kvarnberg, Orsa, dotter till Per Matsson och Helga Sigfridsdotter.

Deras barn:

1.1.3.1.1. Britta Markusdotter Tossavainen

1.1.3.2. Britta Eriksdotter Tossavainen f 1686 i Myggsjö, Orsa, d 1741-04-16 i Sandsjö, Orsa, g med Olof Johansson Nyröinen f 1689 i Tandsjö, Orsa, d 1750-05-14 i Sandsjö, Orsa, son till Johan Eskilssson Nyröinen och Karin Knutsdotter Nuotoinen.
Barn:
1.1.3.2.1. Olof Olofsson Nyröinen f 1724 och d 1792 i Sandsjö, Orsa, g med Anna Johansdotter Korpinen f 1717 i Ryggskogsåsen, Färila, d 1794-11-09 i Sandsjö, Orsa, dotter till Johan Olofsson Korpinen och Malin Mickelsdotter Kirjalainen.
Deras barn:
1.1.3.2.1.1. Olof Olofsson Nyröinen f 1762-10-28 och d 1830-08-20 i Sandsjö, Orsa, g med Anna Henriksdotter, dotter till Henrik Matsson och Britta Markusdotter Tossavainen.
Deras barn:
1.1.3.2.1.1.1. Per Olofsson Nyröinen

1.2. Olof Olofsson Tossavainen f 1637 i Tandsjö, Orsa, d 1671 i Risberget, Våler finnskog, g med Annika Steffensdatter Mullikka f 1641 i Sandsjö, Orsa, d 1695 i Risberget, Våler, dotter till Steffen Pålsson Mullikka och Helga.
Barn:
1.2.1. Olof Olofsson Tossavainen f 1660 i Vålberget, Grue, d 1694 i Söre Osen, Östenheden, Trysil, g 1680 med Karin Pålsdotter f 1665 i Fryksdalen.
Deras barn:
1.2.1.1. Ole Olsen Tossavainen f 1682 i Risberget, Våler, d 1736, g med Anne (Anniken) Persdatter Raatikainen f 1674 i Söre Osen, Söndre Östenheden, Trysil, d efter 1741 i Söre Osen, Trysil, dotter till Per Pålsson Raatikainen och Kari Henriksdatter.
Barn:
1.2.1.1.1. Helje Olsdatter Tossavainen f 1696 i Söre Osen, Östenheden, Trysil, g med Daniel Danielsson Siekkinen f 1695 i N Lutnes, Trysil, d 1776, son till Daniel Sigfridsson Siekkinen och Marit Henriksdotter Himainen.
Deras barn:
1.2.1.1.1.1. Daniel Danielsen Siekkinen f 1723, d 1752, g med Marte Mattisdatter f 1725, d 1808-06-19.
1.2.1.1.1.2. Ole Danielsen Siekkinen f 1725 i Lutnes nordre, Trysil, d 1790, g 1758 med Berte Gregersdatter Raatikainen f 1725 i Söre Osen, nordre Ifarneset, Trysil, d före 1800, dotter till Gregers Pedersen Raatikainen och Kari Johansdatter Käiväräinen.
1.2.1.1.1.3. Per Danielsen Siekkinen f 1729, bosatt i Rotberget, Hof.
1.2.1.1.1.4. Morten Danielsen Siekkinen f 1731, g 1760 med Marte Gregersdatter Raatikainen f 1732 i Söre Osen, Ifarneset, Trysil, dotter till Gregers Pedersen Raatikainen och Kari Johansdatter Käiväräinen. Bosatta i Styggberget, Elverum.
1.2.1.1.1.5. Marte Danielsdatter Siekkinen f 1736, d 1815-06-08, g 1754 med Morten Mortensen Kuosmainen f 1725 i Nyhuus vestre, Trysil, d 1811-08-04 i Nyhus, Trysil, son till Morten Olsen Kuosmainen och Marte Staffansdotter Siekkinen.
1.2.1.1.1.6. Erik Danielsson Siekkinen f 1741-07-02 i Nordre Lutnes, Trysil, d 1814-11-05 i Långflon, N Finnskoga, g 1772 med Kari Andersdotter Tossavainen f 1753-03-18 i Lutnes,

Trysil, d 1832-07-28 i Långflon, N Finnskoga, dotter till Anders Mattisen Tossavainen och Lisbet Henriksdotter Mammoinen.

1.2.1.1.2. Kari Olsdatter Tossavainen f 1705, d 1785, g 1730 med Erik Danielsen Siekkinen f 1703 i Lutnes nordre, Trysil, d 1751 i Söre Osen, Söndre Östenheden, Trysil, son till Daniel Sigfridsson Siekkinen och Marit Henriksdotter Himainen.
Deras ättlingar har tidigare redovisats, se nr 1.7.1.1.2. i kapitlet "Mullikka röjde Vålberget 1646" i denna bok.

1.2.1.1.3. Anne Olsdatter Tossavainen f 1716

1.2.1.2. Anders Olsen Tossavainen f 1685, d 1744
Hans ättlingar har tidigare redovisats, se nr 1.7.1.2. i kapitlet "Mullika röjde Vålberget 1646" i denna bok.
1.2.1.3. Henrik Olsson Tossavainen f 1687, d 1729
Hans ättlingar har tidigare redovisats, se nr 1.7.1.3. i kapitlet "Mullika röjde Vålberget 1646" i denna bok.

1.2.1.4. Mattis Olsen Tossavainen f 1688 i Risberget, Våler, d 1735-03-20, g med Ingeborg Olsdatter Kuosmainen f 1689 i Törberget söndre, Larsgarden, Trysil, d 1739-10-05, dotter till Ole Andersen Kuosmainen och Kersti (Kirsten) Henriksdatter Himainen.
Mattis var soldat och han byggde Skjärberget söndre, Trysil 1714.
Barn:
1.2.1.4.1. Ole Mattisen Tossavainen f 1716 i Skjärberget, Trysil, d 1744-10-19, g 1739 med Anne Henriksdatter Kuosmainen f 1718, d 1768-06-26, dotter till Henrik Olsen Kuosmainen och Ablona Larsdotter Hakkarainen.
Barn:
1.2.1.4.1.1. Mattis Olsen Tossavainen f 1740 S Skjärberget, Trysil, d 1819-04-16, g 1765 med Kersti Persdatter f 1743-03-22 i Ö Saetre, d 1829-01-29, dotter till Per Jensen och Kari Hansdatter.
1.2.1.4.1.2. Ingeborg Olsdatter Tossavainen f 1741
1.2.1.4.1.3. Ole Olsen Tossavainen f 1743
1.2.1.4.1.4. Kari Olsdatter Tossavainen f 1744

1.2.1.4.2. Henrik Mattisen Tossavainen f 1717 i Skjärberget, Trysil, d 1790-0524, nybyggare av Rundfloen i Söndre Trysil, utlöses av brodern Anders. G1. 1739 med Gjertrud Andersdatter Räisäinen f ca 1690, d före 1746, dotter till Anders Persen Räisäinen och Karin Larsdotter. Inga kända barn. G2. 1748 med Kari Henriksdatter (Johansdatter) f 1719, d 1809 i Norge.
Barn i andra giftet:
1.2.1.4.2.1. Mattis Henriksen Tossavainen f i Rundfloen, Trysil, tog över gården 1781.
1.2.1.4.2.2. Kari Henriksdatter Tossavainen f 1755-06-22 i Söndre Skjärberget, Trysil, g med Bertil Eriksson Neuvoinen f ca 1750, d 1821, son till Erik Bertilsson Neuvoinen och Kari Pedersdatter Paalainen. Bosatta i Vestbakken, Trysil.

1.2.1.4.2.3. Marte Henriksdatter Tossavainen f 1757-05-17, d 1829-01-19 i Bograngen, S Finnskoga, g 1779-10-10 med Karl Persson Lehmoinen f 1757-10-21 i Borgrangen, S Finnskoga, d ca 1830, son till Per Karlsson Lehmoinen och Anna Kristoffersdotter Honkainen.

1.2.1.4.3. Anders Mattisen Tossavainen f 1719 i Skjärberget, Trysil, d 1765-07-03, Nybyggare i Rundfloen, Söndre Trysil 1735, g 1747 med Lisbet Henriksdotter Mammoinen f 1723 och d 1811-08-11 i Söndre Lutnes, Trysil, hennes föräldrar Henrik Olsen Mammoinen och Karen Samuelsdotter Kauppinen.
Barn:
1.2.1.4.3.1. Ola Andersen Tossavainen f 1750, d 1813-06-20, g 1774 med Kersti Olsdatter Nyhuus Kuosmainen f 1752-12-31, d 1820-12-31, bosatta i S Lutnes, Trysil.

1.2.1.4.3.2. Karin Andersdotter Tossavainen f 1753-03-18 i S Lutnes, Trysil, d 1832-07-28 i Långflon, N Finnskoga, g 1772 med Erik Danielsson Siekkinen f 1741-07-02 i Nordre Lutnes, Trysil, d 1814-11-05 i Långflon, N Finnskoga, son till Daniel Danielsson Siekkinen och Helje Olsdatter Tossavainen.

1.2.1.4.3.3. Elisabet Andersdotter Tossavainen f 1755-03-15, g 1785 med Ole Ersson, Walsjöm Lima

1.2.1.4.3.4. Anders Andersen Tossavainen f 1758-06-24, d 1833-07-13, g 1810-12-23 med Anne Persdatter Grönoset f 1749

1.2.1.4.3.5. Henrik Andersen Tossavainen f 1763-03-13, g 1791 med Kersti Mattisdatter Skjärberget

1.2.1.4.4. Morten Mattisen Tossavainen f 1721, g med Kari Gregersdatter Raatikainen f 1725 i Söre Osen, Nordre Ifarneset, Trysil, d 1810
1.2.1.4.5. Mattis Mattisen Tossavainen f 1723 i Skjärberget, söndre Trysil, g med Ingeborg Persdatter Kuosmainen f 1722 i Törberget söndre, Larsgarden, Trysil, dotter till Per Olsen Kuosmainen och Britta Staffansdotter Siekkinen. Bosatta i Risberget, Våler, kallas Håberget i skifte Törberget 1751 efter brodern Anders Mattisen Suuroinen
1.2.1.4.6. Peder Mattisen Tossavainen f 1725, g med Anne Olsdatter Räisäinen, dotter till Ole Olsen Räisäinen och Kari Olsdatter Räisäinen.
Deras barn:
1.2.1.4.6.1. Lisbet Pedersdatter Tossavainen
1.2.1.4.6.2. Ole Pedersen Tossavainen
1.2.1.4.6.3. Mattis Pedersen Tossavainen
1.2.1.4.6.4. Ingrid Persdatter Tossavainen

1.2.1.4.7. Karin Matsdotter Tossavainen f 1729, d 1765 i Medskogen, S Finnskoga, g med Mats Johansson Veteläinen f 1715 och d 1788 i Medskogen, S Finnskoga, son till Johan Danielsson Veteläinen och Anna Matsdotter Kymöinen.

Deras ättlingar redovisas under kapitlet "Skarp-Jon upptog Medskogen 1648" i denna bok.

1.2.1.5. Kirsti Olsdatter Tossavainen f 1696 i Söre Osen, Söndre Östenheden, Trysil, d 1788, g med Per Audunsen f 1685 i Nybergsund, Sätre Audens, Trysil, d 1762

1.2.2. Berte Olsdatter Tossavainen f 1664 i Vålberget, Grue, g med Anders Henriksen Himainen f 1658 i Gravberget, Våler.
Deras ättlingar redovisas under kapitlet "Himainen röjde Galåsen 1670" i denna bok.

1.2.3. Kari Olsdatter Tossavainen f 1667, d ca 1693 i Risberget, Våler, g med Henrik Henriksson Himainen f 1665 i Gravberget, Våler, d 1735 i Risberget, Våler, son till Henrik Henriksson Himainen och Ingeborg Mårtensdotter Liitiäinen.
Barn:
1.2.3.1. Lisbet Henriksdatter Himainen f ca1693, d före 1718, g med Lars Danielsen Pellinen f 1681, d 1742, från Öyeren, Grue, son till Daniel Pedersen Pellinen och Karen Persdatter Räisäinen.
Deras barn:
1.2.3.1.1. Gjertrud Larsdatter Pellinen f före 1718, g1 med Per Eriksson Oinoinen f 1711-04-12 i Multjärn, Östmark, d 1742, son till Erik Eriksson Oinoinen och Annika Eriksdotter Suhoinen. G2 1744 med Ole Pålsen Räisäinen, son till Pål Mattisen Räisäinen och Lisbet Henriksdotter Lehmoinen
Barn i första giftet:
1.2.3.1.1.1. Maria Persdatter Oinoinen

1.2.3.1.2. Kari Larsdatter Pellinen f före 1718, g med dels Mathis Pålsen Räisäinen, son till Pål Mattisen Räisäinen och Lisbet Henriksdotter Lehmoinen, dels 1752 med Mats Matsson Kuikka f 1725-08-27 i Digerberget, Nyskoga, d 1792 i Öjern, Norge, son till Mats Nilsson Kuikka och Kerstin Olsdotter.

1.2.4. Lisbet Olsdotter Tossavainen f 1671 i Risberget, Våler, d 1714 i Skallbäcken, S Finnskoga, g1 med Henrik Tomasson Havuinen f 1642 och d 1699 i Kringsberget, S Finnskoga, son till Tomas Henriksson Havuinen och okänd moder. G2 1701-02-02 med Pål Henriksson Raatikainen f 1674 i Rotberget, Hof, d 1736-11-16 i Skallbäcken, S Finnskoga, son till Henrik Pålsson Raatikainen och Eli Henriksdotter Kurkki.
Barn i första giftet:
1.2.4.1. Olof Henriksson Havuinen f 1690 i Kringsberget, S Finnskoga
Barn i andra giftet:
1.2.4.2. Henrik Pålsson Raatikainen f ca 1700, d 1742-02-17 i Skallbäcken, g med Lisbet Nilsdotter f ca 1704, d 1742-02-15
1.2.4.3. Pål Pålsson Raatikainen f 1700 i Skallbäcken, g med Britta Nilsdotter Moijainen f 1709 i Öjeberget, Nyskoga, dotter till Nils Henriksson Moijainen och Kerstin Eskilsdotter Rämäinen.
Deras barn:

1.2.4.3.1. Lisa Pålsdotter Raatikainen f 1728

1.2.4.3.2. Kerstin Pålsdotter Raatikainen f 1730-08-22 i Öjeberget, Nyskoga, d 1801-03-15 i Snipa, Vitsand, g med Per Persson Rämäinen f 1735-01-02 i Digerberget, Rämälä, Nyskoga, d 1795-07-31 i Snipa, Vitsand. Son till Per Persson Rämäinen och Karin Eriksdotter Ruaaskoinen.

Deras barn:

1.2.4.3.2.1. Henrik Persson Rämäinen f 1760, g med Valborg Danielsdotter Hämäläinen f 1761 i Öjeberget, Nyskoga, d 1807-03-01 i Snipa, Vitsand.

1.2.4.3.2.2. Per Persson Rämäinen f 1762

1.2.4.3.2.3. Elllika Persdotter Rämäinen f 1765

1.2.4.3.2.4. Kerstin Persdotter Rämäinen f 1769

1.2.4.3.2.5. Britta Persdotter Rämäinen f 1771

1.2.4.3.2.6. Pål Persson Rämäinen f 1776

1.2.4.3.3. Henrik Pålsson Raatikainen f 1733

1.2.4.3.4. Annika Pålsdotter Raatikainen f 1736

1.2.4.3.5. Elin Pålsdotter Raatikainen f 1739

1.2.4.3.6. Karin Pålsdotter Raatikainen f 1744

1.2.4.3.7. Pål Pålsson Raatikainen f 1747

1.2.4.3.8. Karl Pålsson Raatikainen f 1751

1.2.4.4. Helena Pålsdotter Raatikainen f 1703-12-13 i Skallbäcken, S Finnskoga

1.2.4.5. Annika Pålsdotter Raatikainen f 1709 i Skallbäcken, d 1769-04-14 i Flatåsen, Nyskoga, g med Pål Henriksson Saastainen f 1714-05-25 i Öjeberget, Nyskoga, d 1757-02-08 i Nyskoga, föräldrar Henrik Karlsson Saastainen och Malin Henriksdotter.

Barn:

1.2.4.5.1. Henrik Pålsson Saastainen f 1739, d 1809

1.2.4.5.2. Pål Pålsson Saastainen f 1744

1.2.4.5.3. Olof Pålsson Saastainen f 1746, d 1810

1.2.4.5.4. Anders Pålsson Saastainen f 1748, d 1817

1.2.4.5.5. Erik Pålsson Saastainen f 1748

1.2.4.5.6. Karl Pålsson Saastainen f 1751

1.2.4.5.7. Tomas Pålsson Saastainen f 1755

1.3. Henrik Olofsson Tossavainen f 1650, d före 1686

Barn utan känd moder:

1.3.1. Ole Henriksen Tossavainen f 1666 i Lövhaugen, Grue, husman i Vålberget, Grue (enl finnemantallet 1686, fadern osäkert), g med Margareta Karlsdotter Lehmoinen f ca 1670 i Vålberget, Grue, föräldrar Karl Mattisen Lehmoinen och Karin Matsdotter.

Himainen röjde Galåsen 1670

Hendrick Hendricksson Himainen f ca 1540, bosatt i Himalansaari, Pellosniemi, Finland, där han skattade år 1571. Denna släkt kan ganska säkert följas till byn Himala, söder om Ristina i Pellosniemi. Idag heter byn Himalansaari (Himainens ö). Släkten bor fortfarande kvar där. Barn utan känd moder: Heikki (Henrik) Himainen.

Heikki (Henrik) Himainen f i Himala, Pellosniemi, bosatt i Tierp. Anges som utflyttad år 1598. Hamnade i Tierp, där sönerna Johan och Henrik föddes.
Barn utan känd moder:
Johan Henriksson Himainen f i Tierp, bosatt i Björkberg, Orsa,
Henrik Henriksson Himainen f ca 1625.

Henrik Henriksson Himainen f ca 1625 i Orsa, d efter 1690 i Galåsen, Trysil, g med Ingeborg Mårtensdotter Liitiäinen f 1641 i Gästrikland.
Henrik kom till Norge och Liitiäinen-släktens nybygge Gravberget ca 1658, gifte sig med Mårten Jakobsson Liitiäinens dotter Ingeborg och röjde senare Galåsen ca 1670 tillsammans med Lars Larsson och hans hustru Eli Nilsdatter Vauhkoinen.

Finnarna i Törberget och Galåsen blev trakasserade av ortsbefolkningen och även dömda till avhysning. 1673 kom fogden till Galåsen och förstörde gårdarna och förde bort de flesta av nötkreaturen därifrån. Törbergsfinnen Kuosmainen hade varit förutseende att driva sin boskap till Aspberget i N Finnskoga så att de norska myndigheterna inte kunde ta dem.
Henrik och Ingeborg fick barnen:
1. Anders Henriksen Himainen f 1658 i Gravberget, Våler, g m Berte Olsdatter Tossavainen, f 1664 i Vålberget, Grue,
2. Karin Henriksdotter Himainen, f ca 1660 i Gravberget, Våler, d 1729-04-07 i Kindsjön, S Finnskoga, g1 med Lars Andersson Tenhuinen, f 1660 i Kindsjön, d ca 1699, g 1703 med Olof Olofsson Kaikkalainen, f ca 1675, d 1748 i Kringsberget, S Finnskoga. Karin bör vara dotter till Henrik Henriksson Himainen och Ingeborg Mårtensdotter Liitiäinen. I Trysilboka bind 3 sid 204 uppges att Anders Mattisens änka Kersti Persdatter Kuosmainen gifter sig med Lars Olsen Kaikelainen, och eftersom han var hennes släkting i tredje led, måste de ha kungligt tillstånd för giftermålet.
3. Ingeborg Henriksdotter Himainen, f 1661 i Gravberget, d före 1689, g med Samuel Mortensen Kauppinen, f ca 1658 i Lekvattnet, d ca 1711 i Söndre Lutnes.
Efter Ingeborgs död gifte Samuel om sig med systern Kari nämnnd nedan (nr 8).
4. Kersti (Kirsten) Henriksdatter Himainen f 1663, g med Ole Andersen Kuosmainen, f 1661 i Röjden, S Finnskoga, d efter 1712. Bosatta i Törberget Söndre, Larsgarden, Trysil.
5. Henrik Henriksson Himainen f 1665 i Gravberget, Våler, d 1735 i Risberget, Våler. Henrik övertog 1692 sin morbror Morten Mortensen Liitiäinens andel i Risberget. 1712 övertog han hela byn. Redan 1700 ägde han Galåsen, men 1704-12-08 sålde han hälften, Sögarn, till Pål Persson Hakkarainen från Aspberget. Henrik var först gift med Lisbet

Olsdotter Tossavainen f 1667, d före 1693 i Risberget, Våler. Därefter gifte han sig med Gertrud Andersdotter Purainen f 1677 i Risberget, Våler, d 1718 i Risberget.

Från domböckerna:

1695 – Henrik Thomes Risberget (Havuinen) på sin kvinna Lisabett Olsdatters vägnar, och Johan Danielson Midtskog (Veteläinen) på sin kvinna Karen Andersdatters vägnar, ger attest till deras far Anders Puranen, att de inte pretenterar något arv efter deras mor Annika Steffensdtr (Mullikka). Anders har gjort skifte mellan sig och barn och styvbarn men undantagit de som bor i Sverige. Hans gård Risberget ska övertas av versonen Henrik Henriksen (Himainen).

Barn i första äktenskapet:

5.1. Lisbet Henriksdatter Himainen, d före 1718, g med Lars Danielsen Pellinen, bosatt i Öyeren, Grue.

Barn i andra giftet:

5.2. Anders Henriksen Himainen, gift till Risberget,

5.3. Marte Henriksdatter Himainen,

5.4. Kirsten Henriksdatter Himainen,

5.5. Anne Henriksdatter Himainen,

5.6. Ingrid Henriksdatter Himainen f 1698,

5.7. Gjertrud Henriksdatter Himainen f 1702, bosatt i Risberget, g med Per Andersen Liitiäinen f 1704 (Peder Andersen Nedstua, kallas Käiväräinen enligt Jan Myhrvold).

6. Ole Henriksen Himainen, f 1666, röjde N Skjärberget 1714.

7. Marit Henriksdotter Himainen f 1670 i Galåsen, d 1743-03-25 i Baksjöberget, Trysil, g med Daniel Sigfridsson Siekkinen, f 1655 i Lekvattnet, d 1753-03-18 i Nordre Lutnes, Trysil. Daniel växte upp i Aspberget, han blev nybyggare i Nordre Lutnes ca 1700, fick byggsedel 1695 tillsammans med Samuel Mortensen Kauppinen (se nr 8 nedan).

8. Kari Henriksdotter Himainen f 1674, d före 1730, g med Samuel Mortensen Kauppinen, f ca 1658 i Lekvattnet, d 1711 i S Lutnes, Trysil, nybyggare i Söndre Lutnes, byggsedel utfärdad 1695 för honom och Daniel Sigfridsson Siekkinen.

9. Anne Henriksdotter Himainen f 1676 i Galåsen, Trysil.

Henrik Henriksson Himainens ättlingar i minst tre generationer redovisas översiktligt på följande sidor.

Henrik Henriksson Himainens ättlingar.

1. Henrik Henriksson Himainen f ca 1625 i Orsa, d efter 1690 i Galåsen, Trysil, g med **Ingeborg Mårtensdotter Liitiäinen** f 1641 i Botjärn, Gästrikland, dotter till Mårten Jakobsson Liitiäinen och Berta Larsdotter.
Deras barn, de tre yngsta födda i Galåsen

1.1. Anders Henriksen Himainen f 1658 i Gravberget, Våler, g m Berte Olsdatter Tossavainen, f 1664 i Vålberget, Grue, dotter till Olof Olofsson Tossavainen och Annika Steffensdatter Mullikka. Bosatta i Risberget, Våler.
Deras barn:

1.1.1. Marte Andersdatter Himainen d 1778

1.1.2. Ingeborg Andersdotter Himainen f 1682 i Galåsen, Trysil, d 1747-02-05 i Kringsberget, S Finnskoga, g 1699-03-26 med Nils Tomasson Havuinen f 1661 i Kringsberget, S Finnskoga, d 1733-04-11, son till Tomas Henriksson Havuinen.
Deras barn, alla födda i Kringsberget, S Finnskoga:

1.1.2.1. Valborg Nilsdotter Havuinen

1.1.2.2. Anders Nilsson Havuinen f 1700-01-09, d 1731-01-19, g 1719 med Britta Staffansdotter Tarvainen f 1700 i Mangen, Östmark, dotter till Staffan Henriksson Tarvainen och Margareta Bengtsdotter Manninen.
Deras barn:

1.1.2.2.1. Elisabet Andersdotter Havuinen f 1720-05-29 i Mangen, Östmark

1.1.2.2.2. Tomas Andersson Havuinen f 1724-11-01 i Mangen, Östmark

1.1.2.2.3. Staffan Andersson Havuinen f 1725,g 1752-06-29 i Dalby med Britta Eriksdotter f 1731, dotter till Britta Olofsdotter. Bosatta i Kringsbergssätern, S Finnskoga.
Deras barn:

1.1.2.2.3.1. Britta Staffansdotter Havuinen f 1752 i Månglidsberg, S Finnskoga, d före 1810 i Kringsberget, S Finnskoga, g med Kristoffer Pålsson Honkainen f 1754 i S Finnskoga, d före 1810 i Kringsberget, S Finnskoga.

1.1.2.2.3.2. Anders Staffansson Havuinen f 1754 i Månglidsberg, g med Anna Danielsdotter f 1759.

1.1.2.2.3.3. Olof Staffansson Havuinen f 1755, g med Marit Henriksdotter f 1745

1.1.2.2.3.4. Maria Staffansdotter Havuinen f 1760

1.1.2.2.3.5. Ingeborg Staffansdotter Havuinen f ca 1766 i Månglidsberg, S Finnskoga

1.1.2.2.3.6. Nils Staffansson Havuinen f 1770 i Månglidsberg, S Finnskoga

1.1.2.2.3.7. Henrik Staffansson Havuinen f 1771 i Månglidsberg, S Finnskoga, g med Anna Tomasdotter Havuinen f 1770 i Kringsberget, S Finnskoga, dotter till Tomas Olofsson Havuinen och Annika Andersdotter Neuvoinen.

1.1.2.2.4. Maria Andersdotter Havuinen f 1727

1.1.2.2.5. Olof Andersson Havuinen f 1729-07-29 i Skallbäcken, S Finnskoga

1.1.2.3. Lisbet Nilsdotter Havuinen f ca 1704 i Kringsberget, S Finnskoga, d 1742-02-17 i Skallbäcken, S Finnskoga, g 1728 med Henrik Pålsson Lehmoinen f ca 1700 och d 1742-02-15 i Skallbäcken, S Finnskoga, son till Pål Henriksson Lehmoinen och okänd.

Barn:
1.1.2.3.1. Annika Henriksdotter Lehmoinen f 1729-04-24 i Skallbäcken, S Finnskoga
1.1.2.3.2. Lisbet Henriksdotter Lehmoinen f 1731-04-15 i Skallbäcken, S Finnskoga, d
1751-08-04 i Skråckarberget, S Finnskoga, g med Henrik Olofsson Vilhuinen f 1728-05-19
i Skråckarberget, S Finnskoga, son till Olof Andersson Vilhuinen och Ingrid Henriksdotter
Himainen.
Barn:
1.1.2.3.2.1. Olof Henriksson Vilhuinen f 1750-09-09 och d 1751-05-19 i Skråckarberget, S
Finnskoga

1.1.2.3.3. Pål Henriksson Lehmoinen f 1733-05-08 i Skallbäcken, S Finnskoga
1.1.2.3.4. Elin Henriksdotter Lehmoinen f 1734, g med Henrik Andersson Tenhuinen f
1723 i Kindsjön, S Finnskoga, d 1803, son till Anders Larsson Tenhuinen och Britta
Filipsdotter Neuvoinen.
Barn:
1.1.2.3.4.1. Britta Henriksdotter Tenhuinen f 1755 i Kindsjön, S Finnskoga, g med Mats
Matsson Veteläinen f 1753 i Medskogen, S Finnskoga, son till Mats Johansson Veteläinen
och Karin Matsdotter Tossavainen.
1.1.2.3.4.2. Anders Henriksson Tenhuinen f 1758 i Kindsjön, S Finnskoga, g med Karin
Olofsdotter Mullikka f 1761 i Skråckarberget, S Finnskoga, dotter till Olof Matsson
Mullikka och Ingrid Andersdotter Vilhuinen.
1.1.2.3.4.3. Lisbet Henriksdotter Tenhuinen f 1760 i Kindsjön, S Finnskoga
1.1.2.3.4.4. Henrik Henriksson Tenhuinen f 1763 och d 1812-04-07 i Kindsjön, S
Finnskoga, g med Annika Olsdotter Kaikkalainen f 1771 i Kindsjön, S Finnskoga, dotter till
Olof Olofsson Kaikkalainen och Marit Olofsdotter.
1.1.2.3.4.5. Annika Henriksdotter Tenhuinen f 1765, bosatt i Kindsjön, S Finnskoga, rel
med Johan Andersson f 1770 i Norge, g 1803-12-20 med Tomas Nilsson Neuvoinen f
1766 i Bjurberget, S Finnskoga, son till Nils Tomasson Neuvoinen och Marit Andersdotter
Neuvoinen.
1.1.2.3.4.6. Ingrid Henriksdotter Tenhuinen f 1767 i Kindsjön, S Finnskoga, g med Anders
Olofsson Mullikka f 1773 i Skråckarberget, S Finnskoga, d 1846-02-23, son till Olof
Matsson Mullikka och Ingrid Andersdotter Vilhuinen.

1.1.2.3.5. Ingeborg Henriksdotter Lehmoinen f 1737-04-04 och d 1737-12-31 i
Skallbäcken, S Finnskoga
1.1.2.3.6. Maria Henriksdotter Lehmoinen f 1741-03-20 och d 1754-05-27 i Skallbäcken,
S Finnskoga
1.1.2.4. Tomas Nilsson Havuinen f 1707 i Kringsberget, S Finnskoga, d 1735-04-10

1.1.2.5. Olof Nilsson Havuinen f 1709 och d 1763-01-07 i Kringsberget, S Finnskoga, g
1734-03-25 med Lisbet Andersdotter f 1711 i Viggen, Nyskoga.
Barn:

1.1.2.5.1. Ingrid Olofsdotter Havuinen f 1736-08-31 i Kringsberget, S Finnskoga, g 1755-10-05 med Nils Tomasson Neuvoinen f 1730-05-25 och d 1769-02-02 i Bjurberget, S Finnskoga, son till Tomas Filipsson Neuvoinen och Lisbet Eriksdotter Hyytiäinen.
Deras barn:
1.1.2.5.1.1. Olof Nilsson Neuvoinen f 1754 i Kringsberget, S Finnskoga

1.1.2.5.2. Ingeborg Olofsdotter Havuinen f 1736-08-31 i Kringsberget, S Finnskoga, g 1755-10-05 med Nils Tomasson Neuvoinen f 1730-05-25 i Bjurberget, S Finnskoga

1.1.2.5.3. Gertrud Olofsdotter Havuinen f 1739-05-11 i Kringsberget, S Finnskoga, g 1758-12-26 med Henrik Pålsson Himainen f 1733-03-22 i Öjeberget, Nyskoga, son till Pål Pålsson Himainen och Kerstin Matsdotter.
Deras barn:
1.1.2.5.3.1. Olof Henriksson Himainen f 1767 i N Flatåsen, Nyskoga, d 1822-06-04 i Öjeberget, Nyskoga, g med Anna Henriksdotter f 1775 i Öjeberget, Nyskoga, dotter till Henrik Henriksson.

1.1.2.5.4. Valborg Olofsdotter Havuinen f 1741-04-22 i Kringsberget, S Finnskoga

1.1.2.5.5. Tomas Olofsson Havuinen f 1744, d 1789-06-29 i S Finnskoga, g med Annika Andersdotter Neuvoinen f 1743-08-27 i Bjurberget, S Finnskoga, d 1809-10-29 i S Finnskoga, dotter till Anders Henriksson Neuvoinen och Anna (Annika) Henriksdotter.
Deras barn:
1.1.2.5.5.1. Olof Tomasson Havuinen f 1767 i Kringsberget, S Finnskoga, g med Marit Henriksdotter f 1758, d 1831-02-02 i Kringsberget, S Finnskoga.
1.1.2.5.5.2. Anna Tomasdotter Havuinen f 1770 i Kringsberget, S Finnskoga, g med Henrik Staffansson Havuinen f 1771 i Månglidsberg, S Finnskoga, son till Staffan Andersson Havuinen och Britta Eriksdotter.
1.1.2.5.5.3. Anders Tomasson Havuinen f 1772 i Kringsberget, S Finnskoga
1.1.2.5.5.4. Henrik Tomasson Havuinen f 1775 i Kringsberget, S Finnskoga
1.1.2.5.5.5. Tomas Tomasson Havuinen f 1778 i Kringsberget, S Finnskoga

1.1.2.5.6. Ingrid Olofsdotter Havuinen f 1754-02-16

1.1.2.6. Annika Nilsdotter Havuinen f 1712, ättlingar se 1.3.3. i tidigare kapitel "Pål Ratiche röjde Rotberget 1640"
1.1.2.7. Petter Nilsson Havuinen f 1715 i Kringsberget, S Finnskoga, g med Karin Nilsdotter f 1713.
Deras barn, alla födda i Kringsberget, S Finnskoga:
1.1.2.7.1. Henrik Pettersson Havuinen
1.1.2.7.2. Ingeborg Pettersdotter Havuinen
1.1.2.7.3. Anna Pettersdotter Havuinen f 1742, d 1752
1.1.2.7.4. Mats Pettersson Havuinen f 1744
1.1.2.7.5. Nils Pettersson Havuinen f 1746
1.1.2.7.6. Anna Pettersdotter Havuinen f 1752, d 1752

1.1.2.8. Jöns Nilsson Havuinen f 1715-02-19 i Kringsberget, S Finnskoga

1.1.2.9. Nils Nilsson Havuinen f 1718-01-21 i Kringsberget, S Finnskoga

1.1.2.10. Karin Nilsdotter Havuinen f 1720

1.1.3. Ole Andersen Himainen f 1684, d 1752, bosatt i Galåsen, Nordgarn, Trysil. brukare 1713, ägare 1728. Gift med Maren Persdatter Nikkarainen f 1679 i Hofvelsåsen, Hof, d 1757-06-26, dotter till Per Persson Nikkarainen och Annika Johansdotter Veteläinen.
Deras barn:

1.1.3.1. Karen Olsdatter Himainen g med Olof Persson, Båtstad, N Finnskoga

1.1.3.2. Anders Olsen Himainen f 1710 i Galaasen nordre, Trysil, d 1756, g 1740 med Marte Mortensdatter Kuosmainen f 1719 i Nyhus, vestre Trysil, d 1801 i Galåsen, Nordgarn, Trysil, dotter till Morten Olsen Kuosmainen och Marte Staffansdotter Siekkinen.
Deras barn:

1.1.3.2.1. Maren Andersdatter Himainen f 1743-03-24 i Galåsen, Nordgarn, Trysil, d 1812-11-11, g 1767 med Halvor Hansen Nysäter f 1738 i Galåsen, Nedstugus, Trysil, d 1807-03-26.
Deras barn:

1.1.3.2.1.1. Marthe Halvorsdatter f 1772-09-27, d 1820-02-07, g 1796 m John Jonsen Galaasen f 1775-01-01 i Ö Lunde, Trysil, d 1857-09-29 i Galaasen, Jons, Trysil.

1.1.3.2.2. Morten Andersen Himainen f ca 1745

1.1.3.2.3. Marte Andersdatter Himainen f 1747-03-19 i Galaasen nordre, Trysil, d 1819 i Nordvera vestre, g 1777 med Morten Mortensen Kuosmainen f 1751-10-03 i Nyhuus vestre, Trysil, d 1814 i Nordvera vestre, son till Morten Mortensen Kuosmainen och Gertrud Olsdotter Lehmoinen.
Deras barn:

1.1.3.2.3.1. Gertrud Mortensdatter Kuosmainen f 1776-06-24 i Vestre Nyhus, Trysil, d 1857, g 1796 med börsmäklaren Ole Mortensen Kuosmainen f 1769-01-01 i Ö Nyhus, Trysil, d 1857, son till Morten Olsen Kuosmainen och Helje (Helene) Andersdatter Kuosmainen.

1.1.3.2.3.1.6. Kari Olsdatter Kuosmainen f 1819-12-29 i Nyhus östre, Eriks, Trysil, d 1904, g med Paul Larsen f 1806-08-04 i Plassen, Nyhusplass, Trysil, d 1872.

1.1.3.2.6. Kersti Andersdatter Himainen f 1756-01-01 i Galåsen nordre, Trysil, d 1838, g med Steffen Olsen Kuosmainen f 1754-03-16 i Nyhus östre, Trysil, d 1831-06-11, son till Ole Mortensen Kuosmainen och Marte Olsdatter Himainen.

1.1.3.2.4. Ole Andersen Himainen f ca 1752

1.1.3.2.5. Anders Andersen Himainen f ca 1752

1.1.3.3. Per Olsen Himainen f 1713 i Galåsen, Nordgarn, Trysil, g 1745 med Anne Henriksdatter Kuosmainen f 1718, d 1768-06-26, dotter till Henrik Olsen Kuosmainen och Ablona Larsdotter Hakkarainen.

Deras barn:
1.1.3.3.1. Maren Persdatter Himainen f ca 1746
1.1.3.3.2. Ole Persen Himainen f ca 1748
1.1.3.3.3. Per Persen Himainen f ca 1750
1.1.3.3.4. Anne Persdatter Himainen f ca 1752

1.1.3.4. Anne Olsdatter Himainen f 1720

1.1.3.5. Marte Olsdatter Himainen f 1722 i Galåsen nordre, Trysil, d 1805-04-19, g 1745
med Ole Mortensen Kuosmainen f 1723 i Nyhus vestre, Trysil, d 1800-07-27, son till
Morten Olsen Kuosmainen och Marte Staffansdotter Siekkinen.
Deras barn:
1.1.3.5.1. Morten Olsen Kuosmainen f 1746-10-07 i Östre Nyhus, Varåholla, Trysil, d
1807-02-22, g 1767 med Helje (Helene) Andersdatter Kuosmainen f 1745 i Törberget
nordre, Andersgarden, Trysil, d 1824-03-21, dotter till Anders Andersen Kuosmainen och
Berte Persdatter Kuosmainen.
Deras barn:
1.1.3.5.1.1. Ola Mortensen Kuosmainen f 1769-01-01 i Ö Nyhus, Trysil, d 1857, g 1796
med Gertrud Mortensdatter Kuosmainen f 1776-06-24 i V Nyhus, Trysil, d 1857, dotter
till Morten Mortensen Kuosmainen och Marte Andersdatter Himainen.
1.1.3.5.1.2. Berte Mortensdatter Kuosmainen f 1771 i Östre Nyhus, Trysil, d 1845, g 1805
med Lars Paulsen, dop 1777-01-02 i Galåsen, Sögarn, Trysil, d 1847
1.1.3.5.1.3. Marte Mortensdatter Kuosmainen f 1774 i Östre Nyhus, Trysil, d 1842-07-12,
g med Ole Mattisen Suuroinen, dop 1769-06-11, d 1851-05-09, bosatta i Flisberget,
Elverum, övertog gården efter sina föräldrar Mattis Olsen Suuroinen och Marte
Persdatter Liitiäinen.
1.1.3.5.1.4. Kersti Mortensdatter Kuosmainen f 1779-03-14 i Östre Nyhus, Trysil, d 1844-
06-18, g 1799 med Andreas Mattisen Tossavainen f 1776 i Skjärberget, Trysil, d 1811-03-
17 i V Nyhus, Trysil, son till Mattis Olsen Tossavainen och Kerstii Persdatter.
1.1.3.5.1.5. Anders Mortensen Kuosmainen f 1786 i Östre Nyhus, Trysil, d 1814, g med
Helena Andersdatter Nyhuus.

1.1.3.5.2. Ingri Olsdatter Kuosmainen f 1750-03-04 i Nyhus Östre, Varåholla, Trysil, d
1805, g 1768 med Anders Andersen Kuosmainen f 1742 i Törberget nordre,
Andersgarden, Trysil, d 1794, son till Anders Andersen Kuosmainen och Berte Persdatter
Kuosmainen.
Deras ättlingar redovisas i kapitlet "Kuosmainen i Törberget 1670" i denna bok.

1.1.3.5.3. Steffen Olsen Kuosmainen f 1754-03-16 i Nyhus östre, Trysil, d 1831-06-11, g
1838 med Kersti Andersdatter Himainen f 1756-01-01 i Galåsen nordre, Trysil, d 1838,
dotter till Anders Olsen Himainen och Marte Mortensdatter Kuosmainen.
Deras barn:
1.1.3.5.3.1. Marte Steffensdatter Kuosmainen (Tandåneset), g med Per Paulsen

1.1.3.5.4. Anders Olsen Kuosmainen f 1757 i Nyhus Östre, Eriks, Trysil, g 1807-02-12 med Anna Haldorsdatter Helgås f 1778-06-07, d 1845-03-12.
Deras barn:
1.1.3.5.4.1. Haldor Andersen Kuosmainen f 1816, d 1902

1.2. Karin Henriksdotter Himainen, f ca 1660 i Gravberget, Våler, d 1729-04-07 i Kindsjön, S Finnskoga, g1 med Lars Andersson Tenhuinen, f 1660 i Kindsjön, d ca 1699, g2 1703 med Olof Olofsson Kaikkalainen, f ca 1675, d 1748 i Kringsberget, S Finnskoga. **Deras ättlingar redovisas i kapitlet "Tenhuinen i Kindsjön 1949, Älgsjön 1650 och Aspberget 1660" i denna bok.**

1.3. Ingeborg Henriksdotter Himainen, f 1661 i Gravberget, d före 1689, g med Samuel Mortensen Kauppinen, f ca 1658 i Lekvattnet, d ca 1711 i Söndre Lutnes.
Efter Ingeborgs död gifte Samuel om sig med systern Kari nämnnd nedan (nr 8).

1.4. Kersti (Kirsten) Henriksdatter Himainen f 1663, g med Ole Andersen Kuosmainen, f 1661 i Röjden, S Finnskoga, d efter 1712. Bosatta i Törberget Söndre, Larsgarden, Trysil. **Deras ättlingar redovisas i kapitlet "Kuosmainen i Törberget 1670" i denna bok.**

1.5. Henrik Henriksson Himainen f 1665 i Gravberget, Våler, d 1735 i Risberget, Våler. Henrik övertog 1692 sin morbror Morten Mortensen Liitiäinens andel i Risberget. 1712 övertog han hela byn. Redan 1700 ägde han Galåsen, men 1704-12-08 sålde han hälften, Sögarn, till Pål Persson Hakkarainen från Aspberget. Henrik var först gift med Lisbet Olsdotter Tossavainen f 1667, d före 1693 i Risberget, Våler. Därefter gifte han sig med Gertrud Andersdotter Purainen f 1677 i Risberget, Våler, d 1718 i Risberget.
Barn i första äktenskapet:
1.5.1. Lisbet Henriksdatter Himainen, f ca 1693, d före 1718, g med Lars Danielsen Pellinen f 1681, d 1742 i Öyeren, Grue, bosatt i Öyeren, Grue, son till Daniel Pedersen Pellinen och Karen Persdatter Räisäinen.
Deras barn:
1.5.1.1. Gjertrud Larsdatter Pellinen f före 1718, g med Per Eriksson Oinoinen f 1711-04-12 i Mulltjärn, Östmark, d 1742, son till Erik Eriksson Oinoinen och Annika Eriksdotter Suhoinen.
Deras barn:
1.5.1.1.1. Maria Persdatter Oinoinen, g med Erik Eriksen Neuvoinen, son till Erik Henriksson Neuvoinen och Lisbet Eriksdatter.

1.5.1.2. Kari Larsdatter Pellinen f före 1718, g med Mathis Pålsen Räisäinen, son till Pål Mattisen Räisäinen och Lisbet Henriksdotter Lehmoinen.
Deras barn:
1.5.1.2.1. Kari Mathisdatter Räisäinen

Barn i andra giftet:
1.5.2. Anders Henriksen Himainen, f ca 1695, gift på Risberget, bor där 1718

1.5.3. Marte Henriksdatter Himainen, f före 1718, ej nämnd i skiftet efter modern 1718

1.5.4. Kirsten Henriksdatter Himainen f ca 1709

1.5.5. Anne Henriksdatter Himainen f ca 1714

1.5.6. Ingrid Henriksdatter Himainen f ca 1698 i Risberget, Våler, d 1733-07-07 i Skråckarberget, N Finnskoga, g 1715-12-26 med Olof Andersson Vilhuinen f ca 1686 och d 1760-06-01 i Skråckarberget, S Finnskoga, son till Anders Olofsson Vilhuinen och Britta Andersdotter Tenhuinen.
Deras ättlingar redovisas i kapitlet "Vilhuinen upptog Skråckarberget 1650" i denna bok.

1.5.7. Gjertrud Henriksdatter Himainen f 1702, bosatt i Risberget, g med Per Andersen Liitiäinen f 1704 (Peder Andersen Nedstua, kallas Käiväräinen enligt Jan Myhrvold).
Deras ättlingar redovisas i kapitlet "Liitiäinen-släkten" i denna bok.

1.6. Ole Henriksen Himainen, f 1666 i Gravberget, Våler, röjde N Skjärberget 1714.
Barn utan känd moder:
1.6.1. Mikkel Olsen Himainen f 1700, d 1756, tog över N Skjärberget och gifte sig med Ingeborg Jonsdotter, piga i Höljes, N Finnskoga.
Deras barn:
1.6.1.1. Ole Mikkelsen Himainen f 1722, d ca 1801, tog över N Skjärberget 1752 och gifte sig 1752 med Kari Persdatter Sätre f ca 1722 i Nybergsund, Hans, Trysil, d ca 1822
Deras barn:
1.6.1.1.1. Ingeborg Olsdatter Himainen f 1753-07-04 i Skjärberget nordre, Trysil, d 1840-12-02, g 1779 med Lars Larsson Hakkarainen f 1736-11-18 i Aspberget, N Finnskoga, d 1796, son till Lars Larsson Hakkarainen och Britta Klemetsdotter Muhoinen. Bosatta i Skjärberget, Nordgard (Larses), Trysil.
Deras barn:
1.6.1.1.1.1. Lars Larsson Hakkarainen f 1782-07-21 i N Skjärberget, Trysil, d 1823, g 1804 med Olea Olsdatter f 1783-01-05 i Nybergsund, V Sätre, Audens, Trysil, d 1869. Bosatta i Skjärberget, Nordgars S (Larses), Trysil.
Barn:
1.6.1.1.1.1.1. Ingeborg Larsdotter Hakkarainnen f 1806-05-25 i Nordgarden , Larses, Trysil, d 1869, g 1824 med Ole Olsen Torgals f 1797-04-10 i Nybergsund, V Sätre, Torgals, Trysil, d 1875. Bosatta i Skjärberget, Nordgard, Oles, Trysil.

1.6.1.1.1.1.2. Olia Larsdotter Hakkarainen f 1784-09-28 i N Skjärberget, Trysil, d 1872, g 1804 med Mattis Mattisen f 1774-01-01 i Skjärberget söndre, Trysil, d 1827.

1.6.1.2. Mikkel Mikkelsen Himainen f 1725

1.6.1.3. Jon Mikkelsen Himainen f 1726

1.6.1.4. Per Mikkelsen Himainen f 1728 i Skjärberget, Trysil, d 1803-01-30, g 1755-03-18 med Kersti Mortensdatter Kuosmainen f 1720 i V Nyhus, Varåholla, Trysil, d 1802-08-08 i

S Galåsen, Trysil, dotter till Morten Olsen Kuosmainen och Marte Staffansdotter Siekkinen. Bosatta i S Galåsen och Grönoneset, Trysil.

Barn:

1.6.1.4.1. Ingeborg Pettersdatter Himainen f 1758-06-24, d 1797-08-24, g 1781 med Ola Torgalsen f 1750-09-25, d 1805-10-21, son till Torgal Torgalsen Sätre och Ingri Persdatter. Bosatta i Ö Sätre, Trysil.

Barn:

1.6.1.4.1.1. Petter Olsen Grönneset f 1791-05-22 i Plassen, Grönneset, Trysil, d 1871-10-16, g 1816 med Lisa Eriksdatter Siekkinen f 1790-09-28 i Långflon, N Finnskoga, d 1852-12-06, dotter till Erik Danielsson Siekkinen och Karin Andersdotter Tossavainen.

Deras barn:

1.6.1.4.1.1.1. Lars Pettersen Pladsen Mandfloen f 1832-03-22 i Grönneset, Trysil, d 1911-04-26, g 1854-07-10 med Siri Enoksdatter Bernts f 1831-04-04 i Bernts, Trysil, d 1889-05-13, dotter till Enok Enoksen Grönland och Oleane Olsen Grönneset.

1.6.1.5. Marte Mikkelsdatter Himainen f 1733

1.6.1.6. Jens Mikkelsen Himainen f 1735

1.6.1.7. Ingeborg Mikkelsdatter Himainen f 1737

1.6.1.8. Karin Mikaelsdotter Himainen f 1740 i N Skjärberget, Trysil, g 1763 med Ingvald Pedersen f 1739, d 1784.

Deras barn:

1.6.1.8.1. Ingeborg Ingvaldsdotter f 1767 i Norge, d 1838-10-16 i Aspberget, N Finnskoga, g med Per Klemetsson Muhoinen f 1760 i Aspberget, N Finnskoga, son till Klemet Klemetsson Muhoinen och Marit Henriksdotter Kuosmainen.

Deras ättlingar redovisas i kapitlet "Muhoinen (Mohall) i Aspberget".

1.6.1.9. Ole Mikkelsen Himainen f ca 1745 i Skjärberget nordre, Trysil, d 1811, g 1778-09-29 med Lisbet Henriksdatter Kuosmainen f 1752 i Törberget nordre, Trysil, d 1813-10-09, dotter till Henrik Andersen Kuosmainen och Lisbet Olsdatter. Bosatta i Höljeneset.

1.7. Marit Henriksdotter Himainen f 1670 i Galåsen, d 1743-03-25 i Baksjöberget, Trysil, g med Daniel Sigfridsson Siekkinen, f 1655 i Lekvattnet, d 1753-03-18 i Nordre Lutnes, Trysil. Daniel växte upp i Aspberget, han blev nybyggare i Nordre Lutnes ca 1700, fick byggsedel 1695 tillsammans med Samuel Mortensen Kauppinen (se nr 8 nedan).
Deras ättlingar redovisas i kapitlet "Siekkinen i Lekvattnet, Aspberget och N Lutnes" i denna bok.

1.8. Kari Henriksdotter Himainen f 1674 i Galåsen, d före 1730, g med Samuel Mortensen Kauppinen, f ca 1658 i Lekvattnet, d 1711 i S Lutnes, Trysil, nybyggare i Söndre Lutnes, byggsedel utfärdad 1695 för honom och Daniel Sigfridsson Siekkinen.
Deras ättlingar redovisas i kapitlet "Bröd. Vauhkoinen i Aspberget och Uggelheden" i denna bok.

1.9. Anne Henriksdotter Himainen f 1676 i Galåsen, Trysil.

Lars Larsson röjde Galåsen 1670

Lars Larsson f 1624 i Bergslagen, g med **Eli Nilsdotter Vauhkoinen** f 1636 i Hälsingland (Vauken enl finnemantallet 1686). Lars Larssons släktnamn är obekant, född i Bergslagen av finska föräldrar, kom till Norge och Gravberget 1665 och röjde sedan Galåsen tillsammans med Henrik Henriksson Himainen ca 1670. Är brukare av Sögarn Galåsen 1696. Deras barn var:

1. Kari Larsdatter f 1665 i Grue, d 1743-03-25 i Anttila, Grue, blev ca 1685 gift med **Anders Persen Räisäinen** f 1662 i Lövhaugen, Grue, d omkring 1693 i Galåsen, Trysil, och fick med honom barnen:
1.1. Berte Andersdatter Räisäinen f 1685
1.2. Karen Andersdatter Räisäinen f 1689 i Galåsen söndre, Trysil, d 1743 i Dalby, g med Daniel Pålsson Honkainen f 1699 i Järpliden, S Finnskoga, son till Pål Mickelsson Honkainen och Britta Andersdotter Räisäinen.
1.3. Anne Andersdatter Räisäinen, f 1692, g med Johan Samuelsen Moen Kauppinen f 1692 i Lutnes söndre, Trysil, son till Samuel Mortensen Kauppinen och Kari Henriksdatter Himainen.
1.4. NN Andersdatter Räisäinen f 1693, g med Jon Jonsen, musketer.

Deras ättlingar har tidigare redovisats i kapitlet Räisäinen på Lövhaugen under nr 10. Anders Persen Räisäinen, f 1662 i Lövhaugen, d 1693. Han bodde i Galåsen från ca 1680 och var svärson (verson) till Lars Larsson enl Finnemanntallet 1686.

(1.) Kari Larsdatter gifte om sig med Pål Persen Raatikainen f 1677 i Söre Osen, Söndre Östenheden, Trysil, d ca 1750, son till Per Pålsson Raatikainen och Kari Henriksdatter. Deras barn:
1.5. Per Pålsen Raatikainen f 1695 i söndre Galåsen, Trysil, d 1762-07-01 i Grönoset, Trysil, g 1738-09-03 i Dalby med Marit Andersdotter Vauhkoinen f 1716-09-21 i Sapberget, N Finnskoga, d 1795-04-14 i Grönoset, Trysil, dotter till Anders Staffansson Vauhkoinen och Karin Adamsdotter Kähköinen.
Barn:
1.5.1. Pål Persen Raatikainen f 1739 i Grönoset, Trysil, d 1800-03-22, g 1775 med Anne Danielsdatter Siekkinen f 1752 i N Lutnes, Trysil, d 1810-12-23, dotter till Daniel Danielsen Siekkinen och Marit Mattisdatter Räisäinen.
Deras barn:
1.5.1.1. Per Pålsen Raatikainen f 1778-01-01 i Grönoset, Trysil, d 1829-10-03, g 1804 med Kari Eriksdatter Långflon.
Deras barn:
1.5.1.1.1. Anne Persdatter Raatikainen f 1806 i Grönoset, Trysil, g med Knut Iversen f 1804 i Stutrud, Hof.
1.5.1.1.2. Per Persen Raatikainen f 1807-03-02 i Grönoset, Trysil, d 1873-06-18, g 1833 med Berte Olsdatter Tossavainen f 1810-04-13 i S Skjärberget, Trysil, d 1878-03-17, dotter till Ole Mattisen Tossavainen och Britta Bengtsdotter.

Deras barn:

1.5.1.1.2.1. Karen Persdatter Raatikainen f 1834-05-06 i Grönoset, Trysil, d i Nordamerika

1.5.1.1.2.2. Per Persen Raatikainen f 1836 i Grönoset, Trysil, d 1919-01-25

1.5.1.1.2.3. Olea Persdatter Raatikainen f 1840-03-01 i Grönoset, Trysil, d 1899-01-03

1.5.1.1.2.4. Ola Persen Raatikainen f 1842-06-07 i Grönoset, Trysil, d 1923-01-12

1.5.1.1.2.5. Bertine Persdatter Raatikainen f 1845-01-22 i Grönoset, Trysil, d 1929-10-17

1.5.1.1.2.6. Martinus Persen Raatikainen f 1847-06-16 i Skjärberget, Sögarn, Trysil, d i Nordamerika.

1.5.1.1.2.7. Ener Persen Raatikainen f 1850-06-10 i Grönoset, Trysil, d 1879-12-13

1.5.1.1.2.8. Karinus Persen Raatikainen f 1853-04-29 i Grönoset, Trysil, d 1925-11-20

1.5.1.1.3. Kari Persdatter Raatikainen f 1809-12-05 i Grönoset, Trysil, d 1898-12-08, g 1835 med Kristian Larsen Stavaasen f 1812 i Elverum, d 1900-10-27 i Rysjöberget, Trysil

1.5.1.1.4. Kersti Persdatter Raatikainen f 1812-05-09 i Grönoset, Trysil, d 1871-08-25, g 1871 med Paul Persen f 1812-05-26 i N Grönoset, Trysil, d 1879-09-20.

1.5.1.1.5. Daniel Persen Raatikainen f 1816-01-01 i Grönoset, Trysil, d 1868-07-10, g 1841 med Lise Olsdatter f 1816, d 1889-11-24. Byggde nordre Hammeråsen.

1.5.1.1.6. Pål Persen Raatikainen f 1822-04-25 i Grönoset, Trysil, d 1901-03-14, g med Kerstin Olsdotter f 1832 i Dalby, d 1918-11-07. Byggde Påls-Persa-hemmet i Langtjönnåsen.

1.5.1.2. Marte Pålsdatter Raatikainen f 1784, d 1853, g med Olof Olofsson f 1779, d 1835, bosatta i Lima.

1.5.2. Marte Persdatter Raatikainen f 1747-06-24 (dop) i Lutnes, Trysil, d 1811, g 1784 med Morten Andersen Kuosmainen f 1724 i Törberget nordre, Andersgarden, Trysil, d 1805-06-24 i Söre Osen, Bråten, Trysil, son till Anders Andersen Kuosmainen och Helje Eriksdatter Purainen.
Barn:
1.5.2.1. Anders Mortensen Kuosmainen f 1784, d 1785

1.5.3. Gjertrud Persdatter Raatikainen f 1749, d 1831, g med Anders Knudsen f 1758, d 1830

1.5.4. Kersti Persdatter Raatikainen f 1754, g med Simen Gundersen, Horndalen, Elverum

1.5.5. Anne Persdatter Raatikainen f 1758, d 1818, g1 med Per Ersson f 1748, d 1808 i Sälen, Lima, g2 med Anders Olsen f 1758, d 1833 i Lutnes söndre, Trysil.

1.6. Marit Pålsdatter Raatikainen f 1701 och d 1739-03-18 i Galåsen, Trysil, g 1738-06-07 med Olof Bengtsson f 1715 i Höljes, N Finnskoga, d 1795-08-09 i Uggelheden, Sörgården, N Finnskoga, son till Bengt Halvardsson och Karin Olofsdotter. Bengts-Ola, trollkarl. Ägde 1742 en stor gård i Höljes, men sålde 1750 och startade om i Uggelheden, där han blev förste ägare och brukare av Sörgården. Gifte sig senare med Gertrud Henriksdotter Kuosmainen och fick med henne 10 barn.

1.7. Pål Pålsen Raatikainen f ca 1709 och d ca 1754 i S Galåsen, Trysil, g 1738 med Kersti Mortensdatter Kuosmainen f 1720 i V Nyhus, Varaholla, Trysil, d 1802-08-08 i S Galåsen, Trysil, dotter till Morten Olsen Kuosmainen och Marte Staffansdotter Siekkinen.
Deras barn:
1.7.1. Marte Paulsdatter Raatikainen f 1741-01-01 i Galåsen söndre, Trysil, d 1822, g med Ole Eriksen Siekkinen f 1738 i Söre Osen, Östenheden, Trysil, d 1807, son till Erik Danielsen Siekkinen och Kari Olsdatter Tossavainen.
Deras barn:
1.7.1.1. Kari Olsdatter Siekkinen f 1764 i Söre Osen, nordre Östenheden, Trysil, d 1813-01-01, g med Gregers Olsen f 1764-03-18 i Lutnes nordre, Trysil, d 1829-02-15.

1.7.2. Kari Paulsdatter Raatikainen f 1744, d 1820-03-25, g 1762 med Per Persson f 1739, d 1836-11-04 i Ö Sätre, Trysil, son till Per Jensen och Kari Hansdatter.
Deras barn:
1.7.2.1. Siri Pedersdatter Grambo f 1771-01-04 i Östby, Grambolia, Grambo, Trysil, g med Enok Jensen Grönland f 1769-09-22 i Östby, Grönland, Trysil, d 1851-03-15, son till Jens Evensen Grönland och Siri E Finstad.
Deras barn:
1.7.2.1.1. Enok Enoksen Grönland f 1803-05-18 i Östby, Grönland, Trysil, d 1879-11-12, g med Oleane Olsen Grönneset, Trysil, f 1793-09-08 i Plassen, Grönneset, Trysil, d 1861-06-25, dotter till Ola Torgalsen och Ingeborg Pettersdatter Himainen.
Deras barn:
1.7.2.1.1.1. Siri Enoksdatter Bernts f 1831-04-04 i Bernts, Trysil, d 1889-05-13, g 1854-07-10 med Lars Pettersen Pladsen Mandfloen f 1832-03-22 i Grönneset, Trysil, d 1911-04-26, son till Petter Olsen Grönneset och Lisa Eriksdatter Siekkinen.

1.7.3. Paul Paulsen Raatikainen f 1747-02-02 i S Galåsen, Trysil, d 1817-01-10, g 1768 med Gertrud Persdatter Tossavainen f ca 1747 i Osen, Röbuknappen, Trysil, d 1810-07-15 i S Galåsen, Trysil, son till Per Andersen Tossavainen och Siri Larsdatter.
Deras barn:
1.7.3.1. Kersti Paulsdatter Raatikainen f 1769-06-24, d 1854-03-05, g1 1803 med Ola Torgalsen f 1750-09-25, d 1805-10-21 i Ö Sätre, Trysil, son till Torgal Torgalsen Sätre och Ingri Persdatter. G2 1807 med Ole Danielsen Siekkinen f 1785-12-06 i Ö Lutnes, Trysil, d 1838-04-26, son till Daniel Olsen Siekkinen och Anna Olofsdotter Räisäinen.
Barn i andra giftet:
1.7.3.1.1. Anne Olsdatter Siekkinen f 1813-05-19, d 1894-10-25, g 1839 med Ola Olsen Tossavinen f 1790-01-17, d 1873-04-16, son till Ola Andersen Tossavainen och Kersti Olsdatter Nyhuus Kuosmainen.

1.7.3.2. Paul Paulsen Raatikainen f ca 1771, d 1824, g med Marte Olsdotter Grönneset, f efter 1824

1.7.3.3. Kari Paulsdatter Raatikainen f 1793-10-06 i S Galåsen, Sögarn, Trysil, g 1820 med Hovel Hansen Ziener f 1780-11-04 i Kongsberg, d 1860-08-18 i Lutnes, Trysil, son till Hans Simon Torkildsen och Abel Maria Hovelsdatter.
Barn:
1.7.3.3.1. Sille Dortea Hovelsdatter Ziener f 1835-09-05 i Galåsen, Nordli, Trysil, d 1887-03-22 i Kolos, Trysil, g 1856-07-10 i Trysil med Embret Jonsen f 1831-07-23 i N Kolos, Engemoen, Trysil, d 1913-04-16, son till Jon Embretsen och Kari Halvorsdatter.
Deras barn:
1.7.3.3.1.1. Jon Embretsen Lie f 1856-08-24, d 1937, g 1882-10-30 i Trysil med Marit Persdotter f 1856-01-06 i Aspberget, N Finnskoga, d 1939 i Langtjönnåsen, Lie, Trysil, dotter till Per Persson och Ingegerd Matsdotter Muhoinen.

1.7.4. Morten Paulsen Raatikainen f 1749, d 1818-09-06, g 1781 med Gjertrud Mortensdatter Nyhus f 1755-06-26, d 1835-06-10
1.7.5. Per Paulsen Raatikainen f 1751, d 1796, g med Kari Jonasdatter f 1750, bosatta i Rörbäcksnäs, Lima
1.7.6. Ole Paulsen Raatikainen f 1753, d 1755

1.8. Gjertrud Pålsdatter Raatikainen f 1714, d 1745, g med Henrik Mattisen Tossavainen f 1717 i S Skjärberget, Trysil, d 1790-05-24, son till Mattis Olsen Tossavainen och Ingeborg Olsdatter Kuosmainen.

2. Marit Larsdotter f 1667, g med **Pål Larsson Hakkarainen** f ca 1650 i Nain, Ekshärad, d 1699-04-10 i Aspberget, N Finnskoga, son till Lars Persson Hakkarainen och Karin Olsdotter.
Deras barn:
2.1. Annika Pålsdotter Hakkarainen f 1685 i Galåsen, Trysil, d 1773, g med Lars Larsson Hakkarainen f 1688 i Aspberget, N Finnskoga, son till Lars Josefsson Hakkarainen och Annika Eliasdotter Karjalainen.
Deras barn:
2.1.1. Lars Larsson Hakkarainen f 1706 i Aspberget, N Finnskoga, d 1788-11-30, g med Britta Klemetsdotter Muhoinen f 1710 i Aspberget, N Finnskoga, d 1785-03-07, dotter till Klemet Matsson Muhoinen och Margareta Matsdotter Tenhuinen.
Deras barn:
2.1.1.1. Lars Larsson Hakkarainen f 1736-11-18 i Aspberget, N Finnskoga, d 1796, g 1779 med Ingeborg Olsdatter Himainen f 1753-07-04 och d 1840-12-02 i Skjärberget nordre, Trysil, dotter till Ole Mikkelsen Himainen och Kari Persdatter Sätre.
Deras barn:
2.1.1.1.1. Lars Larsson Hakkarainen f 1782-07-21 i N Skjärberget, Trysil, d 1823, g 1804 med Olea Olsdatter f 1783-01-05 i Nybergsund, V Sätre, Audens, Trysil, d 1869 i Skjärberget, Nordgard söndre (Larses), Trysil.

Deras barn:
2.1.1.1.1.1. Ingeborg Larsdotter Hakkarainen f 1806-05-25 i Skjärberget, Nordgard s (Larses), d 1869, g 1824 med Ole Olsen Torgals f 1797-04-10 i Nybergsund, V Sätre, Torgals, Trysil, d 1875 i Skjärberget, Nordgard, Oles, Trysil.

2.1.1.1.2. Olia Larsdotter Hakkarainen f 1784-09-28 i N Skjärberget, Trysil, d 1872, g 1804 med Mattis Mattisen f 1774-01-01 i Skjärberget söndre, Trysil, d 1827.

2.1.1.2. Marit Larsdotter Hakkarainen f 1739-03-31 i Aspberget, N Finnskoga, d 1809-03-25, g 1766-09-28 med Josef Josefsson Hakkarainen f 1742-03-25 i Aspberget, N Finnskoga, son till Josef Josefsson Hakkarainen och Gertrud Matsdotter Muhoinen.
Deras barn:
2.1.1.2.1. Josef Josefsson Hakkarainen f 1767, d 1841 i Aspberget, N Finnskoga.
2.1.1.2.2. Lars Josefsson Hakkarainen f 1769 i Aspberget, N Finnskoga, d 1841, g 1796-11-06 med Karin Halvardsdotter f 1771 i Höljes, N Finnskoga, dotter till Halvard Persson Höljman och Marit Henriksdotter Siekkinen. Relation med Karin Larsdotter f 1789 i N Ny.
Barn i giftet:
2.1.1.2.2.1. Lars Larsson Hakkarainen f 1797-01-21 i Aspberget, N Finnskoga
2.1.1.2.2.2. Marit Larsdotter Hakkarainen f 1799 i Aspberget, N Finnskoga
Barn i rel:
2.1.1.2.2.3. Josef Larsson Hakkarainen f 1827 och d 1871-07-23 i Aspberget, N Finnskoga, g 1865-03-20 med Gertrud Persdotter f 1827-02-08 i Storberget, N Finnskoga.

2.1.1.2.3. Olof Josefsson Hakkarainen f 1772 i Aspberget, N Finnskoga
2.1.1.2.4. Karin Josefsdotter Hakkarainen f 1774-10-18 och d 1840-12-15 i Aspberget, N Finnskoga, g med Olof Danielsson Siekkinen f 1785-12-06 i Ö Lutnes, Trysil.
Deras barn:
2.1.1.2.4.1. Erik Olofsson Siekkinen f 1803 och d 1874-06-05 i Aspberget, N Finnskoga, g med Marit Persdotter Muhoinen f 1801 i Aspberget, N Finnskoga, d 1868 i N Finnskoga, dotter till Per Klemetsson Muhoinen och Ingeborg Ingvoldsdatter.

2.1.1.2.5. Mats Josefsson Hakkarainen f 1780 i Aspberget, N Finnskoga, d 1806-10 .
2.1.1.2.6. Erik Josefsson Hakkarainen f 1783-01-04 och d 1880 i Aspberget, N Finnskoga, g med Gertrud Matsdotter Muhoinen f 1791 och d 1871-02-24 i Aspberget, N Finnskoga, dotter till Mats Klemetsson Muhoinen och Gertrud Persdotter Muhoinen.

2.1.1.3. Klemet Larsson Hakkarainen f 1741-01-30 i Aspberget, N Finnskoga, g med Helena Persdotter Liitiäinen f 1748 i Risberget, Våler, d före 1806 i Aspberget, N Finnskoga, dotter till Per Andersen Liitiäinen och Gjertrud Henriksdatter Himainen.
Deras barn:
2.1.1.3.1. Lars Klemetsson Hakkarainen f 1768 i Aspberget, N Finnskoga, d 1843-05-13 i Långflon, Larsgården, N Finnskoga, g 1795-06-11 med Gertrud Bengtsdotter f 1769 i Uggelheden, Sörgården, N Finnskoga, d 1842-08-09 i Långflon, Larsgården, N Finnskoga, dotter till Bengt Olofsson och Lisbet Nilsdotter Pohjalainen.

Deras barn:

2.1.1.3.1.1. Helena Larsdotter Hakkarainen f 1796-06-19 och d 1858-02-16 i Aspberget, N Finnskoga, g 1829-03-06 med Pål Pålsson Siekkinen f 1802-04-11 och d 1840-04-10 i Aspberget, N Finnskoga, son till Pål Danielsson Siekkinen och Karin Eriksdotter.

2.1.1.3.1.2. Lisa Larsdotter Hakkarainen f 1799 i Aspberget, N Finnskoga, g med Ole Olsen, Lutnes, Trysil.

2.1.1.3.1.3. Britta Larsdotter Hakkarainen f 1801 i Aspberget, N Finnskoga, d 1859-05-16 i Långflon, N Finnskoga

2.1.1.3.1.4. Karin Larsdotter Hakkarainen f 1804-06-25 och d 1882-12-03 i Aspberget, N Finnskoga, g med Lars Olofsson Hakkarainen f 1812-01-02 och d 1852-04-03 i Aspberget, N Finnskoga, son till Olof Klemetsson Hakkarainen och Anna Larsdotter Kiikalainen.

2.1.1.3.1.5. Lars Larsson Hakkarainen f 1808 i Långflon, Storberget, N Finnskoga, d 1873-04-01 i Aspberget, Larsgården, N Finnskoga, g med Karin Jonsdotter f 1810-02-03 i Båtstad, Malistugan, N Finnskoga, d 1894-05-30 i Långflon, Larsgården, N Finnskoga, dotter till Jon Andersson och Karin Håkansdotter Kukkoinen.

2.1.1.3.1.6. Olof Larsson Hakkarainen f 1811 i Långflon, Storberget, N Finnskoga, d 1848-05-25 i Karlstad, g med Anna Håkansdotter f 1817-04-22 och d 1893-04-05 i Aspberget, N Finnskoga.

2.1.1.3.2. Britta Klemetsdotter Hakkarainen f 1771 i Aspberget, N Finnskoga, till Järpliden 1805, d 1844-10-05 i Järpliden, S Finnskoga, g med Johan Olofsson Lehmoinen f 1776 i Medskogen, S Finnskoga, d 1839-05-03 i Järpliden, S Finnskoga, son till Olof Johansson Lehmoinen och Lisbet Danielsdotter Veteläinen.

Barn:

2.1.1.3.2.1. Lisa Johansdotter Lehmoinen f 1804-10-03 i Järpliden, S Finnskoga, g med Per Bengtsson Kiikalainen f 1805-04-17 i Höljes, N Finnskoga, son till Bengt Bengtsson Kiikalainen och Gunilla Halvardsdotter.

2.1.1.3.2.2. Olof Johansson Lehmoinen f 1807 i Järpliden, S Finnskoga, g med Karin Danielsdotter Liitiäinen f 1808-04-20 i Järpliden, S Finnskoga, d 1879-09-01 i Kärrbackstrand, N Finnskoga, dotter till Daniel Henriksson Liitiäinen och Anna Persdotter Huuskoinen.

2.1.1.3.2.3. Helena Johansdotter Lehmoinen f 1810-01-26 i Järpliden, S Finnskoga, d 1901-01-15 i Anderstubben, N Finnskoga, g1 med soldaten Håkan Persson, g2 1843-12-30 med Mats Olofsson Tenhuinen f 1819 i Höljes, N Finnskoga, son till Olof Eriksson Tenhuinen och Valborg Tomasdotter Havuinen.

2.1.1.3.2.4. Karin Johansdotter Lehmoinen f 1817 och d 1826-05-14 i Järpliden, S Finnskoga.

2.1.1.3.3. Kristian Klemetsson Hakkarainen f 1774 i Aspberget, N Finnskoga, g med Märta (Marit) Ingvaldsdotter f 1772 i Norge

2.1.1.3.4. Andreas Klemetsson Hakkarainen f 1777 i Aspberget, N Finnskoga, d 1806

2.1.1.3.5. Olof Klemetsson Hakkarainen f 1781 och d 1820 i Aspberget, N Finnskoga, g med Anna Larsdotter Kiikalainen f 1790 i Höljes, N Finnskoga, dotter till Lars Håkansson Kiikalainen och Marit Halvardsdotter.
Barn:
2.1.1.3.5.1. Lars Olofsson Hakkarainen f 1812-01-02 och d 1852-04-03 i Aspberget, N Finnskoga, g med Karin Larsdotter Hakkarainen f 1804-06-25 och d 1882-12-03 i Aspberget, N Finnskoga, dotter till Lars Klemetsson Hakkarainen och Gertrud Bengtsdotter.
2.1.1.3.5.2. Olof Olofsson Hakkarainen f 1814-08-24 i Aspberget, N Finnskoga, d 1875-03-20 i Lomsjöhed, Los, g 1840-06-08 med Karin Olofsdotter f 1815-09-11 i Uggelheden, Nordgården, N Finnskoga, d 1889-02-16 i Ytterhogdal, dotter till Olof Halvardsson och Britta Persdotter.
2.1.1.3.5.3. Kristian Olofsson Hakkarainen f 1816 i Aspberget, N Finnskoga, g med Britta Olofsdotter f 1822 i Uggelheden, N Finnskoga, dotter till Olof Halvardsson och Britta Persdotter.

2.1.1.3.6. Karin Klemetsdotter Hakkarainen f 1783 i Aspberget, N Finnskoga
Barn med okänd fader:
2.1.1.3.6.1. Per Persson f 1817 i Aspberget, N Finnskoga

2.1.1.4. Karin Larsdotter Hakkarainen f 1743-07-27 i Aspberget, N Finnskoga, d 1824, g med Olof Klemetsson Muhoinen f 1746 i Aspberget, N Finnskoga, d 1823, son till Klemet Klemetsson Muhoinen och Marit Henriksdotter Kuosmainen.
Barn:
2.1.1.4.1. Marit Olofsdotter Muhoinen f 1772 i Aspberget, N Finnskoga, g med Ole Mattisen Suuroinen f 1769 (dop 1769-06-11), d 1851-05-09 i Flisberget, Elverum, son till Mattis Olsen Suuroinen och Marte Persdatter Liitiäinen.
Deras barn:
2.1.1.4.1.1. Mats Olofsson Suuroinen f 1793-04-04 i Aspberget, N Finnskoga, g med Karin Larsdotter Kiikalainen f 1792 i Höljes, N Finnskoga, dotter till Lars Bengtsson Kiikalainen och Ingeborg Halvardsdotter.
2.1.1.4.2. Mats Olofsson Muhoinen f 1773 i Aspberget, N Finnskoga
2.1.1.4.3. Olof Olofsson Muhoinen f 1775, d 1775
2.1.1.4.4. Olof Olofsson Muhoinen f 1780-02-04 i Aspberget, N Finnskoga, d 1863-01-10 i N Finnskoga, g med Anna Eliasdotter Muhoinen f 1777 i Aspberget, N Finnskoga, d 1848, dotter till Elias Persson Muhoinen och Elsa Henriksdotter Vauhkoinen.
Barn:
2.1.1.4.4.1. Karin Olofsdotter Muhoinen f 1804-02-01 i Aspberget, N Finnskoga, g med Olof Johansson Hakkarainen f 1794 och d 1853-04-13 i Aspberget, N Finnskoga, son till Johan Larsson Hakkarainen och Marit Halvardsdotter.
2.1.1.4.4.2. Olof Olofsson Muhoinen f 1806, d 1823
2.1.1.4.4.3. Elias Olofsson Muhoinen f 1812 i Aspberget, N Finnskoga.

Barn med okänd moder:

2.1.1.5. Lisbet Larsdotter Hakkarainen f 1744-12-24 i Aspberget, N Finnskoga, g med Olof Hansson f 1743 i Aspberget, N Finnskoga.

Barn:

2.1.1.5.1. Olof Olofsson f 1775 i Aspberget, N Finnskoga

2.1.1.5.2. Helena Olofsdotter f 1777 i Aspberget, N Finnskoga, g med Halvard Larsson Graf f 1789-01-02 i Båtstad, N Finnskoga.

Barn:

2.1.1.5.2.1. Karin Halvardsdotter f 1813 i Båtstad, N Finnskoga, g med Daniel Bengtsson Siekkinen f 1802-08-18 och d 1879-10-12 i Höljes, N Finnskoga.

2.1.1.5.3. Lars Olofsson f 1780 i Aspberget, N Finnskoga

2.1.1.5.4. Olof Olofsson f 1782 i Aspberget, N Finnskoga

2.1.1.5.5. Jon Olofsson f 1785-09-14 i Aspberget, N Finnskoga

2.1.1.6. Lisa Larsdotter Hakkarainen f 1745 i Aspberget, N Finnskoga

2.1.1.7. Lars Larsson Hakkarainen f 1748 i Aspberget, N Finnskoga

2.1.1.8. Per Larsson Hakkarainen f 1749 i Aspberget, N Finnskoga

2.1.1.9. Pål Larsson Hakkarainen f 1749-04-24 i Aspberget, Storberget, N Finnskoga, d 1834, g med Anne Persdotter Himainen f 1752 i Norge, d 1826-09-01 i Aspberget, N Finnskoga, dotter till Per Olsen Himainen och Anne Henriksdatter Kuosmainen.

Deras barn:

2.1.1.9.1. Lars Pålsson Hakkarainen f 1779 i Långflon, N Finnskoga

2.1.1.9.2. Per Pålsson Hakkarainen f 1781 i Långflon, N Finnskoga

2.1.1.9.3. Karin Pålsdotter Hakkarainen f 1784 i Långflon, N Finnskoga

2.1.1.9.4. Pål Pålsson Hakkarainen f 1786 i Långflon, N Finnskoga, g med Märta Mårtensdotter f 1794 i Norge, d 1835.

Barn:

2.1.1.9.4.1. Anna Pålsdotter Hakkarainen f 1817 i Storberget, N Finnskoga, g med Olof Jonsson f 1815-04-25 i Båtstad, N Finnskoga, son till Jon Andersson och Karin Håkansdotter Kukkoinen.

2.1.1.9.4.2. Gertrud Pålsdotter Hakkarainen f 1818 i Aspberget, N Finnskoga

2.1.1.9.4.3. Pål Pålsson Hakkarainen f 1821 i Aspberget, N Finnskoga, g med Gertrud Persdotter f 1823 i Båtstad, N Finnskoga, son till Per NN och Karin Andersdotter.

2.1.1.9.5. Olof Pålsson Hakkarainen f 1790 i Aspberget, N Finnskoga, g med Anna Halvardsdotter f 1796 i Norge.

Barn:

2.1.1.9.5.1. Per Olsson Hakkarainen f 1824, g med Maria Persdotter f 1827-12-06 i Gunneby, Dalby, dotter till Per Pettersson och Kerstin Eriksdotter.

2.1.1.10. Britta Larsdotter Hakkarainen f 1751 i Aspberget, N Finnskoga

2.1.1.11. Johan Larsson Hakkarainen f 1754 i Aspberget, N Finnskoga, g med Marit Halvardsdotter f 1765 i Höljes, N Finnskoga, dotter till Halvard Larsson och Marit Olofsdotter.

Barn:
2.1.1.11.1. Halvard Johansson Hakkarainen f 1790-03-27 i Aspberget, N Finnskoga, d 1862-06-13, g med Ingegerd Bengtsdotter Bergenhem f 1798-08-01 i Gunneby, Dalby, d 1871-08-22, dotter till Bengt Jakobsson Bergenhem och Sigrid Markusdotter.
Deras barn:
2.1.1.11.1.1. Johan (Jan) Halvardsson Hakkarainen f 1823-10-07 i Aspberget, N Finnskoga, d 1883-05-26, g 1853-03-25 med Ingegerd Olsdotter f 1831-11-10 i Ransby, Dalby, d 1883-05-26.
2.1.1.11.1.2. Karin Halvardsdotter Hakkarainen f 1835-05-10 i Uppgården, Dalby.

2.1.1.11.2. Olof Johansson Hakkarainen f 1794 och d 1853-04-13 i Aspberget, N Finnskoga, g med Karin Olofsdotter Muhoinen f 1804-02-01 i Aspberget, N Finnskoga, dotter till Olof Olofsson Muhoinen och Anna Eliasdotter Muhoinen.
Barn:
2.1.1.11.2.1. Marit Olofsdotter Hakkarainen f 1826 i Aspberget, N Finnskoga, g1 med Lars Matsson Hakkarainen f 1824-10-03 i Höljes, N Finnskoga, d 1846-08-18, son till Mats Matsson Hakkarainen och Marit Persdotter. G2 med Olof Danielsson Siekkinen f 1826 i Höljes, N Finnskoga, son till Daniel Eriksson Siekkinen och Gertrud Matsdotter Hakkarainen.

2.1.1.11.3. Marit Johansdotter Hakkarainen f 1799-01-04 i Aspberget, N Finnskoga, g med Bengt Bengtsson Siekkinen f 1798-09-12 i Höljes, N Finnskoga, son till Bengt Danielsson Siekkinen och Karin Halvardsdotter.
Barn:
2.1.1.11.3.1. Karin Bengtsdotter Siekkinen f 1825-03-20 i Höljes, N Finnskoga, g med lanthandlaren Anders Jonsson f 1825-07-22 i Båtstad, N Finnskoga, son till Jon Jonsson och Kajsa Andersdotter Lagerkvist.

2.1.1.12. Marit Larsdotter Hakkarainen f 1759 i Aspberget, N Finnskoga

2.1.2. Karin Larsdotter Hakkarainen f 1711 i Aspberget, Larsgården, N Finnskoga, g med Olof Olofsson Kuosmainen f 1710 i Aspberget, N Finnskoga, son till Ole Olsen Kuosmainen och Malin Bengtsdotter Hakkarainen.
Deras barn:
2.1.2.1. Karin Olofsdotter Kuosmainen f 1748-09-06 i Uggelheden, N Finnskoga

2.2. Elin Pålsdotter Hakkarainen f 1687, g med **Henrik Staffansson Siekkinen**, (kallad **"Lappen"** i kyrkoböckerna och därför **förväxlad med Lappalainen**), Aspberget, N Finnskoga. Son till Staffan Sigfridsson Siekkinen och Marit Josefsdotter Hakkarainen.
Barn:
2.2.1. Britta Henriksdotter Siekkinen f 1715-04-06 i Aspberget, N Finnskoga, g med (lysning 1738) Per Pålsson Raatikainen från Galåsen, Trysil
2.2.2. Henrik Henriksson Siekkinen f 1724-07-09 och d 1724-08-06 i Aspberget, N Finnskoga.

2.3. Marit Pålsdotter Hakkarainen f 1694, d 1762, g med Ole Mattisen Suuroinen f ca 1690, d 1746-09- i Kynberget, Elverum, son till Mattis Suuroinen.

Barn:

2.3.1. Gjertrud Olsdotter Suuroinen f 1720 i Kynberget, Elverum, g 1751-12-13 med Per Persson, Gråberget, Hof.

Deras barn:

2.3.1.1. Ola Persen f 1752-12-27 i Flisberget, Elverum

2.3.1.2. Marte Persdatter f 1755-12-07 i Flisberget, Elverum, d 1756-09-12

2.3.1.3. Kjersti Persdatter f 1759-04-12 i Flisberget, Elverum

2.3.2. Marit (Marte) Olsdotter Suuroinen f 1723 i Kynberget, Elverum, d 1762, begravd 1762-03-14, g med Per Andersen Engebakken.

2.3.3. Anders Olsen Suuroinen f 1725 och d 1747 i Kynberget, Elverum

2.3.4. Mattis Olsen Suuroinen f 1727 i Sörskogbygda, Flisberget, Elverum, d 1804-02-2 , övertog som brukare 1752, g1 med Marit Olsdatter från Gravberget, Våler, g2 med Marte Persdatter Liitiäinen f 1733-08-09 i Risberget, Nedstua, Våler, d 1812, dotter till Per Andersen Liitiäinen och Gjertrud Henriksdatter Himainen.

Barn i första giftet:

2.3.4.1. Marte Mattsdatter Suuroinen f 1749-12-07

Barn i andra giftet:

2.3.4.2. Gjertrud Mattisen Suuroinen

2.3.4.3. Per Mattisen Suuroinen f 1756, dop 1756-05-09, d 1837-06-13, g1 1781-08-28 med Olia Olsdatter Suuroinen f 1761 (dop 1761-03-23), d 1792 (begravd 1792-05-31) i Kynberget. G2 1793-11-09 med Helene Olsdatter Suuroinen f 1772 (dop 1772-06-21) i Gravbergsmoen, Våler, d 1851-05-04, dotter till Ole Mattisen Gravbergsmoen och Kirsti Matisdatter.

Barn i första giftet:

2.3.4.3.1. Marte Persdatter Suuroinen

2.3.4.3.2. Marit Persdatter Suuroinen

2.3.4.3.3. Ole Persen Suuroinen

2.3.4.3.4. Mattis Persen Suuroinen f 1786-06-18 i Flisberget, Sörskogsbygda, Elverum d 1874 i Nermo, Trysil.

Barn i andra giftet:

2.3.4.3.5. Ola Persen Suuroinen

2.3.4.3.6. Per Persen Suuroinen

2.3.4.3.7. Olia Persdatter Suuroinen

2.3.4.3.8. Kristian Persen Suuroinen

2.3.4.3.9. Hans Persen Suuroinen

2.3.4.3.10. Per Persen Suuroinen

2.3.4.3.11. Fredrik Persen Suuroinen

2.3.4.3.12. Anders Persen Suuroinen

2.3.4.4. Maria Mattsdotter Suuroinen f 1764, dop 1764-06-11, d 1840

2.3.4.5. Ole Mattisen Suuroinen f 1769, dop 1769-06-11, d 1851-05-09, g1 med Marit Olofsdotter Muhoinen f 1772 i Aspberget, N Finnskoga, dotter till Ole Klemetsson Muhoinen och Karin Larsdotter Hakkarainen. G2 med Marte Mortensdotter Kuosmainen f 1774 i Östre Nyhus, Trysil, d 1842-07-12, dotter till Morten Olsen Kuosmainen och Helje (Helene) Andersdatter Kuosmainen.
Barn i första giftet:
2.3.4.5.1. Mats Olofsson Suuroinen f 1793-04-04 i Aspberget, N Finnskoga, g med Karin Larsdotter Kiikalainen f 1792 i Höljes, N Finnskoga, dotter till Lars Bengtsson Kiikalainen och Ingeborg Halvardsdotter.
Deras barn:
2.3.4.5.1.1. Olof Matsson Suuroinen f 1820-04-02 i Aspberget, N Finnskoga, g med Sigrid Jönsdotter f 1828 i Höljes, N Finnskoga, dotter till Jöns Persson och Karin Andersdotter Kukkoinen.

Barn i andra giftet: (från 2.3.4.5. Ole Mattisen Suuroinen)
2.3.4.5.2. Morten Olsen Suuroinen
2.3.4.5.3. Helene Olsdatter Suuroinen
2.3.4.5.4. Andrea Olsdatter Suuroinen
2.3.4.5.5. Berte Olsdatter Suuroinen
2.3.4.5.6. Kjersti Olsdatter Suuroinen
2.3.4.5.7. Marte Olsdatter Suuroinen f 1794-05-11, d 1847-03-10, g 1819 med Anders Hansson f 1792-06-03 i Risberget, Våler, d 1864-11-23, son till Hans Andersson Risberget och Olea Arnesdotter.

2.3.4.5.8. Mattis Olsen Suuroinen f 1796-03-04, d 1867-02-24, g med Else Mattisdotter f 1802, dop 1802-04-29 i Gravberget, Våler, d 1853-06-19, dotter till Mattis Olsen Gravberget och Helene Mortensdatter.

2.3.4.5.9. Ola Olsen Suuroinen f 1801-06-21, d 1875-08-22, g 1834 med Kersti Olsdatter Kaikkalainen f 1803, d 1887-12-20, dotter till Ole Olsen Kaikkalainen och Berte Olsdatter.

2.3.4.5.10. Gunder Olsen Suuroinen f 1811-02-12, d 1848-09-09, g med Kersti Jensdatter Kynberget f 1816-12-01, d 1897-03-04.
Barn:
2.3.4.5.10.1. Ola Gundersen Sveen Suuroinen f 1837-02-06, d 1926-06-12, g med Gurine Gundersdatter Sveen f 1840-12-16, d 1923-12-18

2.3.5. Kari Olsdatter Suuroinen f 1729 i Kynberget, Elverum, g med Daniel Karlsson Törberget, Törberget, Trysil.
Deras barn:
2.3.5.1. Ola Danielsen Flisberget Bakken f 1751 i Flisberget, Elverum, d 1813-07-28 i Törberget, Bakken söndre, Trysil, g 1775-06-26 med Anne Henriksdatter Kuosmainen f 1756 i Törberget nordre, Trysil, d 1831-03-30 i Törberget, Bakken söndre, Trysil, dotter

till Henrik Andersen Kuosmainen och Lisbet Olsdatter. Ola var av finsk släkt från Risberget. Det var han som byggde Bakken.

Deras barn:

2.3.5.1.1. Kari Olsdatter Bakken f 1775 i Törberget, Bakken söndre, Trysil, g med skidlöparsoldaten och skomakaren Ole Pedersen Tossavainen f 1770-08-22 i Söre Osen, Röbuknappen, Trysil, son till Per Andersen Tossavainen och Siri Larsdatter.

Deras barn:

2.3.5.1.1.1. Siri Olsdatter Tossavainen f 1797

2.3.5.1.1.2. Per Olsen Tossavainen f 1799

2.3.5.1.2. Olea Olsdatter Bakken f 1790 i Törberget, Bakken söndre, Trysil, d 1884-04-30, g 1817 med Per Olsen Kaikkalainen f 1781 i Törberget söndre, Larsgarden, Trysil, d 1839-02-11 i Törberget, Bakken söndre, Trysil, son till Ole Larsen Kaikkalainen och Kristine Olsdatter Kuosmainen.

Deras barn:

2.3.5.1.2.1. Olia Persdatter Kaikkalainen f 1817-07-15

2.3.5.1.2.2. Ola Persen Kaikkalainen f 1818, d 1907

2.3.5.1.2.3. Anders Persen Bakken Kaikkalainen f 1820, d 1899

2.3.5.1.2.4. Kristian Persen Bakken Kaikkalainen f 1823-04-10, d 1852-01-11

2.3.5.1.2.5. Peder Persen Kaikkalainen f 1825, d 1905

2.3.5.1.2.6. Olea Persdatter Kaikkalainen f 1827, d 1896

2.3.5.1.2.7. Lars Persen Bakken Kaikkalainen f 1829, d 1900

2.3.5.1.2.8. Kersti Persdatter Kaikkalainen f 1834, d 1920

2.3.5.1.2.9. Oluf Persen Kaikkalainen f 1838, d 1917

2.3.5.1.3. Anne Olsdatter Bakken f 1794-05-25 i Törberget, Bakken söndre, Trysil.

2.3.6. Samuel Olsen Suuroinen f 1732 och d 1764-01-15 i Kynberget, Elverum, "bor hemma 1762 men är från förståndet"

2.4. Lisbet Pålsdotter Hakkarainen f 1698-04-29 i N Finnskoga, d 1766-12-16 i Aspberget, N Finnskoga, g med Pål Danielsson Siekkinen f 1690 och d 1751-02-05 i Aspberget, N Finnskoga, son till Daniel Sigfridsson Siekkinen och Marit Henriksdotter Himainen.

Deras barn:

2.4.1. Daniel Pålsson Siekkinen f 1722-03-14 i Aspberget, N Finnskoga, d 1806, g med Kerstin Matsdotter Muhoinen f 1736 och d 1810-01-01 i Aspberget, N Finnskoga, dotter till Mats Matsson Muhoinen och Kerstin Henriksdotter Kuosmainen.

Deras barn:

2.4.1.1. Lisbet Danielsdotter Siekkinen f 1761 i Aspberget, N Finnskoga

2.4.1.2. Sara Danielsdotter Siekkinen f 1763, d 1840

2.4.1.3. Karin Danielsdotter Siekkinen f 1767

2.4.1.4. Pål Danielsson Siekkinen f 1773, d 1826

2.4.2. Pål Pålsson Siekkinen f 1723-09-28 i Aspberget, N Finnskoga
2.4.3. Ingeborg Pålsdotter Siekkinen f 1728, d 1809
2.4.4. Britta Pålsdotter Siekkinen f 1729 i Aspberget, N Finnskoga
2.4.5. Erik Pålsson Siekkinen f 1734, d 1792
2.4.6. Mats Pålsson Siekkinen f 1738-02-13 i Aspberget, N Finnskoga
2.4.7. Sara Pålsdotter Siekkinen f 1740-06-25 i Aspberget, N Finnskoga

3. Annika Larsdotter f 1670, g med Mattis Andersen Törberget,

4. Berte Larsdotter f 1672.

Kuosmainen i Törberget 1670

Släkten Kuosmainen kom till Sverige från Mälkölä i Mikkeli. Olof Olofsson Kuosmainen kom troligtvis till Sverige i slutet av 1500-talet. Den 14 november 1618 fick han kungligt tillstånd att bosätta sig vi Hofveberget mellan Orsa finnmark och Hälsingland. År 1636 flyttade han till Sefaståsen närmare Orebygden. Enligt kvarntullängden 1638 bestod hans familj av 4 personer över 14 år gamla. År 1654 var sista året Olof fanns med i längderna, han hade då minst tre söner och två döttrar. Olof dog 1655, begravd 1655-10-14.

Sonen Mats övertog hemmanet efter faderns död. De båda andra sönerna Steffen och Anders lämnade hemmet och sökte sig till norra Värmlands och Hedmarks finnskogar. Steffen kom till Lövhaugen i Grue finnskog omkring 1647, för att 1683 flytta till Kirkesjöen och arbeta som uppsyningsman för länsman Arne Grinder.

Anders Olsen Kuosmainen kom till Röjden i S Finnskoga, där han 1658 köpte ¼ mtl av hemmanet Röjden av Lars Rastoinen. Han utförde här röjningsarbete och hann betala skatt innan han år 1667 sålde hemmanet till Anders Andersson Hämäläinen på grund av svårigheter med en granne.

Anders flyttade år 1667 med sin familj till svärfadern Pål Henriksson Raatikainen i Rotberget, Hof. Anders var redan tidigare gift med Påls dotter Marte Pålsdatter Raatikainen, och deras första barn Marte var född i Rotberget år 1658.

Under tiden de bodde i Rotberget företog Anders rekognoceringar för en egen nedsättning, och omkring år 1670 slog han sig ner i Törberget i Trysil tillsammans med en annan finne benämnd Oluf Skomakare. Vart denne sedan tog vägen är okänt. Anders var, i likhet med många andra skogsfinnar flera gånger instämd till tinget och i vissa fall dömd för olovligt svedjande och för olovlig älgjakt.

Finnarna i Törberget och Galåsen blev trakasserade av ortsbefolkningen och var även dömda till avhysning. 1673 kom fogden till Galåsen och förstörde gårdarna och förde bort de flesta av nötkreaturen därifrån. Törbergsfinnen Kuosmainen hade varit förutseende att driva sin boskap till Aspberget i N Finnskoga så att de norska myndigheterna inte kunde ta dem.

Anders blev 1682 tillsammans med Anders Mortensen Liitiäinen "Anders Liten" från Gravberget anklagad för stöld av pengar från Anders Litens farbror Bertil Jakobsson Liitiäinen från Medskogsheden, Ockelbo, vilken vistades hos Anders Olsen Kuosmainen en tid men blev sjuk och dog i Törberget 1682. Anders försvarade sig med att pengarna behövdes för nödiga omkostnader för Bertils sjukdomstid, begravning, transport till kyrkan i Trysil, mat och öl med mera, och att Bertil hade medgivit detta. Fallet lades ner.

Det var ju ofredstider på 1670-talet och både Anders Olsen och Anders Liten var anlitade som kunskapsmän (spejare) i gränstrakterna mot Sverige. Det berättas om att de gjort sabotage och skadegörelse i Sverige. Av finnemantallet 1686 framgår att Anders Olsen Kuosmainen gjort en bra insats som kunskapsman under kriget (Gyldenlövefejden) och att hela familjen uppfört sig väl och gått till kyrkan. Han hade också gett fogden ett björnskinn för "hyresavtalet". Han hade nu utsäde 4 tunnor råg, han ägde 5 hästar samt 20 stora och 20 små kreatur.

Trakasserierna mot finnarna var inte över. Under 1699 blev Anders Olsen med söner och husfinnar anklagade för att ha förstört skogen i Åmot och för att ha skjutit 17 älgar. De hävdade att de hade skjutit älgarna på uppdrag av överste Brochenhus, och fallet lades ner.

Olof Olofsson Kuosmainen f i Voulinko, Vesulahti, Mikkeli, d 1655 (begravd 1655-10-14) i Sefaståsen, Ore.
Olof kom till Sverige troligen under slutet av 1500 talet.
Den 14 Nov 1618 fick Olof kungligt tillstånd att bosätta sig vid "Hofveberget" mellan Orsa Finnmark och Hälsingland. År 1636 flyttade han till Sefaståsen (närmare Orebygden). Enligt kvarntullängden 1638 bestod hans familj av 4 personer över 14 år gamla. År 1654 var sista året som Olof fanns med i längderna, han hade då minst tre söner och två döttrar.

Sonen Mats övertog hemmanet 1656 efter faderns död. De båda andra sönerna Steffen och Anders lämnade hemmet och sökte sig till norra Värmlands och Hedmarks finnskogar. Anders kom till Röjden, sedan via Rotberget i Hof 1667 till Törberget ca 1670. Steffen kom till Lövhaugen i Grue finnskog omkring 1647, för att 1683 flytta till Kirkesjöen och arbeta som uppsyningsman för länsman Arne Grinder.

Barn utan känd moder:
1. Mats Olsson Kuosmainen, d 1665-10-08, bosatt i Sefaståsen, Ore,
Barn:
1.1. Lissel Mats Matsson Kuosmainen f 1628 i Sefaståsen, Ore, g 1656-06-15 med Karin Eriksdotter, d 1695.
Deras barn:
1.1.1. Lissel Mats Matsson Kuosmainen f 1665, d 1720, g med Anna Mickelsdotter f 1666, d 1742.
Deras barn:
1.1.1.1. Lissel Erik Matsson Kuosmainen f 1706, d 1741, g med Brita Andersdotter f 1711, d 1791
Deras barn:
1.1.1.1.1. Bilk Erik Eriksson Kuosmainen f 1734-11-19, g med Margareta Hansdotter f 1729, d 1788

2. Steffen Olsen Kuosmainen, f ca 1626, upptog Kirkesjön, Grue 1683, g med Agneta Henriksdotter, f ca 1636 i Orsa.
Barn:
2.1. Per Steffensen Kuosmainen, f ca 1666 i Rotberget, Hof
2.2. Lisbet Steffensdatter Kuosmainen, f ca 1671
2.3. Olof Staffansson Kuosmainen, f ca 1677 i Lövhöjden, Grue. Bosatt i Gräsberget, nämnd i Fryksände dombok 1735-36
2.4. Margareta Steffensdatter Kuosmainen, f ca 1680.

3. Anders Olsen Kuosmainen f 1627 i Sefaståsen, Ore, d ca 1702 i Törberget nordre, Oppå bakken, Törberget, Trysil, g med **Marte Pålsdatter Raatikainen** f 1638 i Nya Kopparberget, Ljusnarsberg, d 1675 i Törberget, Trysil. Föräldrar Pål Henriksson Raatikainen och Gertrud Matiesdotter.
De fick barnen:
3.1. Marte Andersdatter Kuosmainen f 1658 i Rotberget, Hof, d 1696, g 1679 med **Anders Andersen Ronkainen** f 1656 i "Österdalarna Sverige", Orsa, d före 1712. De var bosatta i Törberget, Mattisgarden, Trysil.
Deras barn, alla födda i Mattisgarden, var:
3.1.1. Kari Andersdatter Ronkainen, f 1680
3.1.2. Marte Andersdatter Ronkainen, f 1681
3.1.3. Annichen Andersdatter Ronkainen, f 1683
3.1.4. Elsbet Andersdatter Ronkainen, f 1685
3.1.5. Mattis Andersen Ronkainen, f 1690, d 1760-04-29, gift i Gravberget 1716 med Brita Sigfridsdotter Liitiäinen, f i Lenhöjden 1700-05- , d 1756, flyttat vidare till Järna, 2 söner och 3 döttrar, 1 son och 1 dotter levde 1756.

3.2. Ole Andersen Kuosmainen f 1661 i Röjden, S Finnskoga, d efter 1712., gift med Kersti (Kirsten) Henriksdatter Himainen f 1663 i Gravberget, Våler. Bosatta i Törberget söndre, Larsgarden, Trysil.
Deras barn var:
3.2.1. Ole Olsen Kuosmainen f 1683 i Larsgarden, g med Malin Bengtsdotter Hakkarainen, bosatta i Aspberget, N Finnskoga
Barn:
3.2.1.1. Olof Olofsson Kuosmainen f 1710 i Aspberget, N Finnskoga, g med Karin Larsdotter Hakkarainen f 1711 i Aspberget, Larsgården, N Finnskoga, dotter till Lars Larsson Hakkarainen och Annika Pålsdotter Hakkarainen.
Deras barn:
3.2.1.1.1. Karin Olofsdotter Kuosmainen f 1748-09-06 i Uggelheden, N Finnskoga

3.2.2. Henrik Olsen Kuosmainen f 1685 i i Törberget söndre, Larsgarden, Trysil, d 1743-01-13 i Aspberget, N Finnskoga, g1 med Ablona Larsdotter Hakkarainen f 1690 i N Finnskoga, d 1718-03-24, dotter till Lars Josefsson Hakkarainen och Annika Eliasdotter Karjalainen, g2 1719-05-18 med Guli Jönsdotter f 1691 i Båtstad, N Finnskoga, d 1774-12-07, dotter till Jöns Persson och Gertrud Eriksdotter Kääriäinen.

Barn i första giftet:

3.2.2.1. Kerstin Henriksdotter Kuosmainen f 1710, d 1758-07-24, g 1728-08-07 med Mats Matsson Muhoinen f 1698 i Aspberget, N Finnskoga, d 1728-08-07, son till Mats Matsson Muhoinen och Karin Eriksdotter Himainen.

Deras barn:

3.2.2.1.1. Henrik Matsson Muhoinen f 1728, d 1796-01-13, g med Lisbet Pålsdotter Siekkinen

Deras barn:

3.2.2.1.1.1. Gertrud Henriksdotter Muhoinen f 1750 i Aspberget, N Finnskoga

3.2.2.1.1.2. Karin Henriksdotter Muhoinen f 1751-04-14 i Aspberget, N Finnskoga, d 1830-02-06 i Rådelsbråten, N Finnskoga, g med Erik Henriksen Liitiäinen f 1750, d 1837 i Rådelsbråten, N Finnskoga, son till Henrik Mortensen Liitiäinen och Ingeborg Henriksdatter Liitiäinen.

3.2.2.1.1.3. Erik Henriksson Muhoinen f 1753 i Aspberget, N Finnskoga, d 1827-08-08, g 1779-10-10 med Kerstin Matsdotter f 1753 i Juberget, N Finnskoga, d 1846-06-14 i Aspberget, Aven, N Finnskoga, dotter till Mats Karlsson och Marit Jonsdotter.

3.2.2.1.1.4. Lisbet Henriksdotter Muhoinen f 1757 i Aspberget, N Finnskoga, död tidigt

3.2.2.1.1.5. Henrik Henriksson Muhoinen f 1758 i Aspberget, N Finnskoga, g med Karin Jönsdotter Siekkinen f 1759 i Norge.

3.2.2.1.1.6. Marit Henriksdotter Muhoinen f 1759 i Aspberget, N Finnskoga, d efter 1813, g med Klemet Klemetsson Muhoinen f 1748-10-28 i Aspberget, N Finnskoga, d 1813-09-23 i Uggelheden, N Finnskoga, son till Klemet Klemetsson Muhoinen och Marit Henriksdotter Kuosmainen.

3.2.2.1.1.7. Lena Henriksdotter Muhoinen f 1761 i Aspberget, N Finnskoga

3.2.2.1.1.8. Mats Henriksson Muhoinen f 1764 i Aspberget, N Finnskoga

3.2.2.1.1.9. Daniel Henriksson Muhoinen f 1767 i Aspberget, N Finnskoga

3.2.2.1.2. Kerstin Matsdotter Muhoinen f 1730 i Aspberget, N Finnskoga

3.2.2.1.3. Karin Matsdotter Muhoinen f 1732-04-26 i Aspberget, N Finnskoga

3.2.2.1.4. Kerstin Matsdotter Muhoinen f 1736 i Aspberget, N Finnskoga, d 1810-01-01, g med Daniel Pålsson Siekkinen f 1722-03-14 i Aspberget, N Finnskoga, d 1806, son till Pål Danielsson Siekkinen och Lisbet Pålsdotter Hakkarainen.

Deras barn:

3.2.2.1.4.1. Lisbet Danielsdotter Siekkinen f 1761 i Aspberget, N Finnskoga

3.2.2.1.4.2. Sara Danielsdotter Siekkinen f 1763 i Aspberget, N Finnskoga, d 1840, barn i tre förhållanden/giftermål.

3.2.2.1.4.3. Karin Danielsdotter Siekkinen f 1767 i Aspberget, N Finnskoga, g 1793-10-10 med Ole Arnesen f 1768-10-14 i Torkilsbye (Gisti), Våler, d 1834, son till Arne Knudsen och Berte Olsdatter.

Bodde i Furuberget ett 10-tal år innan han kom till Skräddartorpet i Bastuknappen, N Finnskoga. Ökänd jägare och skidåkare.

3.2.2.1.4.4. Pål Danielsson Siekkinen f 1773 och d 1826-03-19 i Aspberget, N Finnskoga, g med Karin Eriksdotter f 1777 i Långflon, N Finnskoga, bosatta i Aspberget, Danjäl, N Finnskoga, dotter till Erik Persson och Gertrud Matsdotter Muhoinen.

3.2.2.1.5. Erik Matsson Muhoinen f 1748-02-10 i Aspberget, N Finnskoga
3.2.2.1.6. Gertrud Matsdotter Muhoinen f 1750 i Aspberget, N Finnskoga, d 1806-02-05, g 1774-01-08 med Erik Persson f 1746 i Bergslagen, d 1831-02-08 i Höljes, N Finnskoga.
Deras barn:
3.2.2.1.6.1. Karin Eriksdotter f 1777 i Långflon, N Finnskoga, g med Pål Danielsson Siekkinen f 1773 och d 1826-03-19 i Aspberget, N Finnskoga, son till Daniel Pålsson Siekkinen och Kerstin Matsdotter Muhoinen.
3.2.2.1.6.2. Per Eriksson f 1779 i Långflon, N Finnskoga, g med Maria Matsdotter Hakkarainen f 1772 i Långflon, N Finnskoga, d 1852, dotter till Mats Josefsson Hakkarainen och Karin Olofsdotter.
3.2.2.1.6.3. Mats Eriksson f 1784-07-04 i Långflon, N Finnskoga, g med Marit Persdotter Muhoinen f 1801 i Aspberget, N Finnskoga, d 1868 i N Finnskoga, dotter till Per Klemetsson Muhoinen och Ingeborg Ingvaldsdotter.
3.2.2.1.6.4. Kerstin Eriksdotter f 1787-10-15 i Långflon, N Finnskoga, d 1861, g med Per Pettersson f 1787 i Dalby, d 1850, son till Petter Persson och Maria Persdotter.

3.2.2.2. Annika Henriksdotter Kuosmainen f 1715, d ca 1760, g1 med Erik Matsson, g2 1755-10-28 i Dalby med Hans Hansson d ca 1760
Barn i första giftet:
3.2.2.2.1. Karin Eriksdotter f 1735, g med Bengt Henriksson Hakkarainen f 1738-04-20 i Aspberget, N Finnskoga.
Deras barn:
3.2.2.2.1.1. Bengt Bengtsson Hakkarainen f 1764 i Aspberget, N Finnskoga
3.2.2.2.1.2. Anna Bengtsdotter Hakkarainen f 1767 i Aspberget, N Finnskoga
3.2.2.2.1.3. Britta Bengtsdotter Hakkarainen f 1770, g med Bengt Bengtsson f 1762, son till Bengt Bengtsson och Ingeborg Jönsdotter. Bosatta i Gunneby, Dalby.
3.2.2.2.1.4. Maria Bengtsdotter Hakkarainen f 1774 i Aspberget, N Finnskoga ????????

3.2.2.2.2. Olof Hansson f 1748 i Aspberget, N Finnskoga
3.2.2.2.3. Henrik Hansson f 1755 i Aspberget, N Finnskoga

3.2.2.3. Ingeborg Henriksdotter Kuosmainen f 1718 och d 1795-02-26 i Aspberget, N Finnskoga, g med Mats Klemetsson Muhoinen f 1716-05-24 i Aspberget, N Finnskoga, son till Klemet Matsson Muhoinen och Margareta Matsdotter Tenhuinen.
Deras barn:
3.2.2.3.1. Klemet Matsson Muhoinen f 1744, d 1794-12-26 i Aspberget, N Finnskoga, g med Karin Eriksdotter f 1746 och d 1827-04-26 i Aspberget, N Finnskoga, dotter till Erik Larsson och Gertrud Mickelsdotter Muhoinen.
Deras barn:

3.2.2.3.1.1. Mats Klemetsson Muhoinen f 1776 i Uggelheden, N Finnskoga, g med Lisa Eriksdatter Siekkinen f 1790-09-28 i Långflon, N Finnskoga, d 1852-12-06, dotter till Erik Danielsson Siekkinen och Karin Andersdotter Tossavainen.

3.2.2.3.1.2. Karin Klemetsdotter Muhoinen f 1778, g med Elias Eliasson Muhoinen f 1775 i Aspberget, N Finnskoga, son till Elias Persson Muhoinen och Elsa Henriksdotter Vauhkoinen.

3.2.2.3.1.3. Erik Klemetsson Muhoinen f 1781-10-30 i Aspberget, N Finnskoga

3.2.2.3.1.4. Henrik Klemetsson Muhoinen f 1784-02-02 i Aspberget, N Finnskoga, d 1867-08-31 i Gunneby, Dalby, g med Anna Andersdotter Nikkarainen f 1800 i Hole, Dalby, dotter till Anders Eriksson Nikkarainen och Kerstin Persdotter.

3.2.2.3.1.5. Marit Klemetsdotter Muhoinen f 1790-12-04 i Aspberget, N Finnskoga, g med Andreas Olofsson f 1794-08-19 i Aspberget, N Finnskoga, d 1841-03-10 i Bastuknappen, N Finnskoga, son till Ole Arnesen och Karin Danielsdotter Siekkinen.

3.2.2.3.1.6. Gertrud Klemetsdotter Muhoinen f 1790-12-04 i Aspberget, N Finnskoga, g med Olof Olofsson (Knappman) f 1808 i Aspberget, N Finnskoga, son till Ole Arnesen och Karin Danielsdotter Siekkinen.

3.2.2.3.2. Henrik Matsson Muhoinen f 1747-05-17 i Aspberget, N Finnskoga

3.2.2.3.3. Karin Matsdotter Muhoinen f 1750-10-18 i Aspberget, N Finnskoga, d 1832-05-07 i Andersstubben, N Finnskoga, g 1778-04-04 med Erik Matsson Tenhuinen f ca 1754 i Järpliden, N Finnskoga, d 1793-02-13 i Uggelheden, Berget, N Finnskoga.

Barn med okänd:

3.2.2.3.3.1. Kristian Eriksson f 1772 i Uggelheden, N Finnskoga, utflyttad till Norge 1817.

Barn i giftet:

3.2.2.3.3.2. Mats Eriksson Tenhuinen f 1776 i Järpliden, N Finnskoga, d 1777 i Uggelheden, Berget, N Finnskoga

3.2.2.3.3.3. Olof Eriksson Tenhuinen f ca 1779 i Uggelheden, N Finnskoga, nybyggare på Andersstubben, Uggelheden, N Finnskoga 1816, g 1805-06-09 med Valborg Tomasdotter Havuinen f 1780 i Liden, N Finnskoga, d 1964-03-25 i Höljes, N Finnskoga.

3.2.2.3.3.4. Henrik Eriksson Tenhuinen f 1782-03-28 i Uggelheden, N finnskoga, d 1837 i Andersstubben, Höljes, N Finnskoga, " fått 19 par spö 1831-01-05 för stöld av en mässbägare, kunde inte betala böterna", g1. med Britta Kristoffersdotter Honkainen f 1788-10-09 i Järpliden, S Finnskoga, d 1825-03-21 i Uggelheden, N Finnskoga, dotter till Kristoffer Sigfridsson Honkainen och Anna Pålsdotter Tossavainen. G2. 1827-06-24 med Kerstin Jonsdotter f 1785 i Norge, d 1845-03-30 i Båtstad, N Finnskoga.

3.2.2.3.3.5. Lars Eriksson Nymoen Tenhuinen f 1785-02-15 i Uggelheden, N Finnskoga, d 1848-12-29 i Trysil, g 1814 med Beret Embretsdatter Flermoen f 1775-09-28 i Nordre Törberget, Trysil, d 1856-12-07 i Flermoen Östre, Trysil.

3.2.2.3.3.6. Mats Eriksson Tenhuinen f ca 1787 i Uggelheden, N Finnskoga, till Järpliden, S Finnskoga 1810.

3.2.2.3.3.7. Kristoffer Eriksson Tenhuinen f ca 1792 i Uggelheden, N Finnskoga , d ca 1794.

3.2.2.3.4. Olof Matsson Muhoinen f 1754-03-28 och d 1831-09-28 i Aspberget, N Finnskoga, g 1791-09-25 med Marit Olofsdotter f 1758 i Uggelheden, Sörgården, N Finnskoga, d 1840-02-16 i Aspberget, N Finnskoga, dotter till Olof Bengtsson och Gertrud Henriksdotter Kuosmainen.
Deras barn:
3.2.2.3.4.1. Marit Olofsdotter Muhoinen f 1793-07-24 i Aspberget, N Finnskoga, g med Olof Andersson f 1793 i Norge, d 1871-11-28 i Aspberget, N Finnskoga.
3.2.2.3.4.2. Henrik Olofsson Muhoinen f 1797-09-17 och d 1854-08-10 i Aspberget, N Finnskoga, g 1824-10-09 med Ingeborg Persdotter Muhoinen f 1803-02-20 i Ersberget, N Finnskoga, d 1885-06-28 i Aspberget, N Finnskoga, dotter till Per Klemetsson Muhoinen och Ingeborg Ingvaldsdotter.

3.2.2.3.5. Mats Matsson Muhoinen f 1755, d 1757
3.2.2.3.6. Abelona Matsdotter Muhoinen f 1760

3.2.2.4. Anne Henriksdatter Kuosmainen f 1718, d 1768-06-26, g1. 1739 med Ole Mattisen Tossavainen f 1716 i Skjärberget, Trysil, d 1744-10-19, son till Mattis Olsen Tossavainen och Ingeborg Olsdatter Kuosmainen, g2. 1745 med Per Olsen Himainen f 1713 i Nordgarn, Galåsen, Trysil, son till Ole Andersen Himainen och Maren Persdatter Nikkarainen.
Barn i första giftet:
3.2.2.4.1. Mattis Olsen Tossavainen f 1740 i S Skjärberget, Trysil, d 1819-04-16, g 1765 med Kersti Persdatter f 1743-03-22 i Ö Saetre, d 1829-01-29, dotter till Per Jensen och Kari Hansdatter.
Deras barn:
3.2.2.4.1.1. Ole Mattisen Tossavainen f 1767-01-01 och d 1839-11-15 i S Skjärberget, Sögarn, Trysil, g1. Med Helene Mortensdatter Kuosmainen f 1767-01-04 i V Nyhus, Trysil, d 1801-04-21, dotter till Morten Mortensen Kuosmainen och Marte Danielsdatter Siekkinen, g2 1802-11-15 med Britta Bengtsdotter f 1775 i Uggelheden, N Finnskoga, d 1850, dotter till Bengt Olofsson och Lisbet Nilsdotter Pohjalainen.
3.2.2.4.1.2. Andreas Mattisen Tossavainen f 1776 i Skjärberget, Trysil, d 1811-03-17 i V Nyhus, Trysil, g 1799 med Kersti Mortensdatter Kuosmainen f 1779-03-14 i Ö Nyhus, Trysil, d 1844-06-18 i V Nyhus, Trysil, dotter till Morten Olsen Kuosmainen och Helje (Helene) Andersdatter Kuosmainen.
3.2.2.4.1.3. Marte Mattisdatter Tossavainen f 1787-12-20 i Skjärberget, Sögarn, Trysil, d 1873-11-18 i Uggelheden, Sörgården, N Finnskoga, g 1805-10-13 med Bengt Bengtsson f 1772 i Uggelheden, N Finnskoga, d 1867-05-04 i Uggelheden, Sörgården, N Finnskoga, son till Bengt Olofsson och Lisbet Nilsdotter Pohjalainen.
Deras ättlingar har redovisats under nr 1.2.1.4.1.1.3. i kapitlet "Tossavainen i Risberget 1668" i denna bok.

3.2.2.4.2. Ingeborg Olsdatter Tossavainen f 1741
3.2.2.4.3. Ole Olsen Tossavainen f 1743
3.2.2.4.4. Kari Olsdatter Tossavainen f 1744-12-

Henrik Olsen Kuosmainens barn i hans andra gifte med Guli Jönsdotter:
3.2.2.5. Marit Henriksdotter Kuosmainen f 1720-01-01 i Aspberget, N Finnskoga, d 1804-02-03 i N Finnskoga, g 1736-04-18 med Klemet Klemetsson Muhoinen f 1709 i Aspberget, N Finnskoga, d 1792-04-20, son till Klemet Matsson Muhoinen och Margareta Matsdotter Tenhuinen.
Deras barn, alla födda i Aspberget, N Finnskoga:
3.2.2.5.1. Klemet Klemetsson Muhoinen f 1738-04-17, d 1738-06
3.2.2.5.2. Karin Klemetsdotter Muhoinen f 1739-10-16 i Aspberget, N Finnskoga, levde men var sjuklig enl hfl 1777-83.
3.2.2.5.3. Henrik Klemetsson Muhoinen f 1744
3.2.2.5.4. Olof Klemetsson Muhoinen f 1746 i Aspberget, N Finnskoga, d 1823, g med Karin Larsdotter Hakkarainen f 1743-07-27 i Aspberget, N Finnskoga, d 1824, dotter till Lars Larsson Hakkarainen och Britta Klemetsdotter Muhoinen.
Deras barn:
3.2.2.5.4.1. Marit Olofsdotter Muhoinen f 1772 i Aspberget, N Finnskoga, g med Ola Mattisen Suuroinen f 1769 (dop 1769-06-11), d 1851-05-09, bosatta i Flisberget, Elverum, son till Mattis Olsen Suuroinen och Marte Persdatter Liitiäinen.
3.2.2.5.4.2. Mats Olofsson Muhoinen f 1773 i Aspberget, N Finnskoga
3.2.2.5.4.3. Olof Olofsson Muhoinen f 1775, d 1775
3.2.2.5.4.4. Olof Olofsson Muhoinen f 1780-02-04 i Aspberget, N Finnskoga, d 1863-01-10, g med Anna Eliasdotter Muhoinen f 1777 i Aspberget, N Finnskoga, d 1848, dotter till Elias Persson Muhoinen och Elsa Henriksdotter Vauhkoinen.

3.2.2.5.5. Klemet Klemetsson Muhoinen f 1748-10-28 i Aspberget, N Finnskoga, d 1813-09-23 i Uggelheden, N Finnskoga, g med Marit Henriksdotter Muhoinen f 1759 i Aspberget, N Finnskoga, d efter 1813, dotter till Henrik Matsson Muhoinen och Lisbet Pålsdotter Siekkinen.
Deras barn:
3.2.2.5.5.1. Marit Klemetsdotter Muhoinen f 1789-02-11 i Aspberget, N Finnskoga, d 1800-06-13
3.2.2.5.5.2. Lisa Klemetsdotter Muhoinen f 1792 och d 1795-04-13 i Uggelheden, N Finnskoga
3.2.2.5.5.3. Klemet Klemetsson Muhoinen f 1795 i Uggelheden, N Finnskoga, d 1795-10-19
3.2.2.5.5.4. Helena Klemetsdotter Muhoinen f 1798 i Uggelheden, N Finnskoga
3.2.2.5.5.5. Karin Klemetsdotter Muhoinen f 1800 i Uggelheden, N Finnskoga

3.2.2.5.6. Guli Klemetsdotter Muhoinen f 1751, d 1760
3.2.2.5.7. Mats Klemetsson Muhoinen f 1755-12-22 i Aspberget, N Finnskoga, d 1831, g med Gertrud Persdotter Muhoinen f 1756 i Aspberget, N Finnskoga, d ca 1836, dotter till Per Eliasson Muhoinen och Britta Matsdotter Kymöinen.
Deras barn:
3.2.2.5.7.1. Anna Matsdotter Muhoinen f 1782-03-01 i Aspberget, N Finnskoga, g med Olof Larsson f 1769 och d 1817 i Höljes, N Finnskoga, son till Britta Mickelsdotter.

3.2.2.5.7.2. Karin Matsdotter Muhoinen f 1785-01-24 i Aspberget, N Finnskoga, g1 med Sigfrid Kristoffersson Honkainen f 1792 i Järpliden, S Finnskoga, son till Kristoffer Sigfridsson Honkainen och Anna Pålsdotter Tossavainen. G2 med Mats Andersson f i Aspberget, N Finnskoga.

3.2.2.5.7.3. Gertrud Matsdotter Muhoinen f 1791 och d 1871-02-24 i Aspberget, N Finnskoga, g med Erik Josefsson Hakkarainen f 1783-01-04 i Aspberget, N Finnskoga, d 1880, son till Josef Josefsson Hakkarainen och Marit Larsdotter Hakkarainen.

3.2.2.5.7.4. Per Matsson Muhoinen f 1795 och d 1869-08-02 i Storberget, N Finnskoga, g med Märta Persdotter f 1804 i Norge.

3.2.2.5.7.5. Lisbet Matsdotter Muhoinen f 1800 i Aspberget, N Finnskoga, g med Amund Eriksson f 1793 i Norge.

3.2.2.5.8. Per Klemetsson Muhoinen f 1760 i Aspberget, N Finnskoga, g med Ingeborg Ingvaldsdotter f 1767 i Norge, d 1838-10-16 i Aspberget, dotter till Ingvald Pedersen och Karin Mikaelsdotter Himainen.
Deras barn:
3.2.2.5.8.1. Karin Persdotter Muhoinen f 1800-01-29 i Aspberget, N Finnskoga, g med Mats Henriksson Muhoinen f 1794 i Aspberget, N Finnskoga, son till Henrik Persson Muhoinen och Sara Danielsdotter Siekkinen.

3.2.2.5.8.2. Marit Persdotter Muhoinen f 1801, d 1868

3.2.2.5.8.3. Ingeborg Persdotter Muhoinen f 1803, d 1885

3.2.2.5.8.4. Per Persson Muhoinen f 1805 och d 1867-04-08 i Aspberget, N finnskoga, g med Karin Jansdotter f 1814-02-03 i Lima (W).

3.2.2.6. Gertrud Henriksdotter Kuosmainen f 1725 i Törberget, Trysil (ev f i Aspberget), d 1786-05-05 i Uggelheden, Sörgården, N Finnskoga, g 1742-12-05 med Olof Bengtsson f 1715 i Höljes, N Finnskoga, d 1795-08-08 i Uggelheden, Sörgården, N Finnskoga, son till Bengt Halvardsson och Karin Olofsdotter.
Barn:
3.2.2.6.1. Bengt Olofsson f 1742 och d 1827-01-06 Uggelheden, Sörgården, N Finnskoga, g 1768-02-02 med Lisbet Nilsdotter Pohjalainen f 1744-03-11 i Järpliden, S Finnskoga, d 1833-01-18 i Uggelheden, Sörgården, N Finnskoga, dotter till Nils Andersson Pohjalainen och Britta Olsdotter Laaininen.
Deras barn:
3.2.2.6.1.1. Gertrud Bengtsdotter f 1769 i Uggelheden, Sörgården, N Finnskoga, d 1842-08-09 i Långflon, Larsgården, N Finnskoga, g 1795-06-11 med Lars Klemetsson Hakkarainen f 1768 i Aspberget, N Finnskoga, d 1843-05-13 i Långflon, Larsgården, N Finnskoga, son till Klemet Larsson Hakkarainen och Helena Persdotter Liitiäinen.

3.2.2.6.1.2. Bengt Bengtsson f 1772 i Uggelheden, N Finnskoga, d 1867-05-04 i Uggelheden, Sörgården, N Finnskoga, g 1805-10-13 med Marte Mattisdatter Tossavainen f 1787-12-20 i Skärberget, Sögarn, Trysil, d 1873-11-18 i Uggelheden, Sörgården, N Finnskoga, dotter till Mattis Olsen Tossavainen och Kersti Persdatter.

3.2.2.6.1.3. Britta Bengtsdotter f 1775 i Uggelheden, N Finnskoga, d 1850, g 1802-11-15 med Ole Mattisen Tossavainen f 1767-01-01 och d 1839-11-15 i S Skjärberget, Sögarn, Trysil, son till Mattis Olsen Tossavainen och Kersti Persdatter.
Deras ättlingar har tidigare redovisats under nr 1.2.1.4.1.1.1. i kapitlet "Tossavainen i Risberget 1668" i denna bok.

3.2.2.6.2. Karin Olofsdotter f 1746 i Uggelheden, Sörgården, N Finnskoga, d 1841-02-10 i Långflon, V Näset, N Finnskoga, g ca 1770 med Mats Josefsson Hakkarainen f 1734 i Aspberget, Larsgården, N Finnskoga, d ca 1790 i Långflon, N Finnskoga, son till Josef Josefsson Hakkarainen och Gertrud Matsdotter Muhoinen.
Barn med okänd fader:
3.2.2.6.2.1. Karin Olofsdotter f 1767 i Höljes, N Finnskoga, dotter till Karin Olofsdotter f 1746 i Uggelheden, g 1792-03-25 med Per Halvardsson Höljman f 1765 i Höljes, N Finnskoga, d ca 1823, son till Halvard Persson Höljman och Marit Henriksdotter Siekkinen. Soldat, antagen 1788 vid Närke-Värmlands regemente.
Karin Olofsdotter f 1746 barn i giftet med Mats Josefsson Hakkarainen f 1734 i Aspberget (från 3.2.2.6.2.):
3.2.2.6.2.2. Anna Matsdotter Hakkarainen f 1769 i Höljes, N Finnskoga, utfl till Norge 1777-83
3.2.2.6.2.3. Bengt Matsson Hakkarainen f 1770 i Långflon, N Finnskoga, g med Märta Andersdotter f 1778 i Norge.
3.2.2.6.2.4. Maria Matsdotter Hakkarainen f 1772 i Långflon, N Finnskoga, d 1852, g med Per Eriksson f 1779 i Långflon, N Finnskoga, son till Erik Persson och Gertrud Matsdotter Muhoinen.
3.2.2.6.2.5. Mats Matsson Hakkarainen f 1775 och d 1828-01-10 i Höljes, N Finnskoga, g1 med Marit Olofsdotter Kukkoinen f 1772, dotter till Olof Håkansson Kukkoinen och Sigrid Halvardsdotter, g 2 1806-07-16 i Dalby med Marit Persdotter f 1777 i Långflon, N Finnskoga.
3.2.2.6.2.6. Henrik Matsson Hakkarainen f 1777 i Långflon, N Finnskoga
3.2.2.6.2.7. Karin Matsdotter Hakkarainen f 1779-11-18 i Långflon , N Finnskoga, g med Anders Håkansson f 1776 i Transtrand, Dalby, d 1850-11-07 i Långflon, N Finnskoga, son till Håkan Jönsson Tran och Kerstin Persdotter.
3.2.2.6.2.8. Gertrud Matsdotter Hakkarainen f 1782-07-18 i Långflon, V Näset, N Finnskoga, d 1847-01-22 i Långflonäset, N Finnskoga, g 1811-10-20 med Daniel Eriksson Siekkinen f 1774 i N Lutnes, Trysil, d 1843-12-12 i Långflonäset, N Finnskoga, son till Erik Danielsson Siekkinen och Karin Andersdotter Tossavainen.
3.2.2.6.2.9. Britta Matsdotter Hakkarainen f 1785-07-31 i Långflon, N Finnskoga, g med Henrik Eriksson Muhoinen f 1786 i Aspberget, N Finnskoga, son till Erik Henriksson Muhoinen och Kerstin Matsdotter.

3.2.2.6.3. Henrik Olofsson f 1748 i Uggelheden, N Finnskoga
3.2.2.6.4. Gertrud Olofsdotter f 1748 i Uggelheden, N Finnskoga
3.2.2.6.5. Britta Olofsdotter f 1751 i Uggelheden, N Finnskoga
3.2.2.6.6. Guli Olofsdotter f 1752-03-25 i Uggelheden, Sörgården, N Finnskoga

3.2.2.6.7. Håkan Olofsson f 1754-09-14 i Uggelheden, Sörgården, N Finnskoga, d 1815-11-24 i Höljes, N Finnskoga, g 1778 med Ingeborg Danielsdotter Siekkinen f 1756 i Höljes, N Finnskoga, dotter till Daniel Henriksson Siekkinen och Sigrid Magnusdotter. Deras barn:

3.2.2.6.7.1. Karin Håkansdotter f 1778 i Uggelheden, N Finnskoga

3.2.2.6.7.2. Daniel Håkansson f 1782 i Uggelheden, N Finnskoga

3.2.2.6.7.3. Sigrid Håkansdotter f 1785-04-27 i Uggelheden, Nordgården, N Finnskoga, d 1867-01-10 i Aspberget, N Finnskoga, g 1811-09-19 med Bengt Andersson Pohjalainen f 1776 och d 1823 i Aspberget, N Finnskoga, son till Anders Nilsson Pohjalainen och Kerstin Jakobsdotter.

3.2.2.6.7.4. Olof Håkansson f 1787 i Uggelheden, N Finnskoga, g med Karin Persdotter f 1771 i Höljes, N Finnskoga, d 1860-10-13 i Båtstad, N Finnskoga

3.2.2.6.7.5. Bengt Håkansson f 1789 i Uggelheden, N Finnskoga, g med Marit Persdotter f 1792-10-10 i Höljes, N Finnskoga, dotter till Per Halvardsson Höljman och Karin Olofsdotter.
Deras ättlingar, se tidigare under 3.2.2.6.2.1.1. Marit Persdotter f 1792-10-10

3.2.2.6.7.6. Halvard Håkansson f 1791-11-16 i Uggelheden, Nordgården, N Finnskoga, d 1839-05-19 i Sysslebäck, Dalby, g med Marit Bengtsdotter f 1796-09-01 i Slättne, Dalby, d 1850-04-03 i Sysslebäck, Dalby, dotter till Bengt Olofsson och Marit Jonsdotter.

3.2.2.6.7.7. Håkan Håkansson f 1794-01-01 i Uggelheden, N Finnskoga, g med Britta Olofsdotter f 1793 och d 1883-06-22 i Båtstad, N Finnskoga, dotter till Olof Olofsson och Ingegerd Persdotter.

3.2.2.6.8. Marit Olofsdotter f 1758 i Uggelheden, Sörgården, N Finnskoga, d 1840-02-16 i Aspberget, N Finnskoga, g1 med Truls Andersson Tutenfeldt f 1751-03-05 i Benteby, Dalby, d 1806-02-09 i Sysslebäck, Dalby, soldat 1790-1805, son till Anders Trulsson Bentfeldt och Gurli Gunnarsdotter, g2 1791-09-25 med Olof Matsson Muhoinen f 1754-03-28 och d 1831-09-28 i Aspberget, N Finnskoga, son till Mats Klemetsson Muhoinen och Ingeborg Henriksdotter Kuosmainen.
Barn i första giftet:

3.2.2.6.8.1. Karin Trulsdotter f 1781-03-05 i Uggelheden, N Finnskoga, g med Mattis Mattisen Ronkainen f 1778-01-01 och d 1833-04-26 i Törberget, Mattisgarden, Trysil, son till Mattis Mattisen Ronkainen och Randi Persdatter.
Barn i andra giftet:

3.2.2.6.8.2. Marit Olofsdotter Muhoinen f 1793-07-24 i Aspberget, N Finnskoga, g med Olof Andersson f 1793 i Norge, d 1871-11-28 i Aspberget, N Finnskoga

3.2.2.6.8.3. Henrik Olofsson Muhoinen f 1797-09-17 och d 1854-08-10 i Aspberget, N Finnskoga, g 1824-10-09 med Ingeborg Persdotter Muhoinen f 1803-05-20 i Ersberget, N Finnskoga, d 1885-06-28 i Aspberget, N Finnskoga, dotter till Per Klemetsson Muhoinen och Ingeborg Ingvaldsdotter.

3.2.2.6.9. Halvard Olofsson f 1761 i Uggelheden, Sörgården, N Finnskoga, g 1789-06-11 med Marte Andersdatter f i Risberget, Våler.

3.2.2.6.10. Olof Olofsson f 1764 i Uggelheden, Sörgården, N Finnskoga.

3.2.2.7. Guli Henriksdotter Kuosmainen f 1727-02-25 i Aspberget, N Finnskoga, d 1808-02-29 i Båtstad, N Finnskoga, g med Olof Klemetsson Muhoinen f ca 1713 i Aspberget, N Finnskoga, d 1773-07-13 i Uggelheden, Nordgården, N Finnskoga, son till Klemet Matsson Muhoinen och Margareta Matsdotter Tenhuinen.
Barn:
3.2.2.7.1. Marit Olofsdotter Muhoinen f 1745 i Uggelheden, N Finnskoga, g 1775-09-30 med Olof Olofsson f 1740 i Järpliden, Juberget, S Finnskoga, bosatta i Uggelheden, Nordgården, N Finnskoga.
Barn med okänd fader:
3.2.2.7.1.1. Olof Arnesson f 1771, borta ur hfl före 1794
Barn i giftet:
3.2.2.7.1.2. Henrik Olofsson f 1778
3.2.2.7.1.3. Britta Olofsdotter f 1780
3.2.2.7.1.4. Olof Olofsson f 1782
3.2.2.7.1.5. Per Olofsson f 1786-06-22 i Uggelheden, N Finnskoga
3.2.2.7.1.6. Jon Olofsson f 1790-03-07 i Uggelheden, N Finnskoga

3.2.2.7.2. Karin Olofsdotter Muhoinen f 1748-10-12 i Uggelheden, N Finnskoga, d 1835-11-15 i Fläskremmen, Dalby, g med Eskil Olofsson Ransfelt f 1748 i Gunneby, Dalby, d 1833-09-07 i Fläskremmen, Dalby, son till Olof Persson Gunnerfält och Ingeborg Eskilsdotter. Eskil var soldat i Gunneby, Dalby. " längd 167 cm, soldat från 19-57 års ålder = 38 tjänsteår"
Barn:
3.2.2.7.2.1. Ingeborg Eskilsdotter f 1770 i Ransby, Dalby, d 1851-08-20 i Letafors, S Finnskoga, g 1793-12-25 med soldaten Per Olofsson Persberg Slättman f 1765 i Råda, Ekshärad, d 1817 i Stommen, Dalby.
3.2.2.7.2.2. Per Eskilsson f 1772 i Ransby, Dalby, d 1839-07-02 i Kärrbackstrand, N Finnskoga, g 1803-12-26 med Britta Olofsdotter f 1760 i Ransby, Dalby.
3.2.2.7.2.3. Julia (Guli) Eskilsdotter Ransfelt f 1774 i Gunneby, Dalby, d 1846-02-01, g 1796-12-24 med soldaten Håkan Larsson Gunnerfelt f 1771 i Gunneby, Dalby, d 1836-12-24, son till Lars Olofsson Ransfeldt och Karin Håkansdotter.
3.2.2.7.2.4. Karin Eskilsdotter f 1778-03-11 i Ransby, Dalby, d 1833-05-02 i Fläskremmen, Dalby, g med Per Larsson f 1784 i N Ny, d 1823 i Stommen, Dalby.
3.2.2.7.2.5. Britta Eskilsdotter f 1780-09-24 i Ransby, Dalby, d 1851-06-09 i Kärrbackstrand, N Finnskoga, g1 1806-04-04 med Per Sonesson f 1780 och d 1811 i Vingäng, Dalby, son till Sone Persson och Maria Nilsdotter, g2 med Erik Eriksson Nikkarainen f 1778-10-19 i Sundhult, Dalby, son till Erik Andersson Slättman Nikkarainen.
3.2.2.7.2.6. Anna Eskilsdotter f 1782 i Ransby, Dalby, d 1788
3.2.2.7.2.7. Olof Eskilsson f 1784-05-18 i Ransby, Dalby, d 1849-11-27 i Uggenäs, Dalby, g 1809-12-26 med Karin Andersdotter f 1775 i Uggenäs, Dalby, d 1854-12-07 i Uggenäs, Dalby

3.2.2.7.2.8. Eskil Eskilsson f 1786-07-22 i Ransby, Dalby, d 1849-06-01 i Stommen, Dalby, g1 med Kerstin Jönsdotter f 1786 i Hole, Dalby, d 1835-05-13 i Stommen, Dalby, dotter till Jöns Halvardsson och Sigrid Eskilsdotter. G2 1839-10-21 med Marit Persdotter f 1790-01-05 i Lillbergsgården, Dalby, d 1848-11-07 i Stommen, Dalby, dotter till Per Pettersson Lillman och Annika Eriksdotter.

3.2.2.7.2.9. Lars Eskilsson f 1788 i Ransby, Dalby, d 1856, g 1812-05-18 med Walborg Janjörgensdotter f 1787 i Norge.

3.2.2.7.3. Olof Olofsson Muhoinen f 1751 i Uggelheden, N Finnskoga, d före 1757

3.2.2.7.4. Britta Olofsdotter Muhoinen f 1754-11-27 i Uggelheden, N Finnskoga

3.2.2.7.5. Gertrud Olofsdotter Muhoinen f 1756 i Uggelheden, N Finnskoga, d 1840-10-20 i Båtstad, N Finnskoga, g med Lars Jonsson f 1760 i Höljes, N Finnskoga, son till Jon Larssson och Britta Henriksdotter Siekkinen.

3.2.2.7.6. Anna Olofsdotter Muhoinen f 1759 i Uggelheden, N Finnskoga

3.2.2.7.7. Guli Olofsdotter Muhoinen f 1762 och d 1762 i Uggelheden, N Finnskoga

3.2.2.7.8. Ingeborg Olofsdotter Muhoinen f 1764 i Uggelheden, N Finnskoga, utflyttad till Aspberget före 1777, senare till Skärberget, Trysil

3.2.2.7.9. Henrik Olofsson Muhoinen f 1767 i Uggelheden, N Finnskoga

3.2.2.7.10. Olof Olofsson Muhoinen f 1769 i Uggelheden, N Finnskoga, g med Maria Matsdotter f 1755 i Aspberget, N Finnskoga, dotter till Mats Amundsson och Marit Matsdotter Siekkinen.

3.2.2.8. Karin Henriksdotter Kuosmainen f 1730-05-29 i Aspberget, N Finnskoga, g 1748-05-21 med Erik Matsson f 1720 i Håberget, Norge.
Barn:

3.2.2.8.1. Mats Eriksson f 1748 i Aspberget, N Finnskoga

3.2.2.8.2. Henrik Eriksson f 1750 i Aspberget, N Finnskoga

3.2.2.8.3. Lisbet Eriksdotter f 1753 i Aspberget, N Finnskoga, d ca 1755

3.2.2.8.4. Jöns Eriksson f 1755 i Aspberget, N Finnskoga

3.2.3. Anders Olsen Kuosmainen f 1686 i Törberget söndre, Larsgarden, Trysil, d 1756-09-26, g med Karin Staffansdotter Siekkinen f ca 1696 i Aspberget, N Finnskoga, d 1774-06-29, dotter till Staffan Sigfridsson Siekkinen och Marit Josefsdotter Hakkarainen. De var bosatta i Otteråsen nordre, Trysil.
Barn:

3.2.3.1. Kerstin Andersdatter Kuosmainen f 1712, d 1718 i Dalby

3.2.3.2. Marte Andersdatter Kuosmainen f 1715 i Otteråsen, Trysil, d 1789, g1 1735 med Knut Engelbrektsson f ca 1707 i Aspberget, N Finnskoga, d 1751. G2 1754 med Bertel Olsen Törberget i Otteråseen nordre, Trysil.
Barn i första giftet:

3.2.3.2.1. Kari Knutsdatter dop 1737-03-16 i Otteråsen, Trysil, är i Elverum 1762

3.2.3.2.2. Anne Knutsdatter f 1740-07-02 i Otteråsen, Trysil

3.2.3.2.3. Hans Knutsen f 1744 i Otteråsen, Trysil

3.2.3.2.4. Kersti Hansdatter f 1745 i Otteråsen, Trysil, är i Våler 1790, g med Jens Andersen, Våler

3.2.3.2.5. Ingri Knutsdatter f 1746 i Otteråsen, Trysil

3.2.3.2.6. Marte Hansdatter f 1748 i Otteråsen, Trysil

3.2.3.2.7. Anders Knutsen f 1750 i Otteråsen, Trysil

Barn i andra giftet:

3.2.3.2.8. Maria Bertelsdatter Otteråsen f 1755, g med Mattis Mattisen Ronkainen f 1754 i Törberget, Mattisgarden, Trysil, d 1801-06-28, son till Mattis Andersson Ronkainen och Kari Olsdatter.

Deras barn:

3.2.3.2.8.1. Marte Mattisdatter Ronkainen dp 1774-03-18 i Törberget, Mattisgarden, Trysil, d 1852, g 1799 med Per Paulsen Nordli dp 1774-03-18, d 1833-06-22, bosatta i Galåsen, Nordli, Trysil.

Deras barn:

3.2.3.2.8.1.1. Paul Persen Lutnes f 1799-10-03, d 1881, g1 med Maren Johansdatter Rundfloen f 1800-02-16 i Lutnes, Bustad, Trysil, d 1827 i Galåsen, Nordli, Trysil. G2 1827 med Olea Olsdatter Lutnes f 1786 i Lutnes, Trysil, d 1862-10-14, bosatta i Lutnes, Derö, Trysil.

Barn i första giftet:

3.2.3.2.8.1.1.1. Per Paulsen f 1824-01-13 i Lutnes, Dersö, Trysil, d 1894, g 1849 med Gertrud Hovelsdatter Ziner f 1823-07-09 i Galåsen, Nordli, Trysil, d 1893, bosatta i Lutnes, Dersö, Trysil.

3.2.3.3. Ole Andersen Kuosmainen f 1718 i Aspberget, N Finnskoga, d 1783-11-16, g med Kari Andersdatter Otteråsen.

Barn:

3.2.3.3.1. Anders Olsen Kuosmainen f 1749 i Rysjölia, Otteråsen nordre, Trysil, d 1808, g 1774 med Kersti Jonsdatter Vesterhaug f ca 1723 i Elverum, d 1803.

3.2.3.3.2. Kristine Olsdatter Kuosmainen f 1751 i Otteråsen, Trysil, d 1818-09-08 i Törberget, Trysil, g 1774 med Ole Larsen Kaikkalainen f 1752, d 1836-05-25 i Törberget söndre, Larsgarden, Trysil. Ole var son till Lars Olsen Kaikkalainen och Kersti Persdatter Kuosmainen.

Barn:

3.2.3.3.2.1. Kersti Olsdatter Kaikkalainen f 1775 i Törberget söndre, Larsgarden, Trysil, g 1795 med Anders Henriksen Kuosmainen f 1770 i Törberget nordre, Trysil, son till Henrik Andersen Kuosmainen och Gjertrud Hansdatter Skavhaugen.

3.2.3.3.2.2. Lars Olsen Kaikkalainen f 1776-06-23 i Törberget söndre, Larsgarden, Trysil, d 1853-04-25.

3.2.3.3.2.3. Kari Olsdatter Kaikkalainen f 1778-03-15, d 1778

3.2.3.3.2.4. Ole Olsen Kaikkalainen f 1779 i Törberget söndre, Larsgarden, Trysil, d 1858-07-04, g 1801 med Berte Olsdatter f 1772-03-19 i Innbygda, Hammersgard, Trysil, d

1852-12-29 i Törberget söndre, Larsgarden, Trysil, dotter till Ola Jensen och Siri Gjermundsdatter.

3.2.3.3.2.5. Per Olsen Kaikkalainen f 1781 i Törberget söndre, Larsgarden, Trysil, d 1839-02-11, g1 med Ingeborg Eriksdatter Westby, g2 1817 med Olea Olsdatter Bakken f 1790 och d 1884-04-30 i Törberget, Bakken söndre, Trysil, dotter till Ola Danielsen Flisberget Bakken och Anne Henriksdatter Kuosmainen.

3.2.3.3.2.6. Kari Olsdatter Kaikkalainen f 1784-06-20 i Törberget söndre, Larsgarden, Trysil, g 1807 med Ole Olsen Lutnes f 1781 i Lutnes, Trysil

3.2.3.3.2.7. Berte Olsdatter Kaikkalainen f 1786-06-04 i Törberget söndre, Larsgarden, Trysil, g 1810 med Anders Eriksen Kuosmainen f 1788-11-09 i Otteråsen söndre, Trysil, son till Erik Andersen Kuosmainen och Kari Mattisdatter Gravberget

3.2.3.3.2.8. Steffen Olsen Kaikkalainen f 1788 i Törberget söndre, Larsgarden, Trysil, d 1852, g 1816 med Marte Persdatter Enberget f 1780-10-02, dotter till Per Mortensen Enberget och Ingeborg Andersdatter Suuroinen. Bosatta i Törberget, Törbergskvernen, Trysil.

3.2.3.3.2.9. Andreas Olsen Kaikkalainen f 1790-08-03, d 1790

3.2.3.3.2.10. Anne Olsdatter Kaikkalainen f 1792-07-09, d 1869

3.2.3.3.2.11. Anders Olsen Kaikkalainen f 1794 i Törberget söndre, Larsgarden, Trysil, d 1884-02-08, g 1820 med Marte Jonsdatter Galaasen f 1797-08-17, d 1866-10-18, dotter till John Jonsen Galaasen och Marthe Halvorsdatter. Bosatta i Langtjönnåsen, Andershemmet, Trysil.

3.2.3.3.3. Steffen Olsen Kuosmainen f 1755 i Rysjölia, Otteråsen nordre, Trysil, d 1817, g 1774 med Helena Mattisdatter Gravbergsmoen, dop 1752-02-27 i Gravbergsmoen, Våler, d 1833. Bosatta i Juberget, Åsnes.

Deras barn:

3.2.3.3.3.1. Kari Steffensdatter Kuosmainen f 1776-03-17

3.2.3.3.3.2. Helene Steffensdatter Kuosmainen f 1779-10-03

3.2.3.3.3.3. Ole Steffensen Kuosmainen f 1782-08-11, d 1787

3.2.3.3.3.4. Steffen Steffensen Kuosmainen f 1785-06-05 i Juberget, Åsnes

3.2.3.4. Anders Andersen Kuosmainen f 1720-03-18 i Aspberget, N Finnskoga, d 1785 i Åmot, g 1752 i Dalby med Marit Andersdotter Tenhuinen f 1729-09-21 i Kindsjön, S Finnskoga, dotter till Anders Larsson Tenhuinen och Britta Filipsdotter Neuvoinen. Bosatta i Rysjölia, Trysil.

Barn:

3.2.3.4.1. Anders Andersen Kuosmainen f 1753- 07-04 i Rysjölia, Trysil, g 1779 med Anne Larsdatter Kaikkalainen f 1759 i Törberget söndre, Larsgarden, Trysil, dotter till Lars Olsen Kaikkalainen och Kersti Persdatter Kuosmainen.

Deras barn:

3.2.3.4.1.1. Lars Andersen Kuosmainen f 1788-07-06 i Rysjölia, Trysil, d 1848, g med Olea Hansdatter f 1792 i Osen, Trysil, d 1884.

Deras barn:

3.2.3.4.1.1.1. Berte Larsdatter Kuosmainen f 1819-12-02 i Storsvea, Höljeknollen, Trysil, g 1867 med Johan Larsson Skallbäcken.

3.2.3.5. Ingri Andersdatter Kuosmainen f 1723-02-11 i Aspberget, N Finnskoga, d 1797, g 1748 med Anders Andersen Kuosmainen f 1717 i Otteråsen nordre, Trysil, d 1795-10-04, son till Anders Henriksen Kuosmainen och Kari Eliasdatter Muhoinen. Bosatta i Söre Ose, Ravnkleven, Trysil.
Barn:
3.2.3.5.1. Kari Andersdatter Kuosmainen f 1749-03-19 i Söre Osen, Ravnkleven, Trysil, d 1818, g1 med Mattis Mortensen Ifarneset, g2 med okänd Erik i Sverige.
Barn i första giftet:
3.2.3.5.1.1. Marte Mattisdatter f 1770-09-30
Barn i andra giftet:
3.2.3.5.1.2. Erik Eriksen dop 1775-03-19, g med Gjertrud Pedersdatter f 1776, d 1867

3.2.3.6. Kersti Andersdatter Kuosmainen f 1725 i Ryssjöberget, Trysil, d 1795 i Säterberget, S Finnskoga, g 1752-09-29 med Mats Andersson Tenhuinen f 1725 i Kindsjön, S Finnskoga, d 1796 i Säterberget, S Finnskoga, son till Anders Larsson Tenhuinen och Britta Filipsdotter Neuvoinen.
Barn:
3.2.3.6.1. Karin Matsdotter Tenhuinen f 1754 i Säterberget, S Finnskoga, g med Karl Pålsson Saastainen f 1751, son till Pål Henriksson Saastainen och Annika Pålsdotter Raatikainen.
Deras barn:
3.2.3.6.1.1. Kerstin Karlsdotter Saastainen f 1778-12-14 i Kindsjön, S Finnskoga, g med Filip Andersson Vilhuinen f 1776 i Skråckarberget, S Finnskoga, son till Anders Henriksson Vilhuinen och Marit Filipsdotter Neuvoinen. Bostadsort Skråckarberget, S Finnskoga.
3.2.3.6.1.2. Karin Karlsdotter Saastainen f 1781, bosatt i Nordre Vermundsberget
3.2.3.6.1.3. Pål Karlsson Saastainen f 1789-07-27, g1 med Marit Tomasdotter f 1793-07-23 i Järpliden, S Finnskoga, d 1839-04-03 i Galåsen, S Finnskoga, dotter till Tomas Hansson och Marit Persdotter, g2 med Karin Larsdotter f 1814 i Skallbäcken, S Finnskoga, dotter till Lars Johansson och Karin Olsdotter Kalainen.
3.2.3.6.1.4. Lisa Karlsdotter Saastainen f 1792, g med Erik Eriksson f 1781 i N Ny. Bosatta i Kindsjön, S Finnskoga.

3.2.3.6.2. Kerstin Matsdotter Tenhuinen f 1756, d 1837-05-20 i Skrockarberget, S Finnskoga, g 1780-05-20 med Henrik Henriksson Vilhuinen f 1750 i Skråckarberget, S Finnskoga, d 1801, son till Henrik Henriksson Vilhuinen och Gertrud Eriksdotter Lehmoinen.
Barn:
3.2.3.6.2.1. Henrik Henriksson Vilhuinen f 1780 i Skråckarberget, S Finnskoga

3.2.3.6.2.2. Karl Henriksson Vilhuinen f 1782-06-03 i Skråckarberget, S Finnskoga, g med Gertrud Andersdotter Vilhuinen f 1799-10-29 och d 1863-03-29 i Skråckarberget, S Finnskoga, dotter till Anders Henriksson Vilhuinen och Gertrud Persdotter Lehmoinen.

3.2.3.6.2.3. Erik Henriksson Vilhuinen f 1785-02-10 i Skråckarberget, S Finnskoga, g 1811-11-24 med Anna Henriksdotter Veteläinen f 1794 i Medskogen, S Finnskoga, son till Henrik Danielsson Veteläinen och Britta Persdotter Lehmoinen.

3.2.3.6.2.4. Gertrud Henriksdotter Vilhuinen f 1791 i Skråckarberget, S Finnskoga, d 1831 i Dalby, g med Karl Karlsson Lehmoinen f 1789 i Bograngen, S Finnskoga, d 1842 i Dalby, son till Karl Persson Lehmoinen och Marte Henriksdatter Tossavainen.

3.2.3.6.2.5. Maria Henriksdotter Vilhuinen f 1794 i Skråckarberget, S Finnskoga, d 1877-01-22 i Tutstad, Dalby, g med Olof Olofsson Veteläinen f 1801 i Medskogen, S Finnskoga, son till Olof Danielsson Veteläinen och Marit Persdotter Lehmoinen.

3.2.3.6.3. Annika Matsdotter Tenhuinen f 1758 i Säterberget, S Finnskoga

3.2.3.6.4. Anders Matsson Tenhuinen f ca 1759 i Säterberget, S Finnskoga, d 1811-08-27 i Galåsen, S Finnskoga, g 1794-10-13 i Dalby med Anna Persdotter f ca 1774 i Bograngen, S Finnskoga, dotter till Per Larsson och Kerstin Persdotter.

Barn:

3.2.3.6.4.1. Kerstin Andersdotter Tenhuinen f 1795 i Säterberget, S Finnskoga, d 1870-03-03 i Balkåsen, S Finnskoga, g med Eskil Persson f 1797-09-17 i S Persby, Dalby, d 1863-01-22 i Balkåsen, S Finnskoga, son till Per Olofsson Persberg Slättman och Ingeborg Eskilsdotter.

3.2.3.6.4.2. Brita Andersdotter Tenhuinen f 1795 i Säterberget, S Finnskoga, g med Mats Matsson f 1793 i Bograngen, S Finnskoga.

3.2.3.6.4.3. Lars Andersson Tenhuinen f 1798 i Säterberget, S Finnskoga, g1 med Karin Henriksdotter f 1786 i Mörttjärnsberget, S Finnskoga, dotter till Henrik Persson och Valborg Pålsdotter. G2 med Anna Olofsdotter Utriainen f 1799-09-28 i Dypåsen, S Finnskoga, dotter till Olof Johansson Utriainen och Britta Nilsdotter Neuvoinen.

3.2.3.6.4.4. Lisa Andersdotter Tenhuinen f 1801-02-27 i Galåsen, S Finnskoga, d 1870-05-13 i Lomtorp (Tutstad), Dalby, g 1824-12-26 i Nyed med Erik Andersson Lom f 1789-09-08 i Hälleberg, Sunne, d 1865-09-03 i Lomtorp (Tutstad), Dalby, son till Anders Andersson och Anna Nilsdotter.

3.2.3.6.4.5. Per Andersson Tenhuinen f 1806 i Galåsen, S Finnskoga, g 1832-12-16 med Marit Håkansdotter f 1811 i Tutstad, Dalby, dotter till Håkan Larsson och Kerstin Jonsdotter.

3.2.3.6.4.6. Mats Andersson Tenhuinen f 1811, d 1813

3.2.3.6.4.7. Anna Andersdotter Tenhuinen f 1812, d 1814

3.2.3.6.5. Marit Matsdotter Tenhuinen f 1766 i Kindsjön, S Finnskoga, g med Olof Tomasson.

Deras barn:

3.2.3.6.5.1. Karin Olofsdotter f 1792-03-08 i Kindsjön, S Finnskoga, g1 med Karl Johansson, g2 med Staffan Olofsson f i Skråckarberget, S Finnskoga, g3 med Torsten Olofsson Kanainen f 1788 och d 1854-11-30 i Kindsjön, Lisselberget, S Finnskoga.

3.2.3.6.5.2. Helga Olofsdotter f 1795-06-23 i Kindsjön, S Finnskoga, g med Per Olofsson f 1788-04-06 i Bograngsberget, S Finnskoga, d 1867-10-23 i Koltorp, S Finnskoga, son till Olof Pettersson och Anna Andersdotter.

3.2.3.7. Steffen Andersen Kuosmainen f ca 1727 i Otteråsen nordre, Trysil, d ca 1773, g 1752 med Berte Mattisdatter Haaberget, bosatta i Lövhaugen, Elverum.

3.2.3.8. Per Andersen Kuosmainen f 1731-03-17, d 1732

3.2.3.9. Morten Andersen Kuosmainen f 1733 i Otteråsen nordre, Törberget, Trysil, g1 med Berte Andersdatter Björberget, g2 1758 med Anne Andersdatter Kuosmainen f ca 1722 i Törberget nordre, Andersgarden, Trysil, dotter till Anders Andersen Kuosmainen och Helje Eriksdatter Purainen.

Barn i första giftet:

3.2.3.9.1. Lisbet Mortensdatter Kuosmainen f 1756, d 1758

3.2.4. Morten Olsen Kuosmainen f 1687 i Törberget söndre, Larsgarden, Trysil, d före 1757, g med Marte Staffansdotter Siekkinen f 1683 i Aspberget, N Finnskoga, d 1762-03-29, bosatta i V Nyhus, Varåholla, Trysil. Marte var tidigare gift med Anders Andersen Ronkainen, f 1656 i Orsa ("född i Österdalarna Sverige av finska föräldrar"), d före 1712. Bosatta i Törberget, Mattisgarden, Trysil.

Barn:

3.2.4.1. Marte Mortensdatter Kuosmainen f 1719 i Nyhus vestre, Trysil, d 1801, g 1740 med Anders Olsen Himainen f 1710 i Galaasen nordre, Trysil, d 1756, son till Ole Andersen Himainen och Maren Persdatter Nikkarainen. Bosatta i Galåsen, Nordgarn, Trysil.

Deras barn:

3.2.4.1.1. Maren Andersdatter Himainen f 1743-03-24 i Galåsen, Nordgarn, Trysil, d 1812-11-11, g 1767 med Halvor Hansen Nysäter f 1738 i Galåsen, Nedstugus, Trysil, d 1807-03-26.

Deras barn:

3.2.4.1.1.1. Marthe Halvorsdatter f 1772-09-27, d 1820-02-07, g 1796 med John Jonsen Galaasen f 1775-01-01 i Ö Lunde, Trysil, d 1857-09-29 i Galåsen, Jons, Trysil.

3.2.4.1.2. Morten Andersen Himainen f 1745

3.2.4.1.3. Marte Andersdatter Himainen f 1747-03-19 i Gaalasen nordre, Trysil, d 1819 i Nordvera vestre, g 1777 med Morten Mortensen Kuosmainen f 1751-10-03 i Nyhuus vestre, Trysil, d 1814 i Nordvera vestre, son till Morten Mortensen Kuosmainen och Gertrud Olsdotter Lehmoinen.

Barn:

3.2.4.1.3.1. Gertrud Mortensdatter Kuosmainen f 1776-06-24 i Vestre Nyhus, Trysil, d 1857, g 1796 med Ola Mortensen Kuosmainen f 1769-01-01 i Ö Nyhus, Trysil, börsmäklare, d 1857, son till Morten Olsen Kuosmainen och Helje (Helene) Andersdatter Kuosmainen.

3.2.4.1.4. Ole Andersen Himainen f ca 1752

3.2.4.1.5. Anders Andersen Himainen f ca 1752

3.2.4.1.6. Kersti Andersdatter Himainen f 1756-01-01 i Galåsen nordre, Trysil, d 1838, g med Steffen Olsen Kuosmainen f 1754-03-16 i Nyhus östre, Trysil, d 1831-06-11 i Galåsen nordre, Trysil, son till Ole Mortensen Kuosmainen och Marte Olsdatter Himainen.

Barn:

3.2.4.1.6.1. Marte Steffensdatter Tandåneset Kuosmainen, g med Per Paulsen.

3.2.4.2. Kersti Mortensdatter Kuosmainen f 1720 i V Nyhus, Varåholla, Trysil, d 1802-08-08 i S Galåsen, Trysil, g1 1738 med Pål Pålsen Raatikainen f ca 1709 och d före 1754 i S Galåsen, Trysil, son till Pål Persen Raatikainen och Karin Larsdotter. G2 1755-03-18 med Per Mikkelsen Himainen f 1728 i Skjärberget, Trysil, d 1803-01-30 i Galaasen, Sögarn, Trysil, son till Mikkel Olsen Himainen och Ingeborg Jonsdatter.

Barn i första giftet:

3.2.4.2.1. Marte Paulsdatter Raatikainen f 1741-01-01 i Galåsen söndre, Trysil, g med Ole Eriksen Siekkinen f 1738 i Söre Osen, Östenheden, Trysil, son till Erik Danielsen Siekkinen och Kari Olsdatter Tossavainen.

Deras barn:

3.2.4.2.1.1. Kari Olsdatter Siekkinen f 1764 i Söre Osen, Östenheden, Trysil, d 1813-01-01, g med Gregers Olsen f 1764-03-18 i Lutnes nordre, Trysil, d 1829-02-15.

3.2.4.2.2. Kari Paulsdatter Raatikainen f 1744, d 1820-03-25, g 1762 med Per Persson f 1739, d 1836-11-04 i Ö Sätre, Trysil, son till Per Jensen och Kari Hansdatter.

Barn:

3.2.4.2.2.1. Siri Persdatter Grambo f 1771-01-04 i Östby, Grambolia, Grambo, Trysil, g med Enol Jensen Grönland f 1769-09-22 i Östby, Grönland, Trysil, son till Jens Evensen Grönland och Siri E. Finstad.

3.2.4.2.3. Paul Paulsen Raatikainen f 1747-02-02 i S Galåsen, Trysil, d 1817-01-10, g 1768 med Gertrud Persdatter Tossavainen f ca 1747 i Osen, Röbuknappen, Trysil, d 1810-07-15 i S Galåsen, Trysil, son till Per Andersen Tossavainen och Siri Larsdatter.

Deras barn:

3.2.4.2.3.1. Kersti Paulsdatter Raatikainen f 1769-06-24, d 1854-03-05, g1 1803 med Ola Torgalsen f 1750-09-25, d 1805-10-21 i Ö Sätre, Trysil, son till Torgal Torgalsen Sätre och Ingri Persdatter. G2 1807 med Ole Danielsen Siekkinen f 1785-12-06 i Ö Lutnes, Trysil, d 1838-04-26, son till Daniel Olsen Siekkinen.

3.2.4.2.3.2. Paul Paulsen Raatikainen f ca 1771, d 1824, g med Marte Olsdotter Grönneset, f efter 1824

3.2.4.2.3.3. Kari Paulsdatter Raatikainen f 1793-10-06 i S Galåsen, Sögarn, Trysil, g 1820 med Hovel Hansen Ziener f 1780-11-04 i Kongsberg, d 1860-08-18 i Lutnes, Trysil, son till Hans Simon Torkildsen och Abel Maria Hovelsdatter.

3.2.4.2.4. Morten Paulsen Raatikainen f 1749, d 1818-09-06, g 1781 med Gjertrud Mortensdatter Nyhus f 1755-06-26, d 1835-06-10
3.2.4.2.5. Per Paulsen Raatikainen f 1751
3.2.4.2.6. Ole Paulsen Raatikainen f 1753

Kersti Mortensdatter Kuosmainens barn i andra giftet med Per Mikkelsen Himainen:
3.2.4.2.7. Ingeborg Pettersdatter Himainen f 1758-06-24, d 1797-08-24, g 1781 med Ola Torgalsen f 1750-09-25, d 1805-10-21, son till Torgal Torgalsen Sätre och Ingri Persdatter. Bosatta i Ö Sätre, Trysil.
Barn:
3.2.4.2.7.1. Petter Olsen Grönneset f 1791-05-22 i Plassen, Grönneset, Trysil, d 1871-10-16, g 1816 med Lisa Eriksdatter Siekkinen f 1790-09-28 i Långflon, N Finnskoga, d 1852-12-06, dotter till Erik Danielsson Siekkinen och Karin Andersdotter Tossavainen.

3.2.4.3. Ole Mortensen Kuosmainen f 1723 i Nyhus vestre, Trysil, d 1800-07-27, g 1745 med Marte Olsdatter Himainen f 1722 i Gaalasen nordre, Trysil, d 1805-04-19 i Nyhuus östre, Eriks, Trysil, dotter till Ole Andersen Himainen och Maren Persdatter Nikkarainen.
Deras barn:
3.2.4.3.1. Morten Olsen Kuosmainen f 1746-10-07 i Östre Nyhus, Varåholla, Trysil, d 1807-02-22, g 1767 med Helje (Helene) Andersdatter Kuosmainen f 1745 i Törberget nordre, Andersgarden, Trysil, d 1824-03-21, dotter till Anders Andersen Kuosmainen och Berte Persdatter Kuosmainen.
Deras barn:
3.2.4.3.1.1. Ola Mortensen Kuosmainen f 1769-01-01 i Ö Nyhus, Trysil, d 1857, g 1796 med Gertrud Mortensdatter Kuosmainen f 1776-06-24 i V Nyhus, Trysil, d 1857, dotter till Morten Mortensen Kuosmaiinen och Marte Andersdatter Himainen.
3.2.4.3.1.2. Berte Mortensdatter Kuosmainen f 1771 i Ö Nyhus, Trysil, d 1845, g 1805 med Lars Paulsen f (dop) 1777-01-02 i Galåsen, Sögarn, Trysil, d 1847.
3.2.4.3.1.3. Marte Mortensdatter Kuosmainen f 1774 i Ö Nyhus, Trysil, d 1842-07-12, g med Ola Mattisen Suuroinen f (dop) 1769-06-11, d 1851-05-09 i Flisberget, Elverum, son till Mattis Olsen Suuroinen och Marte Persdatter Liitiäinen.
3.2.4.3.1.4. Kersti Mortensdatter Kuosmainen f 1779-03-14 i Ö Nyhus, Trysil, d 1844-06-18 i V Nyhus, Trysil, g1 1799 med Andreas Mattisen Tossavainen f 1776 i Skjärberget, Trysil, d 1811-03-17 i V Nyhus, Trysil, son till Mattis Olsen Tossavainen och Kersti Persdatter. G2 1812 med Petter Paulsen Galaasen f 1782, d 1864-10-01.
3.2.4.3.1.5. Anders Mortensen Kuosmainen f 1786 i Ö Nyhus, Trysil, d 1814, g med Helena Andersdatter Nyhuus.

3.2.4.3.2. Ingri Olsdatter Kuosmainen f 1750-03-04 i Nyhuus östre, Varåholla, Trysil, d 1805, g 1768 med Anders Andersen Kuosmainen f 1742 i Törberget nordre, Andersgarden, Trysil, d 1794.
Son till Anders Andersen Kuosmainen och Berte Persdatter Kuosmainen.
Barn:

3.2.4.3.2.1. Anders Andersen Kuosmainen f 1770-07-22 i Törberget nordre, Andersgarden, Trysil

3.2.4.3.2.2. Ole Andersen Kuosmainen f 1775 i Törberget nordre, Andersgarden, Trysil, d 1843, g 1801 med Pernille Henriksdatter Otteråsen f 1777, d 1823.

3.2.4.3.2.3. Marte Andersdatter Kuosmainen f (dop) 1778-01-04 i Törberget nordre, Andersgarden, Trysil, d 1848, g 1806 med Per Mortensen Kuosmainen f (dop) 1772-01-01 i Varåholla, Nyhuus vestre, Trysil, son till Morten Mortensen Kuosmainen och Marte Danielsdatter Siekkinen.

3.2.4.3.2.4. Helene Andersdatter Kuosmainen f (dop) 1781-06-03 i Törberget nordre, Andersgarden, Trysil, g med Ole Kristoffersen Klokkerhaugen, Klokkerhaugen, Stange

3.2.4.3.2.5. Inger Andersdatter Kuosmainen f (dop) 1789-03-22, g med Jakob Johannesen Ottermo f 1794, bostadsort Verdalen.

3.2.4.3.2.6. Kersti Andersdatter Kuosmainen f (dop) 1791-08-14 i Törberget nordre, Andersgarden, Trysil, d 1853, g 1814 med Ola Olsen Lutnes (eller Rundfloen) f 1792, d 1867 i Lutnes, Vestaelva, Trysil.

3.2.4.3.3. Steffen Olsen Kuosmainen f 1754-03-16 i Nyhus östre, Trysil, d 1831-06-11, g med Kersti Andersdatter Himainen f 1756-01-01 i Galåsen nordre, Trysil, d 1838, dotter till Anders Olsen Himainen och Marte Mortensdatter Kuosmainen.
Barn:
3.2.4.3.3.1. Marte Steffensdatter Tandåneset Kuosmainen g med Per Paulsen.

3.2.4.3.4. Anders Olsen Kuosmainen f 1757 i Nyhus östre, Eriks, Trysil, g 1807-02-12 med Anna Haldorsdatter Helgås f 1778-06-07, d 1845-03-12.
Barn:
3.2.4.3.4.1. Haldor Andersen Kuosmainen f 1816, d 1902, hemort Veren söndre, Sörmoen.

3.2.4.4. Morten Mortensen Kuosmainen f 1725 i Nyhuus vestre, Trysil, d 1811-08-04, g1 med Gertrud Olsdotter Lehmoinen f 1729 i Skråckarberget, S Finnskoga, d 1753 i Nyhuus vestre, Trysil, g2 1754 med Marte Danielsdatter Siekkinen f 1736, d 1815-06-28 , dotter till Daniel Danielsson Siekkinen och Helje Olsdatter Tossavainen.
Barn i första giftet:
3.2.4.4.1. Morten Mortensen Kuosmainen f 1751-10-03 i Nyhuus vestre, Trysil, d 1814 i Nordvera vestre, g 1777 med Marte Andersdatter Himainen f 1747-03-19 i Galaasen nordre, Trysil, d 1819 i Nordvera vestre, dotter till Anders Olsen Himainen och Marte Mortensdatter Kuosmainen.
Deras barn:
3.2.4.4.1.1. Gertrud Mortensdatter Kuosmainen f 1776-06-24 i Vestre Nyhus, Trysil, d 1857, g 1796 med Ola Mortensen Kuosmainen f 1769-01-01 i Ö Nyhus, Trysil, d 1857, börsmäklare, son

till Morten Olsen Kuosmainen och Helje (Helene) Andersdatter Kuosmainen.

3.2.4.4.2. Marte Mortensdatter Kuosmainen f 1752-03-08 i Nyhus vestre, Trysil, g 1774 med Anders Andersen Holseth i vang.

Barn i andra giftet:
3.2.4.4.3. Gertrud Mortensdatter Kuosmainen f 1758-06-24 i Vestre Nyhus, Trysil, d 1835, g 1781 med Morten Paulsen Galåsen f 1749 i Söndre Galåsen, Trysil, d 1835
3.2.4.4.4. Daniel Mortensen Kuosmainen f 1760-03-06 i V Nyhus, Trysil, g 1792 med Marte Olsdatter f 1765 i Röbuknappen, Trysil, d 1825
3.2.4.4.5. Helene Mortensdatter Kuosmainen f 1767-01-04 i V Nyhus, Trysil, d 1801-04-21, g med Ole Mattisen Tossavainen f 1767-01-01 och d 1839-11-15 i S Skjärberget, Sögarn, Trysil, son till Mattis Olsen Tossavainen och Kersti Persdatter.
3.2.4.4.6. Per Mortensen Kuosmainen f (dop) 1772-01-01 i Varåholla, Nyhus vestre, Trysil, g 1806 med Marte Andersdatter Kuosmainen f (dop) 1778-01-04 i Törberget nordre, Andersgarden, Trysil, d 1848, dotter till Anders Andersen Kuosmainen och Ingri Olsdatter Kuosmainen. Bosatta i Plassen, Mandfloen, Trysil.

3.2.5. Ingeborg Olsdatter Kuosmainen f 1689 Törberget söndre, Larsgarden, Trysil, d 1739-10-05, g med Mattis Olsen Tossavainen f 1688 i Risberget, Våler, d 1735-03-20, soldat, nybyggare 1714 i Skjärberget söndre, Trysil,
Barn:
3.2.5.1. Ole Mattisen Tossavainen f 1716 i Skjärberget, Trysil, d 1744-10-19, g 1739 med Anne Henriksdatter Kuosmainen f 1718, d 1768-06-26, dotter till Henrik Olsen Kuosmainen och Ablona Larsdotter Hakkarainen.
Deras barn:
3.2.5.1.1. Mattis Olsen Tossavainen f 1740 i S Skjärberget, Trysil, d 1819-04-16, g 1765 med Kersti Persdatter f 1743-03-22 i Ö Sätre, d 1829-01-29, dotter till Per Jensen och Kari Hansdatter.
Deras barn:
3.2.5.1.1.1. Ole Mattisen Tossavainen f 1767-01-01 och d 1839-11-15 i S Skjärberget, Sögarn, Trysil, g1 med Helene Mortensdatter Kuosmainen f 1767-01-04 i V Nyhus, Trysil, d 1801-04-21, dotter till Morten Mortensen Kuosmainen och Marte Danielsdatter Siekkinen. G2 1802-11-15 med Britta Bengtsdotter f 1775 i Uggelheden, N Finnskoga, d 1850, dotter till Bengt Olofsson och Lisbet Nilsdotter Pohjalainen.

3.2.5.1.1.2. Andreas Mattisen Tossavainen f 1776 i Skjärberget, Trysil, d 1811-03-17 i V Nyhus, Trysil, g 1799 med Kersti Mortensdatter Kuosmainen f 1779-03-14 i Ö Nyhus, Trysil, d 1844-06-18 i V Nyhus, Trysil, dotter till Morten Olsen Kuosmainen och Helje (Helene) Andersdatter Kuosmainen.

3.2.5.1.1.3. Marte Mattisdatter Tossavainen f 1787-12-20 i Skärberget, Sögarn, Trysil, d 1873-11-18 i Uggelheden, Sörgården, N Finnskoga, g 1805-10-13 med Bengt Bengtsson f

1772 i Uggelheden, N Finnskoga, d 1867-05-04 i Uggelheden, Sörgården, N Finnskoga, son till Bengt Olofsson och Lisbet Nilsdotter Pohjalainen.

3.2.5.1.2. Ingeborg Olsdatter Tossavainen f 1741
3.2.5.1.3. Ole Olsen Tossavainen f 1743
3.2.5.1.4. Kari Olsdatter Tossavainen f 1744-12-

3.2.5.2. Henrik Mattisen Tossavainen f 1717 i Söndre Skjärberget, Trysil, d 1790-05-24, nybyggare av Rundfloen i Söndre Trysil, utlöstes av brodern Anders. G1 1739 med Gjertrud Andersdatter Räisäinen f ca 1690, d före 1746, dotter till Anders Persen Räisäinen och Karin Larsdotter. G2 1748 med Kari Henriksdatter (Johansdatter?) f 1719, d 1809 i Norge.
Barn i andra giftet:
3.2.5.2.1. Mattis Henriksen Tossavainen, tog över gården 1781.
Barn med okänd moder:
3.2.5.2.1.1. Per Mattisen Tossavainen, tar över halva gården 1796, resten 1813, kallas "Rundflokongen"

3.2.5.2.2. Kari Henriksdatter Tossavainen f 1755-06-22 i Söndre Skjärberget, Trysil, g med Bertil Eriksson Neuvoinen f ca 1750, d 1821, bosatta på Vestbakken, Trysil. Son till Erik Bertilsson Neuvoinen och Kari Pedersdatter Paalainen.

3.2.5.2.3. Marte Henriksdatter Tossavainen f 1757-05-17 i Hof?, d 1829-01-19 i Bograngen, S Finnskoga, g 1779-10-10 med Karl Persson Lehmoinen f 1757-10-21 i Bograngen, S Finnskoga, d ca 1830, son till Per Karlsson Lehmoinen och Anna Kristoffersdotter Honkainen.

3.2.5.3. Anders Mattisen Tossavainen f 1719 i Skjärberget, Trysil, d 1765-07-03, g 1747 med Lisbet Henriksdotter Mammoinen f 1723 och d 1811-08-11 i Söndre Lutnes, Trysil, dotter till Henrik Olsen Mammoinen och Karen Samuelsdotter Kauppinen.
Barn:
3.2.5.3.1. Ola Andersen Tossavainen f 1750, d 1813-06-20
3.2.5.3.2. Karin Andersdotter Tossavainen f 1753-03-18 i S Lutnes, Trysil, d 1832-07-28 i Långflon, N Finnskoga, g 1772 med Erik Danielsson Siekkinen f 1741-07-02 i Nordre Lutnes, Trysil, d 1814-11-05 i Långflon, N Finnskoga, son till Daniel Danielsson Siekkinen och Helje Olsdatter Tossavainen.
Barn:
3.2.5.3.2.1. Helena Eriksdotter Siekkinen f 1773-03-22 i N Lutnes, Trysil, bosatt i Långflon, Ö Näset, N Finnskoga
3.2.5.3.2.2. Daniel Eriksson Siekkinen f 1775-01-01 (dop), d 1843-12-12 i Långflonäset, N Finnskoga, g 1811-10-20 med Gertrud Matsdotter Hakkarainen f 1782-07-18 i Långflon, V Näset, N Finnskoga, d 1847-01-22 i Långflonäset, N Finnskoga, dotter till Mats Josefsson Hakkarainen och Karin Olofsdotter.

3.2.5.3.2.3. Anders Eriksson Siekkinen f 1777 i Långflon, Ö Näset, N Finnskoga

3.2.5.3.2.4. Olof Eriksson Siekkinen f 1778 i Långflon, Ö Näset, N Finnskoga

3.2.5.3.2.5. Henrik Eriksson Siekkinen f 1781 i Långflon, Ö Näset, N Finnskoga, d 1853, g med Berta Olofsdotter f 1787 i Norge, d 1885

3.2.5.3.2.6. Mårten Eriksson Siekkinen f 1782 i Långflon, Ö Näset, N Finnskoga

3.2.5.3.2.7. Karin Eriksdotter Siekkinen f 1785 i Långflon, Ö Näset, N Finnskoga

3.2.5.3.2.8. Mattes Eriksson Siekkinen f 1788 i Långflon, Ö Näset, N Finnskoga

3.2.5.3.2.9. Lisa Eriksdatter Siekkinen f 1790-09-28 i Långflon, N Finnskoga, d 1852-12-06, g1 med Mats Klemetsson Muhoinen f 1776 i Uggelheden, N Finnskoga, son till Klemet Matsson Muhoinen och Karin Eriksdotter. G2 1816 med Petter Olsen Grönneset f 1791-05-22 i Plassen, Grönneset, Trysil, d 1871-10-16, son till Ola Torgalsen och Ingeborg Pettersdatter Himainen.

3.2.5.3.2.10. Elias Eriksson Siekkinen f ca 1795 i Långflon, Ö Näset, N Finnskoga, d 1863, g 1824 med Marte Persdatter Hegg f 1798-07-09 i Engemoen, Trysil, 1879.

3.2.5.3.3. Elisabet Andersdatter Tossavainen f 1755-03-15, g 1785 med Ole Ersson, Walsjön, Lima

3.2.5.3.4. Anders Andersen Tossavainen f 1758-06-24, d 1833-07-13, g med Anne Persdatter Grönoset f 1749, d 1810-12-23

3.2.5.3.5. Henrik Andersen Tossavainen f 1763-03-13, g 1791 med Kersti Mattisdatter Skjärberget

3.2.5.4. Morten Mattisen Tossavainen f 1721, g med Kari Gregersdatter Raatikainen f 1725 i Söre Osen, Nordre Ifarneset, Trysil, d 1810, dotter till Gregers Pedersen Raatikainen och Kari Johansdatter Käiväräinen

3.2.5.5. Mattis Mattisen Tossavainen f 1723 i Skjärberget, söndre Trysil, g med Ingeborg Persdatter Kuosmainen f 1722 i Törberget söndre, Larsgarden, Trysil, dotter till Per Olsen Kuosmainen och Britta Staffansdotter Siekkinen. Bosatta i Risberget, Våler (kallas Håberget i skifte Törberget 1751 efter svågern Anders Mattisen Suuroinen).
Deras barn:

3.2.5.5.1. Henrik Mattisen Tossavainen

3.2.5.6. Peder Mattisen Tossavainen f 1725, g med Anne Olsdatter Räisäinen, dotter till Ole Olsen Räisäinen och Kari Olsdatter Räisäinen.
Barn:

3.2.5.6.1. Lisbet Pedersdatter Tossavainen

3.2.5.6.2. Ole Pedersen Tossavainen g med Gjertrud Andersdatter.

3.2.5.6.2.2. Peder Olsen Tossavainen

3.2.5.6.2.3. Ole Olsen Tossavainen

3.2.5.6.2.4. Anne Olsdatter Tossavainen

3.2.5.6.2.5. Anders Olsen Tossavainen

3.2.5.6.2.6. Eli Olsdatter Tossavainen

3.2.5.6.3. Matis Pedersen Tossavainen

3.2.5.6.4. Ingrid Persdatter Tossavainen

3.2.5.7. Karin Matsdotter Tossavainen f 1729, d 1765 i Medskogen, S Finnskoga, g med
Mats Johansson Veteläinen f 1715 och d 1788-06-14 i Medskogen, S Finnskoga, son till
Johan Danielsson Veteläinen och Anna Matsdotter Kymöinen.

Barn:

3.2.5.7.1. Johan Matsson Veteläinen f 1749-06-29 i Medskogen, S Finnskoga, g med
Karin Eriksdotter Hyytiäinen f 1745-02-24 i Mackartjärn, S Finnskoga, d 1785-04-19 i
Medskogen, S Finnskoga, dotter till Erik Andersson Hyytiäinen och Britta Henriksdotter.

Deras barn:

3.2.5.7.1.1. Mats Johansson Veteläinen f 1770 i Medskogen, S Finnskoga

3.2.5.7.1.2. Anna Johansdotter Veteläinen f 1772 i Medskogen, S Finnskoga

3.2.5.7.1.3. Erik Johansson Veteläinen f 1779-11-30 i Medskogen, S Finnskoga, g med
Lisa Kristoffersdotter Honkainen f 1785-04-27 i Järpliden, S Finnskoga, dotter till
Kristoffer Sigfridsson Honkainen och Anna Pålsdotter Tossavainen.

3.2.5.7.2. Mats Matsson Veteläinen f 1753 i Medskogen, S Finnskoga, g med Britta
Henriksdotter Tenhuinen f 1755 i Kindsjön, S Finnskoga, dotter till Henrik Andersson
Tenhuinen och Elin Henriksdotter Lehmoinen.

Barn:

3.2.5.7.2.1. Kajsa Matsdotter Veteläinen f 1791 i Medskogen, S Finnskoga, d 1838-04-06
i Djäkneliden, S Finnskoga, g med Bertil Danielsson Lehmoinen f 1787 i Järpliden, S
Finnskoga, d 1853-12-16 i Avundsåsen, S Finnskoga, son till Daniel Johansson Lehmoinen
och Anna Andersdotter Vilhuinen.

3.2.5.7.3. Olof Matsson Veteläinen f 1754-05-13 och d 1821 i Medskogen, S Finnskoga, g
1775-10-13 med Lisbet Persdotter Lehmoinen f 1755 i Bograngen, S Finnskoga, dotter till
Per Karlsson Lehmoinen och Anna Kristoffersdotter Honkainen.

Deras barn:

3.2.5.7.3.1. Per Olofsson Veteläinen "Bråtå-Per" f 1781 i Medskogen, S Finnskoga, d
1851 i S Finnskoga, g1 1806 med Ingrid Eriksdotter Vilhuinen f 1785 i Skråckarberget, S
Finnskoga, d 1829-09-14, dotter till Erik Henriksson Vilhuinen och Marit Henriksdotter
Vilhuinen. G2 1833 med Anna Danielsdotter Veteläinen f 1792-01-01 i Åsnes, Norge, d
1879-04-14 i Medskogen, Bråten, S Finnskoga, dotter till Daniel Andersen Veteläinen och
Marte (Marie) Eriksdotter Neuvoinen.

3.2.5.7.3.2. Mats Olofsson Veteläinen f 1785 och d 1873 i Medskogen, S Finnskoga, g
med Ingrid Andersdotter Tenhuinen f 1790-04-21 i Kindsjön, S Finnskoga, d 1856 i
Kindsjön, Mattesstugan, S Finnskoga, dotter till Anders Henriksson Tenhuinen och Karin
Olofsdotter Mullikka.

3.2.5.7.3.3. Olof Olofsson Veteläinen f 1787 i Medskogen, S Finnskoga, g med Anna
Danielsdotter Veteläinen f 1791 i Djäkneliden, S Finnskoga, dotter till Daniel Matsson
Matsson Veteläinen och Anna Persdotter Lehmoinen.

3.2.5.7.3.4. Johan Olofsson Veteläinen f 1790 i Medskogen, S Finnskoga, d efter 1861, g 1825-02-03 med Anna Olsdotter f 1802 i Norge.

3.2.5.7.3.5. Karl Olofsson Veteläinen f 1794 i Medskogen, S Finnskoga, g med Anna Olofsdotter Vilhuinen f 1802 i Skråckarberget, S Finnskoga, dotter till Gertrud Hindriksdotter.

3.2.5.7.3.6. Daniel Olofsson Veteläinen f 1797-04-07 i Medskogen, S Finnskoga, g med Anna Henriksdotter Räisäinen f 1791-02-06 i Järpliden, S Finnskoga, dotter till Henrik Olsson Räisäinen och Elin Persdotter Lehmoinen.

3.2.5.7.4. Henrik Matsson Veteläinen f 1759, d 1759

3.2.5.7.5. Daniel Matsson Veteläinen f 1761 i Medskogen, S Finnskoga, d 1836 i S Finnskoga, g med Anna Persdotter Lehmoinen f 1764 i Djäkneliden, S Finnskoga, d 1818 i Dalby, dotter till Per Karlsson Lehmoinen och Anna Kristoffersdotter Honkainen.
Barn:

3.2.5.7.5.1. Anna Danielsdotter Veteläinen f 1791 i Djäkneliden, S Finnskoga, g med Olof Olofsson Veteläinen f 1787 i Medskogen, S Finnskoga, son till Olof Matsson Veteläinen och Lisbet Persdotter Lehmmoinen.

3.2.5.7.5.2. Märta Danielsdotter Veteläinen f 1794 i Djäkneliden, S Finnskoga, g med Erik Eriksson Vilhuinen f 1793, son till Erik Henriksson Vilhuinen och Marit Henriksdotter Vilhuinen.

3.2.5.7.5.3. Lisa Danielsdotter Veteläinen f 1797 i Djäkneliden, S Finnskoga, d 1867 i S Finnskoga, g med Daniel Olofsson Veteläinen f 1796 och d 1854-08-24 i Medskogen, S Finnskoga, son till Olof Danielsson Veteläinen och Marit Persdotter Lehmoinen.

3.2.5.7.5.4. Britta Danielsdotter Veteläinen f 1804 i Djäkneliden, S Finnskoga, g med Mats Olofsson Kymöinen f 1796-01-08 i Avundsåsen, S Finnskoga, d 1871-05-19, son till Olof Matsson Kymöinen och Lisbet Olsdotter Lehmoinen.

3.2.5.7.6. Anders Matsson Veteläinen f 1761

3.2.6. Per Olsen Kuosmainen f 1694 i Törberget söndre, Larsgarden, Trysil, d 1760-01-02, g med Britta Staffansdotter Siekkinen f 1683 i Aspberget, N Finnskoga, d 1765-01-04, dotter till Staffan Sigfridsson Siekkinen och Marit Josefsdotter Hakkarainen. De var bosatta i Larsgarden.
Barn:

3.2.6.1. Kersti Persdatter Kuosmainen f 1714 i Törberget söndre, Larsgarden, Trysil, d 1800-07-28, g1 1733-09-29 med Anders Mattisen Suuroinen f 1704, d 1751 i Törberget söndre, Larsgarden, Trysil, son till Mattis Suuroinen. G2 1752-01-03 med Lars Olsen Kaikkalainen f ca 1715 i Kindsjön, S Finnskoga, d 1791-04-10, son till Olof Olofsson Kaikkalainen och Karin Henriksdotter Himainen.
Barn i första giftet:

3.2.6.1.1. Ole Andersen Suuroinen f 1734, förmodligen död ung, ej med i skifte 1751

3.2.6.1.2. Kari Andersdatter Suuroinen f 1736, d 1828-05-25, g 1756 med Erik Pålsson Siekkinen f 1734 i Aspberget, N Finnskoga, d 1792, son till Pål Danielsson Siekkinen och Lisbet Pålsdotter Hakkarainen. Bosatta i Storsvea, Trysil.

Barn:
3.2.6.1.2.1. Daniel Eriksen Siekkinen f 1767-06-01 i Storsvea, Bakken, Trysil, d 1849-10-19, g med Kari Henriksdatter f 1768-05-02
3.2.6.1.2.2. Paul Eriksen Siekkinen f 1769-09-29 i Storsvea, Bakken, Trysil, d 1858-05-25, g 1798 med Ingeborg Halvorsdatter Galåsen (Nedstugus) f 1768, d 1834-05-09 i Galåsen, Pauls, Trysil.
3.2.6.1.2.3. Morten Eriksen Siekkinen f 1781-06-03 i Storsvea, Bakken, Trysil, d 1841-11-24, skomakare i Rundfloen, Trysil.

3.2.6.1.3. Berte Andersdatter Suuroinen f 1768 i Törberget söndre, Larsgarden, Trysil, d 1778, g 1758 med Erik Olsen Törberget d 1778
Barn:
3.2.6.1.3.1. nn Eriksen Törberget

3.2.6.1.4. Kersti Andersdatter Suuroinen f (dop) 1741-12-25 i Törberget söndre, Larsgarden, Trysil, g 1769 med Gunder Persen f i Raunum, Våler.

3.2.6.1.5. Marte Andersdatter Suuroinen f 1743 i Törberget söndre, Larsgarden, Trysil, d 1765-09-29, g 1764 med Morten Andersen Kuosmainen f 1724 i Törberget nordre, Andersgarden, Trysil, d 1805-06-24 i Söre Osen, Bråten, Trysil, son till Anders Andersen Kuosmainen och Helje Eriksdatter Purainen.

3.2.6.1.6. Ingeborg Andersdatter Suuroinen f (dop) 1749-03-14, bosatt i Gråberget, Elverum 1778, g1 med Per Mortensen Enberget, g2 med Paul Persen.
Barn i första giftet:
3.2.6.1.6.1. Marte Persdatter Enberget f 1780-10-02, g 1816 med Steffen Olsen Kaikkalainen f 1788 i Törberget söndre, Larsgarden, Trysil, d 1852 i Kvernen-Törbergskvernen, Trysil, son till Ole Larsen Kaikkalainen och Kristine Olsdatter Kuosmainen.
Barn i andra giftet:
3.2.6.1.6.2. Petternille Paulsdatter f 1788 (dop 1788-06-09), d 1788

Kersti Persdatter Kuosmainens barn i giftet med Lars Olsen Kaikkalainen (från nr 3.2.6.1):
3.2.6.1.7. Ole Larsen Kaikkalainen f 1752, d 1836-05-25 i Törberget söndre, Larsgsgarden, Trysil, g 1774 med Kristine Olsdatter Kuosmainen f 1751 i Otteråsen, Trysil, d 1818-09-08 i Törberget söndre, Larsgarden, Trysil, dotter till Ole Andersen Kuosmainen och Kari Andersdatter Otteråsen.
Barn:
3.2.6.1.7.1. Kersti Olsdatter Kaikkalainen f 1775 i Törberget söndre, Larsgarden, Trysil, g 1795 med Anders Henriksen Kuosmainen f 1770 i Törberget nordre, Trysil, son till Henrik Andersen Kuosmainen och Gjertrud Hansdatter Skavhaugen.
3.2.6.1.7.2. Lars Olsen Kaikkalainen f 1776-06-23 i Törberget söndre, Larsgarden, Trysil, d 1853-04-25
3.2.6.1.7.3. Kari Olsdatter Kaikkalainen f 1778-03-15, d 1778

3.2.6.1.7.4. Ole Olsen Kaikkalainen f 1779 i Törberget söndre, Larsgarden, Trysil, d 1858-07-04, g 1801 med Berte Olsdatter f 1772-03-19 i Innbygda, Hammersgard, Trysil, d 1852-12-29 i Törberget söndre, Larsgarden, Trysil, dotter till Ola Jensen och Siri Gjermundsdatter.

3.2.6.1.7.5. Per Olsen Kaikkalainen f 1781 i Törberget söndre, Larsgarden, Trysil, d 1839-02-11, g1 med Ingeborg Eriksdatter Westby, g2 1817 med Olea Olsdatter Bakken f 1790 i Törberget, Bakken, Trysil, d 1884-04-30, dotter till Ola Danielsen Flisberget Bakken och Anne Henriksdatter Kuosmainen.

3.2.6.1.7.6. Kari Olsdatter Kaikkalainen f 1784-06-20 i Törberget söndre, Larsgarden, Trysil, g 1807 med Ole Olsen Lutnes f 1781 i Lutnes, Trysil.

3.2.6.1.7.7. Berte Olsdatter Kaikkalainen f 1786-06-04 i Törberget söndre, Larsgarden, Trysil, g 1810 med Anders Eriksen Kuosmainen f 1788-11-09 i Otteråsen söndre, Trysil, son till Erik Andersen Kuosmainen och Kari Mattisdatter Gravberget.

3.2.6.1.7.8. Steffen Olsen Kaikkalainen f 1788 i Törberget söndre, Larsgarden, Trysil, d 1852, g 1816 med Marte Persdatter Enberget f 1780-10-02, dotter till Per Mortensen Enberget och Ingeborg Andersdatter Suuroinen. Bosatta i Kvernen – Törbergskvernen, Trysil.

3.2.6.1.7.9. Andreas Olsen Kaikkalainen f 1790-08-03, d 1790

3.2.6.1.7.10. Anne Olsdatter Kaikkalainen f 1792-07-09, d 1869

3.2.6.1.7.11. Anders Olsen Kaikkalainen f 1794 i Törberget söndre, Larsgarden, Trysil, d 1884-02-08, g 1820 med Marte Jonsdatter Galaasen f 1797-08-17, d 1866-10-18, dotter till John Jonsen Galaasen och Marthe Halvorsdatter. Bosatta i Langtjönnåsen, Andershemmet, Trysil.

3.2.6.1.8. Kari Larsdatter Kaikkalainen f 1754 i Törberget söndre, Larsgarden, Trysil, d 1788-04-18, g 1777 med Jon Andersen Lövberget f 1735, dop 1735-07-01, d 1825

3.2.6.1.9. Per Larsen Kaikkalainen f 1756, dop 1756-08-29

3.2.6.1.10. Anders Larsen Kaikkalainen f 1757, dop 1757-09-28, d 1778

3.2.6.1.11. Anne Larsdatter Kaikkalainen f 1759 i Törberget söndre, Larsgarden, Trysil, g 1779 med Anders Andersen Kuosmainen f 1753-07-04 i Rysjölia, Trysil, son till Anders Andersen Kuosmainen och Marit Andersdotter Tenhuinen. Bosatta i Otteråsen nordre, Trysil.

Barn:

3.2.6.1.11.1. Lars Andersen Kuosmainen f 1788 i Rysjölia, Trysil, d 1848, g med Olea Hansdatter f 1792 i Osen, Trysil, d 1884. Bosatta i Storsvea, Höljeknollen, Trysil.

Barn:

3.2.6.1.11.1.1. Berte Larsdatter Kuosmainen f 1819-12-02 i Storsvea, Höljeknollen, Trysil, g 1867 med Johan Larsson Skallbäcken.

3.2.6.2. Marte Persdatter Kuosmainen f 1718 i Törberget, Trysil, g med Morten Mortensen Liitiäinen f ca 1702, d 1793, son till Morten Mortensen Liitiäinen. Bosatta i Enberget, Våler.

Barn:

3.2.6.2.1. Berte Mortensdatter Liitiäinen f i Enberget, Våler, d 1773-12-06 i Harildskogen, g med Ole Olsen Hakkarainen f 1737 i Gravbergsmoen, d uppskattat 1782, son till Ole Olsen Hakkarainen och Ragnhild Olsdatter Våler.
Barn:
3.2.6.2.1.1. Ragnhild Olsdatter Hakkarainen f 1767
3.2.6.2.1.2. Ole Olsen Hakkarainen f 1769
3.2.6.2.1.3. Morten Olsen Hakkarainen f 1771
3.2.6.2.1.4. Per Olsen Hakkarainen f 1773
3.2.6.2.1.5. Berte Olsdatter Hakkarainen f 1776, d 1844-02-11 i Aspberget, N Finnskoga, g1 med Ole Joensen Ranum f 1765 i Norge, son till Joen Eriksen och Eli Knutsdatter Kokkin. G2 med Olof Olofsson f 1752 i Norge, d 1825 i Aspberget, N Finnskoga.

3.2.6.3. Berte Persdatter Kuosmainen f 1720 i Törberget, Larsgarden, Trysil, d 1787-07-15, g 1741-10-02 med Anders Andersen Kuosmainen f 1713 i Törberget nordre, Andersgarden, Trysil, d 1793, son till Anders Andersen Kuosmainen och Helje Eriksdatter Purainen. Bosatta i Törberget nordre, Andersgarden, Trysil.
Barn, alla födda i Törberget nordre, Andersgarden, Trysil:
3.2.6.3.1. Anders Andersen Kuosmainen f 1742, d 1794, g 1768 med Ingri Olsdatter Kuosmainen f 1750-03-04 i Nyhuus östre, Varåholla, Trysil, d 1805, dotter till Ole Mortensen Kuosmainen och Marte Olsdatter Himainen.
Deras barn, alla födda i Törberget nordre, Andersgarden, Trysil:
3.2.6.3.1.1. Anders Andersen Kuosmainen f 1770-07-22
3.2.6.3.1.2. Ole Andersen Kuosmainen f 1775, d 1843, g 1801 med Pernille Henriksdatter Otteråsen f 1777, d 1823. Bosatta i Storsvea, Koiegarden, Trysil.
3.2.6.3.1.3. Marte Andersdatter Kuosmainen f 1778-01-04 (dop), d 1848, g 1806 med Peer Mortensen Kuosmainen f 1772-01-01 (dop) i Varåholla, Nyhuus vestre, Trysil, son till Morten Mortensen Kuosmainen och Marte Danielsdatter Siekkinen. Bosatta i Plassen, Mandfloen, Trysil.
3.2.6.3.1.4. Helene Andersdatter Kuosmainen f 1781-06-03 (dop), g med Ole Kristoffersen Klokkerhaugen f i Klokkerhaugen, Stange.
3.2.6.3.1.5. Inger Andersdatter Kuosmainen f 1789-03-22 (dop), g med Jakob Johannesen Ottermo f 1794, hemort Verdalen
3.2.6.3.1.6. Kersti Andersdatter Kuosmainen f 1791-08-14, d 1853, g 1814 med Ola Olsen Lutnes (eller Rundfloen) f 1792, d 1867, bosatta i Lutnes, Vestaelva, Trysil.

3.2.6.3.2. Helje (Helene) Andersdatter Kuosmainen f 1745, d 1824-03-21, g 1767 med Morten Olsen Kuosmainen f 1746-10-07 i Östre Nyhus, Varåholla, Trysil, d 1807-02-22, son till Ole Mortensen Kuosmainen och Marte Olsdatter Himainen.
Barn, alla födda i Östre Nyhus, Varåholla, Trysil:
3.2.6.3.2.1. Ola Mortensen Kuosmainen f 1769-01-01, d 1857, börsmäklare, g 1796 med Gertrud Mortensdatter Kuosmainen f 1776-06-24 i Vestre Nyhus, Trysil, d 1857, dotter till Morten Mortensen Kuosmainen och Marte Andersdatter Himainen.
3.2.6.3.2.2. Berte Mortensdatter Kuosmainen f 1771, d 1845, g 1805 med Lars Paulsen f (dop) 1777-01-02 i Galåsen, Sögarn, Trysil, d 1847
226

3.2.6.3.2.3. Marte Mortensdatter Kuosmainen f 1774, d 1842-07-12, g med Ola Mattisen Suuroinen f (dop) 1769-06-01, d 1851-05-09, son till Mattis Olsen Suuroinen och Marte Persdatter Liitiäinen. Ola övertog gården i Flisberget, Elverum.

3.2.6.3.2.4. Kersti Mortensdatter Kuosmainen f 1779-03-14 i Ö Nyhus, Trysil, d 1844-06-18 i V Nyhus, Trysil, g1 1799 med Andreas Mattisen Tossavainen f 1776 i Skjärberget, Trysil, d 1811-03-17 i V Nyhus, Trysil, son till Mattis Olsen Tossavainen och Kersti Persdatter. Bosatta i Törberget, Trysil. G2 1812 med Petter Paulsen Galaasen f 1782, d 1864-10-01.

3.2.6.3.2.5. Anders Mortensen Kuosmainen f 1786 i Ö Nyhus, Trysil, d 1814, g med Helena Andersdatter Nyhuus.

3.2.6.3.3. Berte Andersdatter Kuosmainen f (dop) 1747-03-17 i Törberget nordre, Andersgarden, Trysil, g 1770 med Henrik Olsen Hakkarainen f 1744, son till Ole Olsen Hakkarainen och Ragnhild Olsdatter Våler.
Barn:
3.2.6.3.3.1. Lisbet Henriksdatter Hakkarainen f 1775 i Törberget, Trysil.

3.2.6.3.4. Anne Andersdatter Kuosmainen f 1752 i Törberget nordre, Andersgarden, Trysil, g 1782 med Ole Persen f 1748, bosatta i Skjärberget söndre, Trysil.

3.2.6.3.5. Erik Andersen Kuosmainen f (dop) 1753-06-11 i Ulvsjöberget, Elverum, d 1824, g 1779 med Kari Mattisdatter Gravberget f (dop) 1756-09-19, d 1831.
Barn:
3.2.6.3.5.1. Anders Eriksen Kuosmainen f 1788-11-09 i Otteråsen söndre, Trysil, g 1810 med Berte Olsdatter Kaikkalainen f 1786-06-04 i Törberget söndre, Larsgarden, Trysil, dotter till Ole Larsen Kaikkalainen och Kristine Olsdatter Kuosmainen. Bosatta i Otteråsen söndre, Trysil.

3.2.6.3.5.2. Eli Eriksdatter Kuosmainen f 1800-07-13 i Otteråsen söndre, Trysil, d 1891, g med Morten Olsen Kuosmainen f 1798-05-27 i Nyhus östre, Eriks, Trysil, d 1861, son till Ola Mortensen Kuosmainen och Gertrud Mortensdatter Kuosmainen. Bosatta i Varåholla, Peglerud, Trysil.

3.2.6.3.6. Marte Andersdatter Kuosmainen f 1754-06-30 i Törberget nordre, Andersgarden, Trysil, g 1776 med Mattis Henriksen Håberget f 1754. Bosatta i Håberget, Elverum.

3.2.6.3.7. Kersti Andersdatter Kuosmainen f 1756-09-26 i Törberget nordre, Andersgarden, Trysil, d 1839, g 1782 med Halvor Persen Kolos f 1743-06-30, d 1821, till Gröndalen Mellom - Plassen, Gröndalen

3.2.6.3.8. Kari Andersdatter Kuosmainen f 1760-06-08 i Törberget nordre, Andersgarden, Trysil, d 1851, g 1783 med Halvor Persen Baksjöberget f (dop) 1752-12-31 i Kolos söndre, Nybergsund, Trysil, d 1848, bosatta i Söre Osen, Baksjöberget, Trysil.
Barn:

3.2.6.3.8.1. Halvor Halvorsen Baksjöberget f 1795, d 1830-11-03, g med Helene Persdatter Raatikainen f 1807-04-08 i S Osen, Halvorsberget, Trysil, dotter till Per Olsen Raatikainen och Anne Danielsdatter Siekkinen.

3.2.6.3.9. Morten Andersen Kuosmainen f (dop) 1762-09-05 i Törberget nordre, Andersgarden, Trysil, d 1810, g 1788 med Marte Halvorsdatter Hammersgard f 1767, d 1789.

3.2.6.4. Ingeborg Persdatter Kuosmainen f 1722 i Törberget söndre, Larsgarden, Trysil, g med Mattis Mattisen Tossavainen f 1723 i Skjärberget söndre, Trysil, son till Mattis Olsen Tossavainen och Ingeborg Olsdatter Kuosmainen. Bosatta i Risberget, Våler.
Barn:
3.2.6.4.1. Henrik Mattisen Tossavainen, kallas Mandfloen i skifte 1751 efter mostern Kersti Persdatter Kuosmainen.

3.2.6.5. Anne Persdatter Kuosmainen f 1725 i Törberget söndre, Larsgarden, Trysil, d 1746, bosatt i Flisberget, Elverum.

3.3. Henrik Andersen Kuosmainen f 1664 i Röjden, S Finnskoga, d 1738-06-24 i Törberget, Trysil. Bosatt i Törberget nordre, Oppå Bakken, Trysil, g med Beret Olsdatter f 1658, d 1734-06-24.
Deras barn var:
3.3.1. Anders Henriksen Kuosmainen f 1697 i Törberget, Trysil, d 1762-03-29, bosatt i Törberget nordre, Trysil, g med Kari Eliasdatter Muhoinen f 1694 i Aspberget, N Finnskoga, d 1765-09-29, dotter till Elias Matsson Muhoinen och Marta Henriksdotter.
Deras barn:
3.3.1.1. Henrik Andersen Kuosmainen f 1716 i Törberget nordre, Trysil, d efter 1776, g1 1745-10-04 med Lisbet Olsdatter f ca 1721, d 1768-10, g2 1770-01-04 med Gjertrud Hansdatter Skavhaugen.
Barn i första giftet:
3.3.1.1.1. Kari Henriksdatter Kuosmainen f 1746-10-09 i Törberget nordre, Trysil, d 1777, g 1764 med Mattis Paulsen Halvorsberget f 1734, d 1826, bosatta i Halvorsberget.
Deras barn:
3.3.1.1.1.1. Henrik Mattisen f 1765-09-28
3.3.1.1.1.2. Mattis Mattisen f 1769-06-24
3.3.1.1.1.3. Daniel Mattisen f 1772-01-01, d 1854-11-29, g med Berte Olsdatter Skaveren f 1794-03-16, bosatt i Nordre Osen, Trysil
3.3.1.1.1.4. Paul Mattisen f 1775-03-16, d 1781
3.3.1.1.1.5. Morten Mattisen f 1777-06-14, d 1863-06-21

3.3.1.1.2. Anders Henriksen Kuosmainen f 1748, d 1749
3.3.1.1.3. Gertrud Henriksdatter Kuosmainen f 1748 i Törberget nordre, Trysil, d 1807-01-01, g 1781 med Mattis Paulsen Halvorsberget f 1734, d 1826, bosatta i Halvorsberget.
Barn:

228

3.3.1.1.3.1. Johannes Mattisen f 1779-03-14, d 1806
3.3.1.1.3.2. Ole Mattisen f 1784-05-02, d 1806
3.3.1.1.3.3. Anders Mattisen f 1787-06-03, d 1807

3.3.1.1.4. Berte Henriksdatter Kuosmainen f 1750-03-13 (dop) i Törberget nordre, Trysil, d 1817-12-18, g1 med Morten Mortensen Liitiäinen f 1750 i Enberget, Våler, d 1792-10-04, son till Morten Mortensen Liitiäinen och Marte Persdatter Kuosmainen. G2 1795 med Kristian Jonsen Mellemgard f 1769, d 1830-09-23, kusk i Söre Osen, Trysil.
Barn i första giftet:
3.3.1.1.4.1. Helene Mortensdatter Liitiäinen f 1777, d 1852, g1 med Arne Arnesen, Söre Osen, Röbuknappen, Trysil, g2 med Ole Olsen Enberget f 1788.
3.3.1.1.4.2. Kirsti Mortensdatter Liitiäinen f 1777 i Enberget, Våler, g med Ole Olsen Liitiäinen f 1787 i Enberget, Våler, son till Ole Mortensen Liitiäinen och Anne Olsdatter.
3.3.1.1.4.3. Ole Mortensen Liitiäinen f 1779 i Törberget nordre, Trysil, g 1806 med Maren Andersdatter Liitiäinen f 1777 i Övre Moa, Gravberget, Våler, dotter till Anders Mortensen Liitiäinen och Anne Mathisdatter.
3.3.1.1.4.4. Morten Mortensen Liitiäinen f 1782-09-01 i Törberget nordre, Trysil, d 1867-06-10, g 1818 med Marie Kristiana Kristoffersdatter f 1786 i Stange, d 1880-03-28 i Törberget, Nordsveen, Trysil.
3.3.1.1.4.5. Marte Mortensdatter Liitiäinen f 1784-02-20, d 1858-10-20, g med Hans Mattisen Skjärberget f 1784-08-01, d 1857

3.3.1.1.5. Lisbet Henriksdatter Kuosmainen f 1752 i Törberget nordre, Trysil, d 1813-10-09, g 1778-09-29 med Ole Mikkelsen Himainen f 1745 i Skjärberget nordre, Trysil, d 1811, son till Mikkel Olsen Himainen och Ingeborg Jonsdatter.

3.3.1.1.6. Helene Henriksdatter Kuosmainen f 1755 i Trysil, g 1790-11-09 i Elverum med Samuel Erikssonf 1765 i Valsjön, Sverige.
Barn:
3.3.1.1.6.1. Lisbet Samuelsdatter f 1789, dop 1789-04-05 i Törberget, Trysil
3.3.1.1.6.2. Anne Samuelsdatter f 1792, d 1794
3.3.1.1.6.3. Erik Samuelsen f 1795, d 1795

3.3.1.1.7. Anne Henriksdatter Kuosmainen f 1756 i Törberget nordre, Trysil, d 1831-03-30, g 1775-06-26 med Ola Danielsen Flisberget Bakken f 1751 i Flisberget, Elverum, d 1813-07-28 i Törberget, Bakken söndre, Trysil, son till Daniel Karlsson Törberget och Kari Olsdatter Suuroinen. Deras barn:
3.3.1.1.7.1. Kari Olsdatter Bakken f 1775 i Törberget, Bakken söndre, Trysil, g med Ole Pedersen Tossavainen f 1770-08-22 i Söre Osen, Röbuknappen, Trysil, skidlöparsoldat och skomakare, son till Per Andersen Tossavainen och Siri Larsdatter. Bosatta i Styggberget.
3.3.1.1.7.2. Olea Olsdatter Bakken f 1790 i Törberget, Bakken söndre, Trysil, d 1884-04-30, g 1817 med Per Olsen Kaikkalainen f 1781 i Törberget söndre, Larsgarden, Trysil, d

1839-02-11. Bosatta i Törberget, Bakken söndre, Trysil, son till Ole Larsen Kaikkalainen och Kristine Olsdatter Kuosmainen.

3.3.1.1.7.3. Anne Olsdatter Bakken f 1794-05-25 i Törberget, Bakken söndre, Trysil.

3.3.1.1.8. Ole Henriksen Kuosmainen f 1760-09-28 i Törberget nordre, Trysil, d 1832-12-07.

Barn med Ingeborg Embretsdatter Rybekken:

3.3.1.1.8.1. Olia Olsdatter Kuosmainen f 1792-09-02

Barn med Marte Olsdatter Nyhuus f 1760-07-20 i Varåholla, Trysil, d 1826:

3.3.1.1.8.2. Olia Olsdatter Kuosmainen f 1796-03-24

Barn i andra giftet:

3.3.1.1.9. Anders Henriksen Kuosmainen f 1770 i Törberget nordre, Trysil, g 1795 med Kersti Olsdatter Kaikkalainen f 1775 i Törberget söndre, Larsgarden, Trysil, son till Ole Larsen Kaikkalainen och Kristine Olsdatter Kuosmainen.

3.3.1.1.10. Kari Henriksdatter Kuosmainen f 1777-06-14, d 1779 i Törberget, Trysil.

3.3.1.2. Anders Andersen Kuosmainen f 1717 i Otteråsen nordre, Trysil, f 1795-10-04, g 1748 med Ingri Andersdatter Kuosmainen f 1723-02-11 i Aspberget, N Finnskoga, d 1797, dotter till Anders Olsen Kuosmainen och Karin Staffansdotter Siekkinen. Bosatta i Söre Osen, Ravnkleven, Trysil.

Barn:

3.3.1.2.1. Kari Andersdatter Kuosmainen f 1749-03-19 i Söre Osen, Ravnkleven, Trysil, d 1818-01-11 (begravning), g1 med Mattis Mortensen Ifarneset, g2 med Erik fr Sverige.

Barn i första giftet:

3.3.1.2.1.1. Marte Mattisdatter f 1770-09-30

Barn i andra giftet:

3.3.1.2.1.2. Erik Eriksen f (dop) 1775-03-19, g med Gjertrud Pedersdatter f 1776, d 1867, senare ägare av Damlökken i Romedal i 1826

3.3.1.2.2. Anders Andersen Kuosmainen f 1750-09-27, g 1776 med Margrete Persdatter Raatikainen f ca 1750 i Ifarneset, Trysil, d 1786, dotter till Per Gregersen Raatikainen och Anne Olsdatter Överby.

Deras barn:

3.3.1.2.2.1. Anne Andersdatter Ravnkleven Kuosmainen f 1777-04-13

3.3.1.2.2.2. Peder Andersen Kuosmainen f 1779, d 1780-06-18, 1 år och 6 veckor vid dödsfallet

3.3.1.2.2.3. Ingri Andersdatter Kuosmainen f 1779, d 1779-05-30, 4 veckor vid dödsfallet

3.3.1.2.2.4. Peder Andersen Kuosmainen f 1780-07-02, d 1782

3.3.1.2.2.5. Peder Andersen Kuosmainen f 1782-12-29

3.3.1.2.2.6. Ingrid Andersdatter Kuosmainen f 1786-07-16 i Söre Osen, Ravnkleven, Trysil, g med Engebrekt Andersen Rismyr, f i Rismyr, Elverum.

3.3.1.2.2.7. Margrete Andersdatter Kuosmainen f 1786-07-16, d 1786

3.3.1.2.3. Ingri Andersdatter Kuosmainen f 1753-06-11

3.3.1.2.4. Marte Andersdatter Kuosmainen f 1755-06-20

3.3.1.2.5. Berte Andersdatter Kuosmainen f 1758-06-24, d 1792

3.3.1.2.6. Kersti Andersdatter Kuosmainen f 1760-03-14, g med Gudmund Hansen Hvidsten f 1761-07-26, d 1784

3.3.1.2.7. Ole Andersen Kuosmainen f 1763-04-04

3.3.1.2.8. Gjertrud Andersdatter Kuosmainen f 1765-07-02

3.3.1.3. Berte Andersdatter Kuosmainen f 1722 i Törberget, Trysil, d 1796, begravning 1796-05-22 i Åsnes, g med Pål Danielsson Honkainen f 1725-02-02 i Järpliden, S Finnskoga, , son till Daniel Pålsson Honkainen och Karin Andersdatter Räisäinen.
Barn:

3.3.1.3.1. Kristoffer Pålsson Honkainen f 1754 i S Finnskoga, d före 1810 i Kringsberget, S Finnskoga, g med Britta Staffansdotter Havuinen f 1752 i Månglidsberg, S Finnskoga, d före 1810 i Krisngsberget, S Finnskoga, dotter till Staffan Andersson Havuinen och Britta Eriksdotter.
Deras barn:

3.3.1.3.1.1. Marit Kristoffersdotter Honkainen f 1776 i Månglidsberg, S Finnskoga

3.3.1.3.1.2. Olof Kristoffersson Honkainen f 1777 i Månglidsberg, S Finnskoga

3.3.1.3.1.3. Ingeborg Kristoffersdotter Honkainen f 1780-07-22 i Liden, S Finnskoga

3.3.1.3.1.4. Olof Kristoffersson Honkainen f 1782 i Månglidsberget, S Finnskoga

3.3.1.3.1.5. Anders Kristoffersson Honkainen f 1787-09-28 i Månglidsberg, S Finnskoga

3.3.1.3.1.6. Staffan Kristoffersson Honkainen f 1791-05-18 i Månglidsberg, S Finnskoga, d 1863, g med Britta Matsdotter Havuinen f 1796-09-25 i Igelsjöberget, N Ny, d 1871 i Nedre Venberget, Hof, dotter till Mattes Larsson Havuinen och Britta Henriksdotter Raatikainen. Bosatta i Röjden, S Finnskoga, hela fam. till Hof, Norge 1843.

3.3.1.4. Elias Andersen Kuosmainen f 1725 Törberget nordre, Trysil, d 1806-06-29, g 1752-10-02 i Dalby med Ingeborg Pålsdotter Siekkinen f 1728-05-06 i Aspberget, N Finnskoga, d 1809, dotter till Pål Danielsson Siekkinen och Lisbet Pålsdotter Hakkarainen. Bosatta i Söre Osen, Fuglesand, Trysil.
Barn:

3.3.1.4.1. Kari Eliasdatter Kuosmaiinen f 1751, g med Peder Olsen Munksjöberget

3.3.1.4.2. Paul Eliassen Kuosmainen f 1756-03-14 i Nordre Osen, Fuglesand, Trysil, d 1825, g 1787 med Helene Pedersdatter Tossavainen f 1761-06-14 i Röbuknappen, Trysil, d 1841, dotter till Per Andersen Tossavainen och Siri Larsdatter. Bosatta i Söre Osen, Skjäret, Trysil.
Barn:

3.3.1.4.2.1. Siri Paulsdatter Kuosmainen g med Anders Gudmundsen Sveen

3.3.1.4.2.2. Per Paulsen Kuosmainen g med Helene Andersdatter Tossavainen

3.3.1.4.2.3. Ingeborg Paulsdatter Kuosmainen f 1788 i Söre Osen, Skjäret, Trysil, d 1861, g1 med Tollef Haagensen Rustad f 1787 i Rustad, Elverum, d 1823. G2 1825 med Jörgen Olsen Örneset f 1792-10-07, d 1864, son till Ole Persen och Gjertrud Olsdatter. Bosatta i Örneset, Trysil.

3.3.1.5. Gertrud Andersdatter Kuosmainen f 1727 i Törberget nordre, Trysil, g med Erik Jonsen Houm, Elverum.
Barn:
3.3.1.5.1. Marte Eriksdatter f 1758-03-27

3.3.1.6. Marte Andersdatter Kuosmainen f 1730 i Törberget nordre, Trysil, d 1732
3.3.1.7. Marte Andersdatter Kuosmainen f 1733, dop 1733-03-21
3.3.1.8. Ole Andersen Kuosmainen f 1735
3.3.1.9. Kari Andersdatter Kuosmainen f 1739, dop 1739-10-04, d 1740

3.3.2. Gertrud Henriksdatter Kuosmainen f 1705 i Törberget nordre, Trysil, g1 1730-07-04 med Mickel Eliasson Muhoinen f 1703 i Aspberget, N Finnskoga, d 1734, son till Elias Matsson Muhoinen och Marta Henriksdotter. De var bosatta i Aspberget. G2 med Peder Torgalsen f 1710 i Juberget, N Finnskoga, son till Torgal Halvorsen och Gullaug Audensdatter.
Barn i första giftet:
3.3.2.1. Lars Mickelsson Muhoinen f 1730-06-15 i Aspberget, N Finnskoga
3.3.2.2. Karin Mickelsdotter Muhoinen f 1733-01-26 i Aspberget, N Finnskoga

3.4. Anders Andersen Kuosmainen f 1666 i Rotberget, Hof, d efter 1703, g med Anniken Larsdatter f 1664 i Fryksdalen, bosatta i Törberget, Andersgarden, Trysil.
Deras barn var:
3.4.1. Marte Andersdatter Kuosmainen f 1686,
3.4.2. Anders Andersen Kuosmainen f 1687 i Törberget nordre, Andersgarden, Trysil, d 1726, g med Helje Eriksdatter Purainen f 1686 i Gråberget, Elverum, d 1756-09-29.
Bosatta i Törberget nordre, Andersgarden, Trysil, dotter till Erik Andersson Purainen och Karin Jakobsdotter Liitiäinen.
Barn:
3.4.2.1. Anders Andersen Kuosmainen f 1713 i Törberget nordre, Andersgarden, Trysil, d 1793, g 1741-10-02 med Berte Persdatter Kuosmainen f 1720 i Törberget, Larsgarden, Trysil, d 1787-07-15, dotter till Per Olsen Kuosmainen och Britta Staffansdotter Siekkinen. Bosatta i Törberget nordre, Andersgarden, Trysil.
Deras ättlingar har tidigare redovisats under nr 3.2.6.3. Berte Persdatter Kuosmainen f 1720

3.4.2.2. Erik Andersen Kuosmainen f 1714 i Törberget nordre, Andersgarden, Trysil, d 1787-02-02, g1 1744 med Marte Mattisdatter Håberget f 1722, d 1758, g2 1760 med Ingeborg Hansdatter Törberget f 1736, d 1816,
3.4.2.3. Kari Andersdatter Kuosmainen f 1716 i Törberget nordre, Andersgarden, Trysil, d efter 1801 i Gravberget, Våler, g 1744 med Mattis Olsen Gravberget.
3.4.2.4. Ole Andersen Kuosmainen f 1718 i Törberget nordre, Andersgarden, Trysil, d i Molbergsbråten, Åsnes (utflyttad till Molbergsbråten via Gråberget, Elverum), g 1749 med Berte Hansdatter Storbekk f i Elverum, d 1774.
Barn:

3.4.2.4.1. Erik Olsen Kuosmainen f 1754 i Gråberget, Elverum, d 1821-05-23 i Rådelsbråten, N Finnskoga, uppväxt i Moldberget, g 1781-09-12 med Kirsti Mortensdatter Liitiäinen f 1757 i Enberget, Våler, dotter till Morten Mortensen Liiliäinen och Marte Persdatter Kuosmainen.
Barn:
3.4.2.4.1.1. Morten Eriksen Kuosmainen f 1781 i Enberget, Våler, d ca 1864, g med Helene Henriksdatter Nordgarda Liitiäinen f ca 1787 (dop 1788-01-01) i Gravberget, Våler, dotter till Henrik Henriksen Liitiäinen och Sigrid Matsdatter.

3.4.2.5. Anne Andersdatter Kuosmainen f 1722 i Törberget nordre, Andersgarden, Trysil, g 1758 med Morten Andersen uosmainen f 1733 i Otteråsen nordre, Trysil, son till Anders Ollsen Kuosmainen och Karin Staffansdotter Siekkinen.

3.4.2.6. Morten Andersen Kuosmainen f 1724 i Törberget nordre, Andersgarden, Trysil, d 1805-06-24, g1 1753 med Anne Eriksdatter Siekkinen f 1734 i Söre Osen, Östenheden, Trysil, d 1756, dotter till Erik Danielsen Siekkinen och Kari Olsdatter Tossavainen. G2 1764 med Marte Andersdatter Suuroinen f 1743 i Törberget söndre, Larsgarden, Trysil, d 1765-09-29, dotter till Anders Mattisen Suuroinen och Kersti Persdatter Kuosmainen. G3 1784 med Marte Persdatter Raatikainen f 1747 (dop 1747-06-24) i Lutnes, Trysil, d 1811, dotter till Per Pålsen Raatikainen och Marit Andersdotter Vauhkoinen.
Barn i första giftet:
3.4.2.6.1. Anders Mortensen Kuosmainen f 1754
3.4.2.6.2. Anne Mortensdatter Kuosmainen f 1756-08-22, d 1756
Barn i tredje giftet:
3.4.2.6.3. Anders Mortensen Kuosmainen f 1784, d 1785

3.4.3. Ole Andersen Kuosmainen f ca 1700 i Törberget nordre, Andersgarden, Trysil, g 1720-12-25 i Dalby med Britta Staffansdotter Siekkinen f 1683 i Aspberget, N Finnskoga, d 1765-01-04 bosatta i Törberget söndre, Larsgarden, Trysil.

3.5. Lisbet Andersdatter Kuosmainen f 1671 i Törberget, Trysil, d före 1715, g 1701 med Johan Olofsson Lehmoinen f ca 1675, d 1742 i Gräsberget, son till Olof Olofsson Lehmoinen.
Barn:
3.5.1. Erik Johansson Lehmoinen, bosatt i Dalby, g 1727-11-05 i Fryksände med Malin Eriksdotter från Mulltjärn, Östmark.
Deras barn:
3.5.1.1. Lisbet Eriksdotter Lehmoinen
3.5.1.2. Mattis Eriksen Lehmoinen, bosatt i Öjern, Norge, nämnd av Gottlund 1821
Barn utan känd moder:
3.5.1.2.1. Erik Mattisen Lehmoinen, bosatt i Forlovelsesbråten/Brenna i Norge 1821 enl Gottlund.
3.5.1.3. ??Son Eriksen Lehmoinen
Hans barn:

3.5.1.3.1. Erik ??sen Lehmoinen bosatt i Barskjula, Norge 1821

3.5.1.4. Erik Eriksen Lehmoinen f ca 1732 i Gräsberget, Norge, d 1809 i Sickanstorp (Sikala/Södra Röjdåsen, Östmark, g med Anne Mattisdatter Hähmä bosatt i Gräsberget, Norge, dotter till Mattis Mortensen Hähmä och Lisbet Pålsdatter Liukkoinen.

Barn:

3.5.1.4.1. Johan Eriksen Lehmoinen g med Anne Mathisdatter Kuikka, dotter till Mathis Mathisson Kuikka och Marit Johansdotter Oinoinen.

3.5.1.4.2. Erik Eriksen Lehmoinen f 1770, bosatt i Barskjula, Brandval finnskog, nämnd av Gottlund 1821, g med Eli Larsdatter Multiainen f 1778 i Karlstorpet, dotter till Lars Andersen Multiainen och Anne Steffensdatter Purkiainen.

Deras barn:

3.5.1.4.2.1. Ola Eriksen Lehmoinen **"Ri-Kesten"** f 1814 i Barskjula, Brandval finnskog.

3.6. Anniken Andersdatter Kuosmainen f 1675 i Törberget, Trysil, bosatt i Törberget nordre, Trysil.

Suuroinen byggde Flisberget 1703

Mattis Surand (Suuroinen) från Törberget byggde Flisberget, skattlagt 1703.

Barn utan känd moder:
1. Peder Mattisen Suuroinen.

2. Ola Mattisen Suuroinen, f ca 1690, d 1746-09- i Kynberget, Elverum, bosatt i Flisberget, Sörskogbygda, Elverum. Ola fick bygselrett på Flisberget 1717. Han var gift två gånger, första gången med en kvinna okänd till namnet men som dog 1717, och med vilken han fick en dotter:
2.1. Kari Olsdatter Suuroinen f före 1717, bosatt i Gravberget, Våler och gift med Morten Eriksen Purainen.

Ola gifte sig igen 1719 med Marit Andersdatter Räisäinen f 1687-12-19 i Galåsen, Sörgarn, Trysil, d 1762, begravd 1762-12-19 i Kynberget, Elverum.
De fick barnen:
2.2. Gjertrud Olsdatter Suuroinen f 1720 i Kynberget, Elverum, g 1751-12-13 med Per Persson, Gråberget, Hof.
Deras barn:
2.2.1. Ola Persen f 1752-12-27 i Flisberget, Elverum
2.2.2. Marte Persdatter f 1755-12-07 i Flisberget, Elverum, d 1756-09-12
2.2.3. Kjersti Persdatter f 1759-04-12 i Flisberget, Elverum

2.3. Marit (Marte) Olsdatter Suuroinen f 1723 i Kynberget, Elverum, d 1762, begravd 1762-03-14 g med Per Andersen Engebakken.

2.4. Anders Olsen Suuroinen f 1725 och d 1747 i Kynberget, Elverum

2.5. Mattis Olsen Suuroinen f 1727 i Flisberget, Elverum, d 1804-02-2 , begravd 1804-03-04 i Kynberget, Elverum, g med Marte Persdatter Liitiäinen f 1733-08-09 i Nedstua, Risberget, Våler, d 1812, dotter till Per Andersen Liitiäinen och Gjertrud Henriksdatter Himainen.
Deras barn:
2.5.1. Ole Mattisen Suuroinen g med Marte Mortensdatter Kuosmainen f 1719 i V Nyhus, Trysil, d 1801 i Nordgarn, Galåsen, Trysil, dotter till Morten Olsen Kuosmainen och Marte Staffansdotter Siekkinen.
Deras barn:
2.5.1.1. Morten Olsen Suuroinen

2.5.2. Gjertrud Mattisdatter Suuroinen

2.5.3. Per Mattisen Suuroinen f 1756, d 1837-06-13, g1 1781-08-28 med Olia Olsdatter Suuroinen f 1761, d 1792, g2 1793-11-09 med Helene Olsdatter Suuroinen f 1772 på

Gravbergsmoen, Våler, d 1851-11-09, dotter till Ole Matisen Gravbergsmoen och Kirsti Matisdatter.

Barn i första giftet:

2.5.3.1. Marte Persdatter Suuroinen

2.5.3.2. Marit Persdatter Suuroinen

2.5.3.3. Ole Persen Suuroinen

2.5.3.4. Mattis Persen Suuroinen f 1786, d 1874

Barn i andra giftet:

2.5.3.5. Ola Persen Suuroinen

2.5.3.6. Per Persen Suuroinen

2.5.3.7. Olia Persdatter Suuroinen

2.5.3.8. Kristian Persen Suuroinen

2.5.3.9. Hans Persen Suuroinen

2.5.3.10. Per Persen Suuroinen

2.5.3.11. Fredrik Persen Suuroinen

2.5.3.12. Anders Persen Suuroinen

2.5.4. Maria Matsdatter Suuroinen f 1764, d 1840

2.5.5. Ola Mattisen Suuroinen f 1769, dop 1769-06-11, d 1851-05-09, g1 med Marit Olofsdotter Muhoinen f 1772 i Aspberget, N Finnskoga, dotter till Olof Klemetsson Muhoinen och Karin Larsdotter Hakkarainen. G2 med Marte Mortensdatter Kuosmainen f 1774 i Östre Nyhus, Trysil, d 1842-07-12, dotter till Morten Olsen Kuosmainen och Helje (Helene) Andersdatter Kuosmainen.

Barn i första giftet:

2.5.5.1. Mats Olofsson Suuroinen f 1793-04-04 i Aspberget, N Finnskoga, g med Karin Larsdotter Kiikalainen f 1792 i Höljes, N Finnskoga, dotter till Lars Bengtsson Kiikalainen och Ingeborg Halvardsdotter.

Deras barn:

2.5.5.1.1. Olof Matsson Suuroinen f 1820-04-02 i Aspberget

Barn i andra giftet:

2.5.5.1.2. Morten Olsen Suuroinen

2.5.5.1.3. Helene Olsdatter Suuroinen

2.5.5.1.4. Andrea Olsdatter Suuroinen

2.5.5.1.5. Berte Olsdatter Suuroinen

2.5.5.1.6. Kjersti Olsdatter Suuroinen

2.5.5.1.7. Marte Olsdatter Suuroinen f 1794-05-11, d 1847-03-10

2.5.5.1.8. Mattis Olsen Suuroinen f 1796-03-04, d 1867-02-24

2.5.5.1.9. Ola Olsen Suuroinen f 1801-06-21, d 1875-08-22

2.5.5.1.10. Gunder Olsen Suuroinen f 1811-02-12, d 1848-09-09

2.6. Kari Olsdatter Suuroinen f 1729 i Kynberget, Elverum, g med Daniel Karlsson Törberget, bosatt i Törberget, Trysil, av finsk släkt från Risberget.

Deras barn:

236

2.6.1. Ola Danielsen Flisberget Bakken f 1751 i Flisberget, Elverum, d 1813-07-28 i Bakken Söndre, Törberget, Trysil, g 1775-06-26 med Anne Henriksdatter Kuosmainen f 1756 i Törberget Nordre, Trysil, d 1831-03-30 i Bakken Söndre, Törberget, Trysil, dotter till Henrik Andersen Kuosmainen och Lisbet Olsdatter.
Deras barn:
2.6.1.1. Kari Olsdatter Bakken f 1775 g med Ole Pedersen Tossavainen f 1770-08-22 i Röbuknappen, Söre Osen, Trysil, son till Per Andersen Tossavainen och Siri Larsdatter. De hade 2 barn.
2.6.1.2. Olea Olsdatter Bakken f 1790, d 1884-04-30, g 1817 med Per Olsen Kaikkalainen f 1781 i Larsgarden, Törberget söndre, Trysil, d 1839-02-11, son till Ole Larsen Kaikkalainen och Kristine Olsdatter Kuosmainen. De hade 9 barn.
2.6.1.3. Anne Olsdatter Bakken f 1794-05-25

2.7. Samuel Olsen Suuroinen f 1732, d 1764-01-15

3. Anders Mattisen Suuroinen f 1704, d 1751, bosatt i Törberget söndre, Larsgarden, Trysil, g 1733-09-29 med Kersti Persdatter Kuosmainen f 1714 i Törberget söndre, Larsgarden, Trysil, d 1800-07-28, dotter till Per Olsen Kuosmainen och Britta Staffansdotter Siekkinen.
Deras barn var:
3.1. Ole Andersen Suuroinen, f 1734, förmodligen död ung, ej med i skifte 1751

3.2. Kari Andersdatter Suuroinen, f 1736, d 1828-05-25, bosatt i Storsvea, Trysil, g 1756 med Erik Pålsson Siekkinen, f 1734 i Aspberget, N Finnskoga, d 1792 i Storsvea, Trysil, son till Pål Danielsson Siekkinen och Lisbet Pålsdotter Hakkarainen.
Barn:
3.2.1. Daniel Eriksen Siekkinen f 1767, d 1849, g med Kari Henriksdatter f 1768-05-02.
3.2.2. Paul Eriksen Siekkinen f 1769-09-29 i Bakken, Storsvea, Trysil, d 1858-05-25, g 1798 med Ingeborg Halvordatter Galåsen (Nedstugus) f 1768, d 1834-05-09 i Galåsen, Pauls, Trysil.
Deras barn:
3.2.2.1. Anders Paulsen Siekkinen f 1801-12-20 i Galåsen, Pauls, Trysil, d 1848-10-27, g med Kari Torgalsdatter, f 1803-05-29 i Sörhus, Skredders, Trysil, d 1892-01-31.

3.2.3. Morten Eriksen Siekkinen f 1781-06-03, d 1841-11-24. Skomakare i Rundfloen, Trysil.

3.3. Berte Andersdatter Suuroinen, f 1738 i Törberget söndre, Larsgarden, Trysil, d 1778, g 1758 med Erik Olsen Törberget, d 1778.

3.4. Kersti Andersdatter Suuroinen, f 1745, dop 1745-12-25 i Törberget söndre, Larsgarden, Trysil, g 1769 med Gunder Persen från Raunum, Våler.

3.5. Marte Andersdatter Suuroinen, f 1743, dop 1743-09-29 i Törberget söndre, Larsgarden, Trysil, d 1765-09-29, g 1764 med Morten Andersen Kuosmainen, f 1724 i Törberget nordre, Andersgarden, Trysil, d 1805-06-24, son till Anders Andersen Kuosmainen och Helje Eriksdatter Purainen. Flyttade till Bråten, Söre Osen, Trysil. Morten var gift 4 gånger men efterlämnade inga ättlingar (tre barn dog unga).

3.6. Ingeborg Andersdatter Suuroinen, dop 1749-03-14, vistades 1778 i Gråberget, Elverum, g med Per Mortensen Enberget och fick med honom dottern Marte Persdatter Enberget f 1780.
Andra gången gift med Paul Persen och fick med honom Pernille Paulsdatter f 1788, d 1788.

Lehmoinen i Karlstorpet

Mats Henriksson Lehmoinen, f ca 1570 i Kärkkälä, Savolax, Finland.
Nämnd 1590-1606, därefter försvunnen med sönerna Mats och Tomas.
Barn utan känd moder:
1. Tomas Matsson Lehmoinen, född i Finland.

2. Mats Matsson Lehmoinen, född i Finland, hade ett barn med okänd mor:
2.1. Karl Mattisen Lehmoinen, född 1630 i Hälsingland, bosatt i Vålberget, Grue
Finnskog, gift med Karin Matsdotter, född ca 1636 i Hälsingland.
Karl uppröjde Karlstorpet mellan 1686 och 1700.
Deras barn var:
2.1.1. Karl Karlsson Lehmoinen, f ca 1658 i Rävhult, Grue, d ca 1753 i Järpliden, S
Finnskoga, g m Lisbet Pålsdotter Lehmoinen, f ca 1675 i Skallbäcken, S Finnskoga, d
1739-08-24 i S Finnskoga.
Deras barn:
2.1.1.1. Karl Karlsson Lehmoinen f 1711 i Medskogen, S Finnskoga, d ca 1770, g med
Britta Mickelsdotter Honkainen f 1721-02-10 i Järpliden, S Finnskoga, dotter till Mickel
Pålsson Honkainen och Marte Henriksdatter Piesainen.
Barn:
2.1.1.1.1. Lisbet Karlsdotter Lehmoinen f 1744
2.1.1.1.2. Olof Karlsson Lehmoinen f 1745 i Järpliden, d 1812-06-22, g med Britta
Andersdotter Neuvoinen f 1746 i Bjurberget, S Finnskoga, d 1810-06-14, dotter till
Anders Henriksson Neuvoinen och Anna (Annika) Henriksdotter.
Deras barn:
2.1.1.1.2.1. Anna Olofsdotter Lehmoinen f 1778 i Järpliden, d 1857-01-13, g 1802-07-05
med Olof Kristoffersson f 1780 i Månglidsberget, S Finnskoga.
2.1.1.1.3. Karin Karlsdotter Lehmoinen f 1747-02-06, d 1800-05-- , g med Per Jonsson
Huuskoinen, "Huske-Per", f 1733-05-30 i Husketorpet, Järpliden, S Finnskoga, d 1823,
son till Jon Olofsson Huuskoinen och Kerstin Göransdotter.
Deras barn:
2.1.1.1.3.1. Per Persson Huuskoinen f 1774, d före 1800
2.1.1.1.3.2. Carl Persson Huuskoinen f 1776
2.1.1.1.3.3. Maria Persdotter Huuskoinen f 1777, g med Elof Jönsson f 1775 i
Avundsåsen, S Finnskoga, son till Jöns Elofsson och Britta Henriksdotter Kähköinen.
Deras barn:
2.1.1.1.3.3.1. Jon Elofsson f 1802 i Järpliden, g med Anna Henriksdotter f 1806-04-23 i
Medskogen, S Finnskoga, dotter till Henrik Siversson och Marit Henriksdotter.
Deras barn:
2.1.1.1.3.3.1.1. Mats Jonsson f 1830
2.1.1.1.3.3.1.2. Karin Jonsdotter f 1832
2.1.1.1.3.3.1.3. Marta Jonsdotter f 1832

2.1.1.1.3.3.2. Per Elofsson f 1805

2.1.1.1.3.3.3. Britta Elofsdotter f 1808, 1808
2.1.1.1.3.3.4. Henrik Elofsson f 1810

2.1.1.1.3.4. Olof Persson Huuskoinen f 1779-11-07
2.1.1.1.3.5. Daniel Persson Huuskoinen f 1783-09-29
2.1.1.1.3.6. Anna Persdotter Huuskoinen f 1785-01-16 i Järpliden, d 1839
2.1.1.1.3.7. Mats Persson Huuskoinen f 1787, d 1831
2.1.1.1.3.8. Marit Persdotter Huuskoinen f 1789
2.1.1.1.3.9. Olof Persson Huuskoinen f 1789

2.1.1.1.4. Karl Karlsson Lehmoinen f 1750
2.1.1.1.5. Lars Karlsson Lehmoinen f 1751, d 1811
2.1.1.1.6. Daniel Karlsson Lehmoinen f 1754
2.1.1.1.7. Johan Karlsson Lehmoinen f 1755, d 1794
2.1.1.1.8. Maria Karlsdotter Lehmoinen f 1756
2.1.1.1.9. Anna Karlsdotter Lehmoinen f 1757
2.1.1.1.10. Elin Karlsdotter Lehmoinen f 1759
2.1.1.1.11. Britta Karlsdotter Lehmoinen f 1761
2.1.1.1.12. Olof Karlsson Lehmoinen f 1761
2.1.1.1.13. Mickel Karlsson Lehmoinen f 1762, d 1830

2.1.1.2. Johan Karlsson Lehmoinen f 1713, d 1775
2.1.1.3. Karin Karlsdotter Lehmoinen f 1717
2.1.1.4. Anna Karlsdotter Lehmoinen f 1719, d 1720
2.1.1.5. Olof Karlsson Lehmoinen f 1721
2.1.1.6. Lisbet Karlsdotter Lehmoinen f 1723
2.1.1.7. Per Karlsson Lehmoinen f 1728, d 1802

2.1.2. Valborg Karlsdotter Lehmoinen, f ca 1666.
2.1.3. Mats Karlsson Lehmoinen, f ca 1669.
2.1.4. Margareta Karlsdotter Lehmoinen, f ca 1670 i Vålberget, Grue, g m Ole Henriksen Tossavainen, f 1666 i Lövhaugen, Grue, husmann i Vålberget, Grue, enligt finnemanntallet 1686. Barn ej kända.
2.1.5. Karl Karlsson Lehmoinen, f ca 1673.

3. Olof Matsson Lehmoinen, född 1605 i Hälsingland, död 1688 i Skallbäcken, S Finnskoga.
Se avsnittet Olof Matsson Koo upptog Skallbäcken 1645.

Vitsand

Mangen 1642

Enligt Broberg 1988:

Finnarnas bebyggande av det återstående kolonisationsutrymmet i norra Fryksdalen, nämligen Vitsands västra skogsbygder, ger klara belägg för en inmarsch från såväl söder som öster. Söderifrån kom finnen Per Larsson, kallad Lekare-Per eller Lekare-Peder, som omkring 1640 upptagit Ragvaldstjärn på gräsmarksskogen. Detta sitt nybygge övergav han emellertid, när han efter ett par år fått det skattlagt, och drog sin kos utan att alls bekymra sig om dess vidare öden (se ovan sid. 94). Av landshövdingen Olof Stake utverkade han i stället en byggnadssedel daterad den 16/11 1642 med tillåtelse att få upptaga ett torpställe på »Mååshögden eller Mangen» i norra Fryksdalen, detta enligt uppgifter i domboken den 7/3 1687 och 8/9 1690. Bland nybyggare står hans torp i jordeboken 1649 upptaget med anteckningen »Pär Pärsson widh Mangen opt. på Wadie ägor Anno 1644. Tillökt 1649». I jordeboken 1650, då nybygget uppföres som 1/4 hemman skatte, förekommer ägarens namn fortfarande — och endast där för sista gången — felaktigt antecknat som Pär Pärsson, medan det rätta namnet i mantals- och tiondelängderna uppgives vara Lekare-Peder eller Peder Lekare, eller, som han omtalas i domboken den 16/11 1668, »Peder Larsson, kallad Lekare-Per». Allra först började han i enlighet med byggnadssedelns tillåtelse bygga på Mosshöjden vid gränsen mot Östmark. Där fanns emellertid inte någon lägenhet för åker, och han flyttade därför ganska snart sina bopålar längre åt öster och röjde vid Mangen, där han och hans släkt framdeles blev bofast. Lekare-Peder försvinner ur mantalet efter 1657 och torde vid denna tid ha avlidit. Som personer av hans släkt synes vara att räkna den tidigt uppträdande Mårten Persson, broder eller möjligen son till Peder, och Staffan Persson från 1660-talet, som troligen har sonen Hindrick Staffansson. Under tiden från 1653 till 1670-talet uppträder i mantalet ofta personer med namnet Hindrik, av vilka åtminstone en är finne av en annan släkt, Hindrick Tarfwan (Tarvainen 1667). Under samma årtionde uppträder även en rämmensfinne i Mangen, Hindrik Kurki (Kurkhendrich 1664).

Det var Lekare-Pers son Peder Persson Pennainen som hösten 1648 blev mördad vid Dypen i S Finnskoga av älvdalsbönder under en älgjakt, som blivit mycket omskriven genom åren. Här redovisas de fakta som finns i form av rättegångsprotokoll:

Älvdals härads tingsprotokoll i Råda, 29/1-1649. -- Gottlund,C.A.: 1821 (nyutgåva 1986). -- Axelsson, M.: Vandring i WermlandsElfdal och Finnskogar.

Riksantikvarieämbetet:
Trång, brant, bäckdalgång (N-S) nederoderad i sandig moränmark.Skogsmark (tall). Enligt traditionen kallas den angivna platsen Slaktardalen, efter en strid mellan finnar och svenskar. Enligt Älvdals häradstingsprotokoll i Råda, 29/1-1649 skall striden ha utkämpats hösten 1648 i Slaktardalen, V om sjön Dypern (platsen är dockbelägen S om Dypern), mellan tre nyinvandrade finnar från Mangen och åtta svenskar från

Klarälvdalen. Svenskarna, som var på jakt- och fiskefärd, träffade på finnarna och bad dem om nattläger vid deras eld. Finnen Pafwel Staffansson Mulikka vakade misstänksamt och klarade sig, men finnen Peder Pedersson blev dödad i det nattliga slagsmålet. Utan bössa och skor sprang Mulikka 3 mil fågelvägen till Mangen efter hjälp. Vid återkomstenlåg den tredje finnen, Lukas Matsson, med förfrusna fötter, nerkrupen till Slaktarbäcken.

Se Älvdals häradstingsprotokoll i Råda 29/1 1649, forts.17/9 1649 vid laga ting i Skoga, Ekshärad, slutligt avgörande 20/3 1651. Protokollen är avskrivna av Lars Bäckvall och finns sist i avsnittet om S Finnskoga i denna bok under rubriken **Dramat i Slaktardalen 1648.**

Pål Steffensen
Pål kan ha vært født rundt 1620 og tjente hos Per Larsson Pennainen i Mangen på Vitsands Finnskog. Han, Mats Lukasson og Per Persson Pennainen fant på vinteren 1648 året et elgspor da de skulle hente høy i Mosshöjden. De fulgte sporet og skjøt elgen i Södra Finnskoga. Da de hadde slått leir for kvelden, kom det noen svensker på besøk. Etter at de hadde sovnet angrep svenskene. Per Persson Pennainen ble drept. Mats Lukasson ble så skadd at han forfrøs beina og måtte amputere ved knærne. Karl Lehmoinen i Bograngen fortalte samme historie til Gottlund i 1821. Han kalte en av jegerne Mulikka. Vi kjenner ingen sikre barn etter Pål. Det er ukjent hvor det ble av ham, men en Pål Steffensen holdt i 1686 til ved «Mangenstrand» i Nes på grensen mot Aurskog. Hans sønn opplyste at faren var oppvokst hos sine foreldre «her i riket», noe som tyder på tidlig ankomst. Kanskje kan også Mollidalen i de tidlige finneområdene i Aurskog ha sin rot i Mulikka? /enligt Jan Myhrvold.

Lekare-Per och hans ättlingar:

1. Per Larsson Pennainen f ca 1590 i Finland, d ca 1660, upptog Mangen 1644, g med Marit Andersdotter Tarvainen f ca 1600, d 1689.
Barn:
1.1. Annika Persdotter Pennainen f ca 1626 i GrafaldsKiern, Gräsmark, d ca 1679 i Vålberget, Grue finnskog, g med Steffen Steffensen Mullikka f ca 1620 i Sandsjö, Nästgård, Orsa, d 1678 i Vålaberget, Grue finnskog, son till Steffen Pålsson Mullikka och Helga NN.
Deras barn:
1.1.1. Mats Steffensen Mullikka f i Mullikkala, Vålberget, Grue finnskog, g med NN Arvidsdotter från Berga, V Ämtervik.
Barn:
1.1.1.1. Staffan Matsson Mullikka
1.1.1.2. Per Matsson Mullikka

1.1.2. Anders Steffensen Mullikka f 1650 i Mullikkala, Vålberget, Grue finnskog, g 1673-11-28 med Karin Pålsdotter Liukkoinen f i Borrsjön, Gräsmark, dotter till Pål Larsson Liukkoinen och Gertrud Henriksdotter Luaainen
1.1.3. Lisbet Steffensdatter Mullikka f ca 1652 i Mullikkala, Vålberget, Grue, g med Bengt Jönsson Rintainen, bosatta i Tvengsberget, Grue.
1.1.4. Annika Steffensdatter Mullikka f ca 1660 i Mullikkala, Vålberget, Grue, d 1726 i Tvengsberget, Grue, g 1682 med Ole Persen Räisäinen f ca 1658 i Lövhaugen, Grue, d 1715 i Tvengsberget, Grue, son till Per Larsen Räisäinen och Karin Olsdotter.
Barn:
1.1.4.1. Johan Olsen Räisäinen f 1683 och d 1727 i Tvengsberget, Grue
1.1.4.2. Per Olsen Räisäinen f ca 1685 i Lövhaugen, Grue, d 1743 i Tvengsberget, Grue, g 1713 med Ingeborg Olsdatter f ca 1684, d 1768 i Tvengsberget, Grue.
Deras barn:
1.1.4.2.1. Ole Persen Räisäinen f 1715, g med Anna (Annika) Karlsdotter Raatikainen f 1720-04-12 i Digerberget, Nyskoga, dotter till Karl Henriksson Raatikainen och Valborg Filipsdotter Neuvoinen.

1.1.4.2.2. Lars Persen Räisäinen f 1717 och d 1718 i Tvengsberget, Grue
1.1.4.2.3. Johan Persen Räisäinen f 1719 i Tvengsberget, Grue
1.1.4.2.4. Anders Persen Räisäinen f 1721 och d 1802 i Tvengsberget, Grue, g 1748 med Kari Persdatter Navilainen f 1724 i Södra Viggen, Nyskoga, d 1806 i Tvengsberget, Grue, dotter till Per Staffansson Navilainen och Ingrid Olsdotter Räisäinen.
1.1.4.2.5. Anne Persdatter Räisäinen f 1723 i Tvengsberget, Grue, g med Daniel Olsson Räisäinen f ca 1710, d 1762, son till Ole Tomasson Räisäinen.

1.1.4.3. Karin Olofsdotter Räisäinen f 1689 i Tvengsberget, Grue, g med Henrik Eriksson Suhoinen f 1684 i Tväråna, Östmark, d 1757-09-10, son till Erik Pålsson Suhoinen och NN Pålsdotter Karttuinen.

1.1.4.4. Mari Olsdatter Räisäinen f 1694 i Tvengsberget, Grue

1.1.4.5. Lisbet Olsdatter Räisäinen f 1698 och d 1718 i Tvengsberget, Grue

1.1.4.6. Ole Olsen Räisäinen f 1701 i Tvengsberget, Grue

1.1.5. Steffen Steffensen Mullikka f 1662 i Lövhaugen, Grue, d 1743 i Vålberget, Grue, g med Annika Tomasdatter Räisäinen f 1664 i Lövhaugen, Grue, dotter till Tomas Persen Räisäinen och Sara Bertilsdotter Kemppainen.

Barn:

1.1.5.1. Annika Steffensdatter Mullikka f ca 1683 i Grue

1.1.5.2. Karin Steffensdatter Mullikka f 1685

1.1.5.3. Lisbet Steffensdatter Mullikka f 1692 i Västra Vålberget, Grue, d 1772 i Lystadskogen, Menkroken, Brandval, g med Johan Johansen Nikkarainen f 1693 i Fensjöen, Brandval, son till Johan Mårtensson Nikkarainen och Kari Jensdatter Käiväräinen.

1.1.5.4. Steffen Steffensen Mullikka f 1700, d 1784, g med Mari Pålsdatter Liukkoinen f 1705 i Fensjöen, Brandval, d 1758-02-11 i Grue, son till Pål Larsson Liukkoinen och Gertrud Henriksdotter Luaainen.

Barn:

1.1.5.4.1. Ola Steffensen Mullikka

1.1.5.4.2. Pål Steffensen Mullikka g med Eli Persdatter Räisäinen f 1738, dotter till Per Jensen Räisäinen och Kirsti Henriksdotter Manninen.

1.1.5.4.3. Anne Steffensdatter Mullikka f 1726, d 1793, g med Henrik Karlsen Raatikainen f 1715-07-24 i Digerberget, Nyskoga, son till Karl Henriksson Raatikainen och Valborg Filipsdotter Neuvoinen.

1.1.5.4.4. Kari Steffensdatter Mullikka f 1729 i Västra Vålberget, Grue, d 1805

1.1.5.4.5. Lisbet Steffensdatter Mullikka f 1731

1.1.5.4.6. Steffen Steffensen Mullikka f 1734, d 1758

1.1.5.4.7. Ingrid Steffensdatter Mullikka f 1738, d 1773, g 1770 med Jacob Arnesen från Östmark?

1.1.5.4.8. Mari Steffensdatter Mullikka f 1740

1.1.5.4.9. Henrik Steffensen Mullikka f 1744

1.1.5.4.10. Marit Steffensdatter Mullikka f 1748

1.1.5.4.11. Elin Steffensdatter Mullikka f 1748, d 1823-03-02 i Svenshöjden, Östmark, g med Olof Olofsson Liimalainen f 1743, d 1818 i Svenshöjden, Östmark

1.1.6. Britta Steffensdatter Mullikka f ca 1667 i Norge, d 1728-05-09 i Röjden, S Finnskoga, g med Anders Andersson Hämäläinen f ca 1650, d 1709 i Röjden, S Finnskoga, son till Anders Hämäläinen och Anna Johansdotter.

Barn:

1.1.6.1. Daniel Andersson Hämäläinen f 1693 och d 1752-05-16 i Röjden, S Finnskoga, g med Marit Henriksdotter f 169(6) i Röjden, S Finnskoga, d 1762-02-14.

Deras barn:

1.1.6.1.1. Lisbet Danielsdotter Hämäläinen f 1721-04-24 i Röjden, S Finnskoga

1.1.6.1.2. Anders Danielsson Hämäläinen f 1730-12-27 i Röjden, S Finnskoga, d 1782-03-27, g 1753-10-22 med Anna Olofsdotter f 172(9) i Lövberget, Norge, d 1786-06-27.

1.1.6.1.3. Marie Danielsdotter Hämäläinen f 1731

1.1.6.1.4. Henrik Danielsson Hämäläinen f 1733-02-14 och d 1736 i Röjden, S Finnskoga

1.1.6.1.5. Karin Danielsdotter Hämäläinen f 1736-08-12 i Röjden, S Finnskoga

1.1.7. Margarete Steffensdatter Mullikka f 1668 i Mullikkala, Vålberget, Grue, d 1725 i Karlstorpet, Grue

1.1.8. Henrik Steffensen Mullikka f 1673 i Mullikkala, Vålberget, Grue, d 1725 i Kalneset, Grue, g 1701 med Elin Eriksdotter Suhoinen f 1679 i Tväråna, Östmark, d 1749 i Kalneset, Grue, dotter till Erik Pålsson Suhoinen och NN Pålsdotter Karttuinen.

1.2. Per Persson Pennainen f 1628, d 1648 i Dypen, **"Slaktardalen"**, S Finnskoga, dödad av älvdalsbönder vid älgjakt, se domboksutdrag, g med Marit Persdotter f ca 1630, bosatta i Mangen, Vitsand.
Se kapitlet Dramat i Slaktardalen, sist under Södra Finnskoga i denna bok.

1.3. Mårten Persson Pennainen f ca 1630 i Mangen, Vitsand, d ca 1705, g med Kerstin Göransdotter d 1711-11-26 i Mangen, Vitsand.

Barn:

1.3.1. Maggeli (Malin) Mårtensdotter Pennainen f i Mangen, Vitsand, g med Henrik Eriksson Porkka f ca 1640, d 1730-12-14 i Arnsjön, Östmark, son till Erik Klemetsson Porkka och nn Steffensdatter Mullikka.

1.3.2. Mårten Mårtensson Pennainen f ca 1655 och d 1709-03-14 i Mangen, Vitsand, g med Annika Johansdotter.

Deras barn:

1.3.2.1. Marit Mårtensdotter Pennainen f 1693 och d 1761-03-05 i Mangen, Vitsand

1.3.2.2. Gertrud Mårtensdotter Pennainen f ca 1697 i Mangen, Vitsand

1.3.2.3. Karin Mårtensdotter Pennainen f 1702 i Mangen, Vitsand

1.3.3. Karin Mårtensdotter Pennainen f ca 1655

1.3.4. Bengt Mårtensson Pennainen f ca 1656

1.3.5. Mats Mårtensson Pennainen f ca 1664, d 1728-05-07

1.3.6. Karin Mårtensdotter Pennainen f ca 1665

1.3.7. Anders Mårtensdotter Pennainen f ca 1670

1.3.8. Per Mårtensson Pennainen f ca 1672

1.4. Staffan Persson Pennainen f 1633 i Mangen, Vitsand, d 1699, g med Sofia Olsdotter f ca 1632.

1.5. Mats Persson Pennainen f ca 1635 i Mangen, Vitsand, d ca 1689 i Rattsjöberg, Vitsand, g med Annika Henriksdotter Häkkinen f 1641 i Djuprämmen, Rämen, d 1707-11-

17 i Rattsjöberg, Vitsand, dotter till Henrik Tomasson Häkkinen och Kerstin Bengtsdotter Manninen.

Barn:

1.5.1. Mats Matsson Pennainen

1.5.2. Lars Matsson Pennainen

1.5.3. Henrik Matsson Pennainen

1.5.4. Tomas Matsson Pennainen f ca 1672 och d 1716-07-13 i Rattsjöberg, Vitsand, g med Gertrud Matsdotter f ca 1680.

Deras barn:

1.5.4.1. Henrik Tomasson Pennainen f 1707-11-27 i Rattsjöberg, Vitsand

1.5.4.2. Erik Tomasson Pennainen f 1709-04-24 i Rattsjöberg, Vitsand

1.5.4.3. Annika Tomasdotter Pennainen f 1710-04-06 och d 1792-01-02 i Rattsjöberg, Vitsand, g med Anders Markusson Nuualainen f ca 1688 och d 1775-04-03 i Rattsjöberg, Vitsand.

1.5.4.4. Tomas Tomasson Pennainen f 1712-03-02 i Rattsjöberg, Vitsand

1.5.4.5. Gertrud Tomasdotter Pennainen f 1715-07-22 i Rattsjöberg, Vitsand

1.5.4.6. Mats Tomasson Pennainen f 1715-07-22 i Rattsjöberg, Vitsand, g med Kerstin Henriksdotter Sikainen f 1732-12-14 i Röjdåsen, Östmark, dotter till Henrik Mickelsson Sikainen och Marit Matsdotter Suhoinen.

1.5.5. Gertrud Matsdotter Pennainen f ca 1674 i Rattsjöberg, Vitsand, d 1743-02-16 i Vadjetorp, Fryksände.

1.6. Marit Persdotter Pennainen f ca 1640 i Mangen, Vitsand, g med **Henrik Kurki**. Henrik Kurki vistades i Djuprämmen, Rämmen 1640-1653, i Lillskogshöjden, Östmark 1653 och I Kurkhöjden, Mangen, Vitsand 1661. Han nämns först i Rämmens folk- och boskapslängd 1640, och påträffas senare i Röjdoset, Östmark mantal 1650 och i Mangen, Vitsand tiondelängder 1664, 1667-68 och mantal 1671.

Se nästa kapitel om Henrik Kurki och hans ättlingar.

Henrik Kurki i Mangen

Broberg 1988:
Från samma trakt som Hindrik Häkkinen kom även en annan finne till vitsandsskogen, nämligen Hindrik Kurki (kurki = sv. 'trana'). I Rämmen har denne givit namn åt Kurkhöjden, sedermera bergsmansgård i Dalkarlssjöhyttan. Någon bestämd tid för hans avflyttning västerut kan emellertid inte exakt fastställas. Tidigast nämnes han i Rämmen i folk-och boskapslängden 1640 som »Kurch Hindric» och är kvar där åtminstone hela årtiondet, t. ex. i mantalslängderna 1643 som »Kurke Hendrich» och 1649 som »Hindrich Kurk». Möjligen sker avflyttningen under 1650-talet; från 1664 träffas han emellertid bosatt i Mangen.

Henrik Kurki, "Kurck Hindrik" vistades i Djuprämmen, Rämmen 1640-1653, i Lillskogshöjden, Östmark 1653 och I Kurkhöjden, Mangen, Vitsand 1661. Han nämns först i Rämmens folk- och boskapslängd 1640, och påträffas senare i Röjdoset, Östmark mantal 1650 och i Mangen, Vitsand tiondelängder 1664, 1667-68 och mantal 1671.

Han var gift med N N Persdotter och fick med henne dottern Eli Henriksdotter Kurki f 1646. Med en okänd kvinna hade Henrik även sonen Per Henriksson Kurki f 1661 i Mangen, Vitsand, d 1739.

Eli Henriksdotter Kurki f 1646 i Djuprämmen, Rämmen, d 1706 i Rotberget, Hof.

Enligt Finnemanntallet 1686: "Ellj hendrichs datter Kurch barnføds utj varmeland af finsche forældre ved 34 Aar."

Från Prestens finnemanntall 1706 for det gamle Hof sogn. Avskrift av Jan Myhrvold presenterat på fennia.nu.: "Rotberge Henrich Polsön 70 aar, qvinde Eli Henrichsd. 60 aar börn Cal Henrichs. 30 aar, qvinde Anichen Andersd., Bertel Henrichs. 29 aar, Jertru Henrichsd. 40 aar Huusfolk Matthis Jensön 60 aar, qvinde Anichen Olsd. 55 aar börn 2de Kari Matthisd. 16 aar, Eli Matthisd. 10 aar. Huusfolk side 510 Matthis Olsön 40 aar, qvinde Marte Henrikchsd. 38 aar börn 4 1. Henrich Matthis. 8 aar, 2. Ole 6 aar, 3. Carl 3 aar, 4. Eli 1 aar".

Eli Henriksdotter Kurki var gift med Henrik Pålsson Raatikainen f 1636 i Nya Kopparberget, Ljusnarsberg, d 1706 i Rotberget, Hof. **Denne var alltså son till Pål Ratiche, se det avsnittet.**

De hade 8 av mig kända barn:
1. Samuel Henriksson Raatikainen f 1666 i Rotberget, Hof, g med Berte Mattisdatter,
2. Gertrud Henriksdatter Raatikainen f 1668 i Rotberget, d 1712,
3. Marte Henriksdatter Raatikainen f 1670 i Rotberget, d 1742, g med Mats Olofsson Lehmoinen f 1666 i Skallbäcken, S Finnskoga, d 1738 i Fall, Norge, brukare av Fall ca 1680,
4. Henrik Henriksson Raatikainen f 1671 i Rotberget, d 1715,

5. Pål Henriksson Raatikainen f 1674,
6. Arne Henriksson Raatikainen f 1677 i Rotberget,
7. Karl Henriksson Raatikainen f 1679 i Rotberget, d 1742 i Digerberget, Nyskoga, g1 med Anniken Andersdatter, g 1715-05-22 med Valborg Filipsdotter Neuvoinen f 1684 i Bjurberget, S Finnskoga, d 1735-04-28 i Digerberget, Nyskoga,
8. Bertil Henriksson Raatikainen f 1681 i Rotberget, d 1735 i Grue, g1 med Anne Olsdatter Räisäinen, g2 med okänd.

Ättlingarna har tidigare redovisats under kapitlet Henrik Pålsson Raatikainen's ättlingar.

Häkkinen upptog Rattsjöberg 1645

Enligt Broberg 1988:

Sägenkretsar kring Hindrik Häkkinen

Några år senare än mangensfinnarna kom på den östliga finska invandringsleden till norra Fryksdalen den i en stor sägenkrets ryktbare och delvis med orätt illa kände finnen Hindrik Thomasson Häkkinen och bosatte sig på Rattsjöberget i Vitsand. Han hade tidigare vistats i Rämmen och har ibland förväxlats med en redan före 1620 uppträdande finne Hindrich i Remmen (jfr sid. 78). Denne är dock otvivelaktigt att fatta som den på 1620-talet ganska välbärgade finnen Henrik Manninen, som upptagit och bebyggt gården Djuprämmen. Vid vilken tid Häkkinen först uppträdde vid Rämmen är däremot ovisst, men möjligen kan han räknas in bland finska torpare under slutet av 1620-talet och det följande decenniet. I varje fall träffas han först i 1640 års längd på folk och boskap i Värmlands bergslag uppförd som Hinrich Hecken tillika med sonen Påffvel Hecken, bägge som ensamma personer. I samma längd står Henrik Manninens hustru Kerstin Bengtsdotter antecknad som änka, och vid samma tid gifter Häkkinen om sig med henne. Tidpunkten för denna händelse bestyrkes av uppgifter i följande års tiondelängd, vari Hinrich Häkkinen uppföres jämte hustru och 2 mantal, sonen Påffvel däremot som ensam inhyses person.

Häkkinen blev inte länge bofast i Rämmen. I senare redogörelser vid tinget för familjer från Rämmen som dragit sin kos åren 1645 och 1646 antecknas för Näsrämmen bland andra Häcke Hindrich vara »bortdragen», alltså just vid samma tid som han befinnes vara i färd med att bosätta sig på Rattsjöberget, vilket enligt jordeboken 1649 skall ha upptagits år 1646. De närmare omständigheterna härvid framgår av uppgifter rörande tvenne torpsedlar utfärdade av landshövdingen Olof Stake, som företetts på tinget den 8/9 1690 vid en ägotvist mellan hemmanen Vadje och Mangen. Två av dessa sedlar som har olika datum gäller samma ärende. Den tidigare är daterad den 13/4 1645 och ger Hindrik Thomasson (Häkkinen) tillåtelse att upptaga ett torpställe på rattsjöbergsskogen, medan den senare av den 30/6 1646 lämnar liknande rättigheter vid Rattsjöberget till Påffvel Thomasson — »och ähr samma torp», tillägger domboken. I detta senare fall synes tillåtelsen gälla för sonen Påffvel, som från Rämmen åtföljt fadern (vars efternamn han för övrigt här använder liksom i passet från Rämmen år 1644) och nu får möjlighet att slå sig ned jämte honom. Den tredje torpsedeln är en kopia av det äldre dokumentet ovan med tillåtelse för Hindrik Mårtensson (säkerligen felaktigt för Thomasson) i Rattsjöberget att få upptaga torp-ställe vid Mååshögden (Mosshöjden). Förmodligen har torpsedeln av den 13/4 1645 haft lokaliseringen Mååshögden eller Rattsjöskogen, vilket torde antyda möjligheten av att Häkkinen även ämnat röja mark på Mosshöjdens närbelägna sydliga utlöpare. Förbindelserna med Rämmen avslutar han först år 1651, i och med att han till en annan finne försäljer den i samband med giftermålet med Hindrik Manninens änka förvärvade gården Djuprämmen. I Rattsjöberget träffas han för övrigt första gången i tiondelängden 1647. I mantalslängderna inträder mågen Lars Matsson, gift med Hindriks dotter Annicka år 1661, men i tiondelängderna står Hindrick Häck kvar ända till och med 1668. Han avlider i början av 1669, och bouppteckningen efter honom, varav tvenne viktiga blad är behållna, förrättas den 29 mars 1669. Av denna och tingsförhandlingarna den 28-29 maj samma år erhålles värdefulla upplysningar om

Häkkinens tillgångar och släktförbindelserna på Rattsjöberget. Sonen Påffvel, som i bouppteckningen anges vara död, varför arv tillfaller hans barn, har gått ur tiden före fadern på hösten 1668, ihjälslagen av en omedelbart förrymd svensk, en händelse som framställes i många sägner, de flesta högst otillförlitliga. I domboken för Fryksdals härad den 18/11 1668, där hans svåger Lars Matsson framför klagomål över dråpet, skrives hans namn »Påvel Hindrichzson», ej Thomasson som i pass och torpsedel.

I eftervärldens minne framstår Häkkinen som en driftig och hårdför man, närmast som en sorts storman bland sitt folk under kolonisationstiden. Mycket av vad som sägs om honom i sägner och berättelser som fortlevat fram mot vår tid verifieras av det arkivaliska materialet, men kanske det allra mesta ändock rymmer känt och påtagligt sägenstoff. Uppenbarligen blev han med tiden ganska förmögen, ej minst genom sitt ivriga svedjande, som nådde även rätt försvarliga avstånd från Rattsjö-berget. Utsträckningen av denna hans verksamhet kan man få en viss uppfattning om av åtskilliga ortnamn, som anspelar på hans namn, såsom t. ex. Häckfallet inom Östmarks råmärken, Häckiskullen vid Mangen samt Häkkisenaho, Häkkisensänki och Häkkisenrindet, alla i Södra Finnskoga. Försvarliga mängder av svedjeråg förvarades också i hans bodar och nyttjades delvis även som viktigt betalningsmedel. Enligt domboken för Fryksdals härad den 6/12 1672 hade Häkkinen, som hans efterlämnade anteckningar ville utvisa, av åborna i några byar i Fryksände förhyrt svedjefall för 56 tunnor råg och 9 riksdaler i penningar. Så sent som år 1664 redovisade han 480 snesar råg och gav tre tunnor i tionde, och i bouppteckningen efter honom uppgavs av 58 tunnor råg återstå 32 tunnor efter gäldade skulder." I övrigt upptog bouppteckningen förutom rågen bland annat 8 tunnor korn och 3 tunnor blandkorn, vidare malt, humle och hampkorn, en hel del redskap, husgeråd, silver- och kopparkärl m. m. samt av boskap ett 40-tal djur, däribland 3 hästar. Uppgifter om gårdens värde och övriga tillgångar saknas till följd av bladförlust, men de bevarade uppgifterna vittnar om en för sin tid ganska förmögen finsk kolonisatör.

1. Henrik Tomasson Häkkinen f 1590 i Finland, d 1669 i Rattsjöberg, Vitsand.
Upptog Rattsjöberg 1645. G1 med okänd, g2 1640 med Kerstin Bengtsdotter f 1600 i Rämmen, d ca 1669. Hon var tidigare gift med Henrik Manninen i Rämmen, vilken dog i slutet av 1630-talet.
Barn i första giftet:
1.1. Pål Henriksson Häkkinen f 1620, d 1668, blev mördad av Knut Persson i Vadjetorp, vilken rymde till Norge,
1.2. Sigfrid Henriksson Häkkinen, född ca 1622 i Finland, uppodlade Arnsjön i Östmark 1648. Sigfrid och en annan finne, Olof Polak hade fått torpsedel för Arnsjön av landshövdingen men inte fått insyning av länsman och nämnd, varför en tredje finne, Anders Jönsson Hotakka år 1652 fick överta egendomen.
Barn med okänd hustru:
1.2.1. Abraham Sigfridsson Häkkinen f 1650, d 1730-11-25, g med Karin Kristoffersdotter Nikkarainen f 1652 i Röjdoset, Purala, Östmark, d 1719-03-20 i Mulltjärn, Östmark, dotter till Kristoffer Andersson Nikkarainen och Karin Matsdotter Pöntinen.
Deras barn:

250

1.2.1.1. Erik Abrahamsson Häkkinen f 1672 i Mulltjärn, Östmark, d 1740, g med Annika Larsdotter f 1682, d 1761-05-28 i Mulltjärn, Östmark.
Barn:
1.2.1.1.1. Sigfrid Eriksson Häkkinen f 1701 i Mulltjärn, Östmark, d 1786, g med Sara Matsdotter Suhoinen f 1710 i Tväråna, Östmark, d 1778.
1.2.1.1.2. Karin Eriksdotter Häkkinen f 1703 i Mulltjärn, Östmark, g med Tomas Persson Sikainen f 1710-10-04 i Lekvattnet, son till Per Persson Sikainen och Karin Eriksdotter Karttuinen.
1.2.1.1.3. Valborg Eriksdotter Häkkinen f 1707-04-22 i Mulltjärn, Östmark
1.2.1.1.4. Gertrud Eriksdotter Häkkinen f 1709-03-30 i Mulltjärn, Östmark
1.2.1.1.5. Johan Eriksson Häkkinen f 1716 i Mulltjärn, Östmark

1.2.1.2. Abraham Abrahamsson Häkkinen f 1681 och d 1742-06-01 i Mulltjärn, Östmark, g med Annika Henriksdotter Karhinen f ca 1692 i Mangen, Fryksände, d 1761-03-04 i V Mulltjärn, Östmark.
Barn:
1.2.1.2.1. Mats Abrahamsson Häkkinen f 1719 i V Mulltjärn, Östmark, d 1788-03-13 i Hollandstorp, Östmark, g 1744-10-14 i Östmark med Gertrud Nilsdotter Häkkinen f 1721-12-08 i N Röjdåsen, Östmark, d 1785-01-05 i Hollandstorp, Östmark, dotter till Nils Nilsson Häkkinen och Marit Staffansdotter Purainen.
1.2.1.2.2. Karin Abrahamsdotter Häkkinen f 1720-07-30 i Mulltjärn, Östmark
1.2.1.2.3. Lisa Abrahamsdotter Häkkinen f 1723 i Mulltjärn, Östmark, d 1783
1.2.1.2.4. Henrik Abrahamsson Häkkinen f 1725-05-03 i Mulltjärn, Östmark, g med Karin Eriksdotter d 1800 i Mulltjärn, Östmark
1.2.1.2.5. Johan Abrahamsson Häkkinen f 1733-04-12 i Mulltjärn, Östmark

1.2.1.3. Johan Abrahamsson Häkkinen f 1691 i Mulltjärn, Östmark, d 1771, g 1727 med Valborg Göransdotter f 1709, d 1741 i Mulltjärn, Östmark.
Barn:
1.2.1.3.1. Kerstin Johansdotter Häkkinen f 1728-03-15 i Mulltjärn, Östmark, g med Nils Nilsson Häkkinen f 1724-09-18 i N Röjdåsen, Östmark, d 1807-05- i Tallberg, Östmark.
1.2.1.3.2. Karin Johansdotter Häkkinen f 1730-08-02 i Mulltjärn, Östmark, g 1751-05-20 med Hans Henriksson Valkoinen f 1725-09-18 i Arnsjön, Östmark, son till Henrik Hansson Valkoinen och Annika Andersdotter Hotakka.
1.2.1.3.3. Maria Johansdotter Häkkinen f 1733-08-13 i Mulltjärn, Östmark
1.2.1.3.4. Henrik Johansson Häkkinen f 1737-10-02 i Mulltjärn, Östmark
1.2.1.3.5. Valborg Johansdotter Häkkinen f 1739-01-24 i Mulltjärn, Östmark

1.2.1.4. Maria Abrahamsdotter Häkkinen f 1695 i Mulltjärn, Östmark, d 1742-01-19 i Skallbäcken, S Finnskoga, g 1721-03-19 med Erik Henriksson Lehmoinen f 1677 i Skallbäcken, S Finnskoga, son till Henrik Olofsson Lehmoinen.
Barn:
1.2.1.4.1. Anders Eriksson Lehmoinen f 1722-04-14 i Skallbäcken, S Finnskoga
1.2.1.4.2. Mats Eriksson Lehmoinen f 1727-09-20 i Skallbäcken, S Finnskoga

1.2.1.4.3. Gertrud Eriksdotter Lehmoinen f 1730-10-07 i Skallbäcken, S Finnskoga, g med Henrik Henriksson Vilhuinen f 1726 och d 1789-01-27 i Skråckarberget, S Finnskoga, son till Henrik Andersson Vilhuinen och Maria Henriksdotter Neuvoinen.

1.2.1.4.4. Erik Eriksson Lehmoinen f 1733-03-18 i Skallbäcken, S Finnskoga

1.2.1.4.5. Anna Eriksdotter Lehmoinen f 1734, d 1741-12-21 i Skallbäcken, S Finnskoga.

1.3. Nils Henriksson Häkkinen, f ca 1626, bosatt i Rattsjöberg 1669 och 1673 enligt tiondelängder.

Barn i andra giftet:

1.4. Annika Henriksdotter Häkkinen f 1641 i Djuprämmen, Rämmen, d 1707-11-17 i Rattsjöberg, Vitsand, g1 1661 med Lars Matsson Porkka f 1635, d 1671 i Rattsjöberg, Vitsand, son till Mats Klemetsson Porkka. G2 med Mats Persson Pennainen f ca 1635 i Mangen, Vitsand, d ca 1689 i Rattsjöberg, Vitsand, son till Per Larsson Pennainen och Marit Andersdotter Tarvainen.

Barn i första giftet:

1.4.1. Henrik Larsson Porkka f 1660, d 1727

1.4.2. Erik Larsson Porkka f 1661, d 1709

1.4.3. Marit Larsdotter Porkka f ca 1665, g före 1720 i Mangen, Vitsand med Per Staffansson Pentikäinen d 1755 i Rattsjöberg, Vitsand, son till Staffan Pentikäinen och Annika Mårtensdotter Helsing.

Barn:

1.4.3.1. Mats Persson Pentikäinen f ca 1690, d 1761-02-28 i Rattsjöberg, Vitsand, g med Britta Matsdotter f ca 1688, d 1780-02-14 i Rattsjöberg, Vitsand.

Deras barn:

1.4.3.1.1. Lars Matsson Pentikäinen, g med Valborg Bengtsdotter Manninen, dotter till Bengt Henriksson Manninen och Karin Olofsdotter Oinoinen.

1.4.3.1.2. Per Matsson Pentikäinen f 1721 i Rattsjöberg, Vitsand, g 1747 med Annika Andersdotter Nualainen f 1726.

1.4.3.1.3. Maria Matsdotter Pentikäinen f 1722-09-16 och d 1783-09-19 i Rattsjöberg, Vitsand.

1.4.4. Lars Larsson Porkka f 1669, d 1708, g med Marit Persdotter Tarvainen f 1670 i Norge.

Barn i andra giftet:

1.4.5. Mats Matsson Pennainen

1.4.6. Lars Matsson Pennainen

1.4.7. Henrik Matsson Pennainen

1.4.8. Tomas Matsson Pennainen f 1672 och d 1716-07-13 i Rattsjöberg, Vitsand, g med Gertrud Matsdotter f ca 1680.

Deras barn:

1.4.8.1. Henrik Tomasson Pennainen f 1707-11-27 i Rattsjöberg, Vitsand

1.4.8.2. Erik Tomasson Pennainen f 1709-04-24 i Rattsjöberg, Vitsand

1.4.8.3. Annika Tomasdotter Pennainen f 1710-04-06 och d 1792-01-02 i Rattsjöberg, Vitsand, g med Anders Markusson Nuualainen f ca 1688 och d 1775-04-03 i Rattsjöberg, Vitsand.

1.4.8.4. Tomas Tomasson Pennainen f 1712-03-02 i Rattsjöberg, Vitsand

1.4.8.5. Gertrud Tomasdotter Pennainen f 1715-07-22 i Rattsjöberg, Vitsand

1.4.8.6. Mats Tomasson Pennainen f 1715-07-22 i Rattsjöberg, Vitsand, g med Kerstin Henriksdotter Sikainen f 1732-12-14 i Röjdåsen, Östmark, dotter till Henrik Mickelsson Sikainen och Marit Matsdotter Suhoinen.

1.4.9. Gertrud Matsdotter Pennainen f ca 1674 i Rattsjöberg, Vitsand, d 1743-02-16 i Vadjetorp, Fryksände.

Häkkinen var en väldig svedjare. Han lejde andra finnar att hjälpa till med svedjandet och han blev en förmögen karl. I bouppteckningen efter honom fanns bland annat 58 tunnor råg, och efter att skulder betalats återstod 32 tunnor. Han hade svedjor överallt, ända uppe i S Finnskoga. Henrik hade ett häftigt lynne och råkade illa ut, enligt ett domboksprotokoll från 1661:

"Henrik Tomasson Häck i Rattsjöberg har dräpt Nils Simonsson och sedan rymt till Norge. Han har fått fri lejd att komma till rättegången men uteblir, varför hans måg Lars Matsson svarar för honom".

Det hade gått till så att Nils och Henrik vid barnsöl hos en av Henriks huskarlar hade kommit i delo med varandra med knivar som tillhygge. Först i Nils stuga och därefter där Henrik bodde, dit han hade återvänt. Han hann dock inte stänga dörren efter sig, förrän en av Nils söner, Jöns, satte en stör emellan. Det blev sedan knivhugg från båda hållen. Till slut stapplade Nils hemåt sägandes: "nu haver vi fäktat som karlar", varpå han föll död ner. Häkkinen dömdes till döden men benådades och fick betala böter till de efterlevande.

Sägner kring Häkkinen

Det har bildats många sägner kring Häkkinen, och en del av dem har någon form av trovärdighet fastän de har förändrats med tiden och finns i flera varianter. I avsnittet om Skarp-Jon (Jo Vedlan) i Medskogen berättas om deras möte.

En annan sägen berättar om att han var tvungen att rymma från Finland för att han hade begått ett brott, men där går meningarna isär om vad som hände. En variant säger att han blev osams med prästen om likstolen, d v s avgiften till prästen för att jordfästa Häkkinens far. Han fick lämna en hel oxe, varför han beslöt att hämnas. Han brände ner prästgården och stal kyrksilvret, varefter han rymde till Sverige med sin familj. Vid ett tillfälle var de nära att bli upphunna, men Häkkinen simmade över en älv med bössan i munnen och brodern sittande på ryggen, varför de kunde undkomma. När han red upp genom Fryksdalen hade han sin märkliga tupp sittande i sadeln framför sig. Tuppen gol första gången när de kom upp till Fagerberget i Vitsand, och då förstod Häkkinen att han var på rätt väg. När de kom till Rattsjöberget gol tuppen två gånger och då var det helt klart att han var framme vid sin slutdestination.

Enligt Broberg 1988:
De sägner som befattar sig med Häkkinens härkomst berättar, att han var född i Finland. Därom är de alla ense; enstaka traditioner tillägger även, att han var bonde från Tavastland. Om anledningen till hans utvandring till Sverige är sägnerna även ense: han hade begått ett brott i sitt hemland och måste rymma för att bärga sitt liv. När det gäller arten av hans brott går emellertid meningarna isär. Härom finnes två versioner. Den ena av dessa vet berätta, att Häkkinen hade blivit osams med prästen om likstolen, dvs, avgiften till prästen för jordfästningen efter hans avlidne fader, och när han blev tvungen att lämna en hel oxe, beslöt han att hämnas. Vid lämpligt tillfälle brände han ned prästgården med alla dess uthusbyggnader och rövade kyrkans silver och övriga dyrbarheter. Därefter begav han sig iväg efter hustrun, som han skickat före sig med boskapen på rymmarstråt till Sverige. Den andra versionen förtäljer, att han rymt från Finland efter att ha tänt eld på en gård, där bröllop firades, sedan han satt en »pölkky», dvs. stock eller stötta, på dörren, så att endast några få innevarande lyckades ta sig ut, och sålunda bränt nära nog hela bröllopsföljet inne. Några karlar, som kunnat ta sig ut, satte efter den flyende Häkkinen och en broder som han hade i följe. De var nära att bli upphunna, men då Häkkinen simmade över en älv med bössan i munnen och brodern sittande på ryggen, blev förföljarna efter och de båda rymlingarna kunde undkomma. Vägen till Sverige säges Häkkinen ha tagit runt Bottniska viken, enligt somliga versioner med hustrun i följe och medförande sju kor, en tjur, flera får och getter samt en tupp som han hade sittande framför sig i sadeln. Enligt somliga sägner gick hans färd oavbrutet fram genom de svenska skogarna till Rattsjöberget där han bosatte sig, medan andra håller före, att han först slog sig ned i Värmlands bergslag. Sedan han där vistats någon tid men inte fått vara i fred för de svenska bönderna, bröt han upp därifrån och fortsatte vidare västerut för att söka sig en mera fredad boplats på de stora fryksdalska skogarna. I skildringarna av hans första bosättning där berättas, att han hade sin märkliga tupp i sadeln, när han red in på skogarna i Fryksdalen. Den skulle nämligen

254

genom att gala utvälja för honom den rätta boplatsen. När han kom upp på Fagerberget i Vitsand, gol tuppen första gången, och då förstod Häkkinen, att han var på rätt väg mot den plats där han skulle bygga, varför han fortsatte vidare i samma riktning västerut tills han nådde Rattsjöberget, där tuppen gol två gånger, enligt vissa sägner tidigt på morgonen efter första natten uppflugen i en hög tall. När Häkkinen härmed fått tecken på att han befann sig på rätt plats, lade han sig allra först ned på marken för att lyssna efter om det fanns vatten i berget eller var de underjordiska bakade för att inte komma i vägen för dem. När han fått tillfredsställande svar på dessa spörsmål och därtill konstaterat, att jordmånen var god, började han fälla skog, svedja och bryta mark. Hans hustru, som sägnen oftast benämner Kari eller Katarina, kom något år senare till trakten. När hon färdades över Fagerberget med korna, lockade hon på dem och blåste i lur, vilket Häkkinen hörde, och sade: »Om det inte vore så nära som det är fjärran, skulle jag säga att det är min Kan som blåser i lur,» och sköt därmed ett skott som vägledde henne vidare fram till Rattsjö-berget.

På Rattsjöberget slog han sig ned på allvar, högg stora sveder och byggde präktig gård och blev med tiden en förmögen man. Som svedjare blev han frejdad. Vid ett tillfälle högg han en väldig sved innanför gränsen till Fryksände socken på en plats, som härav fick namnet Häckfall. Somliga menar, att han en tid även bosatt sig på Häckfall; de flesta sägnerna menar däremot att han endast svedjat där. När han skulle börja svedja där, skickade han dit 30 man för att hugga fallet. Dessa träffade då på tjugo finnar från annat håll som kommit före dit. Häkkinen lejde då även dessa att arbeta åt sig och högg sålunda fallet med femtio mans hjälp. När de vilade under arbetet kom sålunda femtio stycken yxor att stå fasthuggna i stubbarna runt ytterkanten av sveden, och svenskar som följt efter honom dit för att förjaga honom, vågade vid åsynen av de många yxorna inte anfalla honom. Denna hans sved vid Häckfall säges ha varit så stor, att han där med tiden kunde skörda hundra tunnor råg. Den första avkastningen var emellertid inte av den storlek som han hade hoppats på, emedan sveden brann i förtid. Detta skall ha berott på följande omständigheter: Samtidigt med hans svedjande i Häckfall hade en annan finne som hette Oinoinen och bodde i Bastvålen i Östmark huggit en sved alldeles i närheten av Häkkinens stora sved. När Oinoinens sved stod färdig att brännas, bad Häkkinen dess ägare att vänta härmed till nästa sommar, då de kunde bränna svederna samtidigt. Trots Häkkinens bön tände Oinoinen emellertid sin sved, varvid även Häkkinens sved fattade eld. Häkkinen tog då fatt på Oinoinen, skar med sin kniv djupa skåror i hans rygg och gned in salt i såren. När den andre därvid skrek av smärta, sade Häkkinen: »Så sved det också i mig, när min sved brann.

Att Häkkinen hade stora sveder ej blott i Häckfall och sina omgivningar utan även långt norrut på älvdalsskogarna vet traditionen berätta, och att han därför hade stora mängder råg framhålles i alla sägner. När han sedermera fann svenskarnas närgångenhet vara besvärande for han till kungen för att skaffa sig byggnadssedel och få sitta trygg på sin gård. Som prov på vad hans sveder kunde lämna i avkastning förde han med sig råg och en väldig brödkaka, bakad av en hel fjärding mjöl av fallråg. Kungen fann provet av årsväxten gott och gav honom den önskade byggnadssedeln. Att Häkkinen ägt stora förråd av råg omvittnas även därav, att man i en av hans bodar, som stått kvar på Rattsjöberget ganska länge, skall ha hittat rågkorn på takåsen högst upp under taket.

Länsmannen mutade han en gång med råg, när han gjort något ofog. Denne skulle få taga för sig så mycket råg ur en bod, som han ansåg det vara värt att han inte lagförde Häkkinen. Häkkinen åsåg under tystnad, när länsmannen öste i sina säckar i rågboden. Efter att ha försett sig med tio tunnor råg frågade han vid åsynen av Häkkinens bistra min: »Tycker du att det var för mycket?» Häkkinen svarade då: »Om du hade tagit ett korn till, hade du inte kommit levande ur boden.» En kväll såg han, att någon höll till under hans rågbod och sökte slå eld antingen för att stjäla råg eller för att antända boden. Han grep då sin bössa och sköt mot gnistan från eldstålet. Efter skottet syntes inte någon gnista till längre och när han gick dit, fann han sonen till en annan finne, Penna i Mangen, ligga död under boden med genomskjutet huvud. Med denne Penna från grannbyn Mangen levde Häkkinen i svår osämja, alltsedan denne en gång hade trätt upp några av Häkkinens getter på spetsiga störar i ett rågfall, där de gjort ofog. Penna fick nu ett bud från Häkkinen att komma och hämta sin bock. Detta dråp kostade honom emellertid hundra riksdaler i förlikning, säger sägnen.

Häkkinens väldiga styrka liksom hans hetsinthet och obändiga lynne omvittnas i många sägner. När man sökte jaga bort honom från Rattsjöberget, berättas det, grep han tag i skaklarna på en gödselslip och använde den vidhängande släden som slagträ, varmed han skrämde bort alla de anfallande svenskarna. Han skulle också ha slagit ihjäl halvsjunde karl, säges det. Sex hade han slagit ihjäl ensam, men vid avlivandet av den sjunde skulle han ha haft en medhjälpare. En gång när han gick på jakt i skogen tillsammans med sin son, mötte de en främmande man. Häkkinen sköt främlingen men när de efter dådet plundrade den döde, hade denne blott några få småslantar på sig. Sonen förebrådde då Häkkinen för att ha skjutit mannen alldeles i onödan, eftersom det inte ens var värt skottet. Härtill genmälte Häkkinen: »Å, han var väl så god som en järpe.»

Men även Häkkinen mötte en gång sin överman. Långt uppe i norr i Medskogen bosatte sig en finne vid namn Jo Vedlan. När Häkkinen fick höra talas härom, gav han sig på väg dit för att pröva sin styrka på honom och kanske även bli i tillfälle att tillägna sig något av hans tillhörigheter. På vägen kom han till en finngård, som hette Kindsjön — somliga sägner säger Filpus gården i Bjurberget. Där kom han med i ett stort dryckeslag. I detta deltog även en man, som Häkkinen inte kände. Han kom i samspråk med denne och nämnde därvid för honom, att han ämnade sig upp till Jo Vedlan, som sagts vara en stark karl, för att pröva hans styrka och »skatta» honom. Men det var just Jo Vedlan, som han talade med, och denne tog itu med Häkkinen och skar upp magen på honom, så att tarmarna rann ut. Såret syddes ihop och Häkkinen blev liggande kvar flera veckor på gården, innan han kunde taga sig hem. Då var han i alla fall så stark, att han, när han gick förbi en finnes rågfall, där det stod skuren råg — det skall ha tillhört den förste bebyggaren i Skallbäcken, ett stycke norr om Rattsjöberget — tog en försvarlig rågbörda med sig på ryggen. När han kom med denna in på sin gård, fick hans unge son se honom ifrån pörtet, och i tro att det var någon som varit framme och stulit av deras råg, grep han faderns bössa från väggen och sköt honom i benet. Häkkinen blev stolt över sonens rådighet och sade: »Nu blir det karl av pojken. Jag måste allt ge honom byxor.» Gossar gick nämligen på den tiden i bara skjortan, tills de var femton år gamla. Enligt somliga sägner skall emellertid denna händelse med sonen ha inträffat vid ett annat tillfälle. När

Häkkinen plundrade den skördade sveden på hemvägen skall han nämligen ha lagt på sig så stor rågbörda, att såret brast upp, varför han blev liggande ännu någon tid i hemmet. Då folk sporde honom om hans resa till Medskogen och anledningen till det stora såret, skall han ha svarat: »Jag råkade ut för en tjur från Medskogen och han stångade mig. Jag vill aldrig gå dit mera.»

På Häkkinens ålderdom blev hans son dödad. Sägnen berättar, att sonen hade begivit sig till ett bröllop nere i Kollerud, en svensk by. Där red han på en häst in i bröllopssalen svingande ett blänkande föremål, som tycktes vara en kniv. Folket omringade honom och klämde fast honom bakom ett bord där han slogs ihjäl, under det att prästen med ett ljus i handen åsåg hela mordscenen. Sedan han blivit ihjälslagen, fann man att den döde höll en sill i handen. När fadern Häkkinen som låg svårt sjuk, fick bud om sonens död, sade han, att han ännu skulle hämnas och tvätta bort sonens blod. Så skedde emellertid inte. Häkkinen kom aldrig upp från sin sotsäng, och sonen blev ohämnad.

Norra Ny

Henrik Henriksson Kukkoinen upptog Näsberget 1658

Enligt Broberg 1988:

Norra Ny

I motsats till den stora och livskraftiga finska bosättningsrörelsen, som på sin väg från gräns- och storskogarna väster om Fryken i Jösse och Fryksdals härader upptagit 35 nya hemman och i de västliga älvdalsskogarna i och med skattläggningen av Aspberget tillagt ytterligare 18 hemman eller tillhopa 53 finnhemman, de flesta fjärdingshemman, upptogs uncler samma avsnitt av 1600-talet endast ett hemman i de östliga älvdalsskogarna mellan Klarälven och gränsen mot Dalarna, nämligen Näsberget 1/4 sk. Detta hemman med sin ytvidd av 2872 tunnland hör till de mindre av alla hemman som upptagits under 1600-talet i fryksdals-och älvdalsskogarna. Det har också suttit trångt mellan sina grannar; strider har uppstått för att det trätt andras rätt för när. Likaså har stort missnöje förefunnits över att finnar satt sig ned där. Den 5 juni 1663 kom exempelvis samtliga åbor i Stöllet, Kårbol, Elindebol, Gravol, Ennarbol och Åstrand för rätten och klagade över finnen som satt sig ned på deras samfällda skog och där fällt åtskilliga fall, dem till skada i deras mulbete och myrslogar. Klagoskrifter som inlämnats till rätten kunde inte åtgöras och finnen Henrik Henriksson kom inte till rätten i förlitande på byggnadssedel som han fått av fogden och på förläningsherren Lars Örnstjernas tillstånd; vid nästa ting tillsattes godemän som skulle mäta hans där nedlagda arbete och kostnad och efter uppgörelse skulle finnen vara därifrån.

Trots att Henrik var utdömd från Näsberget inträffar det överraskande å tinget den 2 september 1665, att Näsberget på Elindebols ägor å välborne Herr Örnstjernas frälse skattlades för 1/4 och i jordeboken för samma år står: »Näsberget hafver varit ett nybygge och är nu 1665 skattlagt till 1/4 skattehemman och näsbergsfinnen skall med sitt husfolk sitta orubblig.»

I skattelängderna förekommer Henrik i Näsberget 1661 med 2 egna och 2 husfolk i mantal. 1663 har Henrik 4 egna och 2 husfolk och Eskil 2 egna i mantal. 1664 betalar Henrik 9 fjärdingar råg i kronotionde och står sedan ensam i mantals- och tiondelängderna till och med 1671. Därefter är Jöns Henriksson jämte sin broder Henrik upptagen i skattelängderna.

Stamfadern Henrik i Näsberget - enligt vad som framgår av rättegång 15/12 1671 - lämnade efter sig två söner, Henrik och Jöns, och hade tre döttrar, Ingeborg (gift med Olof Kropp i Bergslagen), Kerstin i Solberg (i Ekshärad) och Annika.

Av sönerna dog Henrik 1703 (88 år gammal) och Jöns 1687. Från deras barn härstammar en mängd ättlingar i såväl finska som svenska bygder. - Jfr vidare om Näsberget i Erik Falks artikel Finnarna i Värmland intill 1600-talets slut (i En bok om Värmland, 3, 1921, sid. 275ff.).

1. Henrik Henriksson Kukkoinen f ca 1585 i Rämmen, d 1671 i V Näsberget, N Ny, g med Agnes f ca 1590. Henrik upptog Näsberget omkring 1658.

Detta var det enda finnhemman som upptogs i den östliga delen av älvdalsskogarna mellan Klarälven och gränsen mot Dalarna. Det fanns ett stort missnöje med bosättningen från befolkningen i dalgången på grund av fallhygge till men för deras mulbete och myrslogar. Henrik hade emellertid fått byggsedel av fogden och förläningsherren Lars Örnstjerna. Först blev Henrik utdömd från Näsberget, men sedan kom det överraskande beskedet på tinget 2 september 1665 att Näsberget skattlades för ¼ hemman. I jordeboken samma år står: "Näsberget hafver varit ett nybygge och är nu 1665 skattlagt till ¼ skattehemman och näsbergsfinnen skall med sitt husfolk sitta orubblig."

Henrik lär ha sagt: "de må döma mig vad de vill, jag ska sitta där jag sitter likväl", och så blev det alltså.

Sönerna Henrik och Jöns fortsatte svedjandet i Näsberget och kom i otaliga sammanstötningar med myndigheter och grannar. De var instämda till tinget ett 10-tal gånger vardera för olaga fall och det blev dryga böter ibland. Dessutom fälldes Henrik några gånger för svordomar och "oljud" vid tinget.
1684 fann emellertid rätten skäligt att Näsberget fick utökas med 1/3-del av skog, myrslogar och utägor i Elinderbol i N Ny sn.

Ättlingar:
1.1. Henrik Henriksson Kukkoinen f 1615, d 1703-11-15 i Näsberget, N Ny,
Barn utan känd moder:
1.1.2. Henrik Henriksson Kukkoinen f 1663 i Näsberget, d 1692-05-29, g med Marit Israelsdotter f 1665.
Deras barn:
1.1.2.1. Anders Henriksson Kukkoinen f 1691-09-03 i Näsberget, N Ny.

1.1.3. Olof Henriksson Kukkoinen f 1665 i Näsberget, g1 med Margareta Henriksdotter f 1667, d 1724-05-24, g2 med Maria Andersdotter.
Barn i första giftet:
1.1.3.1. Annika Olofsdotter Kukkoinen f 1695-03-15, d 1718-02-25
1.1.3.2. Henrik Olofsson Kukkoinen f 1696-12-26 i Näsberget, N Ny
1.1.3.3. Kristoffer Olofsson Kukkoinen f 1698-08-05 i Näsberget, N Ny
Barn i andra giftet:
1.1.3.4. Olof Olofsson Kukkoinen f 1726-04-03

1.1.4. Karin Henriksdotter Kukkoinen f 1667 i Näsberget, N Ny, g 1690-03-02 med Johan Danielsson Honkainen f 1662, d 1706 i Basthöjden, Färnebo, son till Daniel Kristoffersson Honkainen och Maria (Marit) Mikaelsdotter.
Barn:

1.1.4.1. Maria Johansdotter Honkainen f 1691 i Basthöjden, Färnebo

1.1.4.2. Annika Johansdotter Honkainen f 1692 i Basthöjden, Färnebo, d 1722

1.1.4.3. Daniel Johansson Honkainen f 1694 i Basthöjden, Färnebo

1.1.4.4. Kristoffer Johansson Honkainen f 1697 i Basthöjden, Färnebo, d 1777-07-23 i Bograngen, S Finnskoga, g med Britta Bertilsdotter Neuvoinen f 1702 i Peistorpet, Åsnes, d före 1766, dotter till Bertil Eriksson Neuvoinen och Anniken Henriksdotter Piesainen. Kristoffer inflyttade till Skråckarberget, S Finnskoga, via Näsberget, N Ny omkring 1720. Deras barn:

1.1.4.4.1. Johan Kristoffersson Honkainen f 1722-04-07 i Skråckarberget, S Finnskoga

1.1.4.4.2. Maria Kristoffersdotter Honkainen f ca 1723 i Kindsjön, S Finnskoga, d ca 1794, g ca 1750 med Lars Persson f ca 1723 i Hof?, d ca 1772 i Bograngen, S Finnskoga. Lars Persson var författarens ff ff ff f, men jag har inte hittat hans ursprung än.

1.1.4.4.3. Mats Kristoffersson Honkainen f 1728-06-07 i Kindsjön, S Finnskoga

1.1.4.4.4. Sigfrid Kristoffersson Honkainen f 1730-01-10 i Kindsjön, S Finnskoga, d 1761-04-30 i Järpliden, S Finnskoga, g 1753-11-10 med Marit Eriksdotter Utriainen f 1729-02-19 och d 1804-01-19 i Järpliden, S Finnskoga, dotter till Erik Eriksson Utriainen och Karin Johansdotter Veteläinen.

1.1.4.4.5. Anna Kristoffersdotter Honkainen f 1731-09-20 i Kindsjön, S Finnskoga, d 1800-06-10 i S Finnskoga, g 1754-12-25 med Per Karlsson Lehmoinen f 1728-06-11 i Medskogen, S Finnskoga, d ca 1802 i S Finnskoga, son till Karl Karlsson Lehmoinen och Lisbet Pålsdotter Lehmoinen.

1.1.4.5. Jöns Johansson Honkainen f 1703 i Basthöjden, Färnebo, d 1743, g med Karin Kristoffersdotter Honkainen f 1700, d 1743, dotter till Kristoffer Jönsson Honkainen. Barn:

1.1.4.5.1. Kerstin Jönsdotter Honkainen f 1730, d 1807.

1.1.5. Kristoffer Henriksson Kukkoinen f 1670 i Näsberget, N Ny, g 1703-07-19 med Britta Persdotter, bosatt i Flatåsen, Nyskoga. Barn:

1.1.5.1. Annika Kristoffersdotter Kukkoinen f 1704-08-23 i Näsberget, N Ny, d 1741-1744, g 1723-12-28 med Mats Tomasson Havuinen f 1700 i Kringsberget, S Finnskoga, d 1774 i N Ny, son till Tomas Kristoffersson Havuinen och Annika Hindriksdotter. Deras barn:

1.1.5.1.1. Henrik Matsson Havuinen f 1725-12-30 i Näsberget, N Ny

1.1.5.1.2. Mats Matsson Havuinen f 1728-07-01 i Näsberget, N Ny

1.1.5.1.3. Lisbet Matsdotter Havuinen f 1733-03-03 i Näsberget, N Ny

1.1.5.1.4. Kristoffer Matsson Havuinen f 1735-09-19 i Näsberget, N Ny

1.1.5.1.5. Olof Matsson Havuinen f 1740-05-16 i Näsberget, N Ny

1.1.5.1.6. Anders Matsson Havuinen f 1741-10-23 i Näsberget, N Ny

1.1.5.2. Karin Kristoffersdotter Kukkoinen f 1706 i Näsberget, N Ny, d 1747, g 1743-05-10 i Ekshärad med Elias Larsson Karjalainen f 1704-11-08 i Laggåsen, N Råda, d 1744-05-22 i Nain, Ekshärad, son till Lars Eliasson Karjalainen och Ingeborg Henriksdotter Pulkkinen.

1.1.5.3. Britta Kristoffersdotter Kukkoinen f 1710-10-07 i Näsberget, N Ny.

1.2. Ingeborg Henriksdotter Kukkoinen f 1617, d 1694-02-11 i V Näsrämshyttan, Rämen, g med Olof Persson Kropp (Korpinen?) f 1613, d 1667-11-11, drunknade tillsammans med sonen Henrik, bosatta i Rämmen
Deras barn:
1.2.1. Per Olofsson Kropp
1.2.2. Kerstin Olofsdotter Kropp f 1630, d 1665 i Sundsjön, Gustav Adolf
1.2.3. Kristoffer Olofsson Kropp f 1648, d 1729
1.2.4. Karl Olofsson Kropp f 1650
1.2.5. Hindrik Olofsson Kropp f 1651, d 1667-11-11
1.2.6. Jöns Olofsson Kropp f 1655
1.2.7. Olof Olofsson Kropp f 1655 i Väshushöjden, Färnebo, d 1726-06-18, g 1703-05-17 med Lisbet Matsdotter f 1669.
Deras barn:
1.2.7.1. Ingeborg Olofsdotter Kropp f 1704-02-07 i Näsberget, N Ny, g 1721-03-19 med Johan Ivarsson, Milsjön, Malung.
1.2.7.2. Nils Olofsson Kropp f 1706-03-08 i Näsberget, N Ny, g med Eva Tomasdotter f 1707 i N Viggen, Nyskoga.
Barn:
1.2.7.2.1. Lisbet (Lisa) Nilsdotter Kropp f 1747-01-01 i Näsberget, N Ny
1.2.7.2.2. Stina Nilsdotter Kropp f 1749-07-09 i Näsberget, N Ny, g med Anders Andersson f 1752 i N Råda, d 1809 i V Näsberget, N Ny.
1.2.7.2.3. Maria Nilsdotter Kropp f 1751-02-02 i Näsberget, N Ny
1.2.7.2.4. Ingeborg Nilsdotter Kropp f 1754-02-14 i Näsberget, N Ny

1.2.8. Agnes Olofsdotter Kropp f 1657
1.2.9. Pål Olofsson Kropp f 1660, g med Kerstin Tomasdotter f 1680
Barn:
1.2.9.1. Kristina Pålsdotter Kropp f 1712-01-20 i Näsrämmen, Rämen, d 1774-05-04 i Rämsberget, Rämen, g 1733-10-02 i Gåsborn med gruvbrytaren Dionysius (Denik) Danielsson Kruse f 1703-10-02 i Tutemotorp, Sunnemo, d 1765-07-26 i Rämsberget, Rämen, son till Daniel Jonsson Kruse och Stina Håkansdotter.
Barn:
1.2.9.1.1. Jan Denis Denisson Kruse f 1745-03-25 i Rämsberget, Rämen, d 1792-09-27 i Östervik, Rämen, g 1772-02-01 i N Råda med Lisa Olofsdotter f 1746-02-26 i Kosamäck, Gustav Adolf, d 1810-03-15 i Östervik, Rämen, dotter till Olof Persson och Annika Eriksdotter Karttuinen.

1.3. Jöns Henriksson Kukkoinen f 1620, d 1687-06-17 i V Näsberget, N Ny, g1 med Karin Henriksdotter f 1630, g2 med Marit Larsdotter d 1712-05-17 i Halla, Ekshärad.
Barn i första giftet:
1.3.1. Annika Jönsdotter Kukkoinen f 1660
1.3.2. Lisbet Jönsdotter Kukkoinen f 1663

1.3.3. Henrik Jönsson Kukkoinen f 1666 i Näsberget, N Ny, d 1698-03-27, g 1691 med Lisbet Matsdotter f 1670 i Flatåsen, Nyskoga.
Barn:
1.3.3.1. Maria Henriksdotter Kukkoinen f 1692
1.3.3.2. Daniel Henriksson Kukkoinen f 1693-09-25 i Näsberget, N Ny, g med Sara Hindriksdotter Hakkarainen f 1687 och d 1773 i Nain, Ekshärad, dotter till Henrik Persson Hakkarainen och Kerstin Larsdotter Karjalainen.
Barn:
1.3.3.2.1. Lisbet Danielsdotter Kukkoinen f 1720 i Nain, Ekshärad, d 1797, g1 med Johan Persson f 1720, d 1751, bosatt i Norra Öjenäs. G2 med Hindrik Mårtensson f 1728, d 1796, bosatt i Näsberget, N Ny
1.3.3.2.2. Kerstin Danielsdotter Kukkoinen f 1722 i Nain, Ekshärad, bosatt i Näsberget, N Ny.
1.3.3.2.3. Hindrik Danielsson Kukkoinen f 1723 i Nain, Ekshärad, d 1782, g med Anna Danielsdotter f 1729 i Laggåsen, Ekshärad, d 1807. Bosatta i Nain, Ekshärad.
1.3.3.2.4. Jöns Danielsson Kukkoinen f 1724 i Nain, Ekshärad, d 1805, g 1755-02-11 i N Råda med Ingeborg Eliasdotter Karjalainen f 1730-05-11 och d 1773-06- i Nain, Ekshärad, dotter till Elias Larsson Karjalainen och Kerstin Bengtsdotter Hakkarainen.
1.3.3.2.5. Olof Danielsson Kukkoinen f 1726 i Nain, Ekshärad
1.3.3.2.6. Per Danielsson Kukkoinen f 1728 i Nainsände, Ekshärad, d 1805, g med Britta Nilsdotter f 1741 i Emtbjörk, d 1791 i Nain, Ekshärad.

1.3.3.3. Kristoffer Henriksson Kukkoinen f 1697-07-10, d 1698-04-25

1.3.4. Marit Jönsdotter Kukkoinen f 1667, g med Henrik Hansson.
Barn:
1.3.4.1. Karin Henriksdotter f 1689-01-19
1.3.4.2. Marit Henriksdotter f 1691-07-19, d 1697-06-24
1.3.4.3. Sara Henriksdotter f 1694-05-13
1.3.4.4. Malin Henriksdotter f 1697-04-14

1.3.5. Malin Jönsdotter Kukkoinen f 1669
1.3.6. Jöns Jönsson Kukkoinen f 1671, g med Annika Olofsdotter f 1680
Deras barn:
1.3.6.1. Jöns Jönsson Kukkoinen f 1711-08-25
1.3.6.2. Maria Jönsdotter Kukkoinen f 1713-03-06
1.3.6.3. Mats Jönsson Kukkoinen f 1720-05-30

Barn i andra giftet:
1.3.7. Ingeborg Jönsdotter Kukkoinen f 1667-03-20 i Ekshärad, d 1738-11-11 i Nain, Ekshärad, g med Bengt Hindriksson Hakkarainen f 1665 och d 1705 i Nain, Ekshärad, son till Henrik Persson Hakkarainen och Kerstin Larsdotter Karjalainen.
Barn:

262

1.3.7.1. Kerstin Bengtsdotter Hakkarainen f 1701 i Nain, Ekshärad, d 1742, g 1729-06-01 i Ekshärad med Elias Larsson Karjalainen f 1704-11-08 i Laggåsen, N Råda, d 1744-05-22 i Nain, Ekshärad, son till Lars Eliasson Karjalainen och Ingeborg Henriksdotter Pulkkinen. Deras barn:

1.3.7.1.1. Ingeborg Eliasdotter Karjalainen f 1730-05-11 i Nain, Ekshärad, d 1773-06- , g 1755-02-11 i N Råda med Jöns Danielsson Kukkoinen f 1724 och d 1805 i Nain, Ekshärad, son till Daniel Henriksson Kukkoinen och Sara Hindriksdotter Hakkarainen.

1.3.7.1.2. Maria Eliasdotter Karjalainen f 1738 och d 1738 i Nain, Ekshärad

1.3.7.1.3. Kerstin Eliasdotter Karjalainen f 1738 och d 1738 i Nain, Ekshärad

1.3.7.1.4. Karin Eliasdotter Karjalainen f 1739 och d 1739 i Nain, Ekshärad

1.3.7.1.5. Maria Eliasdotter Karjalainen f 1740 i Nain, Ekshärad, d 1767

1.3.7.2. Maria Bengtsdotter Hakkarainen f 1704 i Nain, Ekshärad, d 1783, g 1728-06-10 med Daniel Larsson Karjalainen f 1702-03-13 i Laggåsen, Ekshärad, d 1754-02-17, son till Lars Eliasson Karjalainen och Ingeborg Henriksdotter Pulkkinen. Barn:

1.3.7.2.1. Annika Danielsdotter Karjalainen f 1729 i Laggåsen, Gustav Adolf, d 1807, g med Henrik Danielsson

1.3.7.2.2. Ingeborg Danielsdotter Karjalainen f 1730 i Laggåsen, Gustav Adolf, g med Nils Jönsson

1.3.7.2.3. Maria Danielsdotter Karjalainen f 1733 i Laggåsen, Gustav Adolf, g med Sven Danielsson

1.3.7.2.4. Kristina Danielsdotter Karjalainen f 1735 i Laggåsen, Gustav Adolf, d 1805, g med Jöns Jansson

1.3.7.2.5. Lars Danielsson Karjalainen f 1736-05-28 i Laggåsen, Ekshärad, d 1800-12-03, g med Kerstin Henriksdotter Hakkarainen f 1737-08-29 i Nain, Ekshärad, d 1829-06-25 i St Laggåsen, Ekshärad, dotter till Henrik Larsson Hakkarainen och Marit Persdotter.

1.3.7.2.6. Lisa Danielsdotter Karjalainen f 1739, d 1749

1.3.7.2.7. Bengt Danielsson Karjalainen f 1742, d 1743

1.3.7.2.8. Bengt Danielsson Karjalainen f 1745

1.3.7.2.9. Jan Danielsson Karjalainen f 1748 i Laggåsen, Gustav Adolf, d 1826, g med Maria Olsdotter.

1.4. Kerstin Henriksdotter Kukkoinen f 1622 i V Näsberget, N Ny, bosatt i Solberg, Ekshärad,

1.5. Annika Henriksdotter Kukkoinen f 1625.

Södra Finnskoga

Olof Matsson Koo upptog Skallbäcken 1645

Enligt Broberg 1988:
Inom Södra Finnskoga är Skallbäcken 1/4 sk. det första finnhemmanet och blev upptaget 1647 av Olof Koo (Lehmoinen) på Hjällstads ägor, tillökt 1649, skattlagt till 1/4 hemman 1653. Det är också det först upptagna finnhemmanet inom Dalby socken. Tionde betalas av Olof Matsson Koo redan 1647, dvs, första gången tionde (2 fj. råg) uppbäres av finnarna i Övre Älvdalen i Värmland. På tinget 29/111652 »slöts att Olof Matsson Koo på Skallbäck i Dalby socken skall afdelas så mycket han bör hafva till sitt torp och nybygge från bolbyn Gällstad i samma socken». Olof Matsson Koo står i skattelängder och mantal från 1647 till och med 1673.
Olof Matsson Lehmoinen träffas allra först skriven i Näsrämmen i nuvarande Rämmen, bl. a. åren 1642, 1644 och 1646, men säges i domboken 29/8 1649, då fråga är om erlagda skatter för åren 1645-46, vara »bortdragen» (sålunda till Skallbäcken). — Han är min morssläkts (R.B.:s) stamfader i Sverige.

Olof Matsson (Koo) Lehmoinen f 1605 i Hälsingland, d 1688 i Skallbäcken, S Finnskoga, g med **Karin Matsdotter** f 1610, d 1689 i Skallbäcken. Olof upptog Skallbäcken 1645. Detta är det först upptagna finnhemmanet i S Finnskoga och i hela gamla Dalby socken. Olof kom närmast från Näsrämmen i Rämmen, där han var skriven 1642, 1644 och 1646, men anges vara "bortdragen" 1645-1646 (till Skallbäcken). Skallbäckens hemman gränsade till N Viggen i Nyskoga, och var alltså även sockengräns. Det blev tvistigheter mellan Olof och N Viggens ägare Anders Pålsson Vaissinen om råets sträckning. Hjällstadbönderna hade sålt samma skogslott till båda, men det blev Olof som drog längsta strået.

Olof Matsson (Koo) Lehmoinens anor:

Pekka Lehmoinen i Laukaa, Rautalampi, nämnd 1552, "skall bygge och bo" i Finni i Laukaa, Rautalampi
Son:
Paavali Pekanpoika Lehmoinen, Lehmola, anlade 1559 gården Lehmola
Son:
Heikki Pekanpoika Lehmoinen, Kärkkää, Savolax, nämnd 1561-1589, anlade gården Kärkkälä
Son:
Mats Henriksson Lehmoinen f ca 1570 i Kärkkälä, Savolax, nämnd 1590-1606, därefter försvunnen med sönerna Mats och Tomas.
Söner:
Tomas Matsson Lehmoinen f i Finland
Mats Matsson Lehmoinen f i Finland. **Ättlingar se nedan**

Olof Matsson Lehmoinen f 1605 i Hälsingland, d 1688 i Skallbäcken, S Finnskoga, upptog Skallbäcken 1645. **Ättlingar se nedan.**

Mats Matsson Lehmoinens ättlingar:

1. Karl Mattisen Lehmoinen f 1630 i Hälsingland, bosatt i Vålberget, Grue finnskog, uppröjde Karlstorpet mellan 1686 och 1700, g med Karin Matsdotter f ca 1636 i Hälsingland. Se även tidigare kapitel **"Lehmoinen i Karlstorpet"**
Barn:
1.1. Karl Karlsson Lehmoinen f ca 1658 i Rävhult, Grue, d ca 1753 i Järpliden, S Finnskoga, g med Lisbet Pålsdotter Lehmoinen f ca 1675 i Skallbäcken, S Finnskoga, d 1739-08-24 i Medskogen, S Finnskoga, dotter till Pål Olofsson Lehmoinen och Marit Davidsdotter Pöntinen.
Deras ättlingar redovisas under 2.5. Lisbet Pålsdotter Lehmoinen

1.2. Valborg Karlsdotter Lehmoinen f 1666
1.3. Mats Karlsson Lehmoinen f 1669 i Vålberget, Grue
1.4. Margareta Karlsdotter Lehmoinen f ca 1670 i Vålberget, Grue, g men Ole Henriksen Tossavainen f 1666 i Lövhaugen, Grue, husmann i Vålberget, Grue, son till Henrik Olofsson Tossavainen
1.5. Karl Karlsson Lehmoinen f ca 1673 (enl. Finnemantallet 1686)

Ättlingar till Olof Matsson (Koo) Lehmoinen och Karin Matsdotter:

1. Klemet Olofsson Lehmoinen f 1630 i Rämmen
Barn med okänd:
1.1. Pål Klemetsson Lehmoinen
Barn m okänd:
1.1.1. Pål Pålsson Lehmoinen

1.2. Britta Klemetsdotter Lehmoinen, f 1655, g m Erik Mickelsson Urpiainen, f ca 1650,
Deras barn:
1.2.1. Per Eriksson Urpiainen, f 1674 i Skallbäcken, S Finnskoga.

2. Pål Olofsson Lehmoinen f 1633 i Rämmen, g1 med okänd, g2 med NN Pålsdotter Mullikka, dotter till Pål Staffansson Mullikka, g3 med Marit Davidsdotter Pöntinen f i Hälsingland, d 1732-02-23 i Medskogen, S Finnskoga.
Barn i första giftet:
2.1. Pål Pålsson Lehmoinen f 1658 i Skallbäcken, S Finnskoga, g med Karin Davidsdotter f i Gästrikland.
2.2. Klemet Pålsson Lehmoinen f 1660 i Skallbäcken, S Finnskoga
2.3. Olof Pålsson Lehmoinen f 1663 i Skallbäcken, S Finnskoga

Barn i andra giftet:

2.4. Tomas Pålsson Lehmoinen f 1665 i Skallbäcken, S Finnskoga, g med Lisbet Davidsdotter Pöntinen f ca 1670 i Hälsingland, d 1740 i Nordgarden hos dottern Gjertrud i Vermundsjön (Gretviken), Åsnes, dotter till David Pöntinen.

Deras barn:

2.4.1. Gertrud Tomasdotter Lehmoinen f 1699-07- i Skallbäcken, S Finnskoga, g med Henrik Samuelsson Piesainen f 1694, d 1742 i Nordgarden, Peistorpet, Åsnes finnskog, son till Samuel Henriksen Piesainen och Eli Matsdotter Hyytiäinen.

Deras barn:

2.4.1.1. Samuel Henriksen Piesainen f 1723

2.4.1.2. Samuel d y Henriksen Piesainen f 1725

2.4.1.3. Helena Henriksdatter Piesainen f 1727, d 1807-10-02, g 1745-10-24 med Ole Olsen Räisäinen f 1725, d 1769-11- i Nordgarden, Peistorpet, Grue, son till Ole Tomasen Räisäinen och Karin Danielsdotter Veteläinen.

Deras barn:

2.4.1.3.1. Kari Olsdatter Räisäinen f 1746, g 1780-05-16 med Mattis Mattisen Suhoinen, soldat i Peistorpet, Grue

2.4.1.3.2. Henrik Olsen Räisäinen f 1750

2.4.1.3.3. Gertrud Olsdatter Räisäinen f 1751

2.4.1.3.4. Ingri Olsdatter Räisäinen f 1757

2.4.1.3.5. Olea Olsdatter Räisäinen f 1761

2.4.1.3.6. Anne Olsdatter Räisäinen f 1763

2.4.1.3.7. Mari Olsdatter Räisäinen f 1765

2.4.1.4. Lisbet Henriksdatter Piesainen f 1733

2.4.1.5. Anders Henriksen Piesainen f 1734, g 1756 med Marit Danielsdotter Veteläinen f 1731, dotter till Daniel Andersson Veteläinen och Elin Matsdotter Lehmoinen. Bosatta i Tomta, Östgarden, Peistorpet.

Deras barn:

2.4.1.5.1. Henrik Andersen Piesainen f 1760, d 1797, g med Kari Andersdatter Räisäinen, dotter till Anders Persen Räisäinen och Kari Persdatter Navilainen

2.4.1.6. Gertrud Henriksdatter Piesainen f 1740

Barn i tredje giftet:

2.5. Lisbet Pålsdotter Lehmoinen f 1675 i Skallbäcken, S Finnskoga, d 1739-08-24 i S Finnskoga, g1 med Daniel Johansson Veteläinen f ca 1640, d 1707-09-04 i Medskogen, S Finnskoga, nämndeman, son till Johan Johansson Veteläinen och Anna Olofsdotter. G2 med Karl Karlsson Lehmoinen f ca 1658 i Rävhult, Grue, d ca 1753 i Järpliden, S Finnskoga, son till Karl Mattisen Lehmoinen och Karin Matsdotter.

Deras barn i första giftet:

2.5.1. Annika Danielsdotter Veteläinen f ca 1695 i Medskogen, S Finnskoga, g ca 1713 med Erik Eriksson Tenhuinen f ca 1675, bosatta i N Röjdåsen, Östmark.

Deras barn:

2.5.1.1. Britta Eriksdotter Tenhuinen f 1713-09-20 i Röjdåsen, Östmark
2.5.1.2. Elisabet Eriksdotter Tenhuinen f 1723-07-01 i Röjdåsen, Östmark
2.5.1.3. Gertrud Eriksdotter Tenhuinen f 1725-08-20 i Röjdåsen, Östmark
2.5.1.4. Johan Eriksson Tenhuinen f 1728-05-08 i Röjdåsen, Östmark
2.5.1.5. Erik Eriksson Tenhuinen f 1729-12-21 i N Röjdåsen, Östmark
2.5.1.6. Helga Eriksdotter Tenhuinen f 1732-05-20 i N Röjdåsen, Östmark
2.5.1.7. Annika Eriksdotter Tenhuinen f 1738-06-02 i Gransjön, Eskilstorpet, Östmark

2.5.2. Daniel Danielsson Veteläinen f ca 1702 i Medskogen, S Finnskoga, d 1769-10-09 i Dalby, g1 1730-06-21 med Elin Jensdatter Räisäinen f 1710 i Antilla, Grue finnskog, d ca 1759 i Dalby, dotter till Jens Persen Räisäinen och Margareta Eriksdotter Suhoinen. G2 1760-04-07 med Annika Henriksdotter Vilhuinen f ca 1736 i Skråckarberget, S Finnskoga, dotter till Henrik Andersson Vilhuinen och Maria Henriksdotter Neuvoinen.
Barn i första giftet:
2.5.2.1. Johan Danielsson Veteläinen f 1730-08-29 och d 1770-02-16 i Medskogen, S Finnskoga, g 1753-10-14 i Dalby med Britta Henriksdotter Vilhuinen f 1731-03-14 i Skråckarberget, S Finnskoga, d 1814-01-04 i Medskogen, S Finnskoga, dotter till Henrik Andersson Vilhuinen och Maria Henriksdotter Neuvoinen.
Deras barn:
2.5.2.1.1. Lisbet Johansdotter Veteläinen f 1751, d 1755-01-20
2.5.2.1.2. Daniel Johansson Veteläinen f 1755-03-31 i Medskogen, S Finnskoga
2.5.2.1.3. Mats Johansson Veteläinen f 1756, d 1824-05-25
2.5.2.1.4. Elin Johansdotter Veteläinen f ca 1760 och d 1850-01-21 i Medskogen, S Finnskoga, g 1796-11-07 med Henrik Johansson Veteläinen f 1775 i Dobbala, Medskogen, S Finnskoga, d 1846-11-09, son till Johan Matsson Veteläinen och Karin Eriksdotter Hyytiäinen.
Deras barn:
2.5.2.1.4.1. Karin Henriksdotter Veteläinen f 1797-12-03, d 1800-1804
2.5.2.1.4.2. Britta Henriksdotter Veteläinen f 1803 i Laukomägg, Medskogen, S Finnskoga, d 1883-11-23 i Medskogen, S Finnskoga, g med Kristoffer Karlsson Lehmoinen f ca 1790 i Järpliden, S Finnskoga, d 1870-11-04 i Medskogen, S Finnskoga, son till Karl Persson Lehmoinen och Marte Henriksdatter Tossavainen.

2.5.2.1.5. Henrik Johansson Veteläinen f 1760
2.5.2.1.6. Daniel Johansson Veteläinen f 1763 i Medskogen, S Finnskoga, d 1814, g 1800-12-18 med Elin Olofsdotter Lehmoinen f 1772 i Medskogen, S Finnskoga, dotter till Olof Johansson Lehmoinen och Lisbet Danielsdotter Veteläinen.
Deras barn:
2.5.2.1.6.1. Britta Danielsdotter Veteläinen f 1801 i Medskogen, S Finnskoga
2.5.2.1.6.2. Olof Danielsson Veteläinen f 1804-01-02 i Medskogen, S Finnskoga
2.5.2.1.6.3. Jon Danielsson Veteläinen f 1806 i Medskogen, S Finnskoga
2.5.2.1.6.4. Daniel Danielsson Veteläinen f 1808 i Medskogen, S Finnskoga

2.5.2.2. Mats Danielsson Veteläinen f 1733-02-16 i Medskogen, S Finnskoga, d 1757

2.5.2.3. Lisbet Danielsdotter Veteläinen f 1735-04-19 och d 1812 i Medskogen, S Finnskoga, g med Olof Johansson Lehmoinen f 1738-09-17 i Medskogen, S Finnskoga, son till Johan Karlsson Lehmoinen och Elin Pålsdotter Honkainen.
Deras barn:
2.5.2.3.1. Johan Olofsson Lehmoinen f 1762 i Järpliden, S Finnskoga
2.5.2.3.2. Daniel Olofsson Lehmoinen f 1766 i Järpliden, S Finnskoga
2.5.2.3.3. Kajsa Olsdotter Lehmoinen f 1768 i Järpliden, S Finnskoga
2.5.2.3.4. Elin Olofsdotter Lehmoinen f 1772 i Medskogen, S Finnskoga, g1 1800-12-18 med Daniel Johansson Veteläinen f 1763 i Medskogen, d 1814, son till Johan Danielsson Veteläinen och Britta Henriksdotter Vilhuinen. G2 med Anders Danielsson f 1784 i Norge.
Barn i första giftet:
2.5.2.3.4.1. Britta Danielsdotter Veteläinen f 1801 i Medskogen, S Finnskoga
2.5.2.3.4.2. Olof Danielsson Veteläinen f 1804-01-02 i Medskogen, S Finnskoga
2.5.2.3.4.3. Jon Danielsson Veteläinen f 1806 i Medskogen, S Finnskoga
2.5.2.3.4.4. Daniel Danielsson Veteläinen f 1808 i Medskogen, S Finnskoga
Barn i andra giftet:
2.5.2.3.4.5. Märta Andersdotter f 1814 i Medskogen, S Finnskoga

2.5.2.3.5. Johan Olofsson Lehmoinen f 1776 i Medskogen, S Finnskoga, d 1839-05-03 i Järpliden, S Finnskoga, g1 med Anna Persdotter Huuskoinen f 1785-01-16 i Järpliden, S Finnskoga, d 1839-05-26 i Kärrbackstrand, N Finnskoga, dotter till Per Jonsson Huuskoinen och Karin Karlsdotter Lehmoinen. G2 med Britta Klemetsdotter Hakkarainen f 1771 i Aspberget, N Finnskoga, d 1844-10-05 i Järpliden, S Finnskoga, dotter till Klemet Larsson Hakkarainen och Helena Persdotter Liitiäinen.
Barn i första giftet:
2.5.2.3.5.1. Elin Johansdotter Lehmoinen f 1802-09-12 i Järpliden, S Finnskoga, d 1866-12-19, g med Karl Olofsson Veteläinen f 1804-05-06 i Medskogen, S Finnskoga, son till Olof Danielsson Veteläinen och Marit Persdotter Lehmoinen.

Johan Olofsson Lehmoinens barn i andra giftet:
2.5.2.3.5.2. Lisa Johansdotter Lehmoinen f 1804-10-03 i Järpliden, S Finnskoga, g med Per Bengtsson Kiikalainen f 1805-04-17 i Höljes, N Finnskoga, son till Bengt Bengtsson Kiikalainen och Gunilla Halvardsdotter.
2.5.2.3.5.3. Olof Johansson Lehmoinen f 1807 i Järpliden, S Finnskoga, g med Karin Danielsdotter Liitiäinen f 1808-04-20 i Järpliden, S Finnskoga, d 1879-09-01 i Kärrbackstrand, N Finnskoga, dotter till Daniel Henriksson Liitiäinen och Anna Persdotter Huuskoinen.
2.5.2.3.5.4. Helena Johansdotter Lehmoinen f 1810-01-26 i Järpliden, S Finnskoga, d 1901-01-15 i Anderstubben, N Finnskoga, g1 med soldaten Håkan Persson, g2 1843-12-30 med Mats Olofsson Tenhuinen f 1819 i Höljes, N Finnskoga, son till Olof Eriksson Tenhuinen och Valborg Tomasdotter Havuinen.
2.5.2.3.5.5. Karin Johansdotter Lehmoinen f 1817 och d 1826-05-14 i Järpliden, S Finnskoga

2.5.2.3.6. Anna Olsdotter Lehmoinen f 1783 i Järpliden, S Finnskoga

2.5.2.4. Per Danielsson Veteläinen f 1737-03-31 i Medskogen, S Finnskoga
2.5.2.5. Anna Danielsdotter Veteläinen f 1739-04-20 i Medskogen, S Finnskoga, d 1840 i Norge, g med Mats Johansson Lehmoinen f 1740-06-07 i Järpliden, S Finnskoga, son till Johan Karlsson Lehmoinen och Elin Pålsdotter Honkainen.
Deras barn:
2.5.2.5.1. Kerstin Matsdotter Lehmoinen f 1753 i Järpliden, S Finnskoga
2.5.2.5.2. Elin Matsdotter Lehmoinen f 1766 i Järpliden, S Finnskoga
2.5.2.5.3. Lisbet Matsdotter Lehmoinen f 1775 i Norge, d 1858 i S Finnskoga, g med Mats Matsson Kanainen f 1778 i Järpliden, S Finnskoga, d 1862 i Dalby, son till Mats Torstensson Kanainen och Annika Johansdotter Hane.
Ders barn:
2.5.2.5.3.1. Johan Matsson Kanainen f 1803-08-03 i Järpliden, S Finnskoga, g med Helja Danielsdotter Liitiäinen f 1805-11-09 i Järpliden, S Finnskoga, dotter till Daniel Henriksson Liitiäinen och Anna Persdotter Huuskoinen.
2.5.2.5.3.2. Mats Matsson Kanainen f 1805 i Järpliden, S Finnskoga, d 1897, g med Anna Andersdotter Mullikka f 1809 i Skråckarberget, S Finnskoga, d 1873-12-26 i Järpliden, S Finnskoga, dotter till Anders Olofsson Mullikka och Ingrid Henriksdotter Tenhuinen.

2.5.2.6. Pål Danielsson Veteläinen f 1760, d 1760
2.5.2.7. Henrik Danielsson Veteläinen f 1762 i Medskogen, S Finnskoga, g med Britta Persdotter Lehmoinen f 1761 i Bograngen, S Finnskoga, dotter till Per Karlsson Lehmoinen och Anna Kristoffersdotter Honkainen.
Barn:
2.5.2.7.1. Maria Henriksdotter Veteläinen f i Medskogen, S Finnskoga, g med soldaten Torsten Matsson Uppman Kanainen f 1712 i Järpliden, S Finnskoga, d ca 1757, son till Mats Markusson Kanainen och Marit Eriksdotter Utriainen.
2.5.2.7.2. Daniel Henriksson Veteläinen f 1783 i Medskogen, S Finnskoga, d ca 1808
2.5.2.7.3. Lisa Henriksdotter Veteläinen f 1791-07-05 och d ca 1841 i Medskogen, S Finnskoga, g med Kristoffer Halvardsson f 1793-06-20 och d 1844-05-12 i Bograngsberget, S Finnskoga, son till Halvard Pettersson och Britta Sigfridsdotter Honkainen.
Barn:
2.5.2.7.3.1. Britta Kristoffersdotter f 1816-10-22 i Bograngen, S Finnskoga, g med Jan Magnus Norberg f 1817 i Letafors, S Finnskoga
2.5.2.7.3.2. Halvard Kristoffersson f 1819-11-01 i Bograngen, S Finnskoga, g med Marit Halvardsdotter f 1833-03-26 i N Finnskoga, d 1861 i Bograngen, S Finnskoga, dotter till Halvard Halvardsson och Ingeborg Andersdotter Kukkoinen.
2.5.2.7.3.3. Märta Kristoffersdotter f 1824-01-12 i Bograngsberget, S Finnskoga, d 1900-12-08 i Galåsen, S Finnskoga, g med Per Olofsson f 1823-09-16 i Galåsen, S Finnskoga, son till Olof Persson och Lisa Andersdotter Mullikka.
2.5.2.7.3.4. Kerstin Kristoffersdotter f 1828 och d 1829 i Medskogen, S Finnskoga

2.5.2.7.3.5. Anna Kristoffersdotter f 1829-06-14 i Bograngsberget, S Finnskoga, g med Per Larsson f 1835-11-28 i Kindsjön, S Finnskoga, son till Lars Halvardsson och Karin Håkansdotter.

2.5.2.7.3.6. Lisa Kristoffersdotter f 1834-12-15 i Bograngen, S Finnskoga, g med Anders Persson Liitiäinen f 1829-05-03 i Rangberget, S Finnskoga, son till Per Andersson Liitiäinen och Lisa Karlsdotter Liitiäinen.

2.5.2.7.4. Anna Henriksdotter Veteläinen f 1794 i Medskogen, S Finnskoga, g 1811-11-24 med Erik Henriksson Vilhuinen f 1785-02-10 i Skråckarberget, S Finnskoga, son till Henrik Henriksson Vilhuinen och Kerstin Matsdotter Tenhuinen.
Deras barn:
2.5.2.7.4.1. Anna Eriksdotter Vilhuinen f 1815 i Skråckarberget, S Finnskoga, g1 med Torsten nn, g2 1860 med Erik Jensen f 1831-02-28 i Norge, d 1904-02-12 i Skråckarberget, S Finnskoga.
2.5.2.7.4.2. Maria Eriksdotter Vilhuinen f 1820 i S Finnskoga, d 1907-02-24 i Skråckarberget, S Finnskoga, g med Erik Eriksson Vilhuinen f 1819 i Skråckarberget, S Finnskoga, son till Erik Eriksson Vilhuinen och Märta Danielsdotter Veteläinen.
2.5.2.7.4.3. Kerstin Eriksdotter Vilhuinen f 1822 i Skråckarberget, S Finnskoga, g med Anders Olofsson Mullikka f 1822 i Skråckarberget, S Finnskoga, son till Olof Andersson Mullikka joch Gertrud Olofsdotter Vilhuinen.
2.5.2.7.4.4. Karl Eriksson Vilhuinen f 1835-05-07 i Skråckarberget, S Finnskoga, d 1918-05-27 i Järpliden, S Finnskoga, g med Märka Matsdotter Kymöinen f 1836-01-12 i Avundsåsen, S Finnskoga, d 1919-03-11 i Järpliden, S Finnskoga, dotter till Mats Olofsson Kymöinen och Britta Danielsdotter Veteläinen.

2.5.2.7.5. Märta Henriksdotter Veteläinen f 1798, d 1800
2.5.2.7.6. Olof Henriksson Veteläinen f 1802 i Medskogen, S Finnskoga
2.5.2.7.7. Henrik Henriksson Veteläinen f 1805 i Medskogen, S Finnskoga, g med Kerstin Hansdotter Hane f 1808 i Höljes, N Finnskoga, dotter till Hans Johansson Hane och Karin Henriksdotter Räisäinen.
Deras barn:
2.5.2.7.7.1. Karin Henriksdotter Veteläinen f 1833-01-06 i Medskogen, S Finnskoga, g med Jon Eriksson Veteläinen f 1840-01-12, son till Erik Persson Veteläinen och Elina Karlsdotter Raatikainen.

2.5.2.8. Daniel Danielsson Veteläinen f ca 1764, d 1828-08-10 i Galåsen, S Finnskoga, g 1792-07-08 med Lisbet Persdotter f ca 1769 i Bograngen, S Finnskoga, dotter till Per Larsson och Kerstin Persdotter.
2.5.2.9. Olof Danielsson Veteläinen f 1767 i Medskogen, S Finnskoga, d 1823, g med Marit Persdotter Lehmoinen f 1769 i Järpliden, S Finnskoga, d 1847, dotter till Per Karlsson Lehmoinen och Anna Kristoffersdotter Honkainen.
Barn:

2.5.2.9.1. Anna Olofsdotter Veteläinen f 1790 i Medskogen, S Finnskoga, g med Henrik Olofsson Vilhuinen f 1782 i Skråckarberget, S Finnskoga, son till Olof Henriksson Vilhuinen och Kajsa Henriksdotter Vilhuinen.
Deras barn:
2.5.2.9.1.1. Märta Henriksdotter Vilhuinen f 1814-12-24 i Skråckarberget, S Finnskoga, levde på 1890-talet, g med Mats Karlsson f 1813-06-24 i Kindsjöberg, S Finnskoga, d 1865-07-03 i Kindsjön, Lilleberget, S Finnskoga, son till Karl Johansson och Karin Olofsdotter.
2.5.2.9.1.2. Kajsa Henriksdotter Vilhuinen f 1818-03-03 i Skråckarberget, S Finnskoga, g med Erik Olofsson Tenhuinen f 1809-09-10 i Kindsjöberget, S Finnskoga, son till Olof Olofsson Tenhuinen och Britta Andersdotter Tenhuinen.
2.5.2.9.1.3. Anna Henriksdotter Vilhuinen f 1820 i Skråckarberget, S Finnskoga
2.5.2.9.1.4. Gertrud Henriksdotter Vilhuinen f 1823 i Skråckarberget, S Finnskoga
2.5.2.9.1.5. Henrik Henriksson Vilhuinen f 1830 i Skråckarberget, S Finnskoga, g med Märta Halvardsdotter Lehmoinen f 1842-04-17 i Kindsjön, S Finnskoga, d 1895-10-01 i Skråckarberget, S Finnskoga, dotter till Halvard Olofsson Lehmoinen och Maria Olofsdotter Kymöinen.

2.5.2.9.2. Daniel Olofsson Veteläinen f 1796 och d 1854-08-24 i Medskogen, S Finnskoga, g med Lisa Danielsdotter Veteläinen f 1797 i Djäkneliden, S Finnskoga, d 1867 i S Finnskoga, dotter till Daniel Matsson Veteläinen och Anna Persdotter Lehmoinen.
Deras barn:
2.5.2.9.2.1. Olof Danielsson Veteläinen f 1820 i Medskogen, S Finnskoga, g med Karen Olsdatter f 1823-05-10 i Hof
2.5.2.9.2.2. Daniel Danielsson Veteläinen f 1823-01-13 i Medskogen, S Finnskoga, d 1892 i S Finnskoga, g med Märta Karlsdotter Lehmoinen f 1824-12-21 i Bograngen, S Finnskoga, d 1907 i S Finnskoga, dotter till Karl Karlsson Lehmoinen och Gertrud Henriksdotter Vilhuinen.
2.5.2.9.2.3. Per Danielsson Veteläinen f 1825, d 1843
2.5.2.9.2.4. Karl Danielsson Veteläinen f 1829-08-13 i Medskogen, S Finnskoga, g med Johanna Persdotter Veteläinen f 1831-02-03 i Medskogen, S Finnskoga, dotter till Per Olofsson Veteläinen och Anna Danielsdotter Veteläinen.
2.5.2.9.2.5. Märta Danielsdotter Veteläinen f 1832-01-17 i Medskogen, S Finnskoga
2.5.2.9.2.6. Anna Danielsdotter Veteläinen f 1834-12-20 i Medskogen, S Finnskoga, g med Jon Jonsson Kanainen f 1827 i Järpliden, S Finnskoga, son till Jon Matsson Kanainen och Lisa Kristoffersdotter.
2.5.2.9.2.7. Mats Danielsson Veteläinen f 1837-11-10 i Medskogen, S Finnskoga, g 1861-03-30 med Kajsa Matsdotter Kymöinen f 1839-05-02 i Avundsåsen, S Finnskoga, dotter till Mats Olofsson Kymöinen och Britta Danielsdotter Veteläinen.

2.5.2.9.3. Per Olofsson Veteläinen f 1798 i Medskogen, S Finnskoga, g med Marit Olofsdotter Vilhuinen f 1800 i Skråckarberget, S Finnskoga, dotter till Olof Henriksson Vilhuinen och Kajsa Henriksdotter Vilhuinen.
Barn:

2.5.2.9.3.1. Henrik Persson Veteläinen f 1834-04-19 i Skråckarberget, S Finnskoga, g med Maria Karlsdotter f 1845-04-27 i Kindsjön, Säterberget, S Finnskoga, dotter till Karl Karlsson och Lisa Andersdotter Hyytiäinen.

2.5.2.9.4. Olof Olofsson Veteläinen f 1801 i Medskogen, S Finnskoga, g med Maria Henriksdotter Vilhuinen f 1794 i Skråckarberget, S Finnskoga, d 1877-01-22 i Tutstad, Dalby, dotter till Henrik Henriksson Vilhuinen och Kerstin Matsdotter Tenhuinen.
Barn:
2.5.2.9.4.1. Olof Olofsson Veteläinen f 1829-02-23 och d 1870-08-23 i Tutstad, Dalby, g med Sigrid Jönsdotter f 1828-01-17 i Likenäs, Dalby, d 1876.

2.5.2.9.5. Karl Olofsson Veteläinen f 1804, **hans barn och ättlingar, se 2.5.2.3.5.1. Elin Johansdotter Lehmoinen**

2.5.2.10. Karl Danielsson Veteläinen f 1769 i Medskogen, S Finnskoga, g 1804-10-13 med Gertrud Larsdotter f 1778 i Halsjön, N Finnskoga, dotter till Lars Eriksson och Anna (Annika) Persdotter Muhoinen.
Barn:
2.5.2.10.1. Anna Karlsdotter Veteläinen f 1793 i Medskogen, S Finnskoga
2.5.2.10.2. Daniel Karlsson Veteläinen f 1805 i Medskogen, S Finnskoga
2.5.2.10.3. Olof Karlsson Veteläinen f 1808, d 1813
2.5.2.10.4. Karl Karlsson Veteläinen f 1814 i Medskogen, S Finnskoga
2.5.2.10.5. Maria Karlsdotter Veteläinen f 1817 i Medskogen, S Finnskoga
2.5.2.10.6. Lars Karlsson Veteläinen f 1822 i Medskogen, S Finnskoga

Från 2.5. Lisbet Pålsdotter Lehmoinen.
Hennes barn i andra giftet:
2.5.3. Karl Karlsson Lehmoinen f ca 1711 i Medskogen, S Finnskoga, d omkring 1770, g med Britta Mickelsdotter Honkainen f 1721-02-10 i Järpliden, S Finnskoga, d 1801, dotter till Mickel Pålsson Honkainen och Marte Henriksdatter Piesainen.
Deras barn:
2.5.3.1. Lisbet Karlsdotter Lehmoinen f 1744 i Järpliden, S Finnskoga, struken 1757
2.5.3.2. Olof Karlsson Lehmoinen f 1745 i Järpliden, S Finnskoga, d 1812-06-22 i S Finnskoga, g med Britta Andersdotter Neuvoinen f 1746 i Bjurberget, S Finnskoga, d 1810-06-14 i S Finnskoga, dotter till Anders Henriksson Neuvoinen och Anna (Annika) Henriksdotter.
Barn:
2.5.3.2.1. Anna Olofsdotter Lehmoinen f 1778 i Järpliden, S Finnskoga, d 1857-01-13, g 1802-07-05 med Olof Kristoffersson f 1780 i Månglidsberget, S Finnskoga.
Deras barn:
2.5.3.2.1.1. Anders Olofsson f 1802 i Bjurberget, S Finnskoga
2.5.3.2.1.2. Britta Olofsdotter f 1809 i Bjurberget, S Finnskoga, d 1879-05-01 i Skallbäcken, Vålfallet, S Finnskoga, g med Daniel Olofsson Havuinen f 1815-04-09 i Galåsen, S Finnskoga, son till Olof Andersson Havuinen och Anna Persdotter.

2.5.3.3. Karin Karlsdotter Lehmoinen f 1747-02-06 i S Finnskoga, d 1800-05- , g med Per Jonsson Huuskoinen f 1733-05-30 i Husketorpet, Järpliden, S Finnskoga, d 1823, son till Jon Olofsson Huuskoinen och Kerstin Göransdotter.
Barn:
2.5.3.3.1. Carl Persson Huuskoinen f 1773, d 1872-01-04, begravd 1872-02-04
2.5.3.3.2. Per Persson Huuskoinen f 1774, d före 1800
2.5.3.3.3. Maria Persdotter Huuskoinen f 1777 i Järpliden, S Finnskoga, g med Elof Jönsson f 1775 i Avundsåsen, S Finnskoga, son till Jöns Elofsson och Britta Henriksdotter Kähköinen.
Deras barn:
2.5.3.3.3.1. Jon Elofsson f 1802 i Järpliden, S Finnskoga, g med Anna Henriksdotter f 1806-04-23 i Medskogen, S Finnskoga, dotter till Henrik Siversson och Marit Henriksdotter.
2.5.3.3.3.2. Per Elofsson f 1805 i Järpliden, S Finnskoga
2.5.3.3.3.3. Britta Elofsdotter f 1808 i Järpliden, S Finnskoga, d 1808
2.5.3.3.3.4. Henrik Elofsson f 1810 i Järpliden, S Finnskoga

2.5.3.3.4. Olof Persson Huuskoinen f 1779-11-07
2.5.3.3.5. Daniel Persson Huuskoinen f 1783-09-29
2.5.3.3.6. Anna Persdotter Huuskoinen f 1785-01-16 i Järpliden, S Finnskoga, d 1839-05-26 i Kärrbackstrand, N Finnskoga, g1 med Johan Olofsson Lehmoinen f 1776 i Medskogen, S Finnskoga, d 1839-05-03 i Järpliden, S Finnskoga, son till Olof Johansson Lehmoinen och Lisbet Danielsdotter Veteläinen. G2 1805-06-09 med Daniel Henriksson Liitiäinen f 1774 i Rangen, S Finnskoga, d 1856-06-12 i Ö Kärrbackstrand, N Finnskoga, son till Henrik Andersson Liitiäinen och Klara Jonasdotter Hane.
Barn i första giftet:
2.5.3.3.6.1. Elin Johansdotter Lehmoinen f 1802-09-12 i Järpliden, S Finnskoga, d 1866-12-19, g med Karl Olofsson Veteläinen f 1804-05-06 i Medskogen, S Finnskoga, son till Olof Danielsson Veteläinen och Marit Persdotter Lehmoinen.

Anna Persdotter Huuskoinens (2.5.3.3.6.) barn i andra giftet med Daniel Henriksson Liitiäinen:
2.5.3.3.6.2. Helja Danielsdotter Liitiäinen f 1805-11-09 i Järpliden, S Finnskoga, g med Johan Matsson Kanainen f 1803-08-03 i Järpliden, S Finnskoga, son till Mats Matsson Kanainen och Lisbet Matsdotter Lehmoinen.
2.5.3.3.6.3. Karin Danielsdotter Liitiäinen f 1808-04-20 i Järpliden, S Finnskoga, d 1879-09-01 i Kärrbackstrand, N Finnskoga, g med Olof Johansson Lehmoinen f 1807 i Järpliden, S Finnskoga, son till Johan Olofsson Lehmoinen och Britta Klemetsdotter Hakkarainen.
2.5.3.3.6.4. Marit Danielsdotter Liitiäinen f 1810-12-08 i Järpliden, S Finnskoga, g med Jakob Bengtsson f 1796-02-14 i Gunneby, Dalby, son till Bengt Bengtsson och Britta Bengtsdotter.

2.5.3.3.6.5. Anna Danielsdotter Liitiäinen f 1815 i Järpliden, S Finnskoga, g med Jöns Larsson f 1815 i V Kärrbackstrand, N Finnskoga, son till Lars Nilsson och Marit Halvardsdotter.

2.5.3.3.6.6. Märta Danielsdotter Liitiäinen f 1817, g med Halvard Halvardsson f 1815-08-21 och d 1874-12-28 i Höljes, N Finnskoga, son till Halvard Håkansson och Sigrid Persdotter.

2.5.3.3.6.7. Daniel Danielsson Liitiäinen f 1819 i Järpliden, S Finnskoga, g med Ingeborg Jönsdotter f 1822-04-08 i Tutstad, Dalby, dotter till Jöns Nilsson och Marit Andersdotter Nikkarainen.

2.5.3.3.6.8. Per Danielsson Liitiäinen f 1821-05-25 i Kärrbackstrand, N Finnskoga, d 1877-09-24, g med Karin Olofsdotter f 1821-05-09, dotter till Olof Persson Lillman och Maria Jönsdotter.

2.5.3.3.6.9. Henrik Danielsson Liitiäinen f 1823 i Ö Kärrbackstrand, N Finnskoga, g1 med Britta Persdotter f 1829-09-18 i Kärrbackstrand, N Finnskoga, dotter till Per Olsson och Karin Persdotter, g2 med Karin Danielsdotter f 1830-10-27 i V Kärrbackstrand, N Finnskoga, dotter till Daniel Halvardsson och Marit Jonsdotter.

2.5.3.3.6.10. Lisa Danielsdotter Liitiäinen f 1828-09-23 i Ö Kärrbackstrand, N Finnskoga, d 1860-06-06 i V Kärrbackstrand, N Finnskoga, g med Nils Olofsson f 1835-04-14 i Kärrbackstrand, N Finnskoga.

2.5.3.3.6.11. Sigrid Danielsdotter Liitiäinen f 1830-11-27 i V Kärrbackstrand, N Finnskoga, g med Halvard Eskilsson f 1826-04-30 i Rönningsåsen, N Finnskoga, son till Eskil Persson och Marit Persdotter.

2.5.3.3.7. Mats Persson Huuskoinen f 1787, d 1831-11-13 i Kringsberget, S Finnskoga, g med Karin Olofsdotter f 1787 i Tolgraven, S Finnskoga, dotter till Olof Henriksson och Valborg Eriksdotter.
Barn:
2.5.3.3.7.1. Lisa Matsdotter Huuskoinen f 1813 i Tolgraven, S Finnskoga, g med Olof Henriksson Havuinen f 1807-11-23 i Kringsberget, S Finnskoga, son till Henrik Staffansson Havuinen och Anna Tomasdotter Havuinen.
2.5.3.3.7.2. Olof Matsson Huuskoinen f 1819-04-22 i Kringsberget, S Finnskoga
2.5.3.3.7.3. Valborg Matsdotter Huuskoinen f 1825-03-20 i Kringsberget, S Finnskoga, g1 med okänd Anders, g2 med okänd Olof, g3 1862-11-30 med Johan Pålsson f 1832-06-07 i N Viggen, Nyskoga.

2.5.3.3.8. Marit Persdotter Huuskoinen f 1789
2.5.3.3.9. Olof Persson Huuskoinen f 1789-01-25 i Järpliden, S Finnskoga, g med Lisa Matsdotter Veteläinen f 1799-12-11 i Djäkneliden, S Finnskoga, d 1854-04-03 i V Kärrbackstrand, N Finnskoga, dotter till Mats Andersson Veteläinen och Karin Månsdotter.
Barn:
2.5.3.3.9.1. Karin Olofsdotter Huuskoinen f 1819-02-01 i Järpliden, S Finnskoga

2.5.3.3.9.2. Karin Olofsdotter Huuskoinen f 1821-04-22 i V Kärrbackstrand, S Finnskoga, g med Johan Johansson Lehmoinen f 1816-11-21 i Järpliden, S Finnskoga, d 1881, son till Johan Danielsson Lehmoinen och Anna Karlsdotter Lehmoinen.

2.5.3.3.9.3. Per Olofsson Huuskoinen f 1825-03-15 i Järpliden, S Finnskoga, d 1902-06-21 i S Finnskoga, g med Marit Persdotter f 1826-10-26 i Hjällstad, Dalby, dotter till Per Pettersson och Karin Håkansdotter.

2.5.3.3.9.4. Märta Olofsdotter Huuskoinen f 1827-07-07 i Slättne, Dalby, g med Olof Jonsson f 1822 i Järpliden, S Finnskoga, dotter till Jon Persson och Maria Henriksdotter.

2.5.3.3.9.5. Lisa Olofsdotter Huuskoinen f 1831-05-03 i V Kärrbackstrand, N Finnskoga, g med Halvard Larsson f 1823 i Båtstad, N Finnskoga, son till Lars Larsson och Karin Larsdotter.

2.5.3.3.9.6. Olof Olofsson Huuskoinen f 1834-03-18 i V Kärrbackstrand, N Finnskoga, d 1915-01-18, g med Lisa Johansdotter Kanainen f 1830-09-26 i Kärrbackstrand, N Finnskoga, d 1863-05-26 i V Kärrbackstrand, N Finnskoga, dotter till Johan Matsson Kanainen och Helja Danielsdotter Liitiäinen.

2.5.3.3.9.7. Jon Olofsson Huuskoinen f 1840-07-26 i V Kärrbackstrand, N Finnskoga, d 1902-02-17, g1 med Karin Håkansdotter f 1842-04-23 i Sysslebäck, Dalby, d 1867-08-12 i V Kärrbackstrand, N Finnskoga, dotter till Håkan Håkansson och Anna Persdotter Liitiäinen. G2 med Karin Persdotter f 1844-09-26 i V Kärrbackstrand, N Finnskoga.

2.5.3.4. Karl Karlsson Lehmoinen f 1750 i Järpliden, S Finnskoga, g med Karin Torstensdotter Kanainen f 1751, dotter till Torsten Matsson Uppman Kanainen och Karin Karlsdotter Lehmoinen.
Barn:
2.5.3.4.1.Britta Karlsdotter Lehmoinen f 1776 i Järpliden, S Finnskoga, d 1859, g med Olof Halvardsson Lehmoinen f 1775 i Norge, d ca 1843, son till Halvor Tomesen Lehmoinen och Lisbet Johansdotter Lehmoinen.
Deras barn:
2.5.3.4.1.1. Halvard Olofsson Lehmoinen f 1803-01-14 i Dypåsen, S Finnskoga, g med Maria Olofsdotter Kymöinen f 1815-06-14 i Avundsåsen, S Finnskoga, d 1866-12-24 i Kindsjön, S Finnskoga, dotter till Olof Matsson Kymöinen och Maria Karlsdotter Lehmoinen.

2.5.3.4.1.2. Lisbet Olofsdotter Lehmoinen f 1804 i Dypåsen, S Finnskoga, g med Olof Henriksson Lehmoinen f 1809-12-17 i Kindsjön, S Finnskoga, son till Henrik Karlsson Lehmoinen och Lisa Olofsdotter Kaikkalainen.

2.5.3.4.1.3. Karl Olofsson Lehmoinen f 1805 i Dypåsen, S Finnskoga

2.5.3.4.1.4. Daniel Olofsson Lehmoinen f 1807 i Dypåsen, S Finnskoga, g med Lisa Olofsdotter Kymöinen f 1806 i Avundsåsen, S Finnskoga, dotter till Olof Matsson Kymöinen och Maria Karlsdotter Lehmoinen.

2.5.3.4.1.5. Olof Olofsson Lehmoinen f 1810 i Dypåsen, S Finnskoga, g med Anna Olofsdotter Kymöinen f 1810 i Avundsåsen, S Finnskoga, dotter till Olof Matsson Kymöinen och Maria Karlsdotter Lehmoinen.

2.5.3.4.1.6. Elin Olofsdotter Lehmoinen f 1812 i Dypåsen, S Finnskoga, g med Johan Nilsson f 1817 i Mörttjärnsberget, S Finnskoga, son till Nils Eriksson och Gertrud Persdotter Hans

2.5.3.4.1.7. Johan Olofsson Lehmoinen f 1814-07-15 i Dypåsen, S Finnskoga, d 1898, g med Britta Olofsdotter f 1816-10-04 i Vingäng, Dalby, dotter till Olof Andersson och Marit Halvardsdotter.

2.5.3.4.1.8. Ingrid Olofsdotter Lehmoinen f 1816 i Dypåsen, S Finnskoga

2.5.3.4.1.9. Märta Olofsdotter Lehmoinen f 1818 i Dypåsen, S Finnskoga, g1 med Guttorm nn, g2 med Per Larsson f 1816-02-02 i Galåsen, S Finnskoga, d 1888-06-28 i Ö Kindsjöberget, S Finnskoga, son till Lars Persson och Karin Larsdotter Havuinen.

2.5.3.4.2. Karl Karlsson Lehmoinen f 1778, d tidigt

2.5.3.4.3. Torsten Karlsson Lehmoinen f 1781 i Järpliden, S Finnskoga

2.5.3.4.4. Marit Karlsdotter Lehmoinen f 1788 i Järpliden, S Finnskoga.
Barn med okänd fader:

2.5.3.4.4.1. Olof f 1807 i Järpliden, S Finnskoga

2.5.3.4.5. Daniel Karlsson Lehmoinen f 1791 i Järpliden, S Finnskoga, till Höljes ca 1810

2.5.3.4.6. Johan Karlsson Lehmoinen f 1795 i Järpliden, S Finnskoga, g med Sara Olofsdotter f 1794 i Kindsjön, S Finnskoga, dotter till Olof Olofsson och Karin Persdotter.
Barn:

2.5.3.4.6.1. Kajsa Johansdotter Lehmoinen f 1816 i Järpliden, S Finnskoga

2.5.3.4.6.2. Olof Johansson Lehmoinen f 1818 i Bograngen, Lillnäset, S Finnskoga

2.5.3.4.6.3. Karl Johansson Lehmoinen f 1821 i Järpliden, S Finnskoga

2.5.3.4.6.4. Anna Johansdotter Lehmoinen f 1824 i Järpliden, S Finnskoga, d 1908-08-21, g med Per Persson f 1827 i Galåsen, S Finnskoga, d före 1908, son till Per Persson och Marit (Maria) Kristoffersdotter.

2.5.3.4.6.5. Per Johansson Lehmoinen f 1826-05-24 i Järpliden, S Finnskoga, g med Kajsa Larsdotter f 1820 i Galåsen, S Finnskoga, son till Lars Persson och Karin Larsdotter Havuinen.

2.5.3.5. Lars Karlsson Lehmoinen f 1751-09-19 i Järpliden, S Finnskoga, d före 1811, g med Britta Larsdotter f 1755-03-28 i Bograngen, S Finnskoga, d ca 1821, dotter till Lars Persson och Maria Kristoffersdotter Honkainen.
Deras barn:

2.5.3.5.1. Karl Larsson Lehmoinen f 1775 i Avundsåsen, S Finnskoga, d 1827-05-30, g med Gertrud Henriksdotter Tarvainen f 1786-06-01 i Mången, Fryksände, d 1859-04-30 i Galåsen, S Finnskoga, dotter till Henrik Andersson Tarvainen och Valborg Henriksdotter.
Deras barn:

2.5.3.5.1.1. Lars Karlsson Lehmoinen f 1810 i Galåsen, S Finnskoga, d 1843

2.5.3.5.1.2. Britta Karlsdotter Lehmoinen f 1812, d 1814

2.5.3.5.1.3. Maria Karlsdotter Lehmoinen f 1814 i Galåsen, S Finnskoga

2.5.3.5.1.4. Valborg Karlsdotter Lehmoinen f 1817-01-24 och d 1862-05-19 i Galåsen, S Finnskoga, g med Karl Olofsson Kymöinen f 1807-10-19 i Avundsåsen, S Finnskoga, son till Olof Matsson Kymöinen och Maria Karlsdotter Lehmoinen.

2.5.3.5.1.5. Britta Karlsdotter Lehmoinen f 1819 i S Finnskoga, d 1905-10-31 i Skallbäcken, S Finnskoga, g med Henrik Håkansson f 1818 i N Ny, son till Håkan Markusson och Annika Nilsdotter.
2.5.3.5.1.6. Henrik Karlsson Lehmoinen f 1821 i Galåsen, S Finnskoga, g med Anna Jonsdotter f 1825 i Dalby, dotter till Karin Andersdotter.
2.5.3.5.1.7. Jan Karlsson Lehmoinen f 1824-07-29 och d 1854-07-29 i Galåsen, S Finnskoga, g 1853-11-13 med Marta Larsdotter f 1827 i Säterberget, S Finnskoga.

2.5.3.5.2. Lars Larsson Lehmoinen f 1778-02-12 i Järpliden, S Finnskoga, d 1839-11-05 i Dalby, g 1807-03- i Dalby med Annika Andersdotter Saastainen f 1783-08-22 i Säterberget, Kindsjön, S Finnskoga, d 1839, dotter till Anders Pålsson Saastainen och Karin Olofsdotter Tenhuinen.
Barn:
2.5.3.5.2.1. Berte (Britta) Larsdatter Lehmoinen f 1809-11-13 i Säterberget, Kindsjön, S Finnskoga, d 1892-06-05, kallas för Kanainen, flyttade till Norge 1835-11-07, g 1836-09-24 i Hof med Ole Johansen Harhinen f 1804 i Svartberget, Grue Finnskog, d ca 1870, son till Johan Olsen Karhinen och Kari Johansdatter.
2.5.3.5.2.2. Kajsa Larsdotter Lehmoinen f 1811 i Säterberget, Kindsjön, S Finnskoga, d 1832-03-16 i Medskogen, S Finnskoga
2.5.3.5.2.3. Annika Larsdotter Lehmoinen f 1814 i Säterberget, Kindsjön, S Finnskoga
2.5.3.5.2.4. Karl Larsson Lehmoinen f 1816 i Kindsjön, Säterberget, S Finnskoga, d 1865-12-09 i Skråckarberget, Gransjön, S Finnskoga, g med Ingeborg Jönsdotter f 1819 i Djäkneliden, S Finnskoga, d 1884-09-19 i Skråckarberget, S Finnskoga, dotter till Jöns nn och Ingrid Karlsdotter Lehmoinen.
2.5.3.5.2.5. Olof Larsson Lehmoinen f 1819 i Kindsjön, Säterberget, S Finnskoga, d 1899-04-14, g 1847-12-26 med Elin Kristoffersdotter Lehmoinen f 1827-03-11 i Medskogen, Laukomägg, S Finnskoga, d 1909-10-27, dotter till Kristoffer Karlsson Lehmoinen och Britta Henriksdotter Veteläinen.
2.5.3.5.2.6. Anders Larsson Lehmoinen f 1821-08-31 i Kindsjön, Säterberget, S Finnskoga, kyrkovaktare, d 1904-06-30 i Medskogen, S Finnskoga, g med Märta Persdotter Lehmoinen f 1826 i Medskogen, S Finnskoga, dotter till Per Mickelsson Lehmoinen och Anna Olsdotter.
2.5.3.5.2.7. Martha Larsdotter Lehmoinen f 1827 i Säterberget, S Finnskoga

2.5.3.5.3. Per Larsson Lehmoinen f 1781-04-24 i Galåsen, S Finnskoga, d 1856-06-10 i Bograngsberget, S Finnskoga, g med Valborg Henriksdotter Kymöinen f 1781 i Avundsåsen, S Finnskoga, d 1846-01-05 i Bograngsberget, S Fionnskoga, dotter till Henrik Matsson Kymöinen och Anna Andersdotter.
2.5.3.5.4. Johan Larsson Lehmoinen f 1784-04-24 i Galåsen, S Finnskoga, d ca 1806
2.5.3.5.5. Britta Larsdotter Lehmoinen f 1787-06-21 i Galåsen, S Finnskoga, d 1806
2.5.3.5.6. Maria Larsdotter Lehmoinen f 1799, d 1799

2.5.3.6. Daniel Karlsson Lehmoinen f 1754-12-25 i Järpliden, S Finnskoga

2.5.3.7. Johan Karlsson Lehmoinen f 1755 i Järpliden, S Finnskoga, d före 1794, g med Lisa Johansdotter f 1753 i Medskogen, S Finnskoga.
Barn:
2.5.3.7.1. Britta Johansdotter Lehmoinen f 1789 och d 1825 i Järpliden, S Finnskoga, g med Olof Bertilsson Tossavainen f 1786 i Järpliden, Possåsmon, S Finnskoga, son till Beril Pålsson Tossavainen och Anna Karlsdotter Lehmoinen.
Barn:
2.5.3.7.1.1. Johan Olsson Tossavainen f 1813 i Järpliden, S Finnskoga, g med Anna Henriksdotter Lehmoinen f 1823-11-03 i Kindsjön, S Finnskoga, dotter till Henrik Karlsson Lehmoinen och Lisa Olofsdotter Kaikkalainen
2.5.3.7.1.2. Anna Olofsdotter Tossavainen f 1816 i Järpliden, S Finnskoga, g med Jon Persson Stabb f 1820-05-24 i Dalby
2.5.3.7.1.3. Lisa Olofsdotter Tossavainen f 1823 i Järpliden, S Finnskoga

2.5.3.7.2. Karin Johansdotter Lehmoinen f 1791 i Järpliden, S Finnskoga
2.5.3.7.3. Lisa Johansdotter Lehmoinen f 1793 i Järpliden, S Finnskoga

2.5.3.8. Maria Karlsdotter Lehmoinen f 1756 i Järpliden, S Finnskoga
2.5.3.9. Anna Karlsdotter Lehmoinen f 1757 i Järpliden, S Finnskoga, g med Bertil Pålsson Tossavainen f 1756 i Järpliden, S Finnskoga, d 1826 i Possåsmon, S Finnskoga, son till Pål Henriksson Tossavainen och Lisbet Bertilsdotter Neuvoinen.
Barn:
2.5.3.9.1. Maria Bertilsdotter Tossavainen f 1780 i Järpliden, S Finnskoga
Barn med 1. Johan ...son Honkainen
2.5.3.9.1.1. Lisa Johansdotter Honkainen f 1801 i Järpliden, S Finnskoga
Barn med 2. Torsten ...son Honkainen
2.5.3.9.1.2. Olof Torstensson Honkainen f 1714 i Järpliden, S Finnskoga

2.5.3.9.2. Pål Bertilsson Tossavainen f 1782 i Järpliden, S Finnskoga
2.5.3.9.3. Olof Bertilsson Tossavainen f 1786 i Järpliden, Possåsmon, S Finnskoga, g1 med Britta Johansdotter Lehmoinen f 1789 och d 1825 i Järpliden, S Finnskoga, dotter till Johan Karlsson Lehmoinen och Lisa Johansdotter, g2 med Anna Henriksdotter f 1789-03-04 i Djäkneliden, S Finnskoga, d 1831 i Järpliden, S Finnskoga, dotter till Henrik Tomasson Saastainen och Anna Matsdotter.
Barn i första giftet:
2.5.3.9.3.1. Johan Olsson Tossavainen f 1813 i Järpliden, S Finnskoga, g med Anna Henriksdotter Lehmoinen f 1823-11-03 i Kindsjön, S Finnskoga, dotter till Henrik Karlsson Lehmoinen och Lisa Olofsdotter Kaikkalainen.
2.5.3.9.3.2. Anna Olofsdotter Tossavainen f 1816 i Järpliden, S Finnskoga, g med Jon Persson Stabb f 1820-05-24 i Dalby
2.5.3.9.3.3. Lisa Olofsdotter Tossavainen f 1823 i Järpliden, S Finnskoga
Barn i andra giftet:
2.5.3.9.3.4. Märta Olofsdotter Tossavainen f 1827-12- i Järpliden, S Finnskoga

2.5.3.9.4. Berta Bertilsdotter Tossavainen f 1789 i Järpliden, Possåsmon, S Finnskoga

2.5.3.9.5. Henrik Bertilsson Tossavainen f 1791, d 1791

2.5.3.9.6. Anna Bertilsdotter Tossavainen f 1794 i Järpliden, Possåsmon, S Finnskoga

2.5.3.9.7. Bertil Bertilsson Tossavainen f 1796 i Järpliden, Possåsmon, S Finnskoga, g med Lisa Toresdotter Honkainen f 1795 i Skråckarberget, S Finnskoga, dotter till Tore Jönsson Honkainen och Karin Olofsdotter Lehmoinen.

Deras barn:

2.5.3.9.7.1. Johanna Bertilsdotter Tossavainen g med Embret Nllsen Fremgården

2.5.3.9.7.2. Bengt Bertilsson Tossavainen f 1821 i Järpliden, Possåsen, S Finnskoga, g med Marit Persdotter f 1817-09-17 i Mörttjärnsberget, S Finnskoga, dotter till Per Persson och Marit (Maria) Kristoffersdotter.

2.5.3.9.7.3. Lovisa Bertilsdotter Tossvainen f 1824-02-13 i Järpliden, Possåsen, S Finnskoga

2.5.3.9.7.4. Märta Bertilsdotter Tossavainen f 1837-08-05 i Järpliden, S Finnskoga, g med Embret Andersson f 1829-02-28 i Åsnes, Norge.

2.5.3.10. Elin Karlsdotter Lehmoinen f 1759 i Järpliden, S Finnskoga, g med Mats Eriksson Kanainen f 1748 i Järpliden, S Finnskoga, son till Erik Matsson Kanainen och Lisbet Henriksdotter.

Barn:

2.5.3.10.1. Erik Matsson Kanainen f 1780 i Järpliden, S Finnskoga, g med Karin Pålsdotter f 1796 i N Ny.

Barn:

2.5.3.10.1.1. Elin Eriksdotter Kanainen f 1830 i Åsnes, Norge, g med Karl Karlsson Liitiäinen f 1821 i Rangberget, Dalby, son till Karl Henriksson Liitiäinen och Karin Jonasdotter Kähköinen.

2.5.3.10.2. Britta Matsdotter Kanainen f 1782 i Järpliden, S Finnskoga

2.5.3.10.3. Karl Matsson Kanainen f 1787 i Järpliden, S Finnskoga

2.5.3.10.4. Mats Matsson Kanainen f 1790 i Järpliden, S Finnskoga

Barn utan känd moder:

2.5.3.10.4.1. Daniel Matsson Kanainen f 1809 i Järpliden, S Finnskoga, g med Annika Nilsdotter f 1786 i N Ny.

2.5.3.10.5. Olof Matsson Kanainen f 1793 i Järpliden, S Finnskoga, g med Elin Andersdotter f 1795 i Norge.

Barn:

2.5.3.10.5.1. Mats Olofsson Kanainen f 1826-01-20 i Kompoberg, S Finnskoga, d 1897-01-17, g 1882-01-06 med Kajsa Nilsdotter f 1837-01-14 i Liden, S Finnskoga, dotter till Nils Andersson och Anna Tomasdotter.

2.5.3.10.6. Lisa Matsdotter Kanainen f 1796 i Järpliden, S Finnskoga

2.5.3.10.7. Gertrud Matsdotter Kanainen 1798 i Järpliden, S Finnskoga

2.5.3.11. Britta Karlsdotter Lehmoinen f 1761 i Järpliden, S Finnskoga

2.5.3.12. Olof Karlsson Lehmoinen f 1761 i Järpliden, S Finnskoga

2.5.3.13. Mickel Karlsson Lehmoinen f 1762 i Järpliden, S Finnskoga, d 1830-12-20, g 1789-12-26 med Maria Larsdotter f ca 1767 i Bograngen, S Finnskoga, d 1809-05-14 i N Råda, dotter till Lars Persson och Maria Kristoffersdotter Honkainen.

Barn:

2.5.3.13.1. Britta Mickelsdotter Lehmoinen f 1790 i Järpliden, S Finnskoga, g1 med Henrik nn, g2 med Erik Henriksson Piesaiinen f 1798 i Mörttjärnsberg, S Finnskoga, son till Henrik Eriksson Piesainen och Marit Mårtensdotter.

Barn i första giftet:

2.5.3.13.1.1. Henrik Henriksson f 1816, d 1816

Barn i andra giftet:

2.5.3.13.1.2. Karin Eriksdotter Piesainen f 1822-05-21 i Vålberget, S Finnskoga, d 1889-01-19, g med kyrkvaktaren Olof Bertilsson Lehmoinen f 1820-02-13 i Avundsåsen, S Finnskoga, d 1888-02-23 i Medskogen, S Finnskoga, son till Bertil Danielsson Lehmoinen och Kajsa Matsdotter Veteläinen.

2.5.3.13.1.3. Marit Eriksdotter Piesainen f 1822-05-21 i Vålberget, S Finnskoga, d 1871-09-02 i Djäkneliden, S Finnskoga, g1 med Halvard Larsson f 1826-03-11 i Höljes, N Finnskoga, son till Lars Halvardsson och Marit Andersdotter Kukkoinen. G2 med Daniel Bertilsson Lehmoinen f 1812 i Medskogen, S Finnskoga, son till Bertil Danielsson Lehmoinen och Kajsa Matsdotter Veteläinen.

2.5.3.13.1.4. Henrik Eriksson Piesainen f 1825-03-02 i Vålberget, S Finnskoga, g med Märta Larsdotter f 1823 i Säterberget, S Finnskoga.

2.5.3.13.1.5. Karl Eriksson Piesainen f 1833-08-03 i Vålberget, S Finnskoga, g med Britta Danielsdotter Havuinen f 1845-12-26 i Bjurberget, S Finnskoga, dotter till Daniel Olofsson Havuinen och Britta Olofsdotter.

2.5.3.13.2. Karl Mickelsson Lehmoinen f 1792 i Järpliden, S Finnskoga, d 1805

2.5.3.13.3. Lars Mickelsson Lehmoinen f 1795 i Järpliden, S Finnskoga, d 1806

2.5.3.13.4. Per Mickelsson Lehmoinen f 1798 i Järpliden, S Finnskoga, d 1849-05-16 i Medskogen, S Finnskoga, g med Anna Olsdotter f 1802-02-28 i Skråckarberget, S Finnskoga, dotter till Olof Olesen och Gertrud Henriksdotter Vilhuinen

Barn:

2.5.3.13.4.1. Märta Persdotter Lehmoinen f 1826 i Medskogen, S Finnskoga, g med Anders Larsson Lehmoinen f 1821 i Kindsjön, Säterberget, S Finnskoga, son till Lars Larsson Lehmoinen och Annika Andersdotter Saastainen.

2.5.3.13.4.2. Anna Persdotter Lehmoinen f 1830 i Medskogen, S Finnskoga, d ca 1840 i Trysil

2.5.3.13.4.3. Gertrud Persdotter Lehmoinen f 1833-11-08 i Medskogen, S Finnskoga

2.5.3.13.4.4. Maria Persdotter Lehmoinen f 1836-05-21 i Medskogen, S Finnskoga

2.5.3.13.4.5. Per Olof Persson Lehmoinen f 1839-09-22 i Norrköping

2.5.3.13.4.6. Britta Persdotter Lehmoinen f 1842-09-02 i Medskogen, S Finnskoga

2.5.3.13.4.7. Henrik Persson Lehmoinen f 1846-06-05 i Medskogen, S Finnskoga

2.5.3.13.4.8. Marit Persdotter Lehmoinen f 1849-06-26 i Medskogen, S Finnskoga

2.5.3.13.5. Mickel Mickelsson Lehmoinen f 1801 i Järpliden, S Finnskoga, g med Sigrid Kaspersdotter f 1808 i Skråckarberget, S Finnskoga, d 1886-04-03, dotter till Casper Halvardsson och Britta Eriksdotter.
Barn:
2.5.3.13.5.1. Karl Mickelsson Lehmoinen f 1830 i Skråckarberget, S Finnskoga
2.5.3.13.5.2. Olof Mickelsson Lehmoinen f 1833-11-17 i Skråckarberget, S Finnskoga, g med Lisa Danielsdotter Havuinen f 1853-10-08 i Bjurberget, S Finnskoga, dotter till Daniel Olofsson Havuinen och Britta Olofsdotter.
2.5.3.13.5.3. Per Mickelsson Lehmoinen f 1836-01-11 i Skråckarberget, S Finnskoga, g med Valborg Danielsdotter Havuinen f 1841-11-08 i Mackartjärn, S Finnskoga, dotter till Daniel Andersson Havuinen och Marit Hansdotter Hyytiäinen
2.5.3.13.5.4. Märta Mickelsdotter Lehmoinen f 1840-12-03 i Skråckarberget, S Finnskoga
2.5.3.13.5.5. Karin Mickelsdotter Lehmoinen f 1843-08-11 i Skråckarberget, S Finnskoga, g 1964-04-03 med Jon Johansson Veteläinen f 1839-07-27 i S Finnskoga, son till Johan Olofsson Veteläinen och Anna Olsdotter.
2.5.3.13.5.6. Henrik Mickelsson Lehmoinen f 1847-10-24 i Skråckarberget, S Finnskoga
2.5.3.13.5.7. Anna Mickelsdotter Lehmoinen f 1850-10-05 i Skråckarberget, S Finnskoga

2.5.3.13.6. Karl Mickelsson Lehmoinen f 1804 i Järpliden, S Finnskoga, d 1852-02-02 i Bograngen, Grossmossbäcken, S Finnskoga, g med Britta Pålsdotter f 1804-07-01 i Röjden, S Finnskoga, dotter till Pål Andersson och Karin Göransdotter
Barn:
2.5.3.13.6.1. Mickel Karlsson Lehmoinen f 1835-10-01 i Medskogen, S Finnskoga, g med Olia Olsdotter f 1829-01-31 i Hof, Norge
2.5.3.13.6.2. Per Karlsson Lehmoinen f 1839-05-21 i Vålberget, S Finnskoga, d 1915-01-18 i Runnsjön, Östmark, g 1863-12-27 med nn Karlsson, bosatta i Runnsjön, Östmark
2.5.3.13.6.3. Märta Karlsdotter Lehmoinen f 1841-10-18 i Vålberget, S Finnskoga, d 1927-07-17, flytt till Långflon, N Finnskoga 1865
2.5.3.13.6.4. Britta Karlsdotter Lehmoinen f 1844-04-29 i Medskogen, S Finnskoga, till Trysil 1859

2.5.4. Johan Karlsson Lehmoinen f 1713-07-16 i Medskogen, S Finnskoga, d 1775-09-26 i Järpliden, S Finnskoga, g med Elin Pålsdotter Honkainen f ca 1702 i Järpliden, S Finnskoga, dotter till Pål Mickelsson Honkainen och Britta Andersdotter Räisäinen.
Barn:
2.5.4.1. Olof Johansson Lehmoinen f 1732 i Medskogen, S Finnskoga
2.5.4.2. Karl Johansson Lehmoinen f 1735-04-28 i Medskogen, S Finnskoga
Barn i okänt förhållande:
2.5.4.2.1. Anders Karlsson Lehmoinen f 1762 i Järpliden, S Finnskoga

2.5.4.3. Lisbet Johansdotter Lehmoinen f 1736-12-02 i Medskogen, S Finnskoga, d ca 1814, g1 med Daniel Olsen Räisäinen f 1713 och d 1762 i Norge, son till Ole Tomasen Räisäinen och Karin Danielsdotter Veteläinen, g2 1768 med Halvor Tomesen Lehmoinen f 1730 i Mosegrein, Grue, d 1798 i Revholtet, Grue

Barn i andra giftet:

2.5.4.3.1. Olof Halvardsson Lehmoinen f 1775 i Norge, d ca 1843, g med Britta Karlsdotter Lehmoinen f 1776 i Järpliden, S Finnskoga, d 1859, dotter till Karl Karlsson Lehmoinen och Karin Torstensdotter Kanainen.

Deras barn:

2.5.4.3.1.1. Halvard Olofsson Lehmoinen f 1803-01-14 i Dypåsen, S Finnskoga, g med Maria Olofsdotter Kymöinen f 1815-06-14 i Avundsåsen, S Finnskoga, d 1866-12-24 i Kindsjön, S Finnskoga, dotter till Olof Matsson Kymöinen och Maria Karlsdotter Lehmoinen.

2.5.4.3.1.2. Lisbet Olofsdotter Lehmoinen f 1804 i Dypåsen, S Finnskoga, g med Olof Henriksson Lehmoinen f 1809-12-17 i Kindsjön, S Finnskoga, son till Henrik Karlsson Lehmoinen och Lisa Olofsdotter Kaikkalainen.

2.5.4.3.1.3. Karl Olofsson Lehmoinen f 1805 i Dypåsen, S Finnskoga

2.5.4.3.1.4. Daniel Olofsson Lehmoinen f 1807 i Dypåsen, S Finnskoga, g med Lisa Olofsdotter Kymöinen f 1806 i Avundsåsen, S Finnskoga, dotter till Olof Matsson Kymöinen och Maria Karlsdotter Lehmoinen.

2.5.4.3.1.5. Olof Olofsson Lehmoinen f 1810 i Dypåsen, S Finnskoga, g med Anna Olofsdotter Kymöinen f 1810 i Avundsåsen, S Finnskoga, dotter till Olof Matsson Kymöinen och Maria Karlsdotter Lehmoinen

2.5.4.3.1.6. Elin Olofsdotter Lehmoinen f 1812 i Dypåsen, S Finnskoga, g med Johan Nilsson f 1817 i Mörttjärnsberget, S Finnskoga, son till Nils Eriksson och Gertrud Persdotter Hans.

2.5.4.3.1.7. Johan Olofsson Lehmoinen f 1814-07-15 i Dypåsen, S Finnskoga, d 1898, g med Britta Olofsdotter f 1816-10-04 i Vingäng, Dalby, dotter till Olof Andersson och Marit Halvardsdotter.

2.5.4.3.1.8. Ingrid Olofsdotter Lehmoinen f 1816 i Dypåsen, S Finnskoga

2.5.4.3.1.9. Märta Olofsdotter Lehmoinen f 1818 i Dypåsen, S Finnskoga, g med Per Larsson f 1816-02-02 i Galåsen, S Finnskoga, d 1888-06-28 i Ö Kindsjöberget, S Finnskoga, son till Lars Persson och Karin Larsdotter Havuinen.

2.5.4.4. Erik Johansson Lehmoinen f 1737 i Järpliden, S Finnskoga

2.5.4.5. Olof Johansson Lehmoinen f 1738-09-17 i Medskogen, S Finnskoga, g med Lisbet Danielsdotter Veteläinen f 1735-04-19 och d 1812 i Medskogen, S Finnskoga, dotter till Daniel Danielsson Veteläinen och Elin Jensdatter Räisäinen.

Barn:

2.5.4.5.1. Johan Olofsson Lehmoinen f 1762 i Järpliden, S Finnskoga

2.5.4.5.2. Daniel Olofsson Lehmoinen f 1766 i Järpliden, S Finnskoga

2.5.4.5.3. Kajsa Olofsdotter Lehmoinen f 1768 i Järpliden, S Finnskoga

2.5.4.5.4. Elin Olofsdotter Lehmoinen f 1772 i Medskogen, S Finnskoga, g1 1800-12-18 med Daniel Johansson Veteläinen f 1763 i Medskogen, S Finnskoga, d 1814, son till Johan Danielsson Veteläinen och Britta Henriksdotter Vilhuinen. G2 med Anders Danielsson f 1784 i Norge.

Barn i första giftet:

2.5.4.5.4.1. Britta Danielsdotter Veteläinen f 1801 i Medskogen, S Finnskoga

2.5.4.5.4.2. Olof Danielsson Veteläinen f 1804-01-02 i Medskogen, S Finnskoga

2.5.4.5.4.3. Jon Danielsson Veteläinen f 1806 i Medskogen, S Finnskoga

2.5.4.5.4.4. Daniel Danielsson Veteläinen f 1808 i Medskogen, S Finnskoga

Barn i andra giftet:

2.5.4.5.4.5. Märta Andersdotter f 1814 i Medskogen, S Finnskoga

2.5.4.5.5. Johan Olofsson Lehmoinen f 1776 i Medskogen, S Finnskoga, d 1839-05-03 i Järpliden, S Finnskoga, g1 med Anna Persdotter Huuskoinen f 1785-01-16 i Järpliden, S Finnskoga, d 1839-05-26 i Kärrbackstrand, N Finnskoga, dotter till Per Jonsson Huuskoinen och Karin Karlsdotter Lehmoinen. G. med Britta Klemetsdotter Hakkarainen f 1771 i Aspberget, N Finnskoga, d 1844-10-05 i Järpliden, S Finnskoga, dotter till Klemet Larsson Hakkarainen och Helena Persdotter Liitiäinen.

Barn i första giftet:

2.5.4.5.5.1. Elin Johansdotter Lehmoinen f 1802-09-12 i Järpliden, S Finnskoga, d 1866-12-19, g med Karl Olofsson Veteläinen f 1804-05-06 i Medskogen, S Finnskoga, dotter till Olof Danielsson Veteläinen och Marit Persdotter Lehmoinen.

Barn i andra giftet (från 2.5.4.5.5. Johan Olofsson Lehmoinen):

2.5.4.5.5.2. Lisa Johansdotter Lehmoinen f 1804-10-03 i Järpliden, S Finnskoga, g med Per Bengtsson Kiikalainen f 1805-04-17 i Höljes, N Finnskoga, son till Bengt Bengtsson Kiikalainen och Gunilla Halvardsdotter.

2.5.4.5.5.3. Olof Johansson Lehmoinen f 1807 i Järpliden, S Finnskoga, g med Karin Danielsdotter Liitiäinen f 1808-04-20 i Järpliden, S Finnskoga, d 1879-09-01 i Kärrbackstrand, N Finnskoga, dotter till Daniel Henriksson Liitiäinen och Anna Persdotter Huuskoinen.

2.5.4.5.5.4. Helena Johansdotter Lehmoinen f 1810,-01-26 i Järpliden, S Finnskoga d 1901-01-15 i Anderstubben, N Finnskoga, g1 med soldaten Håkan Persson, g2 1843-12-30 med Mats Olofsson Tenhuinen f 1819 i Höljes, N Finnskoga, son till Olof Eriksson Tenhuinen och Valborg Tomasdotter Havuinen.

2.5.4.5.5.5. Karin Johansdotter Lehmoinen f 1817 och d 1826-05-14 i Järpliden, S Finnskoga

2.5.4.5.6. Anna Olsdotter Lehmoinen f 1783 i Järpliden, S Finnskoga

2.5.4.6. Mats Johansson Lehmoinen f 1740-06-07 i Järpliden, S Finnskoga, g med Anna Danielsdotter Veteläinen f 1739-04-20 i Medskogen, S Finnskoga, d 1840 i Norge, dotter till Daniel Danielsson Veteläinen och Elin Jensdatter Räisäinen.

Deras barn:

2.5.4.6.1. Kerstin Matsdotter Lehmoinen f 1753 i Järpliden, S Finnskoga

2.5.4.6.2. Elin Matsdotter Lehmoinen f 1766 i Järpliden, S Finnskoga

2.5.4.6.3. Lisbet Matsdotter Lehmoinen f 1775 i Norge, d 1858 i S Finnskoga, g med Mats Matsson Kanainen f 1778 i Järpliden, S Finnskoga, d 1862 i Dalby, son till Mats Torstensson Kanainen och Annika Johansdotter Hane.

Deras barn:

2.5.4.6.3.1. Johan Matsson Kanainen f 1803-08-03 i Järpliden, S Finnskoga, g med Helja Danielsdotter Liitiäinen f 1805-11-09 i Järpliden, S Finnskoga, dotter till Daniel Henriksson Liitiäinen och Anna Persdotter Huuskoinen.
2.5.4.6.3.2. Mats Matsson Kanainen f 1805 i Järpliden, S Finnskoga, d 1897, g med Anna Andersdotter Mullikka f 1809 i Skråckarberget, S Finnskoga, d 1873-12-26 i Järpliden, S Finnskoga, dotter till Anders Olofsson Mullikka och Ingrid Henriksdotter Tenhuinen.

2.5.4.7. Britta Johansdotter Lehmoinen f 1742-01-25 i Järpliden, S Finnskoga
2.5.4.8. Johan Johansson Lehmoinen f 1742-01-25 i Järpliden, S Finnskoga, d 1742-02-09
2.5.4.9. Daniel Johansson Lehmoinen f 1744-03-10 i Järpliden, S Finnskoga, d före 1824,
2.5.4.10. Anders Johansson Lehmoinen f 1747 i Järpliden, S Finnskoga

2.5.5. Karin Karlsdotter Lehmoinen f 1717-07-20 i Medskogen, S Finnskoga, g med soldaten Torsten Matsson Uppman Kanainen f 1712 i Järpliden, S Finnskoga, d ca 1757, son till Mats Markusson Kanainen och Marit Eriksdotter Utriainen.
Barn:
2.5.5.1. Maria Torstensdotter Kanainen f 1738-03-29 och d 1769-10-11 i Järpliden, S Finnskoga, g 1758-12-26 med Per Jonsson Huuskoinen f 1733-05-30 i Husketorpet, Järpliden, S Finnskoga, d 1823, son till Jon Olofsson Huuskoinen och Kerstin Göransdotter.
Deras barn:
2.5.5.1.1. Kerstin Persdotter Huuskoinen f 1760 i Järpliden, S Finnskoga, g med Petter Persson f 1762.
Deras barn:
2.5.5.1.1.1. Anna Persdotter f 1788 i N Finnskoga, g med Per Henriksson Liitiäinen f 1790-07-03 i Rangberget, Dalby, d 1839-07-03 i Kärrbackstrand, N Finnskoga, son till Henrik Andersson Liitiäinen och Klara Jonasdotter Hane.

2.5.5.1.2. Karin Persdotter Huuskoinen f 1761, g med Henrik Tomasson Lehmoinen f 1763 i Norge.
Barn:
2.5.5.1.2.1. Karin Henriksdotter Lehmoinen f 1790 i Järpliden, S Finnskoga
2.5.5.1.2.2. Tomas Henriksson Lehmoinen f 1793, d 1819
2.5.5.1.2.3. Mats Henriksson Lehmoinen f 1796-06-06 i Järpliden, S Finnskoga
2.5.5.1.2.4. Per Henriksson Lehmoinen f 1799-03-26 i Järpliden, S Finnskoga
2.5.5.1.2.5. Jon Henriksson Lehmoinen f 1800 i Järpliden, S Finnskoga
2.5.5.1.2.6. Kerstin Henriksdotter Lehmoinen f 1806 i Järpliden, S Finnskoga

2.5.5.1.3. Jon Persson Huuskoinen f 1763, g1 med Anna Henriksdotter f 1768, g2 med Anna Henriksdotter Räisäinen f 1768 i Avundsåsen, S Finnskoga, dotter till Henrik Matsson Räisäinen och Marit Torstensdotter Kanainen.
Barn i första giftet:
2.5.5.1.3.1. Per Jonsson Huuskoinen f 1798 i Järpliden, S Finnskoga
2.5.5.1.3.2. Henrik Jonsson Huuskoinen f 1804 i Järpliden, S Finnskoga

2.5.5.1.3.3. Mats Jonsson Huuskoinen f 1805 i Järpliden, S Finnskoga
2.5.5.1.3.4. Karin Jonsdotter Huuskoinen f 1808 i Järpliden, S Finnskoga
Barn i andra giftet:
2.5.5.1.3.5. Olof Jonsson Huuskoinen f 1812-01-22 i Järpliden, g med Maria
Henriksdotter Lehmoinen f 1820-03-27 i Avundsåsen, S Finnskoga, dotter till Henrik
Karlsson Lehmoinen och Anna Eriksdotter.

2.5.5.1.4. Helga Persdotter Huuskoinen f 1767
2.5.5.1.5. Mats Persson Huuskoinen f 1769

2.5.5.2. Lisbet Torstensdotter Kanainen f 1740 i Järpliden, S Finnskoga, g1 1759-06-28
med Anders Olsson f 1730, d ca 1757, son till Olof Persson och Lisbet nn, g2 med Morten
Larsen, g3 1776-06-15 med Syver Mortensen Liitiäinen f 1713, d 1786-01-16 i Åsnes,
Gravberget, son till Morten Andersen Liitiäinen.
Barn i andra giftet:
2.5.5.2.1. Anne Mortensdatter Risberget, g 1794-10-21 i Hof med Morten Mortensen
Liitiäinen f ca 1771 i Risberget, son till Morten Syversen Liitiäinen och Anne Olsdatter
Gravberget.
Barn i tredje giftet:
2.5.5.2.2. Syver Syversen Liitiäinen f 1776-07-21
2.5.5.2.3. Kari Syversdatter Liitiäinen f 1779

2.5.5.3. Marit Torstensdotter Kanainen f 1744-03-10 i Järpliden, S Finnskoga, g med
Henrik Matsson Räisäinen f 1734, son till Mats Jensen Räisäinen och Anna Matsdotter
Kymöinen.
Barn:
2.5.5.3.1. Anna Henriksdotter Räisäinen f 1768 i Avundsåsen, S Finnskoga, g med Jon
Persson Huuskoinen f 1763, son till Per Jonsson Huuskoinen och Maria Torstensdotter
Kanainen.
Deras barn:
2.5.5.3.1.1. Olof Jonsson Huuskoinen f 1812-01-22 i Järpliden, S Finnskoga, g med Maria
Henriksdotter Lehmoinen f 1820-03-27 i Avundsåsen, S Finnskoga, dotter till Henrik
Karlsson Lehmoinen och Anna Eriksdotter.

2.5.5.3.2. Mats Henriksson Räisäinen f 1770 i Avundsåsen, S Finnskoga
2.5.5.3.3. Henrik Henriksson Räisäinen f 1773 i Avundsåsen, S Finnskoga, g med Lisa
Johansdotter Hane f 1776 i Bringsåsen, S Finnskoga, dotter till Johan Jonasson Hane och
Anna Jonsdotter Huuskoinen.
Barn:
2.5.5.3.3.1. Marit Henriksdotter Räisäinen f 1805 i Avundsåsen, S Finnskoga

2.5.5.3.4. Karl Henriksson Räisäinen f 1775 i Avundsåsen, S Finnskoga

2.5.5.3.5. Karin Henriksdotter Räisäinen f 1776 i Avundsåsen, S Finnskoga, g med Hans Johansson Hane f 1769 i Bringsåsen, S Finnskoga, son till Johan Jonasson Hane och Anna Jonsdotter Huuskoinen

Barn:

2.5.5.3.5.1. Kerstin Hansdotter Hane f 1808 i Höljes, N Finnskoga, g med Henrik Henriksson Veteläinen f 1805 i Medskogen, S Finnskoga, son till Henrik Danielsson Veteläinen och Britta Persdotter Lehmoinen.

2.5.5.3.5.2. Hans Hansson f 1812 i Höljes, N Finnskoga, g med Anna Johansdotter f 1812 i Hof, Norge

2.5.5.3.5.3. Henrik Hansson f 1816 i Bringsåsen, S Finnskoga, g med Elin Karlsdotter f 1810 i Järpliden, S Finnskoga, dotter till Karl Matsson och Marit Månsdotter.

2.5.5.3.6. Lisa Henriksdotter Räisäinen f 1780 i Avundsåsen, S Finnskoga

2.5.5.3.7. Torsten Henriksson Räisäinen f 1783 i Avundsåsen, S Finnskoga

2.5.5.4. Elin Torstensdotter Kanainen f 1746, d ca 1757

2.5.5.5. Mats Torstensson Kanainen **"Diger-Mattes"** f 1749 i Järpliden, S Finnskoga, d 1821 i Dalby, g med Annika Johansdotter Hane f 1749 i Bringsåsen, S Finnskoga, dotter till Johan Jonasson Hane och Anna Jonsdotter Huuskoinen.

Barn:

2.5.5.5.1. Karin Matsdotter Kanainen f 1772i Järpliden, S Finnskoga, g med Hans Nilsson f 1770 i Egghedsmon, N Finnskoga, d 1837-10-29 i Amnerud, Dalby, son till Nils Hansson och Lisa Jönsdotter.

Barn:

2.5.5.5.1.1. Jöns Hansson f 1797-01-29 i Egghedsmon, N Finnskoga, g med Kerstin Larsdotter f 1793-12-21 i Hjällstad, Dalby, d 1828 i Backa, Dalby, dotter till Lars Börjesson och Valborg Olofsdotter.

2.5.5.5.2. Anna Matsdotter Kanainen f 1775 i Järpliden, S Finnskoga

2.5.5.5.3. Mats Matsson Kanainen f 1778 i Järpliden, S Finnskoga, d 1862 i Dalby, g med Lisbet Matsdotter Lehmoinen f 1775 i Norge, d 1858 i S Finnskoga, dotter till Mats Johansson Lehmoinen och Anna Danielsdotter Veteläinen.

Barn:

2.5.5.5.3.1. Johan Matsson Kanainen f 1803-08-03 i Järpliden, S Finnskoga, g med Helja Danielsdotter Liitiäinen f 1805-11-09 i Järpliden, S Finnskoga, dotter till Daniel Henriksson Liitiäinen och Anna Persdotter Huuskoinen.

2.5.5.5.3.2. Mats Matsson Kanainen f 1805 i Järpliden, S Finnskoga, d 1897, g med Anna Andersdotter Mullikka f 1809 i Skråckarberget, S Finnskoga, d 1873-12-26 i Järpliden, S Finnskoga, dotter till Anders Olofsson Mullikka och Ingrid Henriksdotter Tenhuinen.

2.5.5.5.4. Marit Matsdotter Kanainen f 1782 i Järpliden, S Finnskoga

2.5.5.5.5. Jon Matsson Kanainen f 1789 i Järpliden, S Finnskoga, g med Lisa Kristoffersdotter f 1785-03-25 och d 1865-09-03 i Järpliden, S Finnskoga, dotter till Kristoffer Johansson och Karin Persdotter.

Barn:
2.5.5.5.5.1. Anna Jonsdotter Kanainen f 1812-02-03 i Järpliden, S Finnskoga, g med Olof Persson Veteläinen f 1812 i Skråckarberget, S Finnskoga, son till Per Olofsson Veteläinen och Ingrid Eriksdotter Vilhuinen.
2.5.5.5.5.2. Mats Jonsson Kanainen f 1814 i Järpliden, S Finnskoga, g med Märta Olofsdotter Veteläinen f 1814-05-27 i Djäkneliden, S Finnskoga, dotter till Olof Olofsson Veteläinen och Anna Danielsdotter Veteläinen.
2.5.5.5.5.3. Jon Jonsson Kanainen f 1822, d 1823
2.5.5.5.5.4. Märta Jonsdotter Kanainen f 1823 i Järpliden, S Finnskoga
2.5.5.5.5.5. Jon Jonsson Kanainen f 1827 i Järpliden, S Finnskoga, g med Anna Danielsdotter Veteläinen f 1834-12-20 i Medskogen, S Finnskoga, dotter till Daniel Olofsson Veteläinen och Lisa Danielsdotter Veteläinen.

2.5.5.6. Karin Torstensdotter Kanainen f 1751
Hennes ättlingar har tidigare redovisats under nr 2.5.3.4. Karl Karlsson Lehmoinen f 1750 i Järpliden

2.5.5.7. Anna Torstensdotter Kanainen f 1753-05-20 i Järpliden, S Finnskoga, g med Olof Pålsson f 1755.
Deras barn:
2.5.5.7.1. Pål Olofsson f 1772
2.5.5.7.2. Karin Olofsdotter f 1775
2.5.5.7.3. Thorsten Olofsson (Kanainen) f 1788-01-26 i Bograngen, S Finnskoga, har tagit släktnamnet efter modern.

2.5.5.8. Gertrud Torstensdotter Kanainen f 1756 i Järpliden, S Finnskoga, d 1833 i Vålberget, S Finnskoga, g med Jonas Henriksson Kähköinen f 1753 i Backa, Dalby, d 1824-06-05 i Vålberget, S Finnskoga, son till Henrik Eriksson Backensköld Kähköinen och Marit Matsdotter Kymöinen.
Barn:
2.5.5.8.1. Torsten Jonasson Kähköinen f 1781 i Vålberget, S Finnskoga
2.5.5.8.2. Karl Jonasson Kähköinen f 1785 i Vålberget, S Finnskoga
2.5.5.8.3. Karin Jonasdotter Kähköinen f 1787-03-18 i Vålberget, S Finnskoga, d 1857-08-06 i Rangen, S Finnskoga, g med Karl Henriksson Liitiäinen f 1786-02-13 i Rangberget, S Finnskoga, d 1851-04-02 i Rangen, S Finnskoga, son till Henrik Andersson Liitiäinen och Klara Jonasdotter Hane.
Deras barn:
2.5.5.8.3.1. Karin Karlsdotter Liitiäinen f 1808 i Rangberget, S Finnskoga, till Eggheden 1825
2.5.5.8.3.2. Maria Karlsdotter Liitiäinen f 1811-02-08 i Rangberget, S Finnskoga, d 1893-05-28 i Storberget, N Finnskoga, g med Per Persson f 1806-01-23 i Vallsjön, Lima, d 1906-05-09 i Storberget, N Finnskoga.

2.5.5.8.3.3. Lisa Karlsdotter Liitiäinen f 1813-05-23 i Rangberget, S Finnskoga, g med Per Andersson Liitiäinen f 1810 i Rangberget, S Finnskoga, son till Anders Henriksson Liitiäinen och Ingeborg Jonasdotter Kähköinen.

2.5.5.8.3.4. Gertrud Karlsdotter Liitiäinen f 1815-05-13 i Rangberget, S Finnskoga, d 1815

2.5.5.8.3.5. Gertrud Karlsdotter Liitiäinen f 1816 i Rangberget, S Finnskoga

2.5.5.8.3.6. Ingeborg Karlsdotter Liitiäinen f 1819 i Rangberget, S Finnskoga

2.5.5.8.3.7. Karl Karsson Liitiäinen f 1821 i Rangberget, S Finnskoga, g med Elin Eriksdotter Kanainen f 1830 i Åsnes, Norge, dotter till Erik Matsson Kanainen och Karin Pålsdotter.

2.5.5.8.3.8. Anna Karlsdotter Liitiäinen f 1823 i Rangberget, S Finnskoga

2.5.5.8.3.9. Henrik Karlsson Liitiäinen f 1825 i Rangberget, S Finnskoga

2.5.5.8.3.10. Jon Karlsson Liitiäinen f 1827 i Rangen, S Finnskoga, d 1924, känd som **Rang-Jon**, vida beryktad jägare, g med Maria Persdotter f 1824-10-21 i Galåsen, S Finnskoga, d 1885-02-09 i S Finnskoga, dotter till Per Persson och Marit (Maria) Kristoffersdotter.

2.5.5.8.4. Maria Jonasdotter Kähköinen f 1793 i Vålberget, S Finnskoga, g med Olof Henriksson Kaikkalainen f 1794-04-28 i Djäkneliden, S Finnskoga, d 1850-02-10 i Vålberget, S Finnskoga, son till Henrik Olofsson Kaikkalainen och Marit Olofsdotter.
Barn:

2.5.5.8.4.1. Henrik Olofsson Kaikkalainen f 1819 i Vålberget, S Finnskoga, d 1823

2.5.5.8.4.2. Gertrud Olofsdotter Kaikkalainen f 1821 i Vålberget, S Finnskoga

2.5.5.8.4.3. Olof Olofsson Kaikkalainen f 1823 i Vålberget, S Finnskoga, d ca 1855, g med Kajsa Filipsdotter Neuvoinen f 1828-02-06 i Älgsjön, S Finnskoga, dotter till Filip Tomasson Neuvoinen och Britta Persdotter.

2.5.5.8.4.4. Märta Olofsdotter Kaikkalainen f 1825 i Vålberget, S Finnskoga

2.5.5.8.4.5. Kerstin Olofsdotter Kaikkalainen f 1827-03-18 i Vålberget, S Finnskoga

2.5.5.8.4.6. Anna Olofsdotter Kaikkalainen f 1829-07-12 i Vålberget, S Finnskoga

2.5.5.8.4.7. Mats Olofsson Kaikkalainen f 1833-06-08 i Vålberget, S Finnskoga

2.5.5.8.5. Mats Jonasson Kähköinen f 1798 i Vålberget, S Finnskoga

2.5.5.8.6. Ingeborg Jonasdotter Kähköinen f 1780 i Vålberget, S Finnskoga, d 1846-05-17, g med Anders Henriksson Liitiäinen f 1772 i Rangberget, S Finnskoga, son till Henrik Andersson Liitiäinen och Klara Jonasdotter Hane.
Barn:

2.5.5.8.6.1.Per Andersson Liitiäinen f 1810 i Rangberget, S Finnskoga, g med Lisa Karlsdotter Liitiäinen f 1813-05-23 i Rangberget, S Finnskoga, dotter till Karl Henriksson Liitiäinen och Karin Jonasdotter Kähköinen.

2.5.6. Anna Karlsdotter Lehmoinen f 1719 och d 1720-12-24 i Medskogen, S Finnskoga

2.5.7. Olof Karlsson Lehmoinen f 1721-03-04 i Järpliden, S Finnskoga, g 1758-05-25 med Karin Persdotter f 1728, d 1793-07-13.
Barn:

2.5.7.1. Lisbet Olsdotter Lehmoinen f 1758 i Järpliden, S Finnskoga, g med Olof Matsson Kymöinen f 1757 i Avundsåsen, S Finnskoga, d 1823, son till Mats Matsson Kymöinen och Valborg Henriksdotter.
Deras barn:
2.5.7.1.1. Valborg Olofsdotter Kymöinen f 1788 i Avundsåsen, S Finnskoga, g med Olof Karlsson Lehmoinen f 1792 i Djäkneliden, S Finnskoga, son till Karl Olsson Lehmoinen och Britta Henriksdotter Vilhuinen.
Barn:
2.5.7.1.1.1. Britta Olofsdotter Lehmoinen f 1819 i Vålberget, S Finnskoga, g med Mats Johansson Lehmoinen f 1823 i Järpliden, S Finnskoga, son till Johan Danielsson Lehmoinen och Anna Karlsdotter Lehmoinen.
2.5.7.1.1.2. Lisa Olofsdotter Lehmoinen f 1823 i Avundsåsen, S Finnskoga
2.5.7.1.1.3. Karin Olofsdotter Lehmoinen f 1826 i Kompoberget, S Finnskoga
2.5.7.1.1.4. Karl Olofsson Lehmoinen f 1828-08-13 i Avundsåsen, S Finnskoga, g 1856-03-05 med Malin Pålsdotter Tenhuinen f 1831-02-17 i Bjurberget, S Finnskoga, dotter till Pål Andersson Tenhuinen och Kerstin Eriksdotter Neuvoinen.
2.5.7.1.1.5. Märta Olofsdotter Lehmoinen f 1832-11-05 i Avundsåsen, S Finnskoga

2.5.7.1.2. Olof Olofsson Kymöinen f 1793-02-07 i Avundsåsen, S Finnskoga, g1 med Marit Halvardsdotter f 1787 i V Kärrbackstrand, N Finnskoga, dotter till Halvard Engelbrektsson och Marit Jonsdotter Siekkinen, g2 med Karin Håkansdotter f 1792-06-03 i Slättne, Dalby, dotter till Håkan Håkansson och Karin Jönsdotter.
Barn i första giftet:
2.5.7.1.2.1. Marit Olofsdotter Kymöinen f 1827-05-02 i V Kärrbackstrand, N Finnskoga, g1 med Olof Olofsson f 1824-01-25 och d 1851-07-27 i V Kärrbackstrand, N Finnskoga. G2 med Anders Bertilsson Lehmoinen f 1828-05-09 i Djäkneliden, S Finnskoga, son till Bertil Danielsson Lehmoinen och Kajsa Matsdotter Veteläinen.
Barn i andra giftet:
2.5.7.1.2.2. Lisa Olofsdotter Kymöinen f 1834-10-06 i Sysslebäck, Dalby d 1909-01-25 i Ransby, Dalby

2.5.7.1.3. Mats Olofsson Kymöinen f 1796-01-08 i Avundsåsen, S Finnskoga, d 1871-05-19, g med Britta Danielsdotter Veteläinen f 1804 i Djäkneliden, S Finnskoga, dotter till Daniel Matsson Veteläinen och Anna Persdotter Lehmoinen.
Barn:
2.5.7.1.3.1. Olof Matsson Kymöinen f 1825 i Avundsåsen, S Finnskoga, g med Lisa Carlsdotter f 1813 i Avundsåsen, S Finnskoga
2.5.7.1.3.2. Anna Matsdotter Kymöinen f 1830-01-01 i Avundsåse, S Finnskoga, d 1916-09-27 i Tolgraven, S Finnskoga, g 1856-01-06 med Henrik Hansson Halinen f 1829-08-03 i S Finnskoga, d 1914-06-14 i Tolgraven, S Finnskoga, son till Hans Hansson Halinen och Marit Larsdotter Moijainen.
2.5.7.1.3.3. Daniel Matsson Kymöinen f 1833-09-11 i Avundsåsen, S Finnskoga, g med Britta Ersdotter f 1827 i S Finnskoga.

2.5.7.1.3.4. Märta Matsdotter Kymöinen f 1836-01-12 i Avundsåsen, S Finnskoga, d 1919-03-11 i Järpliden, S Finnskoga, g med Karl Eriksson Vilhuinen f 1835-05-07 i Skråckarberget, S Finnskoga, d 1918-05-27 i Järpliden, S Finnskoga, son till Erik Henriksson Vilhuinen och Anna Henriksdotter Veteläinen.

2.5.7.1.3.5. Kajsa Matsdotter Kymöinen f 1839-05-02 i Avundsåsen, S Finnskoga, g 1861-03-30 med Mats Danielsson Veteläinen f 1837-11-10 i Medskogen, S Finnskoga, son till Daniel Olofsson Veteläinen och Lisa Danielsdotter Veteläinen.

2.5.7.1.3.6. Mats Matsson Kymöinen f 1841-11-01 i Avundsåsen, S Finnskoga

2.5.7.1.3.7. Maria Matsdotter Kymöinen f 1844-10-11 i Avundsåsen, S Finnskoga

2.5.7.1.3.8. Johanna Matsdotter Kymöinen f 1847-05-15 i Avundsåsen, S Finnskoga, d 1920-10-30 i Skråckarberget, S Finnskoga, g med Erik Eriksson Vilhuinen f 1843-08-23 och d 1897-09-20 i Skråckarberget, S Finnskoga, son till Erik Eriksson Vilhuinen och Maria Eriksdotter Vilhuinen.

2.5.7.1.4. Henrik Olofsson Kymöinen f 1799-04-06 i Avundsåsen, S Finnskoga

2.5.7.2. Marit Olsdotter Lehmoinen f 1760 i Järpliden, S Finnskoga
2.5.7.3. Karl Olsson Lehmoinen f 1762 i Järpliden, S Finnskoga, d 1806-10- , g med Britta Henriksdotter Vilhuinen f 1765 i Skråckarberget, S Finnskoga, dotter till Henrik Olofsson Vilhuinen och Gertrud Matsdotter Kymöinen.
Barn:
2.5.7.3.1. Ingrid Karlsdotter Lehmoinen f 1787 i Järpliden, S Finnskoga,
Barn med Jöns nn:
2.5.7.3.1.1. Ingeborg Jönsdotter f 1819 i Djäkneliden, S Finnskoga, d 1884-09-19 i Skråckarberget, S Finnskoga, g med Karl Larsson Lehmoinen f 1816 i Kindsjön, Säterberget, S Finnskoga, d 1865-12-09 i Skråckarberget, Gransjön, S Finnskoga, son till Lars Larsson Lehmoinen och Annika Andersdotter Saastainen.

(Från 2.5.7.3.1. Ingrid Karlsdotter Lehmoinen f 1787 i Järpliden, S Finnskoga)
Hennes barn med Lars nn:
2.5.7.3.1.2. Karl Larsson f 1822 i Djäkneliden, S Finnskoga

2.5.7.3.2. Karin Karlsdotter Lehmoinen f 1789, g med Pål Pålsson f 1794 i Röjden, S Finnskoga, d 1831, son till Pål Andersson och Karin Göransdotter.
Barn:
2.5.7.3.2.1. Pål Pålsson f 1822 i Röjden, S Finnskoga, g med Kerstin Andersdotter f 1818 i Bjurberget, S Finnskoga, dotter till Anders Persson och Lisa Tomasdotter.
2.5.7.3.2.2. Märta Pålsdotter f 1825 i S Finnskoga, g med Anders Halvardsson f 1827 i S Finnskoga.
2.5.7.3.2.3. Henrik Pålsson f 1829-07-11 och d 1843-05-16 i Röjden, S Finnskoga

2.5.7.3.3. Olof Karlsson Lehmoinen f 1792 i Djäkneliden, S Finnskoga, g med Valborg Olofsdotter Kymöinen f 1788 i Avundsåsen, S Finnskoga, dotter till Olof Matsson Kymöinen och Lisbet Olsdotter Lehmoinen.

Barn:

2.5.7.3.3.1. Britta Olofsdotter Lehmoinen f 1819 i Vålberget, S Finnskoga, g med Mats Johansson Lehmoinen f 1823 i Järpliden, S Finnskoga, son till Johan Danielsson Lehmoinen och Anna Karlsdotter Lehmoinen.

2.5.7.3.3.2. Lisa Olofsdotter Lehmoinen f 1823 i Avundsåsen, S Finnskoga

2.5.7.3.3.3. Karin Olofsdotter Lehmoinen f 1826 i Kompoberget, S Finnskoga

2.5.7.3.3.4. Karl Olofsson Lehmoinen f 1828-08-13 i Avundsåsen, S Finnskoga, g 1856-03-05 med Malin Pålsdotter Tenhuinen f 1831-02-17 i Bjurberget, S Finnskoga, dotter till Pål Andersson Tenhuinen och Kerstin Eriksdotter Neuvoinen.

2.5.7.3.3.5. Märta Olofsdotter Lehmoinen f 1832-11-05 i Avundsåsen, S Finnskoga

2.5.7.3.4. Henrik Karlsson Lehmoinen f 1795, d 1795

2.5.7.3.5. Lisa Karlsdotter Lehmoinen f 1798

2.5.7.3.6. Karl Karlsson Lehmoinen f 1801 i Djäkneliden, S Finnskoga, g med Ingeborg Karlsdotter Kymöinen f 1791 i Avundsåsen, S Finnskoga.

Barn:

2.5.7.3.6.1. Karl Karlsson Lehmoinen f 1824, d 1824-02-24

2.5.7.3.6.2. Britta Karlsdotter Lehmoinen f 1826 i Djäkneliden, S Finnskoga, d 1897-01-14, g med Johan Larsson f 1830-03-01 i Kindsjöberget, S Finnskoga, d 1902-06-28 i Avundsåsberget under Avundsåsen, S Finnskoga, son till Lars Persson och Karin Larsdotter Havuinen.

2.5.7.3.7. Daniel Karlsson Lehmoinen f 1804 i S Finnskoga

2.5.7.3.8. Anders Karlsson Lehmoinen f 1806 i Djäkneliden, S Finnskoga, g med Karin Henriksdotter Lehmoinen f 1802 i Avundsåsen, S Finnskoga, dotter till Henrik Karlsson Lehmoinen och Anna Eriksdotter.

Barn:

2.5.7.3.8.1. Britta Andersdotter Lehmoinen f 1828 i Avundsåsen, S Finnskoga, g med Tomas Mårtensson f 1824 i Järpliden, S Finnskoga, son till Mårten Eriksson och Marit Tomasdotter.

2.5.7.4. Karin Olsdotter Lehmoinen f 1765 i Järpliden, S Finnskoga

2.5.8. Lisbet Karlsdotter Lehmoinen f 1723-06-30 i Medskogen, S Finnskoga

2.5.9. Per Karlsson Lehmoinen f 1728-06-11 i Medskogen, S Finnskoga, d ca 1802 i S Finnskoga, g 1754-12-25 med Anna Kristoffersdotter Honkainen f 1731-09-20 i Kindsjön, S Finnskoga, d 1800-06-10 i Dalby, dotter till Kristoffer Johansson Honkainen och Britta Bertilsdotter Neuvoinen.

Barn:

2.5.9.1. Lisbet Persdotter Lehmoinen f 1755 i Bograngen, S Finnskoga, g 1775-10-13 med Olof Matsson Veteläinen f 1754-05-13 och d 1821 i Medskogen, S Finnskoga, son till Mats Johansson Veteläinen och Karin Matsdotter Tossavainen.

Barn:

2.5.9.1.1. Per Olofsson Veteläinen "Bråtå-Per" f 1781 i Medskogen, S Finnskoga, d 1851 i S Finnskoga, g1 1806 med Ingrid Eriksdotter Vilhuinen f 1785 i Skråckarberget, S Finnskoga, d 1829-09-14, dotter till Erik Henriksson Vilhuinen och Marit Henriksdotter Vilhuinen. G2 1833 med Anna Danielsdotter Veteläinen f 1792-01-01 i Åsnes, Norge, d 1879-04-14 i Medskogen, S Finnskoga, dotter till Daniel Andersen Veteläinen och Marte (Marie) Eriksdatter Neuvoinen.

Barn i första giftet:

2.5.9.1.1.1. Lisa Persdotter Veteläinen f 1808 i Skråckarberget, S Finnskoga

2.5.9.1.1.2. Marta Persdotter Veteläinen f 1810 i Skråckarberget, S Finnskoga

2.5.9.1.1.3. Olof Persson Veteläinen f 1812 i Skråckarberget, S Finnskoga, g med Anna Jonsdotter Kanainen f 1812-02-03 i Järpliden, S Finnskoga, dotter till Jon Matsson Kanainen och Lisa Kristoffersdotter.

2.5.9.1.1.4. Erik Persson Veteläinen f 1814-05-02 i Skråckarberget, S Finnskoga, Utvandrade till USA 1866-11-26 med familjen, d 1898-12-03 i Eagle Lake, Willmar, MN, USA, g 1837 med Elina Karlsdotter Raatikainen f 1821-02-08 i Åsnes, Norge, d 1869 i Eagle Lake, Willmar, MN, USA, dotter till Karl Henriksen Raatikainen och Anna Danielsdotter Veteläinen.

Barn i andra giftet (från 2.5.9.1.1. Per Olofsson Veteläinen "Bråtå-Per" f 1781):

2.5.9.1.1.5. Johanna Persdotter Veteläinen f 1831-02-03 i Medskogen, S Finnskoga, g med Karl Danielsson Veteläinen f 1829-08-13 i Medskogen, S Finnskoga, son till Daniel Olofsson Veteläinen och Lisa Danielsdotter Veteläinen.

2.5.9.1.1.6. Per Persson Veteläinen f 1834-09-07 i Medskogen, S Finnskoga, familjen flyttade till Åsnes, Norge 1861, g med Anna Karlsdotter Veteläinen f 1830-10-14 i Medskogen, S Finnskoga, dotter till Karl Olofsson Veteläinen och Elin Johansdotter Lehmoinen.

2.5.9.1.2. Mats Olofsson Veteläinen f 1785 och d 1873 i Medskogen, S Finnskoga, g med Ingrid Andersdotter Tenhuinen f 1790-04-21 i Kindsjön, S Finnskoga, d 1856 i Kindsjön, Mattesstuga, S Finnskoga, son till Anders Henriksson Tenhuinen och Karin Olofsdotter Mullikka.

Barn:

2.5.9.1.2.1. Olof Matsson Veteläinen f 1816-09-11 i Kindsjön, S Finnskoga, g med Lisa Johansdotter f 1821-07-22 i Bograngen, S Finnskoga, d 1871-12-16 i S Finnskoga, dotter till Johan Olofsson och Karin Pålsdotter.

2.5.9.1.2.2. Per Matsson Veteläinen f 1824 i Kindsjön, S Finnskoga, g med Karin Kristoffersdotter Lehmoinen f 1822-01-22 och d 1884-12-18, dotter till Kristoffer Karlsson Lehmoinen och Britta Henriksdotter Veteläinen.

2.5.9.1.2.3. Karl Matsson Veteläinen f 1831-04-23 i S Finnskoga, d 1908-02-15 i Kindsjön, S Finnskoga, g med Karin Ersdotter Veteläinen f 1838-09-20 i S Finnskoga, d 1920-06-17 i Kindsjön, S Finnskoga, dotter till Erik Persson Veteläinen och Elna Karlsdotter Raatikainen.

2.5.9.1.2.4. Erik Matsson Veteläinen f 1836-04-16 i Kindsjön, S Finnskoga, g med Anna Olofsdotter f 1835-08-20 i Galåsen, S Finnskoga, dotter till Olof Persson och Lisa Andersdotter Mullikka.

2.5.9.1.3. Olof Olofsson Veteläinen f 1787 i Medskogen, S Finnskoga, g med Anna Danielsdotter Veteläinen f 1791 i Djäkneliden, S Finnskoga, dotter till Daniel Matsson Veteläinen och Anna Persdotter Lehmoinen.
Barn:
2.5.9.1.3.1. Lisa Olofsdotter Veteläinen f 1811-06-28 i Djäkneliden, S Finnskoga.
2.5.9.1.3.2. Märta Olofsdotter Veteläinen f 1814-05-27 i Djäkneliden, S Finnskoga, g med Mats Jonsson Kanainen f 1814 i Järpliden, S Finnskoga, son till Jon Matsson Kanainen och Lisa Kristoffersdotter.

2.5.9.1.4. Johan Olofsson Veteläinen f 1790 i Medskogen, S Finnskoga, d efter 1861, g 1825-02-03 med Anna Olsdotter f 1802 i Norge.
Barn:
2.5.9.1.4.1. Anna Johansdotter Veteläinen f 1820 i Medskogen, S Finnskoga
2.5.9.1.4.2. Olof Johansson Veteläinen f 1824 i Medskogen, S Finnskoga, g med Kajsa Håkansdotter f 1826 i Letafors, S Finnskoga, dotter till Håkan Andersson och Marit Olofsdotter.
2.5.9.1.4.3. Lisa Johansdotter Veteläinen f 1826-12-08 i Medskogen, S Finnskoga
2.5.9.1.4.4. Per Johansson Veteläinen f 1828-11-17 i Medskogen, S Finnskoga
2.5.9.1.4.5. Mats Johansson Veteläinen f 1831-02-10 i Medskogen, S Finnskoga, g med Gertrud Torstensdotter Kanainen f 1823 i Kindsjön, S Finnskoga, dotter till Torsten Olofsson Kanainen och Karin Olofsdotter.
2.5.9.1.4.6. Märta Johansdotter Veteläinen f 1833-12-23 i Medskogen, S Finnskoga
2.5.9.1.4.7. Henrik Johansson Veteläinen f 1836-01-03 i Medskogen, S Finnskoga
2.5.9.1.4.8. Jon Johansson Veteläinen f 1839-08-27 i S Finnskoga, bosatt i Kolbråten, Medskogen, S Finnskoga, till N.Amerika 1907-08-22, g 1864-04-03 med Karin Mickelsdotter Lehmoinen f 1843-08-11 i Skråckarberget, S Finnskoga, dotter till Mickel Mickelsson Lehmoinen och Sigrid Kaspersdotter.

2.5.9.1.5. Karl Olofsson Veteläinen f 1794 i Medskogen, S Finnskoga, g med Anna Olofsdotter Vilhuinen f 1802 i Skråckarberget, S Finnskoga, dotter till Gertrud Hindriksdotter.
2.5.9.1.6. Daniel Olofsson Veteläinen f 1797-04-07 i Medskogen, S Finnskoga, g med Anna Henriksdotter Räisäinen f 1791-02-06 i Järpliden, S Finnskoga, dotter till Henrik Olsson Räisäinen och Elin Persdotter Lehmoinen.
Barn:
2.5.9.1.6.1. Lisa Danielsdotter Veteläinen f 1824-05-02 i Järpliden, S Finnskoga
2.5.9.1.6.2. Olof Danielsson Veteläinen f 1829-05-19 och d 1910-03-13 i Järpliden, S Finnskoga, g med Maria Tomasdotter Havuinen f 1841-09-15 i Bjurberget, S Finnskoga, dotter till Tomas Henriksson Havuinen och Maria Håkansdotter.

2.5.9.2. Karl Persson Lehmoinen f 1757-10-21 i Bograngen, S Finnskoga, d ca 1830, g 1779-10-10 med Marte Henriksdatter Tossavainen f 1757-05-17 i Hof, d 1829-01-19 i Bograngen, S Finnskoga, dotter till Henrik Mattisen Tossavainen och Kari Johansdatter Käiväräinen.
Barn:
2.5.9.2.1. Per Karlsson Lehmoinen f 1781-07-27 i Bograngen, S Finnskoga, d 1851 i Ransby, Dalby, g med Sigrid Halvardsdotter f 1780 i Ransby, Dalby, d 1818 i Bograngen, S Finnskoga, dotter till Halvard Markusson och Sigrid Halvardsdotter.
Deras barn:
2.5.9.2.1.1. Karl Persson Lehmoinen f 1811 i Bograngen, S Finnskoga, d 1847-05-18 i Ransby, Dalby, g med Britta Olofsdotter f 1812-06-01 i Ransby, Dalby, dotter till Olof Jönsson och Karin Jönsdotter.

2.5.9.2.2. Anna Karlsdotter Lehmoinen f 1782 i Bograngen, S Finnskoga, d 1837-05-09, g med Johan Danielsson Lehmoinen f 1783 i Järpliden, S Finnskoga, d 1844-12-31, son till Daniel Johansson Lehmoinen och Anna Andersdotter Vilhuinen.
Barn:
2.5.9.2.2.1. Daniel Johansson Lehmoinen f 1809-03-31 i Järpliden, S Finnskoga, g med Marit Olofsdotter f 1795 i Järpliden, S Finnskoga.
2.5.9.2.2.2. Karl Johansson Lehmoinen f 1814 i Järpliden, S Finnskoga, d 1829-10-26
2.5.9.2.2.3. Johan Johansson Lehmoinen f 1816-11-21 i Järpliden, S Finnskoga, d 1881, g med Karin Olofsdotter Huuskoinen f 1821-04-22 i V Kärrbackstrand, N Finnskoga, dotter till Olof Persson Huuskoinen och Lisa Matsdotter Veteläinen.
2.5.9.2.2.4. Anders Johansson Lehmoinen f 1819 i Järpliden, S Finnskoga, d 1821
2.5.9.2.2.5. Mats Johansson Lehmoinen f 1823 i Järpliden, S Finnskoga, g med Britta Olofsdotter Lehmoinen f 1819 i Vålberget, S Finnskoga, dotter till Olof Karlsson Lehmoinen och Valborg Olofsdotter Kymöinen.
2.5.9.2.2.6. Märta Johansdotter Lehmoinen f 1829 i Järpliden, S Finnskoga

2.5.9.2.3. Henrik Karlsson Lehmoinen f 1785 i Bograngen, S Finnskoga, g med Lisa Olofsdotter Kaikkalainen f 1781-12-26 i Kindsjön, S Finnskoga, dotter till Olof Olofsson Kaikkalainen och Marit Olofsdotter.
Barn:
2.5.9.2.3.1. Karl Henriksson Lehmoinen f 1806 och d 1877-10-21 i Kindsjön, S Finnskoga, g med Elin Andersdotter Mullikka f 1806 i Skråckarberget, S Finnskoga, d 1872-11-04 i S Finnskoga, dotter till Anders Olofsson Mullikka och Ingrid Henriksdotter Tenhuinen.
2.5.9.2.3.2. Olof Henriksson Lehmoinen f 1809-12-17 i Kindsjön, S Finnskoga, g med Lisbet Olofsdotter Lehmoinen f 1804 i Dypåsen, S Finnskoga, dotter till Olof Halvardsson Lehmoinen och Britta Karlsdotter Lehmoinen.
2.5.9.2.3.3. Per Henriksson Lehmoinen f 1814 i Kindsjön, S Finnskoga, g med Kerstin Johansdotter f 1815.
2.5.9.2.3.4. Henrik Henriksson Lehmoinen f 1818 i Kindsjön, S Finnskoga, g med Britta Persdotter f 1827-07-06 i Dypåsen, S Finnskoga
2.5.9.2.3.5. Marta Henriksdotter Lehmoinen f 1821-12-17 i Kindsjön, S Finnskoga

2.5.9.2.3.6. Anna Henriksdotter Lehmoinen f 1823-11-03 i Kindsjön, S Finnskoga, g med Johan Olsson Tossavainen f 1813 i Järpliden, S Finnskoga, son till Olof Bertilsson Tossavainen och Britta Johansdotter Lehmoinen.

2.5.9.2.4. Jan Karlsson Lehmoinen f 1787 i Bograngen, S Finnskoga, g med Ingeborg Andersdotter f 1798-01-05 i Ransby, Dalby, dotter till Anders Halvardsson och Marit Jönsdotter.
Barn:
2.5.9.2.4.1. Marit Jansdotter Lehmoinen f 1818-01-07 i Ransby, Dalby, d 1886-07-20 i Uggenäs, Dalby, g1 med Jakob Persson Bergenhem f 1816-04-03 i Gunneby, Dalby, d 1850-12-23 i Lillbergsgården, Dalby, son till Per Jakobsson Bergenhem och Kerstin Halvarsdotter. G2 1856-06-24 med Anders Jakobsson f 1820-05-24 och d 1890-12-05 i Uggenäs, Dalby.
2.5.9.2.4.2. Märta Jansdotter Lehmoinen f 1823 i Ransby, Dalby, g med Halvard Olofsson Brant f 1822 i N Branäs, Dalby
2.5.9.2.4.3. Anders Jansson Ransfelt Lehmoinen f 1826-03-23 i Ransby, Dalby, d 1864-08-07, g med Maria Persdotter Holmberg f 1822 i Djäkneliden, S Finnskoga, d 1905-07-31.
2.5.9.2.4.4. Jöns Jansson Lehmoinen f 1828-07-26 i Ransby, Dalby, g 1856 med Marit Persdotter f 1834-01-19 i Gunneby, Dalby, d 1880-11-11 i Ransby, Dalby.
2.5.9.2.4.5. Kerstin Jansdotter Lehmoinen f 1832-05-27 i Ransby, Dalby, g med nämndemannen Jon Olofsson f 1821-03-10 i Uggenäs, Dalby, d 1889-05-16.
2.5.9.2.4.6. Halvard Jansson Lehmoinen f 1835-04-20 i Ransby, Dalby, g 1872-02-25 med Britta Olofsdotter f 1845-11-04 i Uggenäs, Dalby, d 1923
2.5.9.2.4.7. Per Jansson Lehmoinen f 1838-08-11 i Ransby, Dalby, d 1897-01-13 i Dalby, g 1866-03-11 med Britta Olofsdotter f 1839-04-09 i Ransby, Dalby
2.5.9.2.4.8. Sigrid Jansdotter Lehmoinen f 1841-12-09 i Ransby, Dalby, g med Per Markusson f 1846-11-19 i N Branäs, Dalby.

2.5.9.2.5. Karl Karlsson Lehmoinen f 1789 i Bograngen, S Finnskoga, d 1842 i Dalby, g med Gertrud Henriksdotter Vilhuinen f 1791 i Skråckarberget, S Finnskoga, d 1831 i Dalby, dotter till Henrik Henriksson Vilhuinen och Kerstin Matsdotter Tenhuinen.
Barn:
2.5.9.2.5.1. Karl Karlsson Lehmoinen f 1821 i Bograngen, S Finnskoga
2.5.9.2.5.2. Henrik Karlsson Lehmoinen f 1823 i Bograngen, S Finnskoga, g med Britta Karlsdotter f 1816-05-09 i Järpliden, S Finnskoga, dotter till Karl Andersson och Anna Henriksdotter Räisäinen.
2.5.9.2.5.3. Märta Karlsdotter Lehmoinen f 1824-12-21 i Bograngen, S Finnskoga, d 1907 i S Finnskoga, g med Daniel Danielsson Veteläinen f 1823-01-13 i Medskogen, S Finnskoga, d 1892 i S Finnskoga, son till Daniel Olofsson Veteläinen och Lisa Danielsdotter Veteläinen.

2.5.9.2.6. Kristoffer Karlsson Lehmoinen f ca 1790 i Järpliden, S Finnskoga, d 1870-11-04 i Medskogen, S Finnskoga, g med Britta Henriksdotter Veteläinen f 1803 i Laukomägg,

Medskogen, S Finnskoga, d 1883-11-23 i Medskogen, S Finnskoga, dotter till Henrik Johansson Veteläinen och Elin Johansdotter Veteläinen.
Deras ättlingar har tidigare redovisats under nr 2.5.2.1.4.2. Britta Henriksdotter Veteläinen f 1803

2.5.9.2.7. Daniel Karlsson Lehmoinen f 1798

2.5.9.3. Britta Persdotter Lehmoinen f 1761 i Bograngen, S Finnskoga, g med Henrik Danielsson Veteläinen f 1762 i Medskogen, S Finnskoga, son till Daniel Danielsson Veteläinen och Anna Henriksdotter Vilhuinen.
Deras ättlingar har tidigare redovisats under nr 2.5.2.7. Henrik Danielsson Veteläinen f 1762

2.5.9.4. Anna Persdotter Lehmoinen f 1764 i Djäkneliden, S Finnskoga, d 1818 i Dalby, g med Daniel Matsson Veteläinen f 1761 i Medskogen, S Finnskoga, d 1836 i S Finnskoga, son till Mats Johansson Veteläinen och Karin Matsdotter Tossavainen.
Barn:
2.5.9.4.1. Anna Danielsdotter Veteläinen f 1791 i Djäkneliden, S Finnskoga, g med Olof Olofsson Veteläinen f 1787 i Medskogen, S Finnskoga, son till Olof Matsson Veteläinen och Lisbet Persdotter Lehmoinen.
Deras barn:
2.5.9.4.1.1. Lisa Olofsdotter Veteläinen f 1811-06-28 i Djäkneliden, S Finnskoga
2.5.9.4.1.2. Märta Olofsdotter Veteläinen f 1814-05-27 i Djäkneliden, S Finnskoga, g med Mats Jonsson Kanainen f 1814 i Järpliden, S Finnskoga, son till Jon Matsson Kanainen och Lisa Kristoffersdotter.

2.5.9.4.2. Märta Danielsdotter Veteläinen f 1794 i Djäkneliden, S Finnskoga, g med Erik Eriksson Vilhuinen f 1793, son till Erik Henriksson Vilhuinen och Marit Henriksdotter Vilhuinen.
Barn:
2.5.9.4.2.1. Erik Eriksson Vilhuinen f 1819 i Skråckarberget, S Finnskoga, g med Maria Eriksdotter Vilhuinen f 1820 i S Finnskoga, d 1907-02-24 i Skråckarberget, S Finnskoga, dotter till Erik Henriksson Vilhuinen och Anna Henriksdotter Veteläinen.
2.5.9.4.2.2. Daniel Eriksson Vilhuinen f 1822 i Skråckarberget, S Finnskoga

2.5.9.4.3. Lisa Danielsdotter Veteläinen f 1797 i Djäkneliden, S Finnskoga, d 1867 i S Finnskoga, g med Daniel Olofsson Veteläinen f 1796 och d 1854-08-24 i Medskogen, S Finnskoga, son till Olof Danielsson Veteläinen och Marit Persdotter Lehmoinen.
2.5.9.4.4. Britta Danielsdotter Veteläinen f 1804 i Djäkneliden, S Finnskoga, g med Mats Olofsson Kymöinen f 1796-01-08 i Avundsåsen, S Finnskoga, d 1871-05-19, son till Olof Matsson Kymöinen och Lisbet Olsdotter Lehmoinen.

2.5.9.5. Elin Persdotter Lehmoinen f 1766 i Järpliden, S Finnskoga, g med Henrik Olsson Räisäinen f 1765 i Järpliden, S Finnskoga.

Barn:
2.5.9.5.1. Karin Henriksdotter Räisäinen f 1789 i Järpliden, S Finnskoga
2.5.9.5.2. Anna Henriksdotter Räisäinen f 1791-02-06 i Järpliden, S Finnskoga, g med
Daniel Olofsson Veteläinen f 1797-04-07 i Medskogen, S Finnskoga, son till Olof Matsson
Veteläinen och Lisbet Persdotter Lehmoinen.
Deras barn:
2.5.9.5.2.1. Lisa Danielsdotter Veteläinen f 1824-05-02 i Järpliden, S Finnskoga
2.5.9.5.2.2. Olof Danielsson Veteläinen f 1829-05-19 och d 1910-03-13 i Järpliden, S
Finnskoga, g med Maria Tomasdotter Havuinen f 1841-09-15 i Bjurberget, S Finnskoga,
dotter till Tomas Henriksson Havuinen och Maria Håkansdotter.

2.5.9.5.3. Mats Henriksson Räisäinen f 1794 i Järpliden, S Finnskoga
2.5.9.5.4. Per Henriksson Räisäinen f 1802 i Järpliden, S Finnskoga
2.5.9.5.5. Lisa Henriksdotter Räisäinen f 1804 i Järpliden, S Finnskoga
Hennes barn med okänd fader:
2.5.9.5.5.1. Elin Persdotter f 1826-08-06 i Järpliden, S Finnskoga

2.5.9.5.6. Olof Henriksson Räisäinen f 1811 i Järpliden, S Finnskoga

2.5.9.6. Marit Persdotter Lehmoinen f 1769 i Järpliden, S Finnskoga, d 1847, g med Olof
Danielsson Veteläinen f 1767 i Medskogen, S Finnskoga, d 1823, son till Daniel
Danielsson Veteläinen och Anna Henriksdotter Vilhuinen.
**Deras ättlingar har tidigare redovisats under nr 2.5.2.9. Olof Danielsson Veteläinen f
1767**
2.5.9.7. Gertrud Persdotter Lehmoinen f 1771 i Järpliden, S Finnskoga, d 1834-04-18 i
Skråckarberget, S Finnskoga, g med Anders Henriksson Vilhuinen f 1752 och d 1856-12-
31 i Skråckarberget, S Finnskoga, son till Henrik Olofsson Vilhuinen och Gertrud
Matsdotter Kymöinen.
Barn:
2.5.9.7.1. Gertrud Andersdotter Vilhuinen f 1799-10-29 och d 1863-03-29 i
Skråckarberget, S Finnskoga, g med Karl Henriksson Vilhuinen f 1782-06-03 i
Skråckarberget, S Finnskoga, son till Henrik Henriksson Vilhuinen och Kerstin Matsdotter
Tenhuinen.
Deras barn:
2.5.9.7.1.1. Kajsa Karlsdotter Vilhuinen f 1825-10-02 och d 1856-04-23 i Skråckarberget,
S Finnskoga, g med Erik Jensen Havuinen f 1831-12-31 i Fald, Hof, Norge, son till Jens
Jensen Havuinen och Karin Eriksdotter Vilhuinen.

2.5.9.7.2. Per Andersson Vilhuinen f 1802 i Skråckarberget, S Finnskoga
2.5.9.7.3. Henrik Andersson Vilhuinen f 1807 i Skråckarberget, S Finnskoga, rotehjon i
Skråckarberget 1890
2.5.9.7.4. Anna Andersdotter Vilhuinen f 1811 i Skråckarberget, S Finnskoga

3. Olof Olofsson Lehmoinen f 1636 i Djuprämmen, Rämmen, bosatt i Skallbäcken, 9 barn utan känd moder.

3.1. Elisabet Olofsdotter Lehmoinen f 1655, d 1714

3.2. Per Olofsson Lehmoinen f 1665 i Skallbäcken, S Finnskoga

3.3. Mats Olofsson Lehmoinen f 1666 i Skallbäcken, S Finnskoga, d 1738 i Fall, Norge, brukare av Fall ca 1680, g med Marte Henriksdatter Raatikainen f 1670 i Rotberget, d 1742, dotter till Henrik Pålsson Raatikainen och Eli Henriksdotter Kurki.

Barn:

3.3.1. Henrik Matsson Lehmoinen f 1698 i Fall, Norge, g med Lisbet Johansdotter f 1695

Deras barn:

3.3.1.1. Henrik Henriksson Lehmoinen f 1734 i Tolgraven, S Finnskoga, g med Karin Olsdotter f 1732, d ca 1799 i Tolgraven, S Finnskoga.

Deras barn:

3.3.1.1.1. Lisbet Henriksdotter Lehmoinen f 1755 i Tolgraven, S Finnskoga

3.3.1.1.2. Olof Henriksson Lehmoinen f 1761 i Tolgraven, S Finnskoga, g med Valborg Eriksdotter Havuinen f 1760 i Kringsberget, S Finnskoga.

Deras barn:

3.3.1.1.2.1. Henrik Olofsson Lehmoinen f 1785 i Tolgraven, S Finnskoga

3.3.1.1.2.2. Karin Olofsdotter Lehmoinen f 1787 i Tolgraven, S Finnskoga

3.3.1.1.2.3. Olof Olofsson Lehmoinen f 1792, d tidigt

3.3.1.1.2.4. Ingrid Olofsdotter Lehmoinen f 1795, d tidigt

3.3.1.1.2.5. Valborg Olofsdotter Lehmoinen f 1797 i Tolgraven, S Finnskoga

3.3.1.1.2.6. Johan Olofsson Lehmoinen f 1802 i Tolgraven, S Finnskoga

3.3.1.1.3. Henrik Henriksson Lehmoinen f 1767 i Tolgraven, S Finnskoga

3.3.1.1.4. Valborg Henriksdotter Lehmoinen f 1770 i Tolgraven, S Finnskoga

3.3.1.1.5. Erik Henriksson Lehmoinen f 1777 i Tolgraven, S Finnskoga

3.3.2. Olof Matsson Lehmoinen f 1699 i Falltorp, S Finnskoga, d ca 1773, g1 med Berte Sigfridsdatter f ca 1703, d 1748-01- i Fall, Norge, g2 med Lisbet Sigfridsdotter f 1713, d 1773.

Barn i första giftet:

3.3.2.1. Maria Olofsdotter Lehmoinen f 1730

3.3.2.2. Catrine Olofsdotter Lehmoinen f 1733, d 1733

3.3.2.3. Else Olofsdotter Lehmoinen f 1735

3.3.2.4. Marte Olofsdotter Lehmoinen f 1738

3.3.2.5. Karl Olofsson Lehmoinen f 1742, g med Valborg Filipsdotter Neuvoinen f 1752 i Bjurberget, S Finnskoga, dotter till Filip Tomasson Neuvoinen och Marit Danielsdotter.

Deras barn:

3.3.2.5.1. Britta Karlsdotter Lehmoinen f 1778 i Falltorp, S Finnskoga, g med Henrik Henriksson

Deras barn:

3.3.2.5.1.1. Henrik Henriksson f 1801, g med Marit Pålsdotter f 1780 i Fallet

3.3.2.5.2. Annika Karlsdotter Lehmoinen f 1780 i Falltorp, S Finnskoga

3.3.2.5.3. Olof Karlsson Lehmoinen f 1788 i Falltorp, S Finnskoga

3.3.2.6. Kari Olofsdotter Lehmoinen f 1746, d före 1766

Barn i andra giftet:

3.3.2.7. Ingeborg Olofsdotter Lehmoinen f 1749, bosatt i Fall, Hof

3.3.2.8. Ole Olofsson Lehmoinen f 1750, bosatt i Fall, Hof

3.3.2.9. Elin Olofsdotter Lehmoinen f 1761

3.3.3. Karl Matsson Lehmoinen f ca 1701, bosatt i Falltorp, S Finnskoga, g 1731-07-28 i Dalby med Annika Nilsdotter Havuinen f 1712 i Kringsberg, S Finnskoga, dotter till Nils Tomasson Havuinen och Ingeborg Andersdotter Himainen.

Barn:

3.3.3.1. Olof Karlsson Lehmoinen f 1733 i Falltorp, S Finnskoga, g med Annika Henriksdotter f 1737 i Falltorp, S Finnskoga.

Deras barn:

3.3.3.1.1. Karl Olofsson Lehmoinen f 1761 i Falltorp, S Finnskoga, g med Annika Mickelsdotter f 1762.

Deras barn:

3.3.3.1.1.1. Daniel Karlsson Lehmoinen f 1784 i Falltorp, S Finnskoga, d 1819, g med Anna Olsdotter f 1786 i Norge.

3.3.3.1.1.2. Annika Karlsdotter Lehmoinen f 1788 i Falltorp, S Finnskoga, g med Anders Andersson f 1789 i Månglidsberget, S Finnskoga.

3.3.3.1.1.3. Maria Karlsdotter Lehmoinen f 1789 i Falltorp, S Finnskoga

3.3.3.1.1.4. Olof Karlsson Lehmoinen f 1792-03-15 i Fallet, S Finnskoga, g med Kajsa Nilsdotter f 1810 i Mörttjärnsberget, S Finnskoga, d 1851-11-10 i Letteråsen, S Finnskoga, dotter till Nils Eriksson och Gertrud Persdotter Hans.

3.3.3.1.1.5. Karin Karlsdotter Lehmoinen f 1795 i Falltorp, S Finnskoga

3.3.3.1.1.6. Henrik Karlsson Lehmoinen f 1797 i Falltorp, S Finnskoga

3.3.3.1.1.7. Britta Karlsdotter Lehmoinen f 1797 i Falltorp, S Finnskoga

3.3.3.1.2. Henrik Olofsson Lehmoinen f 1765 i Falltorp, S Finnskoga, g med Helena Andersdotter f 1770 i Norge.

Deras barn:

3.3.3.1.2.1. Henrik Henriksson Lehmoinen f 1810 i Falltorp, S Finnskoga

3.3.3.1.3. Annika Olofsdotter Lehmoinen f 1767 i Falltorp, S Finnskoga, g med Pål Mickelsson, Norge.

Barn:

3.3.3.1.3.1. Henrik Pålsson f 1792-06-04 i Falltorp, S Finnskoga, g med Elin Danielsdotter f 1797 i Norge.

3.3.3.1.4. Olof Olofsson Lehmoinen f 1770 i Falltorp, S Finnskoga, d 1777

3.3.3.1.5. Nils Olsson Lehmoinen f 1773 i Falltorp, S Finnskoga, g med Karin Johansdotter
Deras barn:
3.3.3.1.5.1. Johan Nilsen Lehmoinen f 1798 i Kringsberget, S Finnskoga, g med Kari
Nilsdatter

3.3.3.2. Matis Karlsson Lehmoinen f 1735
3.3.3.3. Nils Karlsen Lehmoinen f 1738, d 1738
3.3.3.4. Mari Karlsdotter Lehmoinen f 1739
3.3.3.5. Karl Karlsson Lehmoinen f 1742 i Falltorp, S Finnskoga, d 1817, g med Annika
Henriksdotter f 1749 i Avundsåsen, S Finnskoga, d 1819, dotter till Henrik Matsson och
Karin Henriksdotter.
Barn:
3.3.3.5.1. Karin Karlsdotter Lehmoinen f 1772 i Avundsåsen, S Finnskoga
3.3.3.5.2. Henrik Karlsson Lehmoinen f 1774 i Avundsåsen, S Finnskoga, g med Anna
Eriksdotter f 1779, d 1820.
Deras barn:
3.3.3.5.2.1. Karin Henriksdotter Lehmoinen f 1802 i Avundsåsen, S Finnskoga, g med
Anders Karlsson Lehmoinen f 1806 i Djäkneliden, S Finnskoga, son till Kardl Olsson
Lehmoinen och Britta Henriksdotter Vilhuinen.
3.3.3.5.2.2. Anna Henriksdotter Lehmoinen f 1805
3.3.3.5.2.3. Henrik Henriksson Lehmoinen f 1814 i Avundsåsen, S Finnskoga, g med Elin
Bertilsdotter Lehmoinen f 1818 i Medskogen, S Finnskoga, d 1875-03-11 i Avundsåsen, S
Finnskoga, dotter till Bertil Danielsson Lehmoinen och Kajsa Matsdotter Veteläinen.
3.3.3.5.2.4. Olof Henriksson Lehmoinen f 1817 i Avundsåsen, S Finnskoga
3.3.3.5.2.5. Maria Henriksdotter Lehmoinen f 1820-03-27 i Avundsåsen, S Finnskoga, g
med Olof Jonsson Huuskoinen f 1812-01-22 i Järpliden, S Finnskoga, son till Jon Persson
Huuskoinen och Anna Henriksdotter Räisäinen.
3.3.3.5.2.6. Anna Henriksdotter Lehmoinen f 1821 i Avundsåsen, S Finnskoga

3.3.3.5.3. Karl Karlsson Lehmoinen f 1776 i Avundsåsen, S Finnskoga
3.3.3.5.4. Maria Karlsdotter Lehmoinen f 1778-02-26 i Avundsåsen, S Finnskoga, g ca
1800 med Olof Matsson Kymöinen f 1757 i Avundsåsen, S Finnskoga, d 1823, son till
Mats Matsson Kymöinen och Valborg Henriksdotter.
Deras barn:
3.3.3.5.4.1. Lisa Olofsdotter Kymöinen f 1806 i Avundsåsen, S Finnskoga, g med Daniel
Olofsson Lehmoinen f 1807 i Dypåsen, S Finnskoga, son till Olof Halvardsson Lehmoinen
och Britta Karlsdotter Lehmoinen.
3.3.3.5.4.2. Karl Olofsson Kymöinen f 1807-10-19 i Avundsåsen, S Finnskoga, g med
Valborg Karlsdotter Lehmoinen f 1817-01-24 och d 1862-05-19 i Galåsen, S Finnskoga,
dotter till Karl Larsson Lehmoinen och Gertrud Henriksdotter Tarvainen.
3.3.3.5.4.3. Anna Olofsdotter Kymöinen f 1810i Avundsåsem, S Finnskoga, g med Olof
Olofsson Lehmoinen f 1810 i Dypåsen, S Finnskoga, son till Olof Halvardsson Lehmoinen
och Britta Karlsdotter Lehmoinen.
3.3.3.5.4.4. Karin Olofsdotter Kymöinen f 1813-01-05 i Avundsåsen, S Finnskoga

3.3.3.5.4.5. Maria Olofsdotter Kymöinen f 1815-06-14 i Avundsåsen, S Finnskoga, d 1866-12-24 i Kindsjön, S Finnskoga, g med Halvard Olofsson Lehmoinen f 1803-01-14 i Dypåsen, S Finnskoga, son till Olof Halvardsson Lehmoinen och Britta Karlsdotter Lehmoinen

3.3.3.5.4.6. Ingeborg Olofsdotter Kymöinen f 1818 i Avundsåsen, S Finnskoga, g med Olof Henriksson f 1818-08-14 i N Flatåsen, Nyskoga.

3.3.3.5.4.7. Daniel Olofsson Kymöinen f 1820-01-16 i Avundsåsen, S Finnskoga

3.3.3.5.5. Anna Karlsdotter Lehmoinen f 1787 i Avundsåsen, S Finnskoga

3.3.3.5.6. Ingeborg Karlsdotter Lehmoinen f 1791 i Avundsåsen, S Finnskoga

3.3.3.6. Per Karlsson Lehmoinen f 1742, bosatt i N Viggen, Nyskoga

3.3.3.7. Nils Karlsson Lehmoinen f 1745, tvilling? tjänar i Bresjöberget 1757-66?

3.3.3.8. Henrik Karlsson Lehmoinen f 1745, tvilling?

3.3.3.9. Henrik Karlsson Lehmoinen f 1748, bosatt i Bresjöberget

3.3.3.10. Peder Karlsson Lehmoinen f 1751, d 1751

3.3.3.11. Maria Karlsdotter Lehmoinen f 1752 i Falltorp, S Finnskoga, d 1817 i Röjden, S Finnskoga.

Barn med okänd fader:

3.3.3.11.1. Olof Andersson f 1777 i Röjden, S Finnskoga, g med Karin Olofsdotter Halinen f 1776 i Röjden, S Finnskoga, dotter till Olof Pålsson Halinen och Lisbet Hansdotter Hyytiäinen.

Deras barn:

3.3.3.11.1.1. Anders Olofsson f 1803 i Röjden, S Finnskoga, g med Lisa Olofsdotter Tenhuinen f 1807-12-15 i Kindsjöberget, S Finnskoga, dotter till Olof Olofsson Tenhuinen och Britta Andersdotter Tenhuinen.

3.3.3.11.1.2. Lisa Olofsdotter f 1808 i Röjden, S Finnskoga, g med Anders Matsson f 1801 i Norge.

3.3.4. Elin Matsdotter Lehmoinen f 1705 i Fallet, Hof, Norge, d 1773 i Norge, g 1729-08-29 med Daniel Andersson Veteläinen f 1705, d 1773 i Gransjöberget, Kilpola, Hof, son till Anders Danielsson Veteläinen och Karin Mickelsdotter.

Barn:

3.3.4.1. Anders Danielsson Veteläinen f 1730-12-27 i Röjden, S Finnskoga, g 1749-10-19 med Helene Samuelsdatter Piesainen f 1729 och d 1823 i Sögarden, Peistorpet, Åsnes finnskog, dotter till Samuel Samuelsson Piesainen och Gjertrud Olsdotter Toverud.

Deras barn:

3.3.4.1.1. Daniel Andersen Veteläinen f 1750, d 1829 i Bakken, Åsnes finnskog, g med Marte (Marie) Eriksdatter Neuvoinen f ca 1754, d 1813 i Norge, dotter till Erik Bertilsson Neuvoinen och Kari Pedersdatter Paalainen.

Barn:

3.3.4.1.1.1. Anna Danielsdotter Veteläinen f 1792-01-01 i Åsnes, d 1879-04-14 i Medskogen, Bråten, S Finnskoga, g1 med Karl Henriksen Raatikainen f 1792 i Norge, son till Henrik Karlsen Raatikainen och Eli Andersdatter Veteläinen. G2 1833 med Per

Olofsson Veteläinen f 1781 i Medskogen, S Finnskoga, d 1851 i S Finnskoga, son till Olof Matsson Veteläinen och Lisbet Persdotter Lehmoinen.

3.3.4.1.2. Anders Andersen Veteläinen f 1753
3.3.4.1.3. Gjertrud Andersdatter Veteläinen f 1756, d 1830
3.3.4.1.4. Ole Andersen Veteläinen f 1759, d 1824-09-20
3.3.4.1.5. Eli Anderdatter Veteläinen f 1762, g med Henrik Karlsen Raatikainen f 1751 i Norge, son till Karl Karlsson Raatikainen och Eli Mathisdatter Mullikka.
Barn:
3.3.4.1.5.1. Karl Henriksen Raatikainen f 1792 i Norge, g med Anna Danielsdotter Veteläinen f 1792-01-01 i Åsnes, d 1879-04-14 i Medskogen, Bråten, S Finnskoga, dotter till Daniel Andersen Veteläinen och Marte (Marie) Eriksdatter Neuvoinen.

3.3.4.1.6. Sören Andersen Veteläinen f 1765
3.3.4.1.7. Henrik Andersen Veteläinen f 1768, d 1768-10-15
3.3.4.1.8. Henrik Andersen Veteläinen f 1771

3.3.4.2. Marit Danielsdotter Veteläinen f 1731, g 1756 med Anders Henriksen Piesainen f ca 1734, bosatta i Tomta (Östgarden), Peistorpet, son till Henrik Samuelsson Piesainen och Gertrud Tomasdotter Lehmoinen.
Barn:
3.3.4.2.1. Henrik Andersen Piesainen f 1760, d 1797, g med Kari Andersdatter Räisäinen, bosatta i Nordgarden, Peistorpet, dotter till Anders Persen Räisäinen och Kari Persdatter Navilainen.

3.4. Tomas Olofsson Lehmoinen f 1667 i Skallbäcken, S Finnskoga
Barn med okänd moder:
3.4.1. Olof Tomasson Lehmoinen, bosatt i Skråckarberget, S Finnskoga, g med Karin Andersdotter.
Barn:
3.4.1.1. Gjertrud Olsdotter Lehmoinen i Skråckarberget, S Finnskoga
Barn med okänd fader:
3.4.1.1.1. Anders Mortensen Kuosmainen

3.5. Henrik Olofsson Lehmoinen f 1670 i Skallbäcken, S Finnskoga, g med Pernille Eriksdatter Forkerud, dotter till Erik Amundsen Forkerud och Jöran (?) Jonsdatter Skjelver.
Barn med okänd fader:
3.5.1. Bertil Henriksson Lehmoinen f 1701 i Kindsjön, S Finnskoga, d 1788-12-13 i Kronskogen, Östmark, g med Maria Danielsdotter Moijainen f 1703 i Nyskoga, d 1760 i Kronskogen, Östmark, dotter till Daniel Matsson Moijainen
Deras barn:

3.5.1.1. Henrik Bertilsson Lehmoinen f 1734-01-13 och d 1782-03-31 i Kronskogen, Östmark, g 1762 med Maria Henriksdotter Kaikkalainen f 1743-03-20 i Puranstorp, Östmark, dotter till Henrik Olofsson Kaikkalainen och Marit Staffansdotter Kiesinen. Deras barn:
3.5.1.1.1. Anna Henriksdotter Lehmoinen f 1779, d 1809, g med Henrik Pålsson Hämäläinen f 1779-11-08, d 1845-03-15.

Barn i giftet:
3.5.2. Erik Tommesen Trangsrud f 1732, g med Kirsti Olsdatter Tostenrud
Deras barn:
3.5.2.1. Amund Eriksen Trangsrud, g med Anne Hansdatter Bergerasen
Deras barn:
3.5.2.1.1. Hans Amundsen Trangsrud f 1819-07-30 i Grue, g med Berte Johannesdatter Grueberget f 1821-02-19 i Grue, dotter till Johannes Amundsen Grueberget och Berte Hansdatter Grueberget.
Barn:
3.5.2.1.1.1. Amund Hansen Trangsrud f 1856-05-27 i Grue, g med Rikka Josephine Myrah f 1862-08-03 i Spring Grove, Minnesota, USA.
Deras barn:
3.5.2.1.1.1.1. Henry Trangsrud f 1888-04-12 i Kindred, North Dakota, USA.

3.6. Marit Olofsdotter Lehmoinen f 1670 i Skallbäcken, S Finnskoga, g med Mats Staffansson Tenhuinen f ca 1663 i Kindsjön, S Finnskoga, d ca 1733, son till Staffan Mårtensson Tenhuinen och Sara Johansdotter Veteläinen
Barn:
3.6.1. Erik Matsson Tenhuinen f ca 1695 i Medskogen, S Finnskoga, g med Valborg Persdotter Minkkinen f 1700 i Hälsingland.
Deras barn:
3.6.1.1. Mats Eriksson Tenhuinen f 1729-06-27 i Järpliden, S Finnskoga
3.7. Erik Olofsson Lehmoinen f 1670 i Skallbäcken, S Finnskoga, g med Kerstin Henriksdotter Mullikka f i Kalneset, Grue finnskog, dotter till Henrik Steffensen Mullikka och Elin Eriksdotter Suhoinen.
Barn:
3.7.1. Erik Eriksen Lehmoinen f 1733-03-18 i Skallbäcken, S Finnskoga

3.8. Lars Olofsson Lehmoinen f 1672 i Skallbäcken, S Finnskoga
3.9. Johan Olofsson Lehmoinen f 1675, d 1742 i Gräsberget, g1 1701 med Lisbet Andersdatter Kuosmainen f 1671 i Törberget, Trysil, d före 1715 i Törberget nordre, Trysil, dotter till Anders Olsen Kuosmainen och Marte Pålsdotter Raatikainen. G2 med Marit Göransdotter Puttoinen, dotter till Göran Göransson Puttoinen.
Barn i första giftet:
3.9.1. Erik Johansson Lehmoinen, g 1727-11-05 i Fryksände med Malin Eriksdotter
Deras barn:
3.9.1.1. Lisbet Eriksdotter Lehmoinen

3.9.1.2. Mattis Eriksen Lehmoinen i Öjeren, Norge
Hans son:
3.9.1.2.1. Erik Mattisen Lehmoinen, bosatt i Forlovelsesbråten/Brenna i Norge 1821 enligt Gottlund
3.9.1.3. nn Eriksen Lehmoinen
3.9.1.4. Erik Eriksen Lehmoinen f ca 1732 i Gräsberget, d 1809 i Sickanstorp (Sikala, S Röjdåsen, Östmark, g med Anne Mattisdatter Hähmä från Gräsberget, Norge, dotter till Mattis Mortensen Hähmä och Lisbet Pålsdotter Liukkoinen.
Barn:
3.9.1.4.1. Johan Eriksen Lehmoinen
3.9.1.4.2. Erik Eriksen Lehmoinen f 1770, bosatt i Barskjula, Brandval Finnskog, g med Eli Larsdatter Multiainen f 1778 i Karlstorpet, dotter till Lars Andersen Multiainen och Anne Steffensdatter Purkiainen.
Barn:
3.9.1.4.2.1. Ola Eriksen Lehmoinen (Ri-Kesten) f 1814 i Barskjula, Brandval.

Barn i andra giftet:
3.9.2. Lisbet Johansdotter Lehmoinen
3.9.3. Annika Johansdotter Lehmoinen f 1715 i Mackartjärn, S Finnskoga

4. Henrik Olofsson Lehmoinen f 1640 i Rämmen, bosatt i Skallbäcken, S Finnskoga, 3 barn utan känd moder. Det var Henrik som dräpte Per Andersson, se avsnittet **Mordet i Skallbäcken 1666.**
Barn:
4.1. Pål Henriksson Lehmoinen f 1670 och d 1737-01-30 i Skallbäcken, S Finnskoga
Barn med okänd moder:
4.1.1. Henrik Pålsson Lehmoinen f ca 1700 och d 1742-02-15 i Skallbäcken, S Finnskoga, g 1728 med Lisbet Nilsdotter Havuinen f ca 1704 i Kringsberg, S Finnskoga, d 1742-02-17 i Skallbäcken, S Finnskoga, dotter till Nils Tomasson Havuinen och Ingeborg Andersdotter Himainen.
Barn:
4.1.1.1. Annika Henriksdotter Lehmoinen f 1729-04-24 i Skallbäcken, S Finnskoga
4.1.1.2. Lisbet Henriksdotter Lehmoinen f 1731-04-15 i Skallbäcken, S Finnskoga, d 1751-08-04 i Skråckarberget, S Finnskoga, g med Henrik Olofsson Vilhuinen f 1728-05-19 i Skråckarberget, S Finnskoga, d 1784-06-21, son till Olof Andersson Vilhuinen och Ingrid Henriksdotter Himainen.
Barn:
4.1.1.2.1. Olof Henriksson Vilhuinen f 1750-09-09 och d 1751-05-19 i Skråckarberget, S Finnskoga.

4.1.1.3. Pål Henriksson Lehmoinen f 1733-05-08 i Skallbäcken, S Finnskoga
4.1.1.4. Elin Henriksdotter Lehmoinen f 1734-08-16 i Skallbäcken, S Finnskoga, g 1753-06-11 med Henrik Andersson Tenhuinen f 1723 i Kindsjön, S Finnskoga, d 1803, son till Anders Larsson Tenhuinen och Britta Filipsdotter Neuvoinen.

Barn:
4.1.1.4.1. Britta Henriksdotter Tenhuinen f 1755 i Kindsjön, S Finnskoga, g med Mats Matsson Veteläinen f 1753 i Medskogen, S Finnskoga, son till Mats Johansson Veteläinen och Karin Matsdotter Tossavainen.
Deras barn:
4.1.1.4.1.1. Kajsa Matsdotter Veteläinen f 1791 i Medskogen, S Finnskoga, d 1838-04-06 i Djäkneliden, S Finnskoga, g med Bertil Danielsson Lehmoinen f 1787 i Järpliden, S Finnskoga, d 1853-12-16 i Avundsåsen, S Finnskoga, son till Daniel Johansson Lehmoinen och Anna Andersdotter Vilhuinen.
4.1.1.4.1.2. Elin Matsdotter Veteläinen f 1795 i Medskogen, S Finnskoga

4.1.1.4.2. Anders Henriksson Tenhuinen f 1758 i Kindsjön, S Finnskoga, g med Karin Olofsdotter Mullikka f 1761 i Skråckarberget, S Finnskoga, dotter till Olof Matsson Mullikka och Ingrid Andersdotter Vilhuinen
Barn:
4.1.1.4.2.1. Henrik Andersson Tenhuinen f 1787 i Kindsjön, S Finnskoga, g med Karin Olofsdotter Hämäläinen f 1795 i Röjden, S Finnskoga, dotter till Olof Andersson Hämäläinen och Ingrid Olofsdotter Kaikkalainen.
4.1.1.4.2.2. Olof Andersson Tenhuinen f 1789-08-14 i Bjurberget, S Finnskoga
4.1.1.4.2.3. Ingrid Andersdotter Tenhuinen f 1790-04-21 och d 1856 i Kindsjön, Mattesstuga, S Finnskoga, g med Mats Olofsson Veteläinen f 1785 och d 1873 i Medskogen, S Finnskoga, son till Olof Matsson Veteläinen och Lisbet Persdotter Lehmoinen.
4.1.1.4.2.4. Olof Andersson Tenhuinen f 1793 i Kindsjön, S Finnskoga
4.1.1.4.2.5. Anders Andersson Tenhuinen f 1795 i Kindsjön, S Finnskoga, g med Kerstin Olofsdotter Tenhuinen f 1801-09-30 i Kindsjöberget, S Finnskoga, dotter till Olof Olofsson Tenhuinen och Britta Andersdotter Tenhuinen.
4.1.1.4.2.6. Ellen Andersdotter Tenhuinen f 1798, d 1800
4.1.1.4.2.7. Kajsa Andersdotter Tenhuinen f 1801 i Kindsjön, S Finnskoga

4.1.1.4.3. Lisbet Henriksdotter Tenhuinen f 1760 i Kindsjön, S Finnskoga
4.1.1.4.4. Henrik Henriksson Tenhuinen f 1763 och d 1812-04-07 i Kindsjön, S Finnskoga, g med Annika Olsdotter Kaikkalainen f 1771 i Kindsjön, S Finnskoga, dotter till Olof Olofsson Kaikkalainen och Marit Olofsdotter.
4.1.1.4.5. Annika Henriksdotter Tenhuinen f 1765, g1 med Johan Andersson f 1770 i Norge, g2 1803-12-20 med Tomas Nilsson Neuvoinen f 1766 i Bjurberget, S Finnskoga, son till Nils Tomasson Neuvoinen och Marit Andersdotter Neuvoinen.
Barn i första giftet:
4.1.1.4.5.1. Ingrid Johansdotter f 1796-03-12 i Kindsjön, S Finnskoga
Barn i andra giftet:
4.1.1.4.5.2. Henrik Tomasson Neuvoinen f 1804-06-01 i Bjurberget, S Finnskoga, d 1804-06-12 (nöddop)
4.1.1.4.5.3. Marit Tomasdotter Neuvoinen f 1809 i Bjurberget, S Finnskoga

4.1.1.4.6. Ingrid Henriksdotter Tenhuinen f 1767 i Kindsjön, S Finnskoga, g med Anders Olofsson Mullikka f 1773 i Skråckarberget, S Finnskoga, d 1846-02-23, son till Olof Matsson Mullikka och Ingrid Andersdotter Vilhuinen.

4.1.1.5. Ingeborg Henriksdotter Lehmoinen f 1737-04-04 och d 1737-12-31 i Skallbäcken, S Finnskoga
4.1.1.6. Maria Henriksdotter Lehmoinen f 1741-03-20 och d 1754-05-27 i Skallbäcken, S Finnskoga

4.2. Erik Henriksson Lehmoinen f 1677 i Skallbäcken, S Finnskoga, g 1721-03-19 med Maria Abrahamsdotter Häkkinen f 1695 i Mulltjärn, Östmark, d 1742-01-19 i Skallbäcken, S Finnskoga, dotter till Abraham Sigfridsson Häkkinen och Karin Kristoffersdotter Nikkarainen.
Barn:
4.2.1. Anders Eriksson Lehmoinen f 1722-04-14 i Skallbäcken, S Finnskoga
4.2.2. Mats Eriksson Lehmoinen f 1727-09-20 i Skallbäcken, S Finnskoga
4.2.3. Gertrud Eriksdotter Lehmoinen f 1730-10-07 i Skallbäcken, S Finnskoga, g med Henrik Henriksson Vilhuinen f 1726 i Skråckarberget, S Finnskoga, d 1789-01-27 i Skråckarberget, S Finnskoga, son till Henrik Andersson Vilhuinen och Maria Henriksdotter Neuvoinen.
Barn:
4.2.3.1. Henrik Henriksson Vilhuinen f 1750 i Skråckarberget, S Finnskoga, d 1801, g 1780-05-20 med Kerstin Matsdotter Tenhuinen f 1756, d 1837-05-20 i Skråckarberget, S Finnskoga, dotter till Mats Andersson Tenhuinen och Kersti Andersdatter Kuosmainen.
Deras barn:
4.2.3.1.1. Henrik Henriksson Vilhuinen f 1780 i Skråckarberget, S Finnskoga
4.2.3.1.2. Karl Henriksson Vilhuinen f 1782-06-03 i Skråckarberget, S Finnskoga, g med Gertrud Andersdotter Vilhuinen f 1799-10-29 och d 1863-03-29 i Skråckarberget, S Finnskoga, dotter till Anders Henriksson Vilhuinen och Gertrud Persdotter Lehmoinen.
Barn:
4.2.3.1.2.1. Kajsa Karlsdotter Vilhuinen f 1825-10-02 och d 1856-04-23 i Skråckarberget, S Finnskoga, g med Erik Jensen Havuinen f 1831-12-31 i Fald, Hof, son till Jens Jensen Havuinen och Karin Eriksdotter Vilhuinen.
4.2.3.1.3. Erik Henriksson Vilhuinen f 1785-02-10 i Skråckarberget, S Finnskoga, g 1811-11-24 med Anna Henriksdotter Veteläinen f 1794 i Medskogen, S Finnskoga, dotter till Henrik Danielsson Veteläinen och Britta Persdotter Lehmoinen.
4.2.3.1.4. Gertrud Henriksdotter Vilhuinen f 1791 i Skråckarberget, S Finnskoga, d 1831 i Dalby, g med Karl Karlsson Lehmoinen f 1789 i Bograngen, S Finnskoga, d 1842 i Dalby, son till Karl Persson Lehmoinen och Marte Henriksdatter Tossavainen.
4.2.3.1.5. Maria Henriksdotter Vilhuinen f 1794 i Skråckarberget, S Finnskoga, d 1877-01-22 i Tutstad, Dalby, g med Olof Olofsson Veteläinen f 1801 i Medskogen, S Finnskoga, son till Olof Danielsson Veteläinen och Marit Persdotter Lehmoinen.

4.2.3.2. Erik Henriksson Vilhuinen f 1753-04-17 och d 1826-09-10 i Skråckarberget, S Finnskoga, g 1781-10-14 med Marit Henriksdotter Vilhuinen f 1761 och d 1819-01-17 i Skråckarberget, S Finnskoga, son till Henrik Olofsson Vilhuinen och Gertrud Matsdotter Kymöinen.

Barn:

4.2.3.2.1. Ingrid Eriksdotter Vilhuinen f 1785 i Skråckarberget, S Finnskoga, d 1829-09-14, g 1806 med Per Olofsson Veteläinen f 1781 i Medskogen, S Finnskoga, d 1851 i S Finnskoga, son till Olof Matsson Veteläinen och Lisbet Persdotter Lehmoinen.

4.2.3.2.2. Maria Eriksdotter Vilhuinen f 1788

4.2.3.2.3. Gertrud Eriksdotter Vilhuinen f 1790 i Skråckarberget, S Finnskoga, d 1815 i Skallbäcken, S Finnskoga, g med Henrik Andersson f 1792 i Skallbäcken, S Finnskoga, son till Maria Henriksdotter Vilhuinen.

4.2.3.2.4. Erik Eriksson Vilhuinen f 1793, g med Märta Danielsdotter Veteläinen f 1794 i Djäkneliden, S Finnskoga, dotter till Daniel Matsson Veteläinen och Anna Persdotter Lehmoinen.

Barn:

4.2.3.2.4.1. Erik Eriksson Vilhuinen f 1819 i Skråckarberget, S Finnskoga, g med Maria Eriksdotter Vilhuinen f 1820 i S Finnskoga, d 1907-02-24 i Skråckarberget, S Finnskoga, dotter till Erik Henriksson Vilhuinen och Anna Henriksdotter Veteläinen.

4.2.3.2.4.2. Daniel Eriksson Vilhuinen f 1822 i Skråckarberget, S Finnskoga

4.2.3.2.5. Henrik Eriksson Vilhuinen f 1796-08-03 i Skråckarberget, S Finnskoga, d 1828-02-14, g med Anna Olofsdotter Utriainen f 1799-09-28 i Dypåsen, S Finnskoga, dotter till Olof Johansson Utriainen och Britta Nilsdotter Neuvoinen.

Barn:

4.2.3.2.5.1. Märta Henriksdotter Vilhuinen f 1825-09-17 i Dypåsen, S Finnskoga, d 1908-01-24 i Båtstad, N Finnskoga, g med Olof Andersson f 1826-09-17 och d 1907-09-09 i Båtstad, N Finnskoga, son till Anders Andersson och Anna Olofsdotter Kukkoinen.

4.2.3.2.6. Karin Eriksdotter Vilhuinen f 1805 i Skråckarberget, S Finnskoga, d 1882 i Fald, Hof, g 1828-04-18 i Hof med Jens Jensen Havuinen f 1802 i Jenssilä, Lukashaugen, Grue, d 1863, son till Jen Henriksen Havuinen.

Barn:

4.2.3.2.6.1. Ole Jensen Havuinen f 1829-03-15 i Fald, Hof, g 1854-10-30 i Hof med Anne Thomasdotter f 1835-05-22 i Rotberget, Hof, dotter till Tomas Olsen Rotberget och Anne Danielsdotter Räisäinen.

4.2.3.2.6.2. Erik Jensen Havuinen f 1831-12-31 i Fald, Hof, g med Kajsa Karlsdotter Vilhuinen f 1825-10-02 och d 1856-04-23 i Skråckarberget, S Finnskoga, dotter till Karl Henriksson Vilhuinen och Gertrud Andersdotter Vilhuinen

4.2.3.2.6.3. Johannes Jensen Havuinen f 1834-02-24 i Fald, Hof, g med Anna Karlsdotter f 1840-01-28 i Blindhanstorp, Mackartjärn, S Finnskoga

4.2.3.2.6.4. Jens Jensen Havuinen f 1835-12-15 i Fald, Hof, g 1866 med Johanna Kristiansdotter f 1843-09-20 i Falltorp, S Finnskoga

4.2.3.2.6.5. Karen Jensdatter Havuinen f ca 1838 i Fald, Hof

4.2.3.3. Maria Henriksdotter Vilhuinen f 1755-11-24 i Skråckarberget, S Finnskoga, d 1830-02-08 i Skallbäcken, S Finnskoga
Barn med okänd fader:
4.2.3.3.1. Henrik Andersson f 1792 i Skallbäcken, S Finnskoga, g med Ingeborg Johansdotter Oinoinen f 1801 i Skallbäcken, S Finnskoga, dotter till Johan Olofsson Oinoinen och Karin Henriksdotter Hyytiäinen.
Deras barn:
4.2.3.3.1.1. Anna Henriksdotter f 1839-05-23 i Skallbäcken, S Finnskoga, g 1860-11-11 med Anders Karlsson Lehmoinen f 1836-06-27 i Kindsjön, S Finnskoga, son till Karl Henriksson Lehmoinen och Elin Andersdotter Mullikka.

4.2.3.4. Britta Henriksdotter Vilhuinen f 1759 i Skråckarberget, S Finnskoga
4.2.3.5. Kajsa Henriksdotter Vilhuinen f 1759 i Skråckarberget, S Finnskoga, levde 1825, g med Olof Henriksson Vilhuinen f 1754-02-11 och d 1806 i Skråckarberget, S Finnskoga, son till Henrik Olofsson Vilhuinen och Gertrud Matsdotter Kymöinen.
Barn:
4.2.3.5.1. Henrik Olofsson Vilhuinen f 1782 i Skråckarberget, S Finnskoga, g med Anna Olofsdotter Veteläinen f 1790 i Medskogen, S Finnskoga, dotter till Olof Danielsson Veteläinen och Marit Persdotter Lehmoinen.
Deras barn:
4.2.3.5.1.1. Märta Henriksdotter Vilhuinen f 1814-12-24 i Skråckarberget, S Finnskoga, g med Mats Karlsson f 1813-06-24 i Kindsjöberg, S Finnskoga, d 1865-07-03 i Kindsjön, Lilleberget, S Finnskoga, son till Karl Johansson och Karin Olofsdotter.
4.2.3.5.1.2. Kajsa Henriksdotter Vilhuinen f 1818-03-03 i Skråckarberget, S Finnskoga, g med Erik Olofsson Tenhuinen f 1809-09-10 i Kindsjöberget, S Finnskoga, son till Olof Olofsson Tenhuinen och Britta Andersdotter Tenhuinen.
4.2.3.5.1.3. Anna Henriksdotter Vilhuinen f 1820 i Skråckarberget, S Finnskoga
4.2.3.5.1.4. Gertrud Henriksdotter Vilhuinen f 1823 i Skråckarberget, S Finnskoga
4.2.3.5.1.5. Henrik Henriksson Vilhuinen f 1830 i Skråckarberget, S Finnskoga, g med Märta Halvardsdotter Lehmoinen f 1842-04-17 i Kindsjön, S Finnskoga, d 1895-10-01 i Skråckarberget, S Finnskoga, dotter till Halvard Olofsson Lehmoinen och Maria Olofsdotter Kymöinen.

4.2.3.5.2. Maria Olofsdotter Vilhuinen f 1787
4.2.3.5.3. Anna Olofsdotter Vilhuinen f 1789
4.2.3.5.4. Anders Olofsson Vilhuinen f 1792
4.2.3.5.5. Gertrud Olofsdotter Vilhuinen f 1794-10-01, d 1876-05-18, g med Olof Andersson Mullikka f 1796, d 1888-01-12 i Skråckarberget, S Finnskoga, son till Anders Olofsson Mullikka och Ingrid Henriksdotter Tenhuinen.
4.2.3.5.6. Olof Olofsson Vilhuinen f 1797

4.2.3.5.7. Marit Olofsdotter Vilhuinen f 1800 i Skråckarberget, S Finnskoga, g med Per Olofsson Veteläinen f 1798 i Medskogen, S Finnskoga, son till Olof Danielsson Veteläinen och Marit Persdotter Lehmoinen.
Barn:
4.2.3.5.7.1. Henrik Persson Veteläinen f 1834-04-19 i Skråckarberget, S Finnskoga, g med Maria Karlsdotter f 1845-04-27 i Kindsjön, Säterberget, S Finnskoga, dotter till Karl Karlsson och Lisa Andersdotter Hyytiäinen.

4.2.3.6. Anders Henriksson Vilhuinen f 1762 i Skråckarberget, S Finnskoga
4.2.3.7. Anna Henriksdotter Vilhuinen f 1767 i Skråckarberget, S Finnskoga, g med Hans Olofsson Halinen f 1763 i Röjden, S Finnskoga, son till Olof Pålsson Halinen och Lisbet Hansdotter Hyytiäinen.
Barn:
4.2.3.7.1. Lisa Hansdotter Halinen f 1795 i Röjden, S Finnskoga
4.2.3.7.2. Hans Hansson Halinen f 1802-02-06 i Röjden, S Finnskoga, g med Marit Larsdotter Moijainen f 1793-01-01 i N Flatåsen, Nyskoga, dotter till Lars Sigfridsson Moijainen och Anna Henriksdotter Saastainen.
Barn:
4.2.3.7.2.1. Henrik Hansson Halinen f 1829-08-03 i S Finnskoga, d 1914-06-14 i Tolgraven, S Finnskoga, g 1856-01-06 med Anna Matsdotter Kymöinen f 1830-01-01 i Avundsåsen, S Finnskoga, d 1916-09-27 i Tolgraven, S Finnskoga, dotter till Mats Olofsson Kymöinen och Britta Danielsdotter Veteläinen.

4.2.4. Erik Eriksson Lehmoinen f 1733-03-18 i Skallbäcken, S Finnskoga
4.2.5. Anna Eriksdotter Lehmoinen f 1734, d 1741-12-21 i Skallbäcken, S Finnskoga

4.3. Lisbet Henriksdotter Lehmoinen f 1678, g med Pål Mattisen Räisäinen f 1672, son till Mattis Persson Räisäinen och Gunhild Eriksdotter Haljainen.
Deras ättlingar har tidigare redovisats i en <u>annan nummerserie</u>, vilken återges här:
3.1. Pål Mattisen Räisäinen f 1672, g med Lisbet Henriksdotter Lehmoinen f 1678, dotter till Henrik Olofsson Lehmoinen.
Deras barn:
3.1.1. Tomas Pålsen Räisäinen g med Anne Pedersdatter Mjölnerud
Deras barn:
3.1.1.1. Lisbet Tomasdatter Räisäinen
3.1.1.2. Poul Tomassen Räisäinen g med Valborg Persdatter Räisäinen, dotter till Per Jensen Räisäinen och Kirsti Henriksdotter Manninen.
Barn:
3.1.1.2.1. Anne Pålsdatter Räisäinen f 1752
3.1.2. Peder Pålsen Räisäinen g med Karin Matsdotter Karttuinen
Barn:
3.1.2.1. Elisabet Persdotter Räisäinen g med Erik Jakobsen Valkoinen f 1733, från Seterberget, son till Jakob Sigfridsson Valkoinen och Karin Klemetsdotter Hämäläinen
Deras barn:

3.1.2.1.1. Jakob Eriksson Valkoinen g med Marte Olsdatter Valkoinen, dotter till Ola Sigfridsen Valkoinen

3.1.3. Ole Pålsen Räisäinen g 1744 med Gjertrud Larsdatter Pellinen, dotter till Lars Danielsen Pellinen och Lisbet Henriksdatter Himainen

3.1.4. Matis Pålsen Räisäinen g med Kari Larsdatter Pellinen, dotter till Lars Danielsen Pellinen och Lisbet Henriksdatter Himainen

Barn:

3.1.4.1. Kari Matisdatter Räisäinen g med Henrik Henriksen Nikkarainen

Deras barn:

3.1.4.1. Kari Henriksdatter Nikkarainen

3.1.5. Karin Pålsdatter Räisäinen f 1705 i Lövhaugen, Grue, g med Mats Henriksson Mullikka f 1705 i Kalneset, Grue, d 1773, son till Henrik Steffensen Mullikka och Elin Eriksdotter Suhoinen.

Barn:

3.1.5.1. Johan Matisen Mullikka g med Kjerstin Staffansdotter Sikainen

Barn:

3.1.5.1.1. Mattis Johansen Mullika g med Eli Olofsdotter Mullikka f 1770, dotter till Olof Matsson Mullikka och Ingrid Andersdotter Vilhuinen

3.1.5.2. Henrik Matisen Mulllika, g med Anna (Annika) Karlsdotter Raatikainen f 1720-04-12 i Digerberget, Nyskoga, dotter till Karl Henriksson Raatikainen och Valborg Filipsdotter Neuvoinen.

Barn:

3.1.5.2.1. Ole Henriksen Mullika f 1750 i Kalneset, Grue, d 1801, g 1770 med Ingeborg Andersdatter Räisäinen f 1749 i Tvengsberget, Grue, d 1818-04-11 i Kalneset, Grue, dotter till Anders Persen Räisäinen och Kari Persdatter Navilainen.

Barn:

3.1.5.2.1.1. Henrik Olsen Mullikka f 1770, d 1825

3.1.5.2.1.2. Anders Olsen Mullikka f 1771

3.1.5.2.1.3. Kari Olsdatter Mullikka f 1774

3.1.5.2.1.4. Anne Olsdatter Mullikka f 1778

3.1.5.2.2. Kari Henriksdatter Mullikka f 1754-08-04 i Kalneset, Grue, d 1814 i Tvengsberget, Grue, g med Ole Andersen Räisäinen f ca 1751 och d 1814 i Tvengsberget, Grue, son till Anders Persen Räisäinen och Kari Persdatter Navilainen.

Barn:

3.1.5.2.2.1. Peder Olsen Räisäinen

3.1.5.2.2.2. Anders Olsen Räisäinen f 1784 i Tvengsberget, Grue, d 1818 i Gammeltorpet, Grue, g 1803-06-23 med Kari Mortensdatter Nikkarainen f 1777 i Nedgarden, Rotneberget, Grue, d 1853 i Gammeltorpet, Grue.

Barn:

3.1.5.2.2.2.1. Ole Andersen Räisäinen

3.1.5.3. Eli Matisdatter Mullika d 1764 i Vermunden, Åsnes, g med Karl Karlsson Raatikainen f 1718-01-04 i Digerberget, Nyskoga, son till Karl Henriksson Raatikainen och Valborg Filipsdotter Neuvoinen.

Barn:

3.1.5.3.1. Henrik Karlsen Raatikainen f 1751 g med Eli Andersdatter Veteläinen f 1762, dotter till Anders Danielsson Veteläinen och Helene Samuelsdatter Piesainen

3.1.5.3.2. Kari Karlsdatter Raatikainen f 1753

3.1.5.3.3. Marit Karlsdatter Raatikainen f 1759

3.1.5.3.4. Mattis Karlsen Raatikainen 1764

3.1.5.4. Anne Matisdatter Mullika

3.1.5.5. Povel Matsen Mullika

3.1.5.6. Lisbet Matisdatter Mullikka

3.1.5.7. Olof Matsson Mullika f 1738 i Kalneset, Grue, d 1815-01-02, g1 1760 med Ingrid Andersdotter Vilhuinen, f 1740-02-20 och d 1793-04-16 i Skråckarberget, S Finnskoga, dotter till Anders Olofsson Vilhuinen och Elin Bertilsdotter Raatikainen. G2 med Gertrud Nilsdotter Häkkinen, f 1771, d 1843, dotter till Nils Nilsson Häkkinen och Karin Johansdotter Karjalainen.

Barn i första giftet, alla födda i Skråckarberget:

3.1.5.7.1. Karin Olofsdotter Mullikka f 1761, g med Anders Henriksson Tenhuinen f 1758 i Kindsjön, S Finnskoga, son till Henrik Andersson Tenhuinen och Elin Henriksdotter Lehmoinen.

Deras barn:

3.1.5.7.1.1. Henrik Andersson Tenhuinen f 1787

3.1.5.7.1.2. Olof Andersson Tenhuinen f 1789-08-14

3.1.5.7.1.3. Ingrid Andersdotter Tenhuinen f 1790-04-21

3.1.5.7.1.4. Olof Andersson Tenhuinen f 1793

3.1.5.7.1.5. Anders Andersson Tenhuinen f 1795

3.1.5.7.1.6. Ellen Andersdotter Tenhuinen f 1798, d ca 1800

3.1.5.7.1.7. Kajsa Andersdotter Tenhuinen f 1801

3.1.5.7.2. Eli Olofsdotter Mullika f 1770

3.1.5.7.3. Anders Olofsson Mullikka f 1773 i Skråckarberget, d 1846-02-23, g med Ingrid Henriksdotter Tenhuinen f 1767 i Kindsjön, dotter till Henrik Andersson Tenhuinen och Elin Henriksdotter Lehmoinen.

Deras barn:

3.1.5.7.3.1. Olof Andersson Mullikka f 1796, d 1888

3.1.5.7.3.2. Lisa Andersdotter Mullikka f 1804

3.1.5.7.3.3. Elin Andersdotter Mullikka f 1805

3.1.5.7.3.4. Elin Andersdotter Mullikka f 1806, d 1872

3.1.5.7.3.5. Anna Andersdotter Mullikka f 1809, d 1873

3.1.5.7.4. Anna Olofsdotter Mullikka f 1777

3.1.5.7.5. Ingrid Olofsdotter Mullikka f 1782

3.1.5.7.6. Johan Olofsson Mullikka f 1783 i Skråckarberget, g med Annika Olsdotter Kaikkalainen f 1771 i Kindsjön, dotter till Olof Olofsson Kaikkalainen och Marit Olofsdotter

Barn i andra giftet (Olof Matsson Mullikka och Gertrud Nilsdotter Häkkinen):

3.1.5.7.7. Ingrid Olofsdotter Mullikka f 1810-03-09 i Skråckarberget

Mordet i Skallbäcken 1666

Vid valborgsmässotid, alltså ungefär 1 maj 1666 inträffade en tråkig händelse med bland annat Henrik Olofsson Lehmoinen inblandad, det var han som var dråparen.

Fritt från domboken:
Per Andersson (Hartikainen) i Mellan Flatåsen besökte Skallbäcken "för något plogredskap", och efter att de närvarande druckit en del sprit så uppstod slagsmål. Pål i Skallbäcken ropade på hjälp från brodern Henrik, och Henrik i Öjeberget ropade på hjälp från sin granne Per Andersson i Mellan Flatåsen. Per Andersson och Henrik Olofsson fick livtag på varandra och knivarna kom fram. Per högg först Henrik i vänster arm, men det gjorde ingen större skada. Henrik måttade så illa att han skar upp magen på Per, som dog efter två dygn. Per och Henrik var före denna händelse omvittnat goda vänner, och de försonades också strax efter händelsen.

Henrik var rädd för dödsstraff och höll sig undan i Norge en tid. Vid hösttinget 1667 infann han sig dock och bekände gärningen. Inför rätten steg fadern Olof Koo fram och bad för sin son. Han hade också med sig ett intyg från Pers föräldrar, där de uppgav att de inte stod efter Henriks liv. De hade blivit "kompenserade" av Olof Koo med 20 riksdaler och 20 tunnor råg vardera.

Henrik fick dödsstraff men "benådades" tydligen, eftersom han fick barn så sent som 1678.

312

Skarp-Jon (Jo Vedlan) upptog Medskogen 1648

Enligt Broberg 1988:

Medskogen i Södra Finnskoga antecknas vara upptaget på Persby 1652, tillökt 1653 och står som nybygge till 1659 då det blir skattlagt till 1/4 hemman. Den 20 maj 1653 fick medskogsfinnen Johan Johansson Veteläinen byggnadssedel av landshövdingen Tönnes Langman med fyra års skattfrihet till de två år han redan åtnjutit — skattläggningen räknades sålunda med sex frihetsår från tillökningen 1653 — men redan 1650 betalade Johan och Filippus tionde, och 1652 står Johan i Medskog upptagen i mantalslängden. Om bebyggaren skriver M. Axelson (sid. 159): »Wäddelainen byggde Midskogen, och Nordmann (sid. 26): »Skarp-Johan från Finland upptog Midtskogen.» I sägnerna kallas han Jo Vedlan (jfr sid. 122 o. 124), dvs. Juho Veteläinen. — Enligt byggnadslovet 20/5 1653 har han då åtnjutit 2 års frihet, varför det är rimligt att ange Medskogen såsom upptaget 1651, ej från betalningen av tionde 1650. I en sägen i Segerstedts samlingar beskrives Johan Vedelainen i Medskogen som mycket rik. Han byggde ett hus med två våningar och säges också ha begagnat peruk som den tidens herremän, varför dalkarlama, då de reste förbi med sina smiden till Grundsätts marknad, tog av sig mössorna för honom. Han högg många fall i de stora skogarna omkring och fick mycken råg, som han delvis sålde i Bergslagen för 2 plåtar tunnan.

Johan Vedelainen står ensam skriven i längderna 1652-57, 1660-67, hans son Daniel 1671-1706, Erik ensam i mantalslängden 1658, 1659 och tillsammans med Daniel 1673. Daniel Johansson dog 1707, Johan Danielsson 1720.

Enligt Jarl Ericson, Finnar i Östmark, Vitsand, Nyskoga, Södra och Norra Finnskoga: Medskogen upptogs på Persbys ägor omkring 1648; redan 1650 betalade den förste uppodlaren Johan Johansson Veteläinen tionde. Johan fick sin byggnadssedel den 20 maj 1653 och hemmanet utökades 1653 och blev skattlagt 1659 till ¼ hemman.

Mantal fram till början av 1700-talet:

1652-1668 Johan Johansson Veteläinen

1669-1706 Daniel Johansson Veteläinen, son

1694-1720 Johan Danielsson Veteläinen, son till Daniel J

1710- Carl Carlsson Honkainen (ska vara Lehmoinen enl mina noteringar), g m Daniel Johanssons änka.

I domboksprotokoll **ÄH63 vt** uppgives *"…belägit 2 ½ mijl från gården på en Skogstegh in emoot gräntsen, som är känd under Cronan, för thet bebångne Mordh, Men sedan återlöst af Bänteby, N Transtrandh, Likenäs, N Persby, Ransby, Tutestadh och Hole".*
I **ÄH84 ht** *"…mitt på Tolfmijhlaskoghen…".*

Liksom de flesta svedjefinnarna fick även "Skarp-Johan", som han också kallades, även han betala för sina huggna fall, som i **ÄH65 vt**:
"Näst framstegh Skogwachtaren Anders Nilsson i Rijsäter och anklagade …JOHAN i Medskogen å Skatte för 2 fall… Och effter ingen hade tillsyndt them någotdera Ty Warde the dömbit att böta för huardt fall 12 dlr…".

Johan och Anna Olofsdtr finns i ett par protokoll, bl a i **ÄH74 ht**:

*"Och näst effter hustru Anna Olufsdotter i Medskough i Dahlby Sochn beswärade sigh
öfuer sin fordom Sonhustru hustru Anna Larsdotter för att hon hafwer hafft ifrån henne
den Tridingh, som henne medh Rätta Tillförende uthj bemälte hemman Midskogh tillkom
med sin Sahl Man affledne Skogskarlen opodlat hafwer. Ty fann Rätten skiäligt och
Rättmätigt hon hustru Anna Oluffsdotter må igentaga och tillträda sin Tridingh och
honom opdraga. Hwem hon hälst will af sine barn att bruka så länge hon lefwer, hwar
till hon walde och korade sin son Daniel Johansson, hwilken alfwarlighen förmanades aff
Rätten til at gå sin åhlderstigne Modher tillhanda, det han och lofuadhe. Och för dhe
Jordedeeler som hustru Anna Oluffsdotters Sonhustru Anna Larsdotter i bemälte
hemman Midskough hafuer till sigh löst skall gifuas henne så mycket som hon sielff
hafwer gifwet åth sijne Swägerskor. Eliest alldenstundh Rätten förnam att hustru Anna
Oluffsdotter sampt hennes barn och Sonhustru oförlikas mycket mädh hwarandre. Ty
sättes dhem 40 dlr wijte före at uthgifwas aff dän som först annan medh ordh eller
gierningar öfwerfaller".*

Enl Finska Riksarkivet, Generalregistret över bosättningen i Finland:

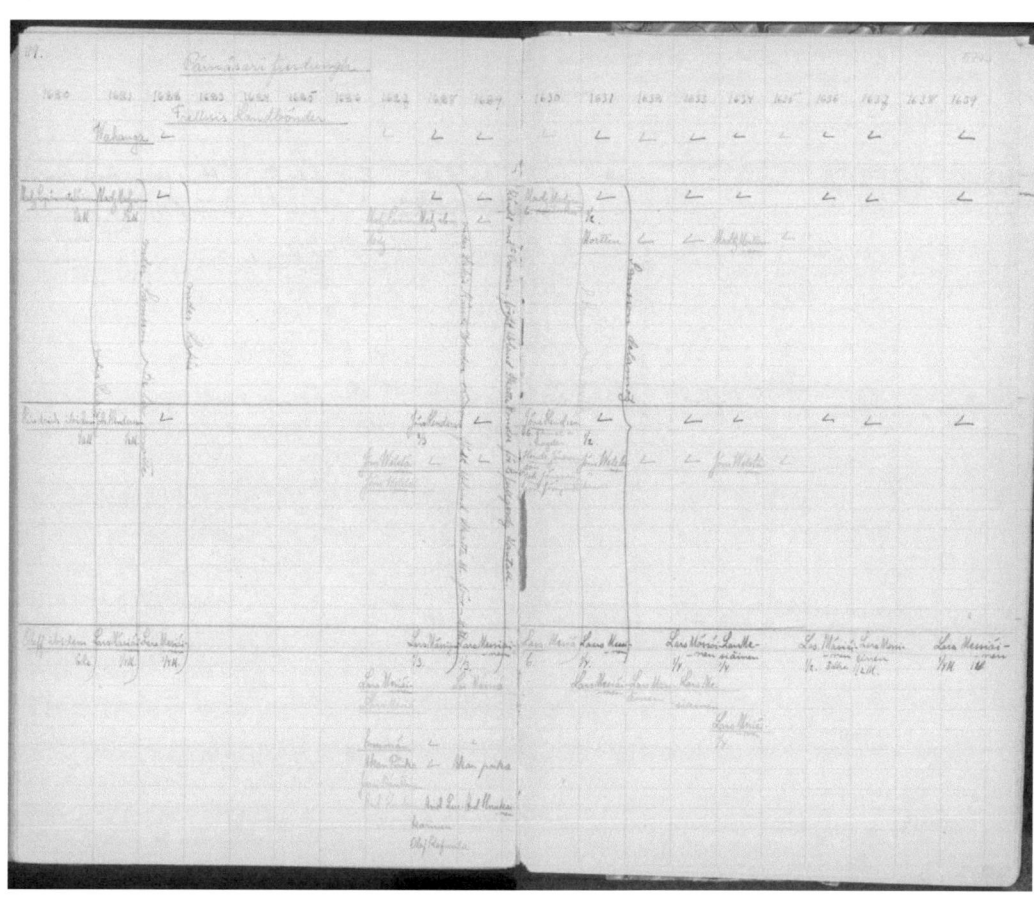

Gården **Wahanga**, Pärnässari fierdungh:

1620: "Hindrich" på en gård om 1/2 mantal.

1621: "Joh. Hindersson", 1/2 mantal.

1627: "Jöns Weteläinen".

1628: "Jöns Henriksson, 2/3 mantal.

1630: "Jöns Hendriksson", "bonde, gamal och suagder" (gammal och svag),
son "Hendr. Jönsson", **son "Joh. Jönsson", förrymtt kneckt**.

1631: "Jöns Weteläinen", 1/2 mantal.

1634: "Jöns Weteläinen".

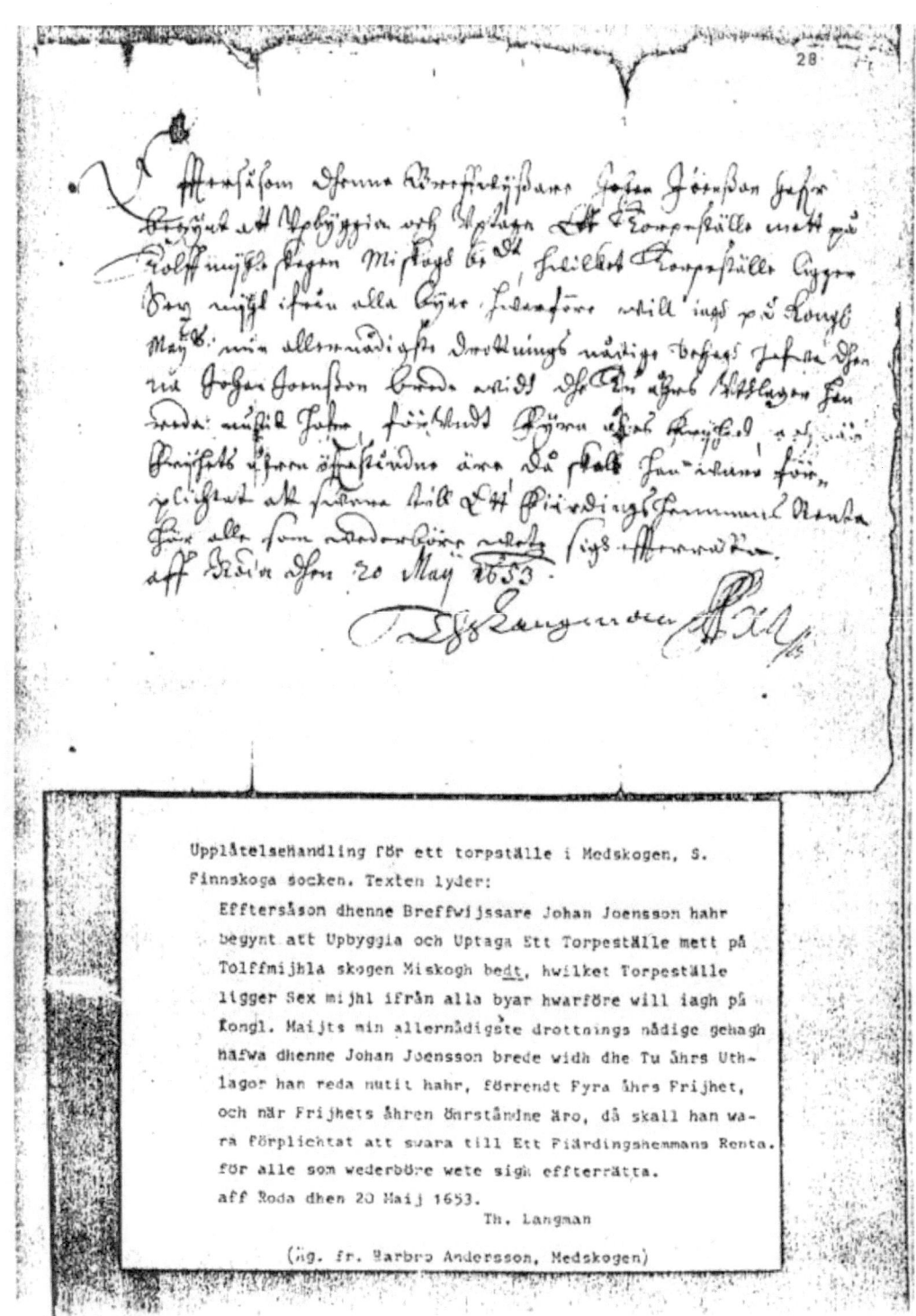

Upplåtelsehandling för ett torpställe i Medskogen, S. Finnskoga socken. Texten lyder:

Efftersåsom dhenne Breffwijssare Johan Joensson hahr begynt att Upbyggia och Uptaga Ett Torpeställe mett på Tolffmijhla skogen Miskogh bedt, hwilket Torpeställe ligger Sex mijhl ifrån alla byar hwarföre will iagh på Kongl. Maijts min allernådigste drottnings nådige gehagh hafwa dhenne Johan Joensson brede widh dhe Tu åhrs Uthlagor han reda nutit hahr, förrendt Fyra åhrs Frijhet, och när Frijhets åhren ährstämbne äro, då skall han wara förplichtat att swara till Ett Fiärdingshemmans Renta. för alle som wederböre wete sigh effterrätta.

aff Roda dhen 20 Maij 1653.

Th. Langman

(äg. fr. Barbro Andersson, Medskogen)

Nedsättningsbrev.

Skarp-Jon (Jo Vedlan) och hans ättlingar enligt mina efterforskningar:

1. Johan Jönsson Veteläinen f ca 1610, d 1670 i Medskogen, S Finnskoga, g med Anna Olofsdotter från Hälsingland. Johan fick bland annat heta *Skarp-Johan, Jo Vedlan, Juho Veteläinen*. Hans efternamn har skrivits *Johansson*, men är otvetydigt **Jönsson**. Han var **född i Vahanka**, Pääjärvi socken, Rautalampi, Finland. Han omtalas där som förrymd knekt i mantalslängder från 1630. Kom först till Hälsingland, där han hade nära släktingar och där han gifte sig och fick barn. I slutet av 1640-talet flyttade han till Värmland, och det var han som upptog Medskogen ca 1648.

*Mer om Skarp-Jon´s förhistoria i Finland och Hälsingland står att läsa i min bok **Skarp-Jon** och hans ättlingar i Dalby finnskog, utgiven 2021.*

De hade barnen:
1.1. Erik Johansson Veteläinen f 1637 i Hälsingland, d ca 1672 i Medskogen, S Finnskoga, g med Anna Larsdotter f 1645, från Solberg i Ekshärad
Barn:
1.1.1. Annika Eriksdotter Veteläinen f 1665 i Medskogen, S Finnskoga, g1 med Simon Larsson Kauttoinen f 1663-12- , d 1694, son till Lars Simonsson Kauttoinen och Mariana Matsdotter Ikoinen. G2 ca 1695 med Kristoffer Kristoffersson Kukkoinen f ca 1660 i Långnäs, Gräsmark, d ca 1740, son till Kristoffer Pålsson Kukkoinen.
Barn i andra giftet:
1.1.1.1. Britta Kristoffersdotter Kukkoinen, g med Isak Larsson Kukkoinen, son till Lars Larsson Kukkoinen och Annika Halvorsdotter.
1.1.1.2. Marit Kristoffersdotter Kukkoinen f ca 1696 i Långnäs, Gräsmark, g med Johan Mattisen Soikkainen, son till Mattis Johansen Soikkainen och Marte Grelsdotter Kavalainen.
Deras barn:
1.1.1.2.1. Johan Johansen Soikkainen f 1725, d 1806 i Kösstorp, g med Britta Pålsdotter, d 1807 i Gräsmark.
Barn:
1.1.1.2.1.1. Sofia Johansdotter Soikkainen f 1767 i Kösstorp, g 1799-11-03 med Elias Larsson Suhoinen.

1.1.1.2.2. Annika Johansdotter Soikkainen f 1730-11-12 i Långnäs, Gräsmark, g 1751 med Henrik Mattesson, bosatta i Soranstorp.

1.1.2. Henrik Eriksson Veteläinen f ca 1668 i Medskogen, S Finnskoga, g med Anna Matsdotter f ca 1675 i Avundsåsen, S Finnskoga.
Deras barn:
1.1.2.1. Mats Henriksson Veteläinen f 1715-01-28 i Medskogen, S Finnskoga, g med okänd.

Barn:
1.1.2.1.1. Johan Matsson Veteläinen f ca 1749och d 1790-06-21 i Medskogen, S Finnskoga, g med Karin Eriksdotter Hyytiäinen f 1745-02-24 i Mackartjärn, S Finnskoga, d 1785-04-19 i Medskogen, S Finnskoga, dotter till Erik Andersson Hyytiäinen och Britta Henriksdotter.
Deras barn:
1.1.2.1.1.1. Henrik Johansson Veteläinen f 1775 i Medskogen, Dobbala, S Finnskoga, d 1846 -11-09, upptog gården Laukomägg 1803, g 1796-11-07 med Elin Johansdotter Veteläinen f ca 1760 och d 1850-01-21 i Medskogen, S Finnskoga, dotter till Johan Danielsson Veteläinen och Britta Henriksdotter Vilhuinen.

1.1.2.2. Anders Henriksson Veteläinen f 1717 i Avundsåsen, S Finnskoga, bosatt i Medskogen, S Finnskoga.

1.1.3. Klemet Eriksson Veteläinen f ca 1670 i Medskogen, S Finnskoga, d 1742-02-01 i Stommen, Dalby, "g i 30 år, avlat 7 barn", g med Annika Johansdotter f ca 1675.
Barn:
1.1.3.1. Johan Klemetsson Veteläinen f 1708 i Medskogen, S Finnskoga
1.1.3.2. Tomas Klemetsson Veteläinen f ca 1710 i Medskogen, S Finnskoga
1.1.3.3. Anders Klemetsson Veteläinen f 1716-05-29 i Medskogen, S Finnskoga, d ca 1760, g 1748-01-19 med Kerstin Matsdotter Moijainen f 1725, d 1768-01-01 i Öjeberget, Nyskoga, dotter till Mats Nilsson Moijainen och Malin Henriksdotter.
1.1.3.4. Anna Klemetsdotter Veteläinen f 1718-10-20 i Medskogen, S Finnskoga
1.1.3.5. Lisbet Klemetsdotter Veteläinen f ca 1728 i Medskogen, S Finnskoga

1.2. Daniel Johansson Veteläinen f ca 1640 i Hälsingland, d 1707-09-04, nämndeman i Medskogen, g1 med Karin Andersdotter Hämäläinen f 1645 i Röjden, S Finnskoga, d 1690 i Medskogen, S Finnskoga, dotter till Anders Hämäläinen och Anna Johansdotter. G2 med Lisbet Pålsdotter Lehmoinen f 1675 i Skallbäcken, S Finnskoga, d 1739-08-24 i Medskogen, S Finnskoga, dotter till Pål Olofsson Lehmoinen och Marit Davidsdotter Pöntinen.
Domboksnoteringar Hof:
1693-11-15 – Anders Floer upplyste allmänheten på veledle assessors vägnar att man handlar sågtimmer från svenska bönder, bl a Daniel Midskog. Timret huggs i Sverige och flottas i Flisa. Ett år köpte man 300 tolfter.
Barn i första giftet:
1.2.1. Johan Danielsson Veteläinen f ca 1666 i Medskogen, Gammelgården, S Finnskoga, d 1720-03-16 i Medskogen, S Finnskoga, g1 ca 1695 med Kari Andersdotter Purainen f ca 1680 i Risberget, Våler, d ca 1697, dotter till Anders Eriksen Purainen och Annika Steffensdatter Mullikka. G2 med Anna Matsdotter Kymöinen f ca 1680 i Avundsåsen, S Finnskoga, d ca 1741 i Medskogen, S Finnskoga, dotter till Mats Matsson Kymöinen och Marit Matsdotter Rompainen.
Barn i första giftet:

1.2.1.1. Anders Johansson Veteläinen f 1697-05- , dop 1697-05-10 i Medskogen, S Finnskoga.

Barn i andra giftet:

1.2.1.1.1. Karin Johansdotter Veteläinen f 1700 i Medskogen, S Finnskoga, d 1730, g med Erik Eriksson Utriainen f 1689 i Järpliden, S Finnskoga, d 1729-09-06, son till Erik Karlsson Utriainen och nn Mickelsdotter Honkainen.

Deras barn:

1.2.1.1.1.1. Marit Eriksdotter Utriainen f 1729-02-19 och d 1804-01-19 i Järpliden, S Finnskoga, g1 1753-11-10 med Sigfrid Kristoffersson Honkainen f 1730-01-10 i Kindsjön, S Finnskoga, d 1761-04-30 i Järpliden, S Finnskoga, son till Kristoffer Johansson Honkainen och Britta Bertilsdotter Neuvoinen. G2 med Mats Tomasson f 1736 i Dalby.

1.2.1.1.2. Mats Johansson Veteläinen f 1715 och d 1788-06-14 i Medskogen, S Finnskoga, g med Karin Matsdotter Tossavainen f ca 1729, d 1765 i Medskogen, S Finnskoga, dotter till Mattis Olsen Tossavainen och Ingeborg Olsdatter Kuosmainen.

Barn:

1.2.1.1.2.1. Johan Matsson Veteläinen f 1749-06-29 i Medskogen, S Finnskoga, g med Karin Eriksdotter Hyytiäinen f 1745-02-24 i Mackartjärn, S Finnskoga, d 1785-04-19 i Medskogen, S Finnskoga, dotter till Erik Andersson Hyytiäinen och Britta Henriksdotter.

1.2.1.1.2.2. Mats Matsson Veteläinen f 1753 i Medskogen, S Finnskoga, g med Britta Henriksdotter Tenhuinen f 1755 i Kindsjön, S Finnskoga, dotter till Henrik Andersson Tenhuinen och Elin Henriksdotter Lehmoinen.

1.2.1.1.2.3. Olof Matsson Veteläinen f 1754-05-13 och d 1821 i Medskogen, S Finnskoga, g 1775-10-13 med Lisbet Persdotter Lehmoinen f 1755 i Bograngen, S Finnskoga, dotter till Per Karlsson Lehmoinen och Anna Kristoffersdotter Honkainen.

1.2.1.1.2.4. Henrik Matsson Veteläinen f 1759, d 1759

1.2.1.1.2.5. Daniel Matsson Veteläinen f 1761 i Medskogen, S Finnskoga, d 1836 i S Finnskoga, g med Anna Persdotter Lehmoinen f 1764 i Djäkneliden, S Finnskoga, d 1818 i Dalby, dotter till Per Karlsson Lehmoinen och Anna Kristoffersdotter Honkainen.

1.2.1.1.2.6. Anders Matsson Veteläinen f 1761

1.2.1.1.3. Daniel Johansson Veteläinen f 1718-01-15 i Medskogen, S Finnskoga

1.2.1.1.4. Henrik Johansson Veteläinen f 1719, d 1720

1.2.2. Karin Danielsdotter Veteläinen f ca 1667 i S Finnskoga, g med Ole Tomasen Räisäinen f ca 1667, d ca 1725, son till Tomas Persen Räisäinen och Sara Bertilsdotter Kemppainen.

Barn:

1.2.2.1. Kari Olsdatter Räisäinen, g med Ole Olsen Räisäinen, son till Ole Olsen Räisäinen och Kari Olsdatter Räisäinen.

Barn:

1.2.2.1.1. Ole Olsen Räisäinen

1.2.2.1.2. Lisbet Olsdatter Räisäinen

1.2.2.1.3. Mari Olsdatter Räisäinen

1.2.2.1.4. Kari Olsdatter Räisäinen

1.2.2.1.5. Berte Olsdatter Räisäinen

1.2.2.1.6. Anne Olsdatter Räisäinen f 1731, d 1763, g med Peder Mattisen Tossavainen f ca 1725, son till Mattis Olsen Tossavainen och Ingeborg Olsdatter Kuosmainen.
Barn:

1.2.2.1.6.1. Lisbet Pedersdatter Tossavainen

1.2.2.1.6.2. Ole Pedersen Tossavainen g med Gjertrud Andersdatter

1.2.2.1.6.3. Matis Pedersen Tossavainen

1.2.2.1.6.4. Ingrid Persdatter Tossavainen

1.2.2.2. Ingrid Olsdotter Räisäinen f 1705 i Pekkola, Grue, d i Rotneberget, Grue Finnskog, g 1724-02-09 i Nyskoga med Per Staffansson Navilainen f 1701 i Mulltjärn, Östmark, d 1748 i Rotneberget, Grue Finnskog, son till Staffan Persson Navilainen och Karin Mårtensdotter Puttoinen.
Barn:

1.2.2.2.1. Ingrid Persdatter Navilainen

1.2.2.2.2. Anders Persen Navilainen

1.2.2.2.3. Anne Persdatter Navilainen

1.2.2.2.4. Berte Persdatter Navilainen

1.2.2.2.5. Daniel Persen Navilainen

1.2.2.2.6. Mari Persdatter Navilainen

1.2.2.2.7. Ole Persen Navilainen

1.2.2.2.8. Kari Persdatter Navilainen f 1724 i Södra Viggen, Nyskoga, d 1806 i Tvengsberget, Grue, g 1748 med Anders Persen Räisäinen f 1721 och d 1802 i Tvengsberget, Grue, son till Per Olsen Räisäinen och Ingeborg Olsdatter.
Barn:

1.2.2.2.8.1. Kari Andersdatter Räisäinen

1.2.2.2.8.2. Ingeborg Andersdatter Räisäinen f 1749 i Tvengsberget, Grue, d 1818-04-11 i Kalneset, Grue, g 1770 med Ole Henriksen Mullikka f 1750 och d 1801 i Kalneset, Grue, son till Henrik Matisen Mullikka och Anna (Annika) Karlsdotter Raatikainen.

1.2.2.2.8.3. Ole Andersen Räisäinen f ca 1751och d 1816 i Tvengsberget, Grue, g 1774-11-13 med Kari Henriksdatter Mullikka f 1754-08-04 i Kalneset, Grue, d 1814 i Tvengsberget, Grue, dotter till Henrik Matisen Mullikka och Anna (Annika) Karlsdotter Raatikainen.

1.2.2.2.8.4. Tomas Andersen Räisäinen f 1762 i Tvengsberget, Grue

1.2.2.2.9. Tomas Persen Navilainen f 1737, g 1758 med Berthe Olsdatter Lövberget.

1.2.2.3. Daniel Olsen Räisäinen f 1713, d 1762, g med Lisbet Johansdotter Lehmoinen f 1736-12-02 i Medskogen, S Finnskoga, d ca 1814 i Järpliden, S Finnskoga, dotter till Johan Karlsson Lehmoinen och Elin Pålsdotter Honkainen.

1.2.2.4. Ole Olsen Räisäinen f 1725, d 1769-11- enligt skifte dat. 1770-03-16, bosatt i Peistorpet, Grue, g 1745-10-24 med Helena Henriksdatter Piesainen f ca 1727, d 1807-10-02, dotter till Henrik Samuel Piesainen och Gertrud Tomasdotter Lehmoinen.
Barn:
1.2.2.4.1. Kari Olsdatter Räisäinen f 1746, g 1780-05-16 med Mattis Mattisen Suhoinen, soldat i Peistorpet, Grue.

1.2.2.4.4. Ingri Olsdatter Räisäinen f 1757
1.2.2.4.5. Olea Olsdatter Räisäinen f 1761
1.2.2.4.6. Anne Olsdatter Räisäinen f 1763
1.2.2.4.7. Mari Olsdatter Räisäinen f 1765

1.2.3. Marit Danielsdotter Veteläinen f 1670 i S Finnskoga, g 1707-06-02 med Henrik Johansson Vaissinen f ca 1669 i N Viggen, Nyskoga, d ca 1750, son till Johan Andersson Vaissinen.
1.2.4. Anders Danielsson Veteläinen f ca 1675 i S Finnskoga, g 1717-07-07 med Karin Mickelsdotter f ca 1683 i Rangen, N Finnskoga.
Barn:
1.2.4.1. Daniel Andersson Veteläinen f 1705, d 1773, g 1729-08-29 med Elin Matsdotter Lehmoinen f 1705 i Fallet, Hof, d 1773 i Norge, dotter till Mats Olofsson Lehmoinen och Marte Henriksdatter Raatikainen.
Deras barn:
1.2.4.1.1. Anders Danielsson Veteläinen f 1730-12-27 i Röjden, S Finnskoga, g 1749-10-19 med Helene Samuelsdatter Piesainen f 1729 och d 1823 i Sögarden, Peistorpet, Åsnes, dotter till Samuel Samuelsson Piesainen och Gjertrud Olsdotter Toverud.
Deras barn:
1.2.4.1.1.1. Daniel Andersen Veteläinen f 1750, d 1829 i Bakken, Åsnes, g med Marte (Marie) Eriksdatter Neuvoinen f ca 1754, d 1813 i Norge, dotter till Erik Bertilsson Neuvoinen och Kari Pedersdatter Paalainen.
1.2.4.1.1.2. Anders Andersen Veteläinen f 1753
1.2.4.1.1.3. Gjertrud Andersdatter Veteläinen f 1756, d 1830
1.2.4.1.1.4. Ole Andersen Veteläinen f 1759, d 1824-09-20
1.2.4.1.1.5. Eli Andersdatter Veteläinen f 1762, g med Henrik Karlsen Raatikainen f 1751 i Norge, son till Karl Karlsson Raatikainen och Eli Mathisdatter Mullikka.
1.2.4.1.1.6. Sören Andersen Veteläinen f 1765
1.2.4.1.1.7. Henrik Andersen Veteläinen f 1768, d 1768-10-15
1.2.4.1.1.8. Henrik Andersen Veteläinen f 1771

1.2.4.1.2. Marit Danielsdotter Veteläinen f 1731, g 1756 med Anders Henriksen Piesainen f ca 1734, bosatta i Tomta (Östgarden) i Peistorpet, son till Henrik Samuelsson Piesainen och Gertrud Tomasdotter Lehmoinen.
Barn:
1.2.4.1.2.1. Henrik Andersen Piesainen f 1760, d 1797, g med Kari Andersdatter Räisäinen, dotter till Anders Persen Räisäinen och Kari Persdatter Navilainen.

1.2.4.1.3. Eli Danielsdotter Veteläinen f 1735

1.2.4.1.4. Daniel Danielsson Veteläinen f 1749

1.2.4.2. Per Andersson Veteläinen f 1707 i Medskogen, S Finnskoga, g 1737 med Lisbet Matsdotter Kymöinen f 1716-02-02 i Avundsåsen, S Finnskoga, dotter till Mats Matsson Kymöinen och Annika Pålsdotter.

Barn:

1.2.4.2.1. Anna Persdotter Veteläinen f 1738-02-27 i Avundsåsen, S Finnskoga

1.2.4.2.2. Maria Persdotter Veteläinen f 1743-05-02 i Avundsåsen, S Finnskoga

1.2.4.2.3. Henrik Persson Veteläinen f 1745-01-13 i Avundsåsen, S Finnskoga.

1.2.4.3. Karin Andersdotter Veteläinen f 1710

1.2.4.4. Anders Andersson Veteläinen f 1719-11-30 i Medskogen, S Finnskoga, g1 med Lisbet Pålsdotter Raatikainen f 1721-05-14 i Skallbäcken, S Finnskoga, dotter till Pål Henriksson Raatikainen och Malin Filipsdotter Neuvoinen. G2 med Anna Henriksdotter f 1730.

Barn i första giftet:

1.2.4.4.1. Karin Andersdotter Veteläinen f 1745

1.2.4.4.2. Anna Andersdotter Veteläinen f 1746

1.2.4.4.3. Daniel Andersson Veteläinen f 1749-06-30 i Medskogen, S Finnskoga, g med Anna Henriksdotter Vilhuinen f ca 1736 i Skråckarberget, S Finnskoga, dotter till Henrik Andersson Vilhuinen och Maria Henriksdotter Neuvoinen.

Barn:

1.2.4.4.3.1. Daniel Danielsson Veteläinen f 1774 i Medskogen, S Finnskoga

1.2.4.4.4. Maria Andersdotter Veteläinen f 1752-04-18 i Medskogen, S Finnskoga

1.2.4.4.5. Mats Andersson Veteläinen f 1754-02-22 i S Finnskoga, d 1759

1.2.4.4.6. Lisbet Andersdotter Veteläinen f 1756

Barn i andra giftet:

1.2.4.4.7. Mats Andersson Veteläinen f 1759 i Medskogen, S Finnskoga, d 1844-05-09 i S Finnskoga, g med Karin Månsdotter f 1762 i Djäkneliden, S Finnskoga, d 1837-08-03 i S Finnskoga, dotter till Måns Eriksson och Anna Matsdotter Utriainen.

Barn:

1.2.4.4.7.1. Lisa Matsdotter Veteläinen f 1799-12-11 i Medskogen, S Finnskoga, d 1854-04-03 i V Kärrbackstrand, N Finnskoga, g 1820 med Olof Persson Huuskoinen f 1789-01-25 i Järpliden, S Finnskoga, son till Per Jonsson Huuskoinen och Karin Karlsdotter Lehmoinen.

1.2.4.4.8. Marit Andersdotter Veteläinen f 1762 i Medskogen, S Finnskoga, g1 med Johan Larsson, g2 1797-11-22 med Tomas Andersson f 1775.

Barn i första giftet:

1.2.4.4.8.1. Johan Johansson f 1788-11-26 i Medskogen, S Finnskoga.

1.2.5. Lisbet Danielsdotter Veteläinen f 1677 i Medskogen, S Finnskoga, g 1697-12-26 i Dalby med Henrik Matsson Kymöinen f ca 1673 i Avundsåsen, S Finnskoga, d ca 1733, son till Mats Matsson Kymöinen och Marit Matsdotter Rompainen.
Barn:
1.2.5.1. Karin Henriksdotter Kymöinen f 1704 i Djäkneliden, S Finnskoga, d 1720-05-22 i S Finnskoga.
1.2.5.2. Mats Henriksson Kymöinen f 1716-01-05 i Djäkneliden, S Finnskoga, d 1742-02-18 av fläckfeber i Avundsåsen, S Finnskoga, g 1739-09-29 med Maria Henriksdotter f 1716 i Järpliden, S Finnskoga, d 1743-02-20 i S Finnskoga.
Barn:
1.2.5.2.1. Lisbet Matsdotter Kymöinen f 1739-10-08 i Djäkneliden, S Finnskoga
1.2.5.2.2. Henrik Matsson Kymöinen f 1741-03-22 i S Finnskoga

1.2.5.3. Britta Henriksdotter Kymöinen f 1718 och d 1733-09-23 i S Finnskoga
1.2.5.4. Malin Henriksdotter Kymöinen f 1719-12-12 och d 1720-05-22 i S Finnskoga
1.2.5.5. Olof Henriksson Kymöinen f 1721-03- i Avundsåsen, S Finnskoga, g 1746 med Karin Pålsdotter f 1720 i S Finnskoga.
Barn:
1.2.5.5.1. Ingrid Olofsdotter Kymöinen f 1742 i Djäkneliden, S Finnskoga, d 1757 i S Finnskoga
1.2.5.5.2. Maria Olofsdotter Kymöinen f 1747 i Djäkneliden, S Finnskoga, g med Samuel Pålsson Raaskoinen f 1746.
Deras barn:
1.2.5.5.2.1. Anna Samuelsdotter Raaskoinen f 1775 i Djäkneliden, S Finnskoga, d 1830-01-06, g med Olof Olofsson Halinen f 1766 i Röjden, S Finnskoga, d 1844-02-26, son till Olof Pålsson Halinen och Lisbet Hansdotter Hyytiäinen
1.2.5.5.2.2. Olof Samuelsson Raaskoinen f 1779-01-04 i Djäkneliden, S Finnskoga, g med Valborg Henriksdotter f 1787 i N Ny.
1.2.5.5.2.3. Gertrud Samuelsdotter Raaskoinen f 1789 i Djäkneliden, S Finnskoga, g med Daniel Olofsson Hämäläinen f 1791 i Röjden, S Finnskoga, son till Olof Andersson Hämäläinen och Ingrid Olofsdotter Kaikkalainen.

1.2.5.5.3. Annika Olofsdotter Kymöinen f 1747-03-10 i Djäkneliden, S Finnskoga, d 1750
1.2.5.5.4. Lisbet Olofsdotter Kymöinen f 1751 i Djäkneliden, S Finnskoga
1.2.5.5.5. Henrik Olofsson Kymöinen f 1753-05-10 i Djäkneliden, S Finnskoga
1.2.5.5.6. Karl Olofsson Kymöinen f 1755-05-10 i Djäkneliden, S Finnskoga
1.2.5.5.7. Anna Olofsdotter Kymöinen f 1756 i Djäkneliden, S Finnskoga
1.2.5.5.8. Mats Olofsson Kymöinen f 1758 och d 1758 i Djäkneliden, S Finnskoga
1.2.5.5.9. Karin Olofsdotter Kymöinen f 1760 i Djäkneliden, S Finnskoga
1.2.5.5.10. Olof Olofsson Kymöinen f 1762 i Djäkneliden, S Finnskoga, till Galåsen ca 1783.

Daniel Johansson Veteläinens barn i andra giftet:

1.2.6. Annika Danielsdotter Veteläinen f ca 1695 i Medskogen, S Finnskoga, g ca 1713 med Erik Eriksson Tenhuinen f ca 1675, bosatta i N Röjdåsen, Östmark.
Barn:
1.2.6.1. Britta Eriksdotter Tenhuinen f 1713-09-20 i Röjdåsen, Östmark
1.2.6.2. Elisabet Eriksdotter Tenhuinen f 1723-07-01 i Röjdåsen, Östmark
1.2.6.3. Gertrud Eriksdotter Tenhuinen f 1725-08-20 i Röjdåsen, Östmark
1.2.6.4. Johan Eriksson Tenhuinen f 1728-05-08 i Röjdåsen, Östmark
1.2.6.5. Erik Eriksson Tenhuinen f 1729-12-21 i N Röjdåsen, Östmark
1.2.6.6. Helga Eriksdotter Tenhuinen f 1732-05-20 i N Röjdåsen, Östmark
1.2.6.7. Annika Eriksdotter Tenhuinen f 1738-06-02 i Gransjön, Eskilstorpet, Östmark.

1.2.7. Daniel Danielsson Veteläinen f ca 1702 och d 1769-10-09 i Medskogen, S Finnskoga, g 1 1730-06-21 med Elin Jensdatter Räisäinen f 1710 i Anttila, Grue finnskog, d ca 1759 i S Finnskoga, dotter till Jens Persen Räisäinen och Margareta Eriksdotter Suhoinen. G2 1760-04-07 med Anna Henriksdotter Vilhuinen f ca 1736 i Skråckarberget, S Finnskoga, dotter till Henrik Andersson Vilhuinen och Maria Henriksdotter Neuvoinen.
Barn i första giftet:
1.2.7.1. Johan Danielsson Veteläinen f 1730-08-29 och d 1770-02-16 i Medskogen, S Finnskoga, g 1753-10-14 i Dalby med Britta Henriksdotter Vilhuinen f 1731-03-14 i Skråckarberget, S Finnskoga, d 1814-01-04 i Medskogen, S Finnskoga, dotter till Henrik Andersson Vilhuinen och Maria Henriksdotter Neuvoinen.
Deras barn:
1.2.7.1.1. Lisbet Johansdotter Veteläinen f 1751, d 1755-01-20
1.2.7.1.2. Daniel Johansson Veteläinen f 1755-03-31 i Medskogen, S Finnskoga
1.2.7.1.3. Mats Johansson Veteläinen f 1756 och d 1824-05-25 i S Finnskoga
1.2.7.1.4. Elin Johansdotter Veteläinen f ca 1760 och d 1850-01-21 i Medskogen, S Finnskoga, g 1796-11-07 med Henrik Johansson Veteläinen f 1775 i Dobbala, Medskogen, S Finnskoga, d 1846-11-09, son till Johan Matsson Veteläinen och Karin Eriksdotter Hyytiäinen.
Barn:
1.2.7.1.4.1. Karin Henriksdotter Veteläinen f 1797-12-03, d 1800 - 1804
1.2.7.1.4.2. Britta Henriksdotter Veteläinen f 1803 i Laukomägg, Medskogen, S Finnskoga, död av slag 1883-11-23 i Medskogen, S Finnskoga, g med Kristoffer Karlsson Lehmoinen f ca 1790 i Järpliden, S Finnskoga, d 1870-11-04 i Medskogen, S Finnskoga, son till Karl Persson Lehmoinen och Marte Henriksdatter Tossavainen.

1.2.7.1.5. Henrik Johansson Veteläinen f 1760, tvilling
1.2.7.1.6. Daniel Johansson Veteläinen f 1763 i Medskogen, S Finnskoga, d 1814, g 1800-12-18 med Elin Olofsdotter Lehmoinen f 1772 i Medskogen, S Finnskoga, dotter till Olof Johansson Lehmoinen och Lisbet Danielsdotter Veteläinen.
Barn:
1.2.7.1.6.1. Britta Danielsdotter Veteläinen f 1801 i Medskogen, S Finnskoga
1.2.7.1.6.2. Olof Danielsson Veteläinen f 1804-01-02 i Medskogen, S Finnskoga
1.2.7.1.6.3. Jon Danielsson Veteläinen f 1806 i Medskogen, S Finnskoga

1.2.7.1.6.4. Daniel Danielsson Veteläinen f 1808 i Medskogen, S Finnskoga

1.2.7.2. Mats Danielsson Veteläinen f 1733-02-16 i Medskogen, S Finnskoga, d 1757
1.2.7.3. Lisbet Danielsdotter Veteläinen f 1735-04-19 och d 1812 i Medskogen, S Finnskoga, g med Olof Johansson Lehmoinen f 1738-09-17 i Medskogen, S Finnskoga, son till Johan Karlsson Lehmoinen och Elin Pålsdotter Honkainen.
Barn:
1.2.7.3.1. Johan Olofsson Lehmoinen f 1762 i Järpliden, S Finnskoga
1.2.7.3.2. Daniel Olofsson Lehmoinen f 1766 i Järpliden, S Finnskoga
1.2.7.3.3. Kajsa Olsdotter Lehmoinen f 1768 i Järpliden, S Finnskoga
1.2.7.3.4. Elin Olofsdotter Lehmoinen f 1772 i Medskogen, S Finnskoga, g1 1800-12-18 med Daniel Johansson Veteläinen f 1763 i Medskogen, S Finnskoga, d 1814, son till Johan Danielsson Veteläinen och Britta Henriksdotter Vilhuinen. G2 med Anders Danielsson f 1784 i Norge.
Barn i första giftet:
1.2.7.3.4.1. Britta Danielsdotter Veteläinen f 1801 i Medskogen, S Finnskoga
1.2.7.3.4.2. Olof Danielsson Veteläinen f 1804-01-02 i Medskogen, S Finnskoga
1.2.7.3.4.3. Jon Danielsson Veteläinen f 1806 i Medskogen, S Finnskoga
1.2.7.3.4.4. Daniel Danielsson Veteläinen f 1808 i Medskogen, S Finnskoga
Barn i andra giftet:
1.2.7.3.4.5. Märta Andersdotter f 1814 i Medskogen, S Finnskoga

1.2.7.3.5. Johan Olofsson Lehmoinen f 1776 i Medskogen, S Finnskoga, d 1839-06-03 i Järpliden, S Finnskoga, g1 med Anna Persdotter Huuskoinen f 1785-01-16 i Järpliden, S Finnskoga, d 1839-05-26 i Kärrbackstrand, N Finnskoga, dotter till Per Jonsson Huuskoinen och Karin Karlsdotter Lehmoinen. G2 med Britta Klemetsdotter Hakkarainen f 1771 i Aspberget, N Finnskoga, d 1844-10-05 i Järpliden, S Finnskoga, dotter till Klemet Larsson Hakkarainen och Helena Persdotter Liitiäinen.
Barn i första giftet:
1.2.7.3.5.1. Elin Johansdotter Lehmoinen f 1802-09-12 i Järpliden, S Finnskoga, d 1866-12-19, styvdotter till Daniel Henriksson Liitiäinen, g med Karl Olofsson Veteläinen f 1804-05-06 i Medskogen, S Finnskoga, son till Olof Danielsson Veteläinen och Marit Persdotter Lehmoinen.
Barn i andra giftet:
1.2.7.3.5.2. Lisa Johansdotter Lehmoinen f 1804-10-03 i Järpliden, S Finnskoga, g med Per Bengtsson Kiikalainen f 1805-04-17 i Höljes, N Finnskoga, son till Bengt Bengtsson Kiikalainen och Gunilla Halvardsdotter.
1.2.7.3.5.3. Olof Johansson Lehmoinen f 1807 i Järpliden, S Finnskoga, g med Karin Danielsdotter Liitiäinen f 1808-04-20 i Järpliden, S Finnskoga, d 1879-09-01 i Kärrbackstrand, N Finnskoga, dotter till Daniel Henriksson Liitiäinen och Anna Persdotter Huuskoinen.
1.2.7.3.5.4. Helena Johansdotter Lehmoinen f 1810-01-26 i Järpliden, S Finnskoga, d 1901-01-15 i Andersstubben, N Finnskoga, g1 med soldaten Håkan Persson, g2 1843-12-

30 med Mats Olofsson Tenhuinen f 1819 i Höljes, N Finnskoga, son till Olof Eriksson Tenhuinen och Valborg Tomasdotter Havuinen.

1.2.7.3.5.5. Karin Johansdotter Lehmoinen f 1817 och d 1826-05-14 i Järpliden, S Finnskoga

1.2.7.3.6. Anna Olsdotter Lehmoinen f 1783 i Järpliden, S Finnskoga

1.2.7.4. Per Danielsson Veteläinen f 1737-03-31 i Medskogen, S Finnskoga

1.2.7.5. Anna Danielsdotter Veteläinen f 1739-04-20 i Medskogen, S Finnskoga, d 1840 i Norge, g med Mats Johansson Lehmoinen f 1740-06-07 i Järpliden, S Finnskoga, son till Johan Karlsson Lehmoinen och Elin Pålsdotter Honkainen.

Barn:

1.2.7.5.1. Kerstin Matsdotter Lehmoinen f 1753 i Järpliden, S Finnskoga

1.2.7.5.2. Elin Matsdotter Lehmoinen f 1766 i Järpliden, S Finnskoga

1.2.7.5.3. Lisbet Matsdotter Lehmoinen f 1775 i Norge, d 1858 i S Finnskoga, g med Mats Matsson Kanainen f 1778 i Järpliden, S Finnskoga, d 1862, son till Mats Torstensson Kanainen och Annika Johansdotter Hane.

Barn:

1.2.7.5.3.1. Johan Matsson Kanainen f 1803-08-03 i Järpliden, S Finnskoga, g med Helja Danielsdotter Liitiäinen f 1805-11-09 i Järpliden, S Finnskoga, dotter till Daniel Henriksson Liitiäinen och Anna Persdotter Huuskoinen.

1.2.7.5.3.2. Mats Matsson Kanainen f 1805 i Järpliden, S Finnskoga, d 1897, g med Anna Andersdotter Mullikka f 1809 i Skråckarberget, S Finnskoga, d 1873-12-26 i Järpliden, S Finnskoga, dotter till Anders Olofsson Mullikka och Ingrid Henriksdotter Tenhuinen.

Barn i andra giftet:

1.2.7.6. Pål Danielsson Veteläinen f 1760, d 1760

1.2.7.7. Henrik Danielsson Veteläinen f 1762 i Medskogen, S Finnskoga, g med Britta Persdotter Lehmoinen f 1761 i Bograngen, S Finnskoga, dotter till Per Karlsson Lehmoinen och Anna Kristoffersdotter Honkainen

Barn:

1.2.7.7.1. Maria Henriksdotter Veteläinen f i Medskogen, S Finnskoga, g med soldaten Torsten Matsson Uppman Kanainen f 1712 i Järpliden, S Finnskoga, d ca 1757, son till Mats Markusson Kanainen och Marit Eriksdotter Utriainen.

1.2.7.7.2. Daniel Henriksson Veteläinen f 1783 i Medskogen, S Finnskoga, d 1808

1.2.7.7.3. Lisa Henriksdotter Veteläinen f 1791-07-05 och d ca 1841 i Medskogen, S Finnskoga, g med Kristoffer Halvardsson f 1793-06-20 och d 1844-05-12 i Bograngsberget, S Finnskoga, son till Halvard Pettersson och Britta Sigfridsdotter Honkainen.

Barn:

1.2.7.7.3.1. Britta Kristoffersdotter f 1816-10-22 i Bograngen, S Finnskoga, g med Jan Magnus Norberg f 1817 i Letafors, S Finnskoga

1.2.7.7.3.2. Halvard Kristoffersson f 1819-11-01 i Bograngen, S Finnskoga, g med Marit Halvardsdotter f 1833-03-26 i N Finnskoga, d 1861 i Bograngen, S Finnskoga, dotter till Halvard Halvardsson och Ingeborg Andersdotter Kukkoinen.

1.2.7.7.3.3. Märta Kristoffersdotter f 1824-01-12 i Bograngsberget, S Finnskoga, d 1900-12-08 i Galåsen, S Finnskoga, g med Per Olofsson f 1823-09-16 i Galåsen, S Finnskoga, son till Olof Persson och Lisa Andersdotter Mullikka.

1.2.7.7.3.4. Kerstin Kristoffersdotter f 1828 i Medskogen, S Finnskoga, d 1829

1.2.7.7.3.5. Anna Kristoffersdotter f 1829-06-14 i Bograngsberget, S Finnskoga, g med Per Larsson f 1835-11-28 i Kindsjön, S Finnskoga, son till Lars Halvardsson och Karin Håkansdotter.

1.2.7.7.3.6. Lisa Kristoffersdotter f 1834-12-15 i Bograngen, S Finnskoga, g med Anders Persson Liitiäinen f 1829-05-03 i Rangberget, S Finnskoga, son till Per Andersson Liitiäinen och Lisa Karlsdotter Liitiäinen.

1.2.7.7.4. Anna Henriksdotter Veteläinen f 1794 i Medskogen, S Finnskoga, g 1811-11-24 med Erik Henriksson Vilhuinen f 1785-02-10 i Skråckarberget, S Finnskoga, son till Henrik Henriksson Vilhuinen och Kerstin Matsdotter Tenhuinen.
Barn:

1.2.7.7.4.1. Anna Eriksdotter Vilhuinen f 1815 i Skråckarberget, S Finnskoga

1.2.7.7.4.2. Maria Eriksdotter Vilhuinen f 1820 i S Finnskoga, d 1907-02-24 i Skråckarberget, S Finnskoga, g med Erik Eriksson Vilhuinen f 1819 i Skråckarberget, S Finnskoga, son till Erik Eriksson Vilhuinen och Märta Danielsdotter Veteläinen.

1.2.7.7.4.3. Kerstin Eriksdotter Vilhuinen f 1822 i Skråckarberget, S Finnskoga, g med Anders Olofsson Mullikka f 1822 i Skråckarberget, S Finnskoga, son till Olof Andersson Mullikka och Gertrud Olofsdotter Vilhuinen.

1.2.7.7.4.4. Karl Eriksson Vilhuinen f 1835-05-07 i Skråckarberget, S Finnskoga, d 1918-05-27 i Järpliden, S Finnskoga, g med Märta Matsson Kymöinen f 1836-01-12 i Avundsåsen, S Finnskoga, d 1919-03-11 i Järpliden, S Finnskoga, dotter till Mats Olofsson Kymöinen och Britta Danielsdotter Veteläinen.

1.2.7.7.5. Märta Henriksdotter Veteläinen f 1798, d 1800

1.2.7.7.6. Olof Henriksson Veteläinen f 1802 i Medskogen, S Finnskoga

1.2.7.7.7. Henrik Henriksson Veteläinen f 1805 i Medskogen, g med Kerstin Hansdotter Hane f 1808 i Höljes, N Finnskoga, dotter till Hans Johansson Hane och Karin Henriksdotter Räisäinen.
Barn:

1.2.7.7.7.1. Karin Henriksdotter Veteläinen f 1833-01-06 i Medskogen, S Finnskoga, g med Jon Eriksson Veteläinen f 1840-01-12, son till Erik Persson Veteläinen och Elina Karlsdotter Raatikainen.

1.2.7.8. Daniel Danielsson Veteläinen f 1764, d 1828-08-10 i Galåsen, S Finnskoga, g 1792-07-08 med Lisbet Persdotter f ca 1769 i Bograngen, S Finnskoga, dotter till Per Larsson och Kerstin Persdotter.

1.2.7.9. Olof Danielsson Veteläinen f 1767 i Medskogen, S Finnskoga, d 1823, g med Marit Persdotter Lehmoinen f 1769 i Järpliden, S Finnskoga, d 1847, dotter till Per Karlsson Lehmoinen och Anna Kristoffersdotter Honkainen.
Barn:
1.2.7.9.1. Anna Olofsdotter Veteläinen f 1790 i Medskogen, S Finnskoga, g med Henrik Olofsson Vilhuinen f 1782 i Skråckarberget, S Finnskoga, son till Olof Henriksson Vilhuinen och Kajsa Henriksdotter Vilhuinen.
Deras barn:
1.2.7.9.1.1. Märta Henriksdotter Vilhuinen f 1814-12-24 i Skråckarberget, S Finnskoga, d efter 1890, g med Mats Karlsson f 1813-06-24 i Kindsjöberg, S Finnskoga, d 1865-07-03 i Kindsjön, Lilleberget, S Finnskoga, son till Karl Johansson och Karin Olofsdotter.
1.2.7.9.1.2. Kajsa Henriksdotter Vilhuinen f 1818-03-03 i Skråckarberget, S Finnskoga, g med Erik Olofsson Tenhuinen f 1809-09-10 i Kindsjöberget, S Finnskoga, son till Olof Olofsson Tenhuinen och Britta Andersdotter Tenhuinen.
1.2.7.9.1.3. Anna Henriksdotter Vilhuinen f 1820 i Skråckarberget, S Finnskoga
1.2.7.9.1.4. Gertrud Henriksdotter Vilhuinen f 1823 i Skråckarberget, S Finnskoga
1.2.7.9.1.5. Henrik Henriksson Vilhuinen f 1830 i Skråckarberget, S Finnskoga, g med Märta Halvardsdotter Lehmoinen f 1842-04-17 i Kindsjön, S Finnskoga, d 1895-10-01 i Skråckarberget, S Finnskoga, dotter till Halvard Olofsson Lehmoinen och Maria Olofsdotter Kymöinen.

1.2.7.9.2. Daniel Olofsson Veteläinen f 1796 och d 1854-08-24 i Medskogen, S Finnskoga, g med Lisa Danielsdotter Veteläinen f 1797 i Djäkneliden, S Finnskoga, d 1867 i S Finnskoga, dotter till Daniel Matsson Veteläinen och Anna Persdotter Lehmoinen.
Barn:
1.2.7.9.2.1. Olof Danielsson Veteläinen f 1820 i Medskogen, S Finnskoga, g med Karen Olsdatter f 1823-05-10 i Hof, Norge.
1.2.7.9.2.2. Daniel Danielsson Veteläinen f 1823-01-13 i Medskogen, S Finnskoga, d 1892 i S Finnskoga, g med Märta Karlsdotter Lehmoinen f 1824-12-21 i Bograngen, S Finnskoga, d 1907 i S Finnskoga, dotter till Karl Karlsson Lehmoinen och Gertrud Henriksdotter Vilhuinen.
1.2.7.9.2.3. Per Danielsson Veteläinen f 1825, d 1843
1.2.7.9.2.4. Karl Danielsson Veteläinen f 1829-08-13 i Medskogen, S Finnskoga, g med Johanna Persdotter Veteläinen f 1831-02-03 i Medskogen, S Finnskoga, dotter till Per Olofsson Veteläinen och Anna Danielsdotter Veteläinen.
1.2.7.9.2.5. Märta Danielsdotter Veteläinen f 1832-01-17 i Medskogen, S Finnskoga
1.2.7.9.2.6. Anna Danielsdotter Veteläinen f 1834-12-20 i Medskogen, S Finnskoga, g med Jon Jonsson Kanainen f 1827 i Järpliden, S Finnnskoga, son till Jon Matsson Kanainen och Lisa Kristoffersdotter.
1.2.7.9.2.7. Mats Danielsson Veteläinen f 1837-11-10 i Medskogen, S Finnskoga, g 1861-03-30 med Kajsa Matsdotter Kymöinen f 1839-05-02 i Avundsåsen, S Finnskoga, dotter till Mats Olofsson Kymöinen och Britta Danielsdotter Veteläinen.

1.2.7.9.3. Per Olofsson Veteläinen f 1798 i Medskogen, S Finnskoga, g med Marit Olofsdotter Vilhuinen f 1800 i Skråckarberget, S Finnskoga, dotter till Olof Henriksson Vilhuinen och Kajsa Henriksdotter Vilhuinen.
Barn:
1.2.7.9.3.1. Henrik Persson Veteläinen f 1834-04-19 i Skråckarberget, S Finnskoga, g med Maria Karlsdotter f 1845-04-27 i Kindsjön, Säterberget, S Finnskoga, dotter till Karl Karlsson och Lisa Andersdotter Hyytiäinen.
Deras barn:
1.2.7.9.4. Olof Olofsson Veteläinen f 1801 i Medskogen, S Finnskoga, g med Maria Henriksdotter Vilhuinen f 1794 i Skråckarberget, S Finnskoga, d 1877-01-22 i Tutstad, Dalby, dotter till Henrik Henriksson Vilhuinen och Kerstin Matsdotter Tenhuinen.
Barn:
1.2.7.9.4.1. Olof Olofsson Veteläinen f 1829-02-23 och d 1870-08-23 i Tutstad, Dalby, g med Sigrid Jönsdotter f 1828-01-17 i Likenäs, Dalby, d 1876.

1.2.7.9.5. Karl Olofsson Veteläinen f 1804-05-06 i Medskogen, S Finnskoga, g med Elin Johansdotter Lehmoinen f 1802-09-12 i Järpliden, S Finnskoga, d 1866-12-19, dotter till Johan Olofsson Lehmoinen och Anna Persdotter Huuskoinen.

1.2.7.10. Karl Danielsson Veteläinen f 1769 i Medskogen, S Finnskoga, g 1804-10-13 med Gertrud Larsdotter f 1778 i Halsjön, N Finnskoga, dotter till Lars Eriksson och Anna (Annika) Persdotter Muhoinen.
Barn:
1.2.7.10.1. Anna Karlsdotter Veteläinen f 1793 i Medskogen, S Finnskoga
1.2.7.10.2. Daniel Karlsson Veteläinen f 1805 i Medskogen, S Finnskoga
1.2.7.10.3. Olof Karlsson Veteläinen f 1808, d 1813
1.2.7.10.4. Karl Karlsson Veteläinen f 1814 i Medskogen, S Finnskoga
1.2.7.10.5. Maria Karlsdotter Veteläinen f 1817 i Medskogen, S Finnskoga
1.2.7.10.6. Lars Karlsson Veteläinen f 1822 i Medskogen, S Finnskoga

1.3. Marit Johansdotter Veteläinen f 1643 i Hälsingland, död 1718-04-30 i Djäkneliden, S Finnskoga, *"kom i sin barndom frå Hälsingeland"* enl dödboken, g med Mats Isaksson Pöntinen f 1620, d 1674 i Djäkneliden, S Finnskoga, son till Isak Pöntinen.
Barn:
1.3.1. Anna Matsdotter Pöntinen f ca 1667 i Djäkneliden, S Finnskoga, d ca 1697, g1 1687 med Johan Olofsson Utriainen f 1655 i N Finnskoga, son till Olof Utriainen. G2 med Johan Kristoffersson Kukkoinen f ca 1667 i Järpliden, S Finnskoga, d 1737-03-05, son till Kristoffer Henriksson Kukkoinen och Anna Mickelsdotter.
Barn i första giftet:
1.3.1.1. Mats Johansson Utriainen f ca 1693 i S Finnskoga, d 1766-06-01 i Djäkneliden, S Finnskoga, g1 med Helga Larsdotter Röntyinen f 1674 i Fryksände, d 1737-08-18 i V Kärrbackstrand, N Finnskoga, dotter till Lars Olofsson Röntyinen och Marit Eriksdotter. G2 med Karin Henriksdotter f 1720 i Djäkneliden, S Finnskoga.
Barn i första giftet:

1.3.1.1.1. Karin Matsdotter Utriainen f 1708 i Djäkneliden, S Finnskoga, d efter 1778 i V Kärrbackstrand, N Finnskoga, g 1732-12-26 i Dalby med Jöns Persson f 1706 i N Finnskoga, d före 1773, son till Per Jönsson och Britta Henriksdotter Hakkarainen. Deras barn:

1.3.1.1.1.1. Per Jönsson f 1733 i Båtstad, N Finnskoga, död som barn

1.3.1.1.1.2. Britta Jönsdotter f 1734 i Båtstad, Dalby, d 1824, g med Olof Halvardsson f 1708 i Båtstad, N Finnskoga, d 1811, son till Halvard Larsson och Karin (Marit?) Torkilsdotter.

1.3.1.1.1.3. Per Jönsson f 1736 i Båtstad, N Finnskoga

1.3.1.1.1.4. Helga Jönsdotter f 1739-02-05 i Båtstad, N Finnskoga, g med Jon Henriksson Siekkinen f 1736- i Höljes, N Finnskoga, d 1816, son till Henrik Danielsson Siekkinen och Sigrid Jonsdotter.

1.3.1.1.1.5. Anna Jönsdotter f 1741 i Båtstad, N Finnskoga

1.3.1.1.1.6. Marit Jönsdotter f 1746 i Båtstad, N Finnskoga, g med Per Magnusson f 1745-03-28 i Ransby, Dalby, d 1792, son till Magnus Andersson och Helga Gudmundsdotter

1.3.1.1.1.7. Lisa Jönsdotter f 1748 i Båtstad, N Finnskoga, d 1843 i Kärrbackstrand, N Finnskoga, g med Nils Hansson f 1739 i Elverum, Norge, d 1838-08-13 i Kärrbackstrand, N Finnskoga.

1.3.1.1.1.8. Ingegerd Jönsdotter f 1750 i Båtstad, N Finnskoga

1.3.1.1.1.9. Karin Jönsdotter f 1752 i Båtstad, N Finnskoga

Barn i andra giftet: (från 1.3.1. Anna Matsdotter Pöntinen och Johan Kristoffersson Kukkoinen)

1.3.1.2. Anders Johansson Kukkoinen f 1694 i Järpliden, S Finnskoga, d 1742-08-18 i Slättne, Dalby, g med Ingeborg Håkansdotter Kiikalainen f 1709 i Slättne, Dalby, dotter till Håkan Kiikalainen.

Barn:

1.3.1.2.1. Håkan Andersson Kukkoinen f 1728 i Höljes, N Finnskoga, g1 med Rangela Larsdotter Kiikalainen f 1824 i Höljes, N Finnskoga, dotter till Lars Olofsson Kiikalainen och Marit Persdotter. G2 med Karin Olofsdotter f 1732-02-09 i Möre, Dalby, d 1785-01-11 i Höljes, N Finnskoga, dotter till Olof Jonsson och Karin Persdotter.

Barn i första giftet:

1.3.1.2.1.1. Olof Håkansson Kukkoinen f 1754-05-10 och d 1830-05-26 i Höljes, N Finnskoga, g 1794-11-20 med Sigrid Halvardsdotter f 1756 i Hole, Dalby, dotter till Halvard Persson Höljman och Marit Henriksdotter Siekkinen.

Barn i andra giftet mellan Håkan Andersson Kukkoinen och Karin Olofsdotter:

1.3.1.2.1.2. Ingeborg Håkansdotter Kukkoinen f 1761 i Höljes, N Finnskoga, d 1840-12-29 i S Transtrand, Dalby, g 1787-01-04 med Jöns Klementsson f 1756, d 1825-07-02 i S Transtrand, Dalby, son till Klement Jönsson och Karin Nilsdotter.

1.3.1.2.1.3. Anders Håkansson Kukkoinen f 1767 i Höljes, N Finnskoga, g med Sigrid Persdotter f 1770 och d 1856-04-12 i Höljes, N Finnskoga, dotter till Per Larsson och Karin Olofsdotter.

1.3.1.2.1.4. Karin Håkansdotter Kukkoinen f 1771 i Höljes, N Finnskoga, d 1851-04-13 i Båtstad, N Finnskoga, g med Jon Andersson f 1774 och d 1860-06-28 i Båtstad, N Finnskoga, son till Anders Olofsson och Britta Jonsdotter.

1.3.1.2.2. Anna Andersdotter Kukkoinen f 1732-04-05 i N Finnskoga, d 1805-09-22, g 1766-06-01 med Håkan Larsson Kiikalainen f 1731 och d 1795 i Tallåsen, N Finnskoga, son till Lars Olofsson Kiikalainen och Marit Persdotter.
Barn:
1.3.1.2.2.1. Lars Håkansson Kiikalainen f 1766 i Höljes, N Finnskoga, d 1819-03-25, g med Marit Halvardsdotter f 1763 i Hole, Dalby, d efter 1819, dotter till Halvard Jönsson och Sigrid Olofsdotter.
1.3.1.2.2.2. Anders Håkansson Kiikalainen f 1769 i Långflon, Tallåsen, N Finnskoga, g 1797-06-25 med Ingegerd Persdotter f 1779-04-09 i Höljes, N Finnskoga, d 1839-11-13 i Höljes, Domarstugan, N Finnskoga, dotter till Per Larsson och Karin Olofsdotter.

1.3.1.2.3. Olof Andersson Kukkoinen f 1733 i Höljes, N Finnskoga
1.3.1.2.4. Jon Andersson Kukkoinen f 1742 i Höljes, N Finnskoga

1.4. Annika (Anna) Johansdotter Veteläinen f 1644 i Hälsingland, g med Per Persson Nikkarainen f ca 1640 i Gästrikland, d i Hovelsåsen, Hof, Norge,
Barn:
1.4.1. Erik Persson Nikkarainen f 1670 i Hofvelsåsen, Hof
1.4.2. Olof Persson Nikkarainen f 1676 i Hofvelsåsen, Hof, d 1743-04-29 i Avundsåsen, S Finnskoga, g1 med okänd, g2 ca 1722-07- med Lisbet Matsdotter Kymöinen f ca 1690 och d 1743-04-02 i Avundsåsen, S Finnskoga, dotter till Mats Matsson Kymöinen och Marit Matsdotter Rompainen.
Barn i första giftet:
1.4.2.1. Anders Olofsson Nikkarainen f 1706 i Avundsåsen, S Finnskoga, d 1743-03-03 i Sysslebäck, Dalby, g 1730-12-28 med Kerstin Eriksdotter Porkka f 1704-03-25, dotter till Erik Matsson Porkka och Marit Jönsdotter.
Barn:
1.4.2.1.1. Erik Andersson Slättman Nikkarainen f 1736-09-12 i Sysslebäck, Dalby, d 1824, soldat, g1 med okänd, g2 1793 med Lena Larsdotter f 1754 i S Branäs, Dalby, dotter till Lars Caspersson Brannberg och Lena Persdotter.
Barn i första giftet:
1.4.2.1.1.1. NN Eriksdotter Nikkarainen f 1768 i Slättne, Dalby
1.4.2.1.1.2. Anders Eriksson Nikkarainen f 1770 i Slättne, Dalby, d 1812-01-04 i Stommen, Dalby, g med Kerstin Persdotter f 1772 i Hole, Dalby, d 1840-06-05 i Stommen, Dalby, dotter till Per Håkansson Slättman och Marit Larsdotter.
1.4.2.1.1.3. Anna Eriksdotter Nikkarainen f 1774 i Slättne, Dalby
1.4.2.1.1.4. Stina Eriksdotter Nikkarainen f 1775 i Slättne, Dalby
1.4.2.1.1.5. Erik Eriksson Nikkarainen f 1778-10-19 i Sundhult, Dalby, g med Britta Eskilsdotter f 1780-09-24 i Ransby, Dalby, d 1851-06-09 i Kärrbackstrand, N Finnskoga, dotter till Eskil Olofsson Ransfelt och Karin Olofsdotter Muhoinen.

1.4.2.1.1.6. Marit Eriksdotter Nikkarainen f 1782-01-14 i Slättne, Dalby

Barn i andra giftet:
1.4.2.1.1.7. Lars Eriksson Slättman Nikkarainen f 1794-06-29 i Slättne, Dalby, soldat, g
med Sigrid Bryngelsdotter f 1782-02-11 i Tutstad, Dalby, dotter till Bryngel Persson
Tutenfelt och Marit Halvardsdotter.
1.4.2.1.1.8. Lena Eriksdotter Nikkarainen f 1798-06-17 i Slättne, Dalby, g1 med Karl NN,
g2 med Jöns Olofsson Slätt, g3 med soldaten Jöns Håkansson Tutenfelt f 1807-10-17 i
Höljes, N Finnskoga, son till Håkan Jönsson och Ragnhild Olofsdotter Kukkoinen.
1.4.2.1.1.9. Olof Eriksson Nikkarainen f 1799-11-26 i Slättne, Dalby

Barn i andra giftet:
1.4.2.2. Anna Olofsdotter Nikkarainen f 1722-05-21 i Avundsåsen, S Finnskoga
1.4.2.3. Anders Olofsson Nikkarainen f 1729-04-16 i Avundsåsen, S Finnskoga
1.4.2.4. Mats Olofsson Nikkarainen f 1739-02-12 i Avundsåsen, S Finnskoga, g med
Margareta Persdotter f 1730

1.4.3. Maren Persdatter Nikkarainen f 1679 i Hofvelsåsen, Hof, d 1757-06-26

1.5. Sara Johansdotter Veteläinen f 1646 i Hälsingland, änka 1681 i Kindsjön, S
Finnskoga, g med Staffan Mårtensson Tenhuinen f 1645 i Grangärde, d 1681 i Kindsjön, S
Finnskoga, son till Mårten Staffansson Tenhuinen.
Barn:
1.5.1. Mats Staffansson Tenhuinen f ca 1663 i Kindsjön, S Finnskoga, d ca 1733, g med
Marit Olofsdotter Lehmoinen f 1670 i Skallbäcken, S Finnskoga, dotter till Olof Olofsson
Lehmoinen
Barn:
1.5.1.1. Erik Matsson Tenhuinen f ca 1695 i Medskogen, S Finnskoga, g med Valborg
Persdotter Minkkinen f ca 1700 i Hälsingland
Barn:
1.5.1.1.1. Mats Eriksson Tenhuinen f 1729-06-27 i Järpliden, S Finnskoga
1.5.2. Johan Staffansson Tenhuinen f 1665 i Kindsjön, S Finnskoga, d ca 1725 i Loffstrand,
N Ny, g med Karin Olsdotter
Barn:
1.5.2.1. Staffan Johansson Tenhuinen f 1708, till Lövhaugen, Grue efter 1749, g1 1738
med Kerstin Matsdotter f i Röjden, S Finnskoga, d 1749. G2 med Annika Nilsdotter.
Barn i första giftet:
1.5.2.1.1. Maria Staffansdotter Tenhuinen f 1740
1.5.2.1.2. Karin Staffansdotter Tenhuinen f 1745
Barn i andra giftet:
1.5.2.1.3. Kari Staffansdotter Tenhuinen f 1759 i Lauvhaugen, Grue, g med Nils
Henriksson Kanainen. Bosatta i Nilstorpet, Helgeberget, Grue.
1.5.2.2. Karin Johansdotter Tenhuinen f 1721

1.5.3. Erik Staffansson Tenhuinen f ca 1666 i Kindsjön, S Finnskoga, g med Gertrud
Tomasdotter Purainen f 1659, d 1710-02-18, dotter till Tomas Klemetsson Purainen.
Barn:
1.5.3.1. Erik Eriksson Tenhuinen f 1689, uppröjde Tenhunstorp i Röjdoset
1.5.3.2. Sara Eriksdotter Tenhuinen f 1690
1.5.3.3. Johan Eriksson Tenhuinen f 1693, d 1725 i Loffstrand, N Ny
1.5.3.4. Staffan Eriksson Tenhuinen f 1700

1.5.4. Daniel Staffansson Tenhuinen f ca 1668 i Kindsjön, S Finnskoga, d ca 1724 i
Kärnberget, Nyskoga, g 1690 med Karin Hansdotter f i Flatåsen, Nyskoga
Barn:
1.5.4.1. Henrik Danielsson Tenhuinen f 1691 i Flatåsen, Nyskoga
1.5.4.2. Britta Danielsdotter Tenhuinen f 1702 i Kärnberget, Nyskoga

1.5.5. Staffan Staffansson Tenhuinen f 1673, d 1736-02-19, g med Sigrid Amundsdatter f
i Livgarden
Barn:
1.5.5.1. Mikkel Steffensen Tenhuinen

1.5.6. Marit Staffansdotter Tenhuinen f ca 1677, d 1731, g med Mats NN
Barn:
1.5.6.1. Anna Matsdotter f i S Finnskoga, bosatt i Medskogen, S Finnskoga

1.6. Lisbet Johansdotter Veteläinen f ca 1648, förmodligen i Medskogen, S Finnskoga, g
med Pål Henriksson Tarvainen f 1649, d 1709-07-10 i Mangen, Vitsand, son till Henrik
Tomasson Tarvainen.
Barn:
1.6.1. Annika Pålsdotter Tarvainen f ca 1675 i Mangen, Vitsand, g 1694-12-18 med
Henrik Matsson Moijainen f 1675 i S Flatåsen, Nyskoga, d 1697
1.6.2. Johan Pålsson Tarvainen f ca 1678 i Mangen, Vitsand, d 1707-12-08, g med Annika
Henriksdotter f ca 1682, d 1733-01-01 i Mangen, Vitsand
Barn:
1.6.2.1. Anders Johansson Tarvainen f 1705
1.6.2.2. Johan Johansson Tarvainen f 1707-12-06

1.6.3. Henrik Pålsson Tarvainen f 1680 i Mangen, Vitsand, g med Marit Johansdotter
Hämäläinen f ca 1682 i Vittjärn, Östmark, d 1747-03-05
Barn:
1.6.3.1. Henrik Henriksson Tarvainen f ca 1705 i Mangen, Vitsand, g med Karin
Persdotter f ca 1698, d 1747-03-05
Barn:
1.6.3.1.1. Anders Henriksson Tarvainen f 1724 i Mangen, Vitsand
Barn med okänd moder:

1.6.3.1.1.1. Sven Andersson Tarvainen f 1760-07-06 i Mangen, Vitsand, d 1813-07-03 i Snipa, Vitsand, g med Marit Simonsdotter Hotakka f 1764 i Strandbråten, Vitsand, d 1839-10-03 i Flatåsen Mellan, Nyskoga

1.6.3.1.2. Elisabet Henriksdotter Tarvainen f 1729-10-14 i Mangen, Vitsand

1.6.3.2. Johan Henriksson Tarvainen f 1707 i Mangen, Vitsand, g med Karin Pålsdotter Puttoinen f 1709, dotter till Pål Mårtensson Puttoinen och Annika Henriksdotter
Barn:
1.6.3.2.1. Annika Johansdotter Tarvainen f 1733-04-16 i Mangen, Vitsand, g 1753-01-06 med Mats Henriksson Paalainen f 1729, d 1817, son till Henrik Pålsson Paalainen och Karin Olofsdotter.
Barn:
1.6.3.2.1.1. Maria Matsdotter Paalainen f 1777

1.6.3.2.2. Marit Johansdotter Tarvainen f 1736-01-09 i Mangen, Vitsand
1.6.3.2.3. Elisabet Johansdotter Tarvainen f 1738-07-02 i Mangen, Vitsand
1.6.3.2.4. Gertrud Johansdotter Tarvainen f 1741-07-01 i Mangen, Vitsand
1.6.3.2.5. Johan Johansson Tarvainen f 1744-09-27 i Mangen, Vitsand
1.6.3.2.6. Pål Johansson Tarvainen f 1747-04-06 i Mangen, Vitsand
1.6.3.2.7. Henrik Johansson Tarvainen f 1749-12-26 i Mangen, Vitsand
1.6.3.2.8. Bertil Johansson Tarvainen f 1751-09-12 i Mangen, Vitsand
1.6.3.2.9. Karin Johansdotter Tarvainen f 1754-01-27 i Mangen, Vitsand

1.6.3.3. Annika Henriksdotter Tarvainen f 1709-05-26 i Mangen, Vitsand
1.6.3.4. Marit Henriksdotter Tarvainen f 1711-07-20 i Mangen, Vitsand
1.6.3.5. Karin Henriksdotter Tarvainen f 1713-05-14 i Mangen, Vitsand
1.6.3.6. Gertrud Henriksdotter Tarvainen f 1715-02-28 i Mangen, Vitsand

Sägner om Jo Vedlan

I en sägen i Segerstedts samlingar beskrivs Johan Vedelainen i Medskogen som mycket rik. Han byggde ett hus med två våningar och sägs också ha begagnat peruk som den tidens herremän, varför dalkarlarna, som reste förbi med sina smiden till Grundsätts marknad, tog av sig mössorna för honom. Han högg många fall i de stora skogarna omkring och fick mycken råg, som han delvis sålde i Bergslagen för 2 plåtar tunnan.

I en annan sägen berättas om hur han klår upp Hecke Hindrik:
När Häkkinen fick höra talas om Jo Vedlan som bosatt sig i Medskogen gav han sig iväg dit för att pröva sin styrka på honom och kanske ta med sig några tillhörigheter därifrån. På vägen dit kom han till en finngård i Kindsjön eller Bjurberget, där han kom med i ett stort dryckeslag. Där fanns en främmande man som Häkkinen inte kände, och han nämnde för honom att han ämnade sig upp till Jo Vedlan, som sagts vara en stark karl, för att pröva hans styrka och "skatta" honom. Men det var just Jo Vedlan han talade med, och denne tog itu med Häkkinen och skar upp magen på honom, så att tarmarna rann ut. Såret syddes ihop och Häkkinen blev liggande flera veckor på gården innan han kunde ta sig hem. Han var i alla fall så pass stark att han tog en försvarlig rågbörda med sig på ryggen när han gick förbi Skallbäcken, där den förste nedsättaren bodde (Olof Matsson Koo Lehmoinen). När han kom hem till Rattsjöberg så trodde hans unge son att han var en tjuv som tagit rågen hemma på gården, varpå han grep faderns bössa på väggen och sköt honom i benet. Häkkinen blev stolt över sonens rådighet och sade: "Nu blir det karl av pojken. Jag måste allt ge honom byxor". Gossar gick nämligen på den tiden i bara skjortan tills de blev femton år gamla.
Då folk frågade honom om hans resa till Medskogen och anledningen till det stora såret, svarade han: "Jag råkade ut för en tjur från Medskogen och han stångade mig. Jag vill aldrig gå dit mera".

Neuvoinen i Bjurberget 1650

Enligt Broberg 1988:

Bjurberget i Södra Finnskoga är upptaget (på Möres ägor) som nybygge 1650, tillökt 1653 och skattlagt 1656 till 1/4 hemman. Dess finska namn Neuvoila kommer av släktnamnet Neuvoinen. Den förste nämnde är Philippus som tillika med Johan ger tionde 1650; någon mer gång är Johan icke nämnd. Philippus står sedan ensam till 1657 och är första gången upptagen i mantalslängden 1652 med 3 personer i mantal. Hans fullständiga namn är Filip Persson Neuvoinen. — 1658 står Jöns Philipson skriven i längden med 2 egna och 9 husfolk; det är de flesta mantalsskrivna till 1745, då de uppgick till 12 personer.

Filip Persson Neuvoinen hade fem kända söner: Jöns, Henrik, Per, Erik, Filippus och dottern Britta. Bjurberget blev delat mellan Jöns och Filip:

I

Jöns Filipsson Neuvoinen

Henrik Jönsson t 14/1 1740 80 år gammal.

Anders Henriksson f. 1689, nämndeman 1745-50. Gården delas mellan barnen Olof och Malin.

Olof Andersson f. 1722

Henrik Olsson nämndeman 1790-92

Malin Andersdtr f. 1713 g.m. Lars Andersson f. 1717

II

Filip Filipsson Neuvoinen

g.m. Marit Tomasdtr t 1733 92 år gammal; 12 barn.

Henrik Filipsson (56 år gammal 1715)

Henrik Henriksson f. 1736

Tomas Filipson f. 1679

Filip Tomasson f. 1718

Nils Tomasson f. 1730

Gamle Filip Perssons arvingar har innehaft Bjurberget i många led och förgreningar; bl. a. har 6 st. suttit i häradsnämnden.

Bjurberget började uppodlas omkring 1648 av Filip Persson Neuvoinen, f ca 1600, d ca 1660, och en annan finne, Johan kallad. Båda betalade tionde 1650 och därefter fanns Filip ensam i mantalslängderna 1652-1657.

1. Filip Persson Neuvoinen f ca 1600, d ca 1660, hustrun okänd.
Barn:
1.1. Jöns Filipsson Neuvoinen f 1630, d 1685 i Bjurberget, S Finnskoga, hustrun okänd.
Deras barn:
1.1.1. Johan Jönsson Neuvoinen f 1652 och d 1699-04- (begravning 1699-04-12) i Bjurberget, S Finnskoga
1.1.2. Britta Jönsdotter Neuvoinen f 1654 i Bjurberget, S Finnskoga
1.1.3. Marit Jönsdotter Neuvoinen f 1656 i Bjurberget, S Finnskoga
1.1.4. Lisbet Jönsdotter Neuvoinen f 1658 i Bjurberget, S Finnskoga
1.1.5. Henrik Jönsson Neuvoinen f 1660 i Bjurberget, S Finnskoga, d 1740-01-14, g med Malin Pålsdotter.
Barn:
1.1.5.1. Henrik Henriksson Neuvoinen f 1680 i Bjurberget, S Finnskoga, g 1709-01-08 med Annika Tomasdotter Vaissinen f 1670 i Norra Viggen, Nyskoga, dotter till Tomas Andersson Vaissinen och Annika (Anna) Simonsdotter Hiiroinen.
Deras barn:
1.1.5.1.1. Malin Henriksdotter Neuvoinen f 1709-04-15 i N Viggen, Nyskoga, g med Filip Henriksson Neuvoinen f 1710 i Bjurberget, S Finnskoga, son till Henrik Filipsson Neuvoinen och Marit Andersdotter Vilhuinen.
1.1.5.1.2. Annika Henriksdotter Neuvoinen f 1713-01-09 i N Viggen, Nyskoga
1.1.5.1.3. Marit Henriksdotter Neuvoinen f 1715-05-26 i N Viggen, Nyskoga
1.1.5.1.4. Henrik Henriksson Neuvoinen f 1718-02-18 i N Viggen, Nyskoga
1.1.5.1.5. Karl Henriksson Neuvoinen f 1721-05-08 i N Viggen, Nyskoga
1.1.5.1.6. Lisbet Henriksdotter Neuvoinen f 1727-05-26 i N Viggen, Nyskoga

1.1.5.2. Maria Henriksdotter Neuvoinen f 1682 i Bjurberget, S Finnskoga
1.1.5.3. Pål Henriksson Neuvoinen f 1685 i Bjurberget, S Finnskoga, g med Britta Andersdotter.
1.1.5.4. Anders Henriksson Neuvoinen f 1689 och d 1767-07-16 i Bjurberget, S Finnskoga, g med Lisbet Andersdotter f 1687, d 1765-03-22 i Bjurberget, S Finnskoga.
Deras barn:
1.1.5.4.1. Malin (Maria) Andersdotter Neuvoinen f 1713-10-08 i Bjurberget, S Finnskoga, g med Lars Andersson Tenhuinen f 1717-02-02 i Kindsjön, S Finnskoga, son till Anders Larsson Tenhuinen och Britta Filipsdotter Neuvoinen.
1.1.5.4.2. Annika Andersdotter Neuvoinen f 1715-12-21 i Bjurberget, S Finnskoga, g med Sven Nilsson f 1720
1.1.5.4.3. Henrik Andersson Neuvoinen f 1718-04-12 och d 1742-02-19 i Bjurberget, S Finnskoga
1.1.5.4.4. Olof Andersson Neuvoinen f 1728-03-20 i Bjurberget, S Finnskoga, d före 1777, g1 med Kerstin Andersdotter f 1704, d 1753, från Kringsberget, S Finnskoga, g2 med Kerstin Håkansdotter f 1726 från Öjeberget, Nyskoga
1.1.5.4.5. Lisbet Andersdotter Neuvoinen f 1733-07-22 och d 1742-02-17 i Bjurberget, S Finnskoga.

1.1.5.5. Maria Henriksdotter Neuvoinen f 1701 i Bjurberget, S Finnskoga, d 1777-02-15, g 1727 med Henrik Andersson Vilhuinen f ca 1690, d 1750-05-19 i Skråckarberget, S Finnskoga, son till Anders Olofsson Vilhuinen och Britta Andersdotter Tenhuinen.
Deras barn:
1.1.5.5.1. Olof Henriksson Vilhuinen f 1723
1.1.5.5.2. Henrik Henriksson Vilhuinen f 1726 i Skråckarberget, S Finnskoga, d 1789-01-27, g med Gertrud Eriksdotter Lehmoinen f 1730-10-07 i Skallbäcken, S Finnskoga, dotter till Erik Henriksson Lehmoinen och Maria Abrahamsdotter Häkkinen.
1.1.5.5.3. Valborg Henriksdotter Vilhuinen f 1728-08-22 i S Finnskoga
1.1.5.5.4. Britta Henriksdotter Vilhuinen f 1731-03-14 i Skråckarberget, S Finnskoga, d 1814-01-04 i Medskogen, S Finnskoga, g 1753-10-14 i Dalby med Johan Danielsson Veteläinen f 1730-08-29 och d 1770-02-16 i Medskogen, S Finnskoga, son till Daniel Danielsson Veteläinen och Elin Jensdatter Räisäinen.
1.1.5.5.5. Anders Henriksson Vilhuinen f 1733-12-21 i Skråckarberget, S Finnskoga, g med Marit Filipsdotter Neuvoinen f 1736-10-25 i Bjurberget, S Finnskoga, dotter till Filip Henriksson Neuvoinen och Malin Henriksdotter Neuvoinen.
1.1.5.5.6. Anna Henriksdotter Vilhuinen f ca 1736 i Skråckarberget, S Finnskoga, g1 1760-04-07 med Daniel Danielsson Veteläinen f ca 1702 och d 1769-10-10-09 i Medskogen, S Finnskoga, son till Daniel Johansson Veteläinen och Lisbet Pålsdotter Lehmoinen. G2 med Daniel Andersson Veteläinen f 1749-06-30 i Medskogen, S Finnskoga, son till Anders Andersson Veteläinen och Lisbet Pålsdotter Raatikainen.
1.1.5.5.7. Lisbet Henriksdotter Vilhuinen f 1739

1.2. Filip Filipsson Neuvoinen f 1632, d före 1733, g ca 1670 med Marit Tomasdotter Havuinen f 1641, d 1733 i Bjurberget, S Finnskoga, dotter till Tomas Henriksson Havuinen.
Barn:
1.2.1. Henrik Filipsson Neuvoinen f 1671 och d 1740-02-02 i Bjurberget, S Finnskoga, g 1704 i Dalby med Marit Andersdotter Vilhuinen f ca 1679 i Skråckarberget, S Finnskoga, dotter till Anders Olofsson Vilhuinen och Britta Andersdotter Tenhuinen.
Deras barn:
1.2.1.1. Anders Henriksson Neuvoinen f 1704 i Bjurberget, S Finnskoga, d före 1784, g 1738 med Anna (Annika) Henriksdotter f 1714, d 1784-04-30 i Bjurberget, S Finnskoga.
Barn:
1.2.1.1.1. Henrik Andersson Neuvoinen f 1736-12-03 i Bjurberget, S Finnskoga, g med Valborg Henriksdotter f 1739
1.2.1.1.2. Marit Andersdotter Neuvoinen f 1739-04-05 i Bjurberget, S Finnskoga, d 1819-11-16 i S Finnskoga, g1 1761-10-12 med Nils Tomasson Neuvoinen f 1730-05-25 och d 1769-02-02 i Bjurberget, S Finnskoga, son till Tomas Filipsson Neuvoinen och Lisbet Eriksdotter Hyytiäinen. G2 med Olof Pålsson Saastainen f 1746, d 1810-07-13 i S Finnskoga, son till Pål Henriksson Saastainen och Annika Pålsdotter Raatikainen.
1.2.1.1.3. Annika Andersdotter Neuvoinen f 1743-08-27 i Bjurberget, S Finnskoga, d 1809-10-29 i S Finnskoga, g med Tomas Olofsson Havuinen f 1744, d 1789-06-29 i S Finnskoga, son till Olof Nilsson Havuinen och Lisbet Andersdotter.

1.2.1.1.4. Britta Andersdotter Neuvoinen f 1746 i Bjurberget, S Finnskoga, d 1810-06-14, g med Olof Karlsson Lehmoinen f 1745 i Järpliden, S Finnskoga, d 1812-06-22 i S Finnskoga, son till Karl Karlsson Lehmoinen och Britta Mickelsdotter Honkainen.
1.2.1.1.5. Lisbet Andersdotter Neuvoinen f 1748-06-03 och d 1748-08-16 i Bjurberget, S Finnskoga
1.2.1.1.6. Karin Andersdotter Neuvoinen f 1749-07-19 i Bjurberget, S Finnskoga
1.2.1.1.7. Ingegerd Andersdotter Neuvoinen f 1752, dop 1752-09-10 i Bjurberget, S Finnskoga.

1.2.1.2. Filip Henriksson Neuvoinen f 1710, g med Malin Henriksdotter Neuvoinen f 1709-04-15 i N Viggen, Nyskoga, dotter till Henrik Henriksson Neuvoinen och Annika Tomasdotter Vaissinen.
Barn:
1.2.1.2.1. Marit Filipsdotter Neuvoinen f 1736-10-25 i Bjurberget, S Finnskoga, g med Anders Henriksson Vilhuinen f 1733-12-21 i Skråckarberget, S Finnskoga, son till Henrik Andersson Vilhuinen och Maria Henriksdotter Neuvoinen.

1.2.1.3. Olof Henriksson Neuvoinen f 1713-05-24 i Bjurberget, S Finnskoga, g med Marit Jonsdotter, d 1744 i Dalby.
Barn:
1.2.1.3.1. Ingeborg Olofsdotter Neuvoinen f 1740-09-15 i Gunneby, Dalby, d 1826-07-01 i Holmberga, Dalby, g med Peter Hultenberg f 1734, d 1816 i Holmberga, Dalby, son till Petter Hultenberg.

1.2.1.4. Henrik Henriksson Neuvoinen f 1724-10-21 i Bjurberget, S Finnskoga

1.2.2. Tomas Filipsson Neuvoinen f 1672 i Bjurberget, S Finnskoga, d 1754-11-11, g 1718-12-14 med Lisbet Eriksdotter Hyytiäinen f 1695 i Mackartjärn, S Finnskoga, d 1770-01-15 i Bjurberget, S Finnskoga, dotter till Erik Persson Hyytiäinen och Karin Hansdotter.
Barn:
1.2.2.1. Filip Tomasson Neuvoinen f 1717-02-24 i Röjden, S Finnskoga, d 1795-04-29 i Bjurberget, S Finnskoga, g med Marit Danielsdotter f 1726-01-01 i Aspberget, N Finnskoga, d 1800 i Bjurberget, S Finnskoga, dotter till Daniel Olofsson och Gurli Jönsdotter.
Deras barn:
1.2.2.1.1. Tomas Filipsson Neuvoinen f 1749-09-04 i Bjurberget, S Finnskoga, g med Gertrud Olsdotter f 1758 i Dalby
1.2.2.1.2. Valborg Filipsdotter Neuvoinen f 1752 i Bjurberget, S Finnskoga, g med Karl Olofsson Lehmoinen f 1742, son till Olof Matsson Lehmoinen och Berte Sigfridsdatter.
1.2.2.1.3. Anders Filipsson Neuvoinen f 1756 i Bjurberget, S Finnskoga, g 1786-01-06 med Lisbet Olofsdotter Neuvoinen f 1753-05-02 i Kringsberget, S Finnskoga, dotter till Olof Andersson Neuvoinen och Kerstin Andersdotter.
1.2.2.1.4. Daniel Filipsson Neuvoinen f 1761
1.2.2.1.5. Lisa Filipsdotter Neuvoinen f 1765

1.2.2.1.6. Annika Filipsdotter Neuvoinen f 1768

1.2.2.2. Anders Tomasson Neuvoinen f 1719-11-06 i Bjurberget, S Finnskoga
1.2.2.3. Britta Tomasdotter Neuvoinen f 1721-01-22 i Bjurberget, S Finnskoga
1.2.2.4. Henrik Tomasson Neuvoinen f 1723-01-30 i Bjurberget, S Finnskoga, g 1756-01-18 med Lisbet Henriksdotter f 1727
1.2.2.5. Karin Tomasdotter Neuvoinen f 1725-06-29 i Bjurberget, S Finnskoga, g 1775 med Pål Pålsson Saastainen f 1744, son till Pål Henriksson Saastainen och Annika Pålsdotter Raatikainen.
1.2.2.6. Nils Tomasson Neuvoinen f 1730-05-25 i Bjurberget, S Finnskoga, d 1769-02-02, g1 1755-10-05 med Ingrid Olofsdotter Havuinen f 1736-08-31 i Kringsberget, S Finnskoga, dotter till Olof Nilsson Havuinen och Lisbet Andersdotter. G2 1761-10-12 med Marit Andersdotter Neuvoinen f 1739-04-05 i Bjurberget, S Finnskoga, d 1819-11-16 i S Finnskoga, dotter till Anders Henriksson Neuvoinen och Anna (Annika) Henriksdotter.
Barn i första giftet:
1.2.2.6.1. Olof Nilsson Havuinen f 1754 i Kringsberget, S Finnskoga
Barn i andra giftet:
1.2.2.6.2. Lisbet Nilsdotter Neuvoinen f 1762 i Bjurberget, S Finnskoga
1.2.2.6.3. Anna Nilsdotter Neuvoinen f 1764 i Bjurberget, S Finnskoga
1.2.2.6.4. Tomas Nilsson Neuvoinen f 1766 i Bjurberget, S Finnskoga, g1 1795-12-25 med Karin Persdotter f ca 1771 i Bograngen, S Finnskoga, d ca 1800 i Bjurberget, S Finnskoga, dotter till Per Larsson och Kerstin Persdotter. G2 1803-12-20 med Annika Henriksdotter Tenhuinen f 1765 från Kindsjön, dotter till Henrik Andersson Tenhuinen och Elin Henriksdotter Lehmoinen.
1.2.2.6.5. Britta Nilsdotter Neuvoinen f 1768-12-26 i Bjurberget, S Finnskoga, g 1797-06-25 med Olof Johansson Utriainen f 1768 och d 1839-05-30 i Dypåsen, S Finnskoga, son till Johan Matsson Utriainen och Anna Matsdotter.

1.2.2.7. Valborg Tomasdotter Neuvoinen f 1732-12-10 i Bjurberget, S Finnskoga
1.2.2.8. Anders Tomasson Neuvoinen f 1739-10-17 i Bjurberget, S Finnskoga
1.2.2.9. Olof Tomasson Neuvoinen f 1739-10-17 i Bjurberget, S Finnskoga

1.2.3. Lisbet Filipsdotter Neuvoinen f 1673 i Bjurberget, S Finnskoga, d 1735-08-28 i Öjeberget, Nyskoga, g 1698 med Sigfrid Nilsson Moijainen f 1673 i Öjeberget, Nyskoga, son till Nils Henriksson Moijainen och Kerstin Andersdotter.
Barn:
1.2.3.1. Nils Sigfridsson Moijainen f 1699 i Öjeberget, Nyskoga, d 1735-05-15, g 1729-02-09 med Annika Pålsdotter från Skallbäcken, S Finnskoga.
Deras barn:
1.2.3.1.1. Henrik Nilsson Moijainen f 1731-01-24 i Öjeberget, Nyskoga
1.2.3.1.2. Nils Nilsson Moijainen f 1733-02-13 i Öjeberget, Nyskoga
1.2.3.1.3. Sigfrid Nilsson Moijainen f 1734-04-14 i Öjeberget, Nyskoga, g med Anna Larsdotter f 1720 i N Ny.

1.2.3.2. Henrik Sigfridsson Moijainen f 1706-04-14 i Öjeberget, Nyskoga, d 1706-07-25

1.2.3.3. Valborg Sigfridsdotter Moijainen f 1707-07-12 i Öjeberget, Nyskoga, d 1773-08-08, g 1734-12-22 med Henrik Persson Rämäinen f 1711-04-29 i Digerberget, Nyskoga, son till Per Persson Rämäinen och Kerstin Henriksdotter.

Deras barn:

1.2.3.3.1. Per Henriksson Rämäinen f 1737-10-30 i Digerberget, Nyskoga

1.2.3.3.2. Kerstin Henriksdotter Rämäinen f 1741-04-25 i Digerberget, Nyskoga

1.2.3.3.3. Lisbet Henriksdotter Rämäinen f 1744-12-05 i Digerberget, Nyskoga

1.2.3.3.4. Karin Henriksdotter Rämäinen f 1749-05-01 i Digerberget, Nyskoga

1.2.3.4. Elisabet Sigfridsdotter Moijainen f 1709-04-17, d 1709-07-03

1.2.3.5. Tomas Sigfridsson Moijainen f 1710, d 1735-09-05

1.2.3.6. Malin Sigfridsdotter Moijainen f 1714-09-01, d 1724-01-16

1.2.3.7. Annika Sigfridsdotter Moijainen f 1716-03-25 i Öjeberget, Nyskoga, d 1797-11-05, g 1735-09-19 med Per Persson Rämäinen f 1715-06-25 i Digerberget, Nyskoga, son till Per Persson Rämäinen och Kerstin Henriksdotter.

Barn:

1.2.3.7.1. Henrik Persson Rämäinen f 1737-08-31 i Digerberget, Nyskoga

1.2.3.7.2. Lisbet Persdotter Rämäinen f 1740-02-16 i Digerberget, Nyskoga

1.2.3.7.3. Kerstin Persdotter Rämäinen f 1755-09-28 i Digerberget, Nyskoga

1.2.3.8. Sigfrid Sigfridsson Moijainen f 1717-06-07 i Öjeberget, Nyskoga

1.2.3.9. Ingeborg Sigfridsdotter Moijainen f 1724-02-22 i Öjeberget, Nyskoga, g med Anders Nilsson Vaissinen f 1724-12-03 i N Viggen, Nyskoga, son till Nils Johansson Vaissinen och Marit Danielsdotter Rämäinen.

Barn:

1.2.3.9.1. Marit Andersdotter Vaissinen f 1748 i N Viggen, Nyskoga

1.2.3.9.2. Valborg Andersdotter Vaissinen f 1751 i N Viggen, Nyskoga

1.2.3.9.3. Sigfrid Andersson Vaissinen f 1754-05-02 i Södra Viggen, Nyskoga

1.2.3.9.4. Anders Andersson Vaissinen f 1755 i N Viggen, Nyskoga

1.2.4. Mats Filipsson Neuvoinen f 1677 i Bjurberget, S Finnskoga

1.2.5. Karin Filipsdotter Neuvoinen f 1681 i Bjurberget, S Finnskoga

1.2.6. Malin Filipsdotter Neuvoinen f 1683 i Bjurberget, S Finnskoga, g 1715 med Pål Henriksson Raatikainen f 1674 i Rotberget, Hof, d 1736-11-16 i Skallbäcken, S Finnskoga, son till Henrik Pålsson Raatikainen och Eli Henriksdotter Kurki.

Barn:

1.2.6.1. Filip Pålsson Raatikainen f 1716-04-26 i Skallbäcken, Backmyra, S Finnskoga, g med Annika Eriksdotter f 1700.

Deras barn:

1.2.6.1.1. Pål Filipsson Raatikainen f 1759 i Skallbäcken, Backmyra, S Finnskoga

1.2.6.2. Lisbet Pålsdotter Raatikainen f 1721-05-14 i Skallbäcken, S Finnskoga, g med Anders Andersson Veteläinen f 1719-11-30 i Medskogen, S Finnskoga, son till Anders Danielsson Veteläinen och Karin Mickelsdotter.
Barn:
1.2.6.2.1. Karin Andersdotter Veteläinen f 1745
1.2.6.2.2. Anna Andersdotter Veteläinen f 1746
1.2.6.2.3. Daniel Andersson Veteläinen f 1749-06-30 i Medskogen, S Finnskoga, g med Anna Henriksdotter Vilhuinen f ca 1736 i Skråckarberget, S Finnskoga, dotter till Henrik Andersson Vilhuinen och Maria Henriksdotter Neuvoinen.
1.2.6.2.4. Maria Andersdotter Veteläinen f 1752-04-18 i Medskogen, S Finnskoga
1.2.6.2.5. Mats Andersson Veteläinen f 1754-02-22 i S Finnskoga, d 1759
1.2.6.2.6. Lisbet Andersdotter Veteläinen f 1756

1.2.6.3. Malin Pålsdotter Raatikainen f 1723-03-29 i Bjurberget, S Finnskoga, d 1810-04-27 i Båtstad, N Finnskoga, g med Jon Mickelsson f 1719-11-07 i Båtstad, N Finnskoga, son till Mickel Haraldsson och Britta Olofsdotter.
Barn:
1.2.6.3.1. Britta Jonsdotter f 1751 i Båtstad, Malistugan, N Finnskoga, d ca 1823 i Båtstad, N Finnskoga, g 1768-10-16 med Anders Olofsson f 1747 i N Branäs, Dalby, d 1829-11-27 i Båtstad, N Finnskoga, son till Olof Persson och Anna Persdotter.

1.2.6.4. Olof Pålsson Raatikainen f 1725 i Bjurberget, S Finnskoga
1.2.6.5. Valborg Pålsdotter Raatikainen f 1728 i Skallbäcken, S Finnskoga, g 1754-12-25 i Dalby med Anders Andersson Vaissinen f 1732 i Bjurberget, S Finnskoga, son till Anders Mattisen Vaissinen och Lisbet Eriksdatter.
Barn:
1.2.6.5.1. Britta Andersdotter Vaissinen f 1755-10-02 i Skallbäcken, S Finnskoga, d 1756
1.2.6.5.2. Malin Andersdotter Vaissinen f 1757 i Bjurberget, S Finnskoga
1.2.6.5.3. Lisbet Andersdotter Vaissinen f 1762-03-07 i Pissut, Vinger

1.2.7. Valborg Filipsdotter Neuvoinen f 1684 i Bjurberget, S Finnskoga, d 1735-04-28 i Digerberget, Nyskoga, g1 1704 med Per Eskilsson Rämäinen f 1675 i Digerberget, Nyskoga, d 1712, son till Eskil Persson Rämäinen. G2 1715-05-22 med Karl Henriksson Raatikainen f 1676 i Rotberget, Hof, d 1742 i Digerberget, Nyskoga, son till Henrik Pålsson Raatikainen och Eli Henriksdotter Kurki.
Barn i första giftet:
1.2.7.1. Marit Persdotter Rämäinen f 1705-02-11 i Digerberget, Nyskoga, g med Per Henriksson Karvainen f 1707 och d 1790-12-24 i S Viggen, Nyskoga, son till Henrik Eriksson Karvainen och Annika Pålsdotter Himainen.
Deras barn:
1.2.7.1.1. Henrik Persson Karvainen f 1728 och d 1808-02-14 i S Viggen, Nyskoga, g med Kerstin Henriksdotter Porkka f 1738-06-06 i Tjärnberg, Nyskoga, d 1803-02-21 i S Viggen, Nyskoga, dotter till Henrik Henriksson Porkka och Lisbet Johansdotter Hämäläinen.

1.2.7.2. Nils Persson Rämäinen f 1707-12-26 i Digerberget, Nyskoga

1.2.7.3. Britta Persdotter Rämäinen f 1709-01-10 i Digerberget, Nyskoga

1.2.7.4. Valborg Persdotter Rämäinen f 1710-04-06 i Digerberget, Nyskoga, g med Erik Henriksson Karvainen, son till Henrik Eriksson Karvainen och Annika Pålsdotter Himainen
Barn i andra giftet:

1.2.7.5. Henrik Karlsen Raatikainen f 1715-07-24 i Digerberget, Nyskoga, g med Anne Steffensdatter Mullikka f 1726, d 1793, dotter till Steffen Steffensen Mullikka och Mari Pålsdatter Liukkoinen.
Deras barn:

1.2.7.5.1. Mari Henriksdatter Raatikainen f 1757 i Kalneset, Grue, d 1840, g 1778-10-25 i Grue med Ole Johansen Karhinen f 1751-09-12 i Mangen, Fryksände, d 1823-11-24 i Furuberget, Grue, son till Johan Henriksson Karhinen och Karin Olofsdotter.

1.2.7.6. Karl Karlsson Raatikainen f 1718-01-04 i Digerberget, Nyskoga, g1 med Olea Andersdatter Lövberget, dotter till Anders Torstensen Kongsrud och Kari Olsdatter Räisäinen. G2 med Eli Mathisdatter Mullikka d 1764 i Vermunden, Åsnes, dotter till Mats Henriksson Mullikka och Karin Pålsdotter Räisäinen.
Barn i första giftet:

1.2.7.6.1. Anders Karlsen Raatikainen, g med Mari Tommesdatter Lövhaugen, dotter till Thomas Pärsson och Marit Henriksdotter Mången.
Barn i andra giftet:

1.2.7.6.2. Henrik Karlsen Raatikainen f 1751 i Norge, g med Eli Andersdatter Veteläinen f 1762, dotter till Anders Danielsson Veteläinen och Helene Samuelsdatter Piesainen.

1.2.7.6.3. Kari Karlsdatter Raatikainen f 1753

1.2.7.6.4. Marit Karlsdatter Raatikainen f 1759

1.2.7.6.5. Mattis Karlsen Raatikainen f 1764

1.2.7.7. Anna (Annika) Karlsdotter Raatikainen f 1720-04-12 i Digerberget, Nyskoga, g med Henrik Matisen Mullikka, son till Mats Henriksson Mullikka och Karin Pålsdotter Räisäinen.
Deras barn:

1.2.7.7.1. Ole Henriksen Mullikka f 1750 och d 1801 i Kalneset, Grue, g 1770 med Ingeborg Andersdatter Räisäinen f 1749 i Tvengsberget, Grue, d 1818-04-11 i Kalneset, Grue, dotter till Anders Persen Räisäinen och Kari Persdatter Navilainen.

1.2.7.7.2. Kari Henriksdatter Mullikka f 1754-08-04 i Kalneset, Grue, d 1814 i Tvengsberget, Grue, g 1774-11-13 med Ole Andersen Räisäinen f ca 1751 och d 1816 i Tvengsberget, Grue, son till Anders Persen Räisäinen och Kari Persdatter Navilainen.

1.2.7.8. Ellika Karlsdotter Raatikainen f 1722-03-22 i Digerberget, Nyskoga

1.2.7.9. Henrik Karlsson Raatikainen f 1724-04- i Digerberget, Nyskoga

1.2.8. Britta Filipsdotter Neuvoinen f 1688 i Bjurberget, S Finnskoga, d 1767-05-16 i Dalby, g med Anders Larsson Tenhuinen f 1685 i Kindsjön, S Finnskoga, son till Lars Andersson Tenhuinen och Karin Henriksdotter Himainen.
Barn:
1.2.8.1. Lars Andersson Tenhuinen f 1717-02-02 i Kindsjön, S Finnskoga, g med Malin (Maria) Andersdotter Neuvoinen f 1713-10-08 i Bjurberget, S Finnskoga, dotter till Anders Henriksson Neuvoinen och Lisbet Andersdotter.
Deras barn:
1.2.8.1.1. Lisbet Larsdotter Tenhuinen f 1748-05-08 och d 1796-02-25 i Röjden, S Finnskoga, g 1775-12-09 med Anders Matsson f 1749 i Röjden, S Finnskoga, son till Mats Olsson och Annika Andersdotter.
1.2.8.1.2. Anders Larsson Tenhuinen f 1750-08-25 i Kringsberget, S Finnskoga, g med Kerstin Pålsdotter Halinen f 1750 i Röjden, S Finnskoga.

1.2.8.2. Henrik Andersson Tenhuinen f 1723 i Kindsjön, S Finnskoga, d 1803, g 1753-06-11 med Elin Henriksdotter Lehmoinen f 1734-08-16 i Skallbäcken, S Finnskoga, dotter till Henrik Pålsson Lehmoinen och Lisbet Nilsdotter Havuinen.
Deras barn:
1.2.8.2.1. Britta Henriksdotter Tenhuinen f 1755 i Kindsjön, S Finnskoga, g med Mats Matsson Veteläinen f 1753 i Medskogen, S Finnskoga, son till Mats Johansson Veteläinen och Karin Matsdotter Tossavainen.
1.2.8.2.2. Anders Henriksson Tenhuinen f 1758 i Kindsjön, S Finnskoga, g med Karin Olofsdotter Mullikka f 1761 i Skråckarberget, S Finnskoga, dotter till Olof Matsson Mullikka och Ingrid Andersdotter Vilhuinen.
1.2.8.2.3. Lisbet Henriksdotter Tenhuinen f 1760 i Kindsjön, S Finnskoga
1.2.8.2.4. Henrik Henriksson Tenhuinen f 1763 och d 1812-04-07 i Kindsjön, S Finnskoga, g med Annika Olsdotter Kaikkalainen f 1771 i Kindsjön, S Finnskoga, dotter till Olof Olofsson Kaikkalainen och Marit Olofsdotter
1.2.8.2.5. Annika Henriksdotter Tenhuinen f 1765, g1 med Johan Andersson f 1770 i Norge, g2 1803-12-20 med Tomas Nilsson Neuvoinen f 1766 i Bjurberget, S Finnskoga, son till Nils Tomasson Neuvoinen och Marit Andersdotter Neuvoinen
1.2.8.2.6. Ingrid Henriksdotter Tenhuinen f 1767 i Kindsjön, S Finnskoga, g med Anders Olofsson Mullikka f 1773 i Skråckarberget, S Finnskoga, d 1846-02-23, son till Olof Matsson Mullikka och Ingrid Andersdotter Vilhuinen.

1.2.8.3. Mats Andersson Tenhuinen f 1725 i Kindsjön, S Finnskoga, d 1796 i Säterberget, S Finnskoga, g 1752-09-29 med Kersti Andersdatter Kuosmainen f 1725 i Ryssjöberget, Trysil, d 1795 i Säterberget, S Finnskoga, dotter till Anders Olsen Kuosmainen och Karin Staffansdotter Siekkinen.
Barn:
1.2.8.3.1. Karin Matsdotter Tenhuinen f 1754 i Säterberget, S Finnskoga, g med Karl Pålsson Saastainen f 1751, son till Pål Henriksson Saastainen och Annika Pålsdotter Raatikainen.

1.2.8.3.2. Kerstin Matsdotter Tenhuinen f 1756, d 1837-05-20 i Skråckarberget, S Finnskoga, g 1780-05-20 med Henrik Henriksson Vilhuinen f 1750 i Skråckarberget, S Finnskoga, d 1801, son till Henrik Henriksson Vilhuinen och Gertrud Eriksdotter Lehmoinen.
1.2.8.3.3. Annika Matsdotter Tenhuinen f 1758 i Säterberget, S Finnskoga
1.2.8.3.4. Anders Matsson Tenhuinen f ca 1759 i Säterberget, S Finnskoga, d 1811-08-27 i Galåsen, S Finnskoga, g 1794-10-13 i Dalby med Anna Persdotter f ca 1774 i Bograngen, S Finnskoga, dotter till Per Larsson och Kerstin Persdotter.
1.2.8.3.5. Marit Matsdotter Tenhuinen f 1766 i Kindsjön, S Finnskoga, g1 med Olof Tomasson, g2 med Samuel Pålsson Raaskoinen f 1746.

1.2.8.4. Marit Andersdotter Tenhuinen f 1729-09-21 i Kindsjön, S Finnskoga, g 1752 i Dalby med Anders Andersen Kuosmainen f 1720-03-18 i Aspberget, N Finnskoga, d 1785 i Åmot, son till Anders Olsen Kuosmainen och Karin Staffansdotter Siekkinen.
1.2.8.5. Daniel Andersson Tenhuinen f 1734
1.2.9. Marit Filipsdotter Neuvoinen f 1690 i Bjurberget, S Finnskoga

1.3. Henrik Filipsson Neuvoinen f 1634 och d före 1696 i Bjurberget, S Finnskoga, g1 med Anna Persdotter, g2 med Marit Andersdotter

1.4. Per Filipsson Neuvoinen f 1636 i Bjurberget, S Finnskoga.
Barn med okänd maka:
1.4.1. Per Persson Neuvoinen f 1685
Barn med okänd hustru:
1.4.1.1. Anders Persson Neuvoinen f 1715-04-11 i Bjurberget, S Finnskoga

1.4.2. Erik Persson Neuvoinen f 1687
1.4.3. Marit Persdotter Neuvoinen f 1688
1.4.4. Staffan Persson Neuvoinen f 1690

1.5. Erik Filipsson Neuvoinen f 1639 i Mackartjärn, S Finnskoga, g med Karin Henriksdotter från Dalby.
Barn:
1.5.1. Erik Eriksson Neuvoinen f 1661 i Mackartjärn, S Finnskoga, d 1711-07-10 i Långerudsskogen, Östmark,
1.5.2. Bertil Eriksson Neuvoinen f 1678 i Bjurberget (eller Mackaretjärn), S Finnskoga, d 1740-09-22 i Kindsjön, S Finnskoga, g 1698 med Anniken Henriksdotter Piesainen f 1676 i Peistorpet, Åsnes, d 1745 i Bakken, Åsnes, dotter till Henrik Samuelsson Piesainen och Marte Henriksdatter Vappuinen.
Barn:
1.5.2.1. Anna Bertilsdotter Neuvoinen
1.5.2.2. Olof Bertilsson Neuvoinen f ca 1698, d ca 1717, husfinne hos Henrik Andersson i Kindsjön 1716-17, g med Maria (Marit Nilsdotter f 1690, bosatta i Kindjön, S Finnskoga. Deras barn:

1.5.2.2.1. Mårten Olofsson Neuvoinen f 1717-05-07 i Kindsjön, S Finnskoga

1.5.2.3. Henrik Bertilsson Neuvoinen f 1702 i Norge, d 1778 i Östmark, g med Maria Nilsdotter Moijainen f 1704 i N Ny, d 1768 i Östmark.
Barn:
1.5.2.3.1. Nils Henriksson Neuvoinen f 1738 i N Ny, d 1769 i Östmark, g med Karin Nilsdotter f 1742 och d 1825 i Östmark.

1.5.2.4. Britta Bertilsdotter Neuvoinen f 1702 i Peistorpet, Åsnes, d före 1766, g med Kristoffer Johansson Honkainen f 1697 i Basthöjden, Färnebo, d 1777-07-23 i Bograngen, S Finnskoga, son till Johan Danielsson Honkainen och Karin Henriksdotter Kukkoinen.
Barn:
1.5.2.4.1. Johan Kristoffersson Honkainen f 1722-04-07 i Skråckarberget, S Finnskoga
1.5.2.4.2. Maria Kristoffersdotter Honkainen f ca 1723 i Kindsjön, S Finnskoga, d ca 1794, g ca 1750 med Lars Persson f ca 1723 i Hof?, d ca 1772 i Bograngen, S Finnskoga.
1.5.2.4.3. Mats Kristoffersson Honkainen f 1728-06-07 i Kindsjön, S Finnskoga
1.5.2.4.4. Sigfrid Kristoffersson Honkainen f 1730-01-10 i Kindsjön, S Finnskoga, d 1761-04-30 i Järpliden, S Finnskoga, g 1753-11-10 med Marit Eriksdotter Utriainen f 1729-02-19 och d 1804-01-19 i Järpliden, S Finnskoga, dotter till Erik Eriksson Utriainen och Karin Johansdotter Veteläinen.
1.5.2.4.5. Anna Kristoffersdotter Honkainen f 1731-09-20 i Kindsjön, S Finnskoga, d 1800-06-10, g 1754-12-25 med Per Karlsson Lehmoinen f 1728-06-11 i Medskogen, S Finnskoga, d ca 1802, son till Karl Karlsson Lehmoinen och Lisbet Pålsdotter Lehmoinen.

1.5.2.5. Marit Bertilsdotter Neuvoinen f 1704 i Peistorpet, Åsnes, d 1726 i Medskogen, S Finnskoga, g med Lars Olofsson Kaikkalainen f ca 1678 i Kindsjön, S Finnskoga, son till Olof Olofsson Kaikkalainen och Elin Larsdotter Rastoinen.
Barn:
1.5.2.5.1. Anna Larsdotter Kaikkalainen f 1726 i Medskogen, S Finnskoga

1.5.2.6. Erik Bertilsson Neuvoinen f ca 1712 i Peistorpet, Åsnes, d 1778-02-28 i Bakken, Åsnes, g 1747 med Kari Pedersdatter Paalainen f 1725 i Tysketorpet, Grue, d ca 1801, dotter till Per Eriksen Paalainen och Marte Johansdatter Nikkarainen.
Barn:
1.5.2.6.1. Bertil Eriksson Neuvoinen f 1750, d 1821, g med Kari Henriksdatter Tossavainen f 1755-06-22 i Söndre Skjärberget, Trysil, dotter till Henrik Mattisen Tossavainen och Kari Johansdatter Käiväräinen. Bosatta i Vestbakken, Trysil.
1.5.2.6.2. Anders Eriksson Neuvoinen f 1752
1.5.2.6.3. Marte (Marie) Eriksdatter Neuvoinen f 1754, d 1813 i Norge, g med Daniel Andersen Veteläinen f 1750, d 1829 i Bakken, Åsnes, son till Anders Danielsson Veteläinen och Helene Samuelsdatter Piesainen.
1.5.2.6.4. Kari Eriksdatter Neuvoinen f 1760

1.5.2.7. Lisbet Bertilsdotter Neuvoinen f 1713-12-02 i Kindsjön, S Finnskoga, d 1768-06-17 i Juberget, Åsnes, g med Pål Henriksson Tossavainen f 1725-02-05 i Järpliden, S Finnskoga, d 1780-12-26 i Juberget, Åsnes, son till Henrik Olsson Tossavainen och Annika Pålsdotter Honkainen.

Barn:

1.5.2.7.1. Henrik Pålsson Tossavainen f 1746 i Järpliden, S Finnskoga

1.5.2.7.2. Olof Pålsson Tossavainen f 1748 i Järpliden, S Finnskoga

1.5.2.7.3. Anna Pålsdotter Tossavainen f 1752 och d 1812-03-25 i Järpliden, S Finnskoga, g 1776-12-26 i Dalby med Kristoffer Sigfridsson Honkainen f 1754-11-30 och d 1822 i Järpliden, S Finnskoga, son till Sigfrid Kristoffersson Honkainen och Marit Eriksdotter Utriainen.

1.5.2.7.4. Bertil Pålsson Tossavainen f 1756 i Järpliden, S Finnskoga, d 1826, g med Anna Karlsdotter Lehmoinen f 1757 i Järpliden, S Finnskoga, dotter till Karl Karlsson Lehmoinen och Britta Mickelsdotter Honkainen.

1.5.2.7.5. Maria Pålsdotter Tossavainen f 1757 i Järpliden, S Finnskoga.

1.6. Britta Filipsdotter Neuvoinen f 1640 i Bjurberget, S Finnskoga.

Kymöinen i Avundsåsen 1648

Enligt Broberg:

Avundsåsen i Södra Finnskoga har finskt namn Kymölä, av namnet Kymöinen. I domboken 15/6 1663 står att Avundsåsen är skattlagt på Södra Persbys skog 2 1/3 mil från gården västerut och i jordeboken 1668, att Avundsåsen »hafver varit ett nybygge och är nu skattlagt till 1/4 hemman». Välb. Hugo Hamilton »hafver vederkänt», emedan det är upptaget på hans donationshemmans ägor, och i domboken 13/6 1668 finnes antecknat: »Skattlades Afundsåsen under Persbyn, skattlades för 1/4 och har Hamiltons frälse.» M. Axelson (sid. 159): »Kymmenen byggde Afundsåsen, hvilket också först kallades Kymelä.» I Segerstedts samlingar säges att Henrik Kymainen tog hem i Afundsåsen. Denne Henrik finns ej upptagen i någon skattelängd och är ej heller annorledes känd. Den 11/10 1688 visade Mattes Mattson i Avundsåsen landshövdingens remissorial att upptaga en fordran som finnen Samuel Henriksson av honom pretenderade, men finnen kom ej tillstädes, varför ärendet ej kunde avgöras. Denne Samuel kunde måhända vara Henrik Kymainens son.

Den förste som förekommer i längderna är gamle Mattes Matsson född i Gästrikland före Hannibalsfejden (något över 100 år gammal då han dog i febr. och begravdes 14/3 1725). Han står upptagen i mantalslängden första gången 1658 som »Matz Matesån Affundzåhssen» med 2 egna och 2 husfolk i mantal, och 1661 Mathes med 2 egna och 13 husfolk, det högsta antalet mantalsskrivna där före 1765. En yngre Mats, »dränga Mats» kallad, tillhandlade sig halva hemmanet, varom resolverades 1671, att handeln mellan Mattes Matsson och hans svåger unge Mats Matsson skulle som köp bli bestämt. — Jfr Mägiste, Värmlandsfinska ortnamn, sid. 301, Gottlund sid. 372, SOV XIV sid. 25.

Dränga-Mats i Avundsåsen

Avundsåsen (Kymölä) upptogs på södra Persbys ägor omkring 1651, troligen då av Henrik Kymöinen.Vid tinget 1668 skattlades "Afundsåsen under Södre Persby i Dalby sochn på 3 mijl när, för 1/4 hemman". Avundsåsen var ett frälsehemman under Hugo Hamilton. Vid en inventering av finnhemman år 1684 framkom det att "Afundsåsen är belägit 3 1/2 mil ifrån Bohlbyn, Södre Persby, skattlagt 1652."

Det är oklart om vem som upptog Avundsåsen. I Segerstedts samlingar uppges det vara Henrik Kymöinen. Han finns dock inte nämnd i någon skattelängd eller annan urkund. Han hade förmodligen en son som hette Samuel Henriksson Kymöinen. Den förste som nämns i längderna är gamle Mattes Mattsson född i Gästrikland före Hannibalsfejden (han var något över 100 år gammal när han dog i februari och begravdes 1725-03-14). Han finns upptagen i mantalslängden första gången 1658. Hans svåger unge Mats Matsson "Dränga-Mats" köpte ½ hemmanet 1671 för åtta tunnor råg och en bössa, god för 2 ½ riksdaler. Han förbjöds vidare allvarligen av rätten att hysa några finnar hos sig, vare sig de är norska eller inte, eftersom de gör skada på skogarna med olovlig jakt m m. Mats erkände då att några finnar från Fryksdalen och två finnar härifrån Älvdalen (8 personer) hade fört tre djur bortåt Fryksdalen.

Mats Matsson d ä tycks ha bott kvar på Avundsåsen (på den hälft han hade kvar). Mats d ä var född i Gästrikland och avled 1725 över 100 år gammal.
Mats d y var svåger till Mats d ä.

Under Gyldenlöwe fejden 1675-1679 härjades gränstrakterna hårt. Vid tinget 1678 sägs att fienden från Norge 1676 och 1677 hade utplundrat och härjat "samt dess åboer all deras egendom ifråntagit och dess fattige hus nerrivit, hvar af bemälte hemman nu står öde".

År 1684 klagade Mats i Avundsåsen inför tinget på två finnar bröderna Erik och Lars samt deras far Myre-Daniel som bott i Öster-Dalarna och Lima socken. De hade där ställt till det med tjuveri och sen begett sig till Elverum i Norge där de fortsatt i samma bana. Nu hade de slagit sig ner på Persby skogen vilket skadade Mats fiskevatten,skogsslogar och annat. Rätten tyckte att slika landsstrykare bör fördrivas så att andra inte lider skada av sådant löst parti.
1698 fälldes Mats att böta 3 mark för "tredsko" då han trots stämning inte infunnit sig till en uppbördsstämma.

Från domboken Hof 1681-04-12 - Anders Liden stämd för att ha skjutit en älg på skaren i Flisaskogen. Huden fanns hos Anders sa fogden, men Anders påstår att han köpt huden av Mats Avundsåsen (Kymöinen). Målet utsatt.

1. Mats Matsson Kymöinen f 1640, g med Marit Matsdotter Rompainen f 1643, d 1690 i Avundsåsen, S Finnskoga. Deras barn, alla födda i Avundsåsen, var:

1.1. Henrik Matsson Kymöinen f 1673, d 1733, g 1697-12-26 med Lisbet Danielsdotter Veteläinen f 1677 i Medskogen, S Finnskoga, dotter till Daniel Johansson Veteläinen och Karin Andersdotter Hämäläinen.

Barn:

1.1.1. Karin Henriksdotter Kymöinen f ca 1704 i Djäkneliden, S Finnskoga, d 1720-05-22 i S Finnskoga, bosatt i Avundsåsen, S Finnskoga

1.1.2. Mats Henriksson Kymöinen f 1716-01-05 i Djäkneliden, S Finnskoga, d 1742-02-18 i fläckfeber i S Finnskoga, g 1739-09-29 med Maria Henriksdotter f 1716 i Järpliden, S Finnskoga, d 1743-02-20 i S Finnskoga, bosatta i Avundsåsen, S Finnskoga.

Barn:

1.1.2.1. Lisbet Matsdotter Kymöinen f 1739-10-08 i Djäkneliden, S Finnskoga

1.1.2.2. Henrik Matsson Kymöinen f 1741-03-22 i S Finnskoga

1.1.3. Britta Henriksdotter Kymöinen f ca 1718 och d 1733-09-23 i S Finnskoga

1.1.4. Malin Henriksdotter Kymöinen f 1719-12-12 och d 1720-05-22 i S Finnskoga

1.1.5. Olof Henriksson Kymöinen f 1721-03-   i Avundsåsen, S Finnskoga, g 1746 med Karin Pålsdotter f 1720 i S Finnskoga.

Deras barn:

1.1.5.1. Ingrid Olofsdotter Kymöinen f 1742 i Djäkneliden, S Finnskoga, d ca 1757 i S Finnskoga

1.1.5.2. Maria Olofsdotter Kymöinen f 1747 i Djäkneliden, S Finnskoga, g med Samuel Pålsson Raaskoinen f 1746.

Deras barn:

1.1.5.2.1. Anna Samuelsdotter Raaskoinen f 1775 i Djäkneliden, S Finnskoga, d 1830-01-06, g med Olof Olofsson Halinen f 1766 i Röjden, S Finnskoga, d 1844-02-26, son till Olof Pålsson Halinen och Lisbet Hansdotter Hyytiäinen

1.1.5.2.2. Olof Samuelsson Raaskoinen f 1779-01-04 i Djäkneliden, S Finnskoga, g med Valborg Henriksdotter f 1787 i N Ny

1.1.5.2.3. Gertrud Samuelsdotter Raaskoinen f 1789 i Djäkneliden, S Finnskoga, g med Daniel Olofsson Hämäläinen f 1791 i Röjden, S Finnskoga, son till Olof Andersson Hämäläinen och Ingrid Olofsdotter Kaikkalainen

1.1.5.3. Annika Olofsdotter Kymöinen f 1747-03-10 och d 1750 i Djäkneliden, S Finnskoga

1.1.5.4. Lisbet Olofsdotter Kymöinen f 1751 i Djäkneliden, S Finnskoga

1.1.5.5. Henrik Olofsson Kymöinen f 1753-05-10 i Djäkneliden, S Finnskoga

1.1.5.6. Karl Olofsson Kymöinen f 1755-05-10 i Djäkneliden, S Finnskoga

1.1.5.7. Anna Olofsdotter Kymöinen f 1756 i Djäkneliden, S Finnskoga

1.1.5.8. Mats Olofsson Kymöinen f 1758 och d 1758 i Djäkneliden, S Finnskoga

1.1.5.9. Karin Olofsdotter Kymöinen f 1760 i Djäkneliden, S Finnskoga

1.1.5.10. Olof Olofsson Kymöinen f 1762 i Djäkneliden, S Finnskoga

1.2. Anna Matsdotter Kymöinen, f 1680, d 1741, g1 med Johan Danielsson Veteläinen f 1666 i Gammelgården, Medskogen, d 1720-03-16, son till Daniel Johansson Veteläinen och Karin Andersdotter Hämäläinen, g2 med Mats Jensen Räisäinen f 1698 i Grue, död i Medskogen, S Finnskoga, son till Jens Persen Räisäinen och Margareta Eriksdotter Suhoinen.

Barn i första giftet:

1.2.1. Karin Johansdotter Veteläinen f 1700 i Medskogen, S Finnskoga, d 1730, g med Erik Eriksson Utriainen f 1689 i Järpliden, S Finnskoga, d 1729-09-06, son till Erik Karlsson Utriainen och NN Mickelsdotter Honkainen.

Deras barn:

1.2.1.1. Marit Eriksdotter Utriainen f 1729-02-19 och d 1804-01-19 i Järpliden, S Finnskoga, g 1753-11-10 med Sigfrid Kristoffersson Honkainen f 1730-01-10 i Kindsjön, S Finnskoga, d 1761-04-30 i Järpliden, S Finnskoga, son till Kristoffer Johansson Honkainen och Britta Bertilsdotter Neuvoinen. G2 med Mats Tomasson f 1736 i Dalby.

Barn i första giftet:

1.2.1.1.1. Kristoffer Sigfridsson Honkainen f 1754-11-30 och d 1822 i Järpliden, S Finnskoga, g 1776-12-26 med Anna Pålsdotter Tossavainen f 1752 och d 1812-03-25 i Järpliden, S Finnskoga, dotter till Pål Henriksson Tossavainen och Lisbet Bertilsdotter Neuvoinen.

1.2.1.1.2. Britta Sigfridsdotter Honkainen f 1758 i Järpliden, S Finnskoga, d 1824-03-22 i Bograngsberget, S Finnskoga, g med Halvard Pettersson f 1766 i Bograngsberget, S Finnskoga, son till Petter Larsson och Marit Olofsdotter.

Barn i andra giftet:

1.2.1.1.3. Tomas Matsson f 1763 i Järpliden, S Finnskoga, g 1793-03-08 med Marit Månsdotter f 1771 i Djäkneliden, S Finnskoga, dotter till Måns Eriksson och Anna Matsdotter Utriainen.

1.2.2. Mats Johansson Veteläinen f 1715 och d 1788-06-14 i Medskogen, S Finnskoga, g med Karin Matsdotter Tossavainen f ca 1729, d 1765 i Medskogen, S Finnskoga, dotter till Mattis Olsen Tossavainen och Ingeborg Olsdatter Kuosmainen.

Deras barn:

1.2.2.1. Johan Matsson Veteläinen f 1749-06-29 i Medskogen, S Finnskoga, g med Karin Eriksdotter Hyytiäinen f 1745-02-24 i Mackartjärn, S Finnskoga, d 1785-04-19 i Medskogen, S Finnskoga, dotter till Erik Andersson Hyytiäinen och Britta Henriksdotter.

Barn:

1.2.2.1.1. Mats Johansson Veteläinen f 1770 i Medskogen, S Finnskoga

1.2.2.1.2. Anna Johansdotter Veteläinen f 1772 i Medskogen, S Finnskoga

1.2.2.1.3. Erik Johansson Veteläinen f 1779-11-30 i Medskogen, S Finnskoga, g med Lisa Kristoffersdotter Honkainen f 1785-04-27 i Järpliden, S Finnskoga, dotter till Kristoffer Sigfridsson Honkainen och Anna Pålsdotter Tossavainen

1.2.2.2. Mats Matsson Veteläinen f 1753 i Medskogen, S Finnskoga, g med Britta Henriksdotter Tenhuinen f 1755 i Kindsjön, S Finnskoga, dotter till Henrik Andersson Tenhuinen och Elin Henriksdotter Lehmoinen.

Barn:

1.2.2.2.1. Kajsa Matsdotter Veteläinen f 1791 i Medskogen, S Finnskoga, d 1838-04-06 i Djäkneliden, S Finnskoga, g med Bertil Danielsson Lehmoinen f 1787 i Järpliden, S Finnskoga, d 1853-12-16 i Avundsåsen, S Finnskoga, son till Daniel Johansson Lehmoinen och Anna Andersdotter Vilhuinen.
1.2.2.2.2. Elin Matsdotter Veteläinen f 1795 i Medskogen, S Finnskoga.

1.2.2.3. Olof Matsson Veteläinen f 1754-05-13 och d 1821 i Medskogen, S Finnskoga, g 1775-10-13 med Lisbet Persdotter Lehmoinen f 1755 i Bograngen, S Finnskoga, dotter till Per Karlsson Lehmoinen och Anna Kristoffersdotter Honkainen.
Barn:
1.2.2.3.1. Per Olofsson Veteläinen, "Bråtå-Per", f 1781 i Medskogen, S Finnskoga, d 1851, g1 1806 med Ingrid Eriksdotter Vilhuinen f 1785 i Skråckarberget, S Finnskoga, d 1829-09-14, dotter till Erik Henriksson Vilhuinen och Marit Henriksdotter Vilhuinen. G2 1833 med Anna Danielsdotter Veteläinen f 1792-01-01 i Åsnes, Norge, d 1879-04-14 i Medskogen, Bråten, S Finnskoga, dotter till Daniel Andersen Veteläinen och Marte (Marie) Eriksdatter Neuvoinen.
1.2.2.3.2. Mats Olofsson Veteläinen f 1785 och d 1873 i Medskogen, S Finnskoga, g med Ingrid Andersdotter Tenhuinen f 1790-04-21 och d 1856 i Kindsjön, Mattesstuga, S Finnskoga, dotter till Anders Henriksson Tenhuinen och Karin Olofsdotter Mullikka.
1.2.2.3.3. Olof Olofsson Veteläinen f 1787 i Medskogen, S Finnskoga, g med Anna Danielsdotter Veteläinen f 1791 i Djäkneliden, S Finnskoga, dotter till Daniel Matsson Veteläinen och Anna Persdotter Lehmoinen.
1.2.2.3.4. Johan Olofsson Veteläinen f 1790 i Medskogen, S Finnskoga, d efter 1861, g 1825-02-03 med Anna Olsdotter f 1802 i Norge
1.2.2.3.5. Karl Olofsson Veteläinen f 1794 i Medskogen, S Finnskoga, g med Anna Olofsdotter Vilhuinen f 1802 i Skråckarberget, S Finnskoga, dotter till Gertrud Hindriksdotter.
1.2.2.3.6. Daniel Olofsson Veteläinen f 1797-04-07 i Medskogen, S Finnskoga, g med Anna Henriksdotter Räisäinen f 1791-02-06 i Järpliden, S Finnskoga, dotter till Henrik Olsson Räisäinen och Elin Persdotter Lehmoinen.

1.2.2.4. Henrik Matsson Veteläinen f 1759, d 1759
1.2.2.5. Daniel Matsson Veteläinen f 1761 i Medskogen, S Finnskoga, d 1836, g med Anna Persdotter Lehmoinen f 1764 i Djäkneliden, S Finnskoga, d 1818, dotter till Per Karlsson Lehmoinen och Anna Kristoffersdotter Honkainen.
Barn:
1.2.2.5.1. Anna Danielsdotter Veteläinen f 1791 i Djäkneliden, S Finnskoga, g med Olof Olofsson Veteläinen f 1787 i Medskogen, S Finnskoga, son till Olof Matsson Veteläinen och Lisbet Persdotter Lehmoinen.
1.2.2.5.2. Märta Danielsdotter Veteläinen f 1794 i Djäkneliden, S Finnskoga, g med Erik Eriksson Vilhuinen f 1793, son till Erik Henriksson Vilhuinen och Marit Henriksdotter Vilhuinen.

1.2.2.5.3. Lisa Danielsdotter Veteläinen f 1797 i Djäkneliden, S Finnskoga, d 1867, g med Daniel Olofsson Veteläinen f 1796 och d 1854-08-24 i Medskogen, S Finnskoga, son till Olof Danielsson Veteläinen och Marit Persdotter Lehmoinen.

1.2.2.5.4. Britta Danielsdotter Veteläinen f 1804 i Djäkneliden, S Finnskoga, g med Mats Olofsson Kymöinen f 1796-01-08 i Avundsåsen, S Finnskoga, d 1871-05-19, son till Olof Matsson Kymöinen och Lisbet Olsdotter Lehmoinen.

1.2.2.6. Anders Matsson Veteläinen f 1761

1.2.3. Daniel Johansson Veteläinen f 1718-01-15 i Medskogen, S Finnskoga
1.2.4. Henrik Johansson Veteläinen f 1719, d 1720

Barn i andra giftet:
1.2.5. Olof Matsson Räisäinen f 1723, g med Karin Olofsdotter f 1729, bosatta i Järpliden, S Finnskoga.
Barn:
1.2.5.1. Anna Olofsdotter Räisäinen f 1755 i Järpliden, S Finnskoga, d 1820, g med Daniel Olsen Siekkinen f 1761-09-27, d 1804-12-06, son till Ole Danielsen Siekkinen och Berte Gregersdatter Raatikainen.
Deras barn:
1.2.5.1.1. Ole Danielsen Siekkinen f 1785-12-06 i Ö Lutnes, Trysil, d 1838-04-26, g 1807 med Kersti Paulsdatter Raatikainen f 1769-06-24, d 1854-03-05, dotter till Paul Paulsen Raatikainen och Gertrud Persdatter Tossavainen.

1.2.5.2. Mats Olofsson Räisäinen f 1756, d 1756
1.2.5.3. Olof Olofsson Räisäinen f 1758, d 1758
1.2.5.4. Per Olofsson Räisäinen f 1763 i Järpliden, S Finnskoga
1.2.5.5. Henrik Olofsson Räisäinen f 1765 i Järpliden, S Finnskoga

1.2.6. Anna Matsdotter Räisäinen f 1726 i Avundsåsen, S Finnskoga
1.2.7. Marit Matsdotter Räisäinen f 1729 i Avundsåsen, S Finnskoga
1.2.8. Lisbet Matsdotter Räisäinen f 1730-11-15 i Avundsåsen, S Finnskoga, g 1755-12-26 med Sigfrid Mickelsson Honkainen f 1725-03-10 i Järpliden, S Finnskoga, d 1773-12-23 i Fallåsen, Åsnes, son till Mickel Pålsson Honkainen och Marte Henriksdatter Piesainen.
Barn:
1.2.8.1. Britta Sigfridsdotter Honkainen f 1765-07-21 i Åsnes, d 1824-03-28
1.2.8.2. Mickel Sigfridsson Honkainen f 1770 i Fallåsen, Åsnes

1.2.9. Per Matsson Räisäinen f 1731 i Avundsåsen, S Finnskoga
1.2.10. Henrik Matsson Räisäinen f 1734, g med Marit Torstensdotter Kanainen f 1744-03-10 i Järpliden, S Finnskoga, dotter till Torsten Matsson Uppman Kanainen och Karin Karlsdotter Lehmoinen.
Barn:

1.2.10.1. Anna Henriksdotter Räisäinen f 1768 i Avundsåsen, S Finnskoga, g med Jon Persson Huuskoinen f 1763, son till Per Jonsson Huuskoinen och Maria Torstensdotter Kanainen.
Deras barn:
1.2.10.1.1. Per Jonsson Huuskoinen f 1798 i Järpliden, S Finnskoga
1.2.10.1.2. Henrik Jonsson Huuskoinen f 1804 i Järpliden, S Finnskoga
1.2.10.1.3. Mattes Jonsson Huuskoinen f 1805 i Järpliden, S Finnskoga
1.2.10.1.4. Karin Jonsdotter Huuskoinen f 1808 i Järpliden, S Finnskoga
1.2.10.1.5. Olof Jonsson Huuskoinen f 1812-01-22 i Järpliden, S Finnskoga, g med Maria Henriksdotter Lehmoinen f 1820-03-27 i Avundsåsen, S Finnskoga, dotter till Henrik Karlsson Lehmoinen och Anna Eriksdotter.

1.2.10.2. Mats Henriksson Räisäinen f 1770 i Avundsåsen, S Finnskoga
1.2.10.3. Henrik Henriksson Räisäinen f 1773 i Avundsåsen, S Finnskoga, g med Lisa Johansdotter Hane f 1776 i Bringsåsen, S Finnskoga, dotter till Johan Jonasson Hane och Anna Jonsdotter Huuskoinen.
Barn:
1.2.10.3.1. Marit Henriksdotter Räisäinen f 1805 i Avundsåsen, S Finnskoga.

1.2.10.4. Karl Henriksson Räisäinen f 1775 i Avundsåsen, S Finnskoga
1.2.10.5. Karin Henriksdotter Räisäinen f 1776 i Avundsåsen, S Finnskoga, g med Hans Johansson Hane f 1769 i Bringsåsen, S Finnskoga, son till Johan Jonasson Hane och Anna Jonsdotter Huuskoinen.
Barn:
1.2.10.5.1. Kerstin Hansdotter f 1808 i Höljes, N Finnskoga, g med Henrik Henriksson Veteläinen f 1805 i Medskogen, S Finnskoga, son till Henrik Danielsson Veteläinen och Britta Persdotter Lehmoinen
1.2.10.5.2. Hans Hansson f 1812 i Höljes, N Finnskoga, g med Anna Johansdotter f 1812 i Hof, Norge.
1.2.10.5.3. Henrik Hansson f 1816 (ev 1810) i Bringsåsen, S Finnskoga, g med Elin Karlsdotter f 1810 i Järpliden, S Finnskoga, dotter till Karl Matsson och Marit Månsdotter.

1.2.10.6. Lisa Henriksdotter Räisäinen f 1780 i Avundsåsen, S Finnskoga
1.2.10.7. Torsten Henriksson Räisäinen f 1783 i Avundsåsen, S Finnskoga

1.3. Mats Matsson Kymöinen f 1688 i Avundsåsen, S Finnskoga, d 1742-02-23 i Avundsåsen, g 1714 med Annika Pålsdotter f 1692 i Höljes, N Finnskoga, d 1772 i Avundsåsen.
Barn:
1.3.1. Marit Matsdotter Kymöinen f 1713, g med Henrik Eriksson Backensköld Kähköinen f 1720 i Dalby, soldat i Kattstjärten, Dalby.
Deras barn:

1.3.1.1. Britta Henriksdotter Kähköinen f 1744 i Dalby, g 1775-09-30 med Jöns Elofsson f 1750 i Dalby.
Deras barn:
1.3.1.1.1. Elof Jönsson f 1775 i Avundsåsen, S Finnskoga, g med Maria Persdotter Huuskoinen f 1777 i Järpliden, S Finnskoga, dotter till Per Jonsson Huuskoinen och Karin Karlsdotter Lehmoinen.

1.3.1.2. Nils Henriksson Backensköld Kähköinen f 1746 i Dalby, soldat, g med Marit Bengtsdotter f 1744 i N Ny.
Deras barn:
1.3.1.2.1. Henrik Nilsson f 1781-09-28 i Backa, Dalby, d 1863-11-10 i Uggenäs, Dalby, g med Karin Olofsdotter f 1784-10-18 i Tutstad, Dalby, d 1871-04-16 i Dalby, dotter till Olof Andersson Amneman Tutenfeldt och Marit Jönsdotter.

1.3.1.3. Jonas Henriksson Kähköinen f 1753 i Backa, Dalby, d 1824-06-05, g med Gertrud Torstensdotter Kanainen f 1756 i Järpliden, S Finnskoga, d 1835-05-19 i Vålberget, S Finnskoga, dotter till Torsten Matsson Uppman Kanainen och Karin Karlsdotter Lehmoinen.
Deras barn:
1.3.1.3.1. Ingeborg Jonasdotter Kähköinen f 1780 i Vålberget, Dalby, d 1846-05-17, g med Anders Henriksson Liitiäinen f 1772 i Rangberget, S Finnskoga, son till Henrik Andersson Liitiäinen och Klara Jonasdotter Hane.
1.3.1.3.2. Torsten Jonasson Kähköinen f 1781 i Vålberget, S Finnskoga
1.3.1.3.3. Karl Jonasson Kähköinen f 1785 i Vålberget, S Finnskoga
1.3.1.3.4. Karin Jonasdotter Kähköinen f 1787-03-18 i Vålberget, S Finnskoga, d 1857-08-06 i Rangen, S Finnskoga, g med Karl Henriksson Liitiäinen f 1786-02-13 i Rangberget, S Finnskoga, d 1851-04-02 i Rangen, S Finnskoga, son till Henrik Andersson Liitiäinen och Klara Jonasdotter Hane.
1.3.1.3.5. Maria Jonasdotter Kähköinen f 1793 i Vålberget, S Finnskoga, g med Olof Henriksson Kaikkalainen f 1794-04-28 i Djäkneliden, S Finnskoga, d 1850-02-10 i Vålberget, S Finnskoga, son till Henrik Olofsson Kaikkalainen och Marit Olofsdotter.
1.3.1.3.6. Mats Jonasson Kähköinen f 1798 i Vålberget, S Finnskoga

1.3.2. Lisbet Matsdotter Kymöinen f 1716-02-02 i Avundsåsen, S Finnskoga, g 1737 med Per Andersson Veteläinen f 1707 i Medskogen, S Finnskoga, son till Anders Danielsson Veteläinen och Karin Mickelsdotter.
Barn:
1.3.2.1. Anna Persdotter Veteläinen f 1738-02-27 i Avundsåsen, S Finnskoga
1.3.2.2. Maria Persdotter Veteläinen f 1743-05-02 i Avundsåsen, S Finnskoga
1.3.2.3. Henrik Persson Veteläinen f 1745-01-13 i Avundsåsen, S Finnskoga

1.3.3. Olof Matsson Kymöinen f 1721-01-02 i Avundsåsen, S Finnskoga

1.3.4. Mats Matsson Kymöinen f 1722 i Avundsåsen, S Finnskoga, d ca 1800, g med Valborg Henriksdotter f 1729, d ca 1799 i Avundsåsen, S Finnskoga, dotter till Henrik Andersson och Maria Henriksdotter.

Deras barn:

1.3.4.1. Henrik Matsson Kymöinen f 1751 i Avundsåsen, S Finnskoga, g med Anna Andersdotter f 1746.

Barn:

1.3.4.1.1. Valborg Henriksdotter Kymöinen f 1781 i Avundsåsen, S Finnskoga, d 1846-01-05 i Bograngsberget, S Finnskoga, g1 med Henrik NN, g2 med Per Larsson Lehmoinen f 1781-04-24 i Galåsen, S Finnskoga, d 1856-06-10 i Bograngsberget, S Finnskoga, son till Lars Karlsson Lehmoinen och Britta Larsdotter.

1.3.4.1.2. Lisa Henriksdotter Kymöinen f 1783 i Avundsåsen, S Finnskoga

1.3.4.2. Olof Matsson Kymöinen f 1757 i Avundsåsen, S Finnskoga, d 1823, g1 med Lisbet Olsdotter Lehmoinen f 1758 i Järpliden, S Finnskoga, dotter till Olof Karlsson Lehmoinen och Karin Persdotter. G2 ca 1800 med Maria Karlsdotter Lehmoinen f 1778-02-26 i Avundsåsen, S Finnskoga, dotter till Karl Karlsson Lehmoinen och Annika Henriksdotter.

Barn i första giftet:

1.3.4.2.1. Valborg Olofsdotter Kymöinen f 1788 i Avundsåsen, S Finnskoga, g med Olof Karlsson Lehmoinen f 1792 i Djäkneliden, S Finnskoga, son till Karl Olsson Lehmoinen och Britta Henriksdotter Vilhuinen

1.3.4.2.2. Olof Olofsson Kymöinen f 1793-02-07 i Avundsåsen, S Finnskoga, g1 med Marit Halvardsdotter f 1787 i V Kärrbackstrand, N Finnskoga, dotter till Halvard Engelbrektsson och Marit Jonsdotter Siekkinen. G2 med Karin Håkansdotter f 1792-06-03 i Slättne, Dalby, dotter till Håkan Håkansson och Karin Jönsdotter.

1.3.4.2.3. Mats Olofsson Kymöinen f 1796-01-08 i Avundsåsen, S Finnskoga, d 1871-05-19, g med Britta Danielsdotter Veteläinen f 1804 i Djäkneliden, S Finnskoga, dotter till Daniel Matsson Veteläinen och Anna Persdotter Lehmoinen.

1.3.4.2.4. Henrik Olofsson Kymöinen f 1799-04-06 i Avundsåsen, S Finnskoga.

Barn i andra giftet:

1.3.4.2.5. Lisa Olofsdotter Kymöinen f 1806 i Avundsåsen, S Finnskoga, g med Daniel Olofsson Lehmoinen f 1807 i Dypåsen, S Finnskoga, son till Olof Halvardsson Lehmoinen och Britta Karlsdotter Lehmoinen.

1.3.4.2.6. Karl Olofsson Kymöinen f 1807-10-19 i Avundsåsen, S Finnskoga, g med Valborg Karlsdotter Lehmoinen f 1817-01-24 och d 1862-05-19 i Galåsen, S Finnskoga, dotter till Karl Larsson Lehmoinen och Gertrud Henriksdotter Tarvainen.

1.3.4.2.7. Anna Olofsdotter Kymöinen f 1810 i Avundsåsen, S Finnskoga, g med Olof Olofsson Lehmoinen f 1810 i Dypåsen, S Finnskoga, son till Olof Halvardsson Lehmoinen och Britta Karlsdotter Lehmoinen.

1.3.4.2.8. Karin Olofsdotter Kymöinen f 1813-01-05 i Avundsåsen, S Finnskoga

1.3.4.2.9. Maria Olofsdotter Kymöinen f 1815-06-14 i Avundsåsen, S Finnskoga, d 1866-12-24 i Kindsjön, S Finnskoga, g med Halvard Olofsson Lehmoinen f 1803-01-14 i

Dypåsen, S Finnskoga, son till Olof Halvardsson Lehmoinen och Britta Karlsdotter Lehmoinen.

1.3.4.2.10. Ingeborg Olofsdotter Kymöinen f 1818 i Avundsåsen, S Finnskoga, g med Olof Henriksson f 1818-08-14 i N Flatåsen, N Ny.

1.3.4.2.11. Daniel Olofsson Kymöinen f 1820-01-16 i Avundsåsen, S Finnskoga

1.3.4.3. Mats Matsson Kymöinen f 1759 i Avundsåsen, S Finnskoga, d ca 1800, g med Anna Larsdotter f ca 1764 i Bograngen, S Finnskoga, d ca 1814, dotter till Lars Persson och Maria Kristoffersdotter Honkainen.
Barn:
1.3.4.3.1. Mats Matsson Kymöinen f 1794-10-27 i Bograngen, S Finnskoga

1.3.4.4. Karin Matsdotter Kymöinen f 1761
1.3.4.5. Maria Matsdotter Kymöinen f 1762 i Avundsåsen, S Finnskoga, d före 1794
1.3.4.6. Kerstin Matsdotter Kymöinen f 1764 i Avundsåsen, S Finnskoga

1.3.5. Britta Matsdotter Kymöinen f 1722-05-14 i Avundsåsen, S Finnskoga, g 1744-10-21 med Per Eliasson Muhoinen f 1709 i Aspberget, N Finnskoga, son till Elias Matsson Muhoinen och Marta Henriksdotter.
Barn:
1.3.5.1. Britta Persdotter Muhoinen f 1745 i Aspberget, N Finnskoga, g med Mats Olofsson f i Båtstad, N Finnskoga,
Deras barn:
1.3.5.1.1. Karin Matsdotter f 1779-09-21 i Aspberget, N Finnskoga, g med Håkan Jonsson.

1.3.5.2. Anna (Annika) Persdotter Muhoinen f 1746 i Aspberget, N Finnskoga, g med Lars Eriksson f 1748-03-30 i Aspberget, N Finnskoga, son till Erik Larsson och Gertrud Mickelsdotter Muhoinen.
Barn:
1.3.5.2.1. Erik Larsson f 1771 i Aspberget, N Finnskoga
1.3.5.2.2. Lars Larsson f 1773 i Aspberget, N Finnskoga
1.3.5.2.3. Helga Larsdotter f 1775 i Aspberget, N Finnskoga, g 1796 med Henrik Svensson från Järpliden, S Finnskoga
1.3.5.2.4. Anna Larsdotter f 1777 i Aspberget, N Finnskoga
1.3.5.2.5. Gertrud Larsdotter f 1778 i Halsjön, N Finnskoga, g 1804-10-13 med Karl Danielsson Veteläinen f 1769 i Medskogen, S Finnskoga, son till Daniel Danielsson Veteläinen och Anna Henriksdotter Vilhuinen.
1.3.5.2.6. Per Larsson f 1781 i Aspberget, N Finnskoga

1.3.5.3. Elias Persson Muhoinen f 1748 i Aspberget, N Finnskoga, g med Elsa Henriksdotter Vauhkoinen f 1754, dotter till Henrik Mårtensson Vauhkoinen och Anna Mårtensdotter.
Deras barn:

1.3.5.3.1. Per Eliasson Muhoinen f 1771 i Aspberget, N Finnskoga

1.3.5.3.2. Elias Eliasson Muhoinen f 1775 i Aspberget, N Finnskoga, g med Karin Klemetsdotter Muhoinen f 1778, dotter till Klemet Matsson Muhoinen och Karin Eriksdotter.

1.3.5.3.3. Anna Eliasdotter Muhoinen f 1777 i Aspberget, N Finnskoga, d 1848, g med Olof Olofsson Muhoinen f 1780-02-04 i Aspberget, N Finnskoga, d 1863-01-10, son till Olof Klemetsson Muhoinen och Karin Larsdotter Hakkarainen.

1.3.5.3.4. Olof Eliasson Muhoinen f 1780 i Aspberget, N Finnskoga

1.3.5.3.5. Andreas Eliasson Muhoinen f 1783 i Aspberget, N Finnskoga, g med Kerstin Jonsdotter f 1785 i Norge, d 1845-03-30 i Båtstad, N Finnskoga.

1.3.5.3.6. Hans Eliasson Muhoinen f 1785 i Aspberget, N Finnskoga

1.3.5.3.7. Ingeborg Eliasdotter Muhoinen f 1791 i Aspberget, N Finnskoga

1.3.5.3.8. Mathias Eliasson Muhoinen f 1794 i Aspberget, N Finnskoga

1.3.5.4. Mats Persson Muhoinen f 1750 i Aspberget, N Finnskoga

1.3.5.5. Karin Persdotter Muhoinen f 1751 i Aspberget, N Finnskoga

1.3.5.6. Per Persson Muhoinen f 1753 i Aspberget, N Finnskoga

1.3.5.7. Kerstin Persdotter Muhoinen f 1756 i Aspberget, N Finnskoga

1.3.5.8. Gertrud Persdotter Muhoinen f 1756 i Aspberget, N Finnskoga, d ca 1836, g med Mats Klemetsson Muhoinen f 1755-12-22 i Aspberget, N Finnskoga, d 1831, son till Klemet Klemetsson Muhoinen och Marit Henriksdotter Kuosmainen.
Deras barn:

1.3.5.8.1. Anna Matsdotter Muhoinen f 1782-03-01 i Aspberget, N Finnskoga, g med Olof Larsson f 1769 och d 1817 i Höljes, N Finnskoga, son till Lars NN och Britta Mickelsdotter.

1.3.5.8.2. Karin Matsdotter Muhoinen f 1785-01-24 i Aspberget, N Finnskoga, g1 med Sigfrid Kristoffersson Honkainen f 1792 i Järpliden, S Finnskoga, son till Kristoffer Sigfridsson Honkainen och och Anna Pålsdotter Tossavainen. G2 med Mats Andersson f i Aspberget, N Finnskoga.

1.3.5.8.3. Gertrud Matsdotter Muhoinen f 1791 och d 1871-02-24 i Aspberget, N Finnskoga, g med Erik Josefsson Hakkarainen f 1783-01-04 i Aspberget, N Finnskoga, d 1880, son till Josef Josefsson Hakkarainen och Marit Larsdotter Hakkarainen.

1.3.5.8.4. Per Matsson Muhoinen f 1795 och d 1869-08-02 i Storberget, N Finnskoga, g med Märta Persdotter f 1804 i Norge.

1.3.5.8.5. Lisbet Matsdotter Muhoinen f 1800 i Aspberget, N Finnskoga, g med Amund Eriksson f 1793 i Norge.

1.3.5.9. Henrik Persson Muhoinen f 1761 i Aspberget, N Finnskoga, d före 1800, g med Sara Danielsdotter Siekkinen f 1763 i Aspberget, N Finnskoga, d 1840 i N Finnskoga, dotter till Daniel Pålsson Siekkinen och Kerstin Matsdotter Muhoinen.
Barn:

1.3.5.9.1. Per Henriksson Muhoinen f 1787 i Aspberget, Furuberget, N Finnskoga, g med Johanna Jonsdotter f 1786 i Norge

1.3.5.9.2. Daniel Henriksson Muhoinen f 1791-04-25 i Aspberget, Furuberget, N Finnskoga, g med Anna Larsdotter Kiikalainen f 1790 i Höljes, N Finnskoga, dotter till Lars Håkansson Kiikalainen och Marit Halvardsdotter.

1.3.5.9.3. Mats Henriksson Muhoinen f 1794 i Aspberget, N Finnskoga, g med Karin Persdotter Muhoinen f 1800-01-29 i Aspberget, N Finnskoga, dotter till Per Klemetsson Muhoinen och Ingeborg Ingvoldsdatter.

1.3.5.9.4. Henrik Henriksson Muhoinen f 1797 i Aspberget, Furuberget, N Finnskoga.

1.3.6. Per Matsson Kymöinen f 1724-02-09 i Avundsåsen, S Finnskoga, d 1742-02-08

1.3.7. Gertrud Matsdotter Kymöinen f 1726-11-23 och d 1786 i Avundsåsen, S Finnskoga, g 1751-10-11 med Henrik Olofsson Vilhuinen f 1728-05-19 i Skråckarberget, S Finnskoga, d 1784-06-21, son till Olof Andersson Vilhuinen och Ingrid Henriksdotter Himainen.
Barn:
1.3.7.1. Anders Henriksson Vilhuinen f 1752 och d 1846-12-31 i Skråckarberget, S Finnskoga, g med Gertrud Persdotter Lehmoinen f 1771 i Järpliden (ev. Bograngen), S Finnskoga, d 1834-04-18 i Skråckarberget, S Finnskoga, dotter till Per Karlsson Lehmoinen och Anna Kristoffersdotter Honkainen.
Deras barn:
1.3.7.1.1. Gertrud Andersdotter Vilhuinen f 1799-10-29 och d 1863-03-29 i Skråckarberget, S Finnskoga, g med Karl Henriksson Vilhuinen f 1782-06-03 i Skråckarberget, S Finnskoga, son till Henrik Henriksson Vilhuinen och Kerstin Matsdotter Tenhuinen.
1.3.7.1.2. Per Andersson Vilhuinen f 1802 i Skråckarberget, S Finnskoga
1.3.7.1.3. Henrik Andersson Vilhuinen f 1807 i Skråckarberget, S Finnskoga
1.3.7.1.4. Anna Andersdotter Vilhuinen f 1811 i Skråckarberget, S Finnskoga

1.3.7.2. Olof Henriksson Vilhuinen f 1754-02-11 och d före 1806 i Skråckarberget, S Finnskoga, g med Kajsa Henriksdotter Vilhuinen f 1759 i Skråckarberget, S Finnskoga, dotter till Henrik Henriksson Vilhuinen och Gertrud Eriksdotter Lehmoinen.
Barn:
1.3.7.2.1. Henrik Olofsson Vilhuinen f 1782 i Skråckarberget, S Finnskoga, g med Anna Olofsdotter Veteläinen f 1790 i Medskogen, S Finnskoga, dotter till Olof Danielsson Veteläinen och Marit Persdotter Lehmoinen.
1.3.7.2.2. Maria Olofsdotter Vilhuinen f 1787
1.3.7.2.3. Anna Olofsdotter Vilhuinen f 1789
1.3.7.2.4. Anders Olofsson Vilhuinen f 1792
1.3.7.2.5. Gertrud Olofsdotter Vilhuinen f 1794-10-01, d 1876-05-18, g med Olof Andersson Mullikka f 1796, d 1888-01-12 i Skråckarberget, S Finnskoga, son till Anders Olofsson Mullikka och Ingrid Henriksdotter Tenhuinen.
1.3.7.2.6. Olof Olofsson Vilhuinen f 1797

1.3.7.2.7. Marit Olofsdotter Vilhuinen f 1800 i Skråckarberget, S Finnskoga, g med Per Olofsson Veteläinen f 1798 i Medskogen, S Finnskoga, son till Olof Danielsson Veteläinen och Marit Persdotter Lehmoinen.

1.3.7.3. Henrik Henriksson Vilhuinen f 1756, d 1756
1.3.7.4. Mats Henriksson Vilhuinen f 1758 i Skråckarberget, S Finnskoga
1.3.7.5. Marit Henriksdotter Vilhuinen f 1761 i Skråckarberget, Negarn (Alakylä), S Finnskoga, d 1819-01-17 i Skråckarberget, S Finnskoga, g 1781-10-14 med Erik Henriksson Vilhuinen f 1753-04-17 och d 1826-09-10 i Skråckarberget, S Finnskoga, son till Henrik Henriksson Vilhuinen och Gertrud Eriksdotter Lehmoinen.
Barn:
1.3.7.5.1. Ingrid Eriksdotter Vilhuinen f 1785 i Skråckarberget, S Finnskoga, d 1829-09-14, g 1806 med Per Olofsson Veteläinen (Bråtå-Per) f 1781 i Medskogen, S Finnskoga, d 1851 i S Finnskoga, son till Olof Matsson Veteläinen och Lisbet Persdotter Lehmoinen.
1.3.7.5.2. Maria Eriksdotter Vilhuinen f 1788
1.3.7.5.3. Gertrud Eriksdotter Vilhuinen f 1790 i Skråckarberget, S Finnskoga, d 1815 i Skallbäcken, S Finnskoga, g med Henrik Andersson f 1792 i Skallbäcken, S Finnskoga, son till Maria Henriksdotter Vilhuinen.
1.3.7.5.4. Erik Eriksson Vilhuinen f 1793, g med Märta Danielsdotter Veteläinen f 1794 i Djäkneliden, S Finnskoga, dotter till Daniel Matsson Veteläinen och Anna Persdotter Lehmoinen.
1.3.7.5.5. Henrik Eriksson Vilhuinen f 1796-08-03 i Skråckarberget, S Finnskoga, d 1828-02-14, g med Anna Olofsdotter Utriainen f 1799-09-28 i Dypåsen, S Finnskoga, dotter till Olof Johansson Utriainen och Britta Nilsdotter Neuvoinen.
1.3.7.5.6. Karin Eriksdotter Vilhuinen f 1805 i Skråckarberget, S Finnskoga, d 1882 i Fald, Hof, g 1828-04-18 i Hof med Jens Jensen Havuinen f 1802 i Jenssilä, Lukashaugen, Grue, d 1863, son till Jens Henriksen Havuinen.

1.3.7.6. Henrik Henriksson Vilhuinen f 1763 i Skråckarberget, S Finnskoga
1.3.7.7. Britta Henriksdotter Vilhuinen f 1765 i Skråckarberget, S Finnskoga, g med Karl Olsson Lehmoinen f 1762 i Järpliden, S Finnskoga, son till Olof Karlsson Lehmoinen och Karin Persdotter.
Deras barn:
1.3.7.7.1. Ingrid Karlsdotter Lehmoinen f 1787 i Järpliden, S Finnskoga.
1.3.7.7.2. Karin Karlsdotter Lehmoinen f 1789, g med Pål Pålsson f 1794 i Röjden, S Finnskoga, d 1831, son till Pål Andersson och Karin Göransdotter.
1.3.7.7.3. Olof Karlsson Lehmoinen f 1792 i Djäkneliden, S Finnskoga, g med Valborg Olofsdotter Kymöinen f 1788 i Avundsåsen, S Finnskoga, dotter till Olof Matsson Kymöinen och Lisbet Olsdotter Lehmoinen.
1.3.7.7.4. Henrik Karlsson Lehmoinen f 1795, d 1795
1.3.7.7.5. Lisa Karlsdotter Lehmoinen f 1798
1.3.7.7.6. Karl Karlsson Lehmoinen f 1801 i Djäkneliden, S Finnskoga, g med Ingeborg Karlsdotter Kymöinen f 1791 i Avundsåsen, S Finnskoga.
1.3.7.7.7. Daniel Karlsson Lehmoinen f 1804 i Djäkneliden, S Finnskoga

1.3.7.7.8. Anders Karlsson Lehmoinen f 1806 i Djäkneliden, S Finnskoga, g med Karin Henriksdotter Lehmoinen f 1802 i Avundsåsen, S Finnskoga, dotter till Henrik Karlsson Lehmoinen och Anna Eriksdotter.

1.3.7.8. Gertrud Henriksdotter Vilhuinen f 1767 i Skråckarberget, S Finnskoga, g med Olof Olesen f i Järpliden, S Finnskoga.
Barn:
1.3.7.8.1. Anna Olsdotter f 1802-02-28 i Skråckarberget, S Finnskoga, g med Per Mickelsson Lehmoinen f 1798 i Järpliden, d 1849-05-16 i Medskogen, S Finnskoga, son till Mickel Karlsson Lehmoinen och Maria Larsdotter.

1.3.8. Anna Matsdotter Kymöinen f 1728-10-09 i Avundsåsen, S Finnskoga, g med Anders Johansson f 1740
1.3.9. Håkan Matsson Kymöinen f 1730-12-25 i Avundsåsen, S Finnskoga
1.3.10. Johan Matsson Kymöinen f 1731-12-24 i Avundsåsen, S Finnskoga
1.3.11. Anders Matsson Kymöinen f 1733-11-20 och d 1742-05-10 i Avundsåsen, S Finnskoga
1.3.12. Daniel Matsson Kymöinen f 1735-09-11 i Avundsåsen, S Finnskoga, g med Gertrud Olofsdotter f 1729 i Avundsåsen, S Finnskoga.

1.4. Lisbet Matsdotter Kymöinen f 1690, d 1743-04-02, g 1722-07- med Olof Persson Nikkarainen f ca 1676 i Hovelsåsen, Åsnes, d 1743-04-29 i Avundsåsen, S Finnskoga, son till Per Persson Nikkarainen och Annika (Anna) Johansdotter Veteläinen.
Barn:
1.4.1. Anna Olofsdotter Nikkarainen f 1722-05-21 i Avundsåsen, S Finnskoga
1.4.2. Anders Olofsson Nikkarainen f 1729-04-16 i Avundsåsen, S Finnskoga
1.4.3. Mats Olofsson Nikkarainen f 1739-02-12 i Avundsåsen, S Finnskoga, g med Margareta Persdotter f 1730.

Tenhuinen i Kindsjön 1649, Älgsjön 1650 och Aspberget 1660

Enligt Broberg 1988:

Nästa finnhemman i Södra Finnskoga är **Kindsjön** upptaget på Branäs ägor 1649, tillökt 1653 och skattlagt till 1/4 hemman 1656. Räntan från Kindsjön och Bjurberget har varit anslagen till lön åt länsmannen i Älvdals härad och efter häradets delning 1745 till länsmannen i det nedre tingslaget.

I Kindsjön bodde och betalade Mårten Staffansson Tenhuinen tionde första gången 1651 och har 1654 två egna och fem husfolk mantalsskrivna. 1658 är 12 personer mantalsskrivna, sedan minskar antalet och därefter uppnås åter samma siffra först 1718. Mårten i Kindsjön hade en son Mattes som under den tid han bodde i Aspberget hade tillnamnet Thennund. Nordmann uppger, att Anders Tenhuinen från Rautalampi upptagit Kindsjön. Nu förhåller det sig så, att Mårten har en son Anders som liksom hans efterkommande övertar Kindsjön. Ifall Mårten inflyttade direkt från Finland var de flesta, om ej alla, hans barn födda där.

Mårten Staffansson Tenhuinen var en förmögen finne; myrslogar, som Slättne och Tutstad tvistade om 1717, hade varit förpantade till honom. Han hade nio kända barn: sönerna Olof, Pål (som flyttar till Elgsjön), Anders, Mattes, Henrik, Staffan och tre döttrar. — Mattes dräpte sin broder Olof 1667 och blev livdömd; han hade upptagit halva Aspberget och sålt det till Mats Mohall och hans bror Henrik; Anders Mårtensson står för Kindsjön 1654-61, 1666-81 och hans fader Mårten 1651-57, 1660-65.

Enligt Broberg 1988:

Om **Älgsjön** 1/8 sk. i Södra Finnskoga uppges i jordeboken 1668: »Elgsjön hafver varit ett nybygge men är nu skattlagt till 1/4 hemman. Upptaget på Välborne Hugo Hamiltons ägor.» I domboken 13/6 1668 står: »Än skattlades Elgsjön under Möre i Dalby socken för 1/4 å 2 mil fr. bolbyn, och herr Hamiltons frälse.» I domboken 26/7 1685 meddelas att Elgsjön varit upptaget på Backa ägor; så intygades även 1727 av en domare. 1693 blev Elgsjön sänkt till 1/8 hemman. Elgsjön är upptaget av Kindsjöborna 1650, och 1655 betalar Påvel i Kindsjön tionde för Elgsjön och 1657 står Påvel och Mattes mantalsskrivna där med 2 i mantal var. Mattes står sedan skriven till 1661 och Påvel Mårtensson till 1667. 1664-77 står Erik Eriksson upptagen i tionde- och mantalslängderna; han är troligen svåger till Påvel. 1679 är Elgsjön spolierat av fienderna.

1685 intygade nämnden att hemmanet hävdades av finnen Adam Eriksson Såck till hälften, men den andra hälften, som Nils Harmynt åbodde, hade legat öde alltifrån 1675, då han därifrån avreste. Denna senare del blev upptagen av Urbanus Matsson Håcken, som varit i tjänst hos Mårten Staffansson i Kindsjön, och efter honom av sonen Adam. Senare stod Elgsjön tidvis öde och 1728 uppbjöds 1/3 av Lars Andersson från Multjärn som tillhandlat sig lotten av Adam Urbanusson och förvärvade sig egendomen av Urbanus' arvingar, varefter den övergick till Tomas Henriksson i Bjurberget som blev ägare till hela Elgsjön.

1. Mårten Staffansson Tenhuinen f ca 1605 i Viitalampi, Rautalampi, Finland, d 1675 i Kindsjön, S Finnskoga. Hans maka hette Britta. Mårten kom först till Grangärde, där han bodde i 20 års tid, varefter han flyttade till norra Värmland och **upptog Kindsjön 1649**. Mårten och hans söner var flitiga svedjare och dömdes många gånger för olaga fallhuggning.

Ur Grangärde sockens kyrkböcker:

Mårten Staffanssons barn i dop-/födelseboken:

Stefan	27/6 1630	Skattlösberg
Mårten	1/9 1632	Skattlösberg
Brita	14/8 1636	N. Hörken
Pehr	2/6 1639	Nitten

1645 är Mårten och hans hustru Britta i Nitten dopvittnen.

Dombok Grangärde 24/1 1648:

«Framstegh för Rätten Morten Stafansson barnfödd i Finnelandh i Järnkärna socken (Rautalampi), warit här i Gränghe sockn boendes widh Nijtten i 20 åhr; Och emedan som han nu ähr sinnadt begifua sigh här ifrån åth Wermelandh begerte han af Socknen och Almoghen der Wille honom meddela ett biwijs medh Socknens Signet in undher, huru han sigh uti sitt lefuerne stält hafuer, och efter inget annat kundhe nu för detta säija än att han sig ährligen her har förhållit sig, blef honom dett bewilliat.»

Mårten och Brittas ättlingar:

1.1. Olof Mårtensson Tenhuinen f ca 1630 i Grangärde, d 1667 i Kindsjön, S Finnskoga, g med Marit Pålsdotter Kinnuinen f 1645 i Håen, Säfsen, d 1708 i Kindsjön, S Finnskoga, dotter till Pål Pålsson Kinnuinen och nn Nilsdotter Nikkarainen. Olof knivmördades av sin bror Mats, se avsnittet Mordet i Kindsjön 1667.
Barn:
1.1.1. Anna Olofsdotter Tenhuinen f 1665
1.1.2. Mats Olsson Tenhuinen f 1665, d 1686

1.2. Staffan Mårtensson Tenhuinen f 1630-06-27 i Skattlösberg, Grangärde, d ca 1681 i Kindsjön, S Finnskoga, g med Sara Johansdotter Veteläinen f 1646, uppväxt i Härjedalen, dotter till Johan Jönsson Veteläinen och Anna Olofsdotter i Medskogen, S Finnskoga.
Barn:

1.2.1. Mats Staffansson Tenhuinen f ca 1663 i Kindsjön, S Finnskoga, d ca 1733, g med Marit Olofsdotter Lehmoinen f ca 1670 i Skallbäcken, S Finnskoga, dotter till Olof Olofsson Lehmoinen.
Deras barn:
1.2.1.1. Erik Matsson Tenhuinen f ca 1695 i Medskogen, S Finnskoga, g med Valborg Persdotter Minkkinen f ca 1700 i Hälsingland.
Deras barn:
1.2.1.1.1. Mats Eriksson Tenhuinen f 1729-06-27 i Järpliden, S Finnskoga

1.2.2. Johan Staffansson Tenhuinen f 1665 i Kindsjön, S Finnskoga, d ca 1725 i Loffstrand, Ekshärad, g med Karin Olsdotter.
Barn:
1.2.2.1. Staffan Johansson Tenhuinen f 1708, g1 1738 med Kerstin Mattesdotter f i Röjden, S Finnskoga, d 1749. G2 med Annika Nilsdotter. Staffan flyttade till Lövhaugen, Grue efter 1749.
Barn i första giftet:
1.2.2.1.1. Maria Staffansdotter Tenhuinen f 1740
1.2.2.1.2. Karin Staffansdotter Tenhuinen f 1745
Barn i andra giftet:
1.2.2.1.3. Kari Staffansdotter Tenhuinen f 1759 i Lövhaugen, Grue, g med Nils Henriksson Kansainen, bosatta i Nilstorpet, Helgeberget, Grue.

1.2.2.2. Karin Johansdotter Tenhuinen f 1721

1.2.3. Erik Staffansson Tenhuinen f ca 1666 i Kindsjön, S Finnskoga, g med Gertrud Tomasdotter Purainen f 1659, d 1710-02-18, dotter till Tomas Klemetsson Purainen. Erik tog upp Tenhundstorp i Östmark.
Barn:
1.2.3.1. Erik Eriksson Tenhuinen f 1689
1.2.3.2. Sara Eriksdotter Tenhuinen f 1690
1.2.3.3. Johan Eriksson Tenhuinen f 1693, d 1725 i Loffstrand, N Ny
1.2.3.4. Staffan Eriksson Tenhuinen f 1700
1.2.3.5. Mats Eriksson Tenhuinen f 1705 i Rattsjöberg, Fryksände, d 1754, g 1738-08-01 med Kerstin Staffansdotter Purainen f 1716-05-12 i N Röjdåsen, Östmark, d 1783 i Eskilstorpet, N Röjdåsen, Östmark, dotter till Staffan Tomasson Purainen och Annika Eriksdotter Haljainen.
Barn:
1.2.3.5.1. Erik Matsson Tenhuinen "Dräng-Erik" f ca 1754 i Järpliden, S Finnskoga, d 1793-02-13 i Uggelheden, Berget, N Finnskoga, g 1778-04-04 med Karin Matsdotter Muhoinen f 1750-10-18 i Aspberget, N Finnskoga, d 1832-05-07 i Andersstubben, N Finnskoga, dotter till Mats Klemetsson Muhoinen och Ingeborg Henriksdotter Kuosmainen.

1.2.4. Daniel Staffansson Tenhuinen f 1668 i Kindsjön, S Finnskoga, d 1724 i Kärnberget, Nyskoga, g 1690 med Karin Hansdotter f i Flatåsen, Nyskoga-
Barn:
1.2.4.1. Henrik Danielsson Tenhuinen f 1691 i Flatåsen, Nyskoga
1.2.4.2. Britta Danielsdotter Tenhuinen f 1702 i Kärnberget, Nyskoga

1.2.5. Staffan Staffansson Tenhuinen f 1673, d 1736-02-19, g med Sigrid Amundsdatter, f i Livgarden, Norge.
Barn:
1.2.5.1. Mikkel Steffensen Tenhuinen

1.2.6. Marit Staffansson Tenhuinen f 1677, d 1731, g med Mats nn. "Lång-Mattes".
Barn:
1.2.6.1. Anna Matsdotter, f i S Finnskoga, bosatt i Medskogen, S Finnskoga

1.3. Pål Mårtensson Tenhuinen f 1632 i Grangärde, g 1657 med okänd. Bröderna Pål och Mats Mårtensson Tenhuinen från Kindsjön upptog Älgsjön år 1650.

1.4. Anders Mårtensson Tenhuinen f 1635 i Grangärde, d 1690, g med Marit Henriksdotter, f 1625-01-20, d 1695-01-20 i Kindsjön, S Finnskoga.
Barn:
1.4.1. Erik Andersson Tenhuinen, f ca 1657 i Kindsjön, S Finnskoga, d 1726-10-29, köpte upp hela Kindsjön i slutet av 1600-talet.
1672 dräptes drängen Jöns Jönsson av Erik Andersson. Det hindrade dock ej, att i dödsrunan efter denne dråpare stod att läsa i dödsboken: "Erik Andersson i Kindsjön, för ett vackert och kristeligt leverne, ogift, död 29/10 1726 104 år gammal (säkert minst 30 år för hög ålder).

1.4.2. Britta Andersdotter Tenhuinen, f ca 1659 i Kindsjön, S Finnskoga, d 1729-09-06, bosatt i Skråckarberget, S Finnskoga. G1 1689 med Anders Olofsson Vilhuinen, "Bastu-Anders", f ca 1640, vilken sköts ihjäl 1693 av svågern Henrik Andersson Tenhuinen.
G2 1694 med Henrik Pålsson Kyttiäinen från Solberg, Ekshärad, d 1705 i Skråckarberget, S Finnskoga.
Barn i första giftet:
1.4.2.1. Annika Andersdotter Vilhuinen f 1677 i Skråckarberget, S Finnskoga
1.4.2.2. Marit Andersdotter Vilhuinen f 1679 i Skråckarberget, S Finnskoga, g 1704 i Dalby med Henrik Filipsson Neuvoinen f 1671 och d 1740-02-02 i Bjurberget, S Finnskoga, son till Filip Filipsson Neuvoinen och Marit Tomasdotter Havuinen.
Deras barn:
1.4.2.2.1. Anders Henriksson Neuvoinen f 1704 i Bjurberget, S Finnskoga, d före 1784, g 1738 med Anna (Annika) Henriksdotter f 1714, d 1784-04-30 i Bjurberget, S Finnskoga
1.4.2.2.2. Filip Henriksson Neuvoinen f 1710 i Bjurberget, S Finnskoga, g med Malin Henriksdotter Neuvoinen f 1709-04-15 i Norra Viggen, Nyskoga, dotter till Henrik Henriksson Neuvoinen och Annika Tomasdotter Vaissinen.

1.4.2.2.3. Olof Henriksson Neuvoinen f 1713-05-24 i Bjurberget, S Finnskoga, g med Marit Jonsdotter d 1744 i Dalby

1.4.2.2.4. Henrik Henriksson Neuvoinen f 1724-10-21 i Bjurberget, S Finnskoga

1.4.2.3. Lisbet Andersdotter Vilhuinen f 1682 i Skråckarberget, S Finnskoga, piga hos bror Henrik.

1.4.2.4. Olof Andersson Vilhuinen "Skarp-Olof" f ca 1686 och d 1760-06-01 i Skråckarberget, S Finnskoga, g 1715-12-26 med Ingrid Henriksdotter Himainen f ca 1698 i Risberget, Våler, d 1733-07-07 i Skråckarberget, S Finnskoga, dotter till Henrik Henriksson Himainen och Gertrud Andersdotter Purainen.

Deras barn:

1.4.2.4.1. Anders Olofsson Vilhuinen f 1717-04-01 och d 1787-03-18 i Skråckarberget, S Finnskoga, g 1738 med Elin Bertilsdotter Raatikainen f 1716 i Norge, d 1800-10-01 i Skråckarberget, S Finnskoga, dotter till Bertil Henriksson Raatikainen och Britta Henriksdotter.

1.4.2.4.2. Henrik Olofsson Vilhuinen f 1728-05-19 i Skråckarberget, S Finnskoga, d 1784-06-21, g1 med Lisbet Henriksdotter Lehmoinen f 1731-04-15 i Skallbäcken, S Finnskoga, d 1751-08-04 i Skråckarberget, S Finnskoga, dotter till Henrik Pålsson Lehmoinen och Lisbet Nilsdotter Havuinen.

1.4.2.4.3. Gertrud Olofsdotter Vilhuinen f 1729-11-15 i Skråckarberget, S Finnskoga.

1.4.2.5. Henrik Andersson Vilhuinen f 1690 och d 1750-05-19 i Skråckarberget, S Finnskoga, g1 med Annika Olofsdotter, g2 1727 med Maria Henriksdotter Neuvoinen f 1701 i Bjurberget, S Finnskoga, d 1777-02-15 i Skråckarberget, S Finnskoga, dotter till Henrik Jönsson Neuvoinen och Malin Pålsdotter.

Barn i första giftet:

1.4.2.5.1. Gertrud Henriksdotter Vilhuinen f 1713-05-20 i Skråckarberget, S Finnskoga.

Barn i andra giftet:

1.4.2.5.2. Olof Henriksson Vilhuinen f 1723

1.4.2.5.3. Henrik Henriksson Vilhuinen f 1726 i Skråckarberget, S Finnskoga, d 1789-01-27, g med Gertrud Eriksdotter Lehmoinen f 1730-10-07 i Skallbäcken, S Finnskoga, dotter till Erik Henriksson Lehmoinen och Maria Abrahamsdotter Häkkinen.

1.4.2.5.4. Valborg Henriksdotter Vilhuinen f 1728-08-22 i S Finnskoga

1.4.2.5.5. Britta Henriksdotter Vilhuinen f 1731-03-14 i Skråckarberget, S Finnskoga, d 1814-01-04 i Medskogen, S Finnskoga, g 1753-10-14 i Dalby med Johan Danielsson Veteläinen f 1730-08-29 och d 1770-02-16 i Medskogen, S Finnskoga, son till Daniel Danielsson Veteläinen och Elin Jensdatter Räisäinen.

1.4.2.5.6. Anders Henriksson Vilhuinen f 1733-12-21 i Skråckarberget, S Finnskoga, g med Marit Filipsdotter Neuvoinen f 1736-10-25 i Bjurberget, S Finnskoga, dotter till Filip Henriksson Neuvoinen och Malin Henriksdotter Neuvoinen.

1.4.2.5.7. Anna Henriksdotter Vilhuinen f 1736 i Skråckarberget, S Finnskoga, g1 1760-04-07 med Daniel Danielsson Veteläinen f ca 1702 och d 1769-10-09 i Medskogen, S Finnskoga, son till Daniel Johansson Veteläinen och Lisbet Pålsdotter Lehmoinen.

G2 med Daniel Andersson Veteläinen f 1749-06-30 i Medskogen, S Finnskoga, son till Anders Andersson Veteläinen och Lisbet Pålsdotter Raatikainen.
1.4.2.5.8. Lisbet Henriksdotter Vilhuinen f 1739

Barn i andra giftet:
1.4.2.6. Maria Henriksdotter Kyttiäinen
1.4.2.7. Henrik Henriksson Kyttiäinen f 1695 i Skråckarberget, S Finnskoga.

1.4.3. Lars Andersson Tenhuinen, f 1660 i Kindsjön, S Finnskoga, d 1699, g med Karin Henriksdotter Himainen, f ca 1661 i Gravberget, Våler, d 1729-04-07 i Kindsjön, S Finnskoga, dotter till Henrik Henriksson Himainen och Ingeborg Mårtensdotter Liitiäinen. Något osäkert med Himainen, men hon bör vara dotter till Henrik Henriksson Himainen och Ingeborg Matsdotter Liitiäinen. I Trysilboka bind 3 sid 204 uppges att Anders Mattisens änka Kersti Persdatter (Kuosmainen) gifter sig med Lars Olsen Kaikelainen, och eftersom han var hennes släkting i tredje led, måste de ha kungligt tillstånd för giftermålet.
Barn:
1.4.3.1. Anders Larsson Tenhuinen f 1685 i Kindsjön, S Finnskoga, g med Britta Filipsdotter Neuvoinen f 1688 i Bjurberget, S Finnskoga, d 1767-05-16, dotter till Filip Filipsson Neuvoinen och Marit Tomasdotter Havuinen.
Deras barn:
1.4.3.1.1. Lars Andersson Tenhuinen f 1717-02-02 i Kindsjön, S Finnskoga, g med Malin (Maria) Andersdotter Neuvoinen f 1713-10-08 i Bjurberget, S Finnskoga, dotter till Anders Henriksson Neuvoinen och Lisbet Andersdotter.
1.4.3.1.2. Henrik Andersson Tenhuinen f 1723 i Kindsjön, S Finnskoga, d 1803, g 1753-06-11 med Elin Henriksdotter Lehmoinen f 1734-08-16 i Skallbäcken, S Finnskoga, dotter till Henrik Pålsson Lehmoinen och Lisbet Nilsdotter Havuinen.
1.4.3.1.3. Mats Andersson Tenhuinen f 1725 i Kindsjön, S Finnskoga, d 1796 i Säterberget, S Finnskoga, g 1752-09-29 med Kersti Andersdatter Kuosmainen f 1725 i Ryssjöberget, Trysil, d 1795 i Säterberget, S Finnskoga, dotter till Anders Olsen Kuosmainen och Karin Staffansdotter Siekkinen.
1.4.3.1.4. Marit Andersdotter Tenhuinen f 1729-09-21 i Kindsjön, S Finnskoga, g 1752 i Dalby med Anders Andersen Kuosmainen f 1720-03-18 i Aspberget, N Finnskoga, d 1785 i Åmot, son till Anders Olsen Kuosmainen och Karin Staffansdotter Siekkinen.
1.4.3.1.5. Daniel Andersson Tenhuinen f 1734

1.4.3.2. Erik Larsson Tenhuinen f 1694 i Kindsjön, S Finnskoga, d 1755-01-22 i S Finnskoga, upptog Säterberget 1720, g 1721-06-16 med Karin Tomasdotter f 1705 i Flatåsen, Nyskoga, d 1729-04-01 i Kindsjön, S Finnskoga.
Barn:
1.4.3.2.1. Mårten Eriksson Tenhuinen f 1723-03-19 i Kindsjön, S Finnskoga
1.4.3.2.2. Erik Eriksson Tenhuinen f 1725 i Kindsjön, S Finnskoga
1.4.3.2.3. Olof Eriksson Tenhuinen f 1727-10-14 i Kindsjön, S Finnskoga, d 1766, g med Malin Olofsdotter f 1717 i S Finnskoga.

1.4.3.3. Mårten Larsson Tenhuinen f 1695-11-09 i Kindsjön, S Finnskoga, d ca 1721, g 1717-11-24 i Dalby med Annika Eriksdotter Hyytiäinen f 1697 i Mackartjärn, dotter till Erik Persson Hyytiäinen och Karin Hansdotter.
Barn:
1.4.3.3.1. Karin Mårtensdotter Tenhuinen f 1719-11- i Mackartjärn, S Finnskoga, d 1720-03-15 i Kindsjön, S Finnskoga.
1.4.3.3.2. Lisbet Mårtensdotter Tenhuinen f 1720-11-06 och d 1721-01-11 i Kindsjön, S Finnskoga.

1.4.4. Henrik Andersson Tenhuinen, f 1667 i Kindsjön, S Finnskoga, d 1729-04-04. Sköt ihjäl sin svåger Anders Olofsson Vilhuinen 1693, blev dömd till döden 1703-02-18 för detta mord, varefter han flydde till Norge, där han uppehöll sig i 10 år. Han lär dock ha blivit benådad och fick som straff 100 daler i mansbot.
Se utdrag från domboken i avsnittet "Mordet i Skråckarberget".

1.5. Britta Mårtensdotter Tenhuinen f 1636-08-14 i N Hörken, Grangärde.

1.6. Mats Mårtensson Tenhuinen f 1637 i Grangärde, d ca 1676, g med N N Svensdotter Pasainen f ca 1640, dotter till Sven Pasainen. Upptog Älgsjön tillsammans med brodern Pål år 1650. Upptog Aspberget ca 1660 tillsammans med bröderna Lars och Josef Persson Hakkarainen. Mats finns i mantal för Aspberget 1670-76. Han sålde sin jord i Aspberget, förmodligen 1676 till brodern Henrik Mårtensson Tenhuinen och Mats Mårtensson Muhoinen. Mats knivdödade sin bror Olof 1667, blev dömd till döden men benådades, se avsnittet "Mordet i Kindsjön".

Från domböckerna i Hof 1672
- Fogden stämmer Anders Liden för att ha skjutit några älgar i förbjuden tid. Vittnen Stephen Bertelsen, Jörgen Jensen samt Anders bröder Johan, Morten och Jakob, som alla tre inte förstår norska. Anders kunde inte neka till att han var med Mårten Aspbergets son Matias (Mats Mårtensson Tenhuinen) och hans husfinne Ole Lars efter älg vid svenskgränsen före Marimesse. De fick en vuxen älg på svenska sidan och en kalv på norska sidan, och det hade de lov till sa Anders. Han tog nästan inte mer av köttet än det han åt upp i skogen, men huden bekänner han att han tog. Han sa också att svenska finnar sköt djur i den norska skogen, men han tordes inte säga deras namn för då skulle han inte få behålla livet. Fogden säger att det vid samma tid skulle ha funnits 6-7 älghudar i Anders hus. Anders påstår att han kunde ha köpt hudarna för Arne Torstensens pengar, med det har inget att göra med honom eller hans folk. Anders dömdes att böta 8 örtugor 13 ort silver för djuret som blev fällt på norsk sida. Han skulle också betala för huden och köttet till den som ägde marken, norr om Aspberget på Trysilskogen.
Barn:
1.6.1. Pål Matsson Tenhuinen f 1657 i Älgsjön, S Finnskoga
1.6.2. Mårten Matsson Tenhuinen f 1660
1.6.3. Sven Matsson Tenhuinen f 1660 i Älgsjön, S Finnskoga

1.6.4. Johan Matsson Tenhuinen f 1663 i Älgsjön, S Finnskoga

1.6.5. Margareta Matsdotter Tenhuinen f 1673 i Kindsjön, S Finnskoga, d 1756-05-17 i Aspberget, N Finnskoga, g 1699 med Klemet Matsson Muhoinen f 1671 och d 1743-03-29 i Aspberget, N Finnskoga, son till Mats Mårtensson Muhoinen och Karin Matsdotter.
Barn:

1.6.5.1. Klemet Klemetsson Muhoinen f 1709 i Aspberget, N Finnskoga, d 1792-04-20, g 1736-04-18 med Marit Henriksdotter Kuosmainen f 1720-01-01 i Aspberget, N Finnskoga, d 1804-02-03 i N Finnskoga, dotter till Henrik Olsen Kuosmainen och Guli Jönsdotter.
Deras barn:

1.6.5.1.1. Klemet Klemetsson Muhoinen f 1738-04-17, d 1738-06-

1.6.5.1.2. Karin Klemetsdotter Muhoinen f 1739-10-16 i Aspberget, N Finnskoga

1.6.5.1.3. Henrik Klemetsson Muhoinen f 1744 i Aspberget, N Finnskoga

1.6.5.1.4. Olof Klemetsson Muhoinen f 1746 i Aspberget, N Finnskoga, d 1823, g med Karin Larsdotter Hakkarainen f 1743-07-27 i Aspberget, N Finnskoga, dotter till Lars Larsson Hakkarainen och Britta Klemetsdotter Muhoinen

1.6.5.1.5. Klemet Klemetsson Muhoinen f 1748-10-28 i Aspberget, N Finnskoga, d 1813-09-23 i Uggelheden, N Finnskoga, g med Marit Henriksdotter Muhoinen f 1759 i Aspberget, N Finnskoga, d efter 1813, dotter till Henrik Matsson Muhoinen och Lisbet Pålsdotter Siekkinen.

1.6.5.1.6. Guli Klemetsdotter Muhoinen f 1751, d 1760

1.6.5.1.7. Mats Klemetsson Muhoinen f 1755-12-22 i Aspberget, N Finnskoga, d 1831, g med Gertrud Persdotter Muhoinen f 1756 i Aspberget, N Finnskoga, d ca 1836, dotter till Per Eliasson Muhoinen och Britta Matsdotter Kymöinen.

1.6.5.1.8. Per Klementsson Muhoinen f 1760 i Aspberget, N Finnskoga, g med Ingeborg Ingvoldsdatter f 1767 i Norge, d 1838-10-16 i Aspberget, N Finnskoga, dotter till Ingvold Pedersen och Kari Mikkelsdatter Himainen.

1.6.5.2. Britta Klemetsdotter Muhoinen f 1710 i Aspberget, N Finnskoga, d 1785-03-07, g med Lars Larsson Hakkarainen f 1706 i Aspberget, N Finnskoga, d 1788-11-30, son till Lars Larsson Hakkarainen och Annika Pålsdotter Hakkarainen.
Deras barn:

1.6.5.2.1. Lars Larsson Hakkarainen f 1736-11-18 i Aspberget, N Finnskoga, d 1796, g 1779 med Ingeborg Olsdatter Himainen f 1753-07-04 och d 1840-12-02 i Skjärberget nordre, Trysil, dotter till Ole Mikkelsen Himainen och Kari Persdatter Sätre.

1.6.5.2.2. Marit Larsdotter Hakkarainen f 1739-03-31 i Aspberget, N Finnskoga, d 1809-03-25, g 1766-09-28 med Josef Josefsson Hakkarainen f 1742-03-25 i Aspberget, N Finnskoga, son till Josef Josefsson Hakkarainen och Gertrud Matsdotter Muhoinen.

1.6.5.2.3. Klemet Larsson Hakkarainen f 1741-01-30 i Aspberget, N Finnskoga, g med Helena Persdotter Liitiäinen f ca 1748 i Risberget, Våler, d före 1806 i Aspberget, N Finnskoga.

1.6.5.2.4. Karin Larsdotter Hakkarainen f 1743-07-27 i Aspberget, N Finnskoga, d 1824, g med Olof Klemetsson Muhoinen f 1746 i Aspberget, N Finnskoga, d 1823, son till Klemet Klemetsson Muhoinen och Marit Henriksdotter Kuosmainen.

1.6.5.2.5. Lisbet Larsdotter Hakkarainen f 1744-12-24 i Aspberget, N Finnskoga, g med Olof Hansson f 1743 i Aspberget, N Finnskoga.

1.6.5.2.6. Lisa Larsdotter Hakkarainen f 1745 i Aspberget, N Finnskoga

1.6.5.2.7. Lars Larsson Hakkarainen f 1748 i Aspberget, N Finnskoga

1.6.5.2.8. Per Larsson Hakkarainen f 1749 i Aspberget, N Finnskoga

1.6.5.2.9. Pål Larsson Hakkarainen f 1749-04-24 i Aspberget, N Finnskoga, d 1834, g med Anne Persdotter Himainen f 1752 i Norge, d 1826-09-01 i Storberget, Aspberget, N Finnskoga, dotter till Per Olsen Himainen och Anne Henriksdatter Kuosmainen.

1.6.5.2.10. Britta Larsdotter Hakkarainen f 1751 i Aspberget, N Finnskoga

1.6.5.2.11. Johan Larsson Hakkarainen f 1754 i Aspberget, N Finnskoga, g med Marit Halvardsdotter f 1765 i Höljes, N Finnskoga, dotter till Halvard Larsson och Marit Olofsdotter.

1.6.5.2.12. Marit Larsdotter Hakkarainen f 1759 i Aspberget, N Finnskoga

1.6.5.3. Olof Klemetsson Muhoinen f 1713 i Aspberget, N Finnskoga, d 1773-07-13 i Uggelheden, Nordgården, N Finnskoga, g med Guli Henriksdotter Kuosmainen f 1727-02-25 i Aspberget, N Finnskoga, d 1808-02-29 i Båtstad, N Finnskoga, dotter till Henrik Olsen Kuosmainen och Guli Jönsdotter.
Barn:

1.6.5.3.1. Marit Olofsdotter Muhoinen f 1745 i Uggelheden, N Finnskoga, g1 med Arne NN, g2 1775-09-30 med Olof Olofsson f 1740 i Järpliden, Juberget, S Finnskoga.

1.6.5.3.2. Karin Olofsdotter Muhoinen f 1748-10-12 i Uggelheden, N Finnskoga, d 1835-11-15 i Fläskremmen, Dalby, g med Eskil Olofsson Ransfelt f 1748 i Gunneby, Dalby, d 1833-09-07 i Fläskremmen, Dalby, soldat i Gunneby, Dalby, son till Olof Persson Gunnerfält och Ingeborg Eskilsdotter.

1.6.5.3.3. Olof Olofsson Muhoinen f 1751 i Uggelheden, N Finnskoga, d 1757

1.6.5.3.4. Britta Olofsdotter Muhoinen f 1754-11-27 i Uggelheden, N Finnskoga

1.6.5.3.5. Gertrud Olofsdotter Muhoinen f 1756 i Uggelheden, N Finnskoga, d 1840-10-20 i Båtstad, N Finnskoga, g med Lars Jonsson f 1760 i Höljes, N Finnskoga, son till Jon Larsson och Britta Henriksdotter Siekkinen.

1.6.5.3.6. Anna Olofsdotter Muhoinen f 1759 i Uggelheden, N Finnskoga

1.6.5.3.7. Guli Olofsdotter Muhoinen f 1762, d 1762

1.6.5.3.8. Ingeborg Olofsdotter Muhoinen f 1764 i Uggelheden, N Finnskoga, utflyttad till Aspberget före 1777, senare till Skärberget, Trysil

1.6.5.3.9. Henrik Olofsson Muhoinen f 1767 i Uggelheden, N Finnskoga

1.6.5.3.10. Olof Olofsson Muhoinen f 1769 i Uggelheden, N Finnskoga, g med Maria Matsdotter f 1755 i Aspberget, N Finnskoga, dotter till Mats Amundsson och Marit Matsdotter Siekkinen.

1.6.5.4. Mats Klemetsson Muhoinen f 1716-05-24 i Aspberget, N Finnskoga, d 1778-07-20, g med Ingeborg Henriksdotter Kuosmainen f 1718 och d 1795-02-26 i Aspberget, N Finnskoga, dotter till Henrik Olsen Kuosmainen och Ablona Larsdotter Hakkarainen.
Barn:

1.6.5.4.1. Klemet Matsson Muhoinen f 1744 och d 1794-12-26 i Aspberget, N Finnskoga, g med Karin Eriksdotter f 1746 och d 1827-04-26 i Aspberget, N Finnskoga, dotter till Erik Larsson och Gertrud Mickelsdotter Muhoinen.

1.6.5.4.2. Henrik Matsson Muhoinen f 1747-05-17 i Aspberget, N Finnskoga

1.6.5.4.3. Karin Matsdotter Muhoinen f 1750-10-18 i N Aspberget, N Finnskoga, d 1832-05-07 i Andersstubben, N Finnskoga, g 1778-02-13 med Erik Matsson Tenhuinen f ca 1754 i Järpliden, S Finnskoga, d 1793-02-13 i Uggelheden, Berget, N Finnskoga, son till Mats Eriksson Tenhuinen och Kerstin Staffansdotter Purainen.

1.6.5.4.4. Olof Matsson Muhoinen f 1754-03-28 och d 1831-09-28 i Aspberget, N Finnskoga, g 1791-09-25 med Marit Olofsdotter f 1758 i Uggelheden, Sörgården, N Finnskoga, d 1840-02-16 i Aspberget, N Finnskoga, dotter till Olof Bengtsson och Gertrud Henriksdotter Kuosmainen.

1.6.5.4.5. Mats Matsson Muhoinen f 1755, d 1757

1.6.5.4.6. Abelona Matsdotter Muhoinen f 1760

1.7. Kerstin Mårtensdotter Tenhuinen f 1638 i Grangärde

1.8. Henrik Mårtensson Tenhuinen f 1640 i Grangärde, köpte brodern Mats del i Aspberget ca 1676 tillsammans med Mats Mårtensson Muhoinen.

1.9. Valborg Mårtensdotter Tenhuinen f 1643 i Grangärde, g med Erik Eriksson, bosatta i Kindsjön, S Finnskoga.

Barn:

1.9.1. Erik Eriksson f 1663 i Kindsjön, S Finnskoga

1.9.2. Annika Eriksdotter f 1665 i Kindsjön, S Finnskoga

1.9.3. Britta Eriksdotter f 1667 i Kindsjön, S Finnskoga

Mordet i Kindsjön

I samma familj hade ett annat dråp inträffat 1667, då Henrik´s (dråparen nämnd ovan) farbror Mats Mårtensson Tenhuinen dödade sin bror Olof Mårtensson Tenhuinen.

Fritt från domboksprotokollet 1667:
En dag i november 1667 när bröderna Mats och Olof samt deras far Mårten Staffansson Tenhuinen var samlade vid frukostbordet, började Mats att klaga på att han inte, i motsats till syskonen, fått något för allt slit med att uppröja hemmanet i Kindsjön. Oklart vad Olof eller Mårten svarade, men plötsligt reste sig Mats och högg kniven i Olof, först i vänster axel, sedan i halsgropen och därefter fyra gånger i bröstet. Olof hann bara yttra "Gud Nåde" och föll stendöd i golvet. Mats flydde men stannade strax, och huskarlen Michel Jönsson fann honom stående på knäna och rådde honom att gå tillbaka. Han togs fast och fördes till kronolänsman Daniel Nilsson i Öjenäs och förvarades till detta ting. Vid tinget var han ånger och uppgav att han haft "yrhet i huvudet" i fyra års tid. Han dömdes till dödsstraff men benådades och levde till ca 1676.

Vilhuinen upptog Skråckarberget 1650

Enligt Broberg 1988:
Skråckarberget 1/4 sk. (fl. Vilhula) är det sist upptagna finnhemmanet i Södra Finnskoga. Olof Vilhuinen upptog Skråckeberget (jfr Nordmann sid. 26). Enligt domboken 15/6 1663 är Skråckeberget oskattlagt och beläget på Uggenäs ägor och 26/9 1665 skattlades Skråckeberget på Tutstads ägor, som var frälse Wälb. H. Hamiltons, för 1/4 hemman och i jordeboken 1665 meddelas att Skråckeberget varit ett nybygge och nu är skattlagt till 1/4 hemman, upptaget efter befallningsmannen Gilius Giliussons byggningssedel den 30/10 1656, som framteddes vid häradssyn 1735, given till Olof Henriksson, fader till dåvarande skråckebergsbor.

1654 betalte Olof i Skråckeberg kronotionde för första gången, således två år innan han fick byggnadssedeln och elva år innan hemmanet skattlades. Om detta var tionde av den första skörden hade han fällt sved första gången år 1652, eftersom tiondet betaltes med råg; 1655 hade han kornskörd. 1654 hade Olof Henriksson 2 egna och 2 husfolk mantalsskrivna, och han står i Skråckeberg upptagen till 1667. Hans son Anders står sedan skriven 1675-93, Nils står 1671 ensam och 1681 tillsammans med Anders. 1676-79 var Skråckeberget skövlat av fienderna. — Ang. namnet Vilhula, jfr Mägiste, Värmlandsfinska ortnamn, sid. 775.

Olof medförde ett pass som uppvisades för C A Gottlund 1821, som gjorde en avskrift lydande:
"Gudhs nådhe och mildrijka välsignelse önskar jag den gunstige och kristelige läsaren! Jag underskrivit gör här med vetterligit att passvijsaren Oloff Hindersson av husmännerna här vid Nya Kopparberget skall nu begifva sigh här ifrå uppå en annan ortt lyckan försökja, der han kan sig nedersättja, haffwer för den skull fliteligen begjärt ett vittnesbördh om sitt leffverne och umgänge, både han och hans hustru, att ingen haffver honom i någon måtto till att skylla, haffer jag honom dock icke kunnat förvägra, uthan vill härmed hos alla i högre och nedligare condition tjenstvilligen hava Rekommenderat, med tjänstvillig begäran, at the honom hans välförhållande veta åtnjuta låta, och honom i alla rättmätiga saker till thet bästa befordra. Jag tjenar varjom och enom i lika och andra måtto gerna igen. Och till yttermera visso haffver jag med egen hand skrivit och förseglat.
Datum Nya Kopparberget den 21 Febr år 1650.
PETRUS OLAI
Nova Cuprimontinensia"

1. Olof Henriksson Vilhuinen f 1610, d 1667 i Skråckarberget, S Finnskoga . Olof kom till S Finnskoga från Nya Kopparberget via Timansberg by i Nora och upptog Skråckarberget år 1650. Hustrun är inte känd till namnet, men följande barn fanns:
1.1. Anders Olofsson Vilhuinen f ca 1640, d 1693,
1.2. Nils Olofsson Vilhuinen f ca 1645,
1.3. Anna Olofsdotter Vilhuinen f 1647,
1.4. Malin Olofsdotter Vilhuinen f 1650 i Skråckarberget, d 1690.

1.1. Anders Olofsson Vilhuinen, f 1640, d 1693 (blev dräpt av sin svåger Henrik Andersson Tenhuinen, se avsnittet "Mordet i Skråckarberget"), g 1689 med Britta Andersdotter Tenhuinen, f 1659 i Kindsjön, S Finnskoga, d 1729-09-06 i Skråckarberget, S Finnskoga. Efter Anders död gifte Britta om sig 1694 med Henrik Pålsson Kyttäinen, f i Solberg, Ekshärad, bosatt i Skråckarberget och död 1705. Brittas barn i andra giftet N.N. Henriksson Kyttäinen f ca 1695 i Skråckarberget, S Finnskoga.
Barn:
1.1.1. Annika Andersdotter Vilhuinen f 1677 i Skråckarberget
1.1.2. Marit Andersdotter Vilhuinen f 1679 i Skråckarberget, S Finnskoga, g 1704 med Henrik Filipsson Neuvoinen f 1671 i Bjurberget, S Finnskoga, d 1740-02-02 i Bjurberget, son till Filip Filipsson Neuvoinen och Marit Tomasdotter Havuinen.
Deras barn var:
1.1.2.1. Anders Henriksson Neuvoinen f 1704 i Bjurberget, S Finnskoga, d före 1784, g 1738 med Anna (Annika) Henriksdotter f 1714, d 1784-04-30 i Bjurberget, S Finnskoga.
Barn:
1.1.2.1.1. Henrik Andersson Neuvoinen f 1736-12-03 i Bjurberget, S Finnskoga, g med Valborg Henriksdotter f 1739.
Deras barn:
1.1.2.1.1.1. Anders Henriksson Neuvoinen f 1762 och d 1816 i Bjurberget, S Finnskoga, g med Maria Tomasdotter f 1765 i Älgsjön, S Finnskoga
1.1.2.1.1.2. Tomas Henriksson Neuvoinen f 1764 i Bjurberget, S Finnskoga, g med Anna Andersdotter f 1769 i S Finnskoga
1.1.2.1.1.3. Lisa Henriksdotter Neuvoinen f 1767 i Bjurberget, S Finnskoga, g med Tomas Eriksson Havuinen f 1767 i S Finnskoga.
1.1.2.1.1.4. Anna Henriksdotter Neuvoinen f 1769 i Bjurberget, S Finnskoga
1.1.2.1.1.5. Olof Henriksson Neuvoinen f 1773 i Bjurberget, S Finnskoga
1.1.2.1.1.6. Nils Henriksson Neuvoinen f 1777 i Bjurberget, S Finnskoga

1.1.2.1.2. Marit Andersdotter Neuvoinen f 1739-04-05 i Bjurberget, S Finnskoga, d 1819-11-16 i S Finnskoga, g1 1761-10-12 med Nils Tomasson Neuvoinen f 1730-05-25 och d 1769-02-02 i Bjurberget, S Finnskoga, son till Tomas Filipsson Neuvoinen och Lisbet Eriksdotter Hyytiäinen. G2 med Olof Pålsson Saastainen f 1746, d 1810-07-13 i S Finnskoga, son till Pål Henriksson Saastainen och Annika Pålsdotter Raatikainen.
Barn i första giftet:
1.1.2.1.2.1. Lisbet Nilsdotter Neuvoinen f 1762 i Bjurberget, S Finnskoga
1.1.2.1.2.2. Anna Nilsdotter Neuvoinen f 1764 i Bjurberget, S Finnskoga
1.1.2.1.2.3. Tomas Nilsson Neuvoinen f 1766 i Bjurberget, S Finnskoga, g1 1795-12-25 med Karin Persdotter f ca 1771 i Bograngen, d ca 1800 i Bjurberget, S Finnskoga, dotter till Per Larsson och Kerstin Persdotter. G2 1803-12-20 med Annika Henriksdotter Tenhuinen f 1765 i Kindsjön, S Finnskoga, dotter till Henrik Andersson Tenhuinen och Elin Henriksdotter Lehmoinen.
1.1.2.1.2.4. Britta Nilsdotter Neuvoinen f 1768-12-26 i Bjurberget, S Finnskoga, g 1797-06-25 med Olof Johansson Utriainen f 1768 och d 1839-05-30 i Dypåsen, S Finnskoga, son till Johan Matsson Utriainen och Anna Matsdotter.

Barn i andra giftet:
1.1.2.1.2.5. Anders Olofsson Saastainen f 1776 i Bjurberget, S Finnskoga
1.1.2.1.2.6. Annika Olofsdotter Saastainen f 1779 i Bjurberget, S Finnskoga, g med Henrik Matsson Häkkinen f 1774 i Dalby, d 1824-04-01 i Bjurberget, S Finnskoga
1.1.2.1.2.7. Pål Olofsson Saastainen f 1782 och d 1782 i Bjurberget, S Finnskoga

1.1.2.1.3. Annika Andersdotter Neuvoinen f 1743-08-27 i Bjurberget, S Finnskoga, d 1809-10-29, g med Tomas Olofsson Havuinen f 1744, d 1789-06-29, son till Olof Nilsson Havuinen och Lisbet Andersdotter.
Barn:
1.1.2.1.3.1. Olof Tomasson Havuinen f 1767 i Kringsberget, S Finnskoga, g med Marit Henriksdotter f 1758, d 1831-02-02 i Kringsberget, S Finnskoga
1.1.2.1.3.2. Anna Tomasdotter Havuinen f 1770 i Kringsberget, S Finnskoga, g med Henrik Staffansson Havuinen f 1771 i Månglidsberg, S Finnskoga, son till Staffan Andersson Havuinen och Britta Eriksdotter
1.1.2.1.3.3. Anders Tomasson Havuinen f 1772 i Kringsberget, S Finnskoga
1.1.2.1.3.4. Henrik Tomasson Havuinen f 1775 i Kringsberget, S Finnskoga
1.1.2.1.3.5. Tomas Tomasson Havuinen f 1778 i Kringsberget, S Finnskoga

1.1.2.1.4. Britta Andersdotter Neuvoinen f 1746 i Bjurberget, S Finnskoga, d 1810-06-14, g med Olof Karlsson Lehmoinen f 1745 i Järpliden, S Finnskoga, d 1812-06-22, son till Karl Karlsson Lehmoinen och Britta Mickelsdotter Honkainen.
Barn:
1.1.2.1.4.1. Anna Olofsdotter Lehmoinen f 1778 i Järpliden, S Finnskoga, d 1857-01-13, g 1802-07-05 med Olof Kristoffersson f 1780 i Månglidsberg, S Finnskoga.

1.1.2.1.5. Lisbet Andersdotter Neuvoinen f 1748-06-03 i Bjurberget, S Finnskoga, d 1748-08-16.
1.1.2.1.6. Karin Andersdotter Neuvoinen f 1749-07-19 i Bjurberget, S Finnskoga
1.1.2.1.7. Ingegerd Andersdotter Neuvoinen f 1752, dop 1752-09-10 i Bjurberget, S Finnskoga.

1.1.2.2. Filip Henriksson Neuvoinen f 1710, g med Malin Henriksdotter Neuvoinen f 1709-04-15 i N Viggen, Nyskoga, dotter till Henrik Henriksson Neuvoinen och Annika Tomasdotter Vaissinen.
Barn:
1.1.2.2.1. Marit Filipsdotter Neuvoinen f 1736-10-25 i Bjurberget, S Finnskoga, g med Anders Henriksson Vilhuinen f 1733-12-21 i Skråckarberget, S Finnskoga, son till Henrik Andersson Vilhuinen och Maria Henriksdotter Neuvoinen.
Barn:
1.1.2.2.1.1. Maria Andersdotter Vilhuinen f 1758 i Skråckarberget, S Finnskoga
1.1.2.2.1.2. Anders Andersson Vilhuinen f 1761 i Skråckarberget, S Finnskoga
1.1.2.2.1.3. Anna Andersdotter Vilhuinen f 1764 i Skråckarberget, S Finnskoga
1.1.2.2.1.4. Marit Andersdotter Vilhuinen f 1767 i Skråckarberget, S Finnskoga

1.1.2.2.1.5. Henrik Andersson Vilhuinen f 1770 i Skråckarberget, S Finnskoga

1.1.2.2.1.6. Olof Andersson Vilhuinen f 1772 och d 1780 i Skråckarberget, S Finnskoga

1.1.2.2.1.7. Filip Andersson Vilhuinen f 1776 i Skråckarberget, S Finnskoga, g med Kerstin Karlsdotter Saastainen f 1778-12-14 i Kindsjön, S Finnskoga, dotter till Karl Pålsson Saastainen och Karin Matsdotter Tenhuinen.

1.1.2.3. Olof Henriksson Neuvoinen f 1713-05-24 i Bjurberget, g med Marit Jonsdotter d 1744 i Dalby.
Barn:
1.1.2.3.1. Ingeborg Olofsdotter Neuvoinen f 1740-09-15 i Gunneby, Dalby, d 1826-07-01 i Holmberga, Dalby, g med Peter Hultenberg f 1734, d 1816 i Holmberga, Dalby, son till Petter Hultenberg.
Barn:
1.1.2.3.1.1. Maria Hultenberg f 1780-03-11 i Holmberga, Dalby, d 1854 -07-18 i Vingäng, Dalby, g 1800 med Anders Pihlström f 1776, d 1809-09-18.

1.1.2.4. Henrik Henriksson Neuvoinen f 1724-10-21 i Bjurberget

1.1.3. Lisbet Andersdotter Vilhuinen f 1682 i Skråckarberget

1.1.4. Olof Andersson Vilhuinen "Skarpe Olof" f 1686 i Skråckarberget, S Finnskoga, d 1760-06-01 i Skråckarberget, g 1715-12-26 med Ingrid Henriksdotter Himainen f 1698 i Risberget, Våler, d 1733-07-07 i Skråckarberget, dotter till Henrik Henriksson Himainen och Gertrud Andersdotter Purainen. Se avsnittet Mordet i Skråckarberget.
Barn:
1.1.4.1. Anders Olofsson Vilhuinen f 1717-04-01 i Skråckarberget, d 1787-03-18 i Skråckarberget, g med Elin Bertilsdotter Raatikainen f 1716 i Norge, d 1800-10-01 i Skråckarberget, S Finnskoga, dotter till Bertil Henriksson Raatikainen och Britta Henriksdotter.
Deras barn:
1.1.4.1.1. Ingrid Andersdotter Vilhuinen f 1740-02-20 i Skråckarberget, S Finnskoga, d 1793-04-16, g 1760 med Olof Matsson Mullikka f 1738 i Kalneset, Grue, d 1815-01-02, son till Mats Henriksson Mullikka och Karin Pålsdotter Räisäinen.
Deras barn:
1.1.4.1.1.1. Karin Olofsdotter Mullikka f 1761 i Skråckarberget, S Finnskoga, g med Anders Henriksson Tenhuinen f 1758 i Kindsjön, S Finnskoga, son till Henrik Andersson Tenhuinen och Elin Henriksdotter Lehmoinen
1.1.4.1.1.2. Eli Olofsdotter Mullikka f 1770
1.1.4.1.1.3. Anders Olofsson Mullikka f 1773 i Skråckarberget, S Finnskoga, d 1846-02-23, g med Ingrid Henriksdotter f 1767 i Kindsjön, S Finnskoga, dotter till Henrik Andersson Tenhuinen och Elin Henriksdotter Lehmoinen
1.1.4.1.1.4. Anna Olofsdotter Mullikka f 1777 i Skråckarberget, S Finnskoga
1.1.4.1.1.5. Ingrid Olofsdotter Mullikka f 1782 i Skråckarberget, S Finnskoga

1.1.4.1.1.6. Johan Olofsson Mullikka f 1783 i Skråckarberget, S Finnskoga, g med Annika Olsdotter Kaikkalainen f 1771 i Kindsjön, S Finnskoga, dotter till Olof Olofsson Kaikkalainen och Marit Olofsdotter.

1.1.4.1.2. Anders Andersson Vilhuinen f 1745-05-20 i Skråckarberget, S Finnskoga
1.1.4.1.3. Anna Andersdotter Vilhuinen f 1752-12-06 i Skråckarberget, S Finnskoga, d 1824-09-22 i Järpliden, S Finnskoga, g med Daniel Johansson Lehmoinen f 1744-03-10 i Järpliden, S Finnskoga, d före 1824, son till Johan Karlsson Lehmoinen och Elin Pålsdotter Honkainen.
Deras barn:
1.1.4.1.3.1. Elin Danielsdotter Lehmoinen f 1775 i Norge
1.1.4.1.3.2. Johan Danielsson Lehmoinen f 1783 i Järpliden, S Finnskoga, d 1844-12-31, g med Anna Karlsdotter Lehmoinen f 1782 i Bograngen, S Finnskoga, d 1837-05-09, dotter till Karl Persson Lehmoinen och Marte Henriksdotter Tossavainen
1.1.4.1.3.3. Bertil Danielsson Lehmoinen f 1787 i Järpliden, S Finnskoga, d 1853-12-16 i Avundsåsen, S Finnskoga, g1 med Kajsa Matsdotter Veteläinen f 1791 i Medskogen, S Finnskoga, d 1838-04-06 i Djäkneliden, S Finnskoga, dotter till Mats Matsson Veteläinen och Britta Henriksdotter Tenhuinen. G2 1839 med Lisa Kristoffersdotter Honkainen f 1785-04-27 i Järpliden, S Finnskoga, dotter till Kristoffer Sigfridsson Honkainen och Anna Pålsdotter Tossavainen.

1.1.4.2. Henrik Olsson Vilhuinen f 1728-05-19 i Skråckarberget, S Finnskoga, d 1784-06-21, g1 med Lisbet Henriksdotter Lehmoinen f 1731-04-15 i Skallbäcken, S Finnskoga, d 1751-08-04 i Skråckarberget, S Finnskoga, dotter till Henrik Pålssson Lehmoinen och Lisbet Nilsdotter Havuinen. G2 1751-10-11 med Gertrud Matsdotter Kymöinen f 1726-11-23 och d 1786 i Avundsåsen, S Finnskoga, dotter till Mats Matsson Kymöinen och Annika Pålsdotter.
Barn i första giftet:
1.1.4.2.1. Olof Henriksson Vilhuinen f 1750-09-09 och d 1751-05-19 i Skråckarberget, S Finnskoga.
Barn i andra giftet:
1.1.4.2.2. Anders Henriksson Vilhuinen f 1752 och d 1846-12-31 i Skråckarberget, S Finnskoga, g med Gertrud Persdotter Lehmoinen f 1771 i Järpliden (ev Bograngen), S Finnskoga, d 1834-04-18 i Skråckarberget, S Finnskoga, dotter till Per Karlsson Lehmoinen och Anna Kristoffersdotter Honkainen.
Deras barn:
1.1.4.2.2.1. Gertrud Andersdotter Vilhuinen f 1799-10-29 och d 1863-03-29 i Skråckarberget, S Finnskoga, g med Karl Henriksson Vilhuinen f 1782-06-03 i Skråckarberget, S Finnskoga, son till Henrik Henriksson Vilhuinen och Kerstin Matsdotter Tenhuinen.
1.1.4.2.2.2. Per Andersson Vilhuinen f 1802 i Skråckarberget, S Finnskoga
1.1.4.2.2.3. Henrik Andersson Vilhuinen f 1807 i Skråckarberget, S Finnskoga
1.1.4.2.2.4. Anna Andersdotter Vilhuinen f 1811 i Skråckarberget, S Finnskoga

1.1.4.2.3. Olof Henriksson Vilhuinen f 1754-02-11 och d 1806 i Skråckarberget, S Finnskoga, g med Kajsa Henriksdotter Vilhuinen f 1759 i Skråckarberget, S Finnskoga, dotter till Henrik Henriksson Vilhuinen och Gertrud Eriksdotter Lehmoinen.
Barn:
1.1.4.2.3.1. Henrik Olofsson Vilhuinen f 1782 i Skråckarberget, S Finnskoga, g med Anna Olofsdotter Veteläinen f 1790 i Medskogen, S Finnskoga, dotter till Olof Danielsson Veteläinen och Marit Persdotter Lehmoinen.
1.1.4.2.3.2. Maria Olofsdotter Vilhuinen f 1787
1.1.4.2.3.3. Anna Olofsdotter Vilhuinen f 1789
1.1.4.2.3.4. Anders Olofsson Vilhuinen f 1792
1.1.4.2.3.5. Gertrud Olofsdotter Vilhuinen f 1794-10-01, d 1876-05-18
1.1.4.2.3.6. Olof Olofsson Vilhuinen f 1797
1.1.4.2.3.7. Marit Olofsdotter Vilhuinen f 1800 i Skråckarberget, S Finnskoga, g med Per Olofsson Veteläinen f 1798 i Medskogen, S Finnskoga, son till Olof Danielsson Veteläinen och Marit Persdotter Lehmoinen.

1.1.4.2.4. Henrik Henriksson Vilhuinen f 1756, d 1756
1.1.4.2.5. Mats Henriksson Vilhuinen f 1758 i Skråckarberget, S Finnskoga
1.1.4.2.6. Marit Henriksdotter Vilhuinen f 1761 och d 1819-01-17 i Skråckarberget, S Finnskoga, g 1781-10-14 med Erik Henriksson Vilhuinen f 1753-04-17 och d 1826-09-10 i Skråckarberget, S Finnskoga, son till Henrik Henriksson Vilhuinen och Gertrud Eriksdotter Lehmoinen.
Barn:
1.1.4.2.6.1. Ingrid Eriksdotter Vilhuinen f 1785 i Skråckarberget, S Finnskoga, d 1829-09-14, g 1806 med Per Olofsson Veteläinen f 1781 i Medskogen, S Finnskoga, d 1851, son till Olof Matsson Veteläinen och Lisbet Persdotter Lehmoinen
1.1.4.2.6.2. Maria Eriksdotter Vilhuinen f 1788
1.1.4.2.6.3. Gertrud Eriksdotter Vilhuinen f 1790 i Skråckarberget, S Finnskoga, d 1815 i Skallbäcken, S Finnskoga, g med Henrik Andersson f 1792 i Skallbäcken, S Finnskoga, son till Maria Henriksdotter Vilhuinen.
1.1.4.2.6.4. Erik Eriksson Vilhuinen f 1793, g med Märta Danielsdotter Veteläinen f 1794 i Djäkneliden, S Finnskoga
1.1.4.2.6.5. Henrik Eriksson Vilhuinen f 1796-08-03 i Skråckarberget, S Finnskoga, d 1828-02-14, g med Anna Olofsdotter Utriainen f 1799-09-28 i Dypåsen, S Finnskoga, dotter till Olof Johansson Utriainen och Britta Nilsdotter Neuvoinen
1.1.4.2.6.6. Karin Eriksdotter Vilhuinen f 1805 i Skråckarberget, S Finnskoga, flyttade till Norge 1824, d 1882 i Fald, Hof, g 1828-04-18 med Jens Jensen Havuinen f 1802 i Jenssilä, Lukashaugen, Grue, d 1863, son till Jens Henriksen Havuinen.

1.1.4.2.7. Henrik Henriksson Vilhuinen f 1763 i Skråckarberget, S Finnskoga
1.1.4.2.8. Britta Henriksdotter Vilhuinen f 1765 i Skråckarberget, S Finnskoga, g med Karl Olsson Lehmoinen f 1762 i Järpliden, S Finnskoga, son till Olof Karlsson Lehmoinen och Karin Persdotter
Barn:

1.1.4.2.8.1. Ingrid Karlsdotter Lehmoinen f 1787 i Järpliden, S Finnskoga, barn med Jöns NN och Lars NN

1.1.4.2.8.2. Karin Karlsdotter Lehmoinen f 1789, g med Pål Pålsson f 1794 i Röjden, S Finnskoga, d 1831, son till Pål Andersson och Karin Göransdotter

1.1.4.2.8.3. Olof Karlsson Lehmoinen f 1792 i Djäkneliden, S Finnskoga, g med Valborg Olofsdotter Kymöinen f 1788 i Avundsåsen, S Finnskoga, dotter till Olof Matsson Kymöinen och Lisbet Olsdotter Lehmoinen

1.1.4.2.8.4. Henrik Karlsson Lehmoinen f 1795, d 1795

1.1.4.2.8.5. Lisa Karlsdotter Lehmoinen f 1798

1.1.4.2.8.6. Karl Karlsson Lehmoinen f 1801 i Djäkneliden, S Finnskoga, g med Ingeborg Karlsdotter Kymöinen f 1791 i Avundsåsen, S Finnskoga

1.1.4.2.8.7. Daniel Karlsson Lehmoinen f 1804 i Djäkneliden, S Finnskoga

1.1.4.2.8.8. Anders Karlsson Lehmoinen f 1806 i Djäkneliden, S Finnskoga, g med Karin Henriksdotter Lehmoinen f 1802 i Avundsåsen, S Finnskoga, dotter till Henrik Karlsson Lehmoinen och Anna Eriksdotter

1.1.4.2.9. Gertrud Henriksdotter Vilhuinen f 1767 i Skråckarberget, S Finnskoga, g med Olof Olesen f i Järpliden, S Finnskoga.
Barn:
1.1.4.2.9.1. Anna Olsdotter f 1802-02-28 i Skråckarberget, S Finnskoga, g med Per Mickelsson Lehmoinen f 1798 i Järpliden, S Finnskoga, d 1849-05-16 i Medskogen, S Finnskoga, son till Mickel Karlsson Lehmoinen och Maria Larsdotter.

1.1.4.3. Gertrud Olofsdotter Vilhuinen f 1729-11-15 i Skråckarberget

1.1.5. Henrik Andersson Vilhuinen f 1690, d 1750-05-19 i Skråckarberget, S Finnskoga, g1 med Annika Olofsdotter, g2 1727 med Maria Henriksdotter Neuvoinen f 1701 i Bjurberget, S Finnskoga, d 1777-02-15, dotter till Henrik Jönsson Neuvoinen och Malin Pålsdotter.
Barn i första giftet:
1.1.5.1. Gertrud Henriksdotter Vilhuinen f 1713-05-20 i Skråckarberget
Barn i andra giftet:
1.1.5.2. Olof Henriksson Vilhuinen f 1723
1.1.5.3. Henrik Henriksson Vilhuinen f 1726 i Skråckarberget, S Finnskoga, d 1789-01-27, g med Gertrud Eriksdotter Lehmoinen f 1730-10-07 i Skallbäcken, S Finnskoga, dotter till Erik Henriksson Lehmoinen och Maria Abrahamsdotter Häkkinen.
Barn:
1.1.5.3.1. Henrik Henriksson Vilhuinen f 1750 i Skråckarberget, S Finnskoga, d 1801, g 1780-05-20 med Kerstin Matsdotter Tenhuinen f 1756, d 1837-05-20 i Skråckarberget, S Finnskoga, dotter till Mats Andersson Tenhuinen och Kersti Andersdatter Kuosmainen.
Deras barn:
1.1.5.3.1.1. Henrik Henriksson Vilhuinen f 1780 i Skråckarberget, S Finnskoga

1.1.5.3.1.2. Karl Henriksson Vilhuinen f 1782-06-03 i Skråckarberget, S Finnskoga, g med Gertrud Andersdotter Vilhuinen f 1799-10-29 och d 1863-03-29 i Skråckarberget, S Finnskoga, dotter till Anders Henriksson Vilhuinen och Gertrud Persdotter Lehmoinen.
1.1.5.3.1.3. Erik Henriksson Vilhuinen f 1785-02-10 i Skråckarberget, S Finnskoga, g 1811-11-24 med Anna Henriksdotter Veteläinen f 1794 i Medskogen, S Finnskoga, dotter till Henrik Danielsson Veteläinen och Britta Persdotter Lehmoinen.
1.1.5.3.1.4. Gertrud Henriksdotter Vilhuinen f 1791 i Skråckarberget, S Finnskoga, d 1831, g med Karl Karlsson Lehmoinen f 1789 i Bograngen, S Finnskoga, d 1742, son till Karl Persson Lehmoinen och Marte Henriksdatter Tossavainen
1.1.5.3.1.5. Maria Henriksdotter Vilhuinen f 1794 i Skråckarberget, S Finnskoga, d 1877-01-22 i Tutstad, Dalby, g med Olof Olofsson Veteläinen f 1801 i Medskogen, S Finnskoga, son till Olof Danielsson Veteläinen och Marit Persdotter Lehmoinen.

1.1.5.3.2. Erik Henriksson Vilhuinen f 1753-04-17 och d 1826-09-10 i Skråckarberget, S Finnskoga, g 1781-10-14 med Marit Henriksdotter Vilhuinen f 1761 och 1819-01-17 i Skråckarberget, S Finnskoga, dotter till Henrik Olofsson Vilhuinen och Gertrud Matsdotter Kymöinen.
Deras barn:
1.1.5.3.2.1. Ingrid Eriksdotter Vilhuinen f 1785 i Skråckarberget, S Finnskoga, d 1829-09-14, g 1806 med Per Olofsson Veteläinen f 1781 i Medskogen, S Finnskoga, d 1851, son till Olof Matsson Veteläinen och Lisbet Persdotter Lehmoinen
1.1.5.3.2.2. Maria Eriksdotter Vilhuinen f 1788
1.1.5.3.2.3. Gertrud Eriksdotter Vilhuinen f 1790 i Skråckarberget, S Finnskoga, d 1815 i Skallbäcken, S Finnskoga, g med Henrik Andersson f 1792 i Skallbäcken, S Finnskoga, son till Maria Henriksdotter Vilhuinen.
1.1.5.3.2.4. Erik Eriksson Vilhuinen f 1793, g med Märta Danielsdotter Veteläinen f 1794 i Djäkneliden, S Finnskoga, dotter till Daniel Matsson Veteläinen och Anna Persdotter Lehmoinen.
1.1.5.3.2.5. Henrik Eriksson Vilhuinen f 1796-08-03 i Skråckarberget, S Finnskoga, d 1828-02-14, g med Anna Olofsdotter Utriainen f 1799-09-28 i Dypåsen, Finnskoga, dotter till Olof Johansson Utriainen och Britta Nilsdotter Neuvoinen
1.1.5.3.2.6. Karin Eriksdotter Vilhuinen f 1805 i Skråckarberget, S Finnskoga, d 1882 i Fald, Hof, g 1828-04-18 i Hof med Jens Jensen Havuinen f 1802 i Jenssilä, Lukashaugen, Grue, d 1863, son till Jens Henriksen Havuinen.

1.1.5.3.3. Maria Henriksdotter Vilhuinen f 1755-11-24 i Skråckarberget, S Finnskoga, d 1830-02-08 i Skallbäcken, S Finnskoga.
Barn med okänd fader:
1.1.5.3.3.1. Henrik Andersson f 1792 i Skallbäcken, S Finnskoga, g1 med Gertrud Eriksdotter Vilhuinen f 1790 i Skråckarberget, S Finnskoga, d 1815 i Skallbäcken, S Finnskoga, dotter till Erik Henriksson Vilhuinen och Marit Henriksdotter Vilhuinen.
G2 med Ingeborg Johansdotter Oinoinen f 1801 i Skallbäcken, S Finnskoga, son till Johan Olofsson Oinoinen och Karin Henriksdotter Hyytiäinen.
1.1.5.3.4. Britta Henriksdotter Vilhuinen f 1759 i Skråckarberget, S Finnskoga

1.1.5.3.5. Kajsa Henriksdotter Vilhuinen f 1759 i Skråckarberget, S Finnskoga, levde 1825, g med Olof Henriksson Vilhuinen f 1754-02-11 och d 1806 i Skråckarberget, S Finnskoga, son till Henrik Olofsson Vilhuinen och Gertrud Matsdotter Kymöinen.
Deras barn:
1.1.5.3.5.1. Henrik Olofsson Vilhuinen f 1782 i Skråckarberget, S Finnskoga, g med Anna Olofsdotter Veteläinen f 1790 i Medskogen, S Finnskoga, dotter till Olof Danielsson Veteläinen och Marit Persdotter Lehmoinen.
1.1.5.3.5.2. Maria Olofsdotter Vilhuinen f 1787
1.1.5.3.5.3. Anna Olofsdotter Vilhuinen f 1789
1.1.5.3.5.4. Anders Olofsson Vilhuinen f 1792
1.1.5.3.5.5. Gertrud Olofsdotter Vilhuinen f 1794-10-01, d 1876-05-18, g med Olof Andersson Mullikka f 1796, d 1888-01-12 i Skråckarberget, S Finnskoga, son till Anders Olofsson Mullikka och Ingrid Henriksdotter Tenhuinen.
1.1.5.3.5.6. Olof Olofsson Vilhuinen f 1797
1.1.5.3.5.7. Marit Olofsdotter Vilhuinen f 1800 i Skråckarberget, S Finnskoga, g med Per Olofsson Veteläinen f 1798 i Medskogen, S Finnskoga, son till Olof Danielsson Veteläinen och Marit Persdotter Lehmoinen.

1.1.5.3.6. Anders Henriksson Vilhuinen f 1762 i Skråckarberget, S Finnskoga
1.1.5.3.7. Anna Henriksdotter Vilhuinen f 1767 i Skråckarberget, S Finnskoga, g med Hans Olofsson Halinen f 1763 i Röjden, S Finnskoga, son till Olof Pålsson Halinen och Lisbet Hansdotter Hyytiäinen.
Barn:
1.1.5.3.7.1. Lisa Hansdotter Halinen f 1795 i Röjden, S Finnskoga
1.1.5.3.7.2. Hans Hansson Halinen f 1802-02-06 i Röjden, S Finnskoga, g med Marit Larsdotter Moijainen f 1793-01-04 i N Flatåsen, Nyskoga, dotter till Lars Sigfridsson Moijainen och Anna Henriksdotter Saastainen.

1.1.5.4. Valborg Henriksdotter Vilhuinen f 1728-08-22 i S Finnskoga
1.1.5.5. Britta Henriksdotter Vilhuinen f 1731-03-14 i Skråckarberget, g 1753-10-14 med Johan Danielsson Veteläinen f 1730-08-29 och d 1770-02-16 i Medskogen, S Finnskoga, son till Daniel Danielsson Veteläinen och Elin Jensdatter Räisäinen.
Barn:
1.1.5.5.1. Lisbet Johansdotter Veteläinen f 1751, d 1755-01-20
1.1.5.5.2. Daniel Johansson Veteläinen f 1755-03-31 i Medskogen, S Finnskoga
1.1.5.5.3. Mats Johansson Veteläinen f 1756, d 1824-05-25
1.1.5.5.4. Elin Johansdotter Veteläinen f 1760 och d 1850-01-21 i Medskogen, S Finnskoga, g 1796-11-07 med Henrik Johansson Veteläinen f 1775 i Medskogen, Dobbala, S Finnskoga, d 1846-11-09, son till Johan Matsson Veteläinen och Karin Eriksdotter Hyytiäinen.
Barn:
1.1.5.5.4.1. Karin Henriksdotter Veteläinen f 1797-12-03, d 1800-1804
1.1.5.5.4.2. Britta Henriksdotter Veteläinen f 1803 och d 1883-11-23 i Medskogen, S Finnskoga, g med Kristoffer Karlsson Lehmoinen f ca 1790 i Järpliden, S Finnskoga, d

1870-11-04 i Medskogen, S Finnskoga, son till Karl Persson Lehmoinen och Marte Henriksdatter Tossavainen.

1.1.5.5.5. Henrik Johansson Veteläinen f 1760
1.1.5.5.6. Daniel Johansson Veteläinen f 1763 i Medskogen, S Finnskoga, d 1814, g 1800-12-18 med Elin Olofsdotter Lehmoinen f 1772 i Medskogen, S Finnskoga, dotter till Olof Johansson Lehmoinen och Lisbet Danielsdotter Veteläinen.
Barn:
1.1.5.5.6.1. Britta Danielsdotter Veteläinen f 1801 i Medskogen, S Finnskoga
1.1.5.5.6.2. Olof Danielsson Veteläinen f 1804-01-02 i Medskogen, S Finnskoga
1.1.5.5.6.3. Jon Danielsson Veteläinen f 1806 i Medskogen, S Finnskoga
1.1.5.5.6.4. Daniel Danielsson Veteläinen f 1808 i Medskogen, S Finnskoga

1.1.5.6. Anders Henriksson Vilhuinen f 1733-12-21 i Skråckarberget, S Finnskoga, g med Marit Filipsdotter Neuvoinen f 1736-10-25 i Bjurberget, S Finnskoga, dotter till Filip Henriksson Neuvoinen och Malin Henriksdotter Neuvoinen.
Barn:
1.1.5.6.1. Maria Andersdotter Vilhuinen f 1758 i Skråckarberget, S Finnskoga
1.1.5.6.2. Anders Andersson Vilhuinen f 1761 i Skråckarberget, S Finnskoga
1.1.5.6.3. Anna Andersdotter Vilhuinen f 1764 i Skråckarberget, S Finnskoga
1.1.5.6.4. Marit Andersdotter Vilhuinen f 1767 i Skråckarberget, S Finnskoga
1.1.5.6.5. Henrik Andersson Vilhuinen f 1770 i Skråckarberget, S Finnskoga
1.1.5.6.6. Olof Andersson Vilhuinen f 1772 i Skråckarberget, S Finnskoga, d 1780
1.1.5.6.7. Filip Andersson Vilhuinen f 1776 i Skråckarberget, S Finnskoga, g med Kerstin Karlsdotter Saastainen f 1778-12-14 i Kindsjön, S Finnskoga, dotter till Karl Pålsson Saastainen och Karin Matsdotter Tenhuinen.
Barn:
1.1.5.6.7.1. Maria Filipsdotter Vilhuinen f 1806 i Skråckarberget, S Finnskoga, g med Henrik Jonsson f 1809-04-15 i Järpliden, S Finnskoga, son till Jon Persson och Maria Henriksdotter.
1.1.5.6.7.2. Anders Filipsson Vilhuinen f 1810 i Kindsjön, S Finnskoga
1.1.5.6.7.3. Kajsa Filipsdotter Vilhuinen f 1812 i Kindsjön, S Finnskoga
1.1.5.6.7.4. Olof Filipsson Vilhuinen f 1816 i Kindsjön, S Finnskoga, var ogift men levde tillsammans med Åbergs-Karin.

1.1.5.7. Anna Henriksdotter Vilhuinen f ca 1736 i Skråckarberget, S Finnskoga, g1 1760-04-07 med Daniel Danielsson Veteläinen f ca 1702 i Medskogen, S Finnskoga, d 1769-10-09, son till Daniel Johansson Veteläinen och Lisbet Pålsdotter Lehmoinen. G2 med Daniel Andersson Veteläinen f 1749-06-30 i Medskogen, S Finnskoga, son till Anders Andersson Veteläinen och Lisbet Pålsdotter Raatikainen.
Barn i första giftet:
1.1.5.7.1. Pål Danielsson Veteläinen f 1760, d 1760

1.1.5.7.2. Henrik Danielsson Veteläinen f 1762 i Medskogen, S Finnskoga, g med Britta Persdotter Lehmoinen f 1761 i Bograngen, S Finnskoga, dotter till Per Karlsson Lehmoinen och Anna Kristoffersdotter Honkainen.
Barn:
1.1.5.7.2.1. Maria Henriksdotter Veteläinen f i Medskogen, S Finnskoga, g med soldaten Torsten Matsson Uppman Kanainen f 1712 i Järpliden, S Finnskoga, d ca 1757, son till Mats Markusson Kanainen och Marit Eriksdotter Utriainen.
1.1.5.7.2.2. Daniel Henriksson Veteläinen f 1783 i Medskogen, S Finnskoga, d 1808
1.1.5.7.2.3. Lisa Henriksdotter Veteläinen f 1791-07-05 och d ca 1841 i Medskogen, S Finnskoga, g med Kristoffer Halvardsson f 1793-06-20 och d 1844-05-12 i Bograngsberget, S Finnskoga, son till Halvard Pettersson och Britta Sigfridsdotter Honkainen. Lisa hade även en dotter med Per Larsson f ca 1746 i Bograngen, S Finnskoga, d 1826-09-27 i Galåsen, S Finnskoga, son till Lars Persson och Lisbet Knutsdotter Minkkinen.

1.1.5.7.2.4. Anna Henriksdotter Veteläinen f 1794 i Medskogen, S Finnskoga, g 1811-11-24 med Erik Henriksson Vilhuinen f 1785-02-10 i Skråckarberget, S Finnskoga, son till Henrik Henriksson Vilhuinen och Kerstin Matsdotter Tenhuinen.
1.1.5.7.2.5. Märta Henriksdotter Veteläinen f 1798, d 1800
1.1.5.7.2.6. Olof Henriksson Veteläinen f 1802 i Medskogen, S Finnskoga
1.1.5.7.2.7. Henrik Henriksson Veteläinen f 1805 i Medskogen, S Finnskoga, g med Kerstin Hansdotter Hane f 1808 i Höljes, N Finnskoga, dotter till Hans Johansson Hane och Karin Henriksdotter Räisäinen.

1.1.5.7.3. Daniel Danielsson Veteläinen f 1764, d 1828-08-10 i Galåsen, S Finnskoga, g 1792-07-08 med Lisbet Persdotter f ca 1769 i Bograngen, S Finnskoga, dotter till Per Larsson och Kerstin Persdotter.
1.1.5.7.4. Olof Danielsson Veteläinen f 1767 i Medskogen, S Finnskoga, d 1823, g med Marit Persdotter Lehmoinen f 1769 i Järpliden, S Finnskoga, d 1847, dotter till Per Karlsson Lehmoinen och Anna Kristoffersdotter Honkainen.
Barn:
1.1.5.7.4.1. Anna Olofsdotter Veteläinen f 1790 i Medskogen, S Finnskoga, g med Henrik Olofsson Vilhuinen f 1782 i Skråckarberget, S Finnskoga, son till Olof Henriksson Vilhuinen och Kajsa Henriksdotter Vilhuinen.
1.1.5.7.4.2. Daniel Olofsson Veteläinen f 1796 och d 1854-08-24 i Medskogen, S Finnskoga, g med Lisa Danielsdotter Veteläinen f 1797 i Djäkneliden, S Finnskoga, d 1867, dotter till Daniel Matsson Veteläinen och Anna Persdotter Lehmoinen.
1.1.5.7.4.3. Per Olofsson Veteläinen f 1798 i Medskogen, S Finnskoga, g med Marit Olofsdotter Vilhuinen f 1800 i Skråckarberget, S Finnskoga, dotter till Olof Henriksson Vilhuinen och Kajsa Henriksdotter Vilhuinen.
1.1.5.7.4.4. Olof Olofsson Veteläinen f 1801 i Medskogen, S Finnskoga, g med Maria Henriksdotter Vilhuinen f 1794 i Skråckarberget, S Finnskoga, d 1877-01-22 i Tutstad, Dalby, dotter till Henrik Henriksson Vilhuinen och Kerstin Matsdotter Tenhuinen.

1.1.5.7.4.5. Karl Olofsson Veteläinen f 1804-05-06 i Medskogen, S Finnskoga, g med Elin Johansdotter Lehmoinen f 1802-09-12 i Järpliden, S Finnskoga, d 1866-12-19, dotter till Johan Olofsson Lehmoinen och Anna Persdotter Huuskoinen.

1.1.5.7.5. Karl Danielsson Veteläinen f 1769 i Medskogen, S Finnskoga, g 1804-10-13 med Gertrud Larsdotter f 1778 i Halsjön, N Finnskoga, dotter till Lars Eriksson och Anna (Annika) Persdotter Muhoinen.

Barn i andra giftet:
1.1.5.7.6. Daniel Danielsson Veteläinen f 1774 i Medskogen, S Finnskoga

1.1.5.8. Lisbet Henriksdotter Vilhuinen f 1739

1.2. Nils Olofsson Vilhuinen f ca 1645, hustrun obekant.
Barn:
1.2.1. Anders Nilsson Vilhuinen f ca 1665 i Skråckarberget, S Finnskoga, d 1720-04-21
1.2.2. Lars Nilsson Vilhuinen f ca 1670 i Skråckarberget, S Finnskoga.

1.3. Anna Olofsdotter Vilhuinen f 1647 i Skråckarberget, S Finnskoga.

1.4. Malin Olofsdotter Vilhuinen f 1650 i Skråckarberget, d 1690.

Mordet i Skråckarberget

Anders Olofsson Vilhuinen blev dräpt 1693 av sin svåger Henrik Andersson Tenhuinen.

Klarälvdalens mest kände hembygdsforskare Lars Bäckvall gjorde en storartad insats genom sina uppteckningar av domböcker, jordeböcker, kyrkolängder m. m. Detta material finns numera bevarat i Nordiska museets arkiv. Följande domstolsprotokoll är ett direkt utdrag ur hans samling. En annan för norra Värmland välkänd profil är C. A. Gottlund - även kallad Finnskogarnas apostel. Han fick vid sitt besök i Skrockarberget 1821 denna händelse relaterad av ortsbefolkningen. Gottlunds upplevelse återges efter domstolsprotokollet.

Utdrag ur Lars Bäckvalls anteckningar.
Domboken 18/2 1703.

"Finnen Henrik Pålsson i Skråckeberget kom för rätten sig besvärandes, huru hans hustrus förre man Anders Olsson för 10 år sedan blef ihjälskjuten i Skråckeberget af sin svåger och hustrubroder, finnen Henrik Andersson i Kinsjön, hvilken kom på flykten. Henrik Andersson tillstod och beklagade ogärningen, men ville säga skedde i nödvärn, att han således fördömde, att han Anders Olsson dräpa måste, enär Anders åt honom med vred mod sprang och ville slå honom, för det han öknämnde Anders Olssons lille son om 3 år, Olof, kallade honom "Skarpe Olof" icke i ond mening, utan därför att gossen var svulten och mager. När Anders därför sprang åt honom, hade han ingen undanflykt, utan gärdesgården var på ena sidan och en bodvägg på den andra, spänner alltså bössan att värja sig för honom, som hotade att han skulle hugga honom i tu stycken med sin knif, för han kalla gossen ett sådant namn, och när han Henrik då likväl i hastigheten sprang över gärdesgården undan den dräpne, föll han framstupa till jorden, och i detsamma small bössan mot hans vilja lös, som den var spänd och uppdragen mot Anders, och efter han sände efter den dräpnes moder och hustru, som begynte därpå att skrika, kunde han förmärka, att han med samma skott gjort skade, begifva sig så därmed straxt på flykten till Norge, där han stadigt varit, tills dess han nu kort förliden juletid sig hit igen förfogade. Henrik Pålsson sade, att den dräpne då samma gång skadan skedde, hade icke allenast lånt dräparen någon sädesråg till att så i sitt fall, utan och välplägat honom och hans broder Lars Andersson med öl, som han gaf dem att dricka, och när han omsider icke mer sade Henrik emot, än allenast bad honom kyssa hunden etc. och icke gifva barnet öknamn, han Henrik därefter blifvit så förbittrad, så att han gått afsides bakom husen och laddat bössan, men sedan igenkommandes genast afskjutit till Anders, som då begynte resa sig upp från marken efter Lars Andersson, som sig där omkull lagt, i detsamma varnat honom, att han skulle akta sig för Henrik, som då viste sig beredd honom med bössan att skada, dråparen skjutit den dräpne mitt igenom hufvudet, så att han straxt död vart. Dråparen hade vid kröningstid bett om nåd men fått afslag. Dömes honom Henrik Andersson för sådan missgärning och begånget dråp på sin svåger att böra mista liv och ligga ogield."

Denna handling, som alltså ägde rum 1693 kom ej inför rätten förrän år 1703, eftersom gärningsmannen direkt efter dådet flydde till Norge. Först 10 år senare återvände han till Sverige, där genast åtal väcktes mot honom.

Utdrag ur C. A. Gottlunds dagboksanteckningar från en resa genom Värmlands finnmarker 1821.

"Skrockarbergets förste finske kolonisatör var Olof Hinriksson, förmodligen Vilhuinen, som vid pass år 1650 kom hit från Nya Kopparberget, där han var en smed, antingen han där någon tid varit bosatt eller född. Han nedsatte sig först i det så kallade Alakylä, sedan kom hit brodern Anders Hinriksson Vilhuinen och nedsatte sig i Heikilä, som ännu bär hans namn. Denne Anders blev ihjälskjuten av en Hinrik från Kindsjön, som var en stor skytt. Vilket gick till på det sättet, att Kindsjöfinnen höll på att lära Anders söner skjuta med lod på fläck på fri hand, varvid och fadern var närvarande. Då sade Kindsjöbon åt en av Anders gossar: "Gå din långhalsade att hämta eld på min pipa!" vartill fadern, sårad till detta öknamn, sade det gamla finska ordstävet: "Mies nimen kantaa, koira nimen panoa"! (Mannen bär namnet, hunden ger det.) Uppretad häröver sköt Kindsjökarlen kulan genom hjärtat på Anders, i det han sade: "Nu gör jag det, på vilket jag tänkt i 7 år", vilket gav tillkänna, huru länge han burit hämnd (tankar) till honom i sitt bröst. Änkan gifte sig sedan med Hindrik Pålsson Kyttöinen från Kyttälä by (Solberg) i Ekshärads finnmark."

128 år hade alltså passerat, när Gottlund fick händelsen återberättad. Under en så lång tidsperiod blir fakta förvrängt, ofta romantiserat och överdramatiserat. Man kan säga att det är fler felaktigheter än sanningar i Gottlunds anteckningar, när man jämför de båda versionerna. Den dräpte hette Anders Olsson och ej Anders Hinriksson. Anders Olsson var son till Olov Hinriksson. Här framställs dådet mer som ett mord, för Hinrik hade ju länge burit hämndtankar mot Anders. Skjutövningarna med barnen är uppdiktade, ty Anders söner var bara 2 och 3 år gamla. Uttrycket med hunden fanns med i domstolsprotokollet, fast Bäckvall skrev ej ned det ordagrant. Långhalsad eller skarp som Henrik kallar Anders son Olof, stämmer. Sant är också att Anders Olssons änka gifte om sig med Henrik Pålsson.

Dråparen Henrik Andersson Tenhuinen blev benådad från dödsstraffet och fick 100 daler i mansbot. Han avled 1729-04-04.

Mickel upptog Järpliden 1650

Enligt Broberg 1988:

Om Järpliden i Södra Finnskoga meddelas i Segerstedts samlingar av Olof Matsson i Igelsjöberg att Jacob Vedelainen (=Veteläinen) bosatte sig i Järpliden. Någon annan Jacob fanns ej vid den tiden än den som upptog Öjeberg och betalade tionde redan 1647. Axelson uppger (sid. 159): »Toppo Hongoinen byggde först Öfra eller Stor-Hjerpliden samt derefter Borangen. Heikki [av släkten Ilmoisia] byggde Nedra Hjerpeliden omkr. 100 år [senare]. Staffan Huskoinen byggde Husketorp öst[er] om Hjerpeliden.»

I domboken 6/8 1665 heter det: »Näst befans jerpelundh (!) vara som av herads beviset af 15 juni 1663 synes skattlagt 1649 och beläget på Höljes gamla häfd halfannan mil från gården väster ut mot norska gränsen ..., och utvistes vara skattlagt 1649 och välb Hugo Hamilton fick först Höles till frelse 1651.» Uppgiften om skattläggningen 1649 är uppenbarligen felaktig. Det heter nämligen i jordeboken 1659: »jerpeliden hafver varit ett nybygge och är nu 1659 tillökt till 1/4 hemman.»

1653 betalar Mickel tionde från Jerpliden första gången och 1654 står »Mickel wijdh Hjerpeliden» upptagen i mantalslängden med 2 egna och 2 husfolk och är upptagen i längderna 1653-61, 1665, Kristoffer Mickelsson 1665-76; Mattes betalar tiondet 1654. 1677-79 är Järpliden spolierat av fienden och 1680 är det utfattigt. 1693 finnes endast en rök i Järpliden, nämligen Pär Mickelsson, utom lösfinnar som bodde där. — Gottlund (sid. 369, 371) nämner för Järpliden 5 gårdar 60 personer; de flesta sägs vara av släkten Honkainen.

Mickel Kristoffersson Honkainen f 1619 i Sundsjön, Färnebo, d 1661 i Järpliden, S Finnskoga, **son till "Lång-Kristoffer"**, upptog Järpliden ca 1650. Gift med Anna Mickelsdotter f ca 1620, d ca 1717 i Järpliden, S Finnskoga.

De fick följande barn:
1. Kristoffer Mickelsson Honkainen f 1645, d 1688
2. n.n. Mickelsdotter Honkainen f 1650 i Järpliden, S Finnskoga, g med Erik Karlsson Utriainen f 1640, d före 1708, son till Karl Utriainen.
Barn:
2.1. Anna Eriksdotter Utriainen f 1675 i Järpliden, S Finnskoga, g med Mats Hansson f 1670.
Deras barn:
2.1.1. Lisbet Matsdotter f 1717-04-20, d 1718-06-16
2.1.2. Karin Matsdotter f 1718, d 1720-06-19
2.1.3. Erik Matsson f 1720

2.2. Karin Eriksdotter Utriainen f 1680 i Järpliden, S Finnskoga
2.3. Marit Eriksdotter Utriainen f 1682 i Järpliden, S Finnskoga, d 1767-06-09 i S Finnskoga, g 1710 i Norge med Mats Markusson Kanainen f 1681-03-20 i Filipstad, d 1740-06-07 i S Finnskoga, son till Markus Matsson Kanainen (Pyrk) och Katarina.
Barn:

2.3.1. Torsten Matsson Uppman Kanainen f 1712 i Järpliden, S Finnskoga, d ca 1757, g med Karin Karlsdotter Lehmoinen f 1717-07-20 i Medskogen, S Finnskoga, dotter till Karl Karlsson Lehmoinen och Lisbet Pålsdotter Lehmoinen.

Barn:

2.3.1.1. Maria Torstensdotter Kanainen f 1738-03-25 och d 1769-10-11 (dog i barnsäng) i Järpliden, S Finnskoga, g 1758-12-16 med Per Jonsson Huuskoinen (Huske-Per) f 1733-05-30 i Husketorpet, Järpliden, S Finnskoga, d 1823, son till Jon Olofsson Huuskoinen och Kerstin Göransdotter.

Deras barn:

2.3.1.1.1. Kerstin Persdotter Huuskoinen f 1760 i Järpliden, S Finnskoga, g med Petter Persson f 1762

2.3.1.1.2. Karin Persdotter Huuskoinen f 1761, g med Henrik Tomasson Lehmoinen f 1763 i Norge

2.3.1.1.3. Jon Persson Huuskoinen f 1763, g med Anna Henriksdotter Räisäinen f 1768 i Avundsåsen, S Finnskoga, dotter till Henrik Matsson Räisäinen och Marit Torstensdotter Kanainen

2.3.1.1.4. Helga Persdotter Huuskoinen f 1767

2.3.1.1.5. Mats Persson Huuskoinen f 1769

2.3.1.2. Lisbet Torstensdotter Kanainen f 1740 i Järpliden, S Finnskoga, g1 1759-06-28 med Anders Olsson f 1730, d ca 1757, son till Olof Persson och Lisbet NN. G2 med Morten Larsen. G3 1776-06-15 med Syver Mortensen Liitiäinen f 1713, d 1786-01-16 i Gravberget, Åsnes, son till Morten Andersen Liitiäinen.

Barn i andra giftet:

2.3.1.2.1. Anne Mortensdatter g 1794-10-21 i Hof med Morten Mortensen Liitiäinen f ca 1771, son till Morten Syversen Liitiäinen och Anne Olsdatter Gravberget. Bosatta i Risberget, Våler.

Barn i tredje giftet:

2.3.1.2.2. Syver Syversen Liitiäinen f 1776-07-21

2.3.1.2.3. Kari Syversdatter Liitiäinen f 1779

2.3.1.3. Marit Torstensdotter Kanainen f 1744-03-10 i Järpliden, S Finnskoga, g med Henrik Matsson Räisäinen f 1734, son till Mats Jensen Räisäinen och Anna Matsdotter Kymöinen.

Barn:

2.3.1.3.1. Anna Henriksdotter Räisäinen f 1768 i Avundsåsen, S Finnskoga, g med Jon Persson Huuskoinen f 1763, son till Per Jonsson Huuskoinen (Huske-Per) och Maria Torstensdotter Kanainen.

2.3.1.3.2. Mats Henriksson Räisäinen f 1770 i Avundsåsen, S Finnskoga

2.3.1.3.3. Henrik Henriksson Räisäinen f 1773 i Avundsåsen, S Finnskoga, g med Lisa Johansdotter Hane f 1776 i Bringsåsen, S Finnskoga, dotter till Johan Jonasson Hane och Anna Jonsdotter Huuskoinen.

2.3.1.3.4. Karl Henriksson Räisäinen f 1775 i Avundsåsen, S Finnskoga

2.3.1.3.5. Karin Henriksdotter Räisäinen f 1776 i Avundsåsen, S Finnskoga, g med Hans Johansson Hane f 1769 i Bringsåsen, S Finnskoga, son till Johan Jonasson Hane och Anna Jonsdotter Huuskoinen.

2.3.1.3.6. Lisa Henriksdotter Räisäinen f 1780 i Avundsåsen, S Finnskoga

2.3.1.3.7. Torsten Henriksson Räisäinen f 1783 i Avundsåsen, S Finnskoga

2.3.1.4. Elin Torstensdotter Kanainen f 1746, d 1757

2.3.1.5. Mats Torstensson Kanainen (Diger-Mattes) f 1749 i Järpliden, S Finnskoga, d 1821 i Dalby, g med Annika Johansdotter Hane f 1749 i Bringsåsen, S Finnskoga, dotter till Johan Jonasson Hane och Anna Jonsdotter Huuskoinen.

Barn:

2.3.1.5.1. Karin Matsdotter Kanainen f 1772 i Järpliden, S Finnskoga, g med Hans Nilsson f 1770 i Egghedsmon, N Finnskoga, d 1837-10-29 i Amnerud, Dalby, son till Nils Hansson och Lisa Jönsdotter.

2.3.1.5.2. Anna Matsdotter Kanainen f 1775 i Järpliden, S Finnskoga

2.3.1.5.3. Mats Matsson Kanainen f 1778 i Järpliden, S Finnskoga, d 1862 i Dalby, g med Lisbet Matsdotter Lehmoinen f 1775 i Norge, d 1858 i S Finnskoga, dotter till Mats Johansson Lehmoinen och Anna Danielsdotter Veteläinen.

2.3.1.5.4. Marit Matsdotter Kanainen f 1782 i Järpliden, S Finnskoga

2.3.1.5.5. Jon Matsson Kanainen f 1789 i Järpliden, S Finnskoga, g med Lisa Kristoffersdotter f 1785-03-25 och d 1865-09-03 i Järpliden, S Finnskoga, dotter till Kristoffer Johansson och Karin Persdotter.

2.3.1.6. Karin Torstensdotter Kanainen f 1751, g med Karl Karlsson Lehmoinen f 1750 i Järpliden, S Finnskoga, son till Karl Karlsson Lehmoinen och Britta Mickelsdotter Honkainen.

Deras barn:

2.3.1.6.1. Britta Karlsdotter Lehmoinen f 1776 i Järpliden, S Finnskoga, d 1859, g med Olof Halvardsson Lehmoinen f 1775 i Norge, d ca 1843, son till Halvor Tomesen Lehmoinen och Lisbet Johansson Lehmoinen.

2.3.1.6.2. Karl Karlsson Lehmoinen f 1778, d tidigt

2.3.1.6.3. Torsten Karlsson Lehmoinen f 1781 i Järpliden, S Finnskoga

2.3.1.6.4. Marit Karlsdotter Lehmoinen f 1788 i Järpliden, S Finnskoga

2.3.1.6.5. Daniel Karlsson Lehmoinen f 1791 i Järpliden, S Finnskoga, till Höljes ca 1810

2.3.1.6.6. Johan Karlsson Lehmoinen f 1795 i Järpliden, S Finnskoga, g med Sara Olofsdotter f 1794 i Kindsjön, S Finnskoga, dotter till Olof Olofsson och Karin Persdotter.

2.3.1.7. Anna Torstensdotter Kanainen f 1753-05-30 i Järpliden, S Finnskoga, g med Olof Pålsson f 1755.

Barn:

2.3.1.7.1. Pål Olofsson f 1772

2.3.1.7.2. Karin Olofsdotter f 1775

2.3.1.7.3. Thorsten Olofsson f 1788-01-26 i Bograngen, S Finnskoga (kallas Kanainen, förmodligen efter modern).

2.3.1.8. Gertrud Torstensdotter Kanainen f 1756 i Järpliden, S Finnskoga, d 1835-05-19 i Vålberget, S Finnskoga, g med Jonas Henriksson Kähköinen f 1753 i Backa, Dalby, d 1824-06-05 i Vålberget, S Finnskoga, son till Henrik Eriksson Backensköld Kähköinen och Marit Matsdotter Kymöinen.
Barn:
2.3.1.8.1. Ingeborg Jonasdotter Kähköinen f 1780 i Vålberget, S Finnskoga, d 1846-05-17, g med Anders Henriksson Liitiäinen f 1772 i Rangberget, S Finnskoga, son till Henrik Andersson Liitiäinen och Klara Jonasdotter Hane.
2.3.1.8.2. Torsten Jonasson Kähköinen f 1781 i Vålberget, S Finnskoga
2.3.1.8.3. Karl Jonasson Kähköinen f 1785 i Vålberget, S Finnskoga
2.3.1.8.4. Karin Jonasdotter Kähköinen f 1787-03-18 i Vålberget, S Finnskoga, d 1857-08-06 i Rangen, S Finnskoga, g med Karl Henriksson Liitiäinen f 1786-02-13 och d 1851-04-02 i Rangen, S Finnskoga, son till Henrik Andersson Liitiäinen och Klara Jonasdotter Hane.
2.3.1.8.5. Maria Jonasdotter Kähköinen f 1793 i Vålberget, S Finnskoga, g med Olof Henriksson Kaikkalainen f 1794-04-28 i Djäkneliden, S Finnskoga, d 1850-02-10 i Vålberget, S Finnskoga, son till Henrik Olofsson Kaikkalainen och Marit Olofsdotter.
2.3.1.8.6. Mats Jonasson Kähköinen f 1798 i Vålberget, S Finnskoga.

2.3.2. Erik Matsson Kanainen f 1720 i Järpliden, S Finnskoga, d 1786-07-04, g med Lisbet Henriksdotter f 1731-04-15 i Skallbäcken, S Finnskoga, d 1800-04-07.
Barn:
2.3.2.1. Mats Eriksson Kanainen f 1748 i Järpliden, S Finnskoga, g med Elin Karlsdotter Lehmoinen f 1759 i Järpliden, S Finnskoga, dotter till Karl Karlsson Lehmoinen och Britta Mickelsdotter Honkainen.
Deras barn:
2.3.2.1.1. Erik Matsson Kanainen f 1780 i Järpliden, S Finnskoga, g med Karin Pålsdotter f 1796 i N Ny.
2.3.2.1.2. Britta Matsdotter Kanainen f 1782 i Järpliden, S Finnskoga
2.3.2.1.3. Karl Matsson Kanainen f 1787 i Järpliden, S Finnskoga
2.3.2.1.4. Mats Matsson Kanainen f 1790 i Järpliden, S Finnskoga
2.3.2.1.5. Olof Matsson Kanainen f 1793 i Järpliden, S Finnskoga, g med Elin Andersdotter f 1795 i Norge
2.3.2.1.6. Lisa Matsdotter Kanainen f 1796 i Järpliden, S Finnskoga
2.3.2.1.7. Gertrud Matsdotter Kanainen f 1798 i Järpliden, S Finnskoga, till Norge 1818

2.3.2.2. Gertrud Eriksdotter Kanainen f 1753 i Järpliden, S Finnskoga, d 1755-06-20
2.3.2.3. Henrik Eriksson Kanainen f 1756, g med Kerstin Johansdotter Hane f 1763 i Bringsåsen, S Finnskoga, dotter till Johan Jonasson Hane och Anna Jonsdotter Huuskoinen.
Deras barn:
2.3.2.3.1. Mats Henriksson Kanainen f 1797 i Järpliden, S Finnskoga, g1 med Lisa Andersdotter Honkainen f 1795 i Järpliden, S Finnskoga, d 1824. G2 med Maria

Jansdotter f 1805-10-01 i Järpliden, S Finnskoga, d 1853 i Kärrbackstrand, N Finnskoga, dotter till Jan Jonasson och Valborg Henriksdotter.

2.3.2.3.2. Jan Henriksson Kanainen f 1804 i Järpliden, S Finnskoga
2.3.2.3.3. Henrik Henriksson Kanainen f 1808 i Järpliden, S Finnskoga

2.3.2.4. Olof Eriksson Kanainen f 1758 och d 1762 i Järpliden, S Finnskoga
2.3.2.5. Olof Eriksson Kanainen f 1762

2.3.3. Gertrud Matsdotter Kanainen f 1723-09-01 i Järpliden, S Finnskoga
2.3.4. Henrik Matsson Kanainen f 1729-12-20 i Järpliden, S Finnskoga
2.3.5. Karin Matsdotter Kanainen f 1731-10-01 i Järpliden, S Finnskoga

2.4. Elin Eriksdotter Utriainen f 1685 i Järpliden, S Finnskoga
2.5. Erik Eriksson Utriainen f 1689 i Järpliden, S Finnskoga, d 1729-09-06, g med Karin Johansdotter Veteläinen f 1700 i Medskogen, S Finnskoga, d 1730 i Dalby, dotter till Johan Danielsson Veteläinen och Anna Matsdotter Kymöinen.
Barn:
2.5.1. Marit Eriksdotter Utriainen f 1729-02-19 och d 1804-01-19 i Järpliden, S Finnskoga, g1 1753-11-10 med Sigfrid Kristoffersson Honkainen f 1730-01-10 i Kindsjön, S Finnskoga, d 1761-04-30 i Järpliden, S Finnskoga, son till Kristoffer Johansson Honkainen och Britta Bertilsdotter Neuvoinen. G2 med Mats Tomasson f 1736 i Dalby.
Barn i första giftet:
2.5.1.1. Kristoffer Sigfridsson Honkainen f 1754-11-30 och d 1822 i Järpliden, S Finnskoga, g 1776-12-26 i Dalby med Anna Pålsdotter Tossavainen f 1752 och d 1812-03-25 i Järpliden, S Finnskoga, dotter till Pål Henriksson Tossavainen och Lisbet Bertilsdotter Neuvoinen.
Deras barn:
2.5.1.1.1. Mats Kristoffersson Honkainen f 1777
2.5.1.1.2. Marit Kristoffersdotter Honkainen f 1780
2.5.1.1.3. Lisa Kristoffersdotter Honkainen f 1785-04-27 i Järpliden, S Finnskoga, g1 med Erik Johansson Veteläinen f 1779-11-30 i Medskogen, S Finnskoga, son till Johan Matsson Veteläinen och Karin Eriksdotter Hyytiäinen. G2 med Pål Olofsson f 1777 i Järpliden, S Finnskoga, d 1834. G3 1839 med Bertil Danielsson Lehmoinen f 1787 i Järpliden, S Finnskoga, d 1853-12-16 i Avundsåsen, S Finnskoga, son till Daniel Johansson Lehmoinen och Anna Andersdotter Vilhuinen.
2.5.1.1.4. Britta Kristoffersdotter Honkainen f 1788-10-09 i Järpliden, S Finnskoga, d 1825-03-21 i Uggelheden, N Finnskoga, g med Henrik Eriksson Tenhuinen f 1782-03-28 i Uggelheden, N Finnskoga, d 1837 i Höljes, Andersstubben, N Finnskoga, son till Erik Matsson Tenhuinen och Karin Matsdotter Muhoinen.
2.5.1.1.5. Sigfrid Kristoffersson Honkainen f 1792 i Järpliden, S Finnskoga, g med Karin Matsdotter Muhoinen f 1785-01-24 i Aspberget, N Finnskoga, dotter till Mats Klemetsson Muhoinen och Gertrud Persdotter Muhoinen.

2.5.1.1.6. Olof Kristoffersson Honkainen f 1796-07-24 i Järpliden, S Finnskoga, d 1857 i Letteråsen, S Finnskoga, (fått 40 par spö för stöld), g1 med Sigrid Jönsdotter f 1794 i Vingäng, Dalby, dotter till Jöns Jönsson och Marit Markusdotter. G2 1836-10-07 med Anna Larsdotter f 1808-10-10 i Röjden, S Finnskoga, (rotehjon), dotter till Lars Andersson och Valborg Matsdotter Lehmoinen.

2.5.1.2. Britta Sigfridsdotter Honkainen f 1758 i Järpliden, S Finnskoga, d 1824-03-22 i Bograngsberget, S Finnskoga, g med Halvard Pettersson f 1766 i Bograngsberget, S Finnskoga, d 1828-12-11, son till Petter Larsson och Marit Olofsdotter.
Deras barn:
2.5.1.2.1. Kristoffer Halvardsson f 1793-06-20 och d 1844-05-12 i Bograngsberget, S Finnskoga, g med Lisa Henriksdotter Veteläinen f 1791-07-05 och d ca 1841 i Medskogen, S Finnskoga, dotter till Henrik Danielsson Veteläinen och Britta Persdotter Lehmoinen.
2.5.1.2.2. Sifver Halvardsson f 1796-05-16 i Bograngen, S Finnskoga, d 1861-01-03 i Bograngsberget, S Finnskoga, g med Anna Persdotter f 1802-01-10 i Galåsen, S Finnskoga, dotter till Per Persson och Ingrid Olofsdotter Kaikkalainen.
2.5.1.2.3. Lars Halvardsson f 1803 och d 1866-06-04 i Bograngsberget, S Finnskoga, g med Karin Håkansdotter f 1805-09-14 i Kindsjön, S Finnskoga, d 1889-09-13, dotter till Håkan Markusson och Annika Nilsdotter.

Barn i andra giftet:
2.5.1.3. Tomas Matsson f 1763 i Järpliden, S Finnskoga, g 1793-03-08 med Marit Månsdotter f 1771 i Djäkneliden, S Finnskoga, dotter till Måns Eriksson och Anna Matsdotter Utriainen.
Deras barn:
2.5.1.3.1. Marit Tomasdotter f 1792 i Järpliden, S Finnskoga, g med Mårten Eriksson f 1798 i Norge.
2.5.1.3.2. Karin Tomasdotter f 1796 i Järpliden, S Finnskoga
2.5.1.3.3. Anna Tomasdotter f 1798 i Järpliden, S Finnskoga

3. Pål Mickelsson Honkainen f ca 1657 och d ca 1712 i Kanala, Järpliden, g1 med okänd, g2 1697-02-02 i Dalby med Britta Andersdotter Räisäinen f ca 1669 i Lövhaugen, Grue finnskog, d 1729-10-06 i Järpliden, dotter till Anders Persen Räisäinen och Kari Larsdatter.
Barn i första giftet:
3.1. Pål Pålsson Honkainen f 1686 och d 1696, begravd 1696-04-05, i Järpliden, S Finnskoga
3.2. Mickel Pålsson Honkainen f ca 1690 i Järpliden, S Finnskoga, d efter 1740, g med Marte Henriksdatter Piesainen f 1684 i Åsnes, Norge, dotter till Henrik Samuelsson Piesainen och Marte Henriksdatter Vappuinen.
Deras barn:
3.2.1. Lars Mickelsson Honkainen f 1716-11-16 i Järpliden, S Finnskoga, d 1774, g 1752 med Lisbet Josefsdotter Hakkarainen f 1732 i Aspberget, N Finnskoga, dotter till Josef

Josefsson Hakkarainen och Gertrud Matsdotter Muhoinen. Flyttade till Varåhålla (Nyhus), Trysil senast 1761.
Barn:
3.2.1.1. Berte Larsdotter Honkainen f 1761 i Varåholla, Nyhus, Trysil.

3.2.2. Henrik Mickelsson Honkainen f 1717 i Järpliden, S Finnskoga
3.2.3. Anna Mickelsdotter Honkainen f 1718-04-21 i Järpliden, S Finnskoga
3.2.4. Britta Mickelsdotter Honkainen f 1721-02-10 i Järpliden, S Finnskoga, d 1801, g med Karl Karlsson Lehmoinen f ca 1711 i Medskogen, S Finnskoga, d ca 1770 i S Finnskoga, son till Karl Karlsson Lehmoinen och Lisbet Pålsdotter Lehmoinen.
Barn:
3.2.4.1. Lisbet Karlsdotter Lehmoinen f 1744
3.2.4.2. Olof Karlsson Lehmoinen f 1745 i Järpliden, S Finnskoga, d 1812-06-22 i S Finnskoga, g med Britta Andersdotter Neuvoinen f 1746 i Bjurberget, S Finnskoga, d 1810-06-14 i S Finnskoga, dotter till Anders Henriksson Neuvoinen och Anna (Annika) Henriksdotter.
Barn:
3.2.4.2.1. Anna Olofsdotter Lehmoinen f 1778 i Järpliden, S Finnskoga, d 1857-01-13, g 1802-07-05 med Olof Kristoffersson f 1780 i Månglidsberget, S Finnskoga.

3.2.4.3. Karin Karlsdotter Lehmoinen f 1747-02-06 i S Finnskoga, d 1800-05 , g med Per Jonsson Huuskoinen (Huske-Per) i dennes andra äktenskap, f 1733-05-30 i Husketorpet, Järpliden, S Finnskoga, d 1823, son till Jon Olofsson Huuskoinen och Kerstin Göransdotter.
Deras barn:
3.2.4.3.1. Carl Persson Huuskoinen f 1773, d 1872-01-04, begravd 1872-02-04
3.2.4.3.2. Per Persson Huuskoinen f 1774, d före 1800
3.2.4.3.3. Maria Persdotter Huuskoinen f 1777 i Järpliden, S Finnskoga, g med Elof Jönsson f 1775 i Avundsåsen, S Finnskoga, son till Jöns Elofsson och Britta Henriksdotter Kähköinen.
3.2.4.3.4. Olof Persson Huuskoinen f 1779-11-07
3.2.4.3.5. Daniel Persson Huuskoinen f 1783-09-29
3.2.4.3.6. Anna Persdotter Huuskoinen f 1785-01-16 i Järpliden, S Finnskoga, d 1839-05-26 i Kärrbackstrand, N Finnskoga, g1 med Johan Olofsson Lehmoinen f 1776 i Medskogen, S Finnskoga, d 1839-05-03 i Järpliden, S Finnskoga, son till Olof Johansson Lehmoinen och Lisbet Danielsdotter Veteläinen. G2 1805-06-09 med Daniel Henriksson Liitiäinen f 1774 i Rangen, S Finnskoga, d 1856-06-12 i Ö Kärrbackstrand, N Finnskoga, son till Henrik Andersson Liitiäinen och Klara Jonasdotter Hane.

3.2.4.3.7. Mats Persson Huuskoinen f 1787, d 1831-11-13 i Kringsberget, S Finnskoga, g med Karin Olofsdotter f 1787 i Tolgraven, S Finnskoga, dotter till Olof Henriksson och Valborg Eriksdotter.
3.2.4.3.8. Marit Persdotter Huuskoinen f 1789

3.2.4.3.9. Olof Persson Huuskoinen f 1789-01-25 i Järpliden, S Finnskoga, g med Lisa Matsdotter Veteläinen f 1799-12-11 i Djäkneliden, S Finnskoga, d 1854-04-03 i V Kärrbackstrand, N Finnskoga, dotter till Mats Andersson Veteläinen och Karin Månsdotter.

3.2.4.4. Karl Karlsson Lehmoinen f 1750 i Järpliden, S Finnskoga, g med Karin Torstensdotter Kanainen f 1751, dotter till Torsten Matsson Uppman Kanainen och Karin Karlsdotter Lehmoinen.
Barn:
3.2.4.4.1. Britta Karlsdotter Lehmoinen f 1776 i Järpliden, S Finnskoga, d 1859, g med Olof Halvardsson Lehmoinen f 1775 i Norge, d ca 1843, son till Halvor Tomesen Lehmoinen och Lisbet Johansdotter Lehmoinen.
3.2.4.4.2. Karl Karlsson Lehmoinen f 1778, död tidigt
3.2.4.4.3. Torsten Karlsson Lehmoinen f 1781 i Järpliden, S Finnskoga
3.2.4.4.4. Marit Karlsdotter Lehmoinen f 1788 i Järpliden, S Finnskoga
3.2.4.4.5. Daniel Karlsson Lehmoinen f 1791 i Järpliden, S Finnskoga
3.2.4.4.6. Johan Karlsson Lehmoinen f 1795 i Järpliden, S Finnskoga, g med Sara Olofsdotter f 1794 i Kindsjön, S Finnskoga, dotter till Olof Olofsson och Karin Persdotter.

3.2.4.5. Lars Karlsson Lehmoinen f 1751-09-19 i Järpliden, S Finnskoga, d före 1811, g med Britta Larsdotter f 1755-03-28 i Bograngen, S Finnskoga, d ca 1821, dotter till Lars Persson och Maria Kristoffersdotter Honkainen.
Barn:
3.2.4.5.1. Karl Larsson Lehmoinen f 1775 i Avundsåsen, S Finnskoga, d 1827-05-30, g med Gertrud Henriksdotter Tarvainen f 1786-06-01 i Mången, Fryksände, d 1859-04-30 i Galåsen, S Finnskoga, dotter till Henrik Andersson Tarvainen och Valborg Henriksdotter.
3.2.4.5.2. Lars Larsson Lehmoinen f 1778-02-12 i Järpliden (ev Galåsen), S Finnskoga, d 1839-11-05 i Dalby, g 1807-03- i Dalby med Annika Andersdotter Saastainen f 1783-08-22 i Säterberget, Kindsjön, S Finnskoga, d 1839, dotter till Anders Pålsson Saastainen och Karin Olofsdotter Tenhuinen.
3.2.4.5.3. Per Larsson Lehmoinen f 1781-04-24 i Galåsen, S Finnskoga, d 1856-06-10 i Bograngsberget, S Finnskoga, g med Valborg Henriksdotter Kymöinen f 1781 i Avundsåsen, S Finnskoga, d 1846-01-05 i Bograngsberget, S Finnskoga, dotter till Henrik Matsson Kymöinen och Anna Andersdotter.
3.2.4.5.4. Johan Larsson Lehmoinen f 1784-04-24 i Galåsen, S Finnskoga, d 1806
3.2.4.5.5. Britta Larsdotter Lehmoinen f 1787-06-21 i Galåsen, S Finnskoga, d 1806
3.2.4.5.6. Maria Larsdotter Lehmoinen f 1799 och d 1799
3.2.4.6. Daniel Karlsson Lehmoinen f 1754-12-25 i Järpliden, S Finnskoga
3.2.4.7. Johan Karlsson Lehmoinen f 1755 i Järpliden, S Finnskoga, d ca 1794, g med Lisa Johansdotter f 1753 i Medskogen, S Finnskoga.
Barn:
3.2.4.7.1. Britta Johansdotter Lehmoinen f 1789 och d 1825 i Järpliden, S Finnskoga, g med Olof Bertilsson Tossavainen f 1786 Järpliden, Possåsmon, S Finnskoga, son till Bertil Pålsson Tossavainen och Anna Karlsdotter Lehmoinen.

3.2.4.7.2. Karin Johansdotter Lehmoinen f 1791 i Järpliden, S Finnskoga
3.2.4.7.3. Lisa Johansdotter Lehmoinen f 1793 i Järpliden, S Finnskoga
3.2.4.8. Maria Karlsdotter Lehmoinen f 1756 i Järpliden, S Finnskoga
3.2.4.9. Anna Karlsdotter Lehmoinen f 1757 i Järpliden, S Finnskoga, g med Bertil Pålsson
Tossavainen f 1756 i Järpliden, S Finnskoga, d 1826 i Possåsmon, S Finnskoga, son till Pål
Henriksson Tossavainen och Lisbet Bertilsdotter Neuvoinen.
Barn:
3.2.4.9.1. Maria Bertilsdotter Tossavainen f 1780 i Järpliden, S Finnskoga
3.2.4.9.2. Pål Bertilsson Tossavainen f 1782 i Järpliden, S Finnskoga
3.2.4.9.3. Olof Bertilsson Tossavainen f 1786 i Järpliden, Possåsmon, S Finnskoga, g1
med Britta Johansdotter Lehmoinen f 1789 och d 1825 i Järpliden, S Finnskoga, dotter till
Johan Karlsson Lehmoinen och Lis Johansdotter. G2 med Anna Henriksdotter Saastainen
f 1789-03-04 i Djäkneliden, S Finnskoga, d 1831 i Järpliden, S Finnskoga, dotter till Henrik
Tomasson Saastainen och Anna Matsdotter.
3.2.4.9.4. Berta Bertilsdotter Tossavainen f 1789 i Järpliden, Possåsmon, S Finnskoga
3.2.4.9.5. Henrik Bertilsson Tossavainen f 1791, d 1791
3.2.4.9.6. Anna Bertilsdotter Tossavainen f 1794 i Järpliden, Possåsmon, S Finnskoga
3.2.4.9.7. Bertil Bertilsson Tossavainen f 1796 i Järpliden, Possåsmon, S Finnskoga, g med
Lisa Toresdotter Honkainen f 1795 i Skråckarberget, S Finnskoga, dotter till Tore Jönsson
Honkainen och Karin Olofsdotter Lehmoinen.
3.2.4.10. Elin Karlsdotter Lehmoinen f 1759 i Järpliden, S Finnskoga, g med Mats Eriksson
Kanainen f 1748 i Järpliden, S Finnskoga, son till Erik Matsson Kanainen och Lisbet
Henriksdotter.
Barn:
3.2.4.10.1. Erik Matsson Kanainen f 1780 i Järpliden, S Finnskoga, g med Karin Pålsdotter
f 1796 i N Ny.
3.2.4.10.2. Britta Matsdotter Kanainen f 1782 i Järpliden, S Finnskoga
3.2.4.10.3. Karl Matsson Kanainen f 1787 i Järpliden, S Finnskoga
3.2.4.10.4. Mats Matsson Kanainen f 1790 i Järpliden, S Finnskoga
3.2.4.10.5. Olof Matsson Kanainen f 1793 i Järpliden, S Finnskoga, g med Elin
Andersdotter f 1795 i Norge
3.2.4.10.6. Lisa Matsdotter Kanainen f 1796 i Järpliden, S Finnskoga
3.2.4.10.7. Gertrud Matsdotter Kanainen f 1798 i Järpliden, S Finnskoga, till Norge 1818
3.2.4.11. Britta Karlsdotter Lehmoinen f 1761 i Järpliden, S Finnskoga
3.2.4.12. Olof Karlsson Lehmoinen f 1761 i Järpliden, S Finnskoga
3.2.4.13. Mickel Karlsson Lehmoinen f ca 1762 i Järpliden, S Finnskoga, d 1830-12-20, g
1789-12-26 med Maria Larsdotter f ca 1767 i Bograngen, S Finnskoga, d 1809-05-14 i N
Råda, dotter till Lars Persson och Maria Kristoffersdotter Honkainen.
Barn:
3.2.4.13.1. Britta Mickelsdotter Lehmoinen f 1790 i Järpliden, S Finnskoga, g med Erik
Henriksson Piesainen f 1798 i Mörttjärnsberg, S Finnskoga, son till Henrik Eriksson
Piesainen och Marit Mårtensdotter.
3.2.4.13.2. Karl Mickelsson Lehmoinen f 1792 och d 1805 i Järpliden, S Finnskoga
3.2.4.13.3. Lars Mickelsson Lehmoinen f 1795 och d 1806 i Järpliden, S Finnskoga

3.2.4.13.4. Per Mickelsson Lehmoinen f 1798 i Järpliden, S Finnskoga, d 1849-05-16 i Medskogen, S Finnskoga, g med Anna Olsdotter f 1802-02-28 i Skråckarberget, S Finnskoga, dotter till Olof Olesen och Gertrud Henriksdotter Vilhuinen.

3.2.4.13.5. Mickel Mickelsson Lehmoinen f 1801 i Järpliden, S Finnskoga, g med Sigrid Kaspersdotter f 1808 i Skråckarberget, S Finnskoga, d 1886-04-03, dotter till Casper Halvardsson och Britta Eriksdotter.

3.2.4.13.6. Karl Mickelsson Lehmoinen f 1804 i Järpliden, S Finnskoga, d 1852-02-02 i Bograngen, Grossmossbäcken, S Finnskoga, g med Britta Pålsdotter f 1804-07-01 i Röjden, S Finnskoga, dotter till Pål Andersson och Karin Göransdotter.

3.2.5. Pål Mickelsson Honkainen f 1723-02-11 i Järpliden, S Finnskoga, g med Helga Larsdotter f 1702, bosatta i Järpliden, S Finnskoga

3.2.6. Sigfrid Mickelsson Honkainen f 1725-03-10 i Järpliden, S Finnskoga, d 1773-12-23 i Åsneds, g 1755-12-26 med Lisbet Matsdotter Räisäinen f 1730-11-15 i Avundsåsen, S Finnskoga, dotter till Mats Jensen Räisäinen och Anna Matsdotter Kymöinen. Bosatta i Fallåsen, Åsnes, där Sigfrid var en av nybyggarna.
Barn:
3.2.6.1. Britta Sigfridsdotter Honkainen f 1765-07-21 i Åsnes, Norge, d 1824-03-28
3.2.6.2. Mickel Sigfridsson Honkainen f 1770 i Fallåsen, Åsnes, bosatt i N Vermundsberget, Åsnes.

3.2.7. Olof Mickelsson Honkainen f 1728-06-24 i Järpliden, S Finnskoga.

3.3. Marit Pålsdotter Honkainen f 1692 i Järpliden, S Finnskoga, g 1721-02-06 med Anders Pålsson Himainen f 1694 i Öjeberget, Nyskoga, son till Pål Pålsson Himainen och Marit Nilsdotter. Bosatta i Öjeberget, Nyskoga.
Barn:
3.3.1. Marit Andersdotter Himainen f 1721-11-30 i Öjeberget, Nyskoga
3.3.2. Annika Andersdotter Himainen f 1724-02-21 i Öjeberget, Nyskoga

3.4. Annika Pålsdotter Honkainen f ca 1693 och d 1743-01-11 i Järpliden, S Finnskoga, g med Henrik Olsson Tossavainen f 1687 i Risberget, Våler, d 1729 i Järpliden, S Finnskoga, son till Olof Olofsson Tossavainen och Karin Pålsdotter.
Barn:
3.4.1. Annika Henriksdotter Tossavainen f 1715-09-16 i Järpliden, S Finnskoga
3.4.2. Marit Henriksdotter Tossavainen f 1717-03-03 i Järpliden, S Finnskoga
3.4.3. Karin Henriksdotter Tossavainen f 1720 i Järpliden, S Finnskoga
3.4.4. Olof Henriksson Tossavainen f 1722-04-14 i Järpliden, S Finnskoga
3.4.5. Pål Henriksson Tossavainen f 1725-02-05 i Järpliden, S Finnskoga, d 1780-12-26 i Juberget, Åsnes, g1 med Lisbet Bertilsdotter Neuvoinen f 1713-12-02 i Kindsjön, S Finnskoga, d 1768-06-17 i Juberget, Åsnes, dotter till Bertil Eriksson Neuvoinen och Anniken Henriksdotter Piesainen. G2 med Marie Kristensdatter.
Barn i första giftet:
3.4.5.1. Henrik Pålsson Tossavainen f 1746 i Järpliden, S Finnskoga

3.4.5.2. Olof Pålsson Tossavainen f 1748 i Järpliden, S Finnskoga

3.4.5.3. Anna Pålsdotter Tossavainen f 1752 och d 1812-03-25 i Järpliden, S Finnskoga, g 1776-12-26 i Dalby med Kristoffer Sigfridsson Honkainen f 1754-11-30 och d 1822 i Järpliden, S Finnskoga, son till Sigfrid Kristoffersson Honkainen och Marit Eriksdotter Utriainen.

Barn:

3.4.5.3.1. Mats Kristoffersson Honkainen f 1777

3.4.5.3.2. Marit Kristoffersdotter Honkainen f 1780

3.4.5.3.3. Lisa Kristoffersdotter Honkainen f 1785-04-27 i Järpliden, S Finnskoga, g1 med Erik Johansson Veteläinen f 1779-11-30 i Medskogen, S Finnskoga, son till Johan Matsson Veteläinen och Karin Eriksdotter Hyytiäinen. G2 med Pål Olofsson f 1777 i Järpliden, S Finnskoga, d 1834. G3 1839 med Bertil Danielsson Lehmoinen f 1787 i Järpliden, S Finnskoga, d 1853-12-16 i Avundsåsen, S Finnskoga, son till Daniel Johansson Lehmoinen och Anna Andersdotter Vilhuinen.

3.4.5.3.4. Britta Kristoffersdotter Honkainen f 1788-10-09 i Järpliden, S Finnskoga, d 1825-03-21 i Uggelheden, N Finnskoga, g med Henrik Eriksson Tenhuinen f 1782-03-28 i Uggelheden, N Finnskoga, d 1837 i Höljes, Andersstubben, N Finnskoga, son till Erik Matsson Tenhuinen och Karin Matsdotter Muhoinen.

3.4.5.3.5. Sigfrid Kristoffersson Honkainen f 1792 i Järpliden, S Finnskoga, g med Karin Matsdotter Muhoinen f 1785-01-24 i Aspberget, N Finnskoga, dotter till Mats Klemetsson Muhoinen och Gertrud Persdotter Muhoinen.

3.4.5.3.6. Olof Kristoffersson Honkainen f 1796-07-24 i Järpliden, S Finnskoga, d 1857 i Letteråsen, S Finnskoga, g1 med Sigrid Jönsdotter f 1794 i Vingäng, Dalby, dotter till Jöns Jönsson och Marit Markusdotter. G2 1836-10-07 i S Finnskoga med Anna Larsdotter f 1808-10-10 i Röjden, S Finnskoga, dotter till Lars Andersson och Valborg Matsdotter Lehmoinen.

3.4.5.4. Bertil Pålsson Tossavainen f 1756 i Järpliden, S Finnskoga, d 1826, g med Anna Karlsdotter Lehmoinen f 1757 i Järpliden, S Finnskoga, dotter till Karl Karlsson Lehmoinen och Britta Mickelsdotter Honkainen.

Barn:

3.4.5.4.1. Maria Bertilsdotter Tossavainen f 1780

3.4.5.4.2. Pål Bertilsson Tossavainen f 1782

3.4.5.4.3. Olof Bertilsson Tossavainen f 1786 i Järpliden, Possåsmon, S Finnskoga, g1 med Britta Johansdotter Lehmoinen f 1789 och d 1825 i Järpliden, S Finnskoga, dotter till Johan Karlsson Lehmoinen och Lisa Johansdotter. G2 med Anna Henriksdotter Saastainen f 1789-03-04 i Djäkneliden, S Finnskoga, d 1831 i Järpliden, S Finnskoga, dotter till Henrik Tomasson Saastainen och Anna Matsdotter.

3.4.5.4.4. Berta Bertilsdotter Tossavainen f 1789 i Järpliden, Possåsmon, S Finnskoga

3.4.5.4.5. Henrik Bertilsson Tossavainen f 1791, d 1791

3.4.5.4.6. Anna Bertilsdotter Tossavainen f 1794 i Järpliden, Possåsmon, S Finnskoga

3.4.5.4.7. Bertil Bertilsson Tossavainen f 1796 i Järpliden, Possåsmon, S Finnskoga, g med Lisa Toresdotter Honkainen f 1795 i Skråckarberget, S Finnskoga, dotter till Tore Jönsson Honkainen och Karin Olofsdotter Lehmoinen.

3.4.5.5. Maria Pålsdotter Tossavainen f 1757 i Järpliden, S Finnskoga.

Pål Henriksson Tossavainens (3.4.5.) barn i andra giftet:
3.4.5.6. Anna Maria Pålsdatter Tossavainen f 1769 i Juberget, Åsnes
3.4.5.7. Kari Pålsdatter Tossavainen f 1775 i Juberget, Åsnes
3.4.5.8. Ole Pålsen Tossavainen f 1778 i Juberget, Åsnes

3.4.6. Olof Henriksson Tossavainen f 1726-11-23 i Järpliden, S Finnskoga
3.4.7. Anna Henriksdotter Tossavainen f 1728-04-01 i Järpliden, S Finnskoga
3.4.8. Marit Henriksdotter Tossavainen f 1729-06-06 i Järpliden, S Finnskoga

3.5. Lisbet Pålsdotter Honkainen f ca 1695 i Järpliden, S Finnskoga, g med Hans Eriksson
Kääriäinen f 1658 i Kjärrbackstorpet, N Finnskoga, d 1729 i Järpliden, S Finnskoga, son till
Erik Kääriäinen f 1615, "Erik Kierbagge", vilken anges ha mantal 1686 i Båtstad, N
Finnskoga och vara upphovet till den närliggande orten Kärrbackstrand, N Finnskoga.
Barn:
3.5.1. Lisbet Hansdotter Kääriäinen f 1716-06-20 i Järpliden, S Finnskoga
3.5.2. Karin Hansdotter Kääriäinen f 1717-03-25 i Järpliden, S Finnskoga
3.5.3. Erik Hansson Kääriäinen f 1718 och d 1720 i Järpliden, S Finnskoga
3.5.4. Olof Hansson Kääriäinen f 1719-07-05 i Järpliden, S Finnskoga
3.5.5. Mickel Hansson Kääriäinen f 1726-07-15 i Järpliden, S Finnskoga

3.6. Pål Pålsson Honkainen f ca 1696 i Järpliden, S Finnskoga, d 1741-04-14, g 1728 med
Gertrud Karlsdotter f 1702.
Barn:
3.6.1. Karl Pålsson Honkainen f 1730-10-27 i Järpliden, S Finnskoga
3.6.2. Elin Pålsdotter Honkainen f 1731-12-15 och d 1734 i Järpliden, S Finnskoga
3.6.3. Anna Pålsdotter Honkainen f 1734-10-27 i Järpliden, S Finnskoga
3.6.4. Helga Pålsdotter Honkainen f 1737-04-05 i Järpliden, S Finnskoga
3.6.5. Maria Pålsdotter Honkainen f 1739-01-14 i Järpliden, S Finnskoga

Pål Mickelsson Honkainens barn i andra giftet:
3.7. Anders Pålsson Honkainen f 1697-08-16 och d 1718-06-22 i Järpliden, S Finnskoga
3.8. Daniel Pålsson Honkainen f ca 1699 i Järpliden, S Finnskoga, g med Karen
Andersdatter Räisäinen f 1689 i Galåsen söndre, Trysil, d 1743 i Dalby, dotter till Anders
Persen Räisäinen och Kari Larsdatter.
Deras barn:
3.8.1. Pål Danielsson Honkainen f 1725-02-02 i Järpliden, S Finnskoga, g med Berte
Andersdatter Kuosmainen f 1722 i Törberget, Trysil, d 1796 i Åsnes, dotter till Anders
Henriksen Kuosmainen och Kari Eliasdatter Muhoinen.
Barn:
3.8.1.1. Kristoffer Pålsson Honkainen f 1754 i S Finnskoga, d före 1810 i Kringsberget, S
Finnskoga, g med Britta Staffansdotter Havuinen f 1752 i Månglidsberg, S Finnskoga, d

före 1810 i Kringsberget, S Finnskoga, dotter till Staffan Andersson Havuinen och Britta Eriksdotter.

Deras barn:

3.8.1.1.1. Marit Kristoffersdotter Honkainen f 1776 i Månglidsberg, S Finnskoga

3.8.1.1.2. Olof Kristoffersson Honkainen f 1777 i Månglidsberg, S Finnskoga

3.8.1.1.3. Ingeborg Kristoffersdotter Honkainen f 1780-07-22 i Liden, S Finnskoga

3.8.1.1.4. Olof Kristoffersson Honkainen f 1782 Månglidsberg, S Finnskoga

3.8.1.1.5. Anders Kristoffersson Honkainen f 1787-09-28 i Månglidsberg, S Finnskoga

3.8.1.1.6. Staffan Kristoffersson Honkainen f 1791-05-18 i Månglidsberg, S Finnskoga, d 1863, g med Britta Matsdotter Havuinen f 1796-09-25 i Igelsjöberget, N Ny, d 1871 i Nedre Venberget, Hof, dotter till Mattes Larsson Havuinen och Britta Henriksdotter Raatikainen.

3.8.2. Karin Danielsdotter Honkainen f 1728-06-10 (dop 1728-07-14) i Järpliden, S Finnskoga

3.8.3. Anna Danielsdotter Honkainen f 1730-06-09 i Järpliden, S Finnskoga, d 1773-05-13, g med Olof Danielsson f 1720-07-10 i Röjden, S Finnskoga, d 1785-03-19, son till Daniel Johansson och Valborg Pålsdotter.

Barn:

3.8.3.1. Anna Olofsdotter d 1755, begravd 1755-01-19

3.8.3.2. Valborg Olofsdotter f 1748-02-23, d 1757

3.8.3.3. Marit Olofsdotter f 1749-12-18, d 1752-01-26

3.8.3.4. Anders Olofsson f 1751-12-05 i Röjden, S Finnskoga

3.8.3.5. Daniel Olofsson f 1756, g med Marit Jönsdotter.

Barn:

3.8.3.5.1. Olof Danielsson f 1779

3.8.3.5.2. Annika Danielsdotter f 1780

3.8.3.6. Olof Olofsson f 1759

3.8.3.7. Karin Olofsdotter f 1761

3.8.4. Daniel Danielsson Honkainen f 1736-10-26 och d 1750, begravd 1750-09-02 i Järpliden, S Finnskoga.

3.9. Elin Pålsdotter Honkainen f ca 1702 i Järpliden, S Finnskoga, g med Johan Karlsson Lehmoinen f 1713-07-16 i Medskogen, S Finnskoga, d 1775-09-26 i Järpliden, S Finnskoga, son till Karl Karlsson Lehmoinen och Lisbet Pålsdotter Lehmoinen.

Barn:

3.9.1. Olof Johansson Lehmoinen f 1732 i Medskogen, S Finnskoga

3.9.2. Karl Johansson Lehmoinen f 1735-04-28 i Medskogen, S Finnskoga.

Hans barn med okänd kvinna:

3.9.2.1. Anders Karlsson Lehmoinen f 1762 i Järpliden, S Finnskoga

3.9.3. Lisbet Johansdotter Lehmoinen f 1736-12-02 i Medskogen, S Finnskoga, d ca 1814, g 1768 med Halvor Tomesen Lehmoinen f 1730 i Mosegrein, Grue, d 1798 i Revholtet, Grue.

Barn:

3.9.3.1. Olof Halvardsson Lehmoinen f 1775 i Norge, d ca 1843, g med Britta Karlsdotter Lehmoinen f 1776 i Järpliden, S Finnskoga, d 1859, dotter till Karl Karlsson Lehmoinen och Karin Torstensdotter Kanainen.

Deras barn:

3.9.3.1.1. Halvard Olofsson Lehmoinen f 1803-01-14 i Dypåsen, S Finnskoga, g med Maria Olofsdotter Kymöinen f 1815-06-14 i Avundsåsen, S Finnskoga, d 1866-12-24 i Kindsjön, S Finnskoga, dotter till Olof Matsson Kymöinen och Maria Karlsdotter Lehmoinen.

3.9.3.1.2. Lisbet Olofsdotter Lehmoinen f 1804 i Dypåsen, S Finnskoga, g med Olof Henriksson Lehmoinen f 1809-12-17 i Kindsjön, S Finnskoga, son till Henrik Karlsson Lehmoinen och Lisa Olofsdotter Kaikkalainen.

3.9.3.1.3. Karl Olofsson Lehmoinen f 1805 i Dypåsen, S Finnskoga

3.9.3.1.4. Daniel Olofsson Lehmoinen f 1807 i Dypåsen, S Finnskoga, g med Lisa Olofsdotter Kymöinen f 1806 i Avundsåsen, S Finnskoga, dotter till Olof Matsson Kymöinen och Maria Karlsdotter Lehmoinen

3.9.3.1.5. Olof Olofsson Lehmoinen f 1810 i Dypåsen, S Finnskoga, g med Anna Olofsdotter Kymöinen f 1810 i Avundsåsen, S Finnskoga, dotter till Olof Matsson Kymöinen och Maria Karlsdotter Lehmoinen

3.9.3.1.6. Elin Olofsdotter Lehmoinen f 1812 i Dypåsen, S Finnskoga, g med Johan Nilsson f 1817 i Mörttjärnsberget, S Finnskoga, son till Nils Eriksson och Gertrud Persdotter Hans

3.9.3.1.7. Johan Olofsson Lehmoinen f 1814-07-15 i Dypåsen, S Finnskoga, d 1898, g med Britta Olofsdotter f 1816-10-04 i Vingäng, Dalby, dotter till Olof Andersson och Marit Halvardsdotter

3.9.3.1.8. Ingrid Olofsdotter Lehmoinen f 1816 i Dypåsen, S Finnskoga

3.9.3.1.9. Märta Olofsdotter Lehmoinen f 1818 i Dypåsen, S Finnskoga, g1 med Guttorm NN, g2 med Per Larsson f 1816-02-02 i Galåsen, S Finnskoga, d 1888-06-28 i Ö Kindsjöberget, S Finnskoga, son till Lars Persson och Karin Larsdotter Havuinen.

3.9.4. Erik Johansson Lehmoinen f 1737 i Järpliden, S Finnskoga

3.9.5. Olof Johansson Lehmoinen f 1738-09-17 i Medskogen, S Finnskoga, g med Lisbet Danielsdotter Veteläinen f 1735-04-19 och d 1812 i Medskogen, S Finnskoga, dotter till Daniel Danielsson Veteläinen och Elin Jensdatter Räisäinen

3.9.6. Mats Johansson Lehmoinen f 1740-06-07 i Järpliden, S Finnskoga, g med Anna Danielsdotter Veteläinen f 1739-04-20 i Medskogen, S Finnskoga, d 1840 i Norge, dotter till Daniel Danielsson Veteläinen och Elin Jensdatter Räisäinen

3.9.7. Britta Johansdotter Lehmoinen f 1742-01-25 i Järpliden, S Finnskoga, tvilling

3.9.8. Johan Johansson Lehmoinen f 1742-01-25, d 1742-02-09 i Järpliden, S Finnskoga

3.9.9. Daniel Johansson Lehmoinen f 1744-03-10 i Järpliden, S Finnskoga, d före 1824, g med Anna Andersdotter Vilhuinen f 1752-12-06 i Skråckarberget, S Finnskoga, d 1824-

09-22 i Järpliden, S Finnskoga, dotter till Anders Olofsson Vilhuinen och Elin Bertilsdotter Raatikainen

3.9.10. Anders Johansson Lehmoinen f 1747 i Järpliden, S Finnskoga

3.10. Henrik Pålsson Honkainen f 1703 i S Finnskoga

3.11. Per Pålsson Honkainen f ca 1705 i Järpliden, S Finnskoga, g med Marit Johansdotter. Bosatta i Järpliden, S Finnskoga.
Barn:

3.11.1. Pål Persson Honkainen f 1726-06-17 i Järpliden, S Finnskoga

3.12. Annika Pålsdotter Honkainen f ca 1710 i Järpliden, S Finnskoga, g 1730-12-20 med Olof Olofsson Kaikkalainen f ca 1675, d 1748 i Kringsberget, S Finnskoga, son till Olof Olofsson Kaikkalainen och Elin Olofsdotter (ev Larsdotter Rastoinen).

4. Lisbet Mickelsdotter Honkainen f ca 1663 i Järpliden, S Finnskoga, d 1743-04-24 i Båtstad, N Finnskoga, g med Harald Persson f 1661 i Båtstad, N Finnskoga, d 1699, begravd 1699-04-10 i N Finnskoga, son till Per Haraldsson och Marit Jönsdotter.
Barn:

4.1. Per Haraldsson f ca 1688 i Båtstad, N Finnskoga, d 1736-05-07, g 1728-08-27 med Marit Olofsdotter f ca 1691 i Gunneby, Dalby, d 1763-03-22 i Tutstad, Dalby.
Barn:

4.1.1. Olof Persson Gunnerfält f 1713-03-24 i Båtstad, N Finnskoga, g1 med Marit Henriksdotter, g2 1745-03-17 med Ingeborg Eskilsdotter f 1713-11-06 i Amnerud, Dalby, dotter till Eskil Olofsson Amnerud och Britta Larsdotter.
Barn i första giftet:

4.1.1.1. Kerstin Olofsdotter f 1739-09-23 i Gunneby, Dalby, d 1831-08-20 i Furusätern, Dalby, g 1765-01-01 med Olof Larsson f 1736-05-21 i Benteby, Dalby, d 1798-04-11 i Furusätern, Dalby, son till Lars Börjesson och Kerstin Jonsdotter.
Deras barn:

4.1.1.1.1. Kerstin Olofsdotter f 1766-07-06 i Furusätern, Dalby, g 1784 med Kristoffer Larsson Hjelte f 1753-04-11 i Bograngen, S Finnskoga, d 1819-12-01 i Dalby, fältjägare, bosatta vid Letafors Bruk, son till Lars Persson och Maria Kristoffersdotter Honkainen

4.1.1.1.2. Marit Olsdotter f 1769 i Furusätern, Dalby

4.1.1.1.3. Sigrid Olsdotter f 1775 i Furuåsen, Dalby, d efter 1848, g 1800-11-18 med Lars Olofsson f 1764 i Ransby, Dalby, d 1821, bosatta i Furuåsen/Furusätern, Dalby, son till Olof Jönsson och Sara Caspersdotter.

4.1.1.1.4. Karin Olsdotter f 1779 i Furusätern, Dalby, d 1786
Barn i andra giftet:

4.1.1.2. Per Olofsson f 1746 i Gunneby, Dalby

4.1.1.3. Eskil Olofsson Ransfelt f 1748 i Gunneby, Dalby, d 1833-09-07 i Fläskremmen, Dalby, soldat i Gunneby, Dalby, g med Karin Olofsdotter Muhoinen f 1748-10-12 i Uggelheden, N Finnskoga, d 1835-11-15 i Fläskremmen, Dalby, dotter till Olof Klemetsson Muhoinen och Guli Henriksdotter Kuosmainen.
Deras barn:

4.1.1.3.1. Ingeborg Eskilsdotter f 1770 i Ransby, Dalby, d 1851-08-20 i Letafors, S Finnskoga, g 1793-12-25 med soldaten Per Olofsson Persberg Slättman f 1765 i Råda, Ekshärad, d 1817 i Stommen, Dalby

4.1.1.3.2. Per Eskilsson f 1772 i Ransby, Dalby, d 1839-07-02 i Kärrbackstrand, N Finnskoga, g 1803-12-26 med Britta Olofsdotter f 1760 i Ransby, Dalby

4.1.1.3.3. Julia (Guli) Eskilsdotter Ransfelt f 1774 i Gunneby, Dalby, d 1846-02-01, g 1796-12-24 med soldaten Håkan Larsson Gunnerfelt f 1771 i Gunneby, Dalby, d 1836-12-24, son till Lars Olofsson Ransfeldt och Karin Håkansdotter

4.1.1.3.4. Karin Eskilsdotter f 1778-03-11 i Ransby, Dalby, d 1833-05-02 i Fläskremmen, Dalby, g med Per Larsson f 1784 i N Ny, d 1823 i Stommen, Dalby

4.1.1.3.5. Britta Eskilsdotter f 1780-09-24 i Ransby, Dalby, d 1851-06-09 i Kärrbackstrand, N Finnskoga, g1 1806-04-04 med Per Sonesson f 1780 och d 1811 i Vingäng, Dalby, son till Sone Persson och Maria Nilsdotter. G2 med Erik Eriksson Nikkarainen f 1778-10-19 i Sundhult, Dalby, son till Erik Andersson (Slättman) Nikkarainen.

4.1.1.3.6. Anna Eskilsdotter f 1782 i Ransby, Dalby, d 1788

4.1.1.3.7. Olof Eskilsson f 1784-05-18 i Ransby, Dalby, d 1849-11-27 i Uggenäs, Dalby, g 1809-12-26 med Karin Andersdotter f 1775 och d 1854-12-07 i Uggenäs, Dalby

4.1.1.3.8. Eskil Eskilsson f 1786-07-22 i Ransby, Dalby, d 1849-06-01 i Stommen, Dalby, g med Kerstin Jönsdotter f 1786 i Hole, Dalby, d 1835-05-13 i Stommen, Dalby, dotter till Jöns Halvardsson och Sigrid Eskilsdotter.

4.1.1.3.9. Lars Eskilsson f 1788 i Ransby, Dalby, d 1856, g 1812-05-18 med Walborg Janjörgensdotter f 1787 i Norge.

.1.1.4. Olof Olofsson f 1750-09-25 i Gunneby, Dalby, d 1830-09-15 i Lillbergsgården, Dalby, g med Marit Jonsdotter f 1756 i Strandås, Dalby, d 1826-06-07 i Lillbergsgården, Dalby.
Barn:

4.1.1.4.1. Per Olofsson Gunnerfeldt f 1791-11-09 i Gunneby, Dalby, d 1871, g med Anna Persdotter f 1788-03-26 i Holmberga, Dalby, d 1829-12-19 i Gunneby, Dalby, dotter till Per Olofsson och Kerstin Persdotter

4.1.1.4.2. Lars Olofsson "Stark" f 1800 i Lillbergsgården, Dalby, d 1873-06-11, g1 med Marit Persdotter f 1790-01-05 i Lillbergsgården, Dalby, d 1848-11-07 i Stommen, Dalby, dotter till Per Pettersson Lillman och Annika Eriksdotter. G2 med Kerstin Olofsdotter f 1800-03-20 i Lillbergsgården, Dalby, d 1861-05-11, dotter till Olof Pålsson och Marit Olofsdotter.

4.1.1.5. Lars Olofsson Gunnerfeldt f 1754-11-12 och d 1784 i Gunneby, Dalby, g med Marit Håkansdotter f 1754 i Dalby, d 1827 i Fläskremmen, Dalby.
Barn:

4.1.1.5.1. Olof Larsson f 1779-11-16 i Gunneby, Dalby

4.1.1.5.2. Håkan Larsson f 1781 i Gunneby, Dalby, d 1848-03-10 i Fläskremmen, Dalby, g1 med Kerstin Jonsdotter f 1770 i Höljes, N Finnskoga, d 1838-10-04 i Fläskremmen, Dalby, dotter till Jon Bengtsson och Kerstin Svensdotter. G2 1841-08-23 med Sigrid Jönsdotter f 1794 i Vingäng, Dalby, dotter till Jöns Jönsson och Marit Markusdotter.

4.2. Mickel Haraldsson f ca 1690 i Båtstad, N Finnskoga, d 1750-03 , g 1715-09-27 med Britta Olofsdotter f 1693 i Järpliden, S Finnskoga, d 1743-08-21 i Båtstad, N Finnskoga.
Barn:
4.2.1. Jon Mickelsson f 1719-11-07 i Båtstad, N Finnskoga, g med Malin Pålsdotter Raatikainen f 1723-03-29 i Bjurberget, S Finnskoga, d 1810-04-27 i Båtstad, N Finnskoga, dotter till Pål Henriksson Raatikainen och Malin Filipsdotter Neuvoinen.
Barn:
4.2.1.1. Britta Jonsdotter f 1751 i Båtstad, Malistugan, N Finnskoga, d ca 1823 i Båtstad, N Finnskoga, g 1768-10-16 med Anders Olofsson f 1747 i N Branäs, Dalby, d 1829-11-27 i Båtstad, N Finnskoga, son till Olof Persson och Anna Persdotter.
Deras barn:
4.2.1.1.1. Olof Andersson f 1769 i Båtstad, N Finnskoga, d 1800
4.2.1.1.2. Anna Andersdotter f 1772 i Båtstad, N Finnskoga
4.2.1.1.3. Jon Andersson f 1774 och d 1860-06-28 i Båtstad, N Finnskoga, g med Karin Håkansdotter Kukkoinen f 1771 i Höljes, N Finnskoga, d 1851-04-13 i Båtstad, N Finnskoga, dotter till Håkan Andersson Kukkoinen och Karin Olofsdotter.
4.2.1.1.4. Marit Andersdotter f 1777 och d 1801-10-23 i Båtstad, N Finnskoga
4.2.1.1.5. Ingeborg Andersdotter f 1779 i Båtstad, N Finnskoga
4.2.1.1.6. Kerstin Andersdotter f 1781 i Båtstad, N Finnskoga
4.2.1.1.7. Britta Andersdotter f 1783 i Båtstad, N Finnskoga, g med Olof Persson från Holmberga, Dalby
4.2.1.1.8. Per Andersson f 1786 i Båtstad, N Finnskoga
4.2.1.1.9. Karin Andersdotter f 1789 i Båtstad, N Finnskoga
4.2.1.1.10. Helja Andersdotter f 1792 och d 1800 i Båtstad, N Finnskoga
4.2.1.1.11. Anders Andersson f ca 1796 och d 1853-09-12 i Båtstad, N Finnskoga, g med Anna Olofsdotter Kukkoinen f 1800-09-07 i Höljes, N Finnskoga, d 1836-05-28 i Båtstad, N Finnskoga, dotter till Olof Håkansson Kukkoinen och Sigrid Halvardsdotter
4.2.2. Olof Mickelsson f 1735 i Båtstad, N Finnskoga, g med Ingeborg Eskilsdotter f 1727 i N Finnskoga.
Barn:
4.2.2.1. Olof Olofsson f 1766, g med Ingegerd Persdotter f 1769 i Vingäng, Dalby.
Deras barn:
4.2.2.1.1. Britta Olofsdotter f 1793 och d 1883-06-22 i Båtstad, N Finnskoga, g med Håkan Håkansson f 1794-01-01 i Uggelheden, N Finnskoga, son till Håkan Olofsson och Ingeborg Danielsdotter Siekkinen
4.2.2.1.2. Marit Olofsdotter f 1799 i Båtstad, N Finnskoga, g1 med Jon NN, g2 med Olof Andersson Kukkoinen f 1809 i Höljes, N Finnskoga, son till Anders Håkansson Kukkoinen och Sigrid Persdotter.
4.2.2.1.3. Olof Olofsson f 1805-01-01, g med Marit Larsdotter f 1802-06-11 i Båtstad, N Finnskoga, dotter till Lars Engelbrektsson och Karin Persdotter.
4.2.2.1.4. Karin Olofsdotter f 1808 i Båtstad, N Finnskoga, g med Anders Olofsson f 1805-03-28 i Aspberget, N Finnskoga, son till Olof Andersson och Sara Danielsdotter Siekkinen.

Huske-Per i Husketorpet

Husketorpet har fått sitt namn av dess förste bebyggare, **Olof Staffansson Huuskoinen** f 1649 i Södra Los, Färila sn i Hälsingland, d 1735-04-18 i Husketorpet, Järpliden, S Finnskoga. Han blev gift 1672 med Annika Pålsdotter, d 1725, och fick med henne fyra barn. Olof och Annikas ättlingar i 4-5 generationer redovisas nedan. Under 1.3.2. nämns **Per Jonsson Huuskoinen, (Huske-Per)** f 1733-05-30 i Husketorpet och död 1823. Han har kallats Huske-Per eller Pekka Huskoinen som Gustaf Schröder skriver i sin bok med samma namn. Men verkligheten överträffar dikten, C.A. Gottlund träffade och samtalade med Huske-Per och kunde berätta om honom i sin dagbok:

Gottlunds möte med Huske-Per.

(Avskrift av dagbokens sista sidor, 374-377, den 21 december 1821):

(21 Fred.). Jag hade ännu en gång folket tillsammans, en av de norska finnarna omtalte, att några finnflickor på norska sidan blivit infiscerade med veneriskan av en dräng i Aspberget. Jag skrev upp deras namn och tecknade mig saken till minnes. Sedan jag änteligen fått mina hundar från Medskog, på vilka jag väntat nog länge, i anseende därtill att den bonden, som i går skulle hämta dem, hade supit sig full på vägen och somnat på snödrivan i skogen, och en annan måste sedan sändas i hans ställe.

Gick jag härifrån till Aspberg. Jag fick en av torparna i Rangen, benämnd Anders Hindriksson Liitiäinen, att följa med till Bringsåsen. Det var litet kallt och snögade, likväl buro ej kärren, utan man hade att vada i jämnt till knäet i hälften snö och hälften vatten. För att få se den namnkunnige och så mycket omtalte stora björnskytten Per Jonsson Huuskoinen, eller som svenskarna kallade honom Huske-Per, beslöt jag göra en krok genom Huuskola (Husketorp). Jag var nyfiken att få se honom i anseende till det rykte han hade om sig. Ej blott därföre att han var den snällaste skytt i Sverige och Norge, man kände, och så flink skidlöpare, att det ej fanns så svåra fjäll, för vilka han ej störtade sig ned, ofta lodrätt genom luften, så skidorna på långa stunder ej rörde snön. Utan var han lika mycket känd för sitt goda hjärta. Ingen har ännu gått ohulpen ifrån honom. Och då han var i sina välmaktsdagar, så delte han förnöjd med sina grannar det lyckan hade givit honom mer än dem. Dessutom – ehuru skytt har han aldrig varit fallen för drycker och dryckeslag, varuti man bortsupit förståndet och sinnet.

Nu var han en gammal orkeslös gubbe, genom sin sons liderlighet och andra felslagne planer, har han blivit alldeles ruinerad, emedan han, hänförd av sitt ömma hjärta, aldrig kunde neka honom sin hand och sitt bistånd, då han bad honom därom. Nu var han nästan uslare än en tiggare, alla de, han fordom hjälpt och lättat, föraktade honom, och hans son, lika fattig som han, undflydde hans åsyn. Sitt torp hade han jämte all sin egendom givit och sålt bort, mot att de, som fått dem, skulle föda honom till hans dödsdag. Visst föda de honom, men de föda honom som en rotetiggare i uselhet och elände.

När vi kommo till den lilla kojan, där han bodde, fordom som värd, nu som på andras nåd, visade min ledsagare mig hans skidstav (Porkka), som stod utanför knuten och med vilken han alltid gick och stödde sig. Jag tyckte liksom jag skulle ingå i någon helgedom, då jag öppnade den låga dörren till hyddan. Jag gick in i ett litet skumt kyffe. På den beskrivning jag fått igenkände jag genast Huuskoinen, sittande på framstolen och flätande någon korg av vidjor. Han var nästan alldeles naken, med några flikar av en söndersliten päls på kroppen. Var fåtalig och ville i början knappt svara mig. Men sedan jag sagt, vem jag var, orsaken varföre jag kommit dit, samt givit honom en 18 sk. Sedel i drickspenningar att köpa sig tobak för, vilket han även nu saknade, fick jag snart hans förtroende.

En glad min genomskinade ur hela hans ansikte, och han tycktes, då han fått höra, att jag var skytt, helt och hållet förglömma sin ålderdom och den förnedring, varunder han nu nödgades leva. Han berättade mig hänryckt och förtjust många av sina jakthistorier. Han var nu 89 år gammal, av medelåldrig växt, hade ett utomordentligt gott och skönt gubbansikte, måste som ung varit mycket vacker. Skulle ännu vid denna ålder varit kry, om ej hunger och svält i förtid nedlagt hans krafter och gjort honom orkeslös. Han har i sina dagar skjutit 67 björnar, av vilka han blott skjutit 4 om sommaren. 3 hade han stuckit ihjäl med syller (de hade varit helt små ungar, som ännu ej haft sin syn – han påstod, att björnen födes blind till världen), 1 hade han ihjälslagit med sin skidstav och en med bössan. Han hade dessutom skjutit 11 älgar, utom loar, rävar m.m., men ingen varg.

Hans farfar, Olov Staffansson Huuskoinen, hade först kommit hit på skogarna och först upptagit Bringsåsen, antingen han kom från Finland eller från andra skogar, visste han ej. Men som frosten här alltid skadade hans grödor, flyttade han och upptog Torpvallen vid Rangen, och sedermera flyttade han även härifrån och upptog först Huuskola. Huru väl hade han ej förtjänt sig någon pension, för det han rensat landet från dessa vilddjur, med livsfara. Mången njuter den för intet. Jag hade gärna velat giva honom mera, min kassa tillät det ej, den begynte nu krypa ihop av alla krafter. Bakom en av bodarna lågo ännu 10-11 björnskallar. Som dagen var kort och jag hade ännu långt fram, fick jag ej länge sitta och prata med gubben, vilket jag dock önskade.

Min ledsagare påminte mig sedan flera gånger att ej dröja och försäkrade, att mörkret skulle nå oss, innan vi hunne till Bringsåsen, dit vi hade närmare 1 mil. Vi gingo en stund över sjön Rangen, som tycktes vara utmärkt ful, med ett par holmar i den övre ändan. Också var den ej bebodd av fler än de två s. k. Rangtorpen (Torpa) vid den sydöstliga stranden. Min ledsagare var en stor pratare och av allt, som jag hade orsak att sluta, en storljugare. Det var ej underligt. Han var fullkomligt svensk, ehuru av finsk extraction. Han kunde ej ett ord finska, och det var besynnerligt, vad redan hans uppförande skiljde sig från finnarnas. Utom det liderliga skrytet om sig själv, sin släkt och sina föräldrar, förstod han i andra ämnen intet att prata.

Han beskrev sin fader, Hindrik Liitiäinen, att han varit en stor björnskytt och nästan alltid ihop med sin granne Huuskoinen. – Men tillika en stor trollkarl, vilket ej den andre var. De voro alltid efterskickade av svenskarna till bygden, att jaga och skjuta deras björnar, själva tordes de ej och kunde det icke. Bland annat berättade han mig en vidlyftig historia om en björn, som Huske-Per skjutit flera dagar på, och ej fått kulan att gå in – men Liitiäinen sköt den till slut. Och då den flåddes, sutto alla kulorna emellan skinnet och isterhinnan. En svart katt, som klöst Liitiäinen i ryggen, då han härifrån hemkom, slutade historien.

Dessutom berättade han mig en ynkelig historia om sin mor, som drunknat hem i viken, eller rättare ihjälfrös i vattnet utan att drunkna. Hon hade hemkommit från Norge, dit hon varit att köpa sig lin. Hon bar sin linsäck på ryggen, dottern den andra. Då de gingo över isen och kommit nära till hemstranden, var ett ställe så svagt, att det var omöjligt att komma över. Sönerna hade från torpet sett detta och bett henne vända om. Hon hade gjort det, men i detsamma fallit i, dottren ävenså, men hon hade sluppit upp. Linsäcken, som var fastbunden på ryggen, tog emot iskanten, och höll henne uppe, så att blott magen och benen voro i vattnet. Den starka kölden hade fastfrusit säcken vid issörjan, så han ej slapp fram eller tillbaka. Sönerna och mågen försökte på allt sätt att komma henne till hjälp. De föllo själva i. De höggo i skogen långa sparrar och sköto henne en under vardera armen, att hon hade lättare att hålla sig uppe. Förgäves sökte de med små kälkar nå henne. Hon sade blott: "Gack i Jesu namn ej hit och gör av med Eder, det är nog med det att jag dör". Då den slutligen nådde henne, sjönk huvudet åt axeln och hon var stendöd. Hon hade sålunda suttit, ja en timme, i det kalla vattnet. Vi gingo över stora ofantliga mossar hela vägen, några berg, av vilka Fjeroberget (?), (Fjärhanberget) (?) var ganska högt, lämnades till venster. I skymningen kommo vi till Bringsåsen. Mannen var själv ej hemma, men hustrun tog gästfritt emot mig, sedan hennes släkting, min följeslagare, presenterat mig. Här hade man ännu ej hört ett ord om min person och mina resor. Hustrun var den enda, som kunde tala finska. Då hon talte svenskan, så lät det så gott, så man kunde trott det var en ängel, som talte; hon hade även gott tycke, ehuru ej vacker. Hennes röst liknade Rabeniullas (denna sista mening var chiffrerad och utesluten i utgåvan 1931-32). Jag stannade här över natten. Hennes man hemkom även; var en duktig karl, även en björnskytt, hade skjutit 7 björnar.

(22 Lörd.). Här slutar detta häfte och även dagboken över värmlandsresan.

Husketorpets uppröjare

1. Olof Staffansson Huuskoinen f 1649 i Södra Los, Färila, Hälsingland, d 1735-04-18 i Husketorpet, Järpliden, S Finnskoga. Han gifte sig 1672 med Annika Pålsdotter, d 1725 i Husketorpet.
Barn:
1.1. Johan Olofsson Huuskoinen f 1681, d 1731-01-04, levde ogift.
1.2. Karin Olofsson Huuskoinen f 1685
1.3. Jon Olofsson Huuskoinen f 1689 i Husketorpet, Järpliden, S Finnskoga, d 1774-03-02 i Dalby, g med Kerstin Göransdotter f 1702 och d 1763-04-24 i Dalby.
Barn:
1.3.1. Anna Jonsdotter Huuskoinen f 1731-01-25 i Järpliden, S Finnskoga, d 1802 i Dalby, g med Johan Jonasson Hane f 1725, d 1800 i Dalby, son till Jonas Larsson Hane och Katarina Johansdotter (Jeansdotter). Bosatta i Bringsåsen, S Finnskoga.
Deras barn:
1.3.1.1. Katarina Johansdotter Hane f 1748 i Bringsåsen, S Finnskoga
1.3.1.2. Annika Johansdotter Hane f 1749 i Bringsåsen, S Finnskoga, g med Mats Torstensson Kanainen f 1749 i Järpliden, S Finnskoga, d 1821 i Dalby, son till Torsten Matsson Uppman Kanainen och Karin Karlsdotter Lehmoinen.
Deras barn:
1.3.1.2.1. Karin Matsdotter Kanainen f 1772 i Järpliden, S Finnskoga, g med Hans Nilsson f 1770 i Egghedsmon, N Finnskoga, d 1837-10-29 i Amnerud, Dalby, son till Nils Hansson och Lisa Jönsdotter.
1.3.1.2.2. Anna Matsdotter Kanainen f 1775 i Järpliden, S Finnskoga
1.3.1.2.3. Mats Matsson Kanainen f 1778 i Järpliden, S Finnskoga, d 1862 i Dalby, g med Lisbet Matsdotter Lehmoinen f 1775 i Norge, d 1858 i S Finnskoga, dotter till Mats Johansson Lehmoinen och Anna Danielsdotter Veteläinen.
1.3.1.2.4. Marit Matsdotter Kanainen f 1782 i Järpliden, S Finnskoga
1.3.1.2.5. Jon Matsson Kanainen f 1789 i Järpliden, S Finnskoga, g med Lisa Kristoffersdotter f 1785-03-25 och d 1865-09-03 i Järpliden, S Finnskoga, dotter till Kristoffer Johansson och Karin Persdotter.

1.3.1.3. Britta Johansdotter Hane f 1751 i Bringsåsen, S Finnskoga, g med Johan Olofsson f 1745. Bosatta i Järpliden, S Finnskoga.
Barn:
1.3.1.3.1. Olof Johansson f 1780 i Järpliden, S Finnskoga

1.3.1.4. Jon Johansson Hane f 1755 i Bringsåsen, S Finnskoga, g med Anna Mårtensdotter.
Barn:
1.3.1.4.1. Anna Jonsdotter Hane f 1791 i Järpliden, S Finnskoga, g med Karl Persson f 1787 i Järpliden, S Finnskoga, d 1860-04-30
1.3.1.4.2. Mårten Jonsson Hane f 1794 i Järpliden, S Finnskoga.

1.3.1.5. Mårten Johansson Hane 1757 i Bringsåsen, S Finnskoga.

1.3.1.6. Lars Johansson Hane f 1761, d 1766

1.3.1.7. Kerstin Johansdotter Hane f 1763 i Bringsåsen, S Finnskoga, g med Henrik Eriksson Kanainen f 1756, son till Erik Matsson Kanainen och Lisbet Henriksdotter. Deras barn:

1.3.1.7.1. Mats Henriksson Kanainen f 1797 i Järpliden, S Finnskoga, g1 med Lisa Andersdotter Honkainen f 1795 i Järpliden, S Finnskoga, d 1824, g2 med Maria Jansdotter f 1805-10-01 i Järpliden, S Finnskoga, d 1853 i Kärrbackstrand, N Finnskoga, dotter till Jan Jonasson och Valborg Henriksdotter.

1.3.1.7.2. Jan Henriksson Kanainen f 1804 i Järpliden, S Finnskoga.

1.3.1.7.3. Henrik Henriksson Kanainen f 1808 i Järpliden, S Finnskoga.

1.3.1.8. Lars Johansson Hane f 1765 i Bringsåsen, S Finnskoga

1.3.1.9. Hans Johansson Hane f 1769 i Bringsåsen, S Finnskoga, g med Karin Henriksdotter Räisäinen f 1776 i Avundsåsen, S Finnskoga, dotter till Henrik Matsson Räisäinen och Marit Torstensdotter Kanainen. Deras barn:

1.3.1.9.1. Kerstin Hansdotter Hane f 1808 i Höljes, N Finnskoga, g med Henrik Henriksson Veteläinen f 1805 i Medskogen, S Finnskoga, son till Henrik Danielsson Veteläinen och Britta Persdotter Lehmoinen.

1.3.1.9.2. Hans Hansson f 1812 i Höljes, N Finnskoga, g med Anna Johansdotter f 1812 i Hof.

1.3.1.9.3. Henrik Hansson f 1816 (ev 1810) i Bringsåsen, S Finnskoga, g med Elin Karlsdotter f 1810 i Järpliden, Holta, S Finnskoga, dotter till Karl Matsson och Marit Månsdotter.

1.3.1.10. Olof Johansson Hane f 1772 i Bringsåsen, S Finnskoga, g med Berte Mårtensdotter f 1762 i Norge? Deras barn:

1.3.1.10.1. Kristian Olofsson Hane f 1786 i Järpliden, S Finnskoga

1.3.1.10.2. Anders Olofsson Hane f 1795 i Järpliden, S Finnskoga

1.3.1.11. Lisa Johansdotter Hane f 1776 i Bringsåsen, S Finnskoga, g med Henrik Henriksson Räisäinen f 1773 i Avundsåsen, S Finnskoga, son till Henrik Matsson Räisäinen och Marit Torstensdotter Kanainen. Deras barn:

1.3.1.11.1. Marit Henriksdotter Räisäinen f 1805 i Avundsåsen, S Finnskoga.

1.3.2. Per Jonsson Huuskoinen (Huske-Per) f 1733-05-30 i Husketorpet, Järpliden, S Finnskoga, d 1823, g1 1758-12-26 med Maria Torstensdotter Kanainen f 1738-03-29 och d 1769-10-11 i Järpliden, S Finnskoga, dotter till Torsten Matsson Uppman Kanainen och Karin Karlsdotter Lehmoinen. G2 med Karin Karlsdotter Lehmoinen f 1747-02-06 i S Finnskoga, d 1800-05- i Järpliden, S Finnskoga, dotter till Karl Karlsson Lehmoinen och Britta Mickelsdotter Honkainen.

Barn i första giftet:

1.3.2.1. Kerstin Persdotter Huuskoinen f 1760 i Järpliden, S Finnskoga, g med Petter Persson f 1762.

Deras barn:

1.3.2.1.1. Anna Persdotter f 1788 i N Finnskoga, g med Per Henriksson Liitiäinen f 1790-07-03 i Rangberget, Dalby, d 1839-07-03 i Kärrbackstrand, N Finnskoga, son till Henrik Andersson Liitiäinen och Klara Jonasdotter Hane.

1.3.2.2. Karin Persdotter Huuskoinen f 1761, g med Henrik Tomasson Lehmoinen f 1763 i Norge.

Deras barn:

1.3.2.2.1. Karin Henriksdotter Lehmoinen f 1790 i Järpliden, S Finnskoga

1.3.2.2.2. Tomas Henriksson Lehmoinen f 1793, d 1819

1.3.2.2.3. Mats Henriksson Lehmoinen f 1796-06-06 i Järpliden, S Finnskoga

1.3.2.2.4. Per Henriksson Lehmoinen f 1799-03-26 i Järpliden, S Finnskoga

1.3.2.2.5. Jon Henriksson Lehmoinen f 1800 i Järpliden, S Finnskoga

1.3.2.2.6. Kerstin Henriksdotter Lehmoinen f 1806 i Järpliden, S Finnskoga

1.3.2.3. Jon Persson Huuskoinen f 1763, g med Anna Henriksdotter Räisäinen f 1768 i Avundsåsen, S Finnskoga, dotter till Henrik Matsson Räisäinen och Marit Torstensdotter Kanainen.

Deras barn:

1.3.2.3.1. Per Jonsson Huuskoinen f 1798 i Järpliden, S Finnskoga

1.3.2.3.2. Henrik Jonsson Huuskoinen f 1804 i Järpliden, S Finnskoga

1.3.2.3.3. Mattes Jonsson Huuskoinen f 1805 i Järpliden, S Finnskoga

1.3.2.3.4. Karin Jonsdotter Huuskoinen f 1808 i Järpliden, S Finnskoga

1.3.2.3.5. Olof Jonsson Huuskoinen f 1812-01-22 i Järpliden, S Finnskoga, g med Maria Henriksdotter Lehmoinen f 1820-03-27 i Avundsåsen, S Finnskoga, dotter till Henrik Karlsson Lehmoinen och Anna Eriksdotter.

1.3.2.4. Helga Persdotter Huuskoinen f 1767

1.3.2.5. Mats Persson Huuskoinen f 1769

Barn i andra giftet:

1.3.2.6. Carl Persson Huuskoinen f 1773, d 1872-01-04, dop 1872-02-04

1.3.2.7. Per Persson Huuskoinen f 1774, d före 1800

1.3.2.8. Maria Persdotter Huuskoinen f 1777 i Järpliden, S Finnskoga, g med Elof Jönsson f 1775 i Avundsåsen, S Finnskoga, son till Jöns Elofsson och Britta Henriksdotter Kähköinen.

Deras barn:

1.3.2.8.1. Jon Elofsson f 1802 i Järpliden, S Finnskoga, g med Anna Henriksdotter f 1806-04-23 i Medskogen, S Finnskoga, dotter till Henrik Siversson och Marit Henriksdotter.

1.3.2.8.2. Per Elofsson f 1805 i Järpliden, S Finnskoga

1.3.2.8.3. Britta Elofsdotter f 1808 och d 1808 i Järpliden, S Finnskoga

1.3.2.8.4. Henrik Elofsson f 1810 i Järpliden, S Finnskoga

1.3.2.9. Olof Persson Huuskoinen f 1779-11-07

1.3.2.10. Daniel Persson Huuskoinen f 1783-09-29

1.3.2.11. Anna Persdotter Huuskoinen f 1785-01-16 i Järpliden, S Finnskoga, d 1839-05-26 i Kärrbackstrand, N Finnskoga, g1 med Johan Olofsson Lehmoinen f 1776 i Medskogen, S Finnskoga, d 1839-05-03 i Järpliden, S Finnskoga, son till Olof Johansson Lehmoinen och Lisbet Danielsdotter Veteläinen. G2 1805-06-09 i Dalby med Daniel Henriksson Liitiäinen f 1774 i Rangen, S Finnskoga, d 1856-06-12 i Ö Kärrbackstrand, N Finnskoga, son till Henrik Andersson Liitiäinen och Klara Jonasdotter Hane.

Barn i första giftet:

1.3.2.11.1. Elin Johansdotter Lehmoinen f 1802-09-12 i Järpliden, S Finnskoga, d 1866-12-19, g med Karl Olofsson Veteläinen f 1804-05-06 i Medskogen, S Finnskoga, son till Olof Danielsson Veteläinen och Marit Persdotter Lehmoinen.

Barn i andra giftet:

1.3.2.11.2. Helja Danielsdotter Liitiäinen f 1805-11-09 i Järpliden, S Finnskoga, g med Johan Matsson Kanainen f 1803-08-03 i Järpliden, S Finnskoga, son till Mats Matsson Kanainen och Lisbet Matsdotter Lehmoinen.

1.3.2.11.3. Karin Danielsdotter Liitiäinen f 1808-04-20 i Järpliden, S Finnskoga, d 1879-09-01 i Kärrbackstrand, N Finnskoga, g med Olof Johansson Lehmoinen f 1807 i Järpliden, S Finnskoga, son till Johan Olofsson Lehmoinen och Britta Klemetsdotter Hakkarainen.

1.3.2.11.4. Marit Danielsdotter Liitiäinen f 1810-12-08 i Järpliden, S Finnskoga, g med Jakob Bengtsson f 1796-02-14 i Gunneby, Dalby, son till Bengt Bengtsson och Britta Bengtsdotter. Bosatta i Kärrbackstrand, N Finnskoga.

1.3.2.11.5. Anna Danielsdotter Liitiäinen f 1815 i Järpliden, S Finnskoga, g med Jöns Larsson f 1815 i V Kärrbackstrand, N Finnskoga, son till Lars Nilsson och Marit Halvardsdotter.

1.3.2.11.6. Märta Danielsdotter Liitiäinen f 1817, g med Halvard Halvardsson f 1815-08-21 och d 1874-12-28 i Höljes, N Finnskoga, son till Halvard Håkansson och Sigrid Persdotter.

1.3.2.11.7. Daniel Danielsson Liitiäinen f 1819 i Järpliden, S Finnskoga, g med Ingeborg Jönsdotter f 1822-04-08 i Tutstad, Dalby, dotter till Jöns Nilsson och Marit Andersdotter Nikkarainen.

1.3.2.11.8. Per Danielsson Liitiäinen f 1821-05-25 i Kärrbackstrand, N Finnskoga, d 1877-09-24, g med Karin Olofsdotter f 1821-05-09, dotter till Olof Persson Lillman och Maria Jönsdotter.

1.3.2.11.9. Henrik Danielsson Liitiäinen f 1823 i Ö Kärrbackstrand, N Finnskoga, g med Karin Danielsdotter f 1830-10-27 i V Kärrbackstrand, N Finnskoga, dotter till Daniel Halvardsson och Marit Jonsdotter.

1.3.2.11.10. Lisa Danielsdotter Liitiäinen f 1828-09-23 i Ö Kärrbackstrand, N Finnskoga, d 1860-06-06 i V Kärrbackstrand, N Finnskoga

1.3.2.11.11. Sigrid Danielsdotter Liitiäinen f 1830-11-27 i V Kärrbackstrand, N Finnskoga, g med Halvard Eskilsson f 1826-04-30 i Rönningsåsen, N Finnskoga, son till Eskil Persson och Marit Persdotter.

1.3.2.12. Mats Persson Huuskoinen f 1787, d 1831-11-13 i Kringsberget, S Finnskoga, g med Karin Olofsdotter f 1787 i Tolgraven, S Finnskoga, dotter till Olof Henriksson och Valborg Eriksdotter.
Deras barn:
1.3.2.12.1. Lisa Matsdotter Huuskoinen f 1813 i Tolgraven, S Finnskoga, g med Olof Henriksson Havuinen f 1807-11-23 i Kringsberget, S Finnskoga, son till Henrik Staffansson Havuinen och Anna Tomasdotter Havuinen.
1.3.2.12.2. Olof Matsson Huuskoinen f 1819-04-22 i Kringsberget, S Finnskoga
1.3.2.12.3. Valborg Matsdotter Huuskoinen f 1825-03-20 i Kringsberget, S Finnskoga, g 1862-11-30 med Johan Pålsson f 1832-06-07 i N Viggen, Nyskoga.

1.3.2.13. Marit Persdotter Huuskoinen f 1789
1.3.2.14. Olof Persson Huuskoinen f 1789-01-25 i Järpliden, S Finnskoga, g med Lisa Matsdotter Veteläinen f 1799-12-11 i Djäkneliden, S Finnskoga, d 1854-04-03 i V Kärrbackstrand, N Finnskoga, dotter till Mats Andersson Veteläinen och Karin Månsdotter.
Deras barn:
1.3.2.14.1. Karin Olofsdotter Huuskoinen f 1819-02-01 i Järpliden, S Finnskoga, utflyttad till Aspberget 1839
1.3.2.14.2. Karin Olofsdotter Huuskoinen f 1821-04-22 i V Kärrbackstrand, N Finnskoga, g med Johan Johansson Lehmoinen f 1816-11-21 i Järpliden, S Finnskoga, d 1881, son till Johan Danielsson Lehmoinen och Anna Karlsdotter Lehmoinen.
1.3.2.14.3. Per Olofsson Huuskoinen f 1825-03-15 i Järpliden, S Finnskoga, d 1902-06-21 i S Finnskoga, g med Marit Persdotter f 1826-10-26 i Hjällstad, Dalby, dotter till Per Pettersson och Karin Håkansdotter.
1.3.2.14.4. Märta Olofsdotter Huuskoinen f 1827-07-07 i Slättne, Dalby, g med Olof Jonsson f 1822 i Järpliden, S Finnskoga, son till Jon Persson och Maria Henriksdotter.
1.3.2.14.5. Lisa Olofsdotter Huuskoinen f 1831-05-03 i V Kärrbackstrand, N Finnskoga, g med Halvard Larsson f 1823 i Båtstad, N Finnskoga, son till Lars Larsson och Karin Larsdotter.
1.3.2.14.6. Olof Olofsson Huuskoinen f 1834-03-18 i V Kärrbackstrand, N Finnskoga, d 1915-01-18, g med Lisa Johansdotter Kanainen f 1830-09-26 och d 1863-05-26 i Kärrbackstrand, N Finnskoga, dotter till Johan Matsson Kanainen och Helja Danielsdotter Liitiäinen.
1.3.2.14.7. Jon Olofsson Huuskoinen f 1840-07-26 i V Kärrbackstrand, N Finnskoga, d 1902-02-17, g1 med Karin Håkansdotter f 1842-04-23 i Sysslebäck, Dalby, d 1867-08-12 i V Kärrbackstrand, N Finnskoga, dotter till Håkan Håkansson och Anna Persdotter Liitiäinen. G2 med Karin Persdotter f 1844-09-26 i V Kärrbackstrand, N Finnskoga.

1.4. Marit Olofsdotter Huuskoinen f 1690

"Djäknelid-Mattes" Utriainen

1. Olof Utriainen uppges vara född ca 1620.

Barn utan känd moder:
1.1. Johan Olofsson Utriainen f 1655 i N Finnskoga, g 1687 med Anna Matsdotter Pöntinen f 1667 i Djäkneliden, S Finnskoga, d 1697, som tidigare var gift med Johan Kristoffersson Kukkoinen.

Från domböckerna i Hof sn:
1681-04-12 – Arne Kjöllen och Henrik Poulsen Rotberig beklagar sig för att några svenska finnar, nämligen Henrik Kindsjöns drängar Lasse och Olle Moeholl (Muhoinen) tar sig in på deras skogar och gör rågbråtar. De säger att när de själva brukar på sina skogar så kommer svenska finnarna med bössor och gevär och tar deras råg. Arne Kjöllen berättar att Johan Udtran (Utriainen) och Olle Solberg från Järpliden tog från honom 12 tunnor råg förra hösten, och att de hade sått en stor svedja i hans skog. Henrik Poulsen Rotberig vittnar att de svenska finnarna Jörgen Andersen och Anders Andersen (Tarvainen?) från Norra Röjdens finnetorp vid krigets början hade tagit från honom ca 100 tunnor råg och dessutom sått en rågbråte på norska sidan norr om norra Rögdensjön. Allmänheten klagar att de svenska finnarna strippet av allt på detta fogderis skogar och jagar på förbjuden tid och utfiskar deras fiskevatten.

Johan och Annas barn:
1.1.1. Mats Johansson Utriainen "Djäknelid-Mattes" f 1687 i S Finnskoga, d 1739, g1 med Helga Larsdotter Röntyinen f 1674 i Fryksände, d 1737-08-18 i V Kärrbackstrand, N Finnskoga, g2 med Karin Henriksdotter f 1720, bosatt i Djäkneliden, S Finnskoga.

Barn i första giftet:
1.1.1.1. Karin Matsdotter Utriainen f 1708 i Djäkneliden, d efter 1778 i V Kärrbackstrand, N Finnskoga, g 1732-12-26 med Jöns Persson f 1706 i N Finnskoga, d före 1773.

Barn i andra giftet, alla födda i Djäkneliden:
1.1.1.2. Anna Matsdotter Utriainen f 1744-04-14, g med Måns Eriksson f 1744, d 1792,
1.1.1.3. Maria Matsdotter Utriainen f 1746, d tidigt,
1.1.1.4. Johan Matsson Utriainen f 1747,
1.1.1.5. Olof Matsson Utriainen f 1751-01-22, bosatt i Kärrbackstrand,
1.1.1.6. Mats Matsson Utriainen f 1752-08-13, d tidigt,
1.1.1.7. Karin Matsdotter Utriainen f 1754-05-05,
1.1.1.8. Henrik Matsson Utriainen f 1759.

Djäknelid-Mattes nämns mest som Johansson men ibland som Otterian, Ottrian eller Otterjan i domböckerna. I sockenstämman för 1711 och domboken 1713 framgår det att Mats hade ett hetsigt humör och att han hade flera klagomål på sig. Under åren 1730-1737 förekommer Mats ofta i domstolsprotokollen med anledning av flera marktvister

412

med grannarna. Han bor då på torpet Kärrbackstranden. Efter första hustruns död flyttar han till Djäkneliden, där han uppträder med en ny familj från ca 1740 och framåt.

År 1731 hade Mattes försökt sticka ner Esbjör Björnsson i Bringsåsen. Det hade gått till på följande sätt:

I veckan mellan den 2:a och 3:e söndagen efter trettondedagen år 1731 hade man kommit på Esbjör med hustru Marit Jönsdotter (Christophers hustru i Rangen och syster till Mats måg Jöns Persson) uti Per Jönssons fähus i Båtstad. Det var flera män som varit med och upptäckt dom, nämligen Bertil Hämäläinen i Kärrbackstrand, Clemet Matsson i Aspberget, Per Carlsson Gyllenspets i Båtstad (g m Marits syster Britta). Natten före hade Per Jönssons son Henrik upptäckt Esbjör i säng med hans faster, och när det sedan upprepades för andra natten hade flera gått dit för att skilja dom åt. Det blev bråk mellan Per Carlsson, Bertil och Esbjör. Efter detta försökte Mats skrämma Bertil, Per och Clemet att tiga om saken. Han försökte att fylla Bertil med brännvin och sedan när denne låg och vilade i Rundens stuga (Olof Runden, g m Marits halvsyster) satte sig Mats vid hans fötter och frågade om han inte ville förlikas och tysta ner saken. Bertil svarade att det kunde han inte göra. Då steg Mats upp och med en yxa slog han Bertil i huvudet två gånger. I det ögonblicket löper Rundens Marit, som satt på ugnen, hennes son Lars och Mats dotter Karin (g m Per Jönsson) till och rycker Mats tillbaka , men sedan de tagit ifrån honom yxan tog han till täljkniven och sedan sylen. När de tagit från honom alla "gevären" sprang Mats iväg.

Havuinen i Kringsberget

Enligt Broberg 1988:

Om Kringsberget i Södra Finnskoga meddelas hos Nordmann, sid. 26: »Nils och Kristoffer Havuinen, enl. egen uppgift hemma från 'Suomen turusta', hade bosatt sig, den förre i Äppelbo den senare i Kringsbärget.» Kringsberget blev upptaget 1650 och tillökt då Kringsberg den 1 juli 1653 får tillstånd att för sig röja så stor trakt att det kan göra skäl för 1/4 hemman, skattlagt till 1/4 hemman 1659. Som bolby nämnes Hjällstad 1653, Transtrand 1656, då laga syn lägges mellan nybygget som Per Henriksson åbor och bolbyn Transtrand. Längre fram i tiden (1684-86) står Kringsberget på Benteby bolstad. Kringsberget, som upptogs av Per Henriksson, länsman för finnarna, var länsmansgård under hans tid. Han betalar 1 fj. råg i tionde 1651, och 1652 är man och hustru mantalskrivna, 1657 två egna och fyra husfolk. Den 24/3 1670 tillsades att Per Henriksson, som sålt torpet till Johan Bertilsson i Kringsberg, vid nästa ting skall låta denne få ett riktigt köpebrev. Johan Bertilsson Kempe, bror till Erik Bertilsson i Södra Viggen, blir genom detta köp ägare till Kringsberget, som han 1678 säljer till Tomas Henriksson Havuinen, varmed »ett kraftigt och intelligent folk» kommer till Kringsberget. Tomas Henriksson, död 1693, var den förste finnen i Älvdals häradsnämnd (1682-90). Hans son Kristoffer Tomasson var född omkr. 1645. — Per Henrikssssons släktnamn är okänt. Med Tomas Henriksson kom släkten Havuinen till Kringsberget.

1. Tomas Henriksson Havuinen f 1610 i Imola, Finland, d 1693, bosatt i Kringsberget, S Finnskoga, hustrun är okänd till namnet men född 1610.

Havuinen bodde år 1666 på Snipan, Mosshöjden, Vitsand. Köpte 1/3 hemmanet Kringsberget år 1678 av Johan Bertilsson Kemppainen (Kiempe) för 79 rdlr. Kringsberget blev upptaget 1650 av Per Henriksson, som var länsman för finnarna. 1670 sålde han till Johan Bertilsson.

Barn:

1.1. Marit Tomasdotter Havuinen f 1641, d 1733 i Bjurberget, S Finnskoga, g ca 1670 med Filip Filipsson Neuvoinen, f 1632, d före 1733, son till Filip Persson Neuvoinen, bosatta i Bjurberget.
Deras ättlingar har tidigare redovisats i kapitlet Neuvoinen i Bjurberget 1650 i denna bok.

1.2. Henrik Tomasson Havuinen f 1642, d 1699-05-07 i Kringsberget, S Finnskoga, g med Lisbet Olsdotter Tossavainen f 1671 i Risberget, Våler, d 1714 i Skallbäcken, S Finnskoga, dotter till Olof Olofsson Tossavainen och Annika Steffensdatter Mullikka. De bodde i Skallbäcken.

I tingboka på norsk side står det blant annet at en av Annika Steffensdatters mågar var Henrik Tomasson (Lisbet Olsdatters første ektemann). Upplysning från Jan Myhrvold.

Från domböckerna i Hof:

414

1695 – Henrik Thomes Risberget på sin kvinna Lisabett Olsdatters vägnar, och Johan Danielson Midtskog (Veteläinen) på sin kvinna Karen Andersdatters vägnar, ger attest till deras far Anders Puranen, att de inte pretenterar något arv efter deras mor Annika Steffensdtr (Mullikka). Anders har gjort skifte mellan sig och barn och styvbarn men undantagit de som bor i Sverige. Hans gård Risberget ska övertas av versonen Henrik Henriksen (Himainen).

Barn:
1.2.1. Olof Henriksson Havuinen f 1690 i Kringsberget, S Finnskoga

1.3. Kristoffer Tomasson Havuinen f 1648, d 1728-12-15 i Brunnberg, Ekshärad, g 1670 med Marit Matsdotter Moijainen f 1655 i Nikkela, Flatåsen, Nyskoga, d 1718-01-24 i Brunnberg, Ekshärad genom drunkning i ett brännvinskar, dotter till Mats Nilsson Moijainen. Kristoffer var den förste finnen som blev vald till nämndeman vid Älvdals häradsrätt 1682-90. Han var även fjärdingsman 1685-94. Kristoffer köpte upp jord i flera omgångar i Brunnberg under 1680- och 1690-talen av bland andra Jakob Pålsson Hakkarainen. Sonen Mats Kristoffersson Havuinen tog senare över Brunnberg.
Kristoffer kallades **"Vild-havvonen"** på grund av sitt humör och leverne och förväxlades av senare tiders skogsfinneforskare med "Lång-Kristoffer" Kristoffer Jönsson Honkainen, vilken var samma andas barn och bodde "granne" under delvis samma tidsperiod.
Barn:
1.3.1. Tomas Kristoffersson Havuinen f 1678, d ca 1740, g med Annika Henriksdotter f i Skråckarberget, S Finnskoga, d 1719-01-02.
Deras barn:
1.3.1.1. Mats Tomasson Havuinen f 1700 i Kringsberget, S Finnskoga, d 1774 i N Ny, g1 1723-12-28 med Annika Kristoffersdotter Kukkoinen f 1704-08-23 i Näsberget, N Ny, dotter till Kristoffer Henriksson Kukkoinen och Britta Persdotter. G2 med Kerstin Danielsdotter f 1722.
Barn i första giftet:
1.3.1.1.1. Henrik Matsson Havuinen f 1725-12-30 i Näsberget, N Ny
1.3.1.1.2. Mats Matsson Havuinen f 1728-07-01 i Näsberget, N Ny
1.3.1.1.3. Lisbet Matsdotter Havuinen f 1733-03-03 i Näsberget, N Ny
1.3.1.1.4. Kristoffer Matsson Havuinen f 1735-09-19 i Näsberget, N Ny
1.3.1.1.5. Olof Matsson Havuinen f 1740-05-16 i Näsberget, N Ny
1.3.1.1.6. Anders Matsson Havuinen f 1741-10-23 i Näsberget, N Ny
Barn i andra giftet:
1.3.1.1.7. Sara Matsdotter Havuinen f 1745-08-20 i Näsberget, N Ny
1.3.1.1.8. Daniel Matsson Havuinen f 1748-01-22 i Näsberget, N Ny
1.3.1.1.9. Tomas Matsson Havuinen f 1750-02-05 i Näsberget, N Ny
1.3.1.1.10. Olof Matsson Havuinen f 1752-01-26 i Näsberget, N Ny
1.3.1.1.11. Per Matsson Havuinen f 1754 i Näsberget, N Ny
1.3.1.1.12. Kristoffer Matsson Havuinen f 1759-02-05 i Näsberget, N Ny

1.3.1.2. Tomas Tomasson Havuinen f 1707-12-20

1.3.1.3. Kerstin Tomasdotter Havuinen f 1709-12-16

1.3.1.4. Kristoffer Tomasson Havuinen f 1712-04-29

1.3.2. Valborg Kristoffersdotter Havuinen f 1679, d 1709-08-13, g med Henrik Bengtsson Manninen f 1663 och d 1722-02-30 i Rattsjöberg, Vitsand, son till Bengt Henriksson Manninen och Britta Tomasdotter Purainen.
Barn:
1.3.2.1. Henrik Henriksson Manninen

1.3.2.2. Bengt Henriksson Manninen f ca 1704 och d 1775-12-30 i Rattsjöberg, Vitsand, g 1730 med Karin Olofsdotter Oinoinen f 1704, d 1773, dotter till Olof Persson Oinoinen och Marit Börjesdotter.
Barn:
1.3.2.2.1. Valborg Bengtsdotter Manninen, g1 med Lars Matsson Pentikäinen, son till Mats Persson Pentikäinen och Britta Matsdotter. G2 med Johan Henriksson Porkka f 1722, d 1786, son till Henrik Henriksson Porkka och Lisbet Johansdotter Hämäläinen.

1.3.2.3. Kirsti Henriksdotter Manninen f ca 1707 i Rattsjöberg, Vitsand, d 1772 i Antilla, Grue finnskog, g med Per Jensen Räisäinen f 1695, d 1752, son till Jens Persen Räisäinen och Margareta Eriksdotter Suhoinen.
Barn:
1.3.2.3.1. Valborg Persdatter Räisäinen, g med Poul Tomassen Räisäinen, son till Tomas Pålsen Räisäinen och Anne Pedersdatter Mjölnerud

1.3.2.3.2. Anne Persdatter Räisäinen f 1726 och d efter 1801 i Antilla, Grue, g med Per Eriksen Karvainen f 1732-02-07 i S Viggen, Nyskoga, d 1816-06-04 i Antilla, Grue, son till Erik Karvainen.

1.3.2.3.3. Maria Persdatter Räisäinen f 1730, d 1730

1.3.2.3.4. Ole Persen Räisäinen f 1730, d 1752

1.3.2.3.5. Kari Persdatter Räisäinen f 1731, d 1733

1.3.2.3.6. Eli Persdatter Räisäinen f 1738, g med Pål Steffensen Mullikka, son till Steffen Steffensen Mullikka och Mari Pålsdatter Liukkoinen.

1.3.2.3.7. Maria Persdatter Räisäinen f 1741, d 1741

1.3.2.3.8. Ales Persdatter Räisäinen f 1742, d 1752

1.3.2.3.9. Kari Persdatter Räisäinen f 1745

1.3.2.3.10. Jens Persen Räisäinen f 1750, d 1760

1.3.2.4. Mats Henriksson Manninen f 1707-05-05

1.3.3. Mats Kristoffersson Havuinen f 1680 i Kringsberget, S Finnskoga, d 1743-02-14 i Brunnberg, Ekshärad, g 1719-02-14 med Karin Eriksdotter Hakkarainen f 1688-03-27 i Brunnberg, Lövåna, Ekshärad, d 1772-10-02 i Brunnberg, Ekshärad, dotter till Erik Pålsson Hakkarainen och Britta Larsdotter Karjalainen.
Barn:
1.3.3.1. Lars Matsson Havuinen f 1720-04-29 i Brunnberg, Ekshärad, dog som ung

1.3.3.2. Valborg Matsdotter Havuinen f 1721 i Brunnberg, Ekshärad, d 1797-02-20 i Nain, Ekshärad, g med Per Larsson Hakkarainen f 1722-04-06 och d 1797 i Nain, Ekshärad, son till Lars Henriksson Hakkarainen och Annika Matsdotter.
Barn:
1.3.3.2.1. Petter Persson Hakkarainen f 1748 och d 1849 i Nain, Ekshärad
1.3.3.2.2. Annika Persdotter Hakkarainen f 1750 i Nain, Ekshärad
1.3.3.2.3. Karl Persson Hakkarainen f 1752-02-18 och d 1830-06-05 i Nain, Ekshärad, g med Sara Jönsdotter Kukkoinen f 1762 och d 1844 i Nain, Ekshärad, dotter till Jöns Danielsson Kukkoinen och Ingeborg Eliasdotter Karjalainen
1.3.3.2.4. Hindrik Persson Hakkarainen f 1754 i Nain, Ekshärad, d 1810
1.3.3.2.5. Maria Persdotter Hakkarainen f 1756 i Nain, Ekshärad
1.3.3.2.6. Catarina Persdotter Hakkarainen f 1759 och d 1809 i Nain, Ekshärad
1.3.3.2.7. Lars Persson Hakkarainen f 1761, d 1814, g med Karin Olsdotter Sikainen f 1766, d 1812-10-13 i Malung, dotter till Olof Mattsson Sikainen och Marit Sunesdotter.
1.3.3.2.8. Olof Persson Hakkarainen f 1764

1.3.3.3. Maria Matsdotter Havuinen f 1722 i Brunnberg, Ekshärad, d 1806-12-10, g med Olof Larsson f 1728-05-03, d 1785-04-16
1.3.3.4. Tomas Matsson Havuinen f som tvilling 1724-11-09 i Brunnberg, Ekshärad, d 1762-04-23, g med Marit Sonesdotter f 1730-02-24 i S Loffstrand, Ekshärad, d 1812-02-19 i Brunnberg, Ekshärad.
Barn:
1.3.3.4.1. Mats Tomasson Havuinen f 1749 i Brunnberg, Ekshärad
1.3.3.4.2. Kerstin Tomasdotter Havuinen f 1753 i Brunnberg, Ekshärad
1.3.3.4.3. Lars Tomasson Havuinen f 1755-09-26 i Brunnberg, Ekshärad, d 1809-07-15 i Ekshärad, g 1789-12- i Ekshärad med Anna Matsdotter f 1764, d 1862 i Ekshärad.
1.3.3.4.4. Marit Tomasdotter Havuinen f 1760-05-18 i Brunnberg, Ekshärad, g 1782 i Malung med Olof Gustafsson Tilkkinen f 1764-11- och d 1835-06-28 i Avradstjärn, Malung, son till Gustaf Andersson Tilkkinen och Lisa Jonsdotter.

1.3.3.5. Kerstin Matsdotter Havuinen f 1727-03-16 och d 1727-12-24 i Brunnberg, Ekshärad
1.3.3.6. Gabriel Matsson Havuinen f 1727-03-16 i Brunnberg, Ekshärad, g ca 1750 med Karin Kristoffersdotter f 1718, d 1786-05-13 i Brunnberg, Ekshärad.
Barn:
1.3.3.6.1. Mats Gabrielsson Havuinen f 1753-05-08 i Brunnberg, Ekshärad, d 1838-11-07, g med Kerstin Andersdotter f 1753

1.3.3.7. Kerstin Matsdotter Havuinen f 1729-02-20 i Brunnberg, Ekshärad, d 1767-07-08, g 1755-01-14 i Ekshärad med Henrik Eriksson Kääriäinen f 1729 i Ekshärad, d 1793-12-24 i Barktorp, Äppelbo.
Barn:
1.3.3.7.1. Olof Henriksson Kääriäinen f 1775-06-19 i Barktorp, Äppelbo, g 1799-05- i Ekshärad med Karin Matsdotter Havuinen f 1774-01-09 i Brunnberg, Gamlan, Ekshärad,

d 1839-05-25 i Barktorp, Äppelbo, dotter till Mats Gabrielsson Havuinen och Kerstin Andersdotter.

1.3.4. Olof Kristoffersson Havuinen f 1683, d 1722-12-11 (skjuten!), g med Karin Eriksdotter f ca 1675 i Linnerhöjden
1.3.5. Petter Kristoffersson Havuinen f 1684, g med Karin Olofsdotter
Barn:
1.3.5.1. Marit Pettersdotter Havuinen

1.3.6. Karin Kristoffersdotter Havuinen f 1689, d 1770-02-14, g1 med Anders Andersson Norman, g2 1717-03-10 med Johan Eriksson Urpiainen f 1689 i Skallbäcken, S Finnskoga, d 1755-12-03 i Brunnberg, Ekshärad, son till Erik Mickelsson Urpiainen och Britta Klemetsdotter Lehmoinen.
Barn i första giftet:
1.3.6.1. Anders Andersson f 1714-11-10
Barn i andra giftet:
1.3.6.2. Ingeborg Johansdotter Urpiainen f 1719-12-13
1.3.6.3. Lisa Johansdotter Urpiainen f 1722, d 1797, g1 med Hans Olsson i Avradsberg, g2 med Gustav Andersson i Avradstjärn
1.3.6.4. Johan Johansson Urpiainen f 1726-06-01, g med Karin Matsdotter f 1734 i Solberg, Ekshärad, dotter till Mats Eriksson och Kerstin Jönsdotter.
Barn:
1.3.6.4.1. Kerstin Johansdotter Urpiainen f 1756-12-17 i Brunnberg, Ekshärad, g med Mats Matsson Sikainen f 1746, d 1826, son till Mats Mårtensson Sikainen och Karin Stefansdotter Sikainen

1.3.6.5. Valborg Johansdotter Urpiainen f 1729-04-03, g med Anders Jonsson

1.3.7. Maria Kristoffersdotter Havuinen f 1690-09-22, g med Hindrik Larsson i Bredsjön.
Barn:
1.3.7.1. Maria Hindriksdotter f 1724-12-30 i Bredsjön

1.3.8. Lisbet Kristoffersdotter Havuinen f 1696-05-20, d 1696
1.3.9. Elisabet Kristoffersdotter Havuinen f 1699, d 1699-12-02

1.4. Malin Tomasdotter Havuinen f 1655 i Kringsberget, S Finnskoga, bosatt i Sillerö, Malung och gift med Mats Jönsson därstädes.

1.5. Nils Tomasson Havuinen f 1661 i Kringsberget, S Finnskoga, d 1733-04-11, g 1699-03-26 med Ingeborg Andersdotter Himainen f 1682 i Galåsen, Trysil, d 1747-02-05 i S Finnskoga, dotter till Anders Henriksen Himainen och Berte Olsdatter Tossavainen.
Barn:
1.5.1. Valborg Nilsdotter Havuinen

1.5.2. Anders Nilsson Havuinen f 1700-01-09 i Kringsberget, S Finnskoga, d 1731-01-19, g 1719 med Britta Staffansdotter Tarvainen f 1700 i Mangen, Östmark, dotter till Staffan Henriksson Tarvainen och Margareta Bengtsdotter Manninen.
Barn:
1.5.2.1. Elisabet Andersdotter Havuinen f 1720-05-29 i Mangen, Östmark
1.5.2.2. Tomas Andersson Havuinen f 1724-11-01 i Mangen, Östmark
1.5.2.3. Staffan Andersson Havuinen f 1725, g 1752-06-29 i Britta Eriksdotter f 1731, bosatta i Kringsbergssätern, S Finnskoga.
Barn:
1.5.2.3.1. Britta Staffansdotter Havuinen f 1752 i Månglidsberg, S Finnskoga, d före 1810 i Kringsberget, S Finnskoga, g med Kristoffer Pålsson Honkainen f 1754 i S Finnskoga, d före 1810 i Kringsberget, S Finnskoga, son till Pål Danielsson Honkainen och Berte Andersdatter Kuosmainen.
1.5.2.3.2. Anders Staffansson Havuinen f 1754 i Månglidsberg, S Finnskoga, g med Anna Danielsdotter f 1759.
1.5.2.3.3. Olof Staffansson Havuinen f 1755, g med Marit Henriksdotter f 1745
1.5.2.3.4. Maria Staffansdotter Havuinen f 1760
1.5.2.3.5. Ingeborg Staffansdotter Havuinen f ca 1766 i Månglidsberg, S Finnskoga
1.5.2.3.6. Nils Staffansson Havuinen f 1770 i Månglidsberg, S Finnskoga
1.5.2.3.7. Henrik Staffansson Havuinen f 1771 i Månglidsberg, S Finnskoga, g med Anna Tomasdotter Havuinen f 1770 i Kringsberget, S Finnskoga, dotter till Tomas Olofsson Havuinen och Annika Andersdotter Neuvoinen.

1.5.2.4. Maria Andersdotter Havuinen f 1727
1.5.2.5. Olof Andersson Havuinen f 1729-07-29 i Skallbäcken, S Finnskoga

1.5.3. Lisbet Nilsdotter Havuinen f ca 1704 i Kringsberget, S Finnskoga, d 1742-02-17 i Skallbäcken, S Finnskoga, g1728 med Henrik Pålsson Lehmoinen f ca 1700 och d 1742-02-15 i Skallbäcken, S Finnskoga, son till Pål Henriksson Lehmoinen.
Barn:
1.5.3.1. Annika Henriksdotter Lehmoinen f 1729-04-24 i Skallbäcken, S Finnskoga
1.5.3.2. Lisbet Henriksdotter Lehmoinen f 1731-04-15 i Skallbäcken, S Finnskoga, d 1751-08-04 i Skråckarberget, S Finnskoga, g med Henrik Olofsson Vilhuinen f 1728-05-19 i Skråckarberget, S Finnskoga, d 1784-06-21, son till Olof Andersson Vilhuinen och Ingrid Henriksdotter Himainen.
Barn:
1.5.3.2.1. Olof Henriksson Vilhuinen f 1750-09-09 och d 1751-05-19 i Skråckarberget, S Finnskoga.

1.5.3.3. Pål Henriksson Lehmoinen f 1733-05-08 i Skallbäcken, S Finnskoga
1.5.3.4. Elin Henriksdotter Lehmoinen f 1734-08-16 i Skallbäcken, S Finnskoga, g 1753-06-11 med Henrik Andersson Tenhuinen f 1723 i Kindsjön, S Finnskoga, d 1803, son till Anders Larsson Tenhuinen och Britta Filipsdotter Neuvoinen.
Barn:

1.5.3.4.1. Britta Henriksdotter Tenhuinen f 1755 i Kindsjön, S Finnskoga, g med Mats Matsson Veteläinen f 1753 i Medskogen, S Finnskoga, son till Mats Johansson Veteläinen och Karin Matsdotter Tossavainen.

1.5.3.4.2. Anders Henriksson Tenhuinen f 1758 i Kindsjön, S Finnskoga, g med Karin Olofsdotter Mullikka f 1761 i Skråckarberget, S Finnskoga, dotter till Olof Matsson Mullikka och Ingrid Andersdotter Vilhuinen.

1.5.3.4.3. Lisbet Henriksdotter Tenhuinen f 1760 i Kindsjön, S Finnskoga

1.5.3.4.4. Henrik Henriksson Tenhuinen f 1763 och d 1812-04-07 i Kindsjön, S Finnskoga, g med Annika Olsdotter Kaikkalainen f 1771 i Kindsjön, S Finnskoga, dotter till Olof Olofsson Kaikkalainen och Marit Olofsdotter.

1.5.3.4.5. Annika Henriksdotter Tenhuinen f 1765 i Kindsjön, S Finnskoga, g1 med Johan Andersson f 1770 i Norge, g2 1803-12-20 med Tomas Nilsson Neuvoinen f 1766 i Bjurberget, S Finnskoga, son till Nils Tomasson Neuvoinen och Marit Andersdotter Neuvoinen.

1.5.3.4.6. Ingrid Henriksdotter Tenhuinen f 1767 i Kindsjön, S Finnskoga, g med Anders Olofsson Mullikka f 1773 i Skråckarberget, S Finnskoga, d 1846-02-23, son till Olof Matsson Mullikka och Ingrid Andersdotter Vilhuinen.

1.5.3.5. Ingeborg Henriksdotter Lehmoinen f 1737-04-04 och d 1737-12-21 i Skallbäcken, S Finnskoga

1.5.3.6. Maria Henriksdotter Lehmoinen f 1741-03-20 och d 1754-05-27 i Skallbäcken, S Finnskoga.

1.5.4. Tomas Nilsson Havuinen f 1707 i Kringsberget, S Finnskoga, d 1735-04-10

1.5.5. Olof Nilsson Havuinen f 1709 i Kringsberget, S Finnskoga, d 1763-01-07, nämndeman, g 1734-03-25 med Lisbet Andersdotter f 1711 i Viggen, Nyskoga.
Barn:
1.5.5.1. Ingrid Olofsdotter Havuinen f 1736-08-31 i Kringsberget, S Finnskoga, g 1755-10-05 med Nils Tomasson Neuvoinen f 1730-05-25 och d 1769-02-02 i Bjurberget, S Finnskoga, son till Tomas Filipsson Neuvoinen och Lisbet Eriksdotter Hyytiäinen.
Barn:
1.5.5.1.1. Olof Nilsson Neuvoinen f 1754 i Kringsberget, S Finnskoga.

1.5.5.2. Ingeborg Olofsdotter Havuinen f 1736-08-31 i Kringsberget, S Finnskoga, g 1755-10-05 med Nils Tomasson Neuvoinen f 1730-05-25, bosatta i Bjurberget, S Finnskoga.

1.5.5.3. Gertrud Olofsdotter Havuinen f 1739-05-11 i Kringsberget, S Finnskoga, g 1758-12-26 med Henrik Pålsson Himainen f 1733-03-22 i Öjeberget, Nyskoga, son till Pål Pålsson Himainen och Kerstin Matsdotter.
Barn:
1.5.5.3.1. Olof Henriksson Himainen f 1767 i N Flatåsen, Nyskoga, d 1822-06-04 i Öjeberget, Nyskoga, g med Anna Henriksdotter f 1775 i Öjeberget, Nyskoga, dotter till Henrik Henriksson.

1.5.5.4. Valborg Olofsdotter Havuinen f 1741-04-22 i Kringsberget, S Finnskoga

420

1.5.5.5. Tomas Olofsson Havuinen f 1744, d 1789-06-29 i S Finnskoga, g ,med Annika Andersdotter Neuvoinen f 1743-08-27 och d 1809-10-29 i Bjurberget, S Finnskoga, dotter till Anders Henriksson Neuvoinen och Anna (Annika) Henriksdotter.
Barn:
1.5.5.5.1. Olof Tomasson Havuinen f 1767 i Kringsberget, S Finnskoga, g med Marit Henriksdotter f 1758, d 1831-02-02 i Kringsberget, S Finnskoga
1.5.5.5.2. Anna Tomasdotter Havuinen f 1770 i Kringsberget, S Finnskoga, g med Henrik Staffansson Havuinen f 1771 i Månglidsberg, S Finnskoga, son till Staffan Andersson Havuinen och Britta Eriksdotter.
1.5.5.5.3. Anders Tomasson Havuinen f 1772 i Kringsberget, S Finnskoga
1.5.5.5.4. Henrik Tomasson Havuinen f 1775 i Kringsberget, S Finnskoga
1.5.5.5.5. Tomas Tomasson Havuinen f 1778 i Kringsberget, S Finnskoga

1.5.5.6. Ingrid Olofsdotter Havuinen f 1754-02-16

1.5.6. Annika Nilsdotter Havuinen f 1712 i Kringsberget, S Finnskoga, g 1731-07-28 i Dalby med Karl Matsson Havuinen f 1701, son till Mats Olofsson Lehmoinen och Marte Henriksdatter Raatikainen. Bosatta i Falltorp, S Finnskoga.
Barn:
1.5.6.1. Olof Karlsson Lehmoinen f 1733 i Falltorp, S Finnskoga, g med Annika Henriksdotter f 1737 i Falltorp, S Finnskoga.
Deras barn:
1.5.6.1.1. Karl Olofsson Lehmoinen f 1761 i Falltorp, S Finnskoga, g med Annika Mickelsdotter f 1762
1.5.6.1.2. Henrik Olofsson Lehmoinen f 1765 i Falltorp, S Finnskoga, g med Helena Andersdotter f 1770 i Norge
1.5.6.1.3. Annika Olofsdotter Lehmoinen f 1767 i Falltorp, S Finnskoga, g med Pål Mickelsson f i Norge
1.5.6.1.4. Olof Olofsson Lehmoinen f 1770 i Falltorp, S Finnskoga, d 1777
1.5.6.1.5. Nils Olsson Lehmoinen f 1773 i Falltorp, S Finnskoga, g med Karin Johansdotter

1.5.6.2. Mattis Karlsson Lehmoinen f 1735
1.5.6.3. Nils Karlsson Lehmoinen f 1738, d 1738
1.5.6.4. Mari Karlsdotter Lehmoinen f 1739
1.5.6.5. Karl Karlsson Lehmoinen f 1742 i Falltorp, S Finnskoga, d 1817, g med Annika Henriksdotter f 1749 i Avundsåsen, S Finnskoga, dotter till Henrik Matsson och Karin Henriksdotter.
Barn:
1.5.6.5.1. Karin Karlsdotter Lehmoinen f 1772 i Avundsåsen, S Finnskoga
1.5.6.5.2. Henrik Karlsson Lehmoinen f 1774 i Avundsåsen, S Finnskoga, g med Anna Eriksdotter f 1779, d 1820
1.5.6.5.3. Karl Karlsson Lehmoinen f 1776 i Avundsåsen, S Finnskoga

1.5.6.5.4. Maria Karlsdotter Lehmoinen f 1778-02-26 i Avundsåsen, S Finnskoga, g ca 1800 med Olof Matsson Kymöinen f 1757 i Avundsåsen, S Finnskoga, d ca 1800, son till Mats Matsson Kymöinen och Valborg Henriksdotter
1.5.6.5.5. Anna Karlsdotter Lehmoinen f 1787 i Avundsåsen, S Finnskoga
1.5.6.5.6. Ingeborg Karlsdotter Lehmoinen f 1791 i Avundsåsen, S Finnskoga

1.5.6.6. Per Karlsson Lehmoinen f 1742
1.5.6.7. Nils Karlsson Lehmoinen f 1745
1.5.6.8. Henrik Karlsson Lehmoinen f 1745
1.5.6.9. Henrik Karlsson Lehmoinen f 1748
1.5.6.10. Peder Karlsson Lehmoinen f 1751, d 1751
1.5.6.11. Maria Karlsdotter Lehmoinen f 1752 i Falltorp, S Finnskoga, d 1817 i Röjden, S Finnskoga, g med Anders NN.

1.5.7. Petter Nilsson Havuinen f 1715 i Kringsberget, S Finnskoga, g med Karin Nilsdotter f 1713.
Barn:
1.5.7.1. Henrik Pettersson Havuinen f i Kringsberget, S Finnskoga
1.5.7.2. Ingeborg Pettersdotter Havuinen f i Kringsberget, S Finnskoga
1.5.7.3. Anna Pettersdotter Havuinen f 1742, d 1752 i Kringsberget, S Finnskoga
1.5.7.4. Mats Pettersson Havuinen f 1744 i Kringsberget, S Finnskoga
1.5.7.5. Nils Pettersson Havuinen f 1746 i Kringsberget, S Finnskoga
1.5.7.6. Anna Pettersdotter Havuinen f 1752, d 1752

1.5.8. Jöns Nilsson Havuinen f 1715-02-19 i Kringsberget, S Finnskoga
1.5.9. Nils Nilsson Havuinen f 1718-01-21 i Kringsberget, S Finnskoga
1.5.10. Karin Nilsdotter Havuinen f 1720

Dramat i Slaktardalen 1648.

Riksantikvarieämbetet:

Älvdals härads tingsprotokoll i Råda, 29/1-1649. -- Gottlund, C.A.: 1821 (nyutgåva 1986). -- Axelsson, M.: Vandring i Wermlands Elfdal och Finnskogar.

Trång, brant, bäckdalgång (N-S) nederoderad i sandig moränmark. Skogsmark (tall). Enligt traditionen kallas den angivna platsen Slaktardalen, efter en strid mellan finnar och svenskar. Enligt Älvdals häradstingsprotokoll i Råda, 29/1-1649 skall striden ha utkämpats hösten 1648 i Slaktardalen, V om sjön Dypern (platsen är dock belägen S om Dypern), mellan tre nyinvandrade finnar från Mangen och åtta svenskar från Klarälvdalen. Svenskarna, som var på jakt- och fiskefärd, träffade på finnarna och bad dem om nattläger vid deras eld. Finnen Pafwel Staffansson Mulikka vakade misstänksamt och klarade sig, men finnen Peder Pedersson blev dödad i det nattliga slagsmålet. Utan bössa och skor sprang Mulikka 3 mil fågelvägen till Mangen efter hjälp. Vid återkomsten låg den tredje finnen, Lukas Matsson, med förfrusna fötter, nerkrupen till Slaktarbäcken.

De inblandade finnarna var **Pål Staffansson Mullikka, Per Persson Pennainen och Lukas Matsson, alla tjänade hos Per Larsson Pennainen (Lekare-Per) i Mangen.**

Se Älvdals häradstingsprotokoll i Råda 29/1 1649, forts.17/9 1649 vid laga ting i Skoga, Ekshärad, slutligt avgörande 20/3 1651.

Här följer Lars Bäckvalls avskrifter av de tre domboksprotokollen:

Älvdals häradstings protokoll 29/1 1649

Näst kom för rätten Peder Larsson i Mangen i Fryksände socken och Fryksdals härad en finne, med sin sonhustru Marit Pedersdotter, och klagade, att några bönder här i häradet, som var Lars Halvardsson, Olof Gumundsson, Håkan Larsson och Lars Jönsson i Persby, Mats Haraldsson i Gunneby, Halvard Olofsson i Tutstad, Nils Jönsson i Långa och Staffan Jönsson i Backa i Dalby socken, alla å skatte, hade dräpt hans son och hennes man Peder Pedersson, och slagit illa hans medfölje, Påvel Staffansson och Lukas Mattsson finnar, så att de med njuggt nöd kommo undan och fingo rädda sitt liv, såsom ock rövat och tagit bort för dem en älghud, ett mårdskinn, ett par skor, tre säckar, tvänne yxor, en kittel om fem marker, ett bälte med slida och tre knivar samt en pung med 1 Riksdaler och nio öre silver mynt, ett kruthorn, trenne eldfören och ett snustobakshus, och skjutit ihjäl deras hund och det genom sådant tillfälle, att benämte Peder Pedersson, Påvel Staffansson och Lukas Mattsson voro i höstas på Mosshöjden en fjärdings väg från Mangen att hämta hö, och blevo där varse ett nytt älgdjursspår, vilket de följde utur Fryksdalen in i Elvdalen och sedan in på Tolvmilaskogen, fem mil från alla byar där de hinte djuret och fällde det, gåendes där med en dagsled tillbaka in i Elvdalsbygden, där några bönder kommo till dem om natten i skogen med bössor, sägandes sig vara skogskarlar, och inte ville göra finnarna något ont, varför de gåvo bönderna mat med sig och lade sig sedan att sova, men väcktes så upp av dem med hugg och slag, att en måtte sätta livet till, och de andre rymma undan, lämnande de saker i sticket som förenämnde äro.

Där uppå Lars Halvarsson i Persby, för sig och sitt sällskap svarade, att de och deras grannar i Dalby socken, ledo jämt och samt stor skada av finnarna i det de icke allenast höggo fall och fällde djur uppå deras skogar, utan ock stulo bort för dem vad de över komma, både i gårdarna och sätrarna, såsom de hade nyligen stulit i Persby ett sölvkärl om 24 lod, två sölvskedar om 4 Riksdaler, smör fem lispund, ostar 5 st, allt det Gummund ibidem hade slaktat till sin vinterföda och alla hans hustrus småkläder, i Brönnäs mjöl 2 skäppor, smör ett lispund, ostar 5 stycken, om halvfjärde lispund, i Hjälsta sätrarna så mycken ost och smör de hade samlat efter sin boskap uti en månads tid, och i Uggenässätrarna smör halvtannat lispund och ostar fem stycken samt i Transtrand två kopparkittlar om halvfjärde lispund, men det ficks aldrig någon fast.

Ty samlaste dessa bönder sig, att gå och söka, om de icke kunna träffa sådana skalkar i marken, helst efter de hade hört sägas av Sal. Riksdrotsen Gabriel Gustafsson i Karlstad när över sådant party för honom klagades, att de voro Fågelfrigjorda för sex år tillbaka, och var måtte saklöst skjuta dem neder, ehuru sådana funnos och lika så talas av Landshövdingarna Gustav Lejonhuvud och Olof Stake, samt kammarfiskalen Johannes Westsjö, jämväl ock något sådant läses av den nya skogsordningen. Funno så sant, om en afton i höstas uti Dalbyskogen, på desse tre finnar efter spåret, vilka genast luppo åt skogen med sina bössor och yxor, drogo där av hölstren och spände bössorna, men kommo åter tillbaka när dem sades, att de måtte väl det göra, om de voro rätta i sina ärende, på det man kunde få talas vid, frågades alltså finnarna till, först var de hade tagit Elgdjuret? Därpå de svarade, på Ny sockens skog. Sedan huru långt nedom Tolvmilavägen? Därpå de svarade, en liten mil, där det likväl var kom därnäst, var de gingo till kyrka? Därpå de svarade. Stundom till Sund och stundom till Lysvik i Fryksdalen! Men intet ville de säga var de voro hemma, sedan så komne här bort, att söka efter mårdar. Som nu bönderna sågo, att samma finnar voro skogsstrykare, och ingen kände dem, icke heller kunde viss kunskap nås av dem, var de voro hemma, så talades bönderna vid, att de ville taga deras saker och fånga eller slå på dem, efter som de mente sig hava den rätt och makt till efter de gode herrars ord de skulle icke få rätt på sådana skalkar. Och emedan han som döden led icke lade sig utan satt och hade sin bössa och yxa allt när sig, så gåvo de sig först ifärd med honom, men han grep strax till sina knivar och värjde sig varför han /- - ?/ av dem och fick den ena slängen här och den andra där utav det de hade i händerna, nämligen yxor eller bössa, allenast så länge han värjde sig, men icke till döds. Av vem, huru mycket han blev slagen, kunde de inte veta, efter de voro alla om honom och det skedde i mörkret ett stycke från elden. Och såsom de andre, vem det kunde vara, bjöd sig ock till värn, så blev ock han slagen något av var, allt så länge han värjde sig och föll ned, det sammaledes skedde något stycke ifrån elden, men han kom sedan till elden igen medan bönderna voro där och lade före. Om den tredje fick någon hugg eller icke, medan de voro i mörkret med den första visste de inte, efter att han tog skogen. Hunden sköto de vid elden ned, för han lopp omkring och ville bita dem, och togo sedan bort med sig och hava ännu behållna alla saker, som ovan äro, mårdskinnet undantaget det de inte sågo, och gingo så ifrån dem.

Den ena finnen efter de tvenne som blevo vid livet, Påvel Staffansson var nu kommen med tillstädes, och bekände så, att efter som han skulle tjäna hos Peder Larsson i Mangen till hösten så var han ock med Peder Pedersson och Lukas Mattesson efter hö och djuret, och när bönderna kommo på dem lupo de ett stycke bort ifrån elden men drogo inte hölstren av eller spände någon bössa, gingo strax tillbaka till elden igen, när bönderna sade sig intet ont vilja tillfoga dem. Han lade sin bössa ned på matsäcken, kokade och gav bönderna välling med sig, och lade sig sedan att sova. När de somnade begynte bönderna först slå Lukas och följde så med hugg och slag åt kärret, att han blev liggandes hela natten över och frös fötterna av sig. Påvel fick tre slag i huvudet och ett på axeln av yxor, men vem som slog vet han inte. Kom strax undan åt skogen där han blev avsides hela natten över. Om morgonen gick han först fram till elden och fann Lucas liggande ifrån elden, kylder om fötterna, och Peder döder, en trädlängd ifrån elden, vilken syntes även så långt hava krupit ifrån det ställe på vilket han föll ned, fram till elden. Lucas Mattsson, den tredje finnen, en drifte karl, som plägade arbeta en vecka här och den andra där, ock intresserade med /- - ?/, var nu inte tillstädes.

Nämndemannen Nils Jönsson i Persby berättade häruppå, att han tillika med Lars Olofsson i Gunneby och Joen Torkildsson i Hole, hade gått strax därefter i Gällsta uti skogen och rannsakat om något Elgspår skulle hittas ifrån Fryksdalen, (överstrukna ord) men funno där varken nytt eller gammalt förrän en mil nordanför Tolvmilavägen här i Elvdalen upp i ett berg nordanför Lettån kallad Balkåsen, varest syntes att tjuvarne hade släckt två Djur, och sedan följt dem fyra mil längre nord förrän de fingo det ena, på vilken ort de hade funnet ett litet hus, och här uti förvarat köttet. Men som bönderna kommo över Finnarne med huden med de andra sakerna det var vid Djupkärn, Fem mil söder ifrån Balkåsen.

Efter Lucas var borta, och ännu icke bevist av käranden, att Djuret var släckt i Fryksdalen. Ty sköts detta målet upp till nästa Ting och vidare ransakning.

Anno 1649 den 17 september
Laga Ting uti Skoga i Ekshärads socken.
Samma dag kom för Rätten Lucas Mattsson, ifrån Mangen i Fryksände, som saknades å förra tinget uti den Actum, som angick de alla Elvdalsbönderna, vilka på förmaningen om en sann bekännelse, berättade sålunda, att även han höll till där i Mangen hos Peder Larsson, eljest kallad Lekare-Per och de förnummo även Mårten Pedersson i Mosshöjden i Fryxände socken, som hade varit i skogen efter hö, att på Överbyskogen funnos älgspår, så följde han med Peder Pedersson och Påvel Staffansson att söka det upp och funno älgen på Ny sockens ägor i Elvdalen, där de ock sköt på honom men han lopp lika fort, de sökte efter med hundarna och kommo på tvänne älgstånd, men visste intet, antingen samma älg eller annan hade där stått, följde på spåret därifrån in i Dalby socken, där de hunno Djuret och fällde det, in mot Höljes, tagandes med sig tillbaka huden med så mycket kött de orkade bära och lämnade det övriga kvar. När de nu voro komna söder om Landsvägen, råkade bönderna på dem efter dagsfärd, de rymde genast åt skogen, men som bönderna tryggade dem from, så gingo de tillbaka, åto tillhopa och lade sig, tvänne av bönderna, Finnarne och de andra där avsides av vilken /som finnarne tycker skulle vara Matts Haraldsson/ steg upp att hugga barr under huvud, och som han hade huggit något, sade Lars Halvarsson, nu är nog hugget och strax kom den som barren högg och slog honom Lucas för huvudet, där han satt med yxan och de andre efter givandes honom till 11 slag både i huvudet på armen och i sidan, att han föll ned, blev där liggande och frös fötterna av sig, därföre han nu går på knäna. Finnarna tillspordes om de kunna göra det gott, att de hade Elgspår i Fryxdalen hos sig, Därtill

svarades fuller ja, men hade inga vittnen därpå men funnit alla de bäste därtill. Nils Jönsson i Överbyn i Fryxände socken berättade sig hava gått och sökt om något spår skulle synas vid den tiden på Fryxdalsskogen efter finnarna skjute därpå, men funnit alls intet tecken därtill. Bönderna höllo sig vid det, att de bjödo till att fånga finnarna och som de inte villa giva sig, utan bjödo värn, så kom det till slagsmål efter så var avtalt och de skulle hava rätt därtill.

När nu saken skulle överläggas, fanns för rådsammast, att söka och inhämta vissheten om överhetens tillstånd, att antasta skogsstrykare till livet, förrän någon äntlig dom skulle kunna fällas i saken och emellertid måtte bönderna härefter som härtill njuta fast borgen.

Anno 1651 den 20 Marti.

Så inställde sig åter för Rätten Peder Larsson och Lucas Mattsson ifrån Mangen i Fryxdalen å skatte, å denna sidan kärande, och Olof Gumundsson och Lars Jönsson Pärsby, Matts Haraldsson i Gunneby och Halvard Olofsson i Tutstad, Nils Jönsson i Långav och Staffan Jönsson i Backa i Dalby socken å skatte på den andra sidan svarande, om det dråp, såramål, Rån och olaga djurfällande som de för detta hade drivit mot varandra, men käranden Påvel Staffansson var borta och en av svarandena benämte Håkan Sonesson i Persby drunknad i Storelven för ett helt år sedan, där uppå samtliga parterna nu närvarande först tillfrågades om de hade något att förebära eller påminna, som icke tillförande var infört. Därtill de svarade sig intet hava mer än det, att Lucas var nu bleven så färdig, att han kunde gå, som han ock gick på sina fötter, och han vittnade med Staffan Jönsson, att han icke gav något slag, varken på en eller annan. Sedan togs saken i betänkande, ock ehuruväl man hade förmodat en Copia av den Kungl. Majt.s Resolution om skogsstrykare, som kärandena biropade sig på, till rättelse uti detta målets omdömmande var tilldels denna icke verklig, så syntes Rätten icke ytterligst längre denna förbida, utan häri varde att skrida till doms, och domen till den högloflige Kungl. Hovrätten försända. Därför slöts därutöver efter noga överläggande sålunda. Ändock Rätten icke drager tvivelsmål därom, att det således skall vara av sal. Herr Riksdrotsen och ovanbenämte Landshövdingar sagt, det slika skogsstrykare skola vara fågelfri och Bönderna intet rättare förstått, att slika skall vara alldeles fredlösa. Likväl efter det icke måtte annorledes förstås, än där de eljest icke kunde slås fast, och av Ackterne synes att detta skulle icka hava här varit omöjligt, emedan finnarna hava först lagt sig att sova med Bönderna. Ty äga alla sex som slogo Peder Pedersson jämväl den drunknades arvingar för honom böta var sina 10 Rdr efter det 38 Cap. Dråp Will. LL. och de som återleva och sargade Lucas Mattsson plickta tillsammans för ett fullsår 20 skillingar, för 8 blodviten 24 skillingar, för tvenne blånader 6 skillingar, för avfrusna Tårna på bägge fötterna 24 skillingar, i såramål 18 skillingar. I lytisbot efter del 4, 5, 6 och 10 Cap, sår Will L.L. dem det Lucas var med och fällde djuret på böndernas skog, därför skall han böta 12 skillingar och svara efter sin quota till dess dubble betalning efter Mötesmanna död – som jämte Articulum 10 uti skogsordningen. Så böre ock Bönderna leverera finnarna allt sitt igen, undantagandes Elghuden, den de behålla in på djurets bolning, och dessa sedan böte för Rån, efter det 18 Cap §5 och 25 § i Bygg B. L.L.

426

Norra Finnskoga

Aspberget

Enligt Broberg 1988:

Svedjefinnarnas erövring av älvdalsskogarna gick framåt med förvånande snabbhet och effektivitet. På endast drygt ett decennium från de första nedsättningarna längst i söder var den fullbordad i och med bosättningen på Aspberget i höljesskogen omkring 1660. Vid denna tid eller möjligen något tidigare kom ett par bröder Lars och Per Hakkare (Hakkarainen), söner till Per Hakkarainen vid Nain på de östliga ekshäradsskogarna (jfr sid. 79), och slog sig ned på höljesskogen. Ungefär samtidigt kom en tredje finne och bosatte sig på Aspberget, Mats Tenhuinen från Kindsjön (jfr sid. 130), och med dessa tre bebyggare hade finnarna på sin frammarsch genom älvdalsskogarna nått landskapets nordspets. Bebyggelserna går under benämningen Höljesskogen i mantalslängderna 1661, 1666 och 1667 men Aspberget i tiondelängder och efter 1667 i alla längder. I mantalet 1661 står Lars med 2 egna och 2 husfolk fram till och med 1667 och Mats Tenhuinen till och med 1676. Per (Pekka) Hakkarainen uppges i traditionen först ha byggt på södra sluttningen av Vattahåberget på en plats som även kallats Pekkalavaln. Lars byggde en halv mil sydväst om Aspberget på Låbbekhå. På båda ställena har man sett spår och märken efter hustomter. Lars flyttade snart därifrån, efter det åskan slagit ihjäl hans kreatur, och byggde Jorsla i Aspberget. Den del som han hade upptagit av skogroten, sålde han till Sigfrid Matsson och Daniel Larsson. Mats Tenhuinen, som på Höljes' åbors tillstånd slagit sig ned och börjat röja ägor, sålde sitt nedlagda arbete till Mats Mårtensson Mohall och dennes broder Henrik Mårtensson. Mats' efternamn skrives vanligen Mohall, ibland även Muhal m. m., men släktnamnets rätta lydelse är oklar. Möjligen kan det tolkas som Muhan av Muhoinen, ett släktnamn som är rätt ofta förekommande i Aspberget under 1700-talet. I domboken 15/6 1663 står, att Aspberget är oskattlagt på Höljes' hävd, och enligt domboken 10/7 1668 skattlades nybygget Aspberget under Höljes i Dalby socken för 1/4. Detsamma utsäges i 1668 års jordebok. Efter 1667 försvinner Lars Hakkarainen ur längderna; därefter står Mårten 1671-76. 1677-79 är Aspberget spolierat av fienderna.

Lars Hakkarainen hade sönerna Henrik, Pål och Bengt. Staffan Waiken var hans måg och han bosatte sig i Aspberget. Om Bengt Larsson Hakkare anföres i ett mål från 1703, att han farit till främmande land. Pål Larsson Hakkare sökte den 20/3 1693 återbörda 1/3 i skattehemmanet Aspberget, som hans fader Lars Hakkare sålt till Daniel Larsson, vilket också lyckades.

Den 23/9 1691 tilltalade Josef Persson Hakkare i Aspberget sin broder Henrik Persson i Nain om arv efter sin fader Per Hakkare, jämväl bl. a. om att få sätta sig ned på 1/8 Nain, där hans fader bott, varemot Henrik föregav, att intet var efter hans fader, som blivit på sin höga ålderdom underhållen av sina barn. — Tidigare, den 15/5 1671, sökte Henrik Larsson Hakkare igenlösa det torp Aspberget, som hans fader sålt till Seffre Matsson, och den 15/12 1671 dömdes, att Henrik skulle med sina syskon igenlösa sin faders jord, som denne sålt i deras omyndiga år till Seffre Matsson för 34 rdr, och giva honom för hus och röjning 14 rdr.

Josef Persson Hakkare hade en son Josef Josefsson och sonsonen Josef f. 1706, vidare dennes son Josef f. 1739 och ännu en Josef Josefs-son f. 1767, d. 1825, samt dennes bror Erik Josefsson f. 1783, d. 1880, 97 år gammal och den siste i Aspberget som kunde tala finska.

Mats Thennund och Mats Mohall. Den 1/9 1704 sökte Mårten Matsson i Kindsjön att få i börd inlösa dess salige faders upptagna hemman eller torpställe halva Aspberget, som fadern för mer än 30 år sedan bortsålt till framledne finnen Mats Mohall och dennes broder Henrik Mårtensson frambjudande därtill 40 rdr courant. Vid denna begäran anfördes: »Mats Mohalls barn Mats och Mickel Matssöner som med sina bröder besitta hälften därav samt Mårten Staffansson som andra hälften åbor, som hans morfader den hafver inlöst.» Härpå svarades att torpstället var ringa och hade uppodlats så att det blivit skattlagt för 1/8 hem-man, vilken skatt de utdragit i 30 år. Mårten Matssons fader Mats Thennund ägde ingen arvsrätt på Höljes' ägor; sitt där nedlagda arbete hade han sålt, varför rätten ej kan finna någon återgång utan erkännes svarandes sak. Mats Mohall och Mats Thennunds barn och arvingar »bliva vid deras förfäders köp maintinerade och få sin därigenom förvärvade jord i Aspberget oqualt och fritt för käranden Mårten Matsson behålla och besitta».

Följande utgårdar och torp ligger under Aspberget:

Badstuknappen. Den förste som byggde i Badstuknappen hette Olof Arnesson, en norsk finne, som först bott på Furuåsen, ett torp öster om Aspberget, men inte fått fred där för elaka grannar. Hans flyttning skedde 1882; han livnärde sig till en början på bark, mossa, mjölk och fisk. - I förteckning över bebyggare har Bäckvalls Elfdalsarkiv: torp. Olof Andersson f. 1768.

Furuberget eller Furuåsen. Henrik Persson f. 1761.

Rådelsbråten. Erik Henriksson f. 1750 i Norge.

Ersberget. 1798 nybygge, 1800 torparen Per Clemetsson f. 1760 i Aspberget.

Storberget. Pål Larsson f. 1752 i Aspberget.

Uggleheden. 1686 betalar Samuel 2 kpr råg i tionde, jordeboken 1757 oskattl. torp på Aspbergets ägor. Den 16/10 1766 skattlades Uggleheden till 1/8 mantal. Det första namnet i Uggleheden är Samuel. Senare i början av 1700-talet har storfinnen i Aspberget Henrik Kosman (Kuosmainen) säter där, varefter hans mågar slår sig ned där som nybyggare.

Kärrbackstranden har sitt namn av Erik Kiärbagge, som upptog ett torp och bosatte sig där på 1650-talet; har kallats Kärrbaggtorpet, Kiärberget och omsider Kärrbackstranden. Jfr SOV XIV sid. 24. — Finnen Erik Kiärbagge bodde i Båtstad 1687. Hans son Hans Eriksson i Järpliden, f. i Kärrbackstorpet, död 1729 70 år gammal, var således född 1659.

Siekkinen i Lekvattnet, Aspberget och N Lutnes

Mats Siekkinen f ca 1590, i tiondet 1666 för Lekvattnet finns en Matts Sijk. Hustru okänd, barn Sigfrid Matsson Siekkinen f 1625.

Sigfrid Matsson Siekkinen f 1625, bosatt i Aspberget, N Finnskoga.
Skattade i N Lekvattnet 1658-63, därefter bodde man några år i Vittjärn, innan man drog norrut mot riksgränsen och köpte Mellantorpet i i Aspberget. Sigfrid skattade där 1669-76. Hemmanet övertogs av sonen Staffan.

Sigfrid köpte mark i Låbbekhå, någon kilometer sydväst om Aspberget, av Lars Persson Hakkarainen, vilken hade börjat röja där. På grund av att åskan slog ihjäl hans kreatur flyttade Lars och byggde istället Jorsla i Aspberget.

Maka okänd, tre barn kända:
1. Daniel Sigfridsson Siekkinen f 1655,
2. Staffan Sigfridsson Siekkinen f 1656,
3. Erik Sigfridsson Siekkinen f 1658 i Aspberget, N Finnskoga, g med Gertrud Matsdotter f 1665 i N Finnskoga.

1. Daniel Sigfridsson Siekkinen, f 1655 i Lekvattnet, Fryksände, d 1753-03-18 i Nordre Lutnes, g med Marit Henriksdotter Himainen f 1670 i Galåsen, Trysil, d 1743-03-25 i Baksjöberget, Trysil. Hennes föräldrar var Henrik Henriksson Himainen och Ingeborg Mårtensdotter Liitiäinen. Daniel växte upp i Aspberget, han blev nybyggare i Nordre Lutnes ca 1700, fick byggsedel 1695.
Barnen var:
1.1. Pål Danielsson Siekkinen f 1690 i Aspberget, N Finnskoga, d 1751-02-05 i Aspberget, g med Lisbet Pålsdotter Hakkarainen f 1698-04-29 i Järpliden, N Finnskoga, d 1766-12-16 i Aspberget, dotter till Pål Larsson Hakkarainen och Marit Larsdotter.
Deras barn:
1.1.1. Pål Pålsson Siekkinen f 1723-09-28 i Aspberget, N Finnskoga
1.1.2. Ingeborg Pålsdotter Siekkinen f 1728-05-06 i Aspberget, N Finnskoga, d 1809, g 1752-10-02 i Dalby med Elias Andersen Kuosmainen f 1725 i Törberget nordre, Trysil, d 1806-06-29 i Fuglesand, Osen, son till Anders Henriksen Kuosmainen och Kari Eliasdatter Muhoinen.
Barn:
1.1.2.1. Kari Eliasdatter Kuosmainen f 1751, g med Peder Olsen Munksjöberget.
1.1.2.2. Paul Eliassen Kuosmainen f 1756-03-14 i Nordre Osen, Fuglesand, Trysil, d 1825, g 1787 med Helene Pedersdatter Tossavainen f 1761-06-14 i Röbuknappen, Trysil, d 1841, son till Per Andersen Tossavainen och Siri Larsdatter. 3 barn.
1.1.2.3. Ingeborg Eliasdatter Kuosmainen f 1770, g med Halvor Olsen Gjevaldshaugen.

1.1.3. Britta Pålsdotter Siekkinen f 1729 i Aspberget, N Finnskoga

1.1.4. Daniel Pålsson Siekkinen f 1732 i Aspberget, N Finnskoga, d 1806, g med Kerstin Matsdotter Muhoinen f 1736 och d 1810-01-01 i Aspberget, N Finnskoga, dotter till Mats Matsson Muhoinen och Kerstin Henriksdotter Kuosmainen.
Barn:
1.1.4.1. Lisbet Danielsdotter Siekkinen f 1761 i Aspberget, N Finnskoga
1.1.4.2. Sara Danielsdotter Siekkinen f 1763 i Aspberget, N Finnskoga, d 1840, g1 med Henrik Persson Muhoinen f 1761 och d före 1800 i Aspberget, N Finnskoga, son till Per Eliasson Muhoinen och Britta Matsdotter Kymöinen. G2 med Olof Andersson f 1764.
1.1.4.3. Karin Danielsdotter Siekkinen f 1767 i Aspberget, N Finnskoga, g 1793-10-10 med Ole Arnesen f 1768-10-14 i Torkilsbye (Gisti), Våler, d 1834 i Bastuknappen, Skräddartorpet, N Finnskoga, son till Arne Knudsen och Berte Olsdatter.
1.1.4.4. Pål Danielsson Siekkinen f 1773 i Aspberget, N Finnskoga, d 1826-03-19 i Aspberget, N Finnskoga, g med Karin Eriksdotter f 1777 i Långflon, N Finnskoga, dotter till Erik Persson och Gertrud Matsdotter Muhoinen.

1.1.5. Erik Pålsson Siekkinen f 1734 i Aspberget, N Finnskoga, d 1792, g 1756 med Kari Andersdatter Suuroinen f 1736, d 1828-05-25 i Storsvea, Trysil, dotter till Anders Mattisen Suuroinen och Kersti Persdatter Kuosmainen.
Barn:
1.1.5.1. Daniel Eriksen Siekkinen f 1767-06-01 i Storsvea, Bakken, Trysil, d 1849-10-19, g med Karin Henriksdotter Liitiäinen f 1768-05-02 i Rangberget, S Finnskoga, d 1861, dotter till Henrik Andersson Liitiäinen och Klara Jonasdotter Hane.
1.1.5.2. Paul Eriksen Siekkinen f 1769-09-29 i Storsvea, Bakken, Trysil, d 1858-05-25, g 1798 med Ingeborg Halvorsdatter Galåsen (Nedstugus) f 1768, d 1834-05-09 i Galåsen, Pauls, Trysil.
1.1.5.3. Morten Eriksen Siekkinen f 1781-06-03 i Storsvea, Bakken, Trysil, d 1841-11-24, skomakare i Rundfloen, Trysil.

1.1.6. Mats Pålsson Siekkinen f 1738-02-13 i Aspberget, N Finnskoga
1.1.7. Sara Pålsdotter Siekkinen f 1740-06-25 i Aspberget, N Finnskoga

1.2. Daniel Danielsson Siekkinen f 1695 i N Lutnes, övertog N Lutnes 1726, d 1776, g med Helje Olsdatter Tossavainen f 1696 i Söre Osen, Östenheden,Trysil, dotter till Ole Olsen Tossavainen och Anne (Anniken) Persdatter Raatikainen.
Barn:
1.2.1. Daniel Danielsen Siekkinen f 1723, d 1752, g med Marit Mattisdatter Räisäinen f 1725, d 1808-06-19 i Medskogen, S Finnskoga.
Barn:
1.2.1.1. Helje Danielsdatter Siekkinen f 1750 i Nordre Lutnes, Trysil, d 1824-05-26, g 1769 med Daniel Eriksen Siekkinen f 1744 i Söre Osen, Östenheden, Trysil, d 1819-03-21, son till Erik Danielsen Siekkinen och Kari Olsdatter Tossavainen.
1.2.1.2. Anne Danielsdatter Siekkinen f 1752 i N Lutnes, Trysil, d 1810-12-23, g 1775 med Pål Persen Raatikainen f 1739 i Grönoset, Trysil, d 1800-03-22, son till Per Pålsen Raatikainen och Marit Andersdotter Vauhkoinen.

1.2.2. Ole Danielsen Siekkinen f 1725 i N Lutnes, Trysil, d 1790, g 1758 med Berte Gregersdatter Raatikainen f 1742 i Söre Osen, Nordre Ifarneset, Trysil, d 1795 i N Lutnes, Trysil, dotter till Greger Pedersen Raatikainen och Kari Johansdatter Käiväräinen.
Barn:
1.2.2.1. Helje Olsdatter Siekkinen f 1760, d 1803, g med Ola Olsen Sätre f 1754, d 1812 i Sätre, Audens, Trysil, son till Ola Persen och Kersti Torgalsdatter.
1.2.2.2. Daniel Olsen Siekkinen f 1761-09-27, d 1804-12-06, g med Anna Olofsdotter Räisäinen f 1755 i Järpliden, S Finnskoga, d 1820, dotter till Olof Matsson Räisäinen och Karin Olofsdotter.
1.2.2.3. Gregers Olsen Siekkinen f 1764, d 1829, g med Kari Mattisdatter Tossavainen f 1779, bosatt i Rundfloen, Trysil, dotter till Mattis Henriksen Tossavainen och Maren Persdatter Himainen.
1.2.2.4. Marte Olsdatter Siekkinen f 1775, d 1871, g med g med Jens Mattisen Tossavainen f 1771, d 1847 i Skjärberget, Trysil, son till Mattis Olsen Tossavainen och Kersti Persdatter.

1.2.3. Per Danielsen Siekkinen f 1729, d 1793, g med Anne Mattisdatter Räisäinen f 1717, d 1789, bosatta i Rotberget, Hof.
1.2.4. Morten Danielsen Siekkinen f 1731, d 1809, g 1760 med Marte Gregersdatter Raatikainen f 1732 i Söre Osen, Ifarneset, Trysil, d 1808, bosatta i Styggberget, Elverum. Dotter till Greger Pedersen Raatikainen och Kari Johansdatter Käiväräinen.
1.2.5. Marte Danielsdatter Siekkinen f 1736, d 1815-06-08, g 1754 med Morten Mortensen Kuosmainen f 1725 och d 1811-08-04 i Nyhuus vestre, Trysil, son till Morten Olsen Kuosmainen och Marte Staffansdotter Siekkinen.
Barn:
1.2.5.1. Gertrud Mortensdatter Kuosmainen f 1758-06-24 i Vestre Nyhus, Trysil, d 1835, g 1781 med Morten Paulsen Raatikainen f 1749 i Söndre Galåsen, Trysil, d 1818.
1.2.5.2. Daniel Mortensen Kuosmainen f 1760-03-06 i V Nyhus, Trysil, g 1792 med Marte Olsdatter f 1765 i Röbuknappen, Trysil, d 1825.
1.2.5.3. Helene Mortensdatter Kuosmainen f 1767-01-04 i V Nyhus, Trysil, d 1801-04-21, g med Ole Mattisen Tossavainen f 1767-01-01 och d 1839-11-15 i S Skjärberget, Trysil, son till Mattis Olsen Tossavainen och Kersti Persdatter.
1.2.5.4. Per Mortensen Kuosmainen f 1771, dop 1772-01-01 i V Nyhus, Varåholla, Trysil, g 1806 med Marte Andersdatter Kuosmainen f 1778, dop 1778-01-04, i Törberget nordre, Andersgarden, Trysil, d 1848, dotter till Anders Andersen Kuosmainen och Ingri Olsdatter Kuosmainen. Bosatta i Plassen, Mandfloen, Trysil.

1.2.6. Erik Danielsson Siekkinen f 1741-07-02 i N Lutnes, Trysil, d 1814-11-05 i Långflon, N Finnskoga, g 1772 med Kari Andersdotter Tossavainen f 1753-03-18 i S Lutnes, Trysil, d 1832-07-28 i Långflon, N Finnskoga, dotter till Anders Mattisen Tossavainen och Lisbet Henriksdotter Hakkarainen.
Barn:
1.2.6.1. Helena Eriksdotter Siekkinen f 1773-03-22 i N Lutnes, Trysil, bosatt i Långflon, Ö Näset, N Finnskoga.

1.2.6.2. Daniel Eriksson Siekkinen f 1774 i N Lutnes, Trysil, d 1843-12-12 i Långflonäset, N Finnskoga, g 1811-10-20 med Gertrud Matsdotter Hakkarainen f 1782-07-18 i Långflon, V Näset, N Finnskoga, d 1847-01-22 i Långflonäset, N Finnskoga. Dotter till Mats Josefsson Hakkarainen och Karin Olofsdotter.

1.2.6.3. Anders Eriksson Siekkinen f 1777 i Långflon, Ö Näset, N Finnskoga

1.2.6.4. Olof Eriksson Siekkinen f 1778 i Långflon, Ö Näset, N Finnskoga

1.2.6.5. Henrik Eriksson Siekkinen f 1781 i Långflon, Ö Näset, N Finnskoga, d 1853, g med Berta Olofsdotter f 1787 i Norge, d 1885.

1.2.6.6. Mårten Eriksson Siekkinen f 1782 i Långflon, Ö Näset, N Finnskoga.

1.2.6.7. Karin Eriksdotter Siekkinen f 1785 i Långflon, Ö Näset, N Finnskoga.

1.2.6.8. Mattes Eriksson Siekkinen f 1788 i Långflon, Ö Näset, N Finnskoga.

1.2.6.9. Lisa Eriksdatter Siekkinen f 1790-09-28 i Långflon, N Finnskoga, d 1852-12-06, g1 med Mats Klemetsson Muhoinen f 1776 i Uggelheden, N Finnskoga, son till Klemet Matsson Muhoinen och Karin Eriksdotter. G2 1816 med Petter Olsen Grönneset f 1791-05-22 i Plassen, Grönneset, Trysil, son till Ola Torgalsen och Ingeborg Pettersdatter Himainen.

1.2.6.10. Elias Eriksson Siekkinen f ca 1795 i Långflon, Ö Näset, N Finnskoga, d 1863, g 1824 med Marte Persdatter Hegg f 1798-07-09 i Engemoen, Trysil, d 1879.

1.3. Henrik Danielsson Siekkinen, f 1699 i N Lutnes, g 1722-10 med Sigrid Jonsdotter, f 1702 i Höljes, N Finnskoga, d 1786 i Höljes. Hon var dotter till Jon Halvardsson och Marit Gunnarsdotter. Henrik satte enligt Bäckvall sin yxa i en stock och skickade iväg den på Trysilelva. Där stocken stannade skulle han bosätta sig. Den flöt iland på Heden i Höljes så dit flyttade han och träffade sin blivande fru Sigrid Jonsdotter.
Barn:

1.3.1. Daniel Henriksson Siekkinen f 1726-05-31 och d 1816-03-29 i Höljes, N Finnskoga, g med Sigrid Magnusdotter f 1732 i Ransby, Dalby, d 1795-06-20 i Höljes, N Finnskoga. Dotter till Magnus Andersson och Helga Gudmundsdotter.
Deras barn:

1.3.1.1. Marit Danielsdotter Siekkinen f 1753 i Höljes, N Finnskoga

1.3.1.2. Helja Danielsdotter Siekkinen f 1756 i Höljes, N Finnskoga, g med Olof Olofsson f 1750 i Båtstad, N Finnskoga, son till Olof Halvardsson och Britta Jönsdotter.

1.3.1.3. Ingeborg Danielsdotter Siekkinen f 1756 i Höljes, N Finnskoga, g 1778 med Håkan Olofsson f 1754-09-14 i Uggelheden, Sörgården, N Finnskoga, d 1815-11-24 i Höljes, N Finnskoga, son till Olof Bengtsson och Gertrud Henriksdotter Kuosmainen.

1.3.1.4. Jon Danielsson Siekkinen f 1761 i Höljes, N Finnskoga, d 1826-01-19, g 1805-10-15 i Dalby med Marit Halvardsdotter f 1762 i Båtstad, N Finnskoga, d 1828, dotter till Halvard Larsson och Marit Olofsdotter.

1.3.1.5. Bengt Danielsson Siekkinen f 1765 i Höljes, N Finnskoga, d 1816, g med Karin Halvardsdotter f 1768 i Höljes, N Finnskoga, d 1846, dotter till Halvard Larsson och Marit Olofsdotter.

1.3.1.6. Sigrid Danielsdotter Siekkinen f 1770 i Höljes, N Finnskoga, d 1855-03-17 i V Kärrbackstrand, N Finnskoga, g med Halvard Larsson f 1762 i N Ny, d 1851-07-19 i N Finnskoga, son till Lars Halvardsson och Karin Ingemarsdotter.

1.3.1.7. Karin Danielsdotter Siekkinen f 1773 i Höljes, N Finnskoga, d 1840-05-20 i Fläskremmen, Dalby, g med Lars Halvardsson f 1766 i Stommen, Dalby, d 1827, son till Halvard Larsson och Marit Olofsdotter.

1.3.2. Marit Henriksdotter Siekkinen f 1729-06-06 i Höljes, N Finnskoga, g 1756-12-26 med Halvard Persson Höljman, avskedad soldat i Höljes, f 1735-04-28 i Hole, Dalby, d 1800-06-15 i Höljes, N Finnskoga, son till Per Olofsson och Ingeborg Halvardsdotter. Deras barn:
1.3.2.1. Sigrid Halvardsdotter f 1756 i Hole, Dalby, g 1794-11-20 med Olof Håkansson Kukkoinen f 1754-05-10 och d 1830-05-26 i Höljes, N Finnskoga, son till Håkan Andersson Kukkoinen och Rangela Larsdotter Kiikalainen.
1.3.2.2. Ingeborg Halvardsdotter f 1759 i Hole, Dalby, g med Lars Bengtsson Kiikalainen f 1758 i Höljes, N Finnskoga, d 1828, son till Bengt Larsson Kiikalainen och Karin Persdotter.
1.3.2.3. Per Halvardsson Höljman f 1765 i Höljes, N Finnskoga, soldat, antagen 1788 vid Närke-Värmlands regemente, d ca 1823, g 1792-03-25 med Karin Olofsdotter f 1767 i Höljes, N Finnskoga, dotter till Olof NN och Karin Olofsdotter.
1.3.2.4. Karin Halvardsdotter f 1771 i Höljes, N Finnskoga, g 1796-11-06 med Lars Josefsson Hakkarainen f 1769 i Aspberget, N Finnskoga, d 1841, son till Josef Josefsson Hakkarainen och Marit Larsdotter Hakkarainen.
1.3.2.5. Olof Halvardsson Wingfeldt f 1774 i Höljes, N Finnskoga, g med Karin Persdotter f 1772 i Holmberga, Dalby, dotter till Per Olofsson och Ingegerd Andersdotter.

1.3.3. Britta Henriksdotter Siekkinen f 1732 i Höljes, N Finnskoga, g 1754 med Jon Larsson f 1734 i Uggenäs, Dalby, d 1813, son till Lars Håkansson Domar och Marit Jonsdotter.
Barn:
1.3.3.1. Lars Jonsson f 1760 i Höljes, N Finnskoga, g med Gertrud Olofsdotter Muhoinen f 1756 i Uggelheden, N Finnskoga, d 1840-10-20 i Båtstad, N Finnskoga, dotter till Olof Klemetsson Muhoinen och Guli Henriksdotter Kuosmainen.
1.3.3.2. Sigrid Jonsdotter f 1769 i Höljes, N Finnskoga, g 1793-01-13 i Dalby med Knut Olofsson f 1763 i Norge.

1.3.4. Jon Henriksson Siekkinen f 1736 i Höljes, N Finnskoga, d 1816, g med Helga Jönsdotter f 1739-02-05 i Båtstad, N Finnskoga, dotter till Jöns Persson och Karin Matsdotter Utriainen.
Deras barn:
1.3.4.1. Marit Jonsdotter Siekkinen f 1760 i Båtstad, N Finnskoga, g med Halvard Engelbrektsson f 1755 i Åstrand, N Ny, son till Engelbrekt Olofsson och Ingeborg Mårtensdotter.
1.3.4.2. Daniel Jonsson Siekkinen f 1762 i Båtstad, N Finnskoga, g med Kerstin Olofsdotter f 1758 i Båtstad, N Finnskoga, dotter till Olof Halvardsson och Britta Jönsdotter.

1.3.4.3. Karin Jonsdotter Siekkinen f 1766 i Båtstad, N Finnskoga, g 1788-10-30 med Olof Persson f 1763, d 1833-02-27 i Hole, Dalby, son till Per Håkansson Slättman och Marit Larsdotter.

1.3.4.4. Sigrid Jonsdotter Siekkinen f 1768 i Båtstad, N Finnskoga, g med Olof Håkansson f 1774 i Stommen, Dalby, d 1852-09-21 i Sysslebäck, Dalby.

1.3.4.5. Henrik Jonsson Siekkinen f 1770 i Båtstad, N Finnskoga

1.3.4.6. Jon Jonsson Siekkinen f 1773 i Båtstad, N Finnskoga, d 1837-09-10 i Hole, Burkgården, Dalby, g 1798-10-28 med Karin Larsdotter f 1779-08-05 och d 1873-06-16 i Båtstad, N Finnskoga, dotter till Lars Olofsson och Ingeborg Olofsdotter.

1.3.4.7. Jöns Jonsson Siekkinen f 1776 i Båtstad, N Finnskoga, g med Sigrid Olofsdotter f 1780 och d 1847-01-20 i Ransby, Dalby, dotter till Olof Olofsson och Helja Danielsdotter Siekkinen.

1.3.4.8. Olof Jonsson Siekkinen f 1778 i Båtstad, N Finnskoga, d 1800-06- .

1.3.4.9. Håkan Jonsson Siekkinen f 1784-05-13 i Båtstad, N Finnskoga.

1.3.5. Karin Henriksdotter Siekkinen f 1740-11-30 i Höljes, Heden, N Finnskoga, d 1831-09-09 i Holmberga, Dalby, g 1765-07-07 i Stockholm, Maria fs, med Johan Thyberg, klockare och smed, f 1742-04-24 i Ny, d 1834-12-04 i Holmberga, Dalby, son till Lars Thyberg och Christina (Stina Caisa) Catharina Florin.

Barn:

1.3.5.1. Johan Magnus Thyberg, klockare, f 1766-01-27 i Uppsala, d 1844 i Holmberga, Dalby.

1.3.5.2. Anna Marta Thyberg f 1768 i Gunneby, Dalby

1.3.5.3. Sara Maria Thyberg f 1770 i Holmberga, Dalby, d 1859-12-18 i Dalby, g med kyrkoherden i Dalby Anders Jonasson Lagerkvist f 1746-09-13 i Laggaregården, Väse, d 1825-11-06 i Lillbergsgården, Dalby, son till Jonas Andersson och Maria Bengtsdotter.

1.3.5.4. Stina Kajsa Thyberg f 1774 i Holmberga, Dalby.

1.3.5.5. Bengt Gustaf Thyberg f 1777 i Holmberga, Dalby, d 1825-03-13 i Vingäng, Dalby, g med Marit Jönsdotter f 1789 i Vingäng, Dalby, dotter till Jöns Jönsson och Marit Markusdotter.

1.3.5.6. Lars Thyberg f 1779 i Holmberga, Dalby, d 1809-09-14.

1.3.6. Britta Henriksdotter Siekkinen f 1743 i Höljes, N Finnskoga

1.3.7. Sigrid Henriksdotter Siekkinen f 1744 i Höljes, N Finnskoga, g med Per Magnusson f 1745.

1.3.8. Anna Henriksdotter Siekkinen f 1746 i Höljes, N Finnskoga, g med Olof Bengtsson f 1745 i Höljes, N Finnskoga, son till Bengt Jonsson o okänd.

1.4. Erik Danielsen Siekkinen f 1703 i N Lutnes, d 1751, g 1730 med Kari Olsdatter Tossavainen f 1712, d 1785, dotter till Ole Olsen Tossavainen och Anne (Anniken) Persdatter Raatikainen. Familjen bosatt i Söre Osen, Söndre Östenheden, Trysil.

Barn:

1.4.1. Marte Eriksdatter Siekkinen f 1732, d 1782, g med Erik Persen Hvarstad f 1745 i Hernes, Graf, Elverum, d 1813.

1.4.2. Anne Eriksdatter Siekkinen f 1734 i Söre Osen, Östenheden Söndre, Trysil, 1756, g 1753 med Morten Andersen Kuosmainen f 1724 i Törberget nordre, Andersgarden, Trysil, d 1805-06-24 i Söre Osen, Bråten, Trysil, son till Anders Andersen Kuosmainen och Helje Eriksdatter Purainen.
Deras barn:
1.4.2.1. Anders Mortensen Kuosmainen f 1754
1.4.2.2. Anne Mortensdatter Kuosmainen f 1756-08-22, d 1756

1.4.3. Kari Eriksdatter Siekkinen f 1735, d 1817, g med Ole Hansen Svansåsen f 1725, d 1808.
1.4.4. Ole Eriksen Siekkinen f 1738 i Söre Osen, Östenheden, Trysil, d 1807, g med Marte Paulsdatter Raatikainen f 1741-01-01 i Galåsen söndre, Trysil, d 1822, dotter till Pål Pålsen Raatikainen och Kersti Mortensdatter Kuosmainen.
Barn:
1.4.4.1. Kari Olsdatter Siekkinen f 1764 i Söre Osen, Nordre Östenheden, Trysil, d 1813-01-01, g med Gregers Olsen f 1764-03-18 i Lutnes nordre, Trysil, d 1829-02-15.

1.4.5. Daniel Eriksen Siekkinen f 1744 i Söre Osen, Östenheden, Trysil, d 1819-03-21, g 1769 med Helje Danielsdatter Siekkinen f 1750 i Nordre Lutnes, Trysil, d 1824-05-26 i Söre Osen, Söndre Östenheden, Trysil, dotter till Daniel Danielsen Siekkinen och Marit Mattisdatter Räisäinen.
Deras barn:
1.4.5.1. Erik Danielsen Siekkinen f 1774, d 1830, g 1810 med Marte Halvorsdatter f 1790, d 1861-09-28. Bosatta i Söre Osen, Söndre Östenheden, Trysil.
1.4.5.2. Anne Danielsdatter Siekkinen f 1781-09-23 i Söre Osen, S Östenheden, Trysil, d 1827, g 1803 med Per Olsen Raatikainen f 1780-07-16 i S Osen, N Ifvarneset, Trysil, d 1808, son till Ole Persen Raatikainen och Berte Halvorsdatter.

1.4.6. Ingeborg Eriksdatter Siekkinen f ca 1745, g med Jörgen Jensen f 1746 i V Sätre, Elverum.
1.4.7. Gertrud Eriksdatter Siekkinen f ca 1749, d 1805, g med Jon Gudmundsen f 1743 i Lerbak, Elverum, d 1816.
1.4.8. Maren Eriksdatter Siekkinen f ca 1750, g med Peder Olsen.

2. Staffan Sigfridsson Siekkinen f 1656 i Aspberget, N Finnskoga, d 1735-05-03 i Aspberget, g 1679 med Marit Josefsdotter Hakkarainen f 1665 i Aspberget, d 1715-12- i Aspberget, dotter till Josef Persson Hakkarainen.
Deras barn var:
2.1. Marte Staffansdotter Siekkinen f 1683 i Aspberget, g1 med Anders Andersen Ronkainen, f 1656 i "Österdalarna Sverige", Orsa, d före 1712, bosatt i Törberget, Mattisgarden, Trysil. De hade en son Mattis Andersen Ronkainen, f 1699, d 1769.
Marte gifte sig sedan med Morten Olsen Kuosmainen, f 1687 i Törberget Söndre, Larsgarden, Trysil. De var bosatta i V Nyhus, Varåholla, Trysil. De fick barnen Marte Mortensdatter Kuosmainen f 1719, Kersti f 1720, Ole f 1723 och Morten f 1725.

Barn i första giftet:

2.1.1. Mattis Andersson Ronkainen f 1712 och d 1769 i Törberget, Mattisgarden, Trysil, g 1737 med Kari Olsdatter f 1703 i Hof, d efter 1772 i Törberget, Mattisgarden, Trysil.
Deras barn:

2.1.1.1. Marte Mattisdatter Ronkainen f 1738, d 1738

2.1.1.2. Kari Mattisdatter Ronkainen f 1741, d 1772

2.1.1.3. Mari Mattisdatter Ronkainen f 1742 i Törberget, Mattisgarden, Trysil, d 1814-03-13 i Elverum, g 1763 med Morten Olsen Kynberget f ca 1740 i Elverum, d 1825 i Ö Sätre, Langdikemoen, Elverum.

2.1.1.4. Anders Mattisen Ronkainen f 1745-03-23, d 1749 (begravd 1749-09-29)

2.1.1.5. Kersti Mattisdatter Ronkainen f 1747 i Törberget, Mattisgarden, Trysil, g 1770 med Ola Mattisen Gravberget Hakkarainen f 1745, d 1773. G2 1776 med Henrik Mortensen Gravberget Liitiäinen f 1751, d 1825.

2.1.1.6. Ole Mattisen Ronkainen f 1749, d 1749 (begravd 1749-09-29)

2.1.1.7. Marte Mattisdatter Ronkainen f 1750 i Törberget, Mattisgarden, Trysil, g1 med Jon Gudmundsen Vidsten, g2 1777 med Anders Mattisen Gravberget Hakkarainen f 1749 (dop 1749-12-07), d 1819.

2.1.1.8. Mattis Mattisen Ronkainen f 1754 i Törberget, Mattisgarden, Trysil, d 1801-06-28, g1 med Maria Bertelsdatter Otteråsen f 1755 i Norge, dotter till Bertel Olsen Törberget och Marte Andersdatter Kuosmainen. G2 1777 med Randi Persdatter f 1743 i Norge (ej Trysil), d 1794-11-02 i Törberget, Mattisgarden, Trysil. G3 1796 med Berte Olsdatter f 1772-03-19 i Innbygda, Hammersgard, Trysil, d 1852-12-29 i Törberget Söndre, Larsgarden, Trysil, dotter till Ola Jensen och Siri Gjermundsdatter.

Barn i andra giftet:

2.1.2. Marte Mortensdatter Kuosmainen f 1714 i Nyhus, Varåholla, Trysil, d 1801, g1 1740 med Anders Olsen Himainen f 1709 i Galåsen nordre, Trysil, d 1756 i Galåsen, Nordgarn, Trysil, son till Ole Andersen Himainen och Mari Persdatter Raatikainen.
G2 med Per Persen f 1726, d 1797 i Hagen, Trysil.
Barn i första giftet:

2.1.2.1. Maren Andersdatter Himainen f 1743-03-24 i Galåsen, Nordgarn, Trysil, d 1812-11-11, g 1767 med Halvor Hansen Nysäter f 1738 i Galåsen, Nedstugus, Trysil, d 1807-03-26.

2.1.2.2. Morten Andersen Himainen f 1745, d 1781

2.1.2.3. Marte Andersdatter Himainen f 1747-03-19 i Galåsen nordre, Trysil, d 1819 i Nordvera vestre, Trysil, g 1777 med Morten Mortensen Kuosmainen f 1751-10-03 i Nyhus vestre, Trysil, d 1814 i Nordvera vestre, Trysil, son till Morten Mortensen Kuosmainen och Gertrud Olsdotter Lehmoinen.

2.1.2.4. Ole Andersen Himainen f 1752

2.1.2.5. Anders Andersen Himainen f 1752

2.1.2.6. Kersti Andersdatter Himainen f 1756-01-01 i Galåsen nordre, Trysil, d 1838, g med Steffen Olsen Kuosmainen f 1754-03-16 i Nyhus östre, Trysil, d 1831-06-11 i Galåsen nordre, Trysil, son till Ole Mortensen Kuosmainen och Marte Olsdatter Himainen.

Barn i andra giftet:

2.1.2.7. Kari Persen f 1758, d 1837, g med Hans Andersen f 1764, d 1850, bosatta i Otteråsen, Trysil.

2.1.2.8. Per Persen f 1760, d 1820, g med Kersti Jonsdatter f 1760, d 1833, bosatta i Östre Lunde, Trysil.

2.1.2.9. Anders Persen f 1763, g med Ingeborg Olsdatter f 1765, bosatta i Östre Lunde, Borg, Trysil.

2.1.3. Kersti Mortensdatter Kuosmainen f 1720 i V Nyhus, Varåholla, Trysil, d 1802-08-08 i S Galåsen, Trysil, g1 1738 med Pål Pålsen Raatikainen f ca 1709 och d ca 1754 i S Galåsen, Trysil, son till Pål Persen Raatikainen och Kari Larsdatter. G2 1755-03-18 med Per Mikkelsen Himainen f 1728 i Skjärberget, Trysil, d 1803-01-30 i Galåsen, Sögarn, Trysil, son till Mikkel Olsen Himainen och Ingeborg Jonsdatter.

Barn i första giftet:

2.1.3.1. Marte Paulsdatter Raatikainen f 1741-01-01 i Galåsen söndre, Trysil, d 1822, g med Ole Eriksen Siekkinen f 1738 i Söre Osen, Östenheden, Trysil, d 1807, son till Erik Danielsen Siekkinen och Kari Olsdatter Tossavainen.

2.1.3.2. Kari Paulsdatter Raatikainen f 1744, d 1820-03-25, g 1762 med Per Persson f 1739, d 1836-11-04 i Ö Sätre, Trysil, son till Per Jensen och Kari Hansdatter.

2.1.3.3. Paul Paulsen Raatikainen f 1747-02-02 i S Galåsen, Trysil, d 1817-01-10, g 1768 med Gertrud Persdatter Tossavainen f ca 1747 i Osen, Röbuknappen, Trysil, d 1810-07-15 i S Galåsen, Trysil, dotter till Per Andersen Tossavainen och Siri Larsdatter.

2.1.3.4. Morten Paulsen Raatikainen f 1749, d 1818-09-06, g 1781 med Gjertrud Mortensdatter Nyhus Kuosmainen f 1755-06-26, d 1835-06-10.

2.1.3.5. Per Paulsen Raatikainen f ca 1751, d 1796, g med Kari Jonasdotter f 1750 i Rörbäcksnäs, Lima.

2.1.3.6. Ole Paulsen Raatikainen f 1753, d 1755

Barn i andra giftet:

2.1.3.7. Ingeborg Pettersdatter Himainen f 1758-06-24, d 1797-08-24, g 1781 med Ola Torgalsen f 1750-09-25, d 1805-10-21 i Ö Sätre, Trysil, son till Torgal Torgalsen Sätre och Ingri Persdatter.

2.1.4. Ole Mortensen Kuosmainen f 1723 i Nyhus, Varåholla, Trysil, d 1800-07-27, g 1745 med Marte Olsdatter Himainen f 1723 i Galåsen nordre, Trysil, d 1805-04-19 i Nyhus östre, Eriks, Trysil, dotter till Ole Andersen Himainen och Mari Persdatter Raatikainen.

Barn:

2.1.4.1. Morten Olsen Kuosmainen f 1746-10-07 i Östre Nyhus, Varåholla, Trysil, d 1807-02-22, g 1767 med Helje (Helene) Andersdatter Kuosmainen f 1745 i Törberget nordre, Andersgarden, Trysil, d 1824-03-21, dotter till Anders Andersen Kuosmainen och Berte Persdatter Kuosmainen.

2.1.4.2. Ingri Olsdatter Kuosmainen f 1750-03-04 i Nyhus östre, Varåholla, Trysil, d 1805, g 1768 med Anders Andersen Kuosmainen f 1742 i Törberget nordre, Andersgarden, Trysil, d 1794, son till Anders Andersen Kuosmainen och Berte Persdatter Kuosmainen.

2.1.4.3. Kersti Olsdatter Kuosmainen f 1752, d 1820, g med Ole Andersen Tossavainen f 1750, d 1813, bosatta i S Lutnes, Trysil.

2.1.4.4. Steffen Olsen Kuosmainen f 1754-03-16 i Nyhus östre, Trysil, d 1831-06-11, g med Kersti Andersdatter Himainen f 1756-01-01 i Galåsen nordre, Trysil, d d 1838, dotter till Anders Olsen Himainen och Marte Mortensdatter Kuosmainen.

2.1.4.5. Ole Olsen Kuosmainen f 1756, d 1795, g med Kersti Tollefsdatter f 1761, d 1834.

2.1.4.6. Anders Olsen Kuosmainen f 1757 i Nyhus östre, Eriks, Trysil, d 1834, g 1807-02-12 med Anna Haldorsdatter Helgås f 1778-06-07, d 1845-03-12.

2.1.5. Morten Mortensen Kuosmainen f 1725 i Nyhus vestre, Trysil, d 1811-08-04, g1 med Gertrud Olsdotter Lehmoinen f 1729 i Skråckarberget, S Finnskoga, d 1753 i Nyhus vestre, Trysil. G2 1754 med Marte Danielsdatter Siekkinen f 1736, d 1815-06-08, dotter till Daniel Danielsson Siekkinen och Helje Olsdatter Tossavainen.
Barn i första giftet:

2.1.5.1. Morten Mortensen Kuosmainen f 1751-10-03 i Nyhus vestre, Trysil, d 1814 i Nordvera vestre, g 1777 med Marte Andersdatter Himainen f 1747-03-19 i Galåsen nordre, Trysil, d 1819 i Nordvera vestre, dotter till Anders Olsen Himainen och Marte Mortensdatter Kuosmainen.

2.1.5.2. Marte Mortensdatter Kuosmainen f 1752-03-08 i Nyhus vestre, Trysil, g 1774 med Anders Andersen Holseth, Vang.
Barn i andra giftet:

2.1.5.3. Gertrud Mortensdatter Kuosmainen f 1758-06-24 i Vestre Nyhus, Trysil, d 1835, g 1781 med Morten Paulsen Raatikainen f 1749 i Söndre Galåsen, Trysil, d 1818.

2.1.5.4. Daniel Mortensen Kuosmainen f 1760-03-06 i V Nyhus, Trysil, g 1792 med Marte Olsdatter f 1765 i Röbuknappen, Trysil, d 1825.

2.1.5.5. Helene Mortensdatter Kuosmainen f 1767-01-04 i V Nyhus, Trysil, d 1801-04-21, g med Ole Mattisen Tossavainen f 1767-01-01 och d 1839-11-15 i S Skjärberget, Sögarn, Trysil, son till Mattis Olsen Tossavainen och Kersti Persdatter.

2.1.5.6. Per Mortensen Kuosmainen f 1771, dop 1772-01-01, i Nyhus vestre, Varåholla, Trysil, g 1806 med Marte Andersdatter Kuosmainen f 1777, dop 1778-01-04 i Törberget nordre, Andersgarden, Trysil, d 1848, dotter till Anders Andersen Kuosmainen och Ingri Olsdatter Kuosmainen.

2.2. Britta Staffansdotter Siekkinen f 1683 i Aspberget, d 1765-01-04, g med Per Olsen Kuosmainen f 1694, d 1760-01-02, son till Ole Andersen Kuosmainen och Kersti (Kirsten) Henriksdatter Himainen. Bosatta i Törberget söndre, Larsgarden, Trysil.
De fick 5 barn: Kersti f 1714, Marte f 1718, Berte f 1720, Ingeborg f 1722 och Anne f 1725.
Barn:

2.2.1. Kersti Persdatter Kuosmainen f 1714 i Törberget söndre, Larsgarden, Trysil, d 1800-07-28, g1 1733-09-29 med Anders Mattisen Suuroinen f 1704, d 1751, son till Mattis Suuroinen. Bosatta i Larsgarden. G2 1752-01-03 med Lars Olsen Kaikkalainen f ca 1715 i Kindsjön, S Finnskoga, d 1791-04-10 i Törberget söndre, Larsgarden, Trysil, son till Olof Olofsson Kaikkalainen och Karin Henriksdotter (Himainen?).

Noteringar:
Enligt hfl 1731-32 Kindsjön är Lars Olsson Kaikelan dräng och 15 år och han flyttar till Fryksdalen. Alltså född ca 1715. Trysilboka anger 1711 som födelseår.

1734 (ht 10) Lars Olofsson Kajkelan i N. Röjdåsen är instämd för lönskeläge med Annika Göransdotter ibidem. Lars erkänner att detta skett en vecka efter pingst förra året, men förnekar äktenskapslöfte som hennes bror, Erik Göransson, på hennes vägnar påstår och vilket man vill bevisa vid nästa ting.

1735 (vt 22) På Annika Göransdotters i N.Röjdåsen vägnar kärar hennes bror Erik Göransson till Lars Olofsson i Kindsjön, som under äktenskapslöfte lägrat henne och rått henne med barn. Lars erkänner att han lovat Annikas föräldrar Göran Larsson och Kerstin Eriksdotter att gifta sig med henne, men eftersom han ej har möjlighet till bosättning kan han ej uppfylla löftet. Lars ålägges att fullborda äktenskapet, i alla synnerhet eftersom varken hans eller hennes föräldrar är emot det. Annika skall för otidigt sängelag erlägga 2 daler småmynt.

Lars levnadsöde är för mig okänt från 1735 tills han gifter sig med nyblivna änkan Kersti Persdatter Kuosmainen i Törberget 1752.

Hennes barn i första giftet:
2.2.1.1. Ole Andersen Suuroinen f 1734, förmodligen död ung, ej med i skifte 1751
2.2.1.2. Kari Andersdatter Suuroinen f 1736, d 1828-05-25, g 1756 med Erik Pålsson Siekkinen f 1734 i Aspberget, N Finnskoga, d 1792, son till Pål Danielsson Siekkinen och Lisbet Pålsdotter Hakkarainen. Bosatta i Storsvea, Trysil.
2.2.1.3. Berte Andersdatter Suuroinen f 1738 i Törberget söndre, Larsgarden, Trysil, g 1758 med Erik Olsen Törberget, d 1778.
2.2.1.4. Kersti Andersdatter Suuroinen f 1741-12-25 i Törberget söndre, Larsgarden, Trysil, g 1769 med Gunder Persen, Raunum, Våler.
2.2.1.5. Marte Andersdatter Suuroinen f 1743 i Törberget söndre, Larsgarden, Trysil, d 1765-09-29, g 1764 med Morten Andersen Kuosmainen f 1724 i Törberget nordre, Andersgarden, Trysil, d 1805-06-24, son till Anders Andersen Kuosmainen och Helje Eriksdatter Purainen. Bosatta i Söre Osen, Bråten, Trysil.
2.2.1.6. Ingeborg Andersdatter Suuroinen f 1749, dop 1749-03-14, g med Per Mortensen Enberget Liitiäinen. Bosatta i Gråberget, Elverum 1778.
Barn i andra giftet:
2.2.1.7. Ole Larsen Kaikkalainen f 1752 och d 1836-05-25 i Törberget söndre, Larsgarden, Trysil, g 1774 med Kristine Olsdatter Kuosmainen f 1751 i Otteråsen, Trysil, d 1818-09-08 i Törberget söndre, Larsgarden, Trysil, dotter till Ole Andersen Kuosmainen och Kari Andersdatter Otteråsen.
2.2.1.8. Kari Larsdatter Kaikkalainen f 1754 i Törberget söndre, Larsgarden, Trysil, d 1788-04-18, g 1777 med Jon Andersen Lövberget f 1735, dop 1735-07-01, d 1825.
2.2.1.9. Per Larsen Kaikkalainen f 1756, dop 1756-08-29.
2.2.1.10. Anders Larsen Kaikkalainen f 1757, dop 1757-09-28, d 1778.

2.2.1.11. Anne Larsdatter Kaikkalainen f 1759 i Törberget söndre, Larsgarden, Trysil, g 1779 med Anders Andersen Kuosmainen f 1753-07-04 i Rysjölia, Trysil, son till Anders Andersen Kuosmainen och Marit Andersdotter Tenhuinen. Bosatta i Otteråsen nordre, Trysil.

2.2.2. Marte Persdatter Kuosmainen f 1718 i Törberget, Trysil, d 1800, g med Morten Mortensen Liitiäinen f ca 1709, d 1793, son till Morten Mortensen Liitiäinen. Bosatta i Enberget, Trysil.
Barn:
2.2.2.1. Berte Mortensdatter Liitiäinen, f i Enberget, Våler, d 1773-12-06 i Harildskogen, g med Ole Olsen Hakkarainen f 1737 i Gravbergsmoen, Norge, d ca 1782, son till Ole Olsen Hakkarainen och Ragnhild Olsdatter Våler.
2.2.2.2. Anders Mortensen Liitiäinen f ca 1744 i Enberget, Våler, g med Anne Mathisdatter. Bosatta i Gravbergsmoen.
2.2.2.3. Anne Mortensdatter Liitiäinen f 1746, g med Jon Olsen, Gravberget.
2.2.2.4. Morten Mortensen Liitiäinen f 1750 i Enberget, Våler, d 1792-10-04, g med Berte Henriksdatter Kuosmainen f 1750, dop 1750-03-13 och d 1817-12-18 i Törberget nordre, Trysil, dotter till Henrik Andersen Kuosmainen och Lisbet Olsdatter.
2.2.2.5. Ole Mortensen Liitiäinen f 1752 i Enberget, Våler, g med Anne Olsdatter f 1755 i Gravberget, Våler.
2.2.2.6. Marte Mortensdatter Liitiäinen f ca 1754 i Enberget, Våler, g 1779-10-30 med Daniel Henriksen Liitiäinen f 1741 i Bråten, Elverum, son till Henrik Mortensen Liitiäinen och Ingeborg Henriksdatter Liitiäinen. Bosatta i Rådelsbråten, Danila (på norska sidan). De var troligen Rådelsbråtens första bebyggare.
2.2.2.7. Kirsti Mortensdatter Liitiäinen f 1757 i Enberget, Våler, g 1781-09-12 med Erik Olsen Kuosmainen f 1754 i Gråberget, Elverum, d 1821-05-23 i Rådelsbråten, N Finnskoga, son till Ole Andersen Kuosmainen och Berte Hansdatter Storbekk.
2.2.2.8. Helene Mortensdatter Liitiäinen f 1760 i Enberget, Våler, og, bor hos föräldrarna 1782.

2.2.3. Berte Persdatter Kuosmainen f 1720 i Törbergety, Larsgarden, Trysil, d 1787-07-15, g 1741-10-02 med Anders Andersen Kuosmainen f 1713 i Törberget nordre, Andersgarden, Trysil, d 1793, son till Anders Andersen Kuosmainen och Helje Eriksdatter Purainen.
Barn:
2.2.3.1. Anders Andersen Kuosmainen f 1742 i Törberget nordre, Andersgarden, Trysil, d 1794, g 1768 med Ingri Olsdatter Kuosmainen f 1750-03-04 i Nyhus östre, Varåholla, Trysil, d 1805, dotter till Ole Mortensen Kuosmainen och Marte Olsdatter Himainen.
2.2.3.2. Helje (Helene) Anderdatter Kuosmainen f 1745 i Törberget nordre, Andersgarden, Trysil, d 1824-03-21, g 1767 med Morten Olsen Kuosmainen f 1746-10-07 i Östre Nyhus, Varåholla, Trysil, d 1807-02-22, son till Ole Mortensen Kuosmainen och Marte Olsdatter Himainen.

2.2.3.3. Berte Andersdatter Kuosmainen f 1747, dop 1747-03-17 i Törberget nordre, Andersgarden, Trysil, g 1770 med Henrik Olsen Hakkarainen f 1744, son till Ole Olsen Hakkarainen och Ragnhild Olsdatter Våler.

2.2.3.4. Anne Andersdatter Kuosmainen f 1752 i Törberget nordre, Andersgarden, Trysil, g 1782 med Ole Persen Himainen f ca 1748, son till Per Olsen Himainen och Anne Henriksdatter Kuosmainen. Bosatta i Skjärberget söndre, Trysil.

2.2.3.5. Erik Andersen Kuosmainen f 1753, dop 1753-06-11 i Ulvsjöberget, Elverum, d 1824, g 1779 med Kari Mattisdatter Gravberget f 1756, dop 1756-09-19, d 1831. Bosatta i Otteråsen, Söndre Trysil.

2.2.3.6. Marte Andersdatter Kuosmainen f 1754, dop 1754-06-30 i Törberget nordre, Andersgarden, Trysil, g 1776 med Mattis Henriksen Håberget f 1754. Bosatta i Håberget, Elverum.

2.2.3.7. Kersti Andersdatter Kuosmainen f 1756, dop 1756-09-26 i Törberget nordre, Andersgarden, Trysil, d 1839, g 1782 med Halvor Persen Kolos f 1743-06-30, d 1821. Bosatta i Kolos söndre, Engemoen.

2.2.3.8. Kari Andersdatter Kuosmainen f 1760, dop 1760-06-08 i Törberget nordre, Andersgarden, Trysil, d 1851, g 1783 med Halvor Persen Baksjöberget f 1752, dop 1752-12-31 i Kolos söndre, Nybergsund, Trysil, d 1848. Bosatta i Söre Osen, Baksjöberget, Trysil.

2.2.3.9. Morten Andersen Kuosmainen f 1762, dop 1762-09-05 i Törberget nordre, Andersgarden, Trysil, d 1810, g 1788 med Marte Halvorsdatter Hammersgaard f 1767, d 1789.

2.2.4. Ingeborg Persdatter Kuosmainen f 1722 i Törberget söndre, Larsgarden, Trysil, d 1797, g med Mattis Mattisen Tossavainen f 1723 i Skjärberget söndre, Trysil, d 1768 i Risberget, Våler, son till Mattis Olsen Tossavainen och Ingeborg Olsdatter Kuosmainen.

2.2.5. Anne Persdatter Kuosmainen f 1725 i Törberget söndre, Larsgarden, Trysil, d 1739, bosatt i Flisberget, Elverum.

2.3. Henrik Staffansson Siekkinen (Henrik Lappen) f 1685 i Aspberget, N Finnskoga, g med Elin Pålsdotter Hakkarainen f 1687, dotter till Pål Larsson Hakkarainen och Marit Larsdotter. Bosatta i Aspberget.
Barn:
2.3.1. Britta Henriksdotter Siekkinen f 1715-04-06 i Aspberget, N Finnskoga, g med Per Pålsson Raatikainen från Galåsen, Trysil.
2.3.2. Henrik Henriksson Siekkinen f 1724-07-09 i Aspberget, N Finnskoga.

2.4. Sigfrid Staffansson Siekkinen f 1686 i Aspberget, N Finnskoga, d 1714-04-17. Sigfrid var soldat, han sköt ihjäl sin granne Mats Mohall (Muhoinen) och avrättades genom halshuggning på Ulvheden, N Ny.
Sigfrid hade en son med okänd kvinna:
2.4.1. Staffan Sigfridsson Siekkinen f 1711.

2.5. Mats Staffansson Siekkinen f 1694 i Aspberget, N Finnskoga, d 1734, g med Gertrud Mickelsdotter Muhoinen f 1707, d 1774-04-11, bosatta i Aspberget.
Barn:
2.5.1. Marit Matsdotter Siekkinen f 1730-03-04 i Aspberget, N Finnskoga, g med Mats Amundsson f 1725.
Deras barn:
2.5.1.1. Maria Matsdotter f 1755 i Aspberget, N Finnskoga, g med Olof Olofsson Muhoinen f 1769 i Uggelheden, N Finnskoga, son till Olof Klemetsson Muhoinen och Guli Henriksdotter Kuosmainen.

2.5.2. Helga Matsdotter Siekkinen f 1731

2.6. Karin Staffansdotter Siekkinen f ca 1696 i Aspberget, N Finnskoga, d 1774-06-29, g med Anders Olsen Kuosmainen, f 1679 i Törberget söndre, Larsgarden, Trysil, d 1756-09-26 i Otteråsen nordre, Trysil, son till Ole Andersen Kuosmainen och Kersti (Kirsten) Henriksdatter Himainen. De var bosatta i Otteråsen nordre, Trysil och fick 9 barn mellan 1712 och 1733.
Barn:
2.6.1. Kerstin Andersdatter Kuosmainen f 1712, d 1718
2.6.2. Marte Andersdatter Kuosmainen f 1715 i Otteråsen, Trysil, d 1789, g1 1735 med Knut Engelbrektsson f ca 1707 i Aspberget, N Finnskoga, d 1751, g2 1754 med Bertel Olsen Törberget.
Barn i första giftet:
2.6.2.1. Kari Knutsdatter f 1737-03-16 i Otteråsen, Trysil
2.6.2.2. Anne Knutsdatter f 1740, dop 1740-07-02 i Otteråsen, Trysil
2.6.2.3. Hans Knutsen f 1744 i Otteråsen, Trysil
2.6.2.4. Kersti Hansdatter f 1745 i Otteråsen, Trysil, g med Jens Andersen, Våler
2.6.2.5. Ingri Knutsdatter f 1746 i Otteråsen, Trysil
2.6.2.6. Marte Hansdatter f 1748 i Otteråsen, Trysil
2.6.2.7. Anders Knutsen f 1750 i Otteråsen, Trysil
Barn i andra giftet:
2.6.2.8. Maria Bertelsdatter Otteråsen f 1755, g med Mattis Mattisen Ronkainen f 1754 i Törberget, Mattisgarden, Trysil, d 1801-06-28, son till Mattis Andersen Ronkainen och Kari Olsdatter.

2.6.3. Ole Andersen Kuosmainen f 1718 i Aspberget, N Finnskoga, d 1783-11-16, g med Kari Andersdatter Otteråsen f 1712, d 1783.
Barn:
2.6.3.1. Anders Olsen Kuosmainen f 1749 i Otteråsen nordre, Rysjölia, Trysil, d 1808, g 1774 med Kersti Jonsdatter Vesterhaug f ca 1723 i Elverum, d 1803.
2.6.3.2. Kristine Olsdatter Kuosmainen f 1751 i Otteråsen, Trysil, d 1818-09-08 i Törberget, Trysil, g 1774 med Ole Larsen Kaikkalainen f 1752, d 1836-05-25 i Törberget söndre, Larsgarden, Trysil, son till Lars Olsen Kaikkalainen och Kersti Persdatter Kuosmainen. De fick 11 barn.

2.6.3.3. Steffen Olsen Kuosmainen f 1755 i Otteråsen nordre, Rysjölia, Trysil, d 1817, g 1774 med Helena Mattisdatter Hakkarainen f 1752, dop 1752-02-27, i Gravbergsmoen, Våler, d 1833, familjen utflyttade till Juberget, Åsnes.

2.6.4. Anders Andersen Kuosmainen f 1720-03-18 i Aspberget, N Finnskoga, d 1785 i Åmot, g 1752 i Dalby med Marit Andersdotter Tenhuinen f 1729-09-21 i Kindsjön, S Finnskoga, dotter till Anders Larsson Tenhuinen och Britta Filipsdotter Neuvoinen.
Barn:
2.6.4.1. Anders Andersen Kuosmainen f 1753-07-04 i Rysjölia, Trysil, g 1779 med Anne Larsdatter Kaikkalainen f 1759 i Törberget söndre, Larsgarden, Trysil, dotter till Lars Olsen Kaikkalainen och Kersti Persdatter Kuosmainen.

2.6.5. Ingri Andersdatter Kuosmainen f 1723-02-11 i Aspberget, N Finnskoga, d 1797, g 1748 med Anders Andersen Kuosmainen f 1720 i Otteråsen nordre, Trysil, d 1795-10-04, son till Anders Henriksen Kuosmainen och Kari Eliasdatter Muhoinen. Bosatta i Söre Osen, Ravnkleven, Trysil.
Barn:
2.6.5.1. Kari Andersdatter Kuosmainen f 1749-03-19 i Söre Osen, Ravnkleven, Trysil, d 1818, begravd 1818-01-11, g1 med Mattis Mortensen Ifarneset, g2 med Erik NN från Sverige.
2.6.5.2. Anders Andersen Kuosmainen f 1750-09-27, g 1776 med Margrete Persdatter Raatikainen f ca 1750 i Ifarneset, Trysil, d 1786, dotter till Per Gregersen Raatikainen och Anne Olsdatter Överby.
2.6.5.3. Ingri Andersdatter Kuosmainen f 1753-06-11
2.6.5.4. Marte Andersdatter Kuosmainen f 1755-06-20
2.6.5.5. Berte Andersdatter Kuosmainen f 1758-06-24, d 1792
2.6.5.6. Kersti Andersdatter Kuosmainen f 1760-03-14, g med Gudmund Hansen Hvidsten f 1761-07-26, d 1784.
2.6.5.7. Ole Andersen Kuosmainen f 1763-04-04
2.6.5.8. Gjertrud Andersdatter Kuosmainen f 1765-07-02

2.6.6. Kersti Andersdatter Kuosmainen f 1725 i Ryssjöberget, Trysil, d 1795 i Säterberget, S Finnskoga, g 1752-09-29 med Mats Andersson Tenhuinen f 1725 i Kindsjön, S Finnskoga, d 1796 i Säterberget, S Finnskoga, son till Anders Larsson Tenhuinen och Britta Filipsdotter Neuvoinen.
Barn:
2.6.6.1. Karin Matsdotter Tenhuinen f 1754 i Säterberget, S Finnskoga, g med Karl Pålsson Saastainen f 1751, son till Pål Henriksson Saastainen och Annika Pålsdotter Raatikainen.
2.6.6.2. Kerstin Matsdotter Tenhuinen f 1756, d 1837-05-20 i Skråckarberget, S Finnskoga, g 1780-05-20 med Henrik Henriksson Vilhuinen f 1750 i Skråckarberget, S Finnskoga, d 1801, son till Henrik Henriksson Vilhuinen och Gertrud Eriksdotter Lehmoinen.
2.6.6.3. Annika Matsdotter Tenhuinen f 1758 i Säterberget, S Finnskoga

2.6.6.4. Anders Matsson Tenhuinen f ca 1759 i Säterberget, S Finnskoga, d 1811-08-27 i Galåsen, S Finnskoga, g 1794-10-13 i Dalby med Anna Persdotter f ca 1774 i Bograngen, S Finnskoga, dotter till Per Larsson och Kerstin Persdotter.
2.6.6.5. Marit Matsdotter Tenhuinen f 1766 i Kindsjön, S Finnskoga, g1 med Olof Tomasson, g2 med Samuel Pålsson Raaskoinen f 1746.

2.6.7. Steffen Andersen Kuosmainen f ca 1727 i Otteråsen nordre, Trysil, d ca 1773, g 1752 med Berte Mattisdatter Haaberget, bosatta i Lövhaugen, Elverum.
2.6.8. Per Andersen Kuosmainen f 1731-03-17, d 1732.
2.6.9. Morten Andersen Kuosmainen f 1733 i Otteråsen nordre, Trysil, d 1792, g1 med Berte Andersdatter Björberget, g2 med Anne Andersdatter Kuosmainen f ca 1722 i Törberget nordre, Andersgareden, Trysil, d 1798, dotter till Anders Andersen Kuosmainen och Helje Eriksdatter Purainen.

2.7. Anna Staffansdotter Siekkinen f 1708 i Aspberget, d 1718-04-06.

3. Erik Sigfridsson Siekkinen f 1658 i Aspberget, N Finnskoga, g med Gertrud Matsdotter f 1665 i N Finnskoga.
3.1. Erik Eriksson Siekkinen, f 1698 i Aspberget, soldat, g 1723-02-11 med Marit Andersdotter, f 1700 i Järpliden, S Finnskoga. De fick barnen Gertrud f 1723-03-20 och Anders f 1726-07-01, båda i Aspberget.
3.1.1. Gertrud Eriksdotter Siekkinen f 1723-03-20 i Aspberget, N Finnskoga, nöddop, kanske avliden.
3.1.2. Anders Eriksson Siekkinen f 1726-07-01 i Aspberget, N Finnskoga.

Muhoinen (Mohall) i Aspberget

1. Mats Mårtensson Muhoinen "Mats Mohall" f ca 1630, bosatt i Aspberget, N Finnskoga, g med Karin Matsdotter f ca 1630. Köpte mark i Aspberget före 1674 av föregångaren Mats Mårtensson Tenhuinen.

"En son till Tenhuinen i Kindsjön försökte 1704 att återlösa sin bördsrätt i det hemman eller torpställe, halva Aspberget,som hans fader för mer än trettio år sedan sålt till framlidne finne Mats Mohall. Han erbjöd nu Mats Mohalls söner Mats och Mickel,som med sina bröder besatt halva hemmanet, 40 Rdr, vilket de dock inte gick med på. Det framgick vidare att torpstället varit ringa och hade uppodlats så att det skattlagts för 1/8 hemman, vilken skatt de dragit i 30 år. Mårten Matssons fader Mats Tenhuninen ägde inte arvsrätt på Höljes ägor och sitt där nedlagda arbete hade han sålt, varför rätten ej kunde finna någon återgång vara aktuell."

Ättlingarna var:

1.1. Mats Matsson Muhoinen f 1660, d 1712, bosatt i Aspberget, g med Karin Eriksdotter Himainen f 1665 i Öjeberget, Nyskoga, d 175?, dotter till Erik Larsson Himainen. Det var denne Mats Mohall som blev skjuten av sin granne Sigfrid Staffansson Siekkinen, vilken avrättades för detta genom halshuggning på Ulvheden, N Ny 1714-04-17.

Barn:

1.1.1. Mats Matsson Muhoinen f 1698 i Aspberget, N Finnskoga, d 1760-04-29, g 1728-08-07 med Kerstin Henriksdotter Kuosmainen f 1710, d 1758-07-24 i Aspberget, N Finnskoga, dotter till Henrik Olsen Kuosmainen och Ablona Larsdotter Hakkarainen.

Deras barn:

1.1.1.1. Henrik Matsson Muhoinen f 1728, d 1796-01-13, g med Lisbet Pålsdotter Siekkinen f 1725, bosatta i Aspberget.

Barn:

1.1.1.1.1. Gertrud Henriksdotter Muhoinen f 1750 i Aspberget, N Finnskoga

1.1.1.1.2. Karin Henriksdotter Muhoinen f 1751-04-14 i Aspberget, N Finnskoga, d 1830-02-06 i Rådelsbråten, N Finnskoga, g med Erik Henriksen Liitiäinen f 1750, d 1837 i Rådelsbråten, N Finnskoga, son till Henrik Mortensen Liitiäinen och Ingeborg Henriksdatter Liitiäinen.

Deras barn:

1.1.1.1.2.1. Jakob Eriksson Liitiäinen f 1776 i Aspberget, N Finnskoga, d 1856-12-08, g med Ingeborg Nilsdotter f 1784 i Elverum, d 1845-08-26 i Rådelsbråten, N Finnskoga.

1.1.1.1.2.2. Lisa Eriksdotter Liitiäinen f 1780 i Aspberget, N Finnskoga

1.1.1.1.2.3. Helena Eriksdotter Liitiäinen f 1783 i Rådelsbråten, N Finnskoga

1.1.1.1.2.4. Karin Eriksdotter Liitiäinen f 1787 i Rådelsbråten, N Finnskoga

1.1.1.1.3. Erik Henriksson Muhoinen f 1753 i Aspberget, N Finnskoga, d 1827-08-08, g 1779-10-10 med Kerstin Matsdotter f 1753 i Juberget, S Finnskoga, d 1846-06-14 i Aspberget, Aven, N Finnskoga, dotter till Mats Karlsson och Marit Jonsdotter.

Deras barn:

1.1.1.1.3.1. Lisbet Eriksdotter Muhoinen f 1780

1.1.1.1.3.2. Kerstin Eriksdotter Muhoinen f 1783

1.1.1.1.3.3. Henrik Eriksson Muhoinen f 1786 i Aspberget, N Finnskoga, g med Britta Matsdotter Hakkarainen f 1785-07-31 i Långflon, N Finnskoga, dotter till Mats Josefsson Hakkarainen och Karin Olofsdotter.

1.1.1.1.3.4. Mats Eriksson Muhoinen f 1792-09-02 i Aspberget, N Finnskoga, g med Kerstin Halvardsdotter f 1794-10-01 i Slättne, Dalby, dotter till Halvard Håkansson och Ingegerd Matsdotter.

1.1.1.1.4. Lisbet Henriksdotter Muhoinen f 1757 i Aspberget, N Finnskoga, död tidigt

1.1.1.1.5. Henrik Henriksson Muhoinen f 1758 i Aspberget, N Finnskoga, g med Karin Jönsdotter Siekkinen f 1759 i Norge.

1.1.1.1.6. Marit Henriksdotter Muhoinen f 1759 i Aspberget, N Finnskoga, d efter 1813, g med Klemet Klemetsson Muhoinen f 1748-10-28 i Aspberget, N Finnskoga, d 1813-09-23 i Uggelheden, N Finnskoga, son till Klemet Klemetsson Muhoinen och Marit Henriksdotter Kuosmainen.

Barn:

1.1.1.1.6.1. Marit Klemetsdotter Muhoinen f 1789-02-11 och d 1800-06-13 i Aspberget, N Finnskoga

1.1.1.1.6.2. Lisa Klemetsdotter Muhoinen f 1792 och d 1795-04-13 i Uggelheden, N Finnskoga

1.1.1.1.6.3. Klemet Klemetsson Muhoinen f 1795 och d 1795-10-19 i Uggelheden, N Finnskoga

1.1.1.1.6.4. Helena Klemetsdotter Muhoinen f 1798 i Uggelheden, N Finnskoga

1.1.1.1.6.5. Karin Klemetsdotter Muhoinen f 1800 i Uggelheden, N Finnskoga

1.1.1.1.7. Lena Henriksdotter Muhoinen f 1761 i Aspberget, N Finnskoga

1.1.1.1.8. Mats Henriksson Muhoinen f 1764 i Aspberget, N Finnskoga

1.1.1.1.9. Daniel Henriksson Muhoinen f 1767 i Aspberget, N Finnskoga

1.1.1.2. Kerstin Matsdotter Muhoinen f 1730 i Aspberget, N Finnskoga

1.1.1.3. Karin Matsdotter Muhoinen f 1732-04-26 i Aspberget, N Finnskoga

1.1.1.4. Kerstin Matsdotter Muhoinen f 1736 i Aspberget, N Finnskoga, d 1810-01-01, g med Daniel Pålsson Siekkinen f 1732 i Aspberget, N Finnskoga, son till Pål Danielsson Siekkinen och Lisbet Pålsdotter Hakkarainen.

Deras barn:

1.1.1.4.1. Lisbet Danielsdotter Siekkinen f 1761 i Aspberget, N Finnskoga

1.1.1.4.2. Sara Danielsdotter Siekkinen f 1763 i Aspberget, N Finnskoga, d 1840, g1 med Henrik Persson Muhoinen f 1761 i Aspberget, N Finnskoga, d före 1800, son till Per Eliasson Muhoinen och Britta Matsdotter Kymöinen. G2 med Olof Andersson f 1764, bosatt i Furuberget, N Finnskoga.

Barn i första giftet:

1.1.1.4.2.1. Per Henriksson Muhoinen f 1787 i Aspberget, Furuberget, N Finnskoga, g med Johanna Jonsdotter f 1786 i Norge

1.1.1.4.2.2. Daniel Henriksson Muhoinen f 1791-04-25 i Aspberget, Furuberget, N Finnskoga, g med Anna Larsdotter Kiikalainen f 1790 i Höljes, N Finnskoga, dotter till Lars Håkansson Kiikalainen och Marit Halvardsdotter

1.1.1.4.2.3. Mats Henriksson Muhoinen f 1794 i Aspberget, N Finnskoga, g med Karin Persdotter Muhoinen f 1800-01-29 i Aspberget, N Finnskoga, dotter till Per Klemetsson Muhoinen och Ingeborg Ingvoldsdatter

1.1.1.4.2.4. Henrik Henriksson Muhoinen f 1797 i Aspberget, Furuberget, N Finnskoga
Barn i andra giftet:

1.1.1.4.2.5. Olof Olofsson f 1801 i Aspberget, Furuberget, N Finnskoga

1.1.1.4.2.6. Anders Olofsson f 1805-03-28 i Aspberget, N Finnskoga, g med Karin Olofsdotter f 1808 i Båtstad, N Finnskoga, dotter till Olof Olofsson och Ingegerd Persdotter.

1.1.1.4.3. Karin Danielsdotter Siekkinen f 1767 i Aspberget, N Finnskoga, g 1793-10-10 med Ole Arnesen f 1768-10-14 i Torkilsbye (Gisti), Våler, d 1834 i Bastuknappen, Skräddartorpet, N Finnskoga, son till Arne Knudsen och Berte Olsdatter. Ökänd jägare och skidåkare, bodde i Furuberget ett 10-tal år före Bastuknappen.
Barn:

1.1.1.4.3.1. Daniel Olofsson f 1792 i Aspberget, N Finnskoga, till Norge före 1810

1.1.1.4.3.2. Andreas Olofsson f 1794-08-19 i Aspberget, N Finnskoga, d 1841-03-10 i Bastuknappen, N Finnskoga, g med Marit Klemetsdotter Muhoinen f 1790-12-04 i Aspberget, N Finnskoga, dotter till Klemet Matsson Muhoinen och Karin Eriksdotter.

1.1.1.4.3.3. Olof Olofsson f 1794-08-19 i Aspberget, N Finnskoga

1.1.1.4.3.4. Marta Olofsdotter f 1797 i Aspberget, N Finnskoga

1.1.1.4.3.5. Kristian Olofsson f 1799 och d ca 1805 i Aspberget, N Finnskoga

1.1.1.4.3.6. Berte Olofsdotter f 1802 i Aspberget, N Finnskoga, g med Olof Olofsson f i Elverum, Norge.

1.1.1.4.3.7. Olof Olofsson (Knappman) f 1808 i Aspberget, N Finnskoga, g 1853 med Kerstin Larsdotter f 1829-09-09 i Skallbäcken, S Finnskoga, dotter till Lars Johansson och Karin Olofsdotter. Olof var förste brukare av Sör-Knappen.

1.1.1.4.3.8. Kristian Olofsson f 1811-12-18 i Aspberget, N Finnskoga

1.1.1.4.4. Pål Danielsson Siekkinen f 1773 och d 1826-03-19 i Aspberget, N Finnskoga, g med Karin Eriksdotter f 1777 i Långflon, Danjäl, N Finnskoga, dotter till Erik Persson och Gertrud Matsdotter Muhoinen.
Barn:

1.1.1.4.4.1. Pål Pålsson Siekkinen f 1802-04-11 och d 1840-04-10 i Aspberget, N Finnskoga, g 1829-03-06 med Helena Larsdotter Hakkarainen f 1796-06-19 och d 1858-02-16 i Aspberget, N Finnskoga, dotter till Lars Klemetsson Hakkarainen och Gertrud Bengtsdotter.

1.1.1.4.4.2. Erik Pålsson Siekkinen f 1805, d 1805

1.1.1.4.4.3. Kerstin Pålsdotter Siekkinen f 1808 i Aspberget, N Finnskoga, g med Elias Eliasson Muhoinen f 1800 i Kärrbackstrand, N Finnskoga, son till Elias Eliasson Muhoinen och Karin Klemetsdotter Muhoinen.

1.1.1.5. Erik Matsson Muhoinen f 1748-02-10 i Aspberget, N Finnskoga

1.1.1.6. Gertrud Matsdotter Muhoinen f 1750 i Aspberget, N Finnskoga, d 1806-02-05, g 1774-01-08 i Dalby med Erik Persson f 1746 i Bergslagen, d 1831-02-19 i Höljes, N Finnskoga.

Barn:

1.1.1.6.1. Karin Eriksdotter f 1777 i Långflon, N Finnskoga, g med Pål Danielsson Siekkinen f 1773 och d 1826-03-19 i Aspberget, N Finnskoga, son till Daniel Pålsson Siekkinen och Kerstin Matsdotter Muhoinen.

Deras barn:

1.1.1.6.1.1. Pål Pålsson Siekkinen f 1802-04-11 och d 1840-04-10 i Aspberget, N Finnskoga, g 1829-03-06 med Helena Larsdotter Hakkarainen f 1796-06-19 och d 1858-02-16 i Aspberget, N Finnskoga, dotter till Lars Klemetsson Hakkarainen och Gertrud Bengtsdotter.

1.1.1.6.1.2. Erik Pålsson Siekkinen f 1805, d 1805

1.1.1.6.1.3. Kerstin Pålsdotter Siekkinen f 1808 i Aspberget, N Finnskoga, g med Elias Eliasson Muhoinen f 1800 i Kärrbackstrand, N Finnskoga, son till Elias Eliasson Muhoinen och Karin Klemetsdotter Muhoinen.

1.1.1.6.2. Per Eriksson f 1779 i Långflon, N Finnskoga, g med Maria Matsdotter Hakkarainen f 1772 i Långflon, N Finnskoga, d 1852, dotter till Mats Josefsson Hakkarainen och Karin Olofsdotter.

Barn:

1.1.1.6.2.1. Erik Persson f 1807 i Långflon, N Finnskoga, g med Anna Olofsdotter f 1810-09-08 i Norge

1.1.1.6.2.2. Per Persson f 1810 i Långflon, N Finnskoga, g med Karin Bengtsdotter f 1816-03-03 i Höljes, N Finnskoga, dotter till Bengt Håkansson och Marit Persdotter

1.1.1.6.3. Mats Eriksson f 1784-07-04 i Långflon, N Finnskoga, g med Marit Persdotter Muhoinen f 1801 i Aspberget, N Finnskoga, d 1868 i N Finnskoga, dotter till Per Klemetsson Muhoinen och Ingeborg Ingvoldsdatter.

1.1.1.6.4. Kerstin Eriksdotter f 1787-10-15 i Långflon, N Finnskoga, d 1861, g med Per Pettersson f 1787 i Dalby, d 1850, son till Petter Persson och Maria Persdotter.

Barn:

1.1.1.6.4.1. Maria Persdotter f 1827-12-06 i Gunneby, Dalby, g med Per Olsson Hakkarainen f 1824, son till Olof Pålsson Hakkarainen och Anna Halvardsdotter.

1.1.1.6.4.2. Olof Persson f 1832-11-09 i Gunneby, Dalby, g med Lisa Ersdotter f 1833, d 1854 i Tutstad, Dalby, dotter till Erik Andersson Lom och Lisa Andersdotter Tenhuinen.

1.1.2. Gertrud Matsdotter Muhoinen f 1710 och d 1786-11-18 i Aspberget, N Finnskoga, g 1728-09-29 med Josef Josefsson Hakkarainen f 1706 i Aspberget, N Finnskoga, d 1766-03-11, son till Josef Josefsson Hakkarainen och Lisbet Johansdotter.

Deras barn:

1.1.2.1. Lisbet Josefsdotter Hakkarainen f 1730-02-13, d 1737-11-02

1.1.2.2. Lisbet Josefsdotter Hakkarainen f 1732 i Aspberget, N Finnskoga, g 1752 med Lars Mickelsson Honkainen f 1716-11-16 och d 1774 i Järpliden, S Finnskoga, son till Mickel Pålsson Honkainen och Marte Henriksdatter Piesainen.
Barn:
1.1.2.2.1. Berte Larsdotter Honkainen f 1761 i Varåholla (Nyhus), Trysil.

1.1.2.3. Karin Josefsdotter Hakkarainen f 1732-04-13, d 1737-06-05
1.1.2.4. Mats Josefsson Hakkarainen f 1734 i Aspberget, Larsgården, N Finnskoga, d ca 1790 i Långflon, N Finnskoga. G1 1757-06-25 i Dalby med Maria Olofsdotter f 1728 i Avundsåsen, S Finnskoga, d 1767-04-07 i Höljes, Långflonäset, N Finnskoga. G2 ca 1770 med Karin Olofsdotter f 1746 i Uggelheden, Sörgården, N Finnskoga, d 1841-02-10 i Långflon, V Näset, N Finnskoga, dotter till Olof Bengtsson och Gertrud Henriksdotter Kuosmainen.
Barn i första giftet:
1.1.2.4.1. Josef Matsson Hakkarainen f 1758 i Höljes, N Finnskoga
1.1.2.4.2. Gertrud Matsdotter Hakkarainen f 1759 i Höljes, N Finnskoga
1.1.2.4.3. Olof Matsson Hakkarainen f 1762, d 1762 i Höljes, N Finnskoga
1.1.2.4.4. Olof Matsson Hakkarainen f 1764 i Höljes, N Finnskoga
1.1.2.4.5. Lisbet Matsdotter Hakkarainen f 1766 i Höljes, N Finnskoga
Barn i andra giftet:
1.1.2.4.6. Anna Matsdotter Hakkarainen f 1769 i Höljes, N Finnskoga
1.1.2.4.7. Bengt Matsson Hakkarainen f 1770 i Långflon, N Finnskoga, g med Märta Andersdotter f 1778 i Norge.
Deras barn:
1.1.2.4.7.1. Karin Bengtsdotter Hakkarainen f 1809 i Långflon, N Finnskoga
1.1.2.4.7.2. Mattes Bengtsson Hakkarainen f 1815 i Långflon, N Finnskoga

1.1.2.4.8. Maria Matsdotter Hakkarainen f 1772 i Långflon, N Finnskoga, d 1852, g med Per Eriksson f 1779 i Långflon, N Finnskoga, son till Erik Persson och Gertrud Matsdotter Muhoinen.
1.1.2.4.9. Mats Matsson Hakkarainen f 1775 och d 1828-01-10 i Höljes, N Finnskoga, g1 med Marit Olofsdotter Kukkoinen f 1772, dotter till Olof Håkansson Kukkoinen och Sigrid Halvardsdotter, g2 1806-07-16 i Dalby med Marit Persdotter f 1777 i Långflon, N Finnskoga.
Barn i första giftet:
1.1.2.4.9.1. Mats Matsson Hakkarainen f 1804-03-13 i Höljes, N Finnskoga, g med Sara Larsdotter f 1809-04-11 i Lillbergsgården, Dalby, d 1888 i V Kärrbackstrand, N Finnskoga, dotter till Lars Olofsson och Sigrid Olofsdotter.
Barn i andra giftet:
1.1.2.4.9.2. Mats Matsson Hakkarainen f 1808-01-16 i Höljes, N Finnskoga
1.1.2.4.9.3. Per Matsson Hakkarainen f 1811 i Höljes, N Finnskoga
1.1.2.4.9.4. Kajsa Matsdotter Hakkarainen f 1814 i Höljes, N Finnskoga

1.1.2.4.9.5. Olof Matsson Hakkarainen f 1818-09-16 i Höljes, N Finnskoga, g med Marit Amundsdotter f 1823-02-27 i Aspberget, N Finnskoga, d 1872-10-21 i Höljes, N Finnskoga, dotter till Amund Eriksson och Lisbet Matsdotter Muhoinen.

1.1.2.4.9.6. Lars Matsson Hakkarainen f 1824-10-03 i Höljes, N Finnskoga, d 1846-08-18, g med Marit Olofsdotter Hakkarainen f 1826 i Aspberget, N Finnskoga, dotter till Olof Johansson Hakkarainen och Karin Olofsdotter Muhoinen

1.1.2.4.10. Henrik Matsson Hakkarainen f 1777 i Långflon, N Finnskoga

1.1.2.4.11. Karin Matsdotter Hakkarainen f 1779-11-18 i Långflon, N Finnskoga, g med Anders Håkansson f 1776 i Transtrand, Dalby, d 1850-11-07 i Långflon, N Finnskoga, son till Håkan Jönsson Tran och Kerstin Persdotter

1.1.2.4.12. Gertrud Matsdotter Hakkarainen f 1782-07-18 i Långflon, N Finnskoga, d 1847-01-22, g 1811-10-20 med Daniel Eriksson Siekkinen f 1774 i Lutnes, Trysil, d 1843-12-12 i Långflonäset, N Finnskoga, son till Erik Danielsson Siekkinen och Kari Andersdotter Tossavainen

1.1.2.4.13. Britta Matsdotter Hakkarainen f 1785-07-31 i Långflon, N Finnskoga, g med Henrik Eriksson Muhoinen f 1786 i Aspberget, N Finnskoga, son till Erik Henriksson Muhoinen och Kerstin Matsdotter

1.1.2.5. Gertrud Josefsdotter Hakkarainen f 1736-05-28, d 1738-05-24

1.1.2.6. Olof Josefsson Hakkarainen f 1738

1.1.2.7. Josef Josefsson Hakkarainen f 1739-03-29, d före 1742

1.1.2.8. Josef Josefsson Hakkarainen f 1742-03-25 i Aspberget, N Finnskoga, g 1766-09-28 med Marit Larsdotter Hakkarainen f 1739-03-31 i Aspberget, N Finnskoga, d 1809-03-25, dotter till Lars Larsson Hakkarainen och Britta Klemetsdotter Muhoinen.
Barn:

1.1.2.8.1. Josef Josefsson Hakkarainen f 1767, d 1841

1.1.2.8.2. Lars Josefsson Hakkarainen f 1769, d 1841

1.1.2.8.3. Olof Josefsson Hakkarainen f 1772

1.1.2.8.4. Karin Josefsdotter Hakkarainen f 1774, d 1840

1.1.2.8.5. Mats Josefsson Hakkarainen f 1780, d 1806

1.1.2.8.6. Erik Josefsson Hakkarainen f 1783, d 1880

1.1.2.9. Henrik Josefsson Hakkarainen f 1744-12-21, g med Karin Persdotter Kymöinen f 1751, bosatta i Långflon, N Finnskoga.
Barn, alla födda i Långflon, N Finnskoga:

1.1.2.9.1. Gjertrud Henriksdotter Hakkarainen f 1771

1.1.2.9.2. Per Henriksson Hakkarainen f 1776

1.1.2.9.3. Britta Henriksdotter Hakkarainen f 1777

1.1.2.9.4. Lisbet Henriksdotter Hakkarainen f 1779

1.1.2.9.5. Karin Henriksdotter Hakkarainen f 1782

1.1.2.9.6. Josef Henriksson Hakkarainen f 1874

1.1.2.10. Per Josefsson Hakkarainen f 1747, d 1748

1.1.2.11. Anna Josefsdotter Hakkarainen f 175010-21, d 1822-06-20

1.1.2.12. Erik Josefsson Hakkarainen f 1753

1.1.2.13. Per Josefsson Hakkarainen f 1756 i Aspberget, N Finnskoga

1.2. Mickel Matsson Muhoinen f 1663, d 1756-09-28, g med Helga Henriksdotter f 1681, d 1741-03-21. Bosatta i Aspberget.

Barn:

1.2.1. Gertrud Mickelsdotter Muhoinen f 1707, d 1774-04-11, g 1 med Mats Staffansson Siekkinen f 1694 i Aspberget, N Finnskoga, d 1734, son till Staffan Sigfridsson Siekkinen och Marit Josefsdotter Hakkarainen. G2 med Erik Larsson f 1702, d 1776-03-01 i Aspberget, N Finnskoga.

Barn i första giftet:

1.2.1.1. Marit Matsdotter Siekkinen f 1730-03-04 i Aspberget, N Finnskoga, g med Mats Amundsson f 1725.

Barn:

1.2.1.1.1. Maria Matsdotter f 1755 i Aspberget, N Finnskoga, g med Olof Olofsson Muhoinen f 1769 i Uggelheden, N Finnskoga, son till Olof Klemetsson Muhoinen och Guli Henriksdotter Kuosmainen.

1.2.1.2. Helga Matsdotter Siekkinen f 1731-08-08 i Aspberget, N Finnskoga

Barn i andra giftet:

1.2.1.3. Karin Eriksdotter f 1746 och d 1827-04-26 i Aspberget, N Finnskoga, g med Klemet Matsson Muhoinen f 1744 och d 1794-12-26 i Aspberget, N Finnskoga, son till Mats Klemetsson Muhoinen och Ingeborg Henriksdotter Kuosmainen.

Deras barn:

1.2.1.3.1. Mats Klemetsson Muhoinen f 1776 i Uggelheden, N Finnskoga, g med Lisa Eriksdotter Siekkinen f 1790-09-28 i Långflon, N Finnskoga, d 1852-12-06, dotter till Erik Danielsson Siekkinen och Kari Andersdotter Tossavainen

1.2.1.3.2. Karin Klemetsdotter Muhoinen f 1778, g med Elias Eliasson Muhoinen f 1775 i Aspberget, N Finnskoga, son till Elias Persson Muhoinen och Elsa Henriksdotter Vauhkoinen.

1.2.1.3.3. Erik Klemetsson Muhoinen f 1781-10-30 i Aspberget, N Finnskoga

1.2.1.3.4. Henrik Klemetsson Muhoinen f 1784-02-02 i Aspberget, N Finnskoga, d 1867-08-31 i Gunneby, Dalby, g med Anna Andersdotter Nikkarainen f 1800 i Hole, Dalby, dotter till Anders Eriksson Nikkarainen och Kerstin Persdotter.

1.2.1.3.5. Marit Klemetsdotter Muhoinen f 1790-12-04 i Aspberget, N Finnskoga, g med Andreas Olofsson f 1794-08-19 i Aspberget, N Finnskoga, d 1841-03-10 i Bastuknappen, N Finnskoga, son till Ole Arnesen och Karin Danielsdotter Siekkinen.

1.2.1.3.6. Gertrud Klemetsdotter Muhoinen f 1790-12-04 i Aspberget, N Finnskoga, g med Olof Olofsson (Knappman) f 1808 i Aspberget, N Finnskoga, son till Ole Arnesen och Karin Danielsdotter Siekkinen.

1.2.1.4. Lars Eriksson f 1748-03-30 i Aspberget, N Finnskoga, g med Anna (Annika) Persdotter Muhoinen f 1746 i Aspberget, N Finnskoga, dotter till Per Eliasson Muhoinen och Britta Matsdotter Kymöinen

1.2.1.5. Mickel Eriksson f 1750-11-26 i Aspberget, N Finnskoga

1.3. Elias Matsson Muhoinen f 1669, d 1733-12-26, g1 1694 med Marta Henriksdotter, d 1710, bosatta i Aspberget, N Finnskoga. Elias gifte om sig, g2 1714 med Britta Hansdotter f 1670, bosatta i Aspberget. Elias , var "gift först 20 år, sedan 19 år, 14 barn sammanlagt". Jag har fått fram 4 barn i första giftet:

1.3.1. Elias Eliasson Muhoinen f 1690 i Aspberget, g med Britta Henriksdotter f 1679, d 1760-05-11, bosatta i Aspberget.

Deras barn:

1.3.1.1. Karin Eliedotter Muhoinen f 1721, dop 1721-06-02 i Aspberget, N Finnskoga

1.3.1.2. Kerstin Eliedotter Muhoinen f 1727-07-02 i Aspberget, N Finnskoga

1.3.1.3. Britta Eliedotter Muhoinen f 1730-05-29 i Aspberget, N Finnskoga.

1.3.2. Kari Eliasdatter Muhoinen f 1694, d 1765.

1.3.3. Mickel Eliasson Muhoinen f 1703 i Aspberget, d 1734, g 1730 med Gertrud Henriksdatter Kuosmainen f 1705 i Törberget nordre, Trysil. Bosatta i Aspberget.

1.3.4. Per Eliasson Muhoinen f 1709 i Aspberget, g 1744-10-21 med Britta Matsdotter Kymöinen f 1722-05-14 i Avundsåsen, S Finnskoga. Bosatta i Aspberget.

1.4. Klemet Matsson Muhoinen f 1671 i Aspberget, d 1743-03-29, g 1699 med Margareta Matsdotter Tenhuinen f 1673 i Kindsjön, S Finnskoga, d 1756-05-17 i Aspberget, N Finnskoga.

Barn:

1.4.1. Klemet Klemetsson Muhoinen f 1709 i Aspberget, N Finnskoga, d 1792-04-20, g 1736-04-18 med Marit Henriksdotter Kuosmainen f 1720-01-01 i Aspberget, N Finnskoga, d 1804-02-03 i N Finnskoga, dotter till Henrik Olsen Kuosmainen och Guli Jönsdotter.

Deras barn:

1.4.1.1. Klemet Klemetsson Muhoinen f 1738-04-17, d 1738-06-

1.4.1.2. Karin Klemetsdotter Muhoinen f 1739-10-16 i Aspberget, N Finnskoga

1.4.1.3. Henrik Klemetsson Muhoinen f 1744 i Aspberget, N Finnskoga

1.4.1.4. Olof Klemetsson Muhoinen f 1746 i Aspberget, N Finnskoga, d 1823, g med Karin Larsdotter Hakkarainen f 1743-07-27 i Aspberget, N Finnskoga, d 1824, dotter till Lars Larsson Hakkarainen och Britta Klemetsdotter Muhoinen.

Deras barn:

1.4.1.4.1. Marit Olofsdotter Muhoinen f 1772 i Aspberget, N Finnskoga, g med Ole Mattisen Suuroinen f 1769, dop 1769-06-11, d 1851-05-09 i Flisberget, Elverum, son till Mattis Olsen Suuroinen och Marte Persdatter Liitiäinen

1.4.1.4.2. Mats Olofsson Muhoinen f 1773 i Aspberget, N Finnskoga

1.4.1.4.3. Olof Olofsson Muhoinen f 1775, d 1775

1.4.1.4.4. Olof Olofsson Muhoinen f 1780-02-04 i Aspberget, N Finnskoga, d 1863-01-10 i N Finnskoga, g med Anna Eliasdotter Muhoinen f 1777 i Aspberget, N Finnskoga, d 1848, dotter till Elias Persson Muhoinen och Elsa Henriksdotter Vauhkoinen.

1.4.1.5. Klemet Klemetsson Muhoinen f 1748-10-28 i Aspberget, N Finnskoga, d 1813-09-23 i Uggelheden, N Finnskoga, g med Marit Henriksdotter Muhoinen f 1759 i Aspberget, N Finnskoga, d efter 1813, dotter till Henrik Matsson Muhoinen och Lisbet Pålsdotter Siekkinen.

Barn:

1.4.1.5.1. Marit Klemetsdotter Muhoinen f 1789-02-11 och d 1800-06-13 i Aspberget, N Finnskoga

1.4.1.5.2. Lisa Klemetsdotter Muhoinen f 1792 och d 1795-04-13 i Uggelheden, N Finnskoga

1.4.1.5.3. Klemet Klemetsson Muhoinen f 1795 och d 1795-10-19 i Uggelheden, N Finnskoga

1.4.1.5.4. Helena Klemetsdotter Muhoinen f 1798 i Uggelheden, N Finnskoga

1.4.1.5.5. Karin Klemetsdotter Muhoinen f 1800 i Uggelheden, N Finnskoga

1.4.1.6. Guli Klemetsdotter Muhoinen f 1751, d 1760

1.4.1.7. Mats Klemetsson Muhoinen f 1755-12-22 i Aspberget, N Finnskoga, d 1831, g med Gertrud Persdotter Muhoinen f 1756 i Aspberget, N Finnskoga, d ca 1836.

Barn:

1.4.1.7.1. Anna Matsdotter Muhoinen f 1782

1.4.1.7.2. Karin Matsdotter Muhoinen f 1785

1.4.1.7.3. Gertrud Matsdotter Muhoinen f 1791, d 1871

1.4.1.7.4. Per Matsson Muhoinen f 1795, d 1869

1.4.1.7.5. Lisbet Matsdotter Muhoinen f 1800

1.4.1.8. Per Klemetsson Muhoinen f 1760 i Aspberget, N Finnskoga, g med Ingeborg Ingvoldsdatter f 1767 i Norge, d 1838-10-16 i Aspberget, N Finnskoga, dotter till Ingvold Pedersen och Kari Mikkelsdatter Himainen.

1.4.2. Britta Klemetsdotter Muhoinen f 1710, d 1785, g med Lars Larsson Hakkarainen f 1706

Deras ättlingar har tidigare redovisats under 1.6.5.2. Britta Klemetsdotter Muhoinen i kapitlet om Tenhuinen.

1.4.3. Olof Klemetsson Muhoinen f 1713 i Aspberget, N Finnskoga, d 1773-07-13 i Uggelheden, Nordgården, N Finnskoga, g med Guli Henriksdotter Kuosmainen f 1727-02-25 i Aspberget, N Finnskoga, d 1808-02-29 i Båtstad, N Finnskoga, dotter till Henrik Olsen Kuosmainen och Guli Jönsdotter.

Deras ättlingar har tidigare redovisats under 1.6.5.3. Olof Klemetsson Muhoinen f 1713 i kapitlet om Tenhuinen

1.4.4. Mats Klemetsson Muhoinen f 1716-05-24 i Aspberget, N Finnskoga, d 1778-07-20, g med Ingeborg Henriksdotter Kuosmainen f 1718 och d 1795-02-26 i Aspberget, N Finnskoga, dotter till Henrik Olsen Kuosmainen och Ablona Larsdotter Hakkarainen.

Deras ättlingar har tidigare redovisats under 1.6.5.4. Mats Klemetsson Muhoinen i Kapitlet om Tenhuinen.

Bröderna Vauhkoinen i Aspberget och Uggelheden

Två bröder Vauhkoinen inflyttade till Norra Finnskoga under senare delen av 1600-talet. Det var Staffan och Samuel Staffansson Vauhkoinen.

1. Staffan Staffansson Vauhkoinen, född 1631 i Lövåsen, Fryksdalen. Kom till Aspberget 1679 efter att ha varit bosatt i Arnsjön, Östmark en period. Död 1727-04-09 i Aspberget, Gift med Karin Larsdotter Hakkarainen, f 1652 i Nain, Ekshärad, dotter till Lars Persson Hakkarainen och Karin Olsdotter.
Deras barn var:
1.1. Mårten Staffansson Vauhkoinen, "Mårten Vaiken", f 1669, död 1734-03-11, g med Annika Andersdotter, 10 barn, varav 6 är kända:
1.1.1. Staffan Mårtensson Vauhkoinen f 1690 i Aspberget, N Finnskoga, d 1751-05-07, g med Kerstin Larsdotter f 1695
Deras barn:
1.1.1.1. Anna Staffansdotter Vauhkoinen f 1726-11-27 i Aspberget, N Finnskoga
1.1.1.2. Staffan Staffansson Vauhkoinen f 1730-05-29 i Aspberget, N Finnskoga, g 175 med Britta Henriksdotter Hakkarainen f 1732-10-09 i Aspberget, N Finnskoga, dotter till Henrik Bengtsson Hakkarainen och Marit Matsdotter. Familjen flyttade till Långflon, N Finnskoga och fanns där 1772, obekant därefter.
Deras barn, alla födda i Långflon, N Finnskoga:
1.1.1.2.1. Britta Staffansdotter Vauhkoinen f 1756
1.1.1.2.2. Anna Staffansdotter Vauhkoinen f 1759
1.1.1.2.3. Kerstin Staffansdotter Vauhkoinen f 1761
1.1.1.2.4. Marit Staffansdotter Vauhkoinen f 1762

1.1.1.3. Anna Staffansdotter Vauhkoinen f 1732 i Aspberget, N Finnskoga, g med Erik Eskilsson f 1741 i Höljes, N Finnskoga, d ca 1780 i Tutstad, Dalby.
Deras barn:
1.1.1.3.1. Annika Eriksdotter f 1767 i Höljes, N Finnskoga, d 1843-06-03 i Lillbergsgården, Dalby, g med soldaten Per Pettersson Lillman f 1762 i Bograngsberget, S Finnskoga, d 1851-11-03 i Lillbergsgården, Dalby, son till Petter Larsson och Marit Olofsdotter.
Deras barn:
1.1.1.3.1.1. Marit Persdotter f 1790-01-05 i Lillbergsgården, Dalby, d 1848-11-07 i Stommen, Dalby,
rel.1. med fältjägaren Bengt Håkansson f i Uggelheden, N Finnskoga
1.1.1.3.1.2. Petter Persson f 1794-03-21 i Lillbergsgården, Dalby, d 1868-04-19 i Slättne, Dalby, g med Kerstin Jönsdotter f 1798-11-30 och d 1855-04-19 i Slättne, Dalby, dotter till Marit Jönsdotter.
1.1.1.3.1.3. Anna Persdotter f 1796-01-19 och d 1828-11-26 i Lillbergsgården, Dalby, g med Halvard Olofsson f 1781-12-21 i N Branäs, Dalby, d 1873 i Dalby, son till Olof Markusson och Ingeborg Persdotter.

1.1.1.3.1.4. Kerstin Persdotter f 1806-10-21 i Lillbergsgården, Dalby, g med Olof Olofsson Qvick f 1811-07-01 och d 1903 i Gunneby, Dalby, son till Olof Olofsson och Karin Larsdotter.

1.1.1.3.1.5. Sigrid Persdotter f 1810-08-12 i Lillbergsgården, Dalby, d 1879-04-12 i Gunneby, Dalby, g med soldaten Per Gudmundsson Gunnerfeldt f 1815-09-15 i Idbäck, Malung, d 1866-08-16 i Gunneby, Dalby.

1.1.1.4. Lars Staffansson Vauhkoinen f 1732-11-01 i Aspberget, N Finnskoga

1.1.1.5. Anders Staffansson Vauhkoinen f 1737-12-27 i Aspberget, N Finnskoga

1.1.1.6. Marit Staffansdotter Vauhkoinen f 1738 i Aspberget, N Finnskoga, d 1743-05-28

1.1.1.7. Mårten Staffansson Vauhkoinen f 1740-05-22 i Aspberget, N Finnskoga, d 1740-06-19.

1.1.2. Mårten Mårtensson Vauhkoinen f 1695 i Aspberget, N Finnskoga, g med Helga Samuelsdotter Kauppinen f 1700, dotter till Samuel Mortensen Kauppinen och Kari Henriksdotter Himainen.

Deras barn:

1.1.2.1. Henrik Mårtensson Vauhkoinen f 1724, d ca 1756 i Långflon, N Finnskoga, g med Anna Mårtensdotter f 1726, d ca 1801

Deras barn:

1.1.2.1.1. Elsa Henriksdotter Vauhkoinen f 1754, g med Elias Persson Muhoinen f 1748 i Aspberget, N Finnskoga, son till Per Eliasson Muhoinen och Britta Matsdotter Kymöinen.

Deras barn:

1.1.2.1.1.1. Per Eliasson Muhoinen f 1771 i Aspberget, N Finnskoga

1.1.2.1.1.2. Elias Eliasson Muhoinen f 1775 i Aspberget, N Finnskoga, g med Karin Klemetsdotter Muhoinen f 1778, dotter till Klemet Matsson Muhoinen och Karin Eriksdotter.

1.1.2.1.1.3. Anna Eliasdotter Muhoinen f 1777 i Aspberget, N Finnskoga, d 1848, g med Olof Olofsson Muhoinen f 1780-02-04 i Aspberget, N Finnskoga, d 1863-01-10, son till Olof Klemetsson Muhoinen och Karin Larsdotter Hakkarainen

1.1.2.1.1.4. Olof Eliasson Muhoinen f 1780 i Aspberget, N Finnskoga

1.1.2.1.1.5. Andreas Eliasson Muhoinen f 1783 i Aspberget, N Finnskoga, g med Kerstin Jonsdotter f 1785 i Norge, d 1845-03-30 i Båtstad, N Finnskoga

1.1.2.1.1.6. Hans Eliasson Muhoinen f 1785 i Aspberget, N Finnskoga

1.1.2.1.1.7. Ingeborg Eliasdotter Muhoinen f 1791 i Aspberget, N Finnskoga

1.1.2.1.1.8. Mathias Eliasson Muhoinen f 1794 i Aspberget, N Finnskoga

1.1.2.2. Mårten Mårtensson Vauhkoinen f 1729-01-20 i Aspberget, N Finnskoga, d 1731

1.1.2.3. Mårten Mårtensson Vauhkoinen f 1731-04-08

1.1.2.4. Kerstin Mårtensdotter Vauhkoinen f 1732-11-04 i Aspberget, N Finnskoga

1.1.2.5. Marit Mårtensdotter Vauhkoinen f 1733-02-10 i Aspberget, N Finnskoga

1.1.2.6. Annika (Anna) Mårtensdotter Vauhkoinen f 1736-04-13 i Aspberget, N Finnskoga

1.1.2.7. Britta Mårtensdotter Vauhkoinen f 1737-06-26 i Aspberget, N Finnskoga

1.1.2.8. Henrik Mårtensson Vauhkoinen f 1740-01- , d 1741-07-25

1.1.3. Annika Mårtensdotter Vauhkoinen f 1697 i Aspberget, N Finnskoga, g 1727-06-16 med Mårten Olofsson f 1691 i Aspberget, N Finnskoga, d 1742-02-20
Barn:
1.1.3.1. Karin Mårtensdotter f 1738-01-27 i Aspberget, N Finnskoga
1.1.4. Henrik Mårtensson Vauhkoinen f 1700 i Aspberget, N Finnskoga, g med Karin Matsdotter f 1705.
Barn:
1.1.4.1. Mats Henriksson Vauhkoinen f 1737-03-14, d 1737-06-30
1.1.4.2. Elsa Henriksdotter Vauhkoinen f 1754 i Aspberget, N Finnskoga, d ca 1825, g med Elias Persson Kymöinen f 1748 i Aspberget, N Finnskoga, d 1818
Deras barn:
1.1.4.2.1. Hans Eliasson Kymöinen f 1785 i Aspberget, N Finnskoga, g med Ragnhild Olsdotter Kiikalainen f 1784 i Höljes, N Finnskoga
Barn:
1.1.4.2.1.1. Kajsa Hansdotter Kymöinen f 1816-12-12 i Aspberget, N Finnskoga
1.1.4.2.1.2. Anna Hansdotter Kymöinen f 1820-10-09 i Aspberget, N Finnskoga, d 1852 i Tutstad, Dalby, g med Per Eskilsson f 1817 i Rönningsåsen, N Finnskoga, d 1891-01-03 i Ö Kärrbackstrand, N Finnskoga, son till Eskil Persson och Marit Persdotter
1.1.4.2.1.3. Sigrid Hansdotter Kymöinen f 1823 i Aspberget, N Finnskoga
1.1.4.2.2. Ingeborg Eliasdotter Kymöinen f 1791 i Aspberget, N Finnskoga
1.1.4.2.3. Mats Eliasson Kymöinen f 1795-03-20 i Aspberget, N Finnskoga
1.1.5. Mats Mårtensson Vauhkoinen f 1716 i Aspberget, N Finnskoga, d 1753-05-02, g 1740-06-29 med Karin Matsdotter f 1718 i Håberg, Norge,
Barn:
1.1.5.1. Mats Matsson Vauhkoinen f 1743-03-01 i Aspberget, N Finnskoga
1.1.5.2. Mårten Matsson Vauhkoinen f 1744-12-17, d 1749-07-18
1.1.5.3. Henrik Matsson Vauhkoinen f 1746 i Norge
1.1.5.4. Anders Matsson Vauhkoinen f 1749 Aspberget, N Finnskoga
1.1.5.5. Gertrud Matsdotter Vauhkoinen f 1750 i Aspberget, N Finnskoga
1.1.5.6. Anna Matsdotter Vauhkoinen f 1751
1.1.5.7. Mårten Matsson Vauhkoinen f 1754-01-19 i Aspberget, N Finnskoga.
1.1.6. Olof Mårtensson Vauhkoinen f 1727-11-13 i Aspberget, N Finnskoga
1.2. Anders Staffansson Vauhkoinen, f 1672 i Aspberget, N Finnskoga, g med Karin Adamsdotter Kähköinen f 1680.
Barn:
1.2.1. Staffan Andersson Vauhkoinen f 1716
1.2.2. Marit Andersdotter Vauhkoinen f 1716-09-21 i Aspberget, N Finnskoga, d 1795-05-14 i Grönoset, Trysil, g 1738-09-03 i Dalby med Per Pålsen Raatikainen f 1695 i Galåsen, Trysil, d 1762-07-01 i Grönoset, Trysil, son till Pål Persen Raatikainen och Kari Larsdatter.
Barn:
1.2.2.1. Pål Persen Raatikainen f 1739 i Grönoset, Trysil, d 1800-03-22, g 1775 med Anne Danielsdatter Siekkinen f 1752 i N Lutnes, Trysil, d 1810-12-23, dotter till Daniel Danielsen Siekkinen och Marit Mattisdatter Räisäinen.
Deras barn:

1.2.2.1.1. Per Pålsen Raatikainen f 1778-01-01 i Grönoset, Trysil, d 1829-10-03, g 1804 med Kari Eriksdatter Långflon.

1.2.2.1.2. Marte Pålsdatter Raatikainen f 1784, d 1853, g med Olof Olofsson f 1779, d 1835, bosatt i Lima.

1.2.2.2. Marte Persdatter Raatikainen f 1747, dop 1747-06-24 i Lutnes, Trysil, d 1811, g 1784 med Morten Andersen Kuosmainen f 1724 i Törberget nordre, Andersgarden, Trysil, d 1805-06-24 i Söre Osen, Bråten, Trysil, son till Anders Andersen Kuosmainen och Helje Eriksdatter Purainen.

Deras barn:

1.2.2.2.1. Anders Mortensen Kuosmainen f 1784, d 1785

1.2.2.3. Gjertrud Persdatter Raatikainen f 1749, d 1831, g med Anders Knudsen f 1758, d 1830.

1.2.2.4. Kersti Persdatter Raatikainen f 1754, g med Simen Gundersen, bosatta i Horndalen, Elverum

1.2.2.5. Anne Persdatter Raatikainen f 1758, d 1818, g1 med Per Ersson f 1748, d 1808, från Sälen, Lima. G2 med Anders Olsen f 1758, d 1833, från Lutnes söndre, Trysil.

1.2.3. Annika Andersdotter Vauhkoinen f 1717

1.2.4. Karin Andersdotter Vauhkoinen f 1724

1.3. Britta Staffansdotter Vauhkoinen, f 1674 i Aspberget, N Finnskoga, g med Ole Andersen Kuosmainen f ca 1700 i Törberget nordre, Andersgarden, Trysil, son till Anders Andersen Kuosmainen och Anniken Larsdatter.

1.4. Marit Staffansdotter Vauhkoinen, f 1676 i Aspberget, N Finnskoga, änka före 1716, "hos Henrik Lappen".

1.5. Annika (Anna) Staffansdotter Vauhkoinen, f 1678 i Aspberget, N Finnskoga.

1.6. Staffan Staffansson Vauhkoinen, f 1680 i Aspberget, N Finnskoga, g 1715-01-03 med Karin Persdotter.

1.7. Mats Staffansson Vauhkoinen, f 1682 i Aspberget, N Finnskoga

1.8. Daniel Staffansson Vauhkoinen, f 1685 i Aspberget, N Finnskoga

2. Samuel Staffansson Vauhkoinen, född ca 1635 i Lövåsen, Fryksdalen.

Samuel var den först kände bosättaren i Uggelheden, han betalade två kappar råg i tionde 1686. Detta skulle kunna innebära att bröderna Samuel och Staffan kom samtidigt till Uggelheden respektive Aspberget år 1679 och att de gifte sig med varsin dotter till Lars Persson Hakkarainen. Samuel försvann till Bennäset och har inte kunnat spåras vidare. Samuels hustru hette Annika Larsdotter Hakkarainen.

Barn:

2.1. Anders Samuelsson Vauhkoinen, bosatt i Uggelheden, N Finnskoga.

Husfinnarna Anders och hans far Samuel på Aspberg eller Ugglehia blev enligt domboken 1690 tilltalade av Anders Liten (Anders Mårtensson Liitiäinen) för en inringad björn "de för honom uppskrämt hafva".

2.2. Olof Samuelsson Vauhkoinen, "Olof i Aspberg".

2.3. En son som hamnar i Leksandstrakten.

Mordön

Avskrift av Älvdals härads dombok 8 mars år 1652:

Kom för rätten **Lars Persson (Hakkarainen) i Brunnberg i Ekshärad socken**, en finne med sin hustru Karin Olofsdotter och klagade över att Bengt Eriksson, Olof Jonsson och Håkan Olofsson i Höljes, Olof Markusson i Tutstad och Mats Haraldsson samt Olof Larsson i Gunneby i Dalby socken, att de skulle år 1649 om Olovsmässotid uti vestre Höljes skjutit ihjäl hennes förre man Carl Eskilsson Hare ifrån Järna socken i Dalarna, en finne, grävit honom neder på en ö uti närliggande elv. Det de intet uppenbarat förrän de blevo en god tid därefter blev tilltalade för detta.

Dock visste kärandena inte hur detta hade hänt, och ville därför att rätten skulle få de anklagade att erkänna hur det hade gått till. Efter allvarliga förmaningar och under ed gjorde Bengt Eriksson en sådan bekännelse, att han hade det året gilrat för älgar uti sin skog, dit benämte Hare med sin stallbroder Isak, komma från Dalarna, att skjuta djur olovandes, och hade allareda stulit en älg utur samma giller, uppätit köttet och bortgömt huden men ville intet bekänna varest när som Bengt bekom och dem därom i skogen tilltalte. Detta trots att både gillret, benen och inälvorna som voro nedgrävda i en mosse vare där vittne till. Bengt var därför tvungen att lämna dem.

Emellertid hände det att Carl Hare och Isak råkade skjuta på en björn i Höljes skog den de ock fingo huden av, men inte förrän han skamfilat Isak så illa att han blev liggande i skogen och orkade intet gå någon vart. Kom så Carl Hare till bygden om en afton med sin bössa, hund, matsäck och samma björnhud begärandes få köpa bröd och smör.
Blev där i Bengts stuva över natten och fick mat både om kvällen och morgonen. När han nu skulle gå sin kos talte Bengt honom till, såsom ock om aftonen skedde om älgen som hade borta från honom blivit begärandes där skäl före och eftersom Carl intet ville bekväma sig till betalning så skickade Bengt sin systerson Olof Markusson i Tutstad, en dräng, även hans följe Mats Haraldsson och Olof Larsson i Gunneby som voro inne i Olof Larssons stuva, att hjälpa till att ta av Carl hans saker och binda honom.

När de kom var Bengt redan i bråk med Carl om bössan och säcken, och då han inte kunde ta dessa från honom gav han Carl en örfil varpå Carl fattade Bengt i håret. Då detta skedde steg systersonen Olof i Tutstad fram och slog Carl på axlarna med en käpp, som han gick och stödde sig med. Sedan kom Mats i Gunneby, ryckte bössan av Carl och gav honom en släng därav med hölster och allt. Därefter kom Olof i Gunneby med en liten handyxa och slog Carl ett slag med hammaren. Därefter kom två norrbaggar, Cnut Börjessen i Strede och Måns Pedersen i Knase, vilka hade rymt därifrån och var skyldiga till lägersmål med sitt skyldsfolk, och rev ifrån honom matsäcken och björnhuden.
I detsamma försökte Carl Hare komma loss ur allas grepp och sprang över en halvtredje aln hög flake, som var ställd mellan två hus. Drängarna Olof i Tutstad, Mats och Olof i Gunneby gav sig ut i förstugan för att ta ett par tömmar ur selen att binda honom med

och föra honom söderut Carlstad. Men Cnut grep till Carls bössa och sade: "Det ska inte ske, han kommer lös, då drager han åt Norge och röjer mig och Måns, att vårt liv är borta. Eftersom han inte är kunglig soldat i Sverige så törs jag väl låta lodet löpa igenom honom". Därmed sköt Cnut ihjäl Carl och släpade honom med hjälp av Mats till älven och ut på en holme, grävde ner honom i jorden överst på kullen.

Bengt Eriksson bekände att allt skett som nu hade berättats. Länsmannen bekräftade erkännandet utan dröjsmål. Olof Jonsson och Håkan Olofsson i Höljes menade att de inte hade något ansvar då de varken tilltalat eller hanterat den dräpne, utan Bengt, deras granne samt piltarna Olof i Tutstad och Mats och Olof i Gunneby, gjort allt detta för älgen som han (Carl) och hans stallbroder hade tagit bort ur gillret. Olof Jonsson varnade Mats och Olof, att de inte skulle slå finnen, utan bara ta hans saker. Han höll Bengts måg, som var i hans stuva tillbaka, så att han inte gick med och såg, och ännu mindre hjälpte till med denna våldsamma gärningen. Han hörde Bengt säga: Du skall inte slippa av gården förrän du betalar mig för älgen du haver tagit". De hade dragit varandra i kläderna så att Bengt kommit i underläge. Då gav piltarna var sig slag på finnen, den ene med käppen, den andre med bössan och den tredje med den lilla handyxan, och baggarna tog matsäcken och björnhuden.

När det bar till rymningen för Carl, löp piltarna efter tömmarna och bad Cnut att inte skjuta, men han sade: "kanske han är en kungens man i Sverige så att jag inte törs låta en kula löpa igenom honom". När det var skett kom baggen Cnut in i stugan till Olof Jönsson och sade där, att han hade skjutit ihjäl finnen och frågade var han skulle göra av honom. "Gör vad du vill, jag vill intet veta därav. Haver du väl kokat, så får du väl äta. Gud bättre oss, att så illa är ställt. Jag rädes vi bliva av med vår gård och allt det vi äger". Därmed togo baggarna Cnut och Måns den döde, la honom på en båt och förde honom över till en holme mitt i älven, där de begravde honom mitt och överst på holmen. Måns skall ha dött i Tuna socken i Dalarna, men inte blivit begravd på någon kyrkogård. Cnut skall ha blivit hängd för tjuveri i Sölje i Norge.

Drängarna for med över på holmen med en annan båt och såg på baggarnas bedrifter, men hjälpte inte till, varken med ett eller annat. Men alla döljde det likväl, intill dess det började frågas efter karlen, då Bengts måg Håkan Halvardson, som självmant bad sin broder Gunne Halvardsson i Mose berätta för länsmannen Jakob Hansson i Duvenäs som frågade en och annan som kände till händelsen, och ingen förnekade vad de visste. Piltarna Olof i Tutstad samt Måns och Olof i Gunneby förhördes som de andra och höll med om allt.

Käranden Lars Persson invände: att Bengt och gossarna slog Carl fördärvad, att han låg och pinades i två dagar, och när baggarna sedan kom dit, så tvingade de dem att skjuta ihjäl honom, eller skulle de själva bli skjutna. När han var ihjälskjuten begravde Höljeskarlarna honom i älvbacken, och när han föll ut och kroppen syntes, fördes han till ön och lades ned där. Detta hade sagts dem, men de hade inget vittne.

Häruppå framla drängarna Olof i Tutstad samt Mats och Olof i Gunneby ett bevis från Norge givet av länsmännen i Hof och Grue socknar, Thorsten i Örnbergh och Olle i Stembsrudh den 23 maj 1651 under deras, samt Halvards och Efvens i Setter, samt Cnuts och Olles i Jorchenäs signeten, att de hade hört bemälte Cnut Börjessen, barnfödd i Hofs prästegäld uti Solör, näs han satt där i fängelse bekänna att han hade ihjälskjutit Carl Hare vid en gård i Sverige som kallas Höljes och ligger i Dalby socken, att när karlen var död tagit och kastat honom i en båt, rott till en ö, belägen vid Höljes och där grävt ner honom. Han erbjöd sig svära ed på sin berättelse.

Olof i Tutstad, Mats och Olof i Gunneby sa att prästen i Lima i Dalarna med åtskilliga av sina socknebor ha hört och berättat detsamma efter Cnut Börjessen, medan han satt fast där för tjuveri, men hade inget skriftligt bevis därom. Därför tyckte rätten att man skulle skaffa det till nästa ting och uppskjuta saken så länge.

Ur protokollet från Älvdals härads dombok den 29 december år 1652:

Vid nu laga ting hölls med samma Älvdals härad uti Fastnäs och Ny socken den 29 november, då kom **vittnesbörder ifrån Lima**, givet av kapellanen där, vällärde herr Johan Nederstadio under hans egen hand och signete, och länsmannen Anders Nilsson i Åkre, samt Peder Olovssons, Mats Jönssons, Jöns Pedersons och Olof Larsson i Transtrand och Peder Evertssons i Mörtnäset med herr Johans hand tecknade namn och bomärken, den 24 maj, det vittnesmål som innehöll, hur norrbaggen Cnut var fängslad för tjuveri där i Lima och bekände i sitt fängelse, att han 1649 var i Höljes, när en finne och främmande skytt kom dit från skogen och härbärgerades där över natten. Och när höljeskarlarna började slå fräcka språk när de frågade efter hans pass, att löpa på deras skogar, ville icke heller han Cnut vara lottlös, utan tog bössan och lät lodet löpa igenom samma skytte.

Rätten frågade då Lars Persson och hans hustru om de hade några vittnes eller bevis häremot. Därpå gav de till svar, att de inte hade mer att tillägga.

Målet togs då till betänkande och efter samtal och råd därutöver slöts äntligen sålunda:

Eftersom norrbaggen Cnut Börjessen har, som bevisen utvisar både i Norge och Dalarna bekänt sig ha ihjälskjutit och begravt finnen Eskilsson. Ty kändes Bengt, Olof och Håkan i Höljes, Olof i Tutstad och Mats samt Olof i Gunneby för själva dråpet och dragande å lön, **fri efter det 18 och 19 kap. dråp, Vill. L.L.** och Bengt i Höljes, Olof i Tutstad och Mats samt Olof i Gunneby allenast **skyldiga att böta var sina 3 mark för slagen som de utdelat,** efter det 13 Cap. Sår. Vill L.L. jämväl och måge **ge ifrån sig Carl saker, utan böter för rån,** emedan Carl hade gått och skjutit på deras skog olovandes, efter det 18 och 25 Cap. Byg. L.L. och 14 art. uti jaktordningen. **Men alldenstund Bengt, Olof och Håkan i Höljes, Olof i Tutstad och Mats samt Olof i Gunneby, bekänna sig ha vetat av detta dråp, och de det ej uppenbarat, utan döljt intill dess de blev härom tilltalade: ty syntes dem böra därföre böta var sina 40 mark ex argumento Cap. 25, 26 och 27 Dråp. Vill. L.L.**

Dock så, att allt ställes till den Högl. Kongl. Hovrättens vidare förklaring.

Källor

Litteraturförteckning:

Axelson, Maximilian: Vandring i Wermlands Elfdal och finnskogar 1852, faksimilupplaga 1978

Berg, Valter: Den svarta piskan 1995, Svartrockarnas kamp 2011

Björklund, Monica: Finngårdens byggnader, Torsby Finnskogscentrum 2015

Broberg, Richard: Finsk invandring till mellersta Sverige, Föreningen för värmlandslitteratur nr 7

Bladh, Gabriel/ Myhrvold, Jan/Persson, Niclas: Skogsfinska släktnamn i Skandinavien 2009

Bladh, Gabriel/ Olausson, Peter: Vandrat hit som andra finnar att söka sin föda 2004

Bäckvall, Lars: Om övre klarälvdalen i gångna tider, utgivare Dalby hembygdsförening 1978

Eles, Håkan (red): Skogsfinnarna och Finnskogen, forskningsrapport 95:21 Högskolan i Karlstad 1993

Ericson, Jarl: Finnar i Väst 1990, Finnar i Gräsmark och Lekvattnet 1993, Finnar i Östmark, Vitsand, Nyskoga, Södra och Norra Finnskoga 1996

Finnkultur 1983-86, 1991-95, Solör Värmland Finnkulturförening

Gottlund, C.A: Dagbok över mina vandringar på Wermlands och Solörs finnskogar 1821, utgiven av Gruetunet Museum 1986

Hofsten, Erland: Beskrifning öfwer Wermeland (Värmland förr och nu 1917) utgivare Värmlands Museum

Olsson, Örjan: Uggliboka 2017

Opsahl, Erik / Winge, Harald: Finnemanntallet 1686

Segerstedt, A.J: Segerstedts samling Skogsfinnarna i Skandinavien, Finnsam 2006

Styffe, Torleif: Nordvärmland – Från istid till nutid, digital historiebok 2014

Trysilboka, bind 8, Trysil kommune 2000

Trysil finnskog, de förste generasjonene, Söre Trysil og Törberget Historielag 2020

Virtaranta, Pertti: I Finnskogarna, Torsby Finnkulturcentrum 2008

Welinder, Stig: Skogsfinsk arkeologi, Finnbygdens förlag 2014, Vilka var och är skogsfinnarna?, Finnbygdens förlag 2016

Värmlands Museum: Värmland förr och nu, årsböcker 1905-2018, om finnar

Östberg, Kristian: Finnskogene i Norge 1978

Östman, Arne: Lång-Kristoffer, Torsby Finnkulturcentrum 2002